U0652217

GOUJIAN YI ZHENGJU WEIZHONGXIN DE XINGSHI ZHIKONG TIXI
YUANLI FANGFA ANLI

构建以证据为中心的刑事指控体系

原理·方法·案例

最高人民检察院重大犯罪检察厅　编著

中国检察出版社

图书在版编目（CIP）数据

构建以证据为中心的刑事指控体系：原理·方法·
案例／最高人民检察院重大犯罪检察厅编著. —北京：
中国检察出版社，2025. —ISBN 978 - 7 - 5102 - 3232 - 9

Ⅰ. D925. 210. 4

中国国家版本馆 CIP 数据核字第 2025XW7474 号

构建以证据为中心的刑事指控体系　原理·方法·案例
最高人民检察院重大犯罪检察厅　编著

责任编辑：	吕亚萍
技术编辑：	王英英
美术编辑：	徐嘉武
出版发行：	中国检察出版社
社　　址：	北京市石景山区香山南路 109 号（100144）
网　　址：	中国检察出版社（www. zgjccbs. com）
编辑电话：	（010）86423783
发行电话：	（010）86423726　86423727　86423728
	（010）86423730　86423732
经　　销：	新华书店
印　　刷：	河北宝昌佳彩印刷有限公司
开　　本：	710 mm×960 mm　16 开
印　　张：	44. 5
字　　数：	725 千字
版　　次：	2025 年 4 月第一版　2025 年 7 月第三次印刷
书　　号：	ISBN 978 - 7 - 5102 - 3232 - 9
定　　价：	148. 00 元

检察版图书，版权所有，侵权必究
如遇图书印装质量问题本社负责调换

《构建以证据为中心的刑事指控体系
原理·方法·案例》
编委会

主　　任：元　明

副 主 任：张建忠　张庆彬　郭竹梅

主　　编：肖先华

编写人员：（按姓氏笔画为序排列）
　　　　　刘　倩　沈　超　肖先华　林　洋
　　　　　邵明振　郎　杰　唐守东　管军军

本书系最高人民检察院检察理论研究重点课题"检察机关推动构建以证据为中心的刑事指控体系研究"（GJ2024B05）的部分成果

编写说明

习近平总书记反复强调"努力让人民群众在每一个司法案件中感受到公平正义",要求"所有司法机关都要紧紧围绕这个目标来改进工作"。检察机关作为国家法律监督机关,肩负着保障国家法律统一正确实施的使命,是追诉犯罪、维护稳定、保障人权、守护公正的重要力量。新时代新征程检察机关履职办案,"高质效办好每一个案件"是基本价值追求,构建以证据为中心的刑事指控体系是高质效办好每一个刑事案件的基础保障。

根据最高人民检察院部署,重大犯罪检察厅开展构建以证据为中心的刑事指控体系相关工作,并组织专门力量进行专题研究。本书系这一专题研究的部分成果,探讨了构建以证据为中心的刑事指控体系的基本内涵、基本原则、原理方法等。构建以证据为中心的刑事指控体系,要突出证据在整个刑事诉讼中的基础性、中心性地位,检察机关要树牢证据意识,对指控的案件事实严把证据关,以确实、充分的证据加以证明,并达到法定的证明标准。在证据的收集、审查判断、运用方面,检察机关要依法履职、忠实履职、审慎履职,充分展现其在案件审查、出庭指控、诉讼监督中的重要作用,切实履行好审前过滤把关、指控和证明犯罪等职责。同时,构建以证据为中心的刑事指控体系对检察机关与其他司法等部门之间配合制约关系提出了新的要求,要求健全完善与监察机关、侦查机关、审判机关的配合制约机制,构建良性互动的检律关系,更好地实现惩治犯罪和保障人权的目标。

法律规范有限,司法实践无穷。构建以证据为中心的刑事指控体系离不开案例指导。本书收录的精选案例,体现了检察机关坚守客观公正立场、坚持证据裁判原则,对疑难复杂案件的证据审查、法律关系梳理、事实认定等穷其精、尽其微,在法律适用和最终处理等方面辨其类、观其宏。这些案例既坚持讲法律适用、证据运用、实务观点,又坚持把"三个善于"的办案理念贯穿其中;既有对故意杀人、陈年命案、零口供毒品案等疑难复杂案件的总体思考，又有对罪轻与罪重、罪与非罪、一罪与数罪等不同定罪量刑类型的具体分析。每个案例均配有具体的证据规则、证据审查运用和证据体系构建方法，旨在为检察人员加强证据审查运用、有力构建刑事指控体系提供理论参照和实践指导。

　　本书由最高人民检察院重大犯罪检察厅厅长元明担任编委会主任，由最高人民检察院经济犯罪检察厅副厅长张建忠，重大犯罪检察厅副厅长张庆彬、郭竹梅担任编委会副主任，重大犯罪检察厅检察官肖先华担任主编，重大犯罪检察厅检察官唐守东、湖北省人民检察院检察官沈超、广西壮族自治区人民检察院检察官林洋、广东省深圳市人民检察院检察官刘倩、辽宁省沈阳市人民检察院检察官郎杰、山东省德州市人民检察院检察官邵明振、江苏省南通市海门区人民检察院检察官管军军参与编写。主编拟定全书大纲并负责统稿，编写人员共同研究、反复修改完善，力求精益求精。但由于时间仓促，本书难免存在疏漏，恳请读者批评指正。

编　者

2025 年 1 月

目　录

上编　原理和方法

中编　典型案例

下编　相关法律法规

原理和方法

第一章　概　述

2014年10月，党的十八届四中全会决定提出"推进以审判为中心的诉讼制度改革，确保侦查、审查起诉的案件事实证据经得起法律的检验"。2015年6月，最高人民检察院提出"积极适应以审判为中心的刑事诉讼制度改革需要，构建以证据为核心的刑事指控体系和新型诉侦、诉审和诉辩关系"。2018年11月，最高人民检察院发布的《"十三五"时期检察工作发展规划纲要》明确，"十三五"时期检察机关将构建以证据为核心的刑事指控体系，建立健全与多层次诉讼体系相适应的公诉模式。2018年11月，最高人民检察院制定的《2018—2022年检察改革工作规划》提出，"健全完善以证据为核心的刑事犯罪指控体系。构建诉讼以审判为中心、审判以庭审为中心、庭审以证据为中心的刑事诉讼新格局，完善证据收集、审查、判断工作机制，建立健全符合庭审和证据裁判要求、适应各类案件特点的证据收集、审查指引，深化书面审查与调查复核相结合的亲历性办案模式，确保审查起诉的案件事实证据经得起法律检验"。2023年8月，最高人民检察院印发《2023—2027年检察改革工作规划》，提出要协同推进以审判为中心的刑事诉讼制度改革，充分发挥检察机关审前把关、过滤作用，健全以证据为核心的刑事指控体系。在2024年初全国检察长会议和7月的大检察官研讨班上，最高人民检察院应勇检察长指出，刑事检察贯穿刑事诉讼全过程，在构建以证据为中心的刑事指控体系建设中担负主要责任。2024年11月，最高人民检察院印发的《关于全面深化检察改革、进一步加强新时代检察工作的意见》进一步指出，要完善刑事指控体系。贯彻证据裁判原则，完善证据收集、审查、运用机制，健全技术性证据专门审查制度，强化非法取证源头预防，严格落实非法证据排除规则。

通过对制度的梳理，可以发现：一方面，构建以证据为中心的刑事指控体系意义重大。构建以证据为中心的刑事指控体系是推进以审判为中心的刑事诉讼制度改革的重要举措，是"高质效办好每一个案件"的基础保障，也是实现惩治犯罪与保障人权相统一的必然要求。另一方面，以证据为中心的刑事指控体系内涵丰富。自最高人民检察院提出"构建以证据为中心的刑事指控体系"以来，该提法的内涵不断丰富和发展，最初强调要处理好控诉职能与侦查职能、审判职能、辩护职能的关系，随后又注意到刑事指控体系与刑事诉讼体系的关系，紧接着又强调要完善证据收集、审查、判断的机制。构建以证据为中心的刑事指控体系的改革，经历了从认识到实践不断深化的过程，从最初的"公诉模式"向"刑事诉讼新格局"延展，继而向"刑事诉讼制度改革"跃迁，为刑事检察工作明确了方向。

第一节　背景及意义

推动构建以证据为中心的刑事指控体系是推进以审判为中心的刑事诉讼制度改革背景下对检察机关提出的新命题，是聚焦程序正义、实现司法公正、保障人权的有效举措，也是"以审判为中心的诉讼制度改革"的应有之义，检察机关推动构建以证据为中心的刑事指控体系，关系到新时代检察工作高质量发展的问题，是奋力推进司法现代化的重要内容之一，背景宏大、意义深远，值得深入研究。

一、改革背景

（一）习近平法治思想在刑事检察工作中的落实

党中央于2021年6月下发的《中共中央关于加强新时代检察机关法律监督工作的意见》指出："人民检察院是国家的法律监督机关，是保障国家法律统一正确实施的司法机关，是保护国家利益和社会公共利益的重要力量，是国家监督体系的重要组成部分，在推进全面依法治国、建设社会主义法治国家中发挥着重要作用。"党中央对检察机关所作的"四个定位"，既体现了各国检察机关的共性，又具有鲜明的中国特色，是习近平法治思想的重要内容。对于坚定中国特色社会主义检察制度自信，推动检察工作发展和检察制度完善意义重大。①

中国特色社会主义检察制度，是我们党探索符合中国国情的社会主义民主政治制度的伟大创举，是马克思主义国家与法治理论中国化的重大成

---

① 参见朱孝清：《党中央对检察机关"四个定位"的中国特色、意义和启示》，载《人民检察》2024年第13期。

果，也是在我国政治制度、历史传承、文化传统等基础上形成并不断发展的结果。作为党和国家工作的重要组成部分，检察机关始终在党和国家事业大局中发挥着不可或缺的作用。在以习近平同志为核心的党中央坚强领导下，各级检察机关认真贯彻党中央决策部署，依法忠实履行法律监督职责，为促进经济社会发展作出了积极贡献，真正做到了党和国家的中心工作推动到哪里，检察工作就跟进到哪里。然而，进入新发展阶段，与人民群众在民主、法治、公平、正义、安全、环境等方面日益增长的新需求相比，法律执行和实施仍是亟须补齐的短板，检察机关法律监督职能作用的发挥还不够充分。党的十八大以来，习近平总书记多次对加强法律监督等提出明确要求，推动新时代人民检察制度不断完善。2014 年 1 月，习近平总书记对检察工作作出重要指示，要求检察机关强化法律监督能力，为在新时代开创中国特色社会主义检察事业新局面提供了遵循。2014 年 9 月，在庆祝全国人民代表大会成立 60 周年大会上，习近平总书记提出要健全申诉控告检举机制，加强检察监督，切实做到有权必有责、用权受监督、侵权要赔偿、违法必追究。2017 年 9 月，习近平总书记在致第二十二届国际检察官联合会年会暨会员代表大会的贺信中深刻指出："中国检察机关是国家的法律监督机关，承担着惩治和预防犯罪、对诉讼活动进行监督等职责，是保护国家利益和社会公共利益的一支重要力量。"党的二十大报告专门强调"加强检察机关法律监督工作"。党的二十届三中全会提出，法治是中国式现代化的重要保障。① 这些重要指示和重要文件，既一脉相承又与时俱进，从检察机关宪法定位出发，要求聚焦主责主业，更加充分有效发挥中国特色社会主义检察制度在捍卫党的执政地位、保障国家法律统一正确实施、加快推进执法司法制约监督体系改革和建设、服务经济社会高质量发展等方面的优势和作用，为检察事业新的更大发展提供了根本遵循，指明了前进方向。

进入新时代，在习近平法治思想指引下，以审判为中心的刑事诉讼制度改革等一系列重大改革持续推动我国刑事司法理念、制度以及诉讼模式

---

① 强调必须全面贯彻实施宪法，维护宪法权威，协同推进立法、执法、司法、守法各环节改革，健全法律面前人人平等保障机制，弘扬社会主义法治精神，维护社会公平正义，全面推进国家各方面工作法治化。要深化立法领域改革，深入推进依法行政，健全公正执法司法体制机制，完善推进法治社会建设机制，加强涉外法治建设。

发生历史性转变。① 刑事司法追求惩罚犯罪和保障人权的双重价值，要有效惩罚犯罪，就必须构建有效的刑事指控体系，积极关注并回应司法实践中的难点、热点、痛点，确保惩罚犯罪与保障人权的有机统一。作为法律监督机关的检察机关，必须坚持党的绝对领导，旗帜鲜明走中国特色社会主义法治道路，把党的领导落实到检察工作各方面全过程，不断学习党的创新理论和法学理论并入心见行，将证据作为办案的关键要素，以证据为抓手，夯实证据基础，推动刑事检察进一步创新发展，着力推动构建具有中国特色的以证据为中心的刑事指控体系。这对学习贯彻习近平新时代中国特色社会主义思想，全面贯彻习近平法治思想，落实党的二十届三中全会关于"完善中国特色社会主义法治体系"的改革部署具有重要的现实意义，更是检察机关全面深化检察改革、进一步加强新时代检察工作，以检察工作更有力支撑和服务中国式现代化的重要举措和生动实践。

（二）以审判为中心的刑事诉讼制度改革的深化

习近平总书记指出，"司法制度是上层建筑的重要组成部分，世界上不存在超阶段、超意识形态、超国家政治制度的法治道路和司法标准，推动司法体制改革，是社会主义司法制度的自我完善和发展，走的是中国特色社会主义法治道路"②，"中国特色社会主义法治道路，是社会主义法治建设成就和经验的集中体现，是建设社会主义法治国家的唯一正确道路"③。党的十九大提出社会主义进入新时代的重大命题，强调"要深化依法治国实践，深化司法体制综合配套改革，全面落实司法责任制，努力让人民群众在每一个司法案件中感受到公平正义"④。党的十九届四中全会提出："要坚持和完善中国特色社会主义制度、推进国家治理体系和治理能力现代化。"⑤ 坚持和完善中国特色社会主义制度，当然包括中国特色司法制度以及刑事诉讼制度，国家治理体系和治理能力现代化也当然包括法治

---

① 参见苗生明：《适应刑事司法理念制度变化　重塑新型侦诉审辩关系》，载《人民检察》2022年第 18 期。

② 《习近平主持政治局集体学习强调深化司法体制改革，提高公信力是根本尺度》，载《人民日报·海外版》2015 年 3 月 26 日。

③ 王晨：《在全面依法治国实践中担当尽责　沿着中国特色社会主义法治道路阔步前进》，载《中国法学》2019 年第 6 期。

④ 《党的十九大报告辅导读本》，人民出版社 2017 年版，第 38 页。

⑤ 《中共中央关于坚持和完善中国特色社会主义制度，推进国家治理体系和治理能力现代化若干问题的决定》，2019 年 10 月 31 日中国共产党第十九届中央委员会第四次全体会议通过。

体系和法治能力现代化。在法治轨道上推进国家治理体系和治理能力现代化，刑事诉讼制度和刑事指控体系也必须适应时代变化这一要求，改变传统的刑事指控理念、模式、机制，构建符合时代需要的刑事指控体系。

刑事诉讼的现代化是中国式法治现代化不可或缺的组成部分。在司法领域不断探索和推进的过程中，庭审一直被认为是审判活动中最核心的一环。既体现司法公正，又彰显法治精神。近年来我国深入推进以审判为中心的刑事诉讼制度改革，促使我国司法权配置不断优化、刑事诉讼构造不断完善、刑事诉讼模式不断向现代化转型。以审判为中心这一格局的目的就是保障进入庭审的案件达到"事实清楚，证据确实、充分"的法定要求，提高司法办案质量，防止冤假错案的发生，实现司法公正、保障人权。以审判为中心的内核便是以事实为中心，而事实无疑是通过证据建构出来的，故核心是以证据为中心。[①]

当前以审判为中心的理念不断深入人心，[②] 以审判为中心的刑事诉讼制度改革突出庭审实质化目标，必然涉及审前程序的改革与优化。这种变化也对检察机关提出了新要求，应当深刻认识到这种调整与变化的核心是将控辩式庭审制真正确立为刑事案件审理的运行方式并实质化，使在案证据审查升格为"定案的依据"的条件更加严格。刑事检察居于刑事诉讼的中间环节，既要在审前将审判要求向侦查端传导，建构符合庭审标准的证据指控体系，又要在庭审中充分举证、质证，促进案件的实质化审理。以证据为中心和以审判为中心的共同目标就是要聚焦程序正义，彻底解决有罪推定、刑讯逼供、控辩失衡、超期羁押、庭审虚置等问题，不断推进刑事诉讼制度改革朝着符合新时代司法理念的轨道进行。最高人民检察院应勇检察长指出，"刑事检察要围绕以审判为中心的刑事诉讼制度改革，着力构建以证据为中心的刑事指控体系"。[③] 构建以证据为中心的刑事指控体系就抓住了以审判为中心刑事诉讼制度的"牛鼻子"。庭审实质化强调案件事实认定的根据，必须是经过法庭举证、质证和认证后采纳的证据，检察机关作为证据审查的刑事诉讼控方，落实以审判为中心的刑事诉讼制

---

① 参见刘国媛：《以证据为核心推进高质效办好刑事案件》，载《检察日报》2023年11月18日。

② 参见刘艳华、姜园园：《检察机关推动构建以证据为中心的刑事指控体系研究》，载《人民检察》2024年第14期。

③ 应勇：《高质效办好每一个案件 努力让人民群众在每一个司法案件中感受到公平正义》，载《人民检察》2024年第18期。

度，必然应当构建以证据为中心的刑事指控体系。

（三）高质效办好每一个刑事案件的价值追求

公平正义是社会主义法律的基本要素和重要内核，是社会主义法治的基本要求和价值追求。党的十八大以来，习近平总书记围绕公正司法发表了一系列重要论述，科学回答了为什么要公正司法、实现什么样的公正司法以及怎样实现公正司法等重大理论和实践问题，形成了习近平法治思想的"司法篇"。努力让人民群众在每一个司法案件中感受到公平正义，是习近平法治思想关于公正司法的原则性、基础性要求，是习近平总书记交给所有司法机关的重大课题和工作目标，是检察机关必须担负起的重要政治责任。

司法公正作为人民群众感受社会公正的一把"标尺"，不是抽象的，而是具体的，它寓于个案公正之中，并通过无数个案体现出来。没有每一个案件的公正，司法维护公平正义的目标就会成为无源之水、无本之木。为实现"努力让人民群众在每一个司法案件中感受到公平正义"的目标，2023 年 3 月，最高人民检察院党组在学习贯彻全国两会精神电视电话会议上，提出要让"高质效办好每一个案件"成为新时代新征程检察履职办案的基本价值追求，在实体上确保实现公平正义，在程序上让公平正义更好更快实现，在效果上让人民群众可感受、能感受、感受到公平正义，做到检察办案质量、效率、效果有机统一于公平正义。"高质效办好每一个案件"体现了现代司法公正和效率的基本价值追求，着眼于办案质量优、效率高、效果佳，要求落实宪法法律规定、弘扬社会主义法治精神，统筹实体公正、程序公正、社会公正，在司法办案中更好维护公平正义。质量、效率、效果是司法办案的三个基本要素，三者相互联系、相辅相成、环环相扣。刑事检察集指控犯罪、诉讼监督、保障人权于一体，肩负重要法律监督职责。在刑事检察领域践行"高质效办好每一个案件"的基本价值追求，非常重要的就是落实好"刑事检察重在推动构建以证据为中心的刑事指控体系"的要求。具言之，"高质效办好每一个案件"中的"高质效"包含三层含义：一是要保证案件实体公正和办案程序公正；二是要保证更好更快地实现公正；三是要让人民群众对公正可感可触可见。在这三个层面的要求中，实体公正是目标，程序公正则以保障实体公正为目标，但程序本身又有其独立的价值。程序是司法的过程，要求在法定的时限、以法定的方式实施司法行为，保证当事人以看得见的方式去感受、感触司法过程的公正，从而对司法结果即实体公正产生确信并予以接受。

司法实践中不是每个案件的法律事实都简单明了，不乏纷繁复杂的法律事实和其背后难以把握的法律关系。司法是证据的场域，公平正义不分大案小案，讲证据也不分大案小案。几乎每一起冤假错案的发生都与证据收集、审查、判断等环节密切相关，忽视证据链条中存在的合理怀疑，单纯依靠自由心证作出法律判断，既不符合程序正义，也难以实现实质正义。要用心用情办好每一个案件、案件的每一个环节，通过个案公正积累出司法的整体公正，以个案高质效促进法律监督整体高质效。因此，检察机关高质效办好每一刑事案件，必然要求推动构建以证据为中心的刑事指控体系，将证据在刑事司法活动中的核心地位凸显出来，加强对证据的全链条审查运用，用具备真实性、关联性、合法性的证据不断完善证据链条，排除合理怀疑，有效提升指控证明犯罪、审查过滤把关能力，防止案件"带病"进入审判程序，切实防范冤假错案，确保刑事指控实现质量、效率与效果的有机统一。

二、改革意义

（一）有利于贯彻证据裁判原则，保障被告人的基本权利，维护司法公正

打击犯罪和保障人权是刑事诉讼的两大目的，二者不可偏废。在过去的司法实践中，有的办案人员比较注重对犯罪的打击而忽视对人权尤其是犯罪嫌疑人诉讼权利的保障。特别是办案人员为了发现客观事实，在侦破犯罪事实过程中指供、诱供现象时有发生，严重侵犯了公民的合法权益。尽管造成这种现象的原因是多方面的，但是刑讯逼供等非法取证行为屡禁不止的一个极为重要的原因就是，对刑讯逼供等非法获取的证据并不禁止使用。尽管对一些办案人员进行了一定的处罚，但是威慑力有限，以致于并不能从根本上杜绝非法取证行为的发生。

"刑事检察承担着惩治犯罪、保障人权、实现公平正义、维护国家安全和社会稳定的重要职责，是法治工作、检察工作的重要组成部分。"[①] 为了保障每一个案件都能够做到公平与正义，检察机关有必要将证据的合法性审查落实到每个阶段，及时剔除非法证据。在当前以审判为中心的刑事

---

① 苗生明：《抓实融为一体的政治和业务建设　推动刑事检察工作高质量发展》，载《人民检察》2023 年第 13 期。

诉讼制度改革大背景下，检察机关构建以证据为中心的刑事指控体系具有非常重要的意义。刑事诉讼活动涉及的侦查、起诉以及审判等环节都离不开证据的支撑，证据失当是错捕、错诉以及出现冤假错案的主要导致因素。因此，检察机关需要对刑事证据审查机制进行完善，切实依据刑事证据来进行刑事指控，减少因证据问题导致事实认定错误的情况发生。证据裁判原则是证据法的基石性原则，构建以证据为中心的刑事指控体系应当全面贯彻证据裁判原则。实际上，证据裁判原则不仅应当适用于审判阶段，更应当适用于指控阶段，这意味着控方建构案件事实同样必须依据证据，而不能依靠"臆断""猜测""妄想"。在指控实践中，控方在起诉书中必须明确和详细地记载案件事实，而这个案件事实则主要建立在证据之上，可以说，证据是建构案件事实的基础，有什么样的证据就有什么样的案件事实，没有证据则无法建构案件事实。也正是由于"以证据为中心"强调了对证据裁判原则的坚守，才促使控方不能无端地对被告人发起缺乏证据的指控，最终有利于保障被告人基本权利免受公权力的肆意侵犯。

构建以证据为中心的刑事指控体系，必然要反映刑事诉讼多方面的价值需求，在遵循诉讼规律和诉讼原理的基础上，从国家公诉权的本质属性出发。根据不同的刑事诉讼程序的结构性功能配置刑事指控体系的要素和权力运行机制，推行以客观性为主导的证据审查模式，对证据资格及证明力提出更高的要求，将非法证据排除在刑事诉讼证据体系之外，有效排除非法证据，完成证据的审前过滤。证据的收集、审查、运用合理合法，使非法获取的证据不能作为审查逮捕、审查起诉的依据，不能作为法院裁判根据，那么非法取证行为赖以生存的土壤将被破坏，侦查、起诉的案件将会因此缺少证据支持，检察机关据此作出存疑不捕、存疑不诉，法院据此作出无罪判决。这样就可以促使侦查人员收集、调取证据的手段合法化，从单纯注重言词证据的角度转换到注重其他证据加以证实存在案发事实，有效保障诉讼参与人的合法权益，促进执法的文明化、标准化。司法实践中因证据不足或者证据失实引发的冤假错案频频发生，直接侵害公民合法权益，动摇人民群众对司法公正的信心。而在起诉阶段检察机关依靠足够证据提起公诉时，既能提高案件查办质量、减少冤假错案，又能保证审判过程公正，维护法律权威与尊严。构建以证据为中心的刑事指控体系，有利于辅助审判。司法实践中，法官经常要根据检察机关出具的起诉意见书及证据材料出庭，其内容是否充实、准确、合法直接关系到出庭效果，当检察机关能够对案件处理过程中的证据进行全面地搜集、保全与审查时，证据链条就会被有序地建构起来，这样可以为法官提供更加坚实的依据，帮助他们作出公正的裁决，从而避免因证据不足或不完整而产生审判错误。

（二）有利于凸显证据在指控活动当中的重要地位，夯实刑事指控的基础，提高办案质效

证据是可以用以证明案件事实的材料，是司法办案的基本依据。三大诉讼法都对"证据"作出专章规定，明确查证属实的证据是认定事实的根据。事实包括法律事实和客观事实。法律事实是指根据收集的证据，按照法律程序推断确认，对于解决案件争议、实现法律诉求具有重要法律意义的事实。与法律事实相关联的事实是客观事实，就是老百姓口中常说的"事实真相"。法律事实是有证据证明的客观事实，法律事实必须以客观事实为追求目标，尽可能最大限度重现或接近客观事实。要做到"案件事实清楚"，就必须做到"证据确实、充分"。

证据是整个刑事诉讼的基础，也是诉讼公正的基石，证据的收集、审查、判断和运用的质量决定着整个刑事诉讼的质量。检察机关作为参与刑事诉讼全流程的司法机关，担负着依据证据进行指控的责任，必须满足"犯罪事实清楚，证据确实、充分"的条件，而作为指控依据的证据来自侦查机关的收集。检察机关通过与公安机关间的相互配合、相互制约，夯实证据基础，完善证据链条，以确实、充分的证据有效指控犯罪，为庭审活动做好充足准备。因此法律要求侦查机关应当全面、客观、及时收集与案件有关的证据，从而为人民检察院对犯罪嫌疑人提起公诉提供依据。然而，从过去的司法实践来看，侦查机关因各种原因在证据收集上存在不少问题，只注重"抓人定案""忽视证据"的诉讼观念不同程度地存在，导致有的案件证据不能符合提起公诉的要求，甚至影响检察机关审查起诉活动的正常进行和最终处理，并在一定时期对司法公正产生了负面影响。对此，检察机关在审前程序中，应当促进更好地收集证据、查明事实，基于查证结果、遵循审判必要性要求做好案件分流，对于可能会启动审判程序的案件，按照公正审判的要求做好准备；在庭审活动中，通过做好检控陈述、履行好证明责任，以实质化的犯罪指控行为保障审判活动实质化开展。这些都离不开对证据的审查运用。证据审查能力是检察官最基础、最基本的能力。以证据为中心的刑事指控体系，要求检察办案要重证据、重

调查研究、不轻信口供，依法收集和固定证据，准确审查和运用证据。特别是要紧紧围绕证据的合法性、真实性、关联性进行审查，据以指控的证据不仅需要具备证据能力和证明力，而且还要达到相应的标准，确保证据的收集和提供符合法律规定，证据与待证事实之间密切相关。强调证据的核心地位有利于强化刑事指控活动的客观性，凸显出证据对刑事指控活动的重要作用。

（三）有利于强调证据规则对证据运用的规范意义，强化刑事诉讼监督制约体系

"重实体，轻程序"在我国司法实践中不同程度存在。长期以来，一些司法工作人员将诉讼视为保证实体法实施的一种手段，不仅忽视了刑事诉讼法的独立价值，也忽视了程序正当的意义。有的认为，只要案件事实得以揭示，犯罪嫌疑人、被告人得以服法便是案件的结束，程序的违法并非真正的违法，因此忽视程序也并没有什么，由此造成冤假错案的产生。刑事检察贯穿于刑事诉讼全过程，肩负着构建以证据为中心的刑事指控体系的主要责任，要进一步强化包括检察权运行制约监督在内的刑事诉讼制约监督体系。检察机关要进一步坚持和拓展"在办案中监督，在监督中办案"的特殊优势，及时发现和监督纠正立案、侦查、审判等活动中的违法问题；要会同公安机关不断深化完善侦查监督与协作配合机制，狠抓侦查监督与协作配合办公室规范化运行，共同提升办案质效；要进一步加大刑事审判监督的力度和精准度，在加大抗诉工作力度的同时，积极探索其他监督方式，及时监督纠正不当裁判及审判违法行为；要进一步深化"派驻＋巡回"检察机制，充分发挥"以派驻为基础，以巡回为利剑"的监督模式作用。

检察机关应当运用证据证明的案件事实包括定罪事实、量刑事实、有关涉案财物处理的事实等，仅从程序角度强调证据的收集及审查判断尚无法全面反映以证据为中心的刑事指控体系的要求。为有效实现检察机关指控犯罪的目的，应树立刑法、刑事诉讼法、证据法一体化适用思维来构建以证据为中心的刑事指控体系。具体而言，刑法对各类犯罪的构成要件等作出规定，进而明确犯罪构成要件事实，为全面收集证据和审查判断证据的证明能力和证明力提供明确指引。关键在于证据规则对证据的规范运用。证据规则是用来规范证据资格的，对办案人员收集、审查、运用证据进行规范的准则，既包括证据能力规则，也包括证明力规则，意在对公权

力使用证据的行为加以约束。倘若没有证据规则，那么证据的收集、运用活动将会缺乏规范，随意取舍证据的情况将会频繁发生，最终对刑事指控活动造成负面影响。建构刑事指控体系，强调"以证据为中心"就必然包含运用证据要遵守证据规则的要求。我国虽然没有单行证据法或像英美法系和大陆法系那样建立丰富的证据规则体系，但近年来也在逐步借鉴与完善，刑事诉讼法中相关证据规则及司法解释中相关规定均对证据审查判断方法作出明确规定。在刑法的指引下正确认定案件涉及罪名的犯罪构成要件，明确需要运用证据证明的犯罪构成要件事实、量刑事实和涉案财物处理的事实等，进而确保涉案证据均通过符合刑事诉讼法规定的取证方式获取，并对具有证据能力的证据综合运用论证、最佳解释推理等方式进行证据分析推理以准确认定案件事实，从而实现精准打击犯罪的目的。

　　侦查和起诉是我国刑事诉讼中两个相互独立的诉讼阶段，但两者有着密切的关系。侦查的任务在于查清案件事实，收集、固定和保全证据，为起诉做准备。检察机关通过亲历性审查及书面审查相结合的审查模式，对证据的资格及证明力进行相应的审查。检察机关对侦查机关移送的审查逮捕、起诉的违背法律获取的证据予以排除，或者要求侦查机关重新调查取证，或者告知侦查机关直接将证据转化等。这样可以强化严格依照法定程序办案，强化诉讼的程序意识，树立程序、实体并重的价值观，提高证据收集的质和量，为检察机关的出庭公诉做好准备，保证诉讼质量，形成良好的检察侦查互动，提高出庭指控犯罪的效率和效力。检察机关在办案中，充分履行法律监督职能，对可能存在非法收集证据情况要求公安机关对证据合法性作出书面说明或者提供相关证明材料，可以有效地排除非法证据、补强瑕疵证据，使案件证据更加完善。"以审判为中心"的刑事诉讼改革的核心是"以庭审为中心"，而庭审阶段对证据的举证、质证、认证程序至关重要，直接决定了审前程序收集证据的取舍问题，决定了证据在认定被告人犯罪事实以及量刑上的重要意义和地位。① 由此，检察机关推动构建以证据为中心的刑事指控体系必然推进以审判为中心，改变以往法庭审理走过场的局面，确保案件事实在庭审上予以查明、在法庭上公正审判。构建以证据为中心的刑事指控体系是推进"以审判为中心"的刑事诉讼制度改革的重要举措，也是保障人权和司法公正的关键一环。换言

---

① 参见陈卫东：《检察机关适用不起诉权的问题与对策研究》，载《中国刑事法杂志》2019 年第 4 期。

之，构建以证据为中心的刑事指控体系不仅仅是理论构想，更是推进刑事司法现代化的实际行动。刑事检察工作作为检察机关法律监督工作的重要组成部分，应当适应以审判为中心的诉讼制度改革和"高质效办好每一个案件"的目标要求，深刻领会构建以证据为中心的刑事指控体系的重大意义，扛牢检察主导责任，在吸收现代刑事司法文明成果的同时，立足国情和司法实际，围绕证明体系构建、证据规则运用、证据审查完善、指控证明责任承担等多层次多角度，构建与之相匹配的理念、制度机制，实现惩罚犯罪与保障人权并重的目标。

第二节　主要内涵

一、以证据为中心的刑事指控体系的概念

（一）刑事指控体系

刑事指控体系是检察机关控诉职能的具体体现，是指人民检察院在刑事诉讼过程中，以依法追究犯罪嫌疑人、被告人刑事责任为目的，围绕刑事追诉涉及的证明责任、证明对象、证明标准、证据的收集审查运用、出庭指控犯罪、监督配合制约等方面组成的有机整体。从理论层面，按照体系要素来分析，刑事指控体系主要包括指控主体、指控对象、指控内容、指控依据等方面。

1. 指控主体

刑事指控体系的主体应当是刑事诉讼中履行控诉职能的主体，即检察机关。根据我国宪法、人民检察院组织法等规定，检察机关作为国家的法律监督机关、保障国家法律统一正确实施的司法机关和国家监督体系的重要组成部分，各项检察职能内在统一于法律监督这一宪法法律赋予的根本职责。检察是一种以刑事公诉为主要职能的活动，指控证明犯罪的刑事公诉职能是检察机关代表国家要求人民法院审理被指控的被告人的行为，以确定被告人刑事责任并予以刑事制裁的诉讼职能。[①] 世界各国的公诉都具有控诉功能和监督功能，公诉也往往衍生出监督、引导、指挥侦查的职能

---

① 参见孙谦：《全面依法治国背景下的刑事公诉》，载《法学研究》2017 年第 3 期。

和监督审判的职能。[1]

以审判为中心的刑事诉讼制度改革重在切实发挥审判程序的终局裁判功能，以及对审前程序的制约引导功能，纠正公检法三机关"配合有余，制约不足"的问题，并未改变"分工负责、相互配合、相互制约"的刑事诉讼原则。以审判为中心的刑事诉讼制度改革要求侦查、审查起诉的案件事实经得起法律的检验。刑事指控作为连接侦查与审判的桥梁，在指控事实和证据的建构、量刑建议的提出、涉案财物的处理意见等方面都需要接受法庭审判的检验，其中关键是在审前程序中准确建构的证据体系和事实基础。

作为指控主体的检察机关要完成刑事诉讼的控诉职能，需要通过完善相关制度机制，处理好与监察机关、侦查机关、审判机关以及辩护律师等主体的关系。其中，检察机关与侦查机关的关系直接影响刑事指控体系的构建。在诉前程序中，首要任务是将审判阶段的证据标准向侦查阶段传导，从源头上保证案件质量。在刑事诉讼中，侦查机关的基本职能主要包括立案权、侦查权、拘留权、预审权和执行逮捕权等，[2] 是审查起诉和法庭审判的前提和基础，侦查的质量从根本上影响到后续的审查起诉和法庭审判的质量。侦查职权与公诉职权具有天然的紧密联系和承接性，构建检警协作配合的"大控方"追诉格局，具有必要性和可行性。侦查活动具有封闭性、秘密性等特点，基于其权力属性，容易出现侵犯公民、组织合法权利的情况，在实践中出现的"远洋捕捞"等问题造成了负面社会影响。现代刑事司法的准则之一即通过制度设计加强对侦查权的规制，我国刑事诉讼实行公安机关、检察机关、审判机关分工负责、相互配合、相互制约的原则。党的二十届三中全会通过的《中共中央关于进一步全面深化改革、推进中国式现代化的决定》强调要健全相互配合、相互制约的体制机制，确保执法司法各环节全过程在有效制约监督下运行。司法实践中的问题在于重配合、轻制约，配合有余、制约不足。由于传统侦查职能的强势地位，原有刑事诉讼模式主要是"侦查中心主义"，检察机关指控职能的行使主要依赖于侦查职能，对侦查活动的监督明显不足，侦查工作质量直接影响到了刑事指控的质量。随着以审判为中心的刑事诉讼制度改革的深入推进，"侦查中心主义"逐步转向"以审判为中心"，强调庭审实质化，

---

[1]　参见朱孝清：《检察的内涵及其启示》，载《法学研究》2010 年第 2 期。

[2]　参见樊崇义主编：《刑事诉讼法》，法律出版社 2020 年版，第 45 页。

保证庭审在查明事实、认定证据、保护诉权、公正裁判中发挥决定性作用，确保诉讼证据出示在法庭、案件事实查明在法庭、辩诉意见发表在法庭、裁判结果形成在法庭，切实发挥审判程序的终局裁判功能以及对审前程序的制约引导功能。新的刑事诉讼模式对于指控职能和侦查职能起到了反向传导作用，既强化了指控职能对于侦查职能的监督制约作用，也强化了两种职能的协作配合，推动形成"大控方"新格局。只有充分发挥指控职能在审前程序中的引导和制约作用，才能切实从根本上提升案件质量，合力完成刑事诉讼的任务和目的。

2. 指控对象

刑事指控的对象为犯罪嫌疑人、被告人。犯罪嫌疑人和被告人都是在刑事诉讼中涉嫌犯罪而受到刑事追诉的人。从外延上讲，犯罪嫌疑人只存在于公诉案件的侦查阶段和审查起诉阶段，是因涉嫌犯罪被侦查机关立案侦查和被检察机关审查是否提起诉讼的人；被告人则存在于审判阶段，是因涉嫌犯罪被检察机关提起公诉，要求审判机关依法追究其刑事责任的人。从指控对象方面，也可以看出刑事指控体系贯穿于检察机关的审查逮捕、审查起诉和出席法庭支持公诉等阶段。

犯罪嫌疑人、被告人属于刑事指控的对象并不是否定其作为刑事诉讼法律关系的主体地位。在刑事诉讼理论上，犯罪嫌疑人、被告人属于刑事诉讼法律关系的主体，是刑事诉讼的当事人之一，是承担刑事诉讼辩护职能的主体，是案件结果的承担者，这是从刑事诉讼法律关系的角度所作的理解。① 从刑事指控体系角度来看，犯罪嫌疑人、被告人是与承担控诉职能的检察机关相对峙的人员，是刑事指控的对象，刑事指控活动都是针对犯罪嫌疑人、被告人而开展的。从这方面来看，与犯罪嫌疑人、被告人作为刑事诉讼法律关系的主体地位并不矛盾。

检察机关在处理与刑事指控对象的关系上，需要把握以下两个方面的原则：一是秉持客观公正立场。我国检察官法和《人民检察院刑事诉讼规则》明确了检察机关办理刑事案件应当秉持客观公正的立场，尊重和保障人权，既要追诉犯罪，也要保障无罪的人不受刑事追究。二是加强对涉及人身强制措施、财产性侦查措施的法律监督。党的二十届三中全会通过的《中共中央关于进一步全面深化改革、推进中国式现代化的决定》中明确

① 参见樊崇义主编：《刑事诉讼法》，法律出版社 2020 年版，第 47 页。

了"完善涉及公民人身权利强制措施以及查封、扣押、冻结等强制措施的制度"，从保障人权的角度，涉及人身强制措施、财产性侦查措施侵犯刑事指控对象合法权益的情况，检察机关在刑事指控证明犯罪过程中，应当同时强化诉讼监督，切实维护公民人身权、财产权和企业合法权益，以高质效法律监督促进执法司法公正。

3. 指控内容

刑事指控体系的指控内容包括定罪指控、量刑建议、涉案财物处置意见等方面。在刑事公诉发展历史上，随着刑事诉讼制度的发展，公诉模式经历了由定罪请求权向定罪请求权与量刑请求权并行转变。[①] 近年来，随着电信网络诈骗等犯罪的大量出现，涉案财物的处置问题成为公诉工作的重要内容，由传统的"对人之诉"发展为"对人之诉"与"对物之诉"并行，相应地，在刑事指控的内容上，人民检察院开始围绕定罪指控、量刑建议、涉案财物处置等全面开展刑事追诉活动，不仅包括定罪请求权、量刑请求权，还包括涉案财物处置的请求权。

刑事指控的内容与刑事诉讼法律关系的客体具有一定关联。刑事指控的内容是从类型化角度所作的分类，包括定罪指控、量刑建议、涉案财物处置意见等；刑事诉讼法律关系的客体是刑事诉讼法律关系主体权利义务所指向的对象和作用的目标，即案件事实和被告人的刑事责任。[②] 从刑事诉讼的任务角度来看，法律关系的客体主要指的是查明犯罪事实，惩罚犯罪分子等。因此，从本质上讲，刑事指控的内容与刑事诉讼法律关系的客体基本一致，只是刑事指控的内容是从控诉职能的立场出发，而刑事诉讼法律关系的客体是从整个刑事诉讼法律关系的角度出发的。

4. 指控依据

刑事指控体系的指控依据包括指控证明犯罪所依据的所有实体、程序性法律及有关规定，是刑事指控的法律渊源。根据我国宪法规定，检察机关是国家的法律监督机关，是保障国家法律统一正确实施的司法机关，这是检察机关开展刑事指控活动的根本依据。在刑事实体法方面，主要是我国现行的刑事法规范，是定罪指控、量刑建议、涉案财物处置意见等方面的实体依据；在刑事程序法方面，主要是刑事诉讼法规范，是对刑法正确实施的保障，规制刑事指控所需要的程序事项。

---

① 参见孙谦：《全面依法治国背景下的刑事公诉》，载《法学研究》2017 年第 3 期。

② 参见樊崇义主编：《刑事诉讼法》，法律出版社 2020 年版，第 49 页。

与指控依据密切相关的是刑事诉讼的证明，指控依据中很大一部分是关于证明责任、证明对象、证明标准、证据的收集审查运用、出庭指控犯罪等刑事诉讼证明的内容。证明是根据已知的命题或判断，通过逻辑推理，来断定另一个命题真实性的活动，同时包含论题、论据和论证方式三个要素。[①] 指控依据属于司法证明的要素内容，司法证明中最重要的问题包括证明责任、证明对象、证明标准等。证明责任是证明主体提供证据证明指控主张的责任，包含着承担其提出的主张不能成立的风险。根据刑事诉讼法规定，公诉案件中被告人有罪的举证责任由人民检察院承担，刑事诉讼的证明责任与无罪推定原则相关联。[②] 证明对象又称为"待证事实"，与一般证明不同的是，司法证明的论题是一项事实命题。证明对象主要可以分为犯罪事实、量刑事实、程序性事项等，值得注意的是，在审查逮捕中，是否具有社会危险性的情况也属于证明对象的范畴。证明标准是承担证明责任的主体提供证据对案件事实加以证明所要达到的程度，是刑事诉讼证明活动的方向和准绳。[③] 我国现行刑事诉讼规范中，分散规定了逮捕、定罪、从重处罚、违法所得没收程序、已过追诉期限案件犯罪嫌疑人的核准追诉等的证明标准，对于其他事项的证明标准并未予以明确规定，尤其是对于从轻处罚、涉案财物处置以及其他程序性事项等方面的证明标准，理论和实践中存在较大争议。

（二）以证据为中心

证据是认定案件事实的基础，是已发生事件遗留下来的痕迹，这种痕迹通过多种形态反映出来，是一种客观存在的状态。[④] "准确、及时地查明犯罪事实"是刑事诉讼的重要任务，查明案件事实需要依靠证据证明。刑事诉讼从本质上讲是对证据进行收集、审查、运用和认定的过程，检察机关要充分发挥对证据的审查把关作用。人民检察院推动完善以证据为中心的刑事指控体系，是协同推进以审判为中心的刑事诉讼制度改革的重要举措。以审判为中心的实质是以庭审为中心，以庭审为中心的实质是以证据为中心。构建以证据为中心的刑事指控体系，就牵住了刑事诉讼活动的"牛鼻子"。人民检察院在推动完善刑事指控体系过程中，坚持将证据作为

---

① 参见陈瑞华：《刑事证据法》，北京大学出版社 2021 年版，第 396 页。
② 参见樊崇义主编：《刑事诉讼法》，法律出版社 2020 年版，第 243 页。
③ 参见樊崇义主编：《刑事诉讼法》，法律出版社 2020 年版，第 251 页。
④ 参见沈志先主编：《刑事证据规则研究》，法律出版社 2011 年版，第 1 页。

认定案件事实的依据，突出证据的基础、中心地位，聚焦证据的收集审查运用，综合运用证据规则，构建科学严密的证据体系，强化庭审证明说理，确保指控的案件事实清楚，证据确实、充分，高质效办好每一个刑事案件。

1. 以证据为中心与刑事检察职能

刑事检察贯穿于刑事诉讼全过程，刑事检察职能中很多涉及的环节、机制都与以证据为中心密切相关，主要包括以下方面：

（1）程序性事实。刑事诉讼中的程序性事实包括立案、管辖、回避、违反法定程序、人身强制措施，查封、扣押、冻结等强制性侦查措施，非法证据排除等。关于程序性事实的证明标准与相关证据应当达到的标准和规格有关。对于程序性事实适用何种证明标准有两种观点，有观点认为，应当适用高度可能性标准；也有观点认为，应当适用优势证据标准。刑事诉讼的程序性事实涉及的情况比较复杂，很难统一适用一种证明标准，除了包括管辖、回避、违反法定程序等事项，还包括拘传、取保候审、监视居住、拘留、搜查、扣押等强制措施，适用优势证据标准会让证明标准过低，不利于加强人权执法司法保障，适用高度可能性标准较为适宜。通过提炼现行法律、司法解释有关规定，参考借鉴学术界相关研究成果，总结司法实践经验，程序性事实的证明标准可以表述为"应当有证据予以证明，且相关证据已查证属实"，同时，鉴于有些事项存在特殊规定，对于逮捕、非法证据排除、立案等少数具有特殊性的程序性事实的证明标准，法律、司法解释另有规定，从其规定。

（2）检察侦查。检察侦查是检察机关对于其管辖的刑事案件，依照法律进行的收集证据、查明案情的工作和有关的强制性措施。检察侦查的目的是收集证据、查清犯罪事实及查获犯罪嫌疑人。[①] 根据《人民检察院刑事诉讼规则》第 176 条规定，"人民检察院办理直接受理侦查的案件，应当全面、客观地收集、调取犯罪嫌疑人有罪或者无罪、罪轻或者罪重的证据材料，并依法进行审查、核实。办案过程中必须重证据，重调查研究，不轻信口供。严禁刑讯逼供和以威胁、引诱、欺骗以及其他非法方法收集证据，不得强迫任何人证实自己有罪。"

（3）审查逮捕、审查起诉。审查逮捕和审查起诉是刑事检察中的两大

---

① 参见童建明、万春主编：《〈人民检察院刑事诉讼规则〉条文释义》，中国检察出版社 2020 年版，第 187 页。

重要职能，二者的证明标准存在不同的规定。第一，关于审查逮捕。《刑事诉讼法》第 81 条、《人民检察院刑事诉讼规则》第 128 条第 2 款、第 3 款对于逮捕条件规定人民检察院批准、决定逮捕犯罪嫌疑人，对有证据证明有犯罪事实，可能判处徒刑以上刑罚的犯罪嫌疑人，采取取保候审尚不足以防止发生社会危险性，而有逮捕必要的；有证据证明有犯罪事实，可能判处十年有期徒刑以上刑罚的，或者有证据证明有犯罪事实，可能判处徒刑以上刑罚，曾经故意犯罪或者身份不明的，应当予以逮捕。在审查逮捕时，对于事实条件、刑罚条件和社会危险性条件，都需要有相应的证据予以证明。第二，关于审查起诉。根据刑事诉讼法、监察法的规定，调查终结、侦查终结、提起公诉、审判的证明标准一致，即"犯罪事实清楚，证据确实、充分"。检察机关提起公诉，指控犯罪嫌疑人、被告人构成犯罪，应当遵循刑事诉讼法规定的证据确实、充分的定罪证明标准。总体而言，在履行审查逮捕、审查起诉职能时，与证明标准、证明对象、证据的收集、审查、运用等内容息息相关，更为集中地体现了"以证据为中心"。第三，关于认罪认罚从宽制度的适用。首先需要明确的是，对于犯罪嫌疑人、被告人认罪认罚的刑事案件，不能因认罪认罚而降低证明标准，要坚持证据确实、充分的证明标准，审查认罪认罚的自愿性、真实性和合法性。对于犯罪嫌疑人、被告人自愿性、真实性、合法性的审查，都需要有相关证据。

（4）出席法庭支持公诉。对于公诉案件，无论是适用普通程序，还是简易程序、速裁程序，检察机关都应当派员出席法庭支持公诉。出席法庭支持公诉是检察机关履行追诉犯罪以及法律监督职责的要求，也是发挥诉讼职能的主要形式。[①] 如果说审前程序侧重于证据的审查运用、证据体系的完善、刑事指控体系的构建，出席法庭支持公诉则是对整个已经构建起来的刑事指控体系的主张和捍卫。事实上，出庭指控是以证据为中心而开展的诉讼活动，出庭公诉人在审查运用证据基础上，紧密结合案件事实、量刑情节、在案证据制作讯问提纲、举证质证提纲、答辩提纲、公诉意见书等出庭所需文书，以有利于证明指控犯罪为目标，制作详略得当、重点突出的庭审预案。公诉人出席法庭支持公诉，要充分运用证据开展法庭调查、法庭辩论等活动，加强庭审证据说理论证，有效应对庭审突发情况，

---

① 参见童建明、万春主编：《〈人民检察院刑事诉讼规则〉条文释义》，中国检察出版社 2020 年版，第 401 页。

增强指控证明犯罪力度，有效维护刑事指控体系。

（5）特别程序。刑事诉讼中的特别程序包括未成年人刑事案件诉讼程序，当事人和解的公诉案件诉讼程序，缺席审判程序，犯罪嫌疑人、被告人逃匿、死亡案件违法所得的没收程序，依法不负刑事责任的精神病人的强制医疗程序。未成年人刑事案件诉讼程序在证明责任、证明对象、证明标准等方面与普通程序刑事案件无异，但是在证据的收集审查运用方面，涉及未成年人的，有相对特殊的证据运用规则。对未成年被害人陈述、证人证言，应当着重审查陈述、证言形成的时间、背景，被害人、证人的年龄、认知、记忆和表达能力，生理和精神状态是否影响陈述、证言的自愿性、完整性，陈述、证言与其他证据之间能否相互印证，有无矛盾。低龄未成年人陈述、证言前后存在不一致的，应当考虑其身心特点，综合判断其陈述的主要事实是否客观、真实。当事人和解的公诉案件诉讼程序中，需要符合"案件事实清楚，证据确实、充分"的条件；缺席审判程序中，要符合"犯罪事实已经查清，证据确实、充分"条件的，才能提起公诉；犯罪嫌疑人、被告人逃匿、死亡案件违法所得的没收程序的证明标准为高度可能性标准，检察机关提出犯罪嫌疑人、被告人逃匿、死亡案件没收违法所得申请，应当有证据证明有犯罪事实，申请没收的财产具有高度可能属于违法所得及其他涉案财产的，应当认定为违法所得及其他涉案财产。依法不负刑事责任的精神病人的强制医疗程序中，也会涉及涉案精神病人实施危害公共安全或者严重危害公民人身安全的暴力行为的事实及证据情况。

（6）核准追诉程序。核准追诉是经过一定期限或者针对特定群体，对刑事犯罪是否追诉的一种刑事诉讼制度，包括两种类型，即对于已满十二周岁不满十四周岁未成年人涉嫌故意杀人、故意伤害犯罪的核准追诉和对于已过追诉期限案件犯罪嫌疑人的核准追诉。其中，对于已满十二周岁不满十四周岁未成年人涉嫌故意杀人、故意伤害犯罪的核准追诉，应当有证据证明存在故意杀人、故意伤害的犯罪事实，且犯罪事实是犯罪嫌疑人所实施的。对于已过追诉期限案件犯罪嫌疑人的核准追诉，应当有证据证明存在犯罪事实，且犯罪事实是犯罪嫌疑人所实施的。需要注意的是，核准追诉指向的是要不要追诉的问题，涉及追诉的核准。从刑事诉讼程序来看，核准追诉程序位于公安机关移送审查起诉之前，因此其证明标准可以低于"证据确实、充分"的证明标准。但是对被核准追诉的案件提起公诉的，仍然适用证据确实、充分的证明标准。

（7）刑事诉讼法律监督。刑事诉讼法律监督主要包括刑事立案监督、侦查活动监督、审判活动监督、羁押必要性审查、刑事判决裁定监督、死刑复核监督、羁押期限和办案期限监督等内容。强化诉讼监督的目的主要是保障刑事指控的顺利开展。检察机关推动完善刑事指控体系，应当注重对应当立案而不立案或者不应当立案而立案，证据收集不全面、不规范，非法收集证据，证据采信、认定错误等立案、侦查活动、审判活动开展法律监督，加强对涉及公民人身权利强制措施和查封、扣押、冻结等强制性措施的监督，依法监督纠正违背事实、证据，利用刑事手段插手经济纠纷、趋利性执法司法等突出问题，维护公民人身权、财产权和企业合法权益。

（8）刑罚执行和监管执法监督。检察机关开展减刑、假释、暂予监外执行监督，需要审查是否具有罪犯符合实体条件的证据。对于其他监督案件，也需要审查是否具有证明被监督单位违反法律、有关规定的相关证据。在办理减刑、假释、暂予监外执行监督案件中，经审查认为需要补充相关证据的，可以自行调查收集证据。办理其他监督案件中，主要通过自行调查收集的方式获取证据。此外，需要注意的是，我国已建立重大案件侦查终结前讯问合法性核查机制，"对于可能判处无期徒刑、死刑的案件或者其他重大案件，侦查机关在侦查终结前，应当书面通知人民检察院驻看守所检察人员开展讯问合法性核查。检察人员应当在侦查终结前询问犯罪嫌疑人，核查是否存在刑讯逼供等非法取证的情形，并全程同步录音录像。"该机制主要针对侦查机关讯问过程的合法性，也就是犯罪嫌疑人供述和辩解这一证据的合法性问题。

（9）刑事司法协助。我国刑事诉讼法明确了刑事司法协助原则是我国刑事诉讼的基本原则之一。国际刑事司法协助是办理涉外刑事案件的一项国际合作制度，是主权国家之间根据国际条约或者互惠原则，在刑事司法上互相协助，代为进行一定刑事诉讼活动。国际刑事司法协助的内容所包含的送达文书，调查取证，安排证人作证或者协助调查，查封、扣押、冻结涉案财物，没收、返还违法所得及其他涉案财物等方面，都与证据有关。传统的刑事司法协助以协助调查取证为中心，涉外刑事案件的证据尤其是关键证据位于境外时，通过刑事司法协助调取证据，可以补充完善证据体系，夯实证据基础。

2. 以证据为中心与高质效办好每一个案件

最高人民检察院提出要让高质效办好每一个案件成为新时代新征程检察履职办案的基本价值追求，在实体上确保实现公平正义，在程序上让公平正义更好更快实现，在效果上让人民群众可感受、能感受、感受到公平正义，做到检察办案质量、效率、效果有机统一于公平正义。高质效办好每一个案件的实践要求就是要做到"三个善于"，善于从纷繁复杂的法律事实中准确把握实质法律关系，善于从具体法律条文中深刻领悟法治精神，善于在法理情的有机统一中实现公平正义。高质效办好每一个案件，构建起高质效办案的标准体系，落实以事实为依据、以法律为准绳，做到法理情的有机统一，在实体和程序上确保实现公平正义，需要准确把握证据和事实的关系。

第一，证据是可以用于证明案件事实的材料，是办理刑事案件的基本依据。随着刑事诉讼法的修订，对证据的规定也逐步完善，明确经过查证属实的证据才能作为定案的根据。多个关于证据的司法解释也不断丰富，诸如非法证据排除规则、隐蔽性证据规则、传闻证据规则等证据运用规则。事实包括法律事实和客观事实。法律事实是指根据收集的证据，按照法律程序推断确认，对于解决案件争议、实现法律诉求具有重要法律意义的事实。与法律事实相关联的是客观事实，法律事实是有证据证明的客观事实，法律事实必须以客观事实为追求目标，尽可能最大限度重现或接近客观事实。要做到"案件事实清楚"，前提是必须做到"证据确实、充分"。在检察办案环节，证据审查能力是检察官最基础、最基本的能力。检察办案要重证据、重调查研究、不轻信口供，依法收集和固定证据，准确审查和运用证据。特别是要紧紧围绕证据的合法性、客观性、关联性进行审查，确保证据的收集和提供符合法律规定，证据与待证事实之间密切相关。①

第二，处理好证据与事实的关系，在对全案证据进行综合分析运用的基础上，更注重对关键证据的审查，对案件事实作出准确判断。证据确实、充分的证明标准是针对全案证据而言的，关键证据在全案证据排除合理怀疑、形成闭环中往往起到决定性作用。以最高人民检察院发布的检察机关高质效履职办案典型案例中的"陈某抢劫再审抗诉案""四川乐山流

---

① 参见应勇：《高质效办好每一个案件　努力让人民群众在每一个司法案件中感受到公平正义》，载《人民检察》2024 年第 18 期。

浪女子被强奸杀害案"为例,在"陈某抢劫再审抗诉案"中,陈某伙同他人入室盗窃,被发现后杀害母子二人灭口,案发十七年后被查获。归案后因其翻供,原审法院认为证据间存在矛盾判其无罪。最高人民检察院经审查认为现有证据已形成完整链条,能够排除合理怀疑,依法提出抗诉,刑期被改判为死缓。在本案中发挥决定性作用的关键证据是罪犯入室盗窃时在窗户上留下的一枚指纹,最高人民检察院提出"非到现场不能形成""非外侧不能形成",对该案的定性起到重要作用。在"四川乐山流浪女子被强奸杀害案"中,一流浪女子被奸杀,公安机关经摸排锁定居住在附近的毛某有重大作案嫌疑,毛某前后 10 次供述自认有罪。检察官审查起诉时发现,毛某关于杀人的供述与现场勘验、尸检情况高度一致,但对案发起因、部分现场状况、作案细节、致死手段等供述前后矛盾,现场勘验获取的物证也与毛某无关联,要求公安机关做 DNA 鉴定,发现真凶另有他人。检察机关督促公安机关依法释放毛某并持续跟进监督,十四年后真凶落网。本案中的关键证据即 DNA 鉴定意见。

第三,处理好证据与事实的关系,要注重排除非法证据、补正瑕疵证据、补强客观证据,用好专门性证据。要推行以客观证据为主的证据审查模式,巩固完善证据体系。对于存在疑问的情况,要用足用好自行补充侦查、退回补充侦查、调查核实等方式,严格落实非法证据排除规则,补强补足用以认定法律事实的各类证据。以海南省检察机关办理的一起盗窃案为例,通过细致审查和积极引导补充侦查补强证据体系,认定关键犯罪事实。李某和两名同伙共谋盗窃,李某从户外爬上三楼,用钳子剪开防盗网进入被害人家中,盗走一个装有 30 万元现金的双肩包,后与望风的两名同伙逃离现场。经鉴定,防盗窗栏上可疑痕迹擦拭物、现场遗留钳子柄部检出的 DNA 分型与李某的 DNA 分型相同。公安机关将李某抓获,以涉嫌盗窃罪移送审查起诉,当时两名同伙尚未到案。检察机关对李某以涉嫌盗窃 30 万元现金提起公诉。法院一审认定李某实施入室盗窃,但认为在案证据不能证实盗窃的财物为 30 万元,判处李某有期徒刑一年,并处罚金3000 元。检察机关提出抗诉,在二审中积极引导公安机关补充了被害人具有存放现金习惯,以及 30 万元现金来源等新的证据,同时同步引导公安机关加大对两名同伙的追逃力度。两名同伙到案后,均承认伙同李某共同盗窃 30 万元,每人分到 10 万元。法院二审判处李某有期徒刑十一年,并处罚金 30 万元；另案分别判处两名同伙有期徒刑十年，并处罚金 11 万元。① 此外，还要注重技术性证据和其他专门性证据对案件事实的证明以及参考作用，充分发挥检察技术人员或有专门知识的人的辅助作用。司法实践中，对于命案等疑难复杂案件，检察技术人员或有专门知识的人出具的技术性证据专门审查意见对于检察人员审查案件、完成证明论证、形成内心确信起到了重要作用。

　　3. 以证据为中心的落实

　　检察机关办理各类刑事案件，应当进一步凸显以证据为中心的鲜明导向，切实强化证据的审查运用，确保案件质量。

　　（1）牢固树立"证据定案"理念。"证据乃现代刑事诉讼法之核心领域"②，以庭审为中心的实质是以证据为中心，证据是构建刑事指控体系的基石，是法律事实最大限度重现或接近客观事实的纽带，检察机关应当牢固树立"证据定案"理念，将证据作为刑事追诉活动的基石，严格贯彻证据裁判原则。同时，应当全面准确理解"证据定案"理念，尤其是要处理好排除合理怀疑和印证规则的运用，在案件证据的基础上，合理运用逻辑推理，认定案件事实。

　　（2）构建"以证据为中心"的办案模式。办理刑事案件过程中贯彻落实"以证据为中心"，要注重构建以证据为中心的刑事办案模式。

　　一是构建充分发挥客观性证据证明优势的办案模式。在注重主客观相统一的同时，充分发挥客观性证据的证明优势。注重引导侦查机关加强对客观性证据的收集，完善技术性证据专门审查制度，以客观性证据的优势夯实指控体系证据链条。在主观性证据审查中挖掘客观性证据，利用现代科技发现客观性证据，通过客观性证据验证、补强主观性证据，进而审查判断全案证据。第一，增强客观性证据运用意识。引导侦查机关围绕犯罪构成要件、案件事实发生历程等收集和构建证据体系，尤其注重对客观性证据的收集和运用，推动侦查活动由"突破口供"向"证明犯罪"转变。第二，充分挖掘犯罪现场所附着的客观性证据。犯罪现场是犯罪核心事实的物质载体，必须引导侦查机关进一步重视和规范犯罪现场勘查和证据搜

---

　　① 参见应勇：《高质效办好每一个案件　努力让人民群众在每一个司法案件中感受到公平正义》，载《人民检察》2024 年第 18 期。

　　② 林钰雄：《干预处分与刑事证据》，北京大学出版社 2010 年版，第 168 页。

集工作，围绕现场及关联场所全面梳理、深挖、提取、固定客观性证据。[①]
第三，强化客观性证据关联性意识。根据法国艾德蒙·洛卡德物质交换原理所蕴含的证据关联性原则，以及以证据为基础构建犯罪现场、犯罪嫌疑人、被害人之间关联的实践法则，[②] 对痕迹物证等客观性证据，要从其来源、形态、变化过程、成因等方面，建立与其他证据、待证事实的关联，增强证明的有效性。第四，注重从言词证据中发现潜在客观性证据，全面挖掘获取客观性证据。既要重视现场勘查，做到全面细致，又要善于从言词证据中发现可能存在的客观性证据线索并据以查证，用于检验证据和证明相关事实。[③]

二是构建全面性审查证据的办案模式。确立全面性审查模式，要全面审查各类证据，既要审查客观性证据，也要审查主观性证据；既要审查在案证据，也要注意审查发现不在案的证据；既要审查犯罪嫌疑人、被告人有罪或者罪重的证据，也要注意审查发现犯罪嫌疑人、被告人无罪或者罪轻的证据。

三是构建亲历性办案模式。证据审查要更加注重亲历性，调查核实要从案卷中走出来，从办公室走出来，从检察机关走出来，以审查证据的亲历性保障获取证据、补强证据的准确性、实效性。[④] 增强检察人员办案的亲历性，变"静态"审查为"动态"审查，尤其是对犯罪嫌疑人翻供的、客观性证据存疑的、案情重大疑难复杂的、对事实认定有重大争议的、新型犯罪以及专业性较强的、拟不起诉或公安机关撤回的、存在当事人矛盾激化引发重大办案风险的、可能判处无期徒刑以上刑罚的案件，更应注意办案的亲历性。在具体办案手段上，可以综合运用复勘现场、疑点证据走访核实、调取侦查机关的侦查内卷、接触当事人和证人、听取辩护律师意见等方法审查证据取得手段、程序及内容的合法性，对前后矛盾的言词证据进行梳理、固定，及时发现未在案的相关证据，排除非法证据，做到全案证据审查不偏不倚。

（3）推动完善证据争议解决机制。为有效化解控辩双方争议，节约司

---

①　参见庄永廉等：《如何构建以证据为核心的刑事指控体系》，载《人民检察》2017 年第 11 期。
②　参见刘静坤：《证据审查规则与分析方法》，法律出版社 2018 年版，第 229 页。
③　参见庄永廉等：《如何构建以证据为核心的刑事指控体系》，载《人民检察》2017 年第 11 期。
④　参见应勇：《高质效办好每一个案件　努力让人民群众在每一个司法案件中感受到公平正义》，载《人民检察》2024 年第 18 期。

法资源，应协同审判机关推动完善庭前会议的证据争议解决机制和庭审程序的证据争议解决机制。可以通过庭前会议程序，归纳控辩双方争议焦点，减少不必要的事实证据争议，为推进庭审实质化创造有力条件。在庭前准备程序基础上，庭审程序对事实证据争议的解决，主要是通过举证、质证等法庭调查程序进行。

（4）完善证据风险识别机制。证据风险主要包括关于证据能力的法律风险和关于证明力的失真风险。要加强对侦查取证行为合法性、证据真实性等方面的审查监督，高度重视对辩护律师辩护意见的审查，并借此完成证据风险识别。应当将证据的法律风险作为首要排查的风险，通过非法证据排除、瑕疵证据补正等方式予以审查。通过对证据进行归纳分析、综合分析、关联分析等方式，来完成证据的失真风险排查。①

（三）推动构建以证据为中心的刑事指控体系

推动构建以证据为中心的刑事指控体系是加强刑事检察工作的重要内容，也是落实"高质效办好每一个案件"的法治担当。② 检察机关刑事指控职能贯穿于刑事诉讼全过程，是连接调查、侦查与审判的桥梁，要加强与其他机关的办案衔接与配合制约，积极听取相关刑事诉讼主体的意见，履行好检察机关审前过滤把关、指控证明犯罪和诉讼活动监督的职责，实现依法及时有效追诉犯罪和尊重保障人权并重，维护国家利益、社会公共利益和公民合法权益。具体而言，检察机关推动构建以证据为中心的刑事指控体系，应当注重以下方面：

1. 刑事指控体系的构建要注重"系统化"，符合控辩审刑事诉讼构造

以系统化思维来构建刑事指控体系，要注意贯穿侦查、审查起诉、审判各刑事诉讼环节。刑事指控体系要符合控辩审的诉讼构造，完善刑事指控在刑事诉讼中与刑事辩护和审判方的功能性权力制约机制。刑事指控体系的建立必须符合刑事诉讼的构造，合理确定刑事指控体系在整个诉讼体系和结构中的地位，既反映出刑事指控的本质属性和内在要求，也体现出刑事指控体系与其他诉讼职能的制约与配合的关系。以审判为中心的刑事诉讼制度改革更加强调庭审实质化，更加突出证据裁判原则，刑事指控必

---

① 参见刘静坤：《证据审查规则与分析方法》，法律出版社 2018 年版，第 67 页。

② 参见俞昕水：《坚持系统观念　运用多元规则全方位构建以证据为中心的刑事指控体系》，载《中国检察官》2024 年第 3 期。

须与刑事辩护和刑事审判相互作用才能发挥其在诉讼结构中的地位和功能。① 除了要注意处理好刑事诉讼控诉、辩护、审判三项基本诉讼职能之间的关系，还要注意处理好控诉职能与侦查等职能的关系。刑事指控体系必须明确其在诉讼构造中特殊的功能性作用，处理好与其他诉讼主体的互动制约关系，才可能充分发挥其在刑事审判中的应有价值。②

2. 刑事指控体系的构建要注重"一体化"，切实提升法律监督效能

检察一体是用以确定检察机关组织结构并指导检察官履行职务的一项重要原则。一般认为，检察一体主要是指各级检察机关、检察官（检察人员）依法构成统一的整体，各级检察机关、检察官在履行职能、职务中根据上级检察机关、检察官的指示和命令进行工作和活动。③ 也有理论认为，在我国的司法体制背景下，检察一体化具有"组织一体化"和"业务一体化"的基本要求，在构造上形成了"纵向一体化"与"横向一体化"并存的基本格局。④ 最高人民检察院印发的《关于全面深化检察改革、进一步加强新时代检察工作的意见》明确提出，"落实和完善检察工作上下级领导体制，优化上下统一、横向协作、总体统筹的一体履职机制。"以一体化理念来加强刑事指控能力，统筹纵向和横向一体化履职。纵向上突出统筹管理，健全各项刑事检察业务的统筹协调、综合指导工作机制；横向上突出多主体协同，通过打破部门壁垒，吸纳检察技术职能部门、检察技术人员参与证据审查，提升指控效能。

3. 刑事指控体系的构建要注重"体系化"，全面体现切实保障人权、规范司法行为的价值取向

随着检察改革的不断深入，刑事指控的体系化已经具备了较好的司法实践基础，也是以检察工作有力服务和支撑中国式现代化的时代所需。体系化的刑事指控应当包含层次丰富的内涵，一般而言，按照体系要素来划分，刑事指控体系主要包括指控主体、指控对象、指控内容、指控依据。此外，还可以按照体系内容来划分，刑事指控体系包括以下几个子体系：其一，指控依据体系，包含刑事指控的基本原则、一般规定、证明责任、证明对象、证明标准等；其二，指控证据体系，包含证据的收集、审查、

---

① 参见庄永廉等：《如何构建以证据为核心的刑事指控体系》，载《人民检察》2017 年第 11 期。

② 参见庄永廉等：《如何构建以证据为核心的刑事指控体系》，载《人民检察》2017 年第 11 期。

③ 参见陈国庆：《检察制度原理》，法律出版社 2009 年版，第 113 页。

④ 参见陈文聪：《检察一体化问题研究》，载《法律科学》2023 年第 2 期。

运用等；其三，出庭指控犯罪体系，包含庭前准备、讯问和询问、举证质证、法庭辩论、起诉及诉讼程序变更等；其四，指控机制体系，包含刑事指控工作机制，与监察机关、侦查机关配合制约机制，与审判机关配合制约机制以及良性互动的检律关系等。

二、以证据为中心的刑事指控体系的几组关系

准确理解把握构建以证据为中心的刑事指控体系，需要厘清几组重要关系，包括以证据为中心的刑事指控体系与以审判为中心的刑事诉讼制度改革的关系，以证据为中心与刑事指控体系的关系，刑事指控与刑事检察、刑事公诉的关系，刑事指控体系与证据体系、证明体系的关系。

（一）以证据为中心的刑事指控体系与以审判为中心的刑事诉讼制度改革的关系

党的十八届四中全会立足于全面推进依法治国、建设社会主义法治国家，提出了"推进以审判为中心的诉讼制度改革，确保侦查、审查起诉的案件事实经得起法律的检验"这一重大改革命题。这项改革是对刑事司法权力运行机制的重大变革，也是对刑事诉讼制度的重要完善。

以往司法实践中，审前程序缺少对审判程序应有的重视，审判程序缺少对审前程序有效的制约，这是导致案件从源头出问题，审判程序缺乏对审前程序发挥制约、纠错功能的重要原因。以审判为中心的刑事诉讼制度改革的最终目标是防止冤假错案，努力实现司法公正。改革中面临两个核心问题，一是侦查、审查起诉的案件质量问题。主要涉及侦查、审查起诉的证明标准是否能达到"事实清楚，证据确实、充分"的要求。二是庭审实质化的问题。庭审实质化是相对于庭审虚化而言的，改革所要求的庭审实质化是保证庭审在查明事实、认定证据、保护诉权、公正裁判中发挥决定性作用，确保诉讼证据出示在法庭、案件事实查明在法庭、辩诉意见发表在法庭、裁判结果形成在法庭。因此，以审判为中心的刑事诉讼制度改革的重要问题在于证据，以审判为中心根本在于落实以证据为中心。

以审判为中心的诉讼制度改革并不意味着改变公检法三机关分工负责、相互配合、相互制约的诉讼原则，而是旨在切实发挥审判程序的终局裁判功能以及对审前程序的制约引导功能，纠正公检法三机关配合有余、制约不足之偏。不能把以审判为中心简单理解为以法院为中心，以审判为中心并不等于弱化检察机关的指控职能。以审判为中心是就侦查、审查起诉、审判三个诉讼程序的相互关系而言的，而不是就公检法三机关之间的

相互关系而言的。作为刑事诉讼三大职能之控诉职能的履职主体，检察机关控诉职能的重要性更加凸显。检察机关要充分发挥对证据的审查把关作用和指控证明犯罪职能，协同推进以审判为中心的刑事诉讼制度改革。

（二）以证据为中心与刑事指控体系的关系

从理论上讲，以证据为中心基本的含义是要遵循证据裁判原则，即对于案件事实的认定，必须有相应的证据予以证明。证据必须是有证据能力和证明力的证据。而对于证据是否具有证据能力和证明力，需要以一定的方式进行审查判断。[①] 从实践角度来看，以证据为中心是指坚持将证据作为认定案件事实的依据，突出证据的基础、中心地位，聚焦证据的收集审查运用，综合运用证据规则，构建科学严密的证据体系，强化庭审证明说理，确保指控的案件事实清楚，证据确实、充分，高质效办好每一个刑事案件。

围绕定罪指控、量刑建议、涉案财物处置等开展刑事指控活动都需要以证据为基础和支撑，即"以证据为中心"。"刑事指控体系"涉及检察机关在刑事诉讼中所扮演的基本角色。在刑事诉讼中，检察机关在刑事诉讼中承担控诉职能，控诉权主要由检察官行使。[②] 检察机关作为公诉机关，面向法院，对被告人提出刑事指控。起初，这种指控仅涉及对被告人的定罪问题，起诉书中仅要求法院将被告人是否有罪作为审判对象。后来扩展到量刑问题，即检察机关提出量刑建议，由法院进行司法审查。2012年修改后的《刑事诉讼法》增设了对依法不负刑事责任的精神病人的强制医疗程序，在该程序中，检察机关所提出的强制医疗申请，可以视为刑事指控的一种新类型。以上三种都可以称为"对人之诉"。后来，由于"对物之诉"的发展，涉案财物的处置问题成为审判的对象，检察机关的刑事指控中又包含了对涉案财物的处置申请。在犯罪嫌疑人、被告人逃匿、死亡案件违法所得没收程序中，不涉及对人之诉，仅涉及对物之诉，检察机关所提出的没收违法所得的申请，也可视为刑事指控的一种新类型。刑事指控从过去具有单一性，到后来呈现多元化发展态势。在刑事指控体系中，不

[①] 参见熊秋红：《以证明标准为中心的刑事指控证据体系之构建》，载《中国检察官》2024年第3期。

[②] 参见樊崇义：《刑事诉讼法学》，法律出版社2020年版，第44页。

同类型的刑事指控，都需要以证据作为支撑，即以证据为中心。[①]

　　证据是刑事指控体系的锚点，刑事指控体系中遍布着证据的"血液"。刑事检察贯穿于刑事诉讼全过程，刑事检察履职与证据密切相关。刑事证明标准是刑事诉讼中证明主体运用证据证明案件待证事实所需达到的程度要求。在刑事诉讼中，证明标准是贯穿于整个刑事证明过程始终的准线。刑事诉讼主体收集证据、审查判断证据、运用证据进行实体处理的活动均需围绕着证明标准展开。检察机关运用证据证明指控事实离不开"证明标准"这样一个基本指引。[②] 我国刑事诉讼法对于刑事诉讼各个阶段，规定了相应的证明标准。在立案阶段，《刑事诉讼法》第112条对立案程序作出了明确规定，只有认为有犯罪事实需要追究刑事责任的时候，才应当立案。"认为有犯罪事实需要追究刑事责任"需要有一定的证据证明，不能在没有任何证据的情况下启动立案程序。在侦查阶段，《刑事诉讼法》第162条规定公安机关侦查终结的案件，应当做到犯罪事实清楚，证据确实、充分。这表明确实、充分的证据是决定是否移送审查起诉的证明标准。在审查起诉阶段，《刑事诉讼法》第176条明确规定，人民检察院提起公诉的案件，应当达到犯罪事实已经查清，证据确实、充分的程度。在审判阶段，人民法院作出有罪判决的依据仍然是确实、充分的证据。检察机关在法庭指控证明犯罪过程中，必须以证据为基础和中心，因为检察机关所承担的证明责任、参与法庭调查以及法庭辩论等一系列诉讼活动的开展，都是紧紧围绕案件证据是否确实、充分的证明标准而展开的。

　　（三）刑事指控与刑事检察、刑事公诉的关系

　　1. 刑事检察

　　刑事检察是指检察机关为了维护国家法制的统一正确实施，依法代表国家指控犯罪和开展刑事诉讼监督职能的总称。[③] 刑事检察是检察机关最基本、最核心的业务，是履行检察机关法律监督职能最为重要的方式和途径。刑事检察全过程参与、全流程监督刑事诉讼，是检察机关的基本职能，是中国特色刑事司法制度优越性的重要体现，是追诉犯罪、维护稳

---

①　参见熊秋红：《以证明标准为中心的刑事指控证据体系之构建》，载《中国检察官》2024年第3期。

②　参见熊秋红：《以证明标准为中心的刑事指控证据体系之构建》，载《中国检察官》2024年第3期。

③　参见苗生明：《刑事检察专论》，法律出版社2020年版，第4页。

定、保障人权、守护公正的重要力量。刑事检察的职能主要包括逮捕、公诉和刑事诉讼监督三项。

第一，逮捕职能。逮捕是剥夺犯罪嫌疑人、被告人人身自由的最严厉的刑事强制措施。根据我国宪法和刑事诉讼法的规定，人民检察院依法履行批准或决定逮捕职权。批捕权是针对公安机关逮捕犯罪嫌疑人的请求，人民检察院审查后，认为主要犯罪事实已经查清，可能判处徒刑以上刑罚，采取取保候审尚不足以防止发生社会危险性，而有逮捕必要的，应当批准逮捕。检察机关通过加强对逮捕适用的控制和监督，以保障侦查活动的依法进行，保障当事人的合法权益。[①] 逮捕是保障刑事诉讼顺利开展的强制措施，逮捕的司法审查原则是一项重要的国际司法原则，2012 年我国刑事诉讼法修改也融入了该原则的精神，新增审查逮捕阶段讯问犯罪嫌疑人及听取犯罪嫌疑人、辩护人意见的条款，旨在构建三角架构的诉讼式审查方式，强化审查逮捕的司法属性。批捕职能的司法属性是在保障追诉犯罪嫌疑人的侦查活动顺利开展的同时，亦保障犯罪嫌疑人合法权益的体现，是对检察机关客观公正立场的落实。

第二，公诉职能。公诉权是检察机关的一项标志性职权，根据刑事诉讼法、人民检察院组织法的规定，除了自诉案件之外，人民检察院对于犯罪代表国家行使公诉权，其他机关、团体和个人无权提起公诉。[②] 具体包括审查起诉、提起公诉、不起诉、出庭支持公诉、变更、补充、追加起诉。其中，提起公诉和出庭支持公诉充分体现了检察机关的控诉职能。提起公诉是指检察机关对于侦查终结的案件，经审查认为符合起诉条件，依法需要追究犯罪嫌疑人刑事责任的，决定将其提请法院进行审判的诉讼行为。根据《刑事诉讼法》的规定，人民检察院认为犯罪嫌疑人的犯罪事实已经查清，证据确实、充分，依法应当追究刑事责任的，应当作出起诉决定，向人民法院提起公诉。提起公诉后，检察官以国家公诉人的身份出席法庭支持公诉，根据事实和法律，通过法庭调查、法庭辩论等程序，提出证据支持检察机关对被告人的指控，要求法院依法对被告人判处刑罚。如因网络舆情引发社会广泛关注的杭州取快递女子被造谣出轨案，在检察机关的建议下，公安机关对两名犯罪嫌疑人立案侦查，启动自诉转公诉的程序流转。基于自诉权与公诉权在权源上的关系，自诉转公诉程序也体现了

---

① 参见孙谦等主编：《刑事检察业务总论》，中国检察出版社 2022 年版，第 3 页。
② 参见孙谦等主编：《刑事检察业务总论》，中国检察出版社 2022 年版，第 3 页。

检察机关对犯罪的控诉职能。

第三，诉讼监督职能。检察机关是国家的法律监督机关，是保障国家法律统一正确实施的司法机关，是保护国家利益和社会公共利益的重要力量，是国家监督体系的重要组成部分。最高人民检察院印发的《关于全面深化检察改革、进一步加强新时代检察工作的意见》中强调要"健全刑事诉讼全流程监督机制"，刑事诉讼监督是指作为国家法律监督机关的检察机关，依法对参与刑事诉讼的各侦查机关、审判机关、执行机关的行为是否合法、适用法律是否准确进行监督，从而支持、反对并提出纠正意见、抗诉等各项检察业务活动的总称，具体包括立案监督、侦查活动监督、审判活动监督、刑事执行监督以及由诉讼监督活动衍生的特定职务犯罪侦查权。①

2. 刑事公诉

刑事公诉是检察机关代表国家要求人民法院审理被指控的被告人的行为，以确定被告人刑事责任并予以刑事制裁的诉讼职能。② 刑事公诉权包括审查起诉、决定起诉和不起诉、提起公诉、出庭支持公诉、变更起诉、抗诉等多项权能，③ 不仅是一种刑事追诉权，而且是在秉持客观公正立场的基础上，对刑事案件进行审查，对侦查权、审判权进行监督和制约的司法权。我国的公诉权本质上是监督、制约侦查权和审判权的权能。依法履行刑事公诉职权，是我国检察机关的一项重要和基本的职能，是检察机关依法开展法律监督的重要手段之一。④ 出庭支持公诉是履行公诉职能的一个重要环节，指控证明犯罪是出庭公诉的核心工作。

刑事公诉制度的产生，基于人们对司法权力运行中的弊端的反思，是对侦查权和审判权进行监督制约的产物，是人类司法文明进步的重要成果。⑤ "检察官位于法官和警察两大山谷的谷间带，既制衡法官，又监督警察，具有双重控制的作用。"⑥ 检察官通过监督侦查和制约审判，把住侦查出口和审判入口，守护法律的统一正确实施。具体而言，刑事公诉的制度

---

① 参见孙谦等主编：《刑事检察业务总论》，中国检察出版社 2022 年版，第 5 页。

② 参见孙谦：《全面依法治国背景下的刑事公诉》，载《法学研究》2017 年第 3 期。

③ 参见童建明、孙谦、万春主编：《中国特色社会主义检察制度》，中国检察出版社 2022 年版，第 302 页。

④ 参见童建明、孙谦、万春主编：《中国特色社会主义检察制度》，中国检察出版社 2022 年版，第 301 页。

⑤ 参见孙谦：《全面依法治国背景下的刑事公诉》，载《法学研究》2017 年第 3 期。

⑥ 林钰雄：《检察官论》，法律出版社 2008 年版，第 684 页。

价值主要有以下四个方面：第一，保证国家统一行使刑罚权。刑事公诉是伴随着国家对犯罪社会危害性认识的深化和国家权力强化的需要，由私人起诉发展而来的一种国家行使追诉权的起诉方式和诉讼制度。在中国，公诉是刑事诉讼的主要起诉方式，有利于保障刑罚权由国家统一行使。第二，防止法官专断与控制警察恣意。检察官作为法官和警察之间的一种制度设置，是为了防止警察恣意和法官的滥权，以检察官的监督制约功能实现司法公正。第三，惩罚犯罪和保障人权。刑事诉讼本质上是国家为了实现刑罚权而进行的专门性活动。刑事公诉是国家权力在刑事诉讼中的一种具体体现。惩罚犯罪是刑事公诉的基本目标，提起公诉是实现国家追诉权的基本方式。随着人权意识、程序意识不断深入人心，公诉权行使的目标逐渐从传统的注重打击犯罪转向惩罚犯罪与保障人权并重。惩罚犯罪和保障人权是辩证的关系，惩罚犯罪不能以侵犯人权的方式实现，否则不仅难以真正实现对犯罪的惩罚，还将导致对法治的破坏；刑事诉讼中的人权保障并非为惩罚犯罪设置障碍，而是在更高层次上实现惩罚犯罪。检察官应当摒弃"狂热追诉"的立场，不仅要依法有效追诉，还要依法不起诉或对有利于犯罪嫌疑人、被告人的情形予以高度关注和采取相应法律行动。第四，守护法律的统一正确实施。设置检察官的一个重要功能在于：守护法律，使客观法意贯穿于整个刑事诉讼程序。"法律守护人"和"护法机关"的角色定位，要求检察机关在诉讼中要秉持客观公正立场，守护法律的统一正确实施。[①]

　　刑事公诉是连接侦查和审判的承上启下的刑事诉讼职能，其与侦查、审判在刑事诉讼中承担着不同诉讼职能。在刑事公诉与侦查的关系方面，两者都是一种程序性权力，都具有启动诉讼程序的作用，但是侦查是为了收集证据，查明案件事实，为公诉提供准备条件，不对案件作出实质性处分，是一种工具性权力，[②] 服务于作为刑事诉讼基本职能集中体现的刑事公诉。在刑事公诉与审判的关系方面，审判是一种被动的司法裁判权，奉行不告不理原则，审判权行使的范围受到刑事公诉的限制，审判机关既不能自行决定审判的对象，也不能自行选择审判的范围。刑事公诉是一种具有主动追诉性质的国家权力，检察机关可以对任何违反法律构成犯罪的行

---

①　参见孙谦：《全面依法治国背景下的刑事公诉》，载《法学研究》2017 年第 3 期。

②　参见童建明、孙谦、万春主编：《中国特色社会主义检察制度》，中国检察出版社 2022 年版，第 304 页。

为和行为人进行追诉。①

刑事公诉在秉承传统制度价值与契合世界司法文明潮流的基础上，正在经历着深刻的变化，呈现出以下发展趋势：第一，由起诉法定主义向起诉法定主义兼采起诉裁量主义转变。随着刑法"轻刑化"的立法趋向，以及我国刑事犯罪结构发生的深刻变化，轻微犯罪占比大幅上升，起诉法定主义向起诉法定主义兼采起诉裁量主义转变，检察官拥有对是否起诉和如何起诉的酌定处置权。起诉裁量在案件分流、人权保障和庭审实质化方面发挥了积极作用。第二，由注重追诉向履行客观公正义务转变。检察官作为国家代理人的制度源起，注定其作为国家公权力的代表，不能将自己仅作为积极追诉的一方看待，而是应当承担维护国家司法公正的职责。片面追求打击犯罪、激情追诉，忽视检察官的客观公正义务，导致很多冤假错案错过了阻断和纠正的机会。在法治语境下，国家和民众对公诉人的要求也逐渐恢复理性平和，由片面追诉向客观公正转变。检察官客观公正义务本身是对检察官的一种单方面限制和约束，在功能上迫使检察官抛弃单方面的控方角色和意识，恪守客观中立的司法官立场履行职责，以充分保障被追诉方的利益。第三，由注重实体正义向实体正义、程序正义与诉讼效率并重转变。"重实体，轻程序"的传统思维，忽略程序权利，实体真实反而难以实现。程序正义保障了当事人的诉讼参与权、诉求表达权、诉讼程序与结果知情权以及诉讼权利不受非法侵犯权，增强对公诉程序认同感，提高裁判可接受度。为提高诉讼效率，通过繁简分流，进一步扩大速裁程序和简易程序的适用范围，有效缩短诉讼周期。检察机关通过构建多种公诉模式和积极运用程序建议权，实现案件的繁简分流，对保证惩治犯罪的及时性与有效性是必要的、可行的。② 第四，由定罪请求权向定罪请求权与量刑建议权、涉案财物处置建议权并行转变。在公诉制度发展的历史上，曾经存在过由定罪请求权向定罪请求权与量刑建议权并行转变，然而随着立法和司法实践的进一步发展，违法所得没收程序作为特别程序写入刑事诉讼法，涉及黑社会性质组织犯罪、电信网络诈骗犯罪等方面的司法解释明确了检察机关在提起公诉时，要对涉案财物处置提出处理意见，传统刑事公诉的"对人之诉"开始拓展至"对物之诉"，是对公诉权结构

---

① 参见童建明、孙谦、万春主编：《中国特色社会主义检察制度》，中国检察出版社2022年版，第305页。

② 参见孙谦：《全面依法治国背景下的刑事公诉》，载《法学研究》2017年第3期。

的进一步完善。

随着全面依法治国的深入推进，我国刑事司法中的人权保障、程序公正、证据规则、监督制约等成为社会关注的焦点，取得了高度的社会共识，是推进刑事法治的重要基础。依法治国背景下的认罪认罚从宽制度、庭前会议制度、简易程序和速裁程序等各项刑事司法改革举措都与刑事公诉息息相关。因此，刑事公诉工作在增强诉前引导作用、发挥审前过滤功能、完善庭审程序分流职能、探索差异化出庭公诉模式等方面也面临深刻的挑战和变革。[①]

可见，刑事指控与刑事检察和刑事公诉是不同层面的概念。刑事指控是从刑事诉讼基本职能角度而言的，指的是刑事诉讼基本职能之一的控诉职能，理论上包括刑事公诉和自诉。刑事公诉主要侧重于审查起诉、提起公诉、出庭公诉等内容，刑事检察含义更广一些，还涉及审查逮捕、批准决定逮捕、侦查监督、审判监督、执行监督等内容；同时二者是从检察机关角度出发的概念，是检察机关的特有职责，且在内容方面不仅包括指控犯罪，也包括把关、过滤不起诉的内容。而刑事指控主要针对指控犯罪、追诉犯罪的角度而言，检察机关在其中负主要责任，同时负责收集证据的侦查机关、调查机关同样担负着重要责任。刑事指控贯穿于侦查、起诉、审判各个环节，并不仅仅是检察机关一家的事情，涉及监察、侦查等多个主体，应当加强办案衔接与配合制约，依法及时有效追诉犯罪。

（四）刑事指控体系与证据体系、证明体系的关系

证据体系、证明体系、刑事指控体系在很多情况下被混同使用，事实上，三者是不同层次的概念，内涵也不尽相同，需要予以阐明。

1. 证据体系

证据体系是就刑事案件而言的，是具体、相对静态的，在每一个具体的刑事案件中，根据一定的逻辑关联构建起来的证明案件事实的证据群组。在刑事案件办理过程中，构建证据体系需要遵循优化配置原则。综合运用证据认定案件事实，需要将证据的种类、数量、质量相结合，根据证据之间的内在联系以及证据与待证事实之间的逻辑关联，对证据进行合理、优化配置，夯实证据体系，集中指向待证事实，才能形成最优证明合力。

[①] 参见孙谦：《全面依法治国背景下的刑事公诉》，载《法学研究》2017 年第 3 期。

具体而言，可以按照以下步骤构建案件的证据体系：第一，明确待证事实。根据法律规定、案件情况、涉嫌罪名等因素，将所有与案件有关的事项分解为若干待证要素事实。第二，确立证据与待证事实的对应关系。围绕待证事实，根据案件具体情况，按照犯罪发展进程、犯罪构成要件、案件组成要素、逻辑关联、因果关系等，通过叙事法、图示法等方法，对全案证据进行系统排序，确定关键证据，组织其他证据。第三，识别、解决事实证据的漏洞、疑问和矛盾。及时发现待证事实需要完善的内容，解释事实中的疑问，补充证据体系的缺失，解决证据之间的矛盾。第四，形成全案证据体系。准确把握案件的证明标准，综合运用证据规则，形成认定案件事实的完整证据体系。

从证据法理论角度而言，与证据体系相关的内容涉及证明标准、证据规则、证据审查运用的要素等，证明标准是关于证据体系要达到的标准和要求，证据规则是对于证据体系中的单个证据以及全案证据进行审查判断的规则，证据审查运用的要素是对证据体系进行组合配置的逻辑框架。只有充分理解和厘清证明标准体系、证据规则体系、证据审查运用的要素体系，才能更好地构建证据体系。

（1）证明标准体系。刑事诉讼证明是一种具有规范性的法律行为，需要有一个相对明确、规范的证明标准。证明标准是法律规定的，证明责任主体运用证据对待证事实加以证明所要达到的要求或程度，[①] 是最终对诉讼证明活动的结果加以衡量和评价的尺度。我国刑事诉讼法没有明确对待证事实区别对待并分别适用不同证明标准的具体规定，相关条款中规定了审查逮捕、定罪、立案等方面的证明标准。对于量刑事实、涉案财物处置、其他程序性事项等方面的证明标准，或散见于司法解释中，或没有明确规定，导致证明标准的把握产生一定争议，亟须对证明标准进行层次性建构，建立多元化、差异化的证明标准体系。多元化、差异化的证明标准体系需要根据不同的证明对象明确不同标准要求。第一，审查逮捕的证明标准。应当有证据证明符合逮捕的事实条件、刑罚条件和社会危险性条件。第二，定罪的证明标准。根据刑事诉讼法、监察法的规定，调查终结、侦查终结、提起公诉、审判的证明标准一致，即"犯罪事实清楚，证据确实、充分"，人民检察院审查认定犯罪嫌疑人、被告人构成犯罪，提

---

① 参见陈光中主编：《证据法学》，法律出版社 2023 年版，第 277 页。

起公诉的，应当确保案件事实清楚，证据确实、充分。第三，量刑的证明标准，包括从重处罚的量刑事实和从宽处罚的量刑事实的证明标准。第四，涉案财物的证明标准。第五，程序性事实的证明标准。程序性事实包括立案、管辖、回避、违反法定程序、人身强制措施，查封、扣押、冻结等强制性侦查措施，非法证据排除等。

（2）证据规则体系。刑事证据与刑事证据规则的关系是复杂的。① 对于证据规则可以从两个角度来理解，静态的证据规则是指关于证据的证据能力和证明力的规则，涉及证据能力的规则包括关联性规则、传闻证据规则、意见证据规则、非法证据排除规则，涉及证据证明力的规则包括口供补强证据规则、最佳证据规则等。动态的证据规则是规范证据运用程序的证据规则，包括举证责任规则、推定规则等。

英美法系的证据规则和我国的证据规则内涵不同。英美法系国家证据规则是主要针对证据的关联性和可采性制定的标准、指南或规范。我国学界所理解的证据规则是针对证据的收集、举证、质证及认证而制定的规则。② 我国的证据规则并未形成独立、成熟的体系，主要散见于刑事诉讼法及相关司法解释中。具体而言，我国已有的证据规则包括关联性规则、非法证据排除规则、最佳证据规则、传闻证据规则、补强证据规则、交叉询问规则、意见证据规则、有限的直接言词证据规则、间接证据定案规则等。

我国对于证据规则的理论研究和立法规定仍然需要进一步完善、探索。整个刑事诉讼证据规则在内容上尚缺乏内在价值选择的同一性，导致司法实践在具体运用证据规则时可能产生混乱。同时，证据规则的结构尚不够全面，虽然一些普遍性的具体证据规则的内容在我国现行法律、司法解释中已经有了一定体现，但是总体而言并未形成完整的、统一的、具有内在逻辑合理性的证据规则体系。③ 随着司法实践的发展，探索出了很多新的证据规则，对此需要系统地梳理、论证，形成适合我国司法实践的行之有效、言之有物的证据规则，如瑕疵证据补正规则、最佳解释推理、相似事实证据规则、非亲历不可知言词证据规则、数量众多的同类证据运用规则、数字证据规则等。

---

① 参见沈志先主编：《刑事证据规则研究》，法律出版社 2011 年版，第 2 页。
② 参见沈志先主编：《刑事证据规则研究》，法律出版社 2011 年版，第 4 页。
③ 参见沈志先主编：《刑事证据规则研究》，法律出版社 2011 年版，第 20 页。

证据规则体系的完善需要注意完成域外相对成熟的证据规则的本土化。例如，最佳解释推理的运用，肇始于英美证据法的最佳解释推理理论，指的是按照一定标准，对于证据及案件事实可作多种解释的，选取最具合理性的解释情形，其揭示了证据及事实认定的基本过程。该规则在我国司法实践中已经被广泛运用，需要完成中国刑事诉讼法语境下的规则表达，在审查案件时，发现案件发生过程存在多种可能性的，可以根据在案证据以及案件具体情况，通过溯因、归纳、演绎等逻辑推理方法以及经验法则进行验证，通过逐步排除不能成立的事实进行证伪，形成可以合理解释的案件事实进行证实，综合全案证据予以分析判断，将司法实践的有效经验予以概括总结，并进一步指导实践。再如，相似事实证据规则的运用，相似事实证据规则来源于英美证据法，在证据法历史上具有悠久传统，很多国家在一定范围内适用该规则。从广义的印证概念来看，相似事实证据规则涉及他案事实与本案事实的印证，又称为"外证"。我国司法实践中的相关案例已经适用了相似事实证据规则，如最高人民检察院第45批指导性案例（检例第180号）李某抢劫、强奸、强制猥亵二审抗诉案中即使用了该项证据规则进行论证。相似事实证据规则对解决司法实践难点问题具有重要价值，也是经过实践检验行之有效的证据规则，是经验法则和归纳推理、类比推理、因果追溯等逻辑方法的具体运用，具有犯罪心理学心理定式理论基础，有必要予以规定。需要注意的是，相似事实证据规则和品格证据具有实质区别，不能将相似事实证据作为品格证据的附属概念。

证据规则体系的完善还需要注意提炼我国司法实践的独特规则。例如，非亲历不可知言词证据的运用，在最高人民检察院成功抗诉的陈某某故意杀人案等案件中，通过运用非亲历不可知言词证据规则最终认定案件事实。对于发生在特定场所、特定关系人之间的故意杀人、故意伤害等恶性案件，性侵犯罪等特殊案件，可以运用"非亲历不可感知""非亲自作案不可知情"的案件特点，充分挖掘言词证据中的隐蔽性、特定性细节，如果该细节内容合理且与其他在案证据能够相互印证，并排除了非法取证可能性，可以作为认定案件事实的根据。

（3）证据审查运用的要素体系。证据审查运用的要素是证据体系构建的逻辑框架，很大程度上影响到证据体系构建的质量。审查要素是司法人员将证据作为审查对象所关注的具体因素，如"三性"（相关性、真实性、合法性），"两力"（证据能力与证明力），以及"一根据"（定案的根据或认定案件事实的根据）。我国各类诉讼的证据审查，长期关注的证据要素是"三性"要素，进而确认定案根据。近年来，有些学者和实务工作者提出以"两力"替代"三性"的主张，也有论者提出调和两类审查要素体系的意见。①

在证据法理论上，证据审查运用的要素属于证据属性的范畴。证据属性是证据法的基本概念，也是关系到证据审查、运用的基本范畴。证据属性可以从要素属性和结构属性两个层次理解。要素属性是证据凭借的基本要素，指的是从证据评价的角度看，影响证据评价的基本要素或标准是什么。② 这些基本要素或标准是证据的要素属性，包括证据对待证事实是否具有证明作用的关联性，证据本身和来源是否真实可信或真实可靠的真实性，以及证据是否符合法律相关要求的合法性。结构属性是程序结构进程的体现，指的是从事实认定的程序结构进程角度看，可以将事实认定分为若干审查判断阶段，每个阶段针对证据评价设置了不同规则由此形成了结构属性，主要包括作为证据准入资格的证据能力，以及获得证据准入资格后判断证明作用大小的证明力。③ 综上，在要素属性层面，包括真实性、关联性、合法性；在结构属性层面，包括证据能力和证明力。随着证据法的发展，"三性"和"两力"呈现出兼容并蓄的发展趋势。对证据的证据能力和证明力的审查判断，离不开对证据真实性、关联性、合法性的审查，证据的"三性"是证据"两力"的影响因素或判断基础，二者是不同层次的证据审查判断方法，构建分层次的证据审查、运用体系，应当将证据的要素属性（真实性、关联性、合法性）与结构属性（证据能力和证明力）并用、并重。④

在司法实践中，可以考虑通过"证据的审查"与"证据的运用"构建分层次的证据审查运用要素体系，在"三性"审查的基础上，以"两力审查"弥补审查要素与方法的不足，尤其是对于加强证明材料进入诉讼时的审查把关作用，具有积极意义。⑤ 其中，"证据的审查"以对证据"三

---

① 参见龙宗智：《论证据视角下完善刑事指控体系》，载《中国刑事法杂志》2024 年第 4 期。
② 参见何家弘：《证据"属性"的学理重述——兼与张保生教授商榷》，载《清华法学》2020 年第 4 期。
③ 参见郑飞：《无罪裁判的证据逻辑》，中国政法大学出版社 2023 年版，第 41 页。
④ 参见郑飞：《无罪裁判的证据逻辑》，中国政法大学出版社 2023 年版，第 51 页。
⑤ 参见龙宗智：《论证据视角下完善刑事指控体系》，载《中国刑事法杂志》2024 年第 4 期。

性"的审查为基础，侧重于证据能力审查，判断哪些证据在刑事诉讼中可以使用，作为证据进入刑事诉讼程序的准入；在对单个证据审查的基础上，"证据的运用"以对证据的证明力判断作为基础，综合全案证据，形成完备的证据体系，判断哪些证据可以作为认定案件事实的根据。

一些理论学说对于证据审查运用要素提出了新的观点，认为"三性"无疑系证据审查的基本要素，但也要注意证据审查的多元要求。① 例如，有观点认为应当关注证据的完整性审查，这一特性不仅影响证据的客观性，而且具有独立的价值，关乎证据信息是否全面，是否存在"证据阉割"。尤其是对于日益扩大的电子数据证据，完整性审查已经成为必不可少的审查要素，可以同客观性审查相并列。而且应当注意，证据完整性不限于单一证据的完整性，还包括证据群组/体系的完整性、法庭举证完整性以及证据保管链的完整性。美国《联邦证据规则》第106条设置了举证完整性规则，德国实行卷宗完整性及真实性原则，俄罗斯也将证据完整充足作为相对独立的评价要素。确立证据完整性要素相对独立的审查地位，有利于促进单一证据"三性"审查并弥补"三性"审查的不足，有利于弥补证据审查实践中的不足，加强对证据群组/体系的审查，并推动全面移送证据及庭审实质化，且可辅助证据充分性判断。在此基础上，亦可完善应对不同类型完整性缺失问题的方法及其规范。② 对此，另一种观点认为，完整性并非证据的要素属性，证据是否完整主要是证据真实性的一个影响因素。例如，2016年最高人民法院、最高人民检察院和公安部联合印发的《关于办理刑事案件收集提取和审查判断电子数据若干问题的规定》第22条，就将"完整性"作为"真实性"的一个影响或考察因素，即"对电子数据是否真实，应当着重审查以下内容……（五）电子数据的完整性是否可以保证"。③

再如，有观点认为，证据的必要性也是需要审查的要素。随着海量电子数据证据以及同类证人证言、被害人陈述等证据的出现，对此类证据的收集要考虑必要性，超出必要性，证据即成"冗余"。因此，证据的必要性可成为证据审查要素，也是指控证据体系建构时，对各类证据选择取舍

---

① 参见龙宗智：《论证据视角下完善刑事指控体系》，载《中国刑事法杂志》2024年第4期。
② 参见龙宗智：《论证据视角下完善刑事指控体系》，载《中国刑事法杂志》2024年第4期。
③ 郑飞：《无罪裁判的证据逻辑》，中国政法大学出版社2023年版，第41页。

的考量因素。① 此外，随着专门性证据在刑事案件中的大量出现，有观点认为证据的科学性也应该纳入证据审查运用的要素体系，即审查该类证据是否采用科学方法、符合科学原理，结论性意见是否科学合理。在证据法学上，科学性可以作为证据客观性项下的内容，是否具备成为独立要素的必要，值得探讨。

需要注意的是，在证据的客观性审查要素中，证据的合理性审查在司法实务中越来越多地受到关注。无论就单一证据的客观性审查，还是就证据群组/体系的充分性判断，均可采用具有主观要素特征的合理性标准。② 在对案件的证据进行客观性、关联性、合法性的正向审查之后，可以将排除合理怀疑作为证明方法和推理过程，并将其应用于对案件证据的审查过程中，通过发现、验证和排除证据的疑点和矛盾，对事实、证据作合理怀疑的排除判断，即合理性审查，从而确认单一证据的可靠与可信，判定证明体系是否达到"案件事实清楚，证据确实、充分"的要求。因此，证据所含信息的合理性，即证据事实能否排除合理怀疑，亦可作为审查要素。③

2. 证明体系

司法证明是一项极为复杂的认识活动，④ 刑事诉讼证明是负有证明责任的刑事诉讼主体提出证据证明自己的诉讼主张和事实，并说服审判机关作出相应判决的诉讼行为，既是主观认识活动，也是客观的诉讼行为。⑤对于证明体系，可以从刑事诉讼司法实践和证据法理论两个方面理解。

从刑事诉讼司法实践角度，证明体系是刑事诉讼的证明过程，是线性、动态的，包括证据体系的构建和出庭指控证明犯罪等指控、证明犯罪的过程。因此，证明体系绝不仅仅是形成并提交由法律文书与案卷形成的静态体系，亦须在动态的诉讼过程，尤其是在庭审活动中，以证据为中心支持指控，从而有效达成指控犯罪的目的。⑥ 在证明体系的两个阶段中，证据体系的构建主要是在审前阶段；出庭指控证明犯罪是在庭审阶段，应当注意以证据为基础开展出庭指控。公诉人在审查运用证据

---

① 参见龙宗智：《论证据视角下完善刑事指控体系》，载《中国刑事法杂志》2024 年第 4 期。
② 参见龙宗智：《论证据视角下完善刑事指控体系》，载《中国刑事法杂志》2024 年第 4 期。
③ 参见龙宗智：《论证据视角下完善刑事指控体系》，载《中国刑事法杂志》2024 年第 4 期。
④ 参见何家弘：《司法证明方法与推定规则》，法律出版社 2018 年版，第 69 页。
⑤ 参见张建伟：《证据法要义》，北京大学出版社 2014 年版，第 337 页。
⑥ 参见龙宗智：《论证据视角下完善刑事指控体系》，载《中国刑事法杂志》2024 年第 4 期。

基础上，紧密结合案件事实、量刑情节、在案证据制作讯问提纲、举证质证提纲、答辩提纲、公诉意见书等出庭所需文书，以有利于证明指控犯罪为目标，制作详略得当、重点突出的庭审预案。公诉人出席法庭支持公诉，要充分运用证据开展法庭调查、法庭辩论等活动，加强庭审证据说理论证，有效应对庭审突发情况，增强指控证明犯罪力度，有效维护刑事指控体系。

从证据法理论角度，证明体系是由证明主体、证明对象、证明责任、证明标准、证明的手段和方法以及证明过程等要素组成的系统。[①] 其中，特别需要注意的是司法证明方法。证明方法是指证明主体利用证据对案件事实进行论证、与对方进行辩论并且说服裁判者作出对己方有利认定所使用的各种方法。既包括法律规定的方法，如毒品、电信网络诈骗等司法解释中规定的对主观明知的推定方法，也包括法律没有明确规定，但是基于逻辑、原理等可以使用的方法，如归纳、演绎、分析、综合、反证、排除等。具体而言，可以分为三个层次的证明方法：

（1）哲学层面的方法论。在哲学层面，我们要坚持马克思主义的认识论，用辩证唯物主义和历史唯物主义的方法来研究证据问题。[②] 辩证唯物主义认识论认为，客观实在不以人的意志为转移，但能为人的主观所反映，对证据进行全面、系统的审查，应当贯彻辩证唯物主义认识论。对司法证明具有方法论指导意义的方法主要是矛盾分析的方法和具体问题具体分析的方法。司法人员在审查认定证据时，要善于运用矛盾分析的方法，发现并分析证据自身和证据之间的矛盾，从而对证据的真实可靠性和证明价值作出切当合理的认定。案件和证据都是具体的、历史的，司法人员在审查判断证据过程中，必须从案件和证据的具体情况出发，努力把握具体案件矛盾的特殊性。[③]

（2）司法证明的一般方法。司法证明的一般方法多种多样，根据证明方式的不同，可以分为直接证明法和间接证明法；根据证明中推理的形式不同，可以分为演绎证明法和归纳证明法；根据证明的过程形态不同，可

---

①　参见陈光中主编：《证据法学》，法律出版社 2023 年版，第 228 页。

②　参见陈国庆：《构建以证据为中心的刑事指控体系》，载《刑事检察工作指导》2024 年第 1 辑。

③　参见何家弘：《司法证明方法与推定规则》，法律出版社 2018 年版，第 70 页。

以分为要素证明法和系统证明法。① 具体而言，司法实践中常见的一般证明方法主要有以下几种：第一，主客观相统一的方法。第二，证据印证的方法。印证既是证明模式，也是具体的证明方法。随着印证理论的发展，同证、契合与聚合，以及补强、内证与外证等类印证方法，都可以归入印证方法的范畴。② 第三，借助大数据等技术的方法。第四，借助专业力量的方法。第五，推定的方法。推定是根据事实之间的常态联系，当某一事实存在时，推引另一不明事实存在。推定的发生依据是法律规定和经验法则，依照法律或者司法解释规定进行的推定是法律推定，根据经验法则进行的推定是事实推定。推定的适用允许提出反证，当事人可以通过提出反证推翻推定事实，从而使推定规则失去效用。③

（3）司法证明的具体方法。司法证明的具体方法是从司法实操的角度而言的，与证据体系的关系紧密，主要体现为证据的综合分析方法或工具，是对案件证据进行整体的排序分析，通过形成完整、严密的证据体系，案件事实呈现出来，从而完成司法证明的过程。在具体分析方法上，威格摩尔提出了叙事法和图示法，叙事法是将所有证据材料按照逻辑框架排列，对相关证据的要点以及待证事实进行归纳叙述，并将一个叙事概要作为结论；图示法是将待证事实罗列出来并在证据列表中进行编号，通过专门的符号系统展示证据与待证事实的关系。④ 由于图示法在应用中过于复杂，出现了很多对图示法改良的分析方法，如有观点认为可以将图示法从控方维度、辩方维度以及中立维度三个方面对证据及相关结论进行展示。⑤ 比威尔和加德纳提出了复杂证据的系统分析方法，又称为事件分析法，整个犯罪被称为一个事体，事体包括与犯罪相关的所有行为，又分为特定的事件和事件片段。案件事实可以被视为犯罪行为一系列前后相继的行为片段的连贯叙事，按照时间顺序、逻辑关联、因果关系对全案证据进行排序。⑥

---

① 参见何家弘：《司法证明方法与推定规则》，法律出版社 2018 年版，第 73 页。

② 参见龙宗智：《刑事诉讼中"印证"概念与方法重述》，载《法学》2024 年第 6 期。

③ 参见陈光中主编：《证据法学》，法律出版社 2023 年版，第 354 页。

④ 参见［美］威廉·特文宁：《证据理论：边沁与威格摩尔》，吴洪淇等译，中国人民大学出版社 2015 年版，第 190—191 页。

⑤ 参见李勇：《刑事证据审查三步法则》（第二版），法律出版社 2022 年版，第 474 页。

⑥ 参见刘静坤：《证据审查规则与分析方法》，法律出版社 2018 年版，第 246 页。

　　可见，刑事指控体系是从整体、系统、全观的视角统筹刑事追诉活动，突出证据的基础和中心地位，是由指控主体、指控对象、指控内容、指控依据等要素组成的，为了实现国家的求刑权，各要素彼此间互相联系、互相作用的有机整体。总体而言，证据体系、证明体系、刑事指控体系三者在刑事诉讼过程中逐层递进，各自的立足点有所不同。指控体系相较于证据体系和证明体系，属于更为宏观的概念，其内涵亦更加丰富，是侦查机关、检察机关为追究犯罪嫌疑人、被告人刑事责任而开展的一系列与追诉工作相关的活动集成。

第二章　基本原则和要求

第一节　基本原则

构建以证据为中心的刑事指控体系，应当坚持客观公正、配合制约、证据裁判等基本原则。这三项基本原则由宪法、刑事诉讼法以及相关法律规范共同确定，贯穿于刑事诉讼活动全过程。如客观公正原则由检察官法、人民检察院组织法规定，配合制约原则由宪法、刑事诉讼法、监察法等规定，证据裁判原则由党的政策文件和相关司法解释意见等规定，三项基本原则集中体现了检察机关构建以证据为中心的刑事指控体系的任务和目标，对检察机关开展刑事诉讼活动具有普遍指导意义。

客观公正、配合制约、证据裁判三项基本原则既是独立的，又是相互联系的。三项基本原则指向各有侧重，如客观公正原则是理念，配合制约原则是举措，证据裁判原则是要求，各自都具有独立价值。三项基本原则之间又具有内在联系，在具体案件适用中互相交叉，不可偏废，也不能相互取代。

一、客观公正原则

（一）客观公正原则的内涵

检察机关推动构建以证据为中心的刑事指控体系，要坚持客观公正原则，严格依法办案，高质效办好每一个案件，让人民群众对公平正义可观、可感、可知、可信。客观公正原则，实质是客观性原则和公正性原则的结合，是指检察机关或检察官在刑事诉讼中不应站在当事人立场，而应该站在客观立场上进行诉讼活动，发现并尊重事实真相，实现司法公正。[1]客观公正原则是世界公认的普遍应当遵循的一个基本原则，[2]也是检察官

---

[1]　参见朱孝清：《检察官客观公正义务及其在中国的发展完善》，载《中国法学》2009年第2期。

[2]　参见贾宇：《检察官客观公正立场》，载《检察日报》2019年5月20日。

执行职务必须遵守的核心准则。这既是法律的要求，也是人们的共识。

1. 客观公正原则是国际公认准则

客观公正原则的前身是检察官客观义务理论，最早形成于 19 世纪的德国，① 随后在欧洲大陆和亚洲一些大陆法系国家的法律中得到了体现和发展。② 20 世纪 90 年代以来，检察官客观义务逐渐上升为国际刑事司法准则。如联合国《关于检察官作用的准则》第 13 条规定，检察官在履行其职责时应保证公众利益，按照客观标准行事，适当考虑到嫌疑犯和受害者的立场，并注意到一切有关的情况，无论是否对嫌疑犯有利。之后，检察官客观义务成为世界不同法系国家和地区，特别是大陆法系国家和地区普遍接受、国际准则确认的一项重要法律制度，成为检察官的重要行为准则。因此，检察机关和检察官必须站在客观公正的立场上查明案件真相，准确地执行法律。

2. 客观公正原则在我国具有深厚的法理依据

当代中国，检察官客观公正的履职立场在我国也有完备可循的法理基础和法律依据支撑。③ 在法理基础方面，辩证唯物主义坚持物质决定意识，物质第一性，人的认识是第二性。客观公正原则要求检察机关和检察官在司法活动中，注重对案卷材料分析研究，要加强调查研究，坚持亲历性办案，坚持实事求是，克服先入为主和主观臆断，最大限度查明案件事实，保证办案质量。④ 在法律依据方面，我国《宪法》第 134 条规定："中华人民共和国人民检察院是国家的法律监督机关。"《检察官法》第 5 条规定："检察官履行职责，应当以事实为根据，以法律为准绳，秉持客观公正的立场。检察官办理刑事案件，应当严格坚持罪刑法定原则，尊重和保障人权，既要追诉犯罪，也要保障无罪的人不受刑事追究。"该条款位居总则部分，首次以国家法律的形式确认了检察官客观公正履职立场，成为检察官在法律意义上的"自画像"。另外，《人民检察院组织法》第 6 条规定："人民检察院坚持司法公正，以事实为根据，以法律为准绳，遵守法定程

---

① 参见龙宗智：《刑事诉讼中检察官客观义务的内容及展开》，载《人民检察》2016 年第 12—13 期。

② 参见童建明、孙谦、万春主编：《中国特色社会主义检察制度》，中国检察出版社 2022 年版，第 196 页。

③《检察官要坚守客观公正的立场》，载《检察日报》2019 年 7 月 29 日。

④ 参见童建明、孙谦、万春主编：《中国特色社会主义检察制度》，中国检察出版社 2022 年版，第 200 页。

序，尊重和保障人权。"此外，《人民检察院刑事诉讼规则》第 61 条第 3 款规定："人民检察院提起公诉，应当秉持客观公正立场，对被告人有罪、罪重、罪轻的证据都应当向人民法院提出。"因此，检察官客观公正原则与检察机关宪法定位、刑事诉讼法基本任务以及检察官自身角色高度契合，对于尊重和保障人权，促进司法公正具有重要意义，检察机关和检察官必须严格遵守。

3. 客观公正原则是司法办案首要原则

客观公正原则作为司法的基本属性，在推进国家治理体系和治理能力现代化进程中，地位显著、意义重大。2024 年初，最高人民检察院组织召开"构建以证据为中心的刑事指控体系"研讨会，提出"要坚持马克思主义认识论，用辩证唯物主义、历史唯物主义的方法来研究证据问题，要依法全面审查证据。牢固树立'证据定案'理念，将证据作为刑事追诉活动的基石，严格贯彻证据裁判原则，坚持客观公正立场。"① 可见，客观公正是司法办案的"奠基石"，贯穿于整个刑事诉讼活动。坚持客观公正原则能让检察机关在介入引导侦查、审查起诉、补充侦查、提起公诉、出庭支持公诉等环节牢固树立证据意识，严格把好事实查明的质量关，确保案件最终经得起实质化庭审的检验。

（二）客观公正原则的要求

客观公正原则是构建以证据为中心的刑事指控体系的首要原则，一切刑事诉讼活动只有在客观公正原则下开展，才能保障刑事诉讼活动顺利进行，具体包括以下四个方面的要求。

1. 树立客观公正理念

司法理念，影响着司法行为方式，是整个司法活动的灵魂，是指引检察工作的前提、先导。检察工作高质量发展，关键在于检察理念的转变。新时代，刑事检察官履职立场必须坚持与时俱进，牢固树立检察官既是犯罪的追诉者，也是无辜的保护者，同时还是中国特色社会主义法律意识和法治进步的引领者的理念。具体到刑事诉讼活动中，既要严守法律底线，不拔高、不降格，避免"构罪即捕、构罪即诉"的片面思维，也要超越"捕得了，诉得下，也能判"的传统思维，摒弃"疑罪从轻"的求稳心

---

① 《让刑事检察工作更上一层楼——"构建以证据为中心刑事指控体系"研讨会综述》，载《检察日报》2024 年 1 月 28 日。

理，严格执行罪刑法定、证据裁判、疑罪从无原则，努力在更高层次上追究公平正义的统一。

2. 履行客观公正义务

权利和义务相对统一，不同的是权利可以放弃，义务必须履行。同为诉讼主体，刑事司法制度和法理并未对警察、法官设定明确的客观公正义务，当然这并不意味着警察和法官不遵守客观公正原则，[①] 但可以理解为对检察官角色和职能定位的一种注意性规定，凸显检察官坚持客观公正义务的重要性。因此，履行客观公正义务，是对检察官履职办案的具体要求，是一种责任，更是一种义务，要求检察官在刑事诉讼活动中，超越当事人角色，站在客观公正的立场努力发现并尊重案件事实真相，代表国家维护法律的尊严和公正，成为国家法律的护卫者。要求检察官在忠实法律事实真相的基础上作出判断，不能带有个人主观感情色彩，避免先入为主、偏听偏信，甚至有罪推定。

3. 坚持忠实于客观事实

证据是刑事诉讼的核心与基础，贯穿于刑事诉讼活动的血脉之中。坚持忠实于客观事实即坚持以证据为中心，要求检察机关全面审查，忠实于事实真相。检察机关在诉讼活动中，对犯罪嫌疑人、被告人和案件作出的任何决定，都必须建立在对案件有关证据进行全面审查、忠实于案件事实真相的基础上。为了实现司法公正，检察机关在公诉过程中，应当承担客观、全面、公正地向法庭提供证据的义务。[②] 总而言之，检察机关只有全面贯彻证据裁判原则，重视客观证据收集、审查和运用，严格证明标准，严把案件事实关、证据关、程序关和法律适用关，才能忠实于客观事实，才能真正实现司法公正和保障人权相统一。

4. 实现司法公正目标

习近平总书记反复强调"努力让人民群众在每一个司法案件中感受到公平正义"，要求"所有司法机关都要紧紧围绕这个目标来改进工作"。检察履职活动承载着当事人的切身利益，关系着民生和民心，客观准确与否直接关系到办案质效和司法公信力，影响检察机关对外形象。实现司法公正对检察机关提出了实体、程序两方面要求：（1）实体层面，检察机关应

---

① 参见龙宗智：《检察官客观公正义务的理据与内容》，载《人民检察》2020 年第 13 期。

② 参见童建明、孙谦、万春主编：《中国特色社会主义检察制度》，中国检察出版社 2022 年版，第 198 页。

当根据案件具体情况作出是否批准逮捕、是否起诉的决定，对提起公诉的，还要客观公正地行使量刑建议权；（2）程序层面，检察机关不仅自己要依照法定程序进行诉讼活动，还负有监督其他机关依法进行诉讼活动的义务。[①] 因此，检察机关必须通过客观公正的履职活动，以保证自身所办案件实体公正、程序公正，同时切实履行好法律监督职责，切实纠正案件实体和程序错误，只有双管齐下，才能让人民群众在每一个司法案件中感受到公平正义。

（三）客观公正原则的适用

虽然检察机关和检察官秉持客观公正立场在日常司法办案中已有充分体现，且深入人心，但实践中部分检察官在履职中仍然存在以下不足情形：例如，有的检察官存在重打击、轻保护，重实体、轻程序的倾向，可诉可不诉的倾向起诉、可捕可不捕的倾向逮捕；有的检察官在履行指控职能时，将自己作为实质上的当事人，把谋求胜诉作为追求；有的检察官重配合轻监督，对侦查机关侦查活动违法行为避重就轻，更有甚者视而不见；有的检察官遇到新型案件时害怕承担司法责任，不敢依法作出决策；有的检察官发现诉判不一时，以法院自由裁量权为由放弃审判监督。检察机关要按照刑事诉讼法相关规定，在刑事诉讼活动中强化客观公正立场，坚持客观公正原则，依法做好以下四个方面工作。

1. 严格依法开展刑事诉讼活动

严格依法，是检察机关履职办案的基本要求，也是检察机关恪守客观公正立场的基础。司法活动中，检察机关要坚持以法律为唯一准则，尊重客观证据材料所反映的法律事实，用活正当防卫和不起诉；要认真践行法治的公正精神，做到不枉不纵、不偏不倚，理性对待犯罪嫌疑人、被告人翻供，认真听取辩护人意见，充分尊重与保障其应有的合法权益，做到"兼听则明"；要遵守庭审规则，指控犯罪时全面客观描述被告人罪重、罪轻情节，不得刻意隐瞒或者搞"证据突袭"。对不批准逮捕、不起诉决定的复议、复核案件以及被害人申诉，被不起诉人申诉的案件，应当秉持客观公正立场，不能仅站在维护本院或者下级人民检察院作出决定的立场上，应当实事求是，及时纠正、撤销、变更错误决定；要理性客观勇于承

[①] 参见童建明、孙谦、万春主编：《中国特色社会主义检察制度》，中国检察出版社 2022 年版，第 199 页。

担责任，在出庭、审判过程中发现不应当追究被告人刑事责任的，应当撤回起诉，使被告人免受无辜的羁押；[①] 要强化审判监督，认为人民法院作出的判决、裁定确有错误的，应当按照程序提出抗诉或者提请上级人民检察院抗诉。同时，还要坚持程序公正与实体公正并重，平等地适用程序法和实体法，理性、平和、公平地对待涉诉各方当事人。[②] 尤其是认罪认罚案件，既要认真审查相关证据事实，不因罪行较轻、认罪认罚而降低证据要求和证明标准，又要坚持忠于事实和法律，避免检察权滥用，确保认罪认罚制度不走形、不变样。

2. 严格遵守非法证据排除规则

守法律、重程序，这是法治的第一位要求。[③] 实践中，侦查机关通过疲劳审讯或刑讯逼供等非法方法获取不实供述时有发生，非法取证行为成为刑事错案发生的重要原因。程序正义是实体正义的保障，针对侦查机关非法取证行为，《刑事诉讼法》第57条赋予检察机关对非法取证行为的调查核实权。检察机关要客观地行使好调查核实权，对受理的监督申请或者发现的监督线索，应当按照法定程序要求办案机关说明理由或者主动进行调查核实，在查清违法事实的前提下，依法提出纠正意见或者检察建议。

3. 严格依职权办案

一是坚持用"三个善于"理念指导办案，既要做好宏观层面从法律适用的全局视角看问题，又要做好微观层面案件细节的认定和把握。坚持用好依法办案、实事求是、尊重规律"三大法宝"，树立和培植顾全大局的胸怀和检察为民的社会责任感，坚持用老百姓听得懂、看得见的语言讲好检察故事，将检察履职具象化、可视化，实现法律效果与社会效果的统一。二是严格执行回避制度，对具有刑事诉讼法规定的回避事由，可能影响案件公正处理的，应当自行回避。规范自身与当事人、律师的接触交往，接待当事人、律师、特殊关系人要符合制度规定，因不明情况或者其他原因在非工作时间或者非工作场所接触上述人员的，应当依照相关规定报告情况。三是坚守职业操守，案件审查前要保持客观的立场，破除先入

① 参见缐杰、高冀飞：《检察官秉持客观公正立场的基本要求》，载《检察日报》2019年10月10日。
② 参见朱玉：《刑事诉讼中检察官客观公正立场的实践展开》，载《人民检察》2022年第5期。
③ 参见张文显：《准确把握习近平法治思想的鲜明理论品格》，载《人民日报》2021年12月6日。

为主的偏见。案件审查后，要在亲历阅卷的基础上公开明确地表明自己的意见和立场。

4. 全方位提升履职能力

检察履职秉持客观公正立场既要有公正之心，还要有扎实过硬、公正办案的能力。这个能力是全方位的要求，体现在检察履职全过程，包括讲政治与讲法治有机统一、执行党的政策与执行国家法律有机统一、坚持"三个善于"办案理念与习近平法治思想有机统一；包括捕与不捕、诉与不诉、引导侦查取证、审查运用证据、精准适用法律、正确运用宽严相济刑事政策以及高超的群众工作水平等；还包括高质效开展侦查监督、审判监督等，[①] 检察官必须秉持客观公正立场，践行公平正义要求，通过练就过硬的检察本领，以真才实学为检察事业添砖加瓦，让司法办案更好地实现政治效果、法律效果、社会效果相统一。

二、配合制约原则

检察机关刑事指控职能贯穿于刑事诉讼全过程，是连接调查、侦查与审判的桥梁。检察机关推动构建以证据为中心的刑事指控体系，既要坚持与监察机关、公安机关、审判机关各司其职，又要加强与监察机关、公安机关、审判机关的办案衔接与配合制约，使检察权与监察权、侦查权、审判权相互配合、相互制约。

（一）配合制约原则的内涵

"互相配合，互相制约"是宪法对刑事诉讼、监察工作的共同要求。《刑事诉讼法》第 7 条规定："人民法院、人民检察院和公安机关进行刑事诉讼，应当分工负责，互相配合，互相制约，以保证准确有效地执行法律。"该规定确立了公检法三家分工负责、互相配合制约的原则，具体包含以下三层含义：（1）检察机关、人民法院、公安机关在刑事诉讼中有各自职权范围。检察机关负责审查逮捕、审查起诉以及检察机关直接受理的案件的侦查等。人民法院负责审判等。公安机关负责对刑事案件的侦查、拘留、执行逮捕、预审等。除法律特别规定的以外，其他任何机关、团体和个人都无权行使这些权力。三机关必须在其规定的职权范围内进行刑事诉讼活动，不得互相推诿、扯皮懈怠或者滥用职权横加干涉。（2）检察机

---

① 参见童建明、孙谦、万春主编：《中国特色社会主义检察制度》，中国检察出版社 2022 年版，第 203 页。

关、人民法院、公安机关具有相互协调、配合的义务。《刑事诉讼法》第
2 条规定，"中华人民共和国刑事诉讼法的任务是保证准确、及时地查明犯
罪事实，正确应用法律，惩罚犯罪分子，保障无罪的人不受刑事追究"。
三机关虽然职权不同、但目标一致，在刑事诉讼活动中应当通力合作、配
合，不得互相掣肘。（3）检察机关、人民法院、公安机关性质不同。三机
关在刑事诉讼中履职活动具有先后顺序，通过互相配合制约，防止和纠正
可能出现的错误，共同维护法制统一和司法公正。

　　除了上文所述检察机关、人民法院、公安机关之间具有互相配合制约
的关系，宪法、监察法还明确规定了监察机关与检察机关、人民法院以及
其他执法部门之间具有配合制约关系。如《宪法》第 127 条第 2 款规定：
"监察机关办理职务违法和职务犯罪案件，应当与审判机关、检察机关、
执法部门互相配合，互相制约。"《监察法》第 4 条第 2 款规定："监察机
关办理职务违法和职务犯罪案件，应当与审判机关、检察机关、执法部门
互相配合、互相制约。""互相配合"主要是指监察机关与司法机关在办理
职务犯罪案件方面，要在正确履行各自职责的基础上，互相支持。"互相
制约"主要是指监察机关向司法机关追究职务犯罪的过程中，通过程序上
的制约，防止和及时纠正错误。因此，尽管监察调查与一般刑事诉讼活动
性质不同，但两者在打击犯罪、提高国家治理效率方面的价值追求是一致
的。党的二十届三中全会通过的《中共中央关于进一步全面深化改革、推
进中国式现代化的决定》指出，"健全监察机关、公安机关、检察机关、
审判机关、司法行政机关各司其职，监察权、侦查权、检察权、审判权、
执行权相互配合、相互制约的体制机制，确保执法司法各环节全过程在有
效制约监督下运行"。检察机关与监察机关等的配合制约，为推进刑事指
控、确保案件质量提供保障。

　　（二）配合制约原则的要求

　　1. "分工负责、互相配合、互相制约"是辩证统一的

　　分工负责是侦查机关、检察机关、审判机关互相配合、互相制约的前
提。只有有了各自不同的分工，三机关才有进行互相配合、互相制约的基
础；互相配合、互相制约是分工负责的落实和保障。互相配合能让三机关
就诉讼活动中遇到问题进行有效的沟通协调，保障刑事诉讼路径不偏离。
互相制约能让三机关及时发现、纠正诉讼活动中的错误，保证刑事诉讼的
质量。因此，检察机关在司法活动中，要辩证看待与公安机关、审判机关

之间的配合制约关系，如果只强调配合，会导致三机关相互迁就而降低诉讼标准，对案件事实认定产生错误。如果只强调制约，则可能造成三机关互相对立，阻碍刑事诉讼的顺利进行。

2. "互相配合，互相制约"是宪法对监察工作和刑事诉讼的共同要求

首先，从法律地位来看，宪法是国家根本法，刑事诉讼法和监察法是基本法律，宪法条款必然要被严格遵守。其次，从法律条文布局来看，《监察法》第4条对"互相配合，互相制约"作了明确规定，内容表述与宪法趋于一致，充分体现了法律原则的指导性、全程性和概括性，基本原则地位不容置疑。最后，从作用上看，监察工作与检察机关、审判机关等配合制约是时代之需，印证了党规和国法在国家治理体系和治理能力现代化中各有分工、协同共进的基本格局，同时也是监察权监督制约的重要手段。① 总之，监察机关与检察机关、审判机关及执法部门要在完善机制和实践探索过程中做到原则性和灵活性统一，严格把握职务犯罪调查案件的事实、法律和证据三关，共同致力于办案质效的提升。

3. 检察机关与监察机关、公安机关、审判机关"互相配合、互相制约"的形式

检察机关与公安机关之间相互配合，如提前介入、要求公安机关补充证据材料等。互相制约表现在检察机关对公安机关侦查终结案件的不起诉权以及公安机关对检察机关的不起诉决定复议、复核权。检察机关与监察机关之间的配合主要表现在《监察法》第37条、第52条、第53条、第54条、第55条为了保障诉讼程序正常进行的一般性配合规定以及第34条、第35条为了便于准确追究犯罪的量刑配合。② 其中，《监察法》第54条同时又属于制约条款，规定了监察案件补充侦查和不起诉的处理；检察机关与审判机关之间相互配合表现在两院合力推动检法信息共享，实现审判信息、执行信息、抗诉案件、检察建议等数据共享。③ 制约表现在检察机关的起诉只是司法请求权，而审判机关对案件具有最终的裁判权，即公诉权要接受审判权的制约。反之，不告不理原则，审判受起诉犯罪限制，

---

① 参见崔凯：《〈监察法〉"互相配合，互相制约"原则的明确及展开》，载《中南大学学报（社会科学版）》2021年第4期。

② 参见崔凯：《〈监察法〉"互相配合，互相制约"原则的明确及展开》，载《中南大学学报（社会科学版）》2021年第4期。

③ 参见赵兵：《立足法律监督共建执法司法机关相互配合制约机制》，载《检察日报》2024年11月2日。

起诉强制启动审判程序，可以撤销、变更或追加起诉包括抗诉则是检察机关对审判机关的一种制约。

（三）配合制约原则的适用

当前，检察机关与公安等机关在配合制约方面还存在配合有余、制约随意等问题。如有的检察官怕监督制约会给公安办案人员带来"麻烦"，有的公安机关通过复议、复核手段制约检察机关动力不足，[①] 检察机关抗诉、审判机关改判力度不够，检察机关与监察机关之间存在配合受限、制约不力问题等，需要有针对性地加以破解。

1. 进一步完善与侦查机关配合制约机制

健全完善侦查监督与协作配合机制是检察机关和公安机关落实刑事诉讼相互配合、相互制约制度的重要一环，也是协同构建以证据为中心的刑事指控体系的具体要求。[②] 新时代的检警关系不仅是有理有节的监督制约关系，也是有来有往的协作配合关系。检察机关要在遵循侦查规律的前提下，与侦查机关共同构建"在监督中协作、在协作中监督"的侦查监督与协作配合新模式。[③] 其一，完善介入侦查工作机制。健全检察机关在刑事诉讼中的主导责任机制，进一步推动侦查监督与协作配合办公室实质化运作，实现靠前监督、精准监督。（1）规范和强化提前介入，检察机关对所有重大、疑难、复杂案件做到逐案建卡，全部依法提前介入引导侦查，提升侦查取证规范化水平，从源头上确保证据收集合法规范、及时有效，进一步夯实庭前阶段指控证据基础。（2）定期召开联席会议，强化个案、类案、证据收集方法的引导，从证明内容、证明形式等方面归纳类型化案件中的基本证据要求，确保案件罪责刑相一致。（3）常态化组织类案指导、业务咨询，对疑难复杂刑事案件共同研讨、共同抗压、共同提升，统一执法司法理念，推动刑事诉讼依法、及时、顺利进行，促进法律监督职能的充分发挥和检警追诉合力的最优化，确保侦查监督与协作配合机制长期、稳定、有效运行。其二，健全退回补充侦查工作机制。检察机关退回补充侦查要力求做实做细。（1）对于证据间存在矛盾和反复的，要认真审核，

---

① 参见郝铁川：《公、检、法三家何以制约不到位》，载《法制日报》2019年5月22日。

② 参见潘金贵、周宇婷：《司法现代化视角下以证据为中心刑事指控体系的构建及配套机制保障》，载《人民检察》2024年第1期。

③ 参见史兆琨：《检警共建"大控方"格局——侦查监督与协作配合机制建立与推行纪实》，载《检察日报》2023年2月25日。

列出详细的退回补充侦查提纲，把理由和要求讲清说透，让侦查机关"按图索骥""照方抓药"，及时补充收集指控犯罪所必需的证据或者作出合理解释以有效应对。（2）对由检察机关自行调取更为便利的，可由检察机关自行补充侦查，以提高取证效率。尤其是在重大案件审查中，更要优先运用自行补充侦查，主动应对侦查机关怠于侦查、关键证据存在灭失风险等问题，补充完善证据体系。其三，实质化运作侦查监督与协作配合办公室。（1）健全完善执决司法信息共享机制，在规范信息查询、保障办案信息安全的基础上，稳步扩大检察机关线上共享数据信息范围，将以往通过专项行动才能获取的信息及时纳入监督视野，使检察机关能及时了解到公安机关刑事立案、采取强制措施、变更强制措施、撤案等重要信息，进而对应立不立、应撤不撤、长期"挂案"等问题以及刑事拘留、监视居住等强制措施进行无死角、全方位的监督。（2）进一步完善检察机关对涉案财物的监督举措，坚持从保护当事人的财产权益角度出发，提高涉案财物处置效率、规范涉案财物处置程序，加大对查封、扣押、冻结等强制性措施的监督力度。（3）灵活运用纠正违法通知书、检察建议书纠正违法行为。办案监督，不止于个案。除对于个案个别问题依法及时提出纠正违法通知书外，检察机关要定期系统梳理审查逮捕、审查起诉案件，批量分析侦查机关带有普遍性的类案证据问题以及在立案标准、侦查程序、强制手段、涉案财物处置等侦查全流程存在的程序共性问题，[①] 通过制发检察建议予以全面规范。

2. 进一步完善与审判机关配合制约机制

推动构建以证据为中心的刑事指控体系，需要完善检察机关与审判机关的配合制约机制。其一，完善司法沟通协调工作机制。要健全日常沟通、专项会商机制，针对常见多发刑事案件，共同研究制定类案证据指引，统一证据和法律适用标准，实现诉审衔接高效顺畅。共同依法稳妥办理反腐败追逃追赃和跨境腐败犯罪案件，对于长期逃匿境外人员，依法推动适用违法所得没收程序和缺席审判程序。其二，完善检察长列席审判委员会工作机制。检察长列席审委会制度是落实最高人民检察院《关于人民检察院检察长列席人民法院审判委员会会议的实施意见》的具体实践，是贯彻落实习近平总书记关于建立健全监督体系的重要举措，有利于提高重

---

① 参见张仁平、郑峰：《难案怎样办出高质效》，载《检察日报》2023 年 8 月 15 日。

大疑难复杂案件审理的透明度，对维护社会公平正义具有十分重要的意义。检察机关要秉持客观公正的监督理念，建立健全长效工作意见，持续推进检察长列席审判委员会会议制度常态化、规范化，凝聚司法合力，强化审判监督，提升办案质效，努力让人民群众在每一个司法案件中感受到公平正义。其三，完善刑事抗诉制度。刑事抗诉是法律赋予检察机关的重要职权。通过刑事抗诉纠正确有错误的裁判，切实维护司法公正，是检察机关履行法律监督职能的重要体现。全面加强和改进刑事抗诉工作，对维护司法公正、保护诉讼当事人合法权益，实现社会公平正义，促进社会和谐稳定，树立和维护法治权威具有重要意义。（1）要精细化审查案件事实、证据和法律适用，全面理解、准确把握刑事抗诉案件的条件和标准，对人民法院的裁判存在认定事实与证据证明的事实不一致、有新证据证明裁判认定事实错误或者证据采信错误等情形，依法通过抗诉进行监督。（2）要增强时限意识，严格遵守办理刑事抗诉案件期限的规定，对符合抗诉条件和标准的案件，及时提起抗诉，提高工作效率。（3）要围绕经济社会发展大局，关注社会热点，回应公众关切，突出监督重点，加强矛盾化解，注重刑事政策在抗诉工作中的具体应用，实现抗诉工作法律效果和社会效果相统一。

3. 进一步完善与监察机关配合制约机制

坚持宪法、监察法确立的互相配合、互相制约原则，检察机关要加强与监察机关的配合制约。其一，细化完善提前介入调查工作机制，从源头上提高案件质量。《监察法》第 36 条第 2 款规定："监察机关在收集、固定、审查、运用证据时，应当与刑事审判关于证据的要求和标准相一致。"该条款重申了监察机关必须坚持"证据定案"，也意味着监察机关在收集、固定、审查、运用证据时同样要遵守证据裁判原则。为此，2018 年最高人民检察院与国家监察委员会联合印发《办理职务犯罪案件工作衔接办法》，以专章的形式对检察机关提前介入监察机关办理的职务犯罪案件作出了规定。2019 年最高人民检察院、中共中央纪委国家监察委员会分别出台的《人民检察院提前介入监察委员会办理职务犯罪案件工作规定》《监察机关监督执法工作规定》以及 2021 年国家监察委员会、最高人民法院、最高人民检察院及公安部联合出台的《关于加强和完善监察执法与刑事司法衔接机制的意见（试行)》等规范性文件，使检察提前介入侦查制度规范引入监察程序，并被广泛运用于监察实践，①但对于检察机关介入范围、时间、程度等内容缺乏详细的规范指引，为此需要在分析检察机关与监察机关在权力运行关系的基础上，从理念到制度建构，从宏观层面到微观层面探寻检察机关提前介入调查的系统化路径，如进一步细化监察机关商请检察机关派员介入办理职务犯罪案件的程序、范围、时间、内容等事项，通过对监察机关的证据收集、固定等行为进行法律监督，及时补正案件中涉及事实、证据以及法律适用方面的"瑕疵"，②确保职务犯罪案件质量。同时探索建立会议记录和文书备案制度，保证每一程序节点及重要会议都有据可查、责任清晰，促进依法履职，共同提升职务犯罪案件的办理质效，增强反腐合力③。其二，健全退回补充调查工作机制，提高补查工作质量。退回补充调查是检察机关办理职务犯罪案件过程中进一步收集核实证据，查明案件事实的重要途径和制度设计。职务犯罪案件中，检察机关退回监察机关补充调查程序是监检协作配合的重要体现，应当结合现行法律的规定，健全退回补充调查和自行补充侦查的关系与适用顺序等机制，以实现监检机关良性配合制约。对于退回补充侦查内容、目的，检察机关与监察机关要进行积极有效的沟通协商，确保退回补充调查目的的实现④。其三，进一步细化留置措施与强制措施的衔接。根据监察法和刑事诉讼法的规定，如果被调查人在监察机关调查阶段被采取了留置措施，经检察机关审查之后认为需要采取强制措施的，从决定作出之日起，留置措施变更为刑事强制措施。如对被调查人不需要采取刑事强制措施，则应立即解除留置措施，作为监察程序与诉讼程序之间衔接与区别的标志。如何实现留置程序与强制措施的衔接，⑤需进一步在理论层面与实践层面合理解决。

三、证据裁判原则

证据裁判原则，又称证据裁判主义，是证据制度中的"帝王条款"，

---

① 参见王卓、侯颖：《国家监委已商请最高检提前介入 30 多起职务犯罪案件——监检办案程序衔接顺畅》，载《中国纪检监察报》2019 年 12 月 31 日。

② 参见董坤：《论监察与司法衔接中的退回补充调查》，载《经贸法律评论》2021 年第 5 期。

③ 参见赵冰：《立足法律监督共建执法司法机关相互配合制约机制》，载《检察日报》2024 年 11 月 4 日。

④ 参见叶萍、刘洋：《职务犯罪案件退回补充调查问题研究》，载《上海法学研究集刊》2023 年第 7 期。

⑤ 参见童建明、孙谦、万春主编：《中国特色社会主义检察制度》，中国检察出版社 2022 年版，第 121 页。

是"证据规则的规则",① 也是一个法治国家在刑事诉讼过程中必须遵守的基本原则,对于强化司法人员的证据意识具有重要意义。检察机关构建以证据为中心的刑事指控体系,必须坚持证据裁判原则,确保证据的收集、保管、移送、审查、认定符合法律规定的程序,严格依法排除非法证据。认定案件事实,必须以证据为根据。即没有证据,或者证据不能达到刑事诉讼证明标准的,不得认定案件事实。坚持疑罪从无,指控犯罪证据不足,不符合起诉条件的,不得提起公诉。未经人民法院依法判决,对任何人都不得确定有罪。

(一) 证据裁判原则的内涵

从世界范围看,刑事证据裁判原则的前身是自由心证原则,起源于1808 年的《法国刑事诉讼法典》,后德国参考自由心证原则在《刑事诉讼法典》中确立了内心确信原则,两部法典都蕴含了证据裁判原则的精神。1876 年,日本制定《断罪依证律》,把《改定律例》规定的"凡断罪,依口供结案"修改为"凡断罪,依证据",并规定了"依证据断罪,完全由法官确定"的原则性要求,② 正式确立证据裁判原则。当今多数大陆法系国家都明文规定了证据裁判原则,英美法系国家虽然没有在法律条文中直接明确规定证据裁判原则,但以判例法的形式制定了完备的刑事证据规则,本质上与刑事证据裁判原则的基本精神是一致的。

在我国,虽然刑事诉讼法没有明确规定证据裁判原则,但在 1979 年刑事诉讼法及之后的修订中体现了证据裁判原则的精神。如《刑事诉讼法》第 50 条规定,"证据必须经过查证属实,才能作为定案的根据。"第55 条规定,"对一切案件的判处都要重证据,重调查研究,不轻信口供。只有被告人供述,没有其他证据的,不能认定被告人有罪和处以刑罚;没有被告人供述,证据确实、充分的,可以认定被告人有罪和处以刑罚。"同步对"确实、充分"作出明确规定。第 200 条规定,人民法院应根据已经查明的事实、证据和有关的法律规定,分别作出判决等。上述规定无疑都体现了证据裁判原则的精神。另外,2007 年最高人民法院、最高人民检察院等联合发布的《关于进一步严格依法办案确保办理死刑案件质量的意见》明确提出"证据裁判原则"概念,要求办理死刑案件应当"坚持证

---

① 参见何家弘、刘品新:《证据法学》,法律出版社 2004 年版,第 348 页。

② 参见 [日] 松尾浩也:《日本刑事诉讼法》(下卷),张凌译,中国人民大学出版社 2005 年版,第 4 页。

据裁判原则，重证据、不轻信口供。"2010 年最高人民法院、最高人民检察院等制定的《关于办理死刑案件审查判断证据若干问题的规定》重申了这一原则。2014 年 10 月，党的十八届四中全会通过的《中共中央关于全面推进依法治国若干重大问题的决定》明确提出"全面贯彻证据裁判原则"。2016 年最高人民法院、最高人民检察院等联合出台的《关于推进以审判为中心的刑事诉讼制度改革的意见》中提出"要着眼于解决影响刑事司法公正的突出问题，把证据裁判要求贯彻到刑事诉讼各环节的证据裁判原则作为刑事诉讼的基石性原则"。可见，证据裁判原则是对侦查机关、检察机关、审判机关的共同要求，对刑事指控工作开展具有强制性和内在约束力。

内容上，证据裁判原则主要包括三层含义，其一，认定案件事实，必须以证据为基础。有犯罪事实，但没有证据或者证据不足的，不得定罪。在诉讼过程中，案件事实的认定必须有确实、充分的证据支撑，证据与证据之间形成完整的证据链，没有证据证明的事实或者不能排除合理怀疑的，不能定罪。其二，指控犯罪的证据必须有证据资格。证据若不具有证据资格，那么也就不具备裁判的必要条件。证据资格在我国理论和实践中通常表现为证据材料的"三性"，即真实性、合法性和关联性，也即只有符合"三性"的证据才能作为指控犯罪的证据。也就是说，只有具备证据能力的证据才是法官作出裁判的依据。其三，用于定案的证据必须是法庭查证属实的证据。审判人员裁判的形成必须建立在对证据的正确认识上。证据裁判原则的核心是裁判者对事实的认识必须以证据为根据，作为一种认识活动，裁判者对证据的认识必须形成在庭审之上，[①] 未经法庭调查的证据即使具有证明价值也不能成为定案根据。同时，证据裁判原则要求审判人员克服自由心证，必须坚持以审判为中心，对证据能力和证明力进行全面的法庭调查，只有得出客观的、唯一的结论才能定罪量刑。

（二）证据裁判原则的要求

证据裁判原则是当今世界普遍承认的一项证据法原则，其目的在于追求公、检、法、监对证据判断的一致性，以审判的要求统一各方认识。其适用范围包括侦查、起诉和审判全过程各阶段，适用客体包括对被告人定

---

① 参见张佳华：《论以审判为中心背景下证据裁判原则精神的延展》，载《山东警察学院学报》2017 年第 3 期。

罪量刑具备法律意义的实体法事实和解决诉讼程序问题的程序法事实。证据裁判原则所追求的理性、公正、真实的诉求与检察机关构建以证据为中心的刑事指控体系价值目标一致，是以证据为中心的刑事指控体系的重要构成部分，具有不可替代的重要作用。

1. 推动司法责任主体具备更加理性的思维

证据裁判原则使刑事诉讼过程中一些较为随意的逻辑推理成为落在纸面上的、具有法律保障的、可被人看见预知的逻辑法则，让"自由心证不自由"成为司法执法人员统一断案理念，让违反理性的错误认知排除在判断依据之外，促使审判机关基于正确理性认知作出符合法律伦理的裁判结果。同时证据裁判原则中举证责任分配以及例外适用的"免证事实""无需证明的事实"等内容均体现出司法活动日趋理性。

2. 推动司法责任主体更好更快实现公平正义共同价值目标

证据裁判原则兼具实体正义和程序正义两重价值，其对定案证据的严格要求保障了证据的合法、规范，尤其在排除非法证据方面，更是不遗余力地从诉讼主体、责任、方式、程序、内容等多方面对非法证据进行审查和排除，保障了实体和程序公正，促进、彰显了对公平正义的价值追求。

3. 推动司法责任主体无限还原事实真相

证据就像被打碎的花瓶散落于地上的碎片，而地上不可能一尘不染，必然夹杂玻璃、塑料、石头等杂质。证据裁判原则能让侦查机关、监察机关、检察机关树立去伪存真的理念，在捡拾碎片过程中适用符合法律规定的程序、工具、手段（证据规则）等排除不可靠或有瑕疵的杂质，确保碎片来源可靠、真实合法，以便审判机关更好地以客观事实为依据，作出公正、权威的处理决定。因此，证据裁判原则不仅是审判机关审判时应当遵守的原则，还是侦查机关、监察机关收集证据，检察机关自行侦查、审查证据、出庭指控的本质要求，不同刑事诉讼主体只有共同努力，才能不断规范证据证明能力、规范证据证明力标准、规范证据运用标准，继而形成完整、严密的规则体系。

（三）证据裁判原则的适用

作为刑事诉讼核心原则之一的证据裁判原则，已得到现代法治国家以及我国理论界的普遍认可。但实践中，因我国证据裁判原则研究起步晚，且受长期以侦查为中心、"重口供、轻证据"等错误观念的影响，证据裁判原则还存在以下不足。一是证据裁判理念不深。实践中，因证据裁判理念未牢固树立，有的侦查机关在考核绩效、社会舆论等多重压力下，收集证据时忽视取证的合法性。有的检察机关对证据收集固定的合法性监督不够，有的审判机关对证据裁判原则把握不准确，影响案件质量。二是证据裁判原则没有高位阶法律支撑。如前所述，大陆法系大多数国家已经把证据裁判原则明确写入刑事诉讼法，英美法系国家虽然没有明确规定证据裁判原则，但通过判例法的形式建立了完整的证据规则。虽然我国刑事诉讼法中有证据裁判原则的精神，各司法解释、文件中也规定了证据裁判原则，但总体而言，在国家法律中缺乏原则性的规定。三是证据裁判原则没有完备的证据规则体系辅助。证据规则是证据裁判原则的下位概念，前者是后者的细化，是确认证据范围，调整、约束证明行为的法律规范总称。证据规则与证据裁判原则相辅相成，没有证据规则，证据裁判原则难以实现，没有证据裁判原则，证据规则不成体系。我国目前没有制定专门的证据法和明确的证据规则，内容主要散见于刑事诉讼法、司法解释及规范性文件中。学术界对证据规则的划分并非完全一致，众多因素导致司法工作人员将证据能力、证明力混淆，对证据合法性、真实性认识不够，直接影响司法效果。

刑事诉讼活动要切实贯彻证据裁判原则，树牢证据的基础、中心地位，为准确认定案件事实、依法作出处理决定提供制度保障。

1. 明确证据裁判原则内容

证据裁判原则是证据规则的指导原则，决定了证据规则的存在和目的。证据规则是实现证据裁判原则的具体措施和程序，为证据的收集、审查和运用提供了明确的标准和程序，两者共同构成了现代刑事诉讼的基石，共同确保了刑事诉讼的公正性和定罪量刑证据的可靠性。具体而言，在刑事诉讼活动中，必须做到证据的收集、报告、保全、移送、辨认等各环节行为规范法治化，以保证证据证明力。运用证据认定案件事实必须遵守证据规则，包括证据的关联性规则、非法证据排除规则、意见证据排除规则、传闻证据排除规则、原始证据优先原则、被告人自白规则等。严格遵守我国刑事诉讼法，保障律师的辩护权和当事人的辩解权。正确理解和适用经验法则、逻辑法则以及"排除合理怀疑"，解决言词证据在适用时的难题，包括对口供的过分依赖、证人、鉴定人出庭问题、非法取得言词证据的排除问题等。① 坚持无罪推定和疑罪从无原则，定罪量刑必须达到犯罪事实清楚，证据确实、充分的证明标准，对证据不足的依法无罪处理。

2. 完善证据规则体系

构建以证据为中心的刑事指控体系应当完善运用证据规则体系，将相关证据规则进行系统整合，完善证据制度。2010 年最高人民法院、最高人民检察院、公安部、国家安全部、司法部印发的《关于办理死刑案件审查判断证据若干问题的规定》《关于办理刑事案件排除非法证据若干问题的规定》，明确了各类证据的收集、固定、审查、判断和运用标准，还对非法证据的内涵和外延、审查和排除非法证据的程序、证明责任等问题进行了具体的规范，我国刑事证据规则体系逐步建立。2012 年刑事诉讼法正式确立了非法证据排除规则和证明责任，并细化了证明标准。之后，最高人民法院、最高人民检察院出台多份司法解释，对相关证据规则进行具体细化、解释或创设了新的证据规则。② 目前，随着证据规则体系日趋完善，学术界对证据规则体系投以高度重视。例如，有观点认为证据规则体系可以细化为规范证据能力的证据规则、规范证明力的证据规则以及规范证据运用的证据规则三个方面，其中规范证据能力的证据规则包括相关性规则、非法证据排除规则、意见证据规则、最佳证据规则、传闻证据规则以及自白任意性规则；规范证明力的证据规则主要指证据补强规则；规范证据运用的证据规则包括作证特免权规则和交叉询问规则。③ 也有观点认为，建立指控证据体系须用好印证规则、心证规则、技侦规则，三大规则也包含若干具体的规则，应该属于集合式的证据规则。④ 我们认为，无论证据规则如何分类，其功能和指向是一致的，证据规则始终是指导庭审有效进行的重要工具和科学准确认定案件事实和定罪量刑的理论指引。但需要引起重视的是，证据规则体系并不仅仅是一些简单规则的罗列，必须结合我国国情、文化传统、司法制度等因素综合考虑。检察机关不可教条或孤立地看待证据规则，要重视证据规则体系构建，理顺证据之间逻辑顺序、位次、层级等复杂关系。证据规则之间只有互相衔接与协调，达到内在统

---

① 参见樊崇义：《以审判为中心与证据裁判原则》，载《人民法治》2017 年第 7 期。

② 参见纵博：《刑事证据规则的解释原理与路径》，载《法学》2022 年第 3 期。

③ 参见樊崇义：《以证据为中心的刑事指控体系的构建》，载《人民检察》2024 年第 1 期。

④ 参见龙宗智：《建立证据指控体系须用好三大证据规则》，载《中国检察官》2024 年第 3 期。

一，才能形成一个完整、严密的规则体系。①

3. 运用好证据的"三性""两力"

实践中，证据的审查主要包括审查证据的资格和证明力。证据资格方面，只有真实性、合法性、关联性三性合一，彼此之间能够相互印证，并形成完整的证据锁链，如此得出的认定的犯罪事实才能具有客观的、唯一的结论，这是贯彻以证据为中心、实现证据裁判规则最根本的体现。证明力方面，需要结合证据材料本身特色和整体的证据体系来进行，最终确定证据能在多大程度上证明案件事实。同时，要注重证据能力和证明力两者的先后关系，即先评价有无证据能力，再判断证明力大小。证据材料没有证据能力就无从谈起证明力，如通过刑讯逼供取得的口供或者采用暴力、威胁等非法手段取得的证人证言、被害人陈述等，即使指向性很强，有很强的证明力，也不具有证据能力。② 检察机关要明确落实证据三性要求，尤其是加强证据的合法性审查，排除非法证据，坚持单个证据的分解验证、多个证据的双向对比，全案证据的综合判断。

第二节　基本要求

构建以证据为中心的刑事指控体系，是检察机关"高质效办好每一个案件"的重要保障，检察机关在具体司法办案过程中，要牢牢把握坚持"三个善于"的办案理念、系统构建刑事指控体系、聚焦证据收集审查运用、强化诉讼监督保障刑事指控等要求，切实提高办案质效。

一、坚持"三个善于"的办案理念

（一）坚持"三个善于"办案理念的内涵

2024 年 4 月，最高人民检察院应勇检察长提出，要着力培养、提高检察人员运用法律政策的能力，善于从纷繁复杂的法律事实中准确把握实质法律关系，善于从具体法律条文中深刻领悟法治精神，善于在法理情的有机统一中实现公平正义，进一步"高质效办好每一个案件"。"三个善于"

---

① 参见樊崇义：《以证据为中心的刑事指控体系的构建》，载《人民检察》2024 年第 1 期。

② 参见史卫忠、张晓津主编：《国家公诉人出庭指南》（修订版），法律出版社 2023 年版，第213 页。

反映了司法办案客观规律，坚持"三个善于"既是司法办案的认识论也是方法论，能够引导检察人员更好地坚持以习近平法治思想为指引，坚持讲政治与讲法治有机统一、执行党的政策与执行国家法律有机统一，践行司法为民宗旨，提高正确运用法律政策的能力，做实"努力让人民群众在每一个司法案件中感受到公平正义"。[①]

（二）坚持"三个善于"办案理念的落实

实践中，部分刑事检察人员办案能力不足的问题客观存在，案件质效不高甚至出现问题引起炒作等问题时有发生，检察官案件审查、文书制作、出庭公诉以及司法行为不扎实、不规范导致事实证据认定、实体法律适用、程序把控等基础性工作存在质量问题，与"三个善于"办案理念的落实尚有差距。检察机关推动构建以证据为中心的刑事指控体系，要切实贯彻"三个善于"办案理念，确保案件处理结论经得起法律、历史和人民的检验。

1. 深化"三个善于"办案理念，引导检察人员"高质效办好每一个案件"

"三个善于"办案理念，其内在相互关联，逻辑层层递进，不仅深刻揭示了"高质效办好每一个案件"的基本内涵，还为检察机关司法办案提供了精准的方法与指引。检察人员在司法办案过程中要将"三个善于"充分融入检察办案全过程，以实体为图，以程序为界，在纷繁复杂的法律关系中抽丝剥茧，在正确适用法律条款的同时更要契合法治精神，在天理国法人情有机统一中让人民群众可感受、能感受、感受到公平正义。[②]

2. 坚持"以事实为根据"，推动构建以证据为中心的刑事指控体系

善于从纷繁复杂的法律关系中把握实质法律关系是第一个善于，居三个善于之首，属于实体维度，也是根基所在。司法办案首先遇到的问题就是如何认定案件事实，根本问题是如何运用证据认识案件事实。换言之，事实证据问题是一个案件后续评价的基础，如果案件事实都错误了，那么案件的政治效果、法律效果、社会效果就无从谈起。检察机关司法办案要更快、更好地实现实体公正、结果公正，核心在于坚持以"证据为中心"，

---

① 参见应勇：《学思践悟习近平法治思想以"三个善于"做实高质效办好每一个案件》，载《人民检察》2024 年第 8 期。

② 参见刘博法：《以"四个坚持"把握好"三个善于"实现"高质效办好每一个案件"》，载《中国检察官》2024 年第 9 期。

坚持用证据构筑案件事实，这也是构建以证据为中心的刑事指控体系的初衷。但实践中，并非每个案件都是能够轻轻松松查清看懂弄透的。有的案件事实扑朔迷离，有的案件事实混淆不清，有的案件有罪与无罪证据杂糅，有的案件刑民行交叉法律关系错综复杂，有的案件年代久远证据天生不足，这些都需要检察人员尊重客观事实、坚持证据裁判原则，全面、客观地把握案件整体情况，正确评价和认识这一案件所涉纷繁复杂的事实关系及其背后的实质法律关系，分层次处理各类事实问题，从而准确认定法律事实，这是司法办案的第一步，也是关键的一步。

3. 坚持"以法律为准绳"，让司法办案更加契合法治精神

"法治是一个国家发展的重要保障。"[①] 法治精神是法治的灵魂，是连接司法质量与司法效果的桥梁。在中国特色社会主义法治语境下，法治精神是指社会主义法治精神，其吸收并体现了人类法治文明的共同规律和基本价值，又立足我国基本国情和特定文化价值。[②] 坚持"以法律为准绳"的第一层含义是坚持实体公正。社会生活是丰富多彩的，因而人民群众遇到的法律问题也是复杂多变的。实践中，有的案件法律界定争论不一，有的案件法条存在竞合，有的案件跨越新旧法律规定，而法律条文又天生具有滞后性和局限性，不可能囊括社会生活所有情形，必然产生各种可预见和不可预见的矛盾。刑罚作为最严厉的处罚措施，是法律体系的最后屏障，不能轻易适用。因此，在把握具体法律条文的时候，需要检察人员遵循司法规律和法治精神，不仅要把法条的字面含义学懂弄懂，更要吃透法条背后深层次的法治精神，包括时代背景、法律政策、立法本意以及行为人犯罪目的、犯罪动机、明知或不明知、此罪与彼罪的区别，行政违法与刑事犯罪的界限，务必做到从形式司法迈向实质司法[③]。坚持"以法律为准绳"的第二层含义是要坚持程序正义。程序正义有其独立价值，是最大限度实现实体正义的保障机制，值得敬畏和坚守。司法办案中，常常有些案件当事人，当案件还在侦查、审查起诉阶段就到处告状，声称司法"不公"。这里的"不公"显然是指程序上、过程上的不公。实现刑事诉讼的目的是查明案件事实真相，做到求真。坚持程序正义是在求真的基础上做

---

① 习近平：《论坚持全面依法治国》，中央文献出版社 2020 年版，第 31 页。

② 参见元明、冯小光、田凯：《落实"三个善于"高质效办好每一个案件》，载《人民检察》2023 年第 13 期。

③ 参见樊崇义：《"三个善于"的哲理思辨》，载《检察日报》2024 年 6 月 13 日。

到"求善、求美"，① 因为程序正义是人民群众看得见的正义、可感触的正义。此外，司法办案还要关注刑法的谦抑性，要用最小的支出，少用甚至不用刑罚来获取最大的社会效益，② 要尊重民众的朴素法律观，确保司法办案真正体现人民群众的意愿和利益，这是法治建设的必由之路，也是实现社会公正的重要保障。最后，还要从"咬文嚼字"的注释法学迈向注重良法善治的理性法学，让司法结论符合伦理常情、契合良法善治。

4. 坚持锤炼司法素能，实现"三个善于"统一融合

一个案件怎么处理？处理得怎么样？虽然是专业的法律问题，但老百姓心中也有朴素的评判标准。善于在法理情的有机统一中让百姓可感可触公平正义，既是司法办案的最终目标，也是对"以人民为中心"这一根本立场的再次强调。检察机关要把人民性贯穿检察事业始终，检察人员要牢固树立为民司法的理念。在司法办案中要兼具同理心和洞察力。在司法办案中既要实现个案公平正义，又要充分回应社会关切，通过检察履职增强人民群众对司法公正权威的认同，通过群众认可获得积极的社会评价，③满足人民群众新的法治期待。总而言之，检察人员要正确认识法理情的关系，法是理和情的基础，理和情对法有解释、矫正与检验功能，只有在法的基础上兼顾理和情，才是高质效的法理情相统一。④

"三个善于"效果落实得好不好，与检察人员的政治素养、法律素养、业务素养息息相关。检察人员要注重政治理论学习，牢牢把握"国之大者"的内涵，突出政治建设，强化政治学习，筑牢政治忠诚。检察人员要时刻绷紧严格依法这根弦，坚持法治思维和法治方式，确保所有检察办案都遵循法律规定和法治精神，切实将社会主义核心价值观融入法律监督、融入检察履职办案，持续彰显法理情统一的司法力量。⑤ 检察人员要有精湛的业务能力，高质效办好每一个案件，重在高质效，难在每一个。要将案件处理建立在坚实的法律基础上，准确把握和运用刑事政策，全面把好案件效率关、质量关和政策关，最终全面实现检察履职办案质量、效率、效果统一于公平正义。

---

① 参见陈卫东：《为什么要坚守程序正义》，载《检察日报》2014年6月5日。

② 参见周光权：《刑法谦抑性的实践展开》，载《东方法学》2024年第5期。

③ 《法律监督要坚持三个效果相统一》，载《检察日报》2018年10月8日。

④ 参见唐祝亮：《将"三个善于"贯穿办案全过程》，载《人民检察》2023年第23期。

⑤ 参见检察日报社评：《以"三个善于"引领做实"高质效办好每一个案件"》，载《检察日报》2024年5月13日。

二、系统构建刑事指控体系

（一）系统构建刑事指控体系的内涵

当前，随着全面依法治国深入推进，国家治理体系和治理能力日益现代化，刑事诉讼制度发生了包括对抗式诉讼构造、合作式诉讼模式等一系列基础性、根本性制度发展，[①] 特别是随着以审判为中心的刑事诉讼制度改革以来，刑事指控在整个刑事诉讼程序中主导性加强，对刑事指控体系系统性构建提出了新的时代要求。

检察机关以追究犯罪嫌疑人、被告人刑事责任为目的的刑事追诉活动，包含检察机关围绕对被告人定罪量刑及财物追缴所进行的证据收集审查及证明等一系列诉讼活动，集中表现为检察机关提起公诉的活动，即将定罪量刑等诉讼主张提交法庭，请求法院裁判。[②] 检察机关在构建刑事指控体系进程中，加强与监察、侦查、审判等机关的办案衔接与配合制约，积极听取辩护人和诉讼当事人的意见，切实履行审前过滤把关、指控证明犯罪的职责，加强上下一体履职办案、业务指导，注重各检察业务部门、检察技术部门等之间的协作配合，围绕定罪指控、量刑建议、涉案财物处置等全面开展刑事追诉活动。检察机关通过系统构建证据体系，强化庭审证明说理，能有效巩固健全刑事指控体系，加强指控能力建设，确保指控证明犯罪准确、有力。

（二）系统构建刑事指控体系的意义

1. 系统构建刑事指控体系是国家治理体系和治理能力现代化的要求

党的十八届四中全会提出"推进以审判为中心的诉讼制度改革，确保侦查、审查起诉的案件事实证据经得起法律的检验"，开启了对我国原有的"以侦查为中心、以书面审查为重点"诉讼格局的全面调整和深入改革。党的十九届四中全会提出"要坚持和完善中国特色社会主义制度，推进国家治理体系和治理能力现代化"，对国家治理体系和治理能力现代化目标、任务提出了具体要求。法律是治国之重器，法治是国家治理体系和治理能力的重要依托。[③] 深化司法体制改革是推进法治中国建设的必然要

---

① 参见李心鉴：《刑事诉讼构造论》，中国政法大学出版社 1992 年版，第 12 页。

② 参见闵春雷、王从光：《以事实为面向：中国刑事指控体系建构的新思路》，载《吉林大学社会科学学报》2022 年第 3 期。

③ 《在法治轨道上推进国家治理体系和治理能力现代化》，载《检察日报》2024 年 3 月 22 日。

求，也是推进国家治理体系和治理能力现代化的现实需要。当今，中国特色社会主义事业已全面进入新时代，与之相适应的国家治理体系、法治体系要实现现代化，必然要求改变传统的刑事指控理念、模式、机制，系统构建符合时代需要的刑事指控体系。① 面对新理念、新要求，检察机关要始终把司法公正作为重要价值追求，把保障人民安居乐业作为根本目标，坚持"高质效办好每一个案件"，求真务实、担当实干，通过着力构建以证据为中心的刑事指控体系，全面贯彻证据裁判规则，为全面推进国家治理体系和治理能力现代化提供强有力的法治支撑。

2. 系统构建刑事指控体系是刑事诉讼制度改革发展的需要

自 1979 年我国第一部刑事诉讼法颁布至今，已经历了 1996 年、2012 年、2018 年三次修改。从宏观来看，刑事诉讼制度逐渐走向理性，主要表现为从"以侦查为中心"向"以审判为中心"转变。就微观而言，刑事诉讼制度从借鉴参考逐步走向超越自身，日趋完善，初步形成速裁程序、简易程序、普通程序，以及特别程序为一体的多元化、多层次一审程序格局。没有刑事指控，就没有刑事诉讼。② 刑事指控作为刑事审判程序的主要发起者，③ 从刑事立案、侦查、起诉、审判一直到执行，像一台发动机推动整个刑事诉讼过程向后延续。检察机关作为刑事指控的主角，如何系统规范刑事指控，确保刑事指控质量和效率，是一个绕不开的必须面对的基本问题。因此，检察机关履行刑事指控职责是一个完整的体系，只有构成完整的体系，才能够更加有效地履行好刑事指控职责。

3. 系统构建刑事指控体系是刑事检察工作发展的需要

刑事检察作为检察机关最基本、最核心的业务，承担着追诉犯罪、诉讼监督等重要职能，关系着国家安全、社会稳定和人民安居乐业。党的十八大以来，党和国家、人民和社会对检察工作提出了更高的要求，检察机关主动融入以审判为中心的刑事诉讼制度改革，充分发挥审前把关过滤、指控证明犯罪作用，取得显著成效，人民群众的获得感、幸福感、安全感不断提升。为进一步推动刑事检察行稳致远，要积极推进构建以证据为中心的刑事指控体系。

---

① 参见曹东：《中国特色刑事指控体系研究》，载《法学评论》2021 年第 4 期。

② 参见王敏远：《检察机关履行刑事指控责任的基本原则》，载《中国检察官》2024 年第 3 期。

③ 参见曹东：《论检察机关在认罪认罚从宽制度中的主导作用》，载《中国刑事法杂志》2019 年第 3 期。

（三）系统构建刑事指控体系的落实

现阶段，司法实践中证据资格的审查与证明力审查不规范、与侦查机关等配合制约不到位等问题，给系统构建刑事指控体系带来挑战。破解关键是在遵循刑事诉讼规律基础上，打破传统诉讼阶段藩篱和思维惯性，围绕控监、控侦、控辩和控审"四大关系"[①]，积极构建刑事指控体系。

1. 加强办案衔接与配合

每一项制度的改革均应致力于解决当前该项制度存在的问题，从而使该项制度更有效地实现其所承载的目标和价值。[②] 检察机关在审查起诉阶段处于侦、辩、检三角结构的顶端，[③] 不仅在刑事诉讼活动中具有承前启后的职能，还是唯一贯穿于刑事立案、侦查、审查起诉、审判、执行等整个刑事诉讼过程的责任主体。检察机关要加强与侦查机关的协作配合，将以证据为中心的审查、运用标准向侦查机关传导，尤其是新型、疑难和复杂案件，更要做好侦查取证引导工作，使收集的证据符合审查起诉标准，通过共同抗压、共同提升，共筑新时代刑事指控"大控方"格局。加强与监察机关的衔接配合，落实检察机关与监察机关办理职务犯罪案件互相配合、互相制约原则，健全完善监察机关商请检察机关派员提前介入机制以及检察机关退回补充调查和自行补充侦查机制，促进查清案件事实、夯实证据基础、准确适用法律。加强检察机关立案侦查司法工作人员相关职务犯罪与监察机关管辖案件的衔接协调、线索移送和办案协作，推进受贿行贿一起查，加大行贿案件惩治力度，不断增强依法反腐合力。建立常态化交流会商协作机制，就执法、司法办案过程中发现的新情况新问题统一认定标准。此外，开展检察侦查时要在法律规定管辖原则的基础上，健全监检双方在证据收集与调取、强制措施的适用、信息查询、涉案财物处置、认罪认罚具体执行等方面的办案机制，实现衔接配合最大化。加强与审判机关的沟通协作，聚焦司法办案堵点、难点问题，围绕刑事案件收送案标准、证据收集、证据采信、法律适用、量刑标准等进行交流研判，确保案件处理程序的正当性和处理结果的公正性。同时加强没收违法所得案件的配合。

---

① 参见曹东：《论检察机关在认罪认罚从宽制度中的主导作用》，载《中国刑事法杂志》2019 年第 3 期。

② 参见李晓丽：《"以审判为中心"——冲破我国刑事诉讼制度发展瓶颈的改革》，载《东岳论丛》2016 年第 6 期。

③ 参见孙谦等主编：《刑事检察业务总论》，中国检察出版社 2022 年版，第 166 页。

2. 坚持惩治犯罪和保障人权平衡

《刑事诉讼法》第 2 条规定，刑事诉讼的任务是惩罚犯罪分子，保障无罪的人不受刑事追究。《刑事诉讼法》第 14 条对"尊重和保障人权"的主体、对象作了总体性规定，要求人民法院、人民检察院和公安机关应当保障犯罪嫌疑人、被告人和其他诉讼参与人依法享有的辩护权和其他诉讼权利。《刑事诉讼法》第 173 条对检察机关听取意见对象、方式予以进一步明确，规定人民检察院审查案件，应当讯问犯罪嫌疑人，听取辩护人或者值班律师、被害人及其诉讼代理人的意见，并记录在案。辩护人或者值班律师、被害人及其诉讼代理人提出书面意见的，应当附卷。因此，兼顾惩治犯罪与保障人权统一，努力实现惩治犯罪与保障人权的平衡，是刑事诉讼的两大基本价值追求，是检察机关应当遵循的基本理念。[①] 一方面，检察机关应坚定自身指控犯罪、惩治犯罪以保护国家、保护社会、保护人民的主责，在检察履职办案过程中，全面、准确、科学判断和把握当前刑事犯罪态势，严格落实宽严相济刑事政策，根据不同情形依法该宽则宽、当严则严，做到罪责刑相适应，切实维护好国家政治安全、社会稳定和人民群众生命财产安全。另一方面，检察机关在刑事诉讼过程中要注重保障诉讼参与人，特别是被追究刑事责任人的犯罪嫌疑人、被告人的合法权益，防止无罪的人受到刑事追究。要全面、客观听取犯罪嫌疑人、被告人及其辩护人意见，注重对有罪无罪、罪轻罪重的意见的审查。要主动听取被害人及其诉讼代理人对案件的处理意见，注重对被害人追赃挽损、司法救助工作。同时，要落实好认罪认罚从宽制度、深化检律关系良性互动、综合开展未成年人检察工作，最大限度维护犯罪嫌疑人、被告人及社会公众合法权益。

3. 构建完善的证据审查体系

因职能决定，检察环节重点工作是审查侦查（调查）所收集到的证据，并在此基础上认定事实，提出指控。[②] 刑事诉讼中，证据繁杂、种类繁多，一方面，检察机关要完善证据"三性""两力"为主，证据完整性体系为辅的证据审查体系。证据"三性"是证据审查的基本要素，证据之间只有"三性"合一，彼此之间能够相互印证，并形成完整的证据锁链，如此得出的认定的犯罪事实具有客观的、唯一的结论，这是贯彻以证据为

---

① 参见孙谦等主编：《刑事检察业务总论》，中国检察出版社 2022 年版，第 30 页。

② 参见龙宗智：《论证据视角下完善刑事指控体系》，载《中国刑事法杂志》2024 年第 4 期。

中心、实现证据裁判规则最根本的体现。另一方面，要健全证据完整性审查体系。长期以来，证据完整性审查一直作为证据真实性审查的附属内容形式存在，[①] 没有形成一套独立的审查体系。实践中，证据完整性审查已经广泛运用于大数据证据审查。如随着现代科技迅猛发展，数字化成为时代发展必然趋势。反映到刑事诉讼领域，犯罪行为愈加呈现技术化、信息化趋势，大数据证据异军突起，凭借其本身的技术性、准确性，受到司法办案人员青睐。但大数据证据本身与传统证据差异性较大，以传统证据审查方式审查大数据缺乏统一证据标准和尺度，给司法办案带来困扰。以电子数据为例，电子数据同时具备准确多样、易扩散性、隐蔽性和脆弱性等特点，如果没有系统的电子证据审查体系，容易陷入"数字海洋"找不到头绪。目前，无论立法还是司法解释层面，我国均未对大数据证据的证据属性、审查运用等作出明确规定，[②] 司法实践中对大数据证据的审查也呈现一种宽泛而粗糙的思维模式。在此情形下，亟须构建证据完整性审查体系促进刑事诉讼质效提高。

4. 健全完善全流程诉讼监督

在我国，法律监督权是检察机关的专门权力。检察机关依法对刑事诉讼实行法律监督是刑事诉讼法确立的基本原则，具有规范权力行使、救济公民权利、维护司法公正的功能，对系统构建刑事指控体系具有重要的推动作用。[③]《中共中央关于加强新时代检察机关法律监督工作的意见》也突出强调要全面提升法律监督治理和效果，将监督要求贯彻到侦查、起诉、审判、执行各个环节，不断深化"在办案中监督，在监督中办案"的理念，构建全流程、立体化诉讼监督机制。检察机关要进一步深化侦查监督，健全完善侦查监督和协作配合机制，推动重大案件提前介入侦查引导取证规范化，确保侦查机关搜集的证据在源头上合法有效。进一步深化接续监督，上下级检察机关充分发挥一体化优势，强化协作配合，合力监督、接续监督，共同推进法律的统一正确实施。进一步深化刑事审判监督，通过对法院一审裁判及生效裁判的抗诉监督及对庭审活动合法性监

① 参见龙宗智、唐云阳：《论证据完整性及其审查规则》，载《国家检察官学院学报》2024年第5期。

② 参见任世丹、李青燕：《构建刑事诉讼大数据证据审查体系》，载《检察日报》2022年8月16日。

③ 参见郭立新：《人权保障视野下的刑事检察实践》，载《政法论坛》2023年第4期。

督，依法防范和纠正冤假错案。深化刑事执行法律监督，注重被监管人的人权保障，加强减刑和假释监督案件实质化审查，保障被监管人依法获得公平减刑、假释和暂予监外执行的权利。

5. 完善检察一体化办案机制

检察一体化是我国检察制度的重要原则。要坚持依法一体履职、综合履职等新理念，在法律监督履职中既敢于监督、善于监督，又依法监督、规范监督。新时代检察一体化办案机制的建设要聚焦落实国家治理体系和治理能力现代化进程中的检察责任，紧盯法律监督主责主业，完善顺畅贯通的纵向一体、紧密衔接的横向一体履职机制。横向上，要突出多主体协调，加强内部业务部门以及跨地域检察机关之间合作配合，发挥资源整合优势，为案件侦查提供便利条件。① 纵向上，要突出多层次统筹，构建以省级检察院为主导、市级检察院为主体、基层检察院为补充的侦查办案体系。通过检察一体化履职，最大限度聚合检察资源，形成履职合力，提升法律监督效能。②

三、聚焦证据收集审查运用

（一）聚焦证据收集审查运用的内涵

刑事证据收集是指侦查机关、监察机关以及司法机关在刑事诉讼中运用法律许可的方法和手段，发现和提取证据并予以固定的诉讼活动。它贯穿于整个侦查活动的始终，是查明案件事实的前提。实践中，刑事证据收集方法包括讯问犯罪嫌疑人、询问证人、勘验、检查、搜查、查封、扣押物证、书证、鉴定、技术侦查措施等。在刑事证据运行机制中，证据收集起基础作用，证据收集的合法性和充分性决定庭审质量，是以审判为中心的刑事诉讼制度改革的关键所在。

刑事证据审查是检察机关对侦查机关、监察机关收集的证据进行分析、研究和鉴别，找出它们与案件事实之间的客观联系，分析证据材料的证据能力和证明力，从而对案件事实做出正确认定的一种诉讼活动。刑事证据审查运用是检察机关为履行刑事指控职能而进行的一项重要刑事诉讼活动。就本质而言，证据审查是一种思维活动，需要检察人员通过科学的

---

① 参见李冠山、闫亚芹等：《检察一体化机制的运用与完善》，载《人民检察》2024 年第 18 期。
② 参见李成林、张建伟、侯亚辉：《检察一体化机制建设的推进与落实》，载《人民检察》2022 年第 3 期。

分析研究、鉴别来完成，相较于证据收集而言，更为理性和谨慎。证据审查的目的在于辨别证据的真伪，从而查明事实真相，认定案件事实。证据审查方式包括对各个证据真实性、关联性、合法性审查，还包括对全案所有证据的综合审查判断，[①] 是一种立体的、全方位的、立足于案件总体解决目的的全面性审查。

刑事证据运用是指检察机关在综合运用证据认定案件事实过程中，坚持证据的种类、数量、质量相结合，根据证据之间的内在联系以及证据与待证事实之间的逻辑关联，对证据进行合理、优化配置，夯实证据体系，集中指向待证事实，形成最优证明合力。坚持将证据作为认定案件事实的依据，突出证据的基础、中心地位，聚焦证据的收集审查运用，综合运用证据规则，构建科学严密的证据体系，强化庭审证明说理，确保指控的案件事实清楚，证据确实、充分，高质效办好每一个刑事案件。

（二）聚焦证据收集审查运用的要求

1. 收集审查运用证据要坚持"三个善于"理念

"三个善于"既是认识论也是方法论，重在转变检察人员履职办案的思维方式、引导优化履职办案的工作方式。善于从纷繁复杂的法律事实中准确把握实质法律关系是基础，侧重于如何抓住案件中的主要矛盾，要求全面准确把握"以事实为根据"；善于从具体法律条文中深刻领悟法治精神是关键，侧重于如何正确适用法律，要求全面准确理解"以法律为准绳"；善于在法理情的有机统一中实现公平正义是目标，侧重于如何确保案件办理取得最佳效果，要求全面准确统筹"以事实为根据，以法律为准绳"，努力在法律框架内寻求公平正义的"最大公约数"。检察机关应当通过高质效收集、固定、审查、运用证据，推进刑事指控体系化，确保刑事案件办理的质量、效率和效果。

2. 收集证据要坚持全面客观依法

根据刑事诉讼法的规定，审判人员、检察人员、侦查人员必须依照法定程序，收集能够证实犯罪嫌疑人、被告人有罪或者无罪、犯罪情节轻重的各种证据。该规定对侦查人员、检察人员、审判人员收集证据提出了以下要求：第一，必须依照法定程序收集证据。如讯问犯罪嫌疑人，侦查人员不得少于二人；询问证人应当个别进行；搜查妇女的身体，应当由女工

---

① 参见孙谦等主编：《刑事检察业务总论》，中国检察出版社 2022 年版，第 67 页。

作人员进行等。在收集证据中，司法工作人员不得违背上述程序性规定。第二，要客观全面收集证据。要收集能证实犯罪嫌疑人、被告人有罪或无罪、犯罪情节轻重的各种证据，不能只收集对犯罪嫌疑人、被告人不利的证据。第三，严禁以非法方法收集证据。《刑事诉讼法》第 56 条对非法证据种类及排除规则作了明确规定，将非法证据分为非法言词证据和非法实物证据。针对侦查机关非法取证行为，检察机关可以依据《刑事诉讼法》第 57 条规定对非法取证行为行使调查核实权，其中"采用刑讯逼供等非法方式收集的犯罪嫌疑人、被告人供述和采用暴力、威胁等非法方法收集的证人证言、被害人陈述"为非法言词证据，一经发现绝对排除。"不符合法定程序收集的物证、书证"为非法实物证据，对于可能严重影响司法公正的，应当予以补正或者作出合理解释；不能补正或者作出合理解释的，对该证据应当予以排除。第四，要保证一切与案件有关或者了解案件情况的人，有客观充分地提供证据的条件。《刑事诉讼法》第 63 条至第 65 条规定，对证人及其近亲属安全、补助进行了明确规定等。最后，《刑事诉讼法》第二章第 115 条至第 154 条全面规定了侦查机关刑事证据收集规则，检察机关作为法律监督机关，对侦查机关违反上述规定可以依法开展侦查监督活动。

3. 坚持全面审查证据

根据《刑事诉讼法》第 171 条规定，"人民检察院审查案件的时候，必须查明：（一）犯罪事实、情节是否清楚，证据是否确实、充分，犯罪性质和罪名的认定是否正确；（二）有无遗漏罪行和其他应当追究刑事责任的人；（三）是否属于不应追究刑事责任的；（四）有无附带民事诉讼；（五）侦查活动是否合法。"实践中，检察机关在证据审查过程中存在偏信有罪证据，忽视对无罪辩解、矛盾证据的核查；指控犯罪把握上重局部、轻整体，不能从整体上构建指控体系；影响定罪量刑的部分事实缺乏充分的证据证明；在案证据没有形成完整的证据链条；过于迷信鉴定意见，对其真实性、合法性、关联性审查把关不严等问题，[①] 影响了案件办理质效。检察机关应当以辩证唯物主义认识论为指导，对证据进行全面、系统审查，既审查单个证据的真实性、关联性、合法性，又注重综合审查运用全案证据；既审查在案证据，又注意审查发现不在案证据；既审查有罪、罪

---

① 参见张建忠：《重大犯罪案件证据审查运用的几个问题》，载《中国刑事司法》2024 年第 3 期。

重的证据，又注意审查发现无罪、罪轻的证据。以双方各执己见的故意伤害案为例，检察机关应综合审查案发背景、案发起因、当事人关系、伤害手段、部位、后果、当事人态度等，综合运用鉴定意见、有专门知识的人意见等，准确认定事实，辨明是非曲直。总之，只有通过阅卷、提讯、审查物证原件，精细化审查视听资料和电子证据，认真听取犯罪嫌疑人、被告人和辩护人的意见，实现立体化审查，才有可能把握案件全貌，为案件的最终决定奠定基础。

4. 优化配置运用证据

证据是认定事实的基础，证据问题是刑事诉讼的核心问题。党的二十大报告提出，公正司法是维护社会公平正义的最后一道防线，要求严格公正司法。检察机关要积极适应"诉讼以审判为中心、审判以庭审为中心、庭审以证据为中心"的刑事诉讼新格局，准确把握证据的证据能力、证明力以及证明标准，通过对证据的精准运用来科学构建以证据为中心的刑事指控体系。[①] 实践中，检察机关常出现机械、孤立、分散地运用证据，而不注意根据证据之间、证据与待证事实之间的内在联系和逻辑关联运用证据的问题。对此，检察机关要善于优化配置运用证据，将证据种类、证据数量、证据质量结合起来，综合运用证据集中指向待证事实，进而认定案件事实、夯实证据体系，最终形成最优证明合力。

（三）聚焦证据收集审查运用的落实

实践中，我国实行递进式刑事诉讼模式，在不同的诉讼阶段，证明犯罪构成要件事实的证据体系，总体上呈现由少到多、由粗到细、去伪存真的趋势，在不同的刑事诉讼节点，证据体系的侧重点和完备性有所差异，[②]具体包括侦查阶段证据收集、审查起诉阶段证据审查和审判阶段证据运用三个不同层次内容。

1. 充分依托侦协机制，源头上确保侦查取证合法有效

证据是刑事诉讼活动的基石，对证据负责，就是对人民负责，对历史负责。因侦查封闭性特点，侦查人员承担了绝大部分的证据收集工作，侦查工作能否有效地收集、固定证据，夯实证据基础，是能否成功指控犯罪

---

① 参见张建忠：《重大犯罪案件证据审查运用的几个问题》，载《中国刑事司法》2024 年第 3 期。
② 参见刘艳华、姜园园：《检察机关推动构建以证据为中心的刑事指控体系研究》，载《人民检察》2024 年第 14 期。

的关键。① 检察机关作为法律监督机关，必须承担起负责监督控制侦查活动合法的责任。

其一，发挥提前介入机制作用。充分发挥在专业知识储备和对法庭证据需求更加了解的优势，从批准逮捕、审查起诉的角度把握案件定性及取证方向，在证据收集方面提出精细化的意见。省级检察机关要牵头出台省级层面常态化提前介入工作规范性文件，分别就重大命案、监检衔接等提前介入侦查（调查）作出规范细致、操作性强的规定，三级检察机关合力做好刑事案件侦查（调查）之初的证据收集、固定工作，从源头上确保证据收集合法规范、及时有效，夯实庭前阶段指控证据基础。

其二，做细补充侦查。退回补充侦查是检察机关对侦查行为合法性进行监督的重要方式，对及时收集固定证据，保证准确查明犯罪事实，依法惩治犯罪，保障无罪的人不受追究，确保司法公正等至关重要。② 众所周知，审判阶段不是收集证据的最佳时机，法庭也不是破案的地方。对于证据间存在矛盾和反复的，检察机关要认真审核，列出详细退回补充侦查提纲，把理由和要求讲清说透，让侦查机关"按图索骥""照方抓药"，及时补充收集指控犯罪所必需的证据或者作出合理解释以有效应对。

其三，优化自行侦查。要重视自行侦查，对由检察机关自行调取更为便利的，可由检察机关自行补充侦查，以提高取证效率。尤其在重大案件审查中，更要优先运用自行补充侦查，主动应对侦查机关怠于侦查、关键证据存在灭失风险等问题，补充完善证据体系。在自行侦查中要注重证据挖掘，对于身份、职业特殊的被告人，要充分运用专业知识和被告人的专业性履历挖掘潜在证据。对于法律、司法解释或者其他规范性文件规定允许推定的事实，要大胆利用常识、常情、常理类推定方式特别是运用"非亲历不可知"的证据采信规则，助力公诉意见证据体系搭建。

2. 强化证据审查，构建审查起诉程序完整证明链

刑事指控体系必须建立在整合、筛选侦查成果的基础之上，并以能否应对庭审的考验为终极目标。③ 审查起诉阶段，检察机关强化证据审查工

---

① 参见潘金贵、周宇婷：《司法现代化视角下以证据为中心刑事指控体系的构建及配套机制保障》，载《人民检察》2024 年第 1 期。

② 参见苗生明、张建忠：《检察机关补充侦查典型案例解读》，载《人民检察》2021 年第 3 期。

③ 参见黄生林、李本森等：《如何构建以证据为核心的刑事指控体系》，载《人民检察》2017 年第 11 期。

作主要应当从以下几方面着手。

其一，加强全面审查，把好证据风险过滤关。要忠于证据原貌，强化证据定案意识。严格按照证据规则对全案证据进行全方位、分阶位的分析和审查。要注重亲历审查、亲身办案，主动发现和获取一手证据资料，做到关键物证要见物、关键证人要见人、关键现场要到场。要树立全局意识，全面掌握卷宗以外的在案信息，增强发现证据问题的能力。要注重区别对待，强化听取律师和犯罪嫌疑人无罪或罪轻辩解意见的意识，强化矛盾证据综合分析处理能力，明确非法证据与瑕疵证据各自的边界和处理方式，明确法律适用条件，准确把握罪与非罪、情节显著轻微的尺度。

其二，出台类案取证指引，统一司法尺度。要深化重点案件实质化指控工作机制。通过专项督导，深化做实涉黑恶案件、重大命案等实质化指导把关工作，健全完善重大、敏感案件备案报告、汇报、备案审查制度。要加强与审判机关、侦查机关等部门沟通交流，强化个案、类案、证据收集方法论的引导，从证明内容、证明形式等方面归纳类型化案件中的基本证据要求，并推广施行具有参考性意义的刑事证据规格标准，实现证据观念和证据知识体系的一体化。要凝聚推动构建以证据为中心的刑事指控体系共识，就类案办理中的证据保管、移送、审查和证明标准、法律适用、制度机制等研究会商，出台陈年命案等疑难复杂类案办理指引，将侦查和起诉的证据标准统一到法庭裁判的证据标准，统一司法尺度。

其三，加强证据审查运用，建立完整的证据规则体系。在证据审查方面，要推进以客观性证据为重点的审查模式，以不同种类证据的审查方法为基础，综合比较书证、物证、电子数据等实物证据与证人证言等言词证据在具体判断运用上的共同点与差异性，并对特定种类证据涉及的相应逻辑规则与经验法则进行整理，[①] 为出庭支持公诉做好准备；在证据运用方面，要加强证据能力及证明力判断。对个别证据与整体证据、个别矛盾反复与整体事实之间的关系有清晰认识，精准判断矛盾和反复是否影响事实的认定。要注重对收集和运用证据等方面是否合法进行审查，及时纠正侦查活动中的违法行为，对侦查中的遗漏罪行进行补救。要加强对非法证据的审查和合理怀疑的识别与判断。综合运用证据规则对合理怀疑进行针对

---

① 参见江苏省连云港市人民检察院以证据为核心的刑事指控体系构建课题组：《以证据为核心刑事指控体系的构建——基于实证视角下的问题机理》，载《人民检察》2019 年第 11 期。

性研究，促进事实认定环节的准确度，避免证明标准遭到降格适用。①

其四，发挥捕诉一体机制优势，推动建立牢固的证据体系。捕诉一体机制确立了刑事案件审查逮捕、审查起诉由同一人办理的模式，除了可以高效审查逮捕、引导监督侦查机关收集固定关键性证据、补正、补强瑕疵证据、过滤排除非法证据，还可以便捷、高效跟踪侦查进展、移送审查起诉后侦查机关对补证要求是否落实完成等情况，有利于检察机关对指控事实建立牢固可靠的证据体系。

3. 提升庭审指控能力，确保指控效果

当前，检察机关出庭公诉的形势任务、舆论环境和具体要求发生深刻变化，刑事案件出庭活动逐渐进入"深水区"。特别是庭审直播，将带有"神秘色彩"的刑事案件庭审带到公众面前，无疑给公诉人出庭带来了更新、更大的挑战，② 庭审实质化也随之成为以审判为中心的核心问题。

其一，强化庭前准备，围绕证据做好充分预案。柏拉图曾言"用论据赢得人心是一种普遍性艺术"。③ 公诉人出庭前要进一步熟悉案情，了解审判可能涉及的专业知识，形成周密的公诉预案，对于犯罪事实简单的案件，可采取"一事一证"方式，在每一宗犯罪事实后面写明认定犯罪事实的主要证据。对于多人多罪案件，应采用与案件相匹配的分类方式，将证据与每宗案件事实或每种罪名相对应地排列组合，对证据一一列举，围绕定罪量刑的核心要件构筑完整的指控证据体系。同步提前预判庭审中可能出现的各种程序性、实体性问题，确保庭审环节应对举措充分。

其二，重视庭前会议，减少庭审证据争议。公诉人通过展示证据向法庭阐明观点，如对辩护人收集证据有异议的，及时阐述理由。如辩护人掌握无罪证据的，建议法庭要求辩护人提交。重视被告人及其辩护人提出的排除非法证据申请，并做好应对说明工作，避免"证据突袭"和庭审被动。

其三，重视证据说理，落实庭审实质化要求。法庭讯问、询问环节，公诉人要严格遵守庭审规则，讯问应有所侧重，对关键问题要重点发问。

---

① 参见江苏省连云港市人民检察院以证据为核心的刑事指控体系构建课题组：《以证据为核心刑事指控体系的构建——基于实证视角下的问题机理》，载《人民检察》2019 年第 11 期。

② 参见史卫忠、张晓津主编：《国家公诉人出庭指南》（修订版），法律出版社 2023 年版，第 17 页。

③ ［美］奥斯丁·J. 弗里来：《辩论与论辩》，李建强等译，河北大学出版社 1996 年版，第 3 页。

讯问内容之间要做到逻辑严密、环环相扣。询问要注意技巧，讲究策略，有针对性设计询问陷阱，使提出的问题与结论之间有高度逻辑关系，并具有隐蔽性。针对控方提请的证人、侦查人员、鉴定人员出庭情况下，要在庭前与相关人员进行充分沟通，帮助其了解庭审程序、所要解决的问题及注意事项，分析辩方可能提出的问题和回答策略;① 举证、质证环节，要坚持系统性原则，应围绕起诉书认定事实，就犯罪构成要件和争议焦点精心安排举证顺序、详略。发表质证意见时，要根据整体证据的综合证明力阐明所出示证据具有证明能力和证明力。要坚持关联性原则，通过分组举证突出证据证明内容，使举证、质证目的更加明确。同步通过证据小结，展现证据和待证事实的关联性。要坚持重点性原则，要抓住重点、实质，直击要害，切忌舍本逐末、在枝节问题上纠缠不清。对辩护人质疑证据能力的，应寸步不让。法庭辩论环节，要注重指控职能与客观公正立场有机统一，事实判断层面坚持实事求是，价值判断层面坚持有根有据。注重证据论证和证据规则的有机融合，重视证据印证法则运用、重视利用潜在证据开展综合分析论证。坚持平等对抗、善于当庭借力、有理有节把控庭审节奏。对于庭审中"幽灵抗辩"，注重综合运用逻辑和经验法则，通过亲历性司法的丰富阅历和打破砂锅问到底的耐力，条分缕析、去伪存真，从而准确认定案件事实，排除合理怀疑。

四、强化诉讼监督保障刑事指控

（一）强化诉讼监督保障刑事指控的内涵

司法办案是履行法律监督职能的主要方式，依法正确履职是检察机关强化法律监督的立身之本。② 我国《宪法》第 134 条规定，人民检察院是国家的法律监督机关。《刑事诉讼法》第 8 条规定，人民检察院依法对刑事诉讼实行法律监督，为检察机关通过纠正违法进行诉讼监督提供了法律依据和原则指导。检察机关依法对刑事诉讼实行法律监督，既是教育全体公民严格遵守法律、预防犯罪的有力手段，又是消除司法腐败、保障刑事司法机关正确适用法律的重要环节。构建以证据为中心的刑事指控体系要进一步强化包括检察权在内运行制约监督在内的刑事诉讼制约监督体系。

---

① 参见史卫忠、张晓津主编:《国家公诉人出庭指南》（修订版），法律出版社 2023 年版，第 93 页。

② 参见陈国庆:《强化监督制约　切实纠正违法》，载《检察日报》2016 年 2 月 27 日。

多年来的司法实践表明，检察机关依法履行对刑事诉讼的法律监督职责，对于保证刑事诉讼活动的顺利进行，保障国家刑罚权的正确实现，维护国家法律的正确统一实施，实现社会公平正义，具有重要意义。具体而言，检察机关对刑事刑诉的法律监督，包括对公安机关、国家安全机关、人民法院、监狱、看守所、司法机关的刑事司法执法活动等的法律监督。在诉讼阶段上，检察机关法律监督贯穿于刑事诉讼的始终，具体包括刑事立案监督、侦查活动监督、审判活动监督、刑罚执行活动监督和看守所监管活动监督等。①

检察机关推动完善刑事指控体系，应注重对应当立案而不立案或者不应当立案而立案，证据收集不全面、不规范，非法收集证据，证据采信、认定错误等立案、侦查活动、审判活动开展法律监督，加强对涉及公民人身权利的强制措施和查封、扣押、冻结等强制性措施的监督。依法监督纠正违背事实、证据，利用刑事手段插手经济纠纷、趋利性执法司法等突出问题，维护公民人身权、财产权和企业合法权益。

（二）强化诉讼监督保障刑事指控的要求

应勇检察长强调，检察机关的主责主业是法律监督，工作中心也是法律监督，要在推进严密的法治监督体系建设中切实发挥作用，就要始终坚持问题导向和系统思维，用好用足宪法法律赋予的法律监督权，在法定权限内努力增强法律监督的针对性实效性，从而持续落实"高质效办好每一个案件"的检察履职办案基本价值追求。检察机关强化诉讼监督需要把握好"数量"和"质量"，"刚性"和"韧性"，"个案"和"类案"之间的关系。

1. 把握好"质量"和"数量"的关系

办案是检察机关开展法律监督的基本载体，但不能局限于多办案，一味追求办案数量，更不能仅以办案数量来彰显监督力度、体现监督质效。实践中"唯指标论""唯数据论"的机械评价方式，也容易导致监督异化、案件处理突破法律规定。好的管理模式不是将检察官管住，而是能鼓励每一个检察官自己办好案件。2024 年 10 月，最高人民检察院决定取消一切对各级检察机关特别是基层检察机关的不必要、不恰当、不合理的考核，不再执行检察业务评价指标体系，不再设置各类通报值等评价指标，

---

① 参见孙谦等主编：《刑事检察业务总论》，中国检察出版社 2022 年版，第 325 页。

不再对各地业务数据进行排名通报。"一取消三不再"体现了顶层设计高度政治智慧和持久执行落实决心，是检察工作回归主责主业、回归本职本源的重大举措，也是对客观司法规律的遵循。刑事检察部门要根据各类刑事案件的形势特点，加强对犯罪态势、趋势、特点和重点领域的分析，并及时提出对策。要充分运用好检察业务统计数据，定期对刑事检察业务数据进行分析，发现问题后及时发出预警，助推社会治理。[①] 要积极探索不同案件质量评价标准，一体推进刑事检察业务管理、案件管理和质量管理，实现"有质量的数量"和"有数量的质量"有机统一。

2. 把握好"刚性"和"韧性"的关系

法律监督的刚性也取决于监督的"韧性"，要从机制上完善和落实跟进监督。监督，本质上是寻找、发现和纠正监督对象违反法律的不当行为并予以纠正。因法律监督附随严肃的法律后果，没有主体愿意主动接受检察机关法律监督。如果检察机关法律监督没有刚性，监督必然成为一纸空文。检察机关要围绕构建以证据为中心的刑事指控体系，加大侦查监督力度，着力解决监督表面化、形式化，以及以刑事手段插手民事纠纷背后的深层次问题，对久侦不结、久诉不结、诉后久审不结的案件全面排查，推动形成清理和防止刑事"挂案"常态化机制。要加大审判监督力度，对审判机关无故不采纳再审检察建议的，该抗就抗。对抗诉后法院驳回不当的，上级检察院要接续抗，彰显检察一体化的制度优势和精准监督、接续监督的理念。同时，要用好用活检察机关法律监督调查核实权，积极主动运用职权去查明或督促查明违反法律尤其是构成犯罪的行为，通过加大监督力度、持续跟进监督、上级接续监督实现"刚性"和"韧性"的统一。

3. 处理好"个案监督"和"类案监督"的关系

当前，检察机关法律监督一定存在着重个案监督，对侦查机关、审判机关普遍存在的履职不当或违法行为重复监督现象，不仅浪费司法资源，也影响监督效果。从"个案监督"向"类案监督"是在办案基础上的更高要求。类案监督是强化法律监督、深化依法履职、做实源头治理的有效方式，有利于推动监督效果由一案向同类问题拓展。检察机关开展法律监督不能止步于个案，也不能止步于案结，必须强化全局观念、系统思维，

---

① 　参见郭璐璐：《将重罪检察工作融入国家治理大局》，载《检察日报》2020 年 4 月 27 日。

做到精准办好个案与加强类案监督并重。① 在办理个案时，要摒弃"就案办案、就事论事"的思维，注意发现执法司法中的违法违规问题，在办案中找准法律监督着力点，尤其在数字化时代，更要利用科技，通过数字检察赋能法律监督提质增效，进一步优化"个案监督"到"类案监督"的履职路径。

（三）强化诉讼监督保障刑事指控的落实

检察机关要注重系统观念，克服孤立办案、片面办案等倾向，善于在办案中发现监督线索，找准监督着力点，督促纠正侦查、审判等不规范、不合法行为，② 确保刑事指控的质效。

1. 树牢"在办案中监督、在监督中办案"的理念

《中共中央关于进一步全面深化改革、推进中国式现代化的决定》强调"确保执法司法各环节全过程在有效制约监督下运行"，《中共中央关于加强新时代检察机关法律监督工作的意见》要求"全面提升法律监督质量和效果，维护司法公正"，为检察机关开展法律监督提供了坚实的保障。理念是行动的先导，唯有把理念论清楚、搞端正，监督办案才能更有灵魂。检察机关要牢固树立"在办案中监督、在监督中办案""法律监督不是零和博弈，实现双赢多赢共赢"的监督理念，③ 以落实好《中共中央关于加强新时代检察机关法律监督工作的意见》为抓手，强化刑事诉讼监督，坚持实体监督与程序监督并重，做到敢于监督、善于监督、精准监督，促使合力共赢，共同维护司法公正，④ 以高质效法律监督促进执法司法公正。具体到刑事诉讼法律监督工作中，检察机关要注重系统观念，克服孤立办案、片面办案等倾向，善于在办案中发现监督线索，找准监督着力点，督促纠正侦查、审判、刑事执行及监管活动不规范、不合法行为。⑤ 要坚持双赢多赢共赢，构建新型诉侦、诉审关系。工作中，注重采取口头监督、检察建议、纠正违法通知、纠正审理违法意见相结合，综合运用多

---

① 参见李小东：《把握"三个层次"促进"三个效果"有机统一》，载《检察日报》2024 年 10 月 28 日。

② 参见陈国庆：《关于新时代刑事检察工作的创新发展》，载《刑事检察工作指导》2021 年第 4 辑。

③ 参见李文峰：《法律监督新理念：双赢多赢共赢》，载《人民检察》2020 年第 17 期。

④ 参见陈国庆：《当前刑事检察工作的思路和重点》，载《刑事检察工作指导》2022 年第 1 辑。

⑤ 参见陈国庆：《关于新时代刑事检察工作的创新发展》，载《刑事检察工作指导》2021 年第 4 辑。

种监督手段，强化监督效果。对提出的监督意见，要采取有效措施跟踪监督，力求监督效果实质化。

2. 强化侦查监督

构建以证据为中心的刑事指控体系，检察机关要切实加强侦查监督，保证侦查取证合法有效。

其一，要明确监督内容，拓宽监督方式。证据是案件的生命，检察机关要坚持以证据为中心，用证据构筑案件事实，夯实、筑牢刑事指控证据基础，防止案件"带病"进入审判程序。监督内容上要熟悉"证据审查"存在问题。监督方式上要加强对非法证据的监督，落实好非法证据排除（包括瑕疵证据）分析、向侦查机关通报工作。要注重发现、剖析和研究解决取证工作中的突出问题，通过制发纠正非法取证意见等方式提出改进意见和建议，防范和遏制侦查机关非法取证行为。在监督线索上，要拓宽非法证据线索发现、举报和反映渠道。加强与控告申诉、落实重大案件侦查终结前讯问合法性核查等工作对接，通过对案卷材料、讯问同步录音录像、入所身体检查记录等多角度审查发现非法证据问题。

其二，要进一步完善侦查监督与协作配合机制。检察机关要充分运用好侦协机制，进一步调适优化新型检警关系。要完善实质性提前介入、做实做细补充侦查和自行侦查。在规范信息查询、保障办案信息安全的基础上，稳步扩大检察机关线上共享数据信息范围，使检察机关通过查阅刑事立案、强制措施变更、办案记录、移送审查起诉等信息实时了解案件进程情况。要加强线下信息沟通联席，定期召开联席会议，对检警双方在执法司法中出现的分歧或存在的问题进行探讨，统一司法理念。加强与侦查机关沟通交流，强化个案、类案、证据收集方法的引导，从证明内容、证明形式等方面归纳类型化案件中的基本证据要求，确保案件罪责刑相一致。

其三，要严格规范开展两项监督活动。侦查监督的刚性与监督的质量和效果相辅相成，提升监督质效能保障监督的刚性。[①] 检察机关要进一步严格规范开展立案监督、侦查活动监督，进一步强化思想认识、明确监督重点、规范监督程序、统一问题标准、健全监督机制。

其四，要主动适应社会发展，积极开展"数字检察""大数据法律监督"等一系列数字革命，构建技术联通、数据流通、信息畅通、业务融通

[①] 参见来向东、林峰文：《新形势下加强侦查监督工作的路径探析——以 G 省检察机关侦查监督实践为样本》，载《中国检察官》2021 年第 20 期。

的数字化检察工作机制，更好地服务国家治理体系和治理能力现代化建设。要强化侦查监督大数据违法预测功能，在严格保障信息安全的基础上，加强对公安机关刑事案件的受案、立案、撤案、强制措施适用及案件处理结果相关数据的收集、分析，依托数据共享平台，与公安机关办案数据进行比对，从中发现纠违线索，实现从"回溯性"治理侦查违法到"预测性"防范侦查违法的转变。要发挥基层案例富矿的优势，不断改善大数据法律监督模型的完善性和适用性，形成"大数据＋检察监督"工作格局。通过加强对年度侦查监督数据的统计分析，设置类案监督规则，将侦查监督的普遍规律、热点问题、发现疑似异常线索等进行监督规则提炼，与数据库中自动识别提取的案件要素进行碰撞，实现对监督线索的智能化采集、研判、归类和提示，进而通过制发检察建议规范侦查活动。

3. 强化审判监督

检察机关依法对刑事审判活动进行监督，是我国宪法和法律确立的一项重要的诉讼原则，也是宪法和法律赋予检察机关的一项重要职能。检察机关通过抗诉，纠正确有错误的裁判，确保刑事指控效果。检察机关应当做好抗前、抗中、抗后不同阶段重点工作，加强审判监督工作质效。

其一，抗诉前要做到准备充分。刑事抗诉案件不打无准备之仗，必须事实清楚，证据确实、充分，要准确把握抗诉的条件和标准，充分考虑抗诉必要性问题。要围绕抗点进行全面审查，审查法律依据是否充分，是否存在争议，做到于法有据。要严格落实抗前汇报和业务指导机制，加强下级院的抗前汇报和上级院的对下指导的必要性。要抓住抗后补证关键期，对于抗诉理由证据、证据相对单薄的抗诉案件，围绕争议焦点，综合利用自行补证或会同侦查机关补充证据，补强证据缺陷，筑牢案件证据基础，避免"带病抗诉""一抗了之"。

其二，抗诉中要做到目标明确。要准确规范起草抗诉文书，做到"抗之有理、诉之有据、书之得体"。要精准引用抗诉法律条文，对于条文引用存在疑问或者把握不准的，需积极向上级检察机关或通过检答网等渠道寻求帮助，确保抗诉条款精确适用。上级检察机关要严把抗诉质量关，对于符合刑事抗诉条件的案件应当坚持能抗必抗，不折中妥协，对于不应当抗诉的，也不勉强支抗。同时，上级检察机关要按照相关抗诉工作文件要求，重视刑事抗诉案件出庭履职，通过在法庭上讯问询问、举证质证和释法析理等工作，切实增强庭审抗诉效果。要正确看待在事实认定、证据采信方面与人民法院的认识分歧，对确有证据缺陷的抗诉案件，积极商请侦查机关补查补证，必要时自行开展侦查，及时向人民法院移送新证据，筑牢抗诉的事实和证据基础，确保抗诉案件采纳率和改判率。对于法院驳回不当的，上下级检察院要形成抗诉合力，做好跟进监督和持续监督。

其三，抗诉后做到总结复盘提升。要总结提炼刑事抗诉工作经验，坚持问题导向，破题攻坚拓渠道，主动破解抗诉不够精准、抗诉结构失衡、评查力量分散等突出问题，建立反向审视机制，深刻剖析法院未采纳、上级院未支持、支持后未改判的原因，主动发现办案中存在的问题和不足，并加以改进、规范和提高。要加强法检之间的沟通交流，在"疑罪从无"的认识，"合理怀疑"的认定以及"事实清楚，证据确实、充分"证明标准的把握上达成共识。要强化刑事审判监督案源发掘渠道。探索建立与看守所、驻所检察部门信息沟通机制，及时掌握被告人上诉信息，确有错误特别是轻罪重判、量刑畸重的，依法提出有利于被告人的抗诉。注重关联性案件类案监督，加强回溯审查、延伸审查，积极拓展关联性案件"抗源"。要积极适应刑事诉讼制度改革和检察改革的要求，综合采取口头监督、再审检察建议、纠正违法通知、纠正审理违法意见相结合等方式创新抗诉工作方式方法。对重大典型案件要发挥检察一体优势，接力抗诉，实现通过一个案件纠正一片问题的监督效果。

4. 落实好诉讼监督报告、结果反馈制度

检察机关作为国家的法律监督机关，必须坚持把解决非法取证和刑事错案问题作为法律监督的重点。[①] 要加强证据合法性前端治理，促使侦查行为规范化，达到法定证据标准，杜绝冤假错案。要落实好非法证据排除（包括瑕疵证据）分析、向公安机关通报工作，要注意发现、剖析和研究解决取证工作中的突出问题，通过制发纠正非法取证意见等方式提出改进意见和建议，防范和遏制侦查机关非法取证行为。要拓宽非法证据的线索举报和反映渠道，对排非后可继续指控的，主动重新收集证据、重构证据体系、重启诉讼程序。要准确区分瑕疵证据与非法证据，运用补查、调查等方式恢复瑕疵证据的证据能力，[②] 提高监督质效，确保公正客观指控犯

---

① 参见王振川：《防范非法取证与刑事错案　维护社会公平正义》，载《国家检察官学院学报》2007 年第 15 期。

② 参见俞昕水：《坚持系统观念运用多元规则全方位构建以证据为中心的刑事指控体系》，载《中国检察官》2024 年第 3 期。

罪。要进一步强化包括检察权运行制约监督在内的刑事诉讼制约监督体系建设。对发出的纠正立案、侦查、审判等活动违法问题监督意见，要采取有效措施跟踪监督，力求监督效果实质化。同时，注重监督过程要符合程序规范的要求，符合公正司法的要求，坚持实体监督与程序监督并重，做到敢于监督、善于监督、精准监督，促使合力共赢，共同维护司法公正。①

① 参见陈国庆：《当前刑事检察工作的思路和重点》，载《刑事检察工作指导》2022 年第 1 辑。

第三章 证明责任、证明对象和证明标准

第一节 证明责任

证明责任是一个兼具深度和广度的概念，目前在学术界存在着诸多的见解和争议。对于证明责任的性质，其到底是一种权利、一种义务，还是权利与义务兼而有之，甚至属于一种败诉风险，众说纷纭。① 依照目前学术界观点发展情况以及文义中对于责任的理解，我们倾向于将证明责任定义为一定的证明主体对于其所主张、认定的案件事实是否负有提出证据、运用证据加以证明的义务。② 既然证明责任是一种义务，那么证明主体如果不能履行证明责任，就会面临对自身不利的法律后果，换言之是一种败诉的风险，因此对于两种证明责任性质的观点都是说得通的。那么归根结底，证明责任最需要解决的就是证明义务在各证明主体身上的分配问题，简单来说就是"谁来证明"的问题。③ 刑事诉讼中的证明责任与民事诉讼、行政诉讼中的证明责任在环节上有明显不同之处，不但需要在审判阶段进行分配，而且在立案、侦查、起诉等审前阶段也均有界定。因此，刑事诉讼中的证明责任的特殊之处注定了其在理论的发展、研究过程中必然会与其他性质的诉讼产生差异化的脉络。

证明责任的分配可以决定一场诉讼的最终走向。良好的诉讼责任分配制度一方面明晰了各方证明主体在诉讼中的义务，确保司法公正与程序正义，负有义务的证明主体必须提出充分的证据来支持其主张，有助于案件事实的还原；另一方面促进了诉讼环节的规范化和高效化，通过影响证明主体举证和辩护的策略，提高诉讼效率与资源配置合理程度，进一步完善法官职权主义在审判过程中的体现。此外，证明责任的分配还与证明对

---

① 参见胡学军：《现代证明责任"风险"性质重述》，载《法制与社会发展》2022年第2期。
② 参见陈光中：《证据法学》，法律出版社2023年版，第257页。
③ 参见陈光中：《证据法学》，法律出版社2023年版，第229页。

象、证明标准密切相关，共同作用于不同案件类型中的差异化安排，既有助于体现案件的特殊性和复杂性，又确保法律在多样化事实背景下能够实现精准的裁判。在我国现行的法律规定中，对于刑事诉讼中的证明责任分配制度规定分散在了多个条文之中，只有领会其内涵，才能更好地诠释这一问题。

证明责任最早起源于古罗马法"谁主张，谁举证"的原则，时至今日仍在诉讼中有着举足轻重的作用。[①] 在此之后经过多年的发展和完善，证明责任的理论目前大体可以分为大陆法系和英美法系两大基础来源。大陆法系将证明责任区分为主观证明责任和客观证明责任，又称"双重证明责任"，其中，主观证明责任是一种促进当事人积极举证、推动诉讼继续进行的责任，客观证明责任是一种在事实不清、证据不足时由哪一方当事人承担诉讼后果的责任。英美法系则是将证明责任区分为提证责任和说服责任，其中提证责任是当事人在不同诉讼阶段提出证据所主张或所反驳的事实使法庭相信事实存在的责任，说服责任是整个诉讼过程中提出证据主张事实之各个要素并使事实的裁判者相信该事实存在的责任。[②] 我们可以看到，不论是大陆法系还是英美法系，都将证明责任主要限定在了审判阶段，并且都可以区分为推动审判进程的行为责任和还原事实真相的结果责任，而对于刑事诉讼中的审前阶段，则需要其他理论加以补充。

在我国法律的历史发展脉络上，晚清时期首次将日译的"举证责任"这一概念搬运到民事诉讼立法之中。值得注意的是，在我国，"证明责任"与"举证责任"这一组术语在概念上并没有本质上的区别，在学术著作中人们较多地使用证明责任的概念；在实践中则更多地使用举证责任的概念。不论是说证明责任包含举证责任，还是说二者侧重点不同，都没有必要进行严格区分。[③] 在刑事诉讼领域，2012 年修改的《刑事诉讼法》使用了"举证责任"这一表述，这是我国刑事诉讼法首次对证明责任作出明确规定。

一、被告人有罪的举证责任

《刑事诉讼法》第 51 条规定，"公诉案件中被告人有罪的举证责任由

---

① 参见胡东海：《"谁主张谁举证"规则的历史变迁与现代运用》，载《法学研究》2017 年第 3 期。

② 参见易延友：《证据法的体系与精神——以英美法为特别参照》，北京大学出版社 2010 年版，第 292—293 页。

③ 参见何家弘、刘品新：《证据法学》，法律出版社 2022 年版，第 339—340 页。

人民检察院承担,自诉案件中被告人有罪的举证责任由自诉人承担。"作为划定刑事诉讼中证明责任的基本法律条文,将被告人有罪的举证责任根据提起诉讼的性质分别设定在人民检察院和自诉人身上。同时,《人民检察院刑事诉讼规则》第 61 条第 2 款、第 3 款对人民检察院在公诉案件中负有的证明责任做出了更为细致的规定,即"公诉案件中被告人有罪的举证责任由人民检察院承担。人民检察院在提起公诉指控犯罪时,应当提出确实、充分的证据,并运用证据加以证明。人民检察院提起公诉,应当秉持客观公正立场,对被告人有罪、罪重、罪轻的证据都应当向人民法院提出。"对上述规定进行合理的解读关系到在刑事司法实务中如何建立一个主次分明的证明责任体系。

(一) 控方承担被告人有罪的举证责任

控方承担被告人有罪的举证责任,是现代刑事诉讼中确立控辩平衡的重要原则之一。这一原则的核心在于确保国家刑罚权的行使符合法治要求,并在程序上为被告人提供基本权利保障。我国刑事诉讼法明确规定,公诉案件被告人有罪的举证责任由控方承担。这一规定不仅是无罪推定原则的要求,也为我国刑事诉讼程序奠定了公正与效率的基础。这种法律确立了控方在刑事诉讼中的核心举证责任,并在程序上为法庭的裁决提供了合法性依据。控方不仅需要证明被告人行为的客观违法性,还需要证明其主观上的犯意,且这些证据必须达到刑事诉讼法中多次提到的"确实、充分"的标准。这一标准既保障了刑事审判的严肃性,也体现了刑罚权适用的慎重原则。

在控方承担举证责任的框架下,检察机关的职责被赋予了特殊意义。一方面,控方必须全面收集案件证据,不仅包括对被告人不利的证据,还包括可能减轻其罪责或证明其无罪的证据。检察官法和《人民检察院刑事诉讼规则》中均规定,检察机关在提起公诉时,必须秉持客观公正的立场。这种规定突出了检察机关在诉讼中的双重角色,作为控诉方,同时又承担着国家法定的法律监督职能。[①] 控方在诉讼中不仅通过收集和提供确实、充分的证据主张指控犯罪,还协助法庭查明案件事实,确保审判结果符合实体正义,具有一定的勤勉义务。从证明责任的内涵看,控方的举证

---

① 参见陈卫东、崔鲲鹏:《电信网络诈骗犯罪数额证明的问题厘清与路径优化》,载《证据科学》2024 年第 1 期。

责任包括行为层面和结果层面，① 这一点目前类同于大陆法系和英美法系的证明责任理论。在行为层面，控方需将所有与案件相关的证据提交法庭，并对其进行解释和分析，以形成完整的指控逻辑。在结果层面，控方需说服法官，使其确信被告人确实实施了犯罪行为，且达到刑事诉讼中"排除合理怀疑"的标准。这一双重责任确保了控方在诉讼中的核心地位，同时为被告人提供了有效抗辩的空间。如果控方未能完成说服责任，人民法院应依据"疑罪从无"原则，作出对被告人有利的裁决。

而在自诉案件中，被告人有罪的举证责任由自诉人承担。这种责任分配的逻辑基础在于自诉案件是由私人提起的刑事诉讼，自诉人既是控诉的一方，也是案件事实和证据的主要提供者，体现了"谁主张，谁举证"的普遍规律。人民法院在自诉案件中更多承担中立的审判角色，而非主动取证的职权，因此，将举证责任赋予自诉人是诉讼公平和程序正义的要求。

（二）无罪推定原则

无罪推定原则是现代刑事法律制度的核心价值之一，其旨在通过确立犯罪嫌疑人或被告人在刑事诉讼中基本权利优先的规则，限制国家刑罚权的扩张，并在诉讼程序中建立起控辩平衡的基本框架。《刑事诉讼法》第12条规定，"未经人民法院依法判决，对任何人不得确定有罪。"同时，《人民检察院刑事诉讼规则》更是要求人民检察院必须以客观公正的立场，提供所有可能影响判决的证据，包括有罪、罪重、罪轻或者有利于被告人的证据。辩方即使不提出任何辩护，法庭也不能作出对被告人不利的判决，实质上辩方的相关责任，并非是一种举证责任或者义务。②《刑事诉讼法》第37条规定，"辩护人的责任是根据事实和法律，提出犯罪嫌疑人、被告人无罪、罪轻或者减轻、免除其刑事责任的材料和意见，维护犯罪嫌疑人、被告人的诉讼权利和其他合法权益。"这些法律规定不仅确立了控方的核心举证义务，也明确了无罪推定原则在诉讼程序中的重要地位。

1. 审前阶段

在刑事诉讼的审前阶段，尤其是在侦查和起诉环节，控方承担了举证责任，辩方则不需要承担证明责任。例如，人民检察院若发现犯罪嫌疑人行为或言语异常，可能存在精神障碍的情形，则有义务主动收集相关证据

---

① 参见谢小剑：《我国刑事证明责任的法教义学分析》，载《比较法研究》2024年第4期。

② 参见何家弘、刘品新：《证据法学》，法律出版社2022年版，第364页。

并启动相关鉴定程序。此时，辩方无须提出抗辩，责任能力的审查已成为控方的一部分职责。但是，在人民检察院未能发现相关问题时，辩方应当将犯罪嫌疑人不在犯罪现场、未达到刑事责任年龄、属于依法不负刑事责任的精神病人的证据，及时告知人民检察院。上述的抗辩理由，属于特殊的责任抗辩，而对于辩方提出的"证据"，本质上并不需要达到法庭证据的标准。当辩方告知之后，控方则需进一步举证，证明犯罪嫌疑人在犯罪现场、已达到刑事责任年龄、依法应当负刑事责任方可将诉讼推进到审判阶段，这种责任的转移符合无罪推定原则。例如，在涉及未成年人犯罪的案件中，如果辩方称其未满十四周岁，而控方需要提供出生证明或法医鉴定结果证明其实际年龄已满十四周岁，方能完成其责任年龄的举证责任。这种安排体现了职权主义诉讼模式对辩方当事人权利的特殊保护。

公安机关和人民检察院不仅负有收集证据的责任，还需在过程中体现客观性，即不仅要收集对犯罪嫌疑人不利的证据，还要积极收集可能有利于犯罪嫌疑人的证据。这种制度安排反映了我国刑事诉讼对于犯罪嫌疑人权利的保护，避免了"自证其罪"原则的适用。在此阶段，犯罪嫌疑人并不需要主动提供证据证明自己无罪，而是可以利用控方的举证不足来进行抗辩。

2. 审判阶段

进入审判阶段后，举证责任分配与无罪推定原则的关系更加紧密。在此阶段，控方必须在法庭上承担举证责任，包括证明被告人实施了犯罪行为、主观上存在犯罪意图，并且达到"犯罪事实清楚，证据确实、充分"的标准。如果控方不能排除合理怀疑，法院应当依据"疑罪从无"原则作出无罪判决。这种证明责任的分配凸显了控方作为国家刑罚权代表的特殊职责，即任何控诉都必须以充足证据为前提。同时，辩方在这一阶段的主要责任是对控方的举证提出质疑，随后控方需通过补充证据或鉴定程序排除抗辩的合理性。准确来说，辩方提出有利于被告人的证据的行为不是在履行证明责任，而是在行使辩护权。[①] 在实践中，法庭应当严格审查控辩双方的举证内容，并通过专业化的鉴定手段提高审判质量，确保裁决结果经得起法律和事实的双重检验。

在刑事诉讼中，当辩方提出以其他犯罪抗辩控方指控的犯罪时，举证

---

① 参见陈光中：《证据法学》，法律出版社 2023 年版，第 101 页。

责任的分配和法庭对证据的采信就成为审判公平性的重要考量因素。控方始终承担公诉案件被告人有罪的证明责任，这是我国刑事诉讼的基本原则，但在辩方提出具体抗辩时，举证责任可能出现一定的动态调整。这些情况下举证责任的分配及法庭对抗辩证据的采信标准需要结合法理和实践进行探讨。基于法律规定和理论基础，控方的举证责任在刑事诉讼中具有核心地位。当辩方提出抗辩主张时，应当达到引发合理怀疑的程度。司法实践中辩方有时会做出从无罪辩护向罪轻辩护的转变，此时控方就需要证明被告人构成其指控的重罪。例如，辩护人将贪污罪或受贿罪辩为巨额财产来源不明罪，将抢劫罪辩为抢夺罪等。由于被告人犯何种罪的证据在审前阶段控方已经进行了审查，其中包含罪轻的证据，因此作为公正的控方，对于指控重罪的证据应当是确实、充分的。此时，做罪轻辩护的辩方有着摇身一变成为控方的表象。① 这就导致当控辩双方围绕犯罪性质产生争议时，举证责任的归属问题就成为法律实践中的重要议题。举证责任的核心在于，指控犯罪的一方必须提供充分的证据来证明指控事实成立。若控方对重罪的证据不足以说服法庭，则较轻罪名的举证责任依然由控方承担。若允许举证责任因控方指控失败而转移至辩方，这不仅违背了无罪推定原则，还可能导致辩方负担不合理的自证责任，从而破坏刑事诉讼中对被告人权利的保护。从举证责任的分配来看，控方的核心证明责任始终不变，而辩方在提出抗辩时承担的是初步责任，即提供足以产生合理怀疑的证据或线索。这种初步责任的目的是平衡控辩双方的举证地位，并通过合理怀疑的引入促进控方进一步完善其举证链条。从比较法的视角来看，这种举证责任的动态分配具有普遍性。通常情况下，提证责任在控辩双方之间转移；说服责任一般由控方承担，只有在一些持有型犯罪等情况下，辩方才会进一步承担说服责任，但是仍不能以控方的标准来做要求。②

　　尽管如此，在某些特殊情况下，被告人可能需要承担有限的证明责任，发生证明责任倒置的情况。③ 当然，这种责任并非传统意义上的证明责任，而是基于推定制度的具体应用，其目的是在特定情境下通过合理分配责任来推动案件的审理。其中，以巨额财产来源不明罪为代表的特定犯罪类型中，依据法律规定，控方首先需证明被告人实际持有的财产与其合

---

① 参见陈瑞华：《论刑事辩护的理论分类》，载《法学》2016 年第 7 期。

② 参见易延友：《证据法学：原则　规则　案例》，法律出版社 2024 年版，第 406 页。

③ 参见施鹏鹏：《刑事证明责任理论体系之检讨与重塑》，载《中国法律评论》2022 年第 6 期。

法收入之间存在重大差额。只有当控方通过证据表明这一差额显著且无法合理解释时，推定机制才开始运作。在此基础上，被告人被要求提供初步证据，说明差额部分财产的合法来源。这种证明责任的设置，实际上是推定制度的一种具体化，其法律逻辑在于保护国家经济秩序和公职人员廉洁性的需要。然而，被告人的举证责任并非无限扩展，其仅需提供足够反驳控方推定的合理解释，而不需要像控方那样达到"确实、充分"的刑事证明标准。[①] 如果被告人能够提出合法性证据，控方仍需进一步证明财产来源的非法性。这一分配方式既避免了无罪推定原则的侵害，也在一定程度上体现了公平合理的诉讼负担，是一种灵活的制度安排。在进一步完善这一机制时，应通过明确责任范围和适用条件，加强被告人在程序中的权利保护，同时为法官提供合理的裁量空间，以实现刑事诉讼中正义与效率的平衡。

无罪推定原则应注意"疑罪从无"原则的落实。在司法实践中，当事实真伪无法查清时，人民法院应当按照法律规定作出有利于被告人的裁决。这不仅是对无罪推定原则的遵守，也避免了司法机关因事实存疑而滥用刑罚权的可能性。

（三）审判机关调查核实职责

我国刑事诉讼制度长期受职权主义传统的影响，这种传统赋予了审判机关在诉讼中调查核实证据的职责，其核心在于通过国家机关的主导作用确保事实的全面查明和公正裁决。根据《刑事诉讼法》第 196 条规定，"庭审过程中，合议庭对证据有疑问的，可以宣布休庭，对证据进行调查核实。人民法院调查核实证据，可以进行勘验、检查、查封、扣押、鉴定和查询、冻结。"这表明，在庭审阶段，法官不仅要对控辩双方提供的证据进行审查，还需在证据不足或存疑的情况下，依法行使调查核实的权力。[②] 首先是法官对证据的审查责任。在我国刑事诉讼中，法官需要对所有证据进行严格审查，包括"三性""两力"，以及"一根据"的审查。[③] 这种审查责任不仅维护了被告人的合法权益，也通过对证据的监督保障了审判的公平性。其次是法官在事实存疑时的职权调查责任。当控辩双方的

---

① 参见何家弘、刘品新：《证据法学》，法律出版社 2022 年版，第 366 页。

② 参见施鹏鹏：《论法官的职权调查原则——以职权主义刑事诉讼为背景的展开》，载《法学评论》2020 年第 2 期。

③ 参见龙宗智：《论证据视角下完善刑事指控体系》，载《中国刑事法杂志》2024 年第 4 期。

证据存在矛盾或不足以形成完整事实链时，法官可以根据庭审情况依法调查核实证据。这种职权调查的职责既是为了避免事实真伪不明时的不当裁决，也是在职权主义诉讼模式下保障案件实体正义的重要措施。最后法官还承担对程序正义的监督责任。在我国刑事诉讼中，法官不仅负责事实认定，还需要监督举证方是否在合法程序内完成举证活动。这种监督职责一方面是对职权主义传统的延续，另一方面也是对现代控辩平衡理念的适应，通过中立的监督角色维护控辩双方的平等权利。

目前我国法律并未对法院调查核实证据作出具体规定，特别是在何种情况下启动职权调查、如何界定调查核实的深度和广度，缺乏明确的规范。从比较法的视角看，我国职权主义模式下法院调查核实证据的设计与大陆法系国家有诸多相似之处。例如，在德国刑事诉讼中，法官同样负有调查核实的职责，但这种职责通常在控辩双方的参与下进行，以维护程序公平。与此相比，我国的法院调查核实证据在实践中有着更强的职权主义色彩，在未来的发展中，应通过明确责任边界、强化中立性保障和完善监督机制，为刑事司法制度的公正和效率提供更为坚实的制度支撑。

二、证据收集合法性的举证责任

证据收集的合法性是刑事诉讼中衡量证据可采性的重要标准之一，其核心在于确保刑事诉讼程序的正当性，从而保障案件审理结果的公正性。非法证据排除规则是实现这一目标的重要制度设计。《刑事诉讼法》第56条规定以非法方法收集的证据不得作为定案的根据。该条明确了刑事诉讼中证据合法性的底线要求，反映了程序正义在现代刑事诉讼中的重要地位。当被告人或辩方对控方证据的合法性提出质疑时，举证责任的分配成为诉讼过程中不可回避的核心问题。无论是在法律规定还是实践操作中，控辩双方的举证责任界限，以及法庭对证据合法性的审查标准，都直接影响刑事诉讼的公平和效率。

（一）非法证据排除规则的适用

非法证据排除规则作为现代刑事诉讼法的核心机制之一，意在规范侦查机关的取证行为，维护司法程序的正当性与公正性。最高人民法院、最高人民检察院、公安部、国家安全部、司法部《关于办理刑事案件排除非法证据若干问题的规定》初步确立了非法证据排除的规则框架，标志着这一机制从法律原则走向具体可操作的实践规则。其中规定，当被告人提出证据线索或非法取证的初步证据后，控方负有证明证据合法性的责任。这一机制的建立表明，程序正当性已成为证据可采性的先决条件，检察机关作为控方，必须证明其提交的证据符合程序要求，否则应排除相关证据。[①]

关于非法证据的类型和排除方式，排除规定区分了强制性排除和自由裁量排除规则。强制性排除适用于严重侵害被告人基本权利的情况，如刑讯逼供下的口供；而自由裁量排除则针对较轻微的程序瑕疵，如侦查笔录中的技术性错误。这一区分决定了检察机关在不同情形下的举证难度和方法。对于强制性排除情形，检察机关需要提供完整、可核查的取证记录，证明侦查行为的合法性；而在自由裁量排除中，检察机关则可以通过补正程序说明瑕疵的不影响性。

在非法证据排除规则的制度框架下，检察机关对侦查机关的说明进行调查核实是必要的。这一职责不仅是控方履行举证责任的要求，也是确保取证合法性的重要保障。根据规定，当被告人或辩方提出非法取证线索后，检察机关有责任证明证据的合法性，而侦查机关提供的说明仅是初步材料，无法直接满足"确实、充分"的证明标准。因此，检察机关需通过独立核实侦查行为的合法性，如审查相关取证文件、比对录像资料，以增强证据的可信度和程序的正当性。此外，检察机关对侦查机关的说明进行调查核实，可以有效避免控辩双方在证据合法性问题上的无端争议，提高审查起诉阶段的效率和公正性。检察机关核实侦查机关的说明，不仅是履行法律职责的体现，也是对侦查程序透明化和正当性的维护，有助于防止冤假错案的发生。

（二）举证责任的分配

按照现行法律规定，控方对证据收集合法性负有举证责任，这一分配既是对控辩双方能力平衡的回应，也是实现程序正义的关键。当被告人或辩方提出非法取证的线索或理由后，控方需要提供翔实且具有说服力的材料，证明取证行为符合法律规定。这种分配的理论依据在于侦查与控诉一体化结构中，控方对侦查机关的行为有更高程度的掌握和控制能力。因此，控方被要求承担更高举证责任，既是程序公正的体现，也是权利保障的重要手段。

实践中，证据收集合法性的举证难点之一在于非法取证的隐蔽性。例如，刑讯逼供等非法行为多发生在无监督的环境中，导致被告人或辩方提

---

① 参见陈瑞华：《非法证据排除规则的中国模式》，载《中国法学》2010 年第 6 期。

出控告时往往难以提供直接证据。对此，控方的证明义务不仅需要覆盖侦查程序的表面合法性，更需要排除相关程序存在重大缺陷的可能性。这一标准在理论上具有较高的正当性，但在实际操作中可能引发争议。特别是在全程录音录像等技术手段尚未普及的情况下，控方在无客观记录支持的情况下，很难完全达到"确实、充分"的证明标准。有学者认为，将证明标准调整为"较大证据优势"更为合理，即只需证明证据合法性的可能性显著大于非法性。这一观点既体现了保障被告人权利的初衷，也回应了控方在资源和能力上的现实局限性。[①]

此外，控方证明责任的一个特殊场景是补正程序的引入。我国非法证据排除规则中明确，对于程序瑕疵的证据，控方可以通过提供合理解释或补正材料以证明取证合法性未受实质影响。这种灵活的补救机制既体现了程序正义与实体正义的平衡，也为控方应对证据合法性质疑提供了一定操作空间。因此，如何明确补正程序的范围和限度是未来需要进一步细化的内容。

为了启动非法证据排除程序，被告人或辩方需提供证据或线索，这种要求在法律上体现了诉讼经济的原则，避免将有限的司法资源用于无意义的争议。然而，由于侦查机关的行为信息多掌握在控方手中，被告人或辩方获取相关线索的能力受限，可能导致程序启动难以实现。对此，有学者建议通过扩大律师在侦查阶段的参与范围，提高被告人或辩方的信息获取能力，从而更有效地平衡控辩双方的举证权利。

被告人的权利保障依赖于控方和法庭的程序性审查义务，控方不仅要主动提供证据材料，还需在法庭质询中能够详细说明取证的合法性过程。这种责任的强化在保障程序正义的同时，也对控方的法律素养和侦查机关的侦查活动提出了更高的要求。总体而言，证据收集合法性举证责任的分配反映了刑事司法中程序正义的核心价值观。从理论上看，这一机制设计合理，能够有效约束非法取证行为，维护被告人的基本权利。从实践上看，执行过程中的细节仍有待完善，尤其是在取证记录的保存、补正程序的适用范围以及控辩双方权利平衡等方面。这些问题的解决不仅依赖法律文本的完善，也需要通过司法实践中的具体判例逐步形成统一标准。

---

① 参见陈光中：《刑事证据制度改革若干理论与实践问题之探讨——以两院三部〈两个证据规定〉之公布为视角》，载《中国法学》2010年第6期。

第二节　证明对象

　　证明对象是指在证明活动中，被证明主体所关注并致力于通过证据加以确认的具体事项。在刑事诉讼的语境下，证明对象特指公安司法机关及当事人等诉讼参与方，在诉讼流程中凭借各类证据材料所要证实的案件实际情况及相关细节，这些被证实的内容亦被称作"待确认事实""需证事实""证明的核心"或"证明的焦点"。作为证据法学理论体系的核心组成部分，证明对象与证明责任、证明标准等要素共同支撑起诉讼证明的理论架构。此外，证明对象与司法实践活动紧密交织，其界定是诉讼证明流程的首要步骤。若证明对象的范围划定过于狭窄，遗漏了依法应当查明的关键事实，将阻碍对案件全貌的准确把握，不利于法律的正确实施，严重时可能导致误判；相反，若范围划定过于宽泛，错误地将与案件无直接关联的事实纳入证明范畴，不仅会分散诉讼参与者的注意力，造成人力、物力的不必要损耗，还会拖延案件的审理进程。因此，合理且科学地界定证明对象的边界，对于精准、高效地达成证明目的具有至关重要的意义。①

　　证明对象在本质属性和涵盖范围上包含实体法事实及程序法事实。刑事诉讼的核心在于判定犯罪嫌疑人、被告人的刑事责任，故其证明对象主要聚焦于与定罪量刑紧密相关的案件事实。在把握证明对象这一概念时，需着重关注其几个基本特性。首先，证明对象根植于诉讼主体所提出的事实主张之中，未经主张的事实通常不会被纳入司法证明的范畴。其次，证明对象与证明责任之间存在着紧密的关联，任何被确定为证明对象的事实，都伴随着相应的证明责任；反之，所有证明责任均指向特定的证明对象。再次，证明对象必须是那些需要借助证据来加以证实的案件事实。如果一个案件事实是无须证明或自明的，那么它就不构成证明对象。最后，证明对象的确定以实体法律的规定为基准。由于诉讼主体的事实主张均是依据实体法律而提出的，因此，实体法律所规定的具体案件事实的构成要件，往往构成了证明对象的核心内容。②

---

　　①　参见陈光中：《证据法学》，法律出版社 2018 年版，第 286—289 页。
　　②　参见何家弘、杨迎泽：《检察证据实用教程》，中国检察出版社 2014 年版，第 18—20 页。

一、需要证明的事实

证明对象和证明责任、证明标准关系紧密，凡是属于证明对象的事实，必须由证明主体提出证据加以证明，并达到法定的证明程度和要求，否则该事实就不能认定。需要运用证据证明的案件事实包括两方面，一是实体性事实，是指与定罪有关的事实，包括是否构成犯罪和区分罪名的事实，这是关乎案件定性的问题；排除刑事责任的事实，这是关乎刑事责任的有无，是法律对犯罪行为的例外规定；与处刑有关的事实，这是在定罪的基础上应当予以证明的事实。比如犯罪嫌疑人、被告人、被害人身份及个人情况，犯罪行为是否存在，以及是否为犯罪嫌疑人、被告人所实施等。二是程序性事项，即关于管辖、回避等程序性事实。

（一）犯罪嫌疑人、被告人、被害人身份及个人情况

确认被告人身份是刑事诉讼中的首要任务，在此基础上，相关证据法条文进一步明确了身份确认的程序和要求。司法机关应严格依照法律规定核实身份信息，若身份信息不明或不准确，将影响案件的审理和定罪量刑。在理论上，身份不仅包括姓名、年龄等基本信息，还包括国籍、职务等特殊信息。由于身份信息可能涉及案件的管辖权、罪责认定等问题，确认身份的证据必须严格符合相关法律规定。实践中，身份证明材料如身份证、护照等常作为证明工具。在身份确认的问题上，一方面，应当保持传统的身份确认方式，强调身份证、护照等传统证件的重要性，这些证件具有较强的法律效力和社会认可度。另一方面，随着技术的发展，传统证件的防伪技术和验证方式已经不足以满足现代司法的需求，应引入更多的技术手段，如指纹、面部识别和 DNA 检测等，确保身份确认的准确性和可信度。目前虽然部分地区已经开始引入生物识别技术，但其普及率和应用范围仍有限，且在法律、伦理等方面需要进一步规范和完善。[1]

（二）犯罪行为是否存在，以及是否为犯罪嫌疑人、被告人所实施

任何被指控的犯罪行为都必须通过证据证明是由被告人实施的，且犯罪是否存在的确认应符合构成要件的要求，包括犯罪行为的时间、地点、手段等因素。需严格遵循"证据优先"的原则，审查证据的合法性、关联性及证明力，以确保犯罪嫌疑人能够得到公正审判。我国刑事诉讼法中明

---

[1]　参见郑曦：《刑事诉讼领域个人信息权的限制与规范》，载《法治研究》2024 年第 5 期。

确了证据的合法性和证据链条的完整性要求，证据法则进一步细化了物证、书证、证人证言等证据的证明效力。通过对这些法律规定和法理依据的严格遵循，确保案件事实的准确性。在刑事诉讼中，证明被告人是否实施犯罪是判决公正与否的关键。证据的严谨性至关重要，在查找证据过程中应保持高度谨慎，尤其是在处理复杂案件时。通过强化证据链的完整性、引入现代科技手段，以及合理使用间接证据，可以有效提高案件裁决的准确性，避免冤假错案的发生。

（三）犯罪嫌疑人、被告人的刑事责任能力、罪过情况以及行为的目的、动机

刑事责任能力与犯罪动机的认定在我国刑事司法实践中一直是核心问题，尤其是对精神病患者和未成年人的刑事责任认定问题，逐渐引起了社会更广泛的关注。我国刑法及刑事诉讼法均对刑事责任能力作出了相关规定，旨在保障司法公正。行为人只有在具备刑事责任能力的情况下，才能承担刑事责任。刑事责任能力的认定主要依据行为人的精神状态和年龄等因素。对于精神病患者和未成年人，法律规定其不承担刑事责任或对其从轻、减轻处理。同时，刑事责任能力的认定不仅仅局限于判断行为人的行为能力，还需要结合其主观意图，即罪过的认定。犯罪动机和目的的判断，则直接影响案件性质的判定。在实践中仍存在一定的问题，一是精神鉴定的主观性，精神鉴定作为判断行为人刑事责任能力的关键工具，其结果往往受到鉴定人主观判断的影响，不同的鉴定专家可能会给出不同的评估，导致案件处理的不一致性和不确定性。二是动机与目的难以界定，犯罪的动机和目的常常涉及复杂的心理状态和行为动因。犯罪动机通常无法通过直接证据证明，需要依赖间接证据，如行为人的语言、行为以及案发前后的情绪表现，这给案件判断带来较大难度。三是精神病患者和未成年人的特殊处理问题，尽管法律对未成年人和精神病患者有明确的规定，但在实际操作中，这些特殊群体的界定标准仍然模糊，导致某些案件的处理出现偏差或争议。刑事责任能力和犯罪动机的认定是刑事司法体系中至关重要的一环，影响着案件的公正处理。为了提高司法判断的准确性和客观性，亟须对精神病鉴定程序和犯罪动机认定机制进行规范化与标准化，同时加强对特殊群体的法律保护。通过多学科合作和科学化的评估工具，可以减少当前司法实践中的争议和误判，确保法律的公正

与权威。①

（四）案件起因以及实施犯罪的时间、地点、手段、后果等

犯罪的构成要素必须由证据加以证明，且要求案件事实的确认具备高度的客观性和准确性，犯罪时间、地点、手段、后果及案件起因是确定案件事实的核心要素。犯罪行为必须通过有效的证据加以证明，任何不足或矛盾的证据都可能影响案件的定性和结果。在实际案件的审理过程中，犯罪时间、地点、手段、后果及案件起因的证据获取和认定面临不少问题。首先，证据来源的多样性带来了证据的复杂性。监控视频、通信记录、物理证据等都可能存在质量不高、存储期限有限等问题，影响其证据效力。其次，证据间的矛盾也为案件事实的确认带来了困难。例如，证人证言和物证可能出现出入，影响事实认定的准确性。此外，犯罪因果链条的断裂在多名被告人的案件中尤为显著，证据重建和反复核查的需求较高。我国在犯罪事实认定方面已经逐步应用电子证据、DNA 鉴定、数字取证等现代技术手段，极大提高了案件事实认定的准确性和司法效率，但是在证据收集的规范化和标准化上，仍存在不小的进步空间。部分地区侦查机关在技术应用的普及上滞后，证据采集与使用的法律保障也有所欠缺，导致一些案件难以通过证据链准确还原。犯罪时间、地点、手段、后果及案件起因的确认是刑事诉讼中的关键环节，对案件的最终定性和裁决至关重要。随着社会的进步和科技的发展，证据收集手段逐渐多样化，但在实践中仍面临许多挑战。只有通过标准化程序、科技化手段的应用以及完善的证据核查机制，才能有效解决现有问题，提升刑事司法公正性和效率，确保案件事实的真实还原。

（五）共同犯罪及犯罪事实存在关联的情况，以及犯罪嫌疑人、被告人在犯罪中的地位、作用

我国刑法对共同犯罪进行了规定，明确了不同类型犯罪嫌疑人、被告人的责任划分。具体来说，主犯承担主要责任，而从犯则承担较轻的责任。判断是否为主犯或从犯，关键在于其在犯罪中的地位和作用。在司法解释和实践中，主犯往往指策划、组织犯罪行为的人，而从犯通常指参与较轻犯罪行为或协助他人实施犯罪的人。法理依据上，主要依赖犯罪人对

---

① 参见郭志媛：《刑事诉讼中精神病鉴定的程序保障实证调研报告》，载《证据科学》2012 年第6 期。

犯罪所起的实际作用和犯罪意图的深浅。在共同犯罪案件的司法实践中，主从犯的认定仍然是一个具有挑战性的任务。特别是当多名被告人共同参与犯罪时，各自的角色和责任往往难以区分。例如，在网络犯罪或跨区域的犯罪案件中，犯罪行为的复杂性和跨地域的特征使得难以界定每一被告人在犯罪链条中的作用。[①] 此外，不同办案人员对主犯和从犯的定义存在差异，导致法律适用不一致，影响案件裁决的公正性。在共同犯罪案件中，准确区分主犯与从犯的地位和作用，对于判定责任、量刑及确保司法公正具有至关重要的意义。尽管法律和理论框架提供了基础，但在实践中仍面临诸多挑战。通过加强证据分析、进一步明确主从犯的界定标准、制定更加细化的法律规定和司法解释等方式，能够有效减少司法实践中的模糊和争议，可以有效提高司法机关判断的准确性，进一步推动法治的完善与公平司法的实现。

（六）从重、从轻、减轻或者免除处罚情节

我国的刑事法律体系在量刑制度方面经历了多次改革。早期的量刑主要依据主观恶性和社会危害程度，但随着法治建设的深入，刑法逐渐强调量刑的个别化原则，即根据被告人的具体情况与犯罪情节进行量体裁衣。对于从重、从轻、减轻、免除处罚情节的认定与应用，是为了体现刑罚的个别化，避免"一刀切"式的处罚。然而，随着司法实践的推进，如何科学、客观地认定这些情节，尤其是自首和立功，成为刑事司法中的一大难题。我国刑法规定量刑情节的认定应当依据一定的法理标准。自首和立功作为减轻处罚的情节，要求被告人主动交代犯罪事实，且交代的行为符合立法规定的具体标准。但由于司法实践中对这些情节的认定标准存在一定模糊地带，导致了案件中量刑不一致的问题。[②] 很多犯罪嫌疑人会在侦查阶段主动交代犯罪事实，声称自己有自首情节，或者立功，但是否符合法律规定的标准，需要大量的证据支撑。此外，在认定过程中，法院如何审查这些情节的真实性，也一直是实践中的难题。自首和立功情节可能因滥用或夸大被用来减轻处罚，导致刑事责任的承担不公平，影响司法公正。在刑事司法中，从重、从轻、减轻、免除处罚情节的认定是保证量刑公正的重要环节。自首和立功作为减轻处罚的重要依据，必须通过严谨的程序

---

① 参见叶秀雄、李小龙：《电信诈骗犯罪取款行为的定性研究》，载《政法学刊》2021 年第 6 期。
② 参见刘铭：《认罪认罚案件证明对象探析》，载《南国法学》2024 年第 1 期。

来认定其真实性，通过加强证据审查、完善审查标准和提高司法透明度，可以有效避免滥用这些情节的情况，确保刑事责任的合理分配与司法公正的实现。

（七）关于涉案财物处置的事实

随着社会经济的发展，犯罪手段日益复杂化，特别是在盗窃、诈骗、洗钱等经济犯罪案件中，涉及的财物以及数额日益增加，涉案财物处置成为刑事指控工作的重要方面。检察机关应当着重依法引导侦查机关及时对涉案资产进行查封、扣押，全面收集、固定证据。对于侦查机关移送的涉案资产，要着重审查性质、权属及流转，严格区分违法所得与合法财产、本人财产与其家庭成员的财产，并在提起公诉时提出明确的处置意见。

（八）关于管辖、回避等程序性事实

我国刑事诉讼法对程序问题作出了多项规定，并不断随着法律实践的发展进行修订，在处理程序问题方面逐渐形成明确的法律依据。例如，关于管辖问题，我国《刑事诉讼法》第 26 条明确规定了管辖权的确定原则和标准，第 29 条则对审判人员的回避情形作出了详细规定，确保案件审理的公正性。这些规定意在通过法律框架的统一性和明确性减少司法过程中程序性问题的干扰，提升司法效率，保障公正审判。在司法实践中，程序问题的处理常常引发争议。一是管辖权问题不清，在涉及多个地区或部门的案件中，法院之间的管辖争议屡见不鲜，特别是跨省、跨区域案件，往往因为管辖界定不明确而出现审理停滞；二是回避申请滥用，有些当事人或辩护人为了拖延案件审理，恶意提出回避申请，利用这一程序性问题人为制造审理障碍。程序问题在刑事诉讼中的重要性不可忽视。通过规范管辖、回避、延期审理等程序问题的处理，不仅能够提升案件审理的效率，还能确保司法公正。当前，国内在程序性问题的处理上存在一定的滞后和争议，但通过完善相关法律规定和审查机制，平衡程序的规范性与司法灵活性，可以有效改善这一局面，从而实现更高效、公正的司法审判。

（九）关于犯罪嫌疑人、被告人社会危险性的事实

我国刑事诉讼法对犯罪嫌疑人、被告人社会危险性及罪行事实的认定进行了明确规定，主要体现在对逮捕等羁押强制措施的条件设置上，以及相关司法解释和具体法律条文中。对逮捕犯罪嫌疑人设定了可能危害社会的条件，包括继续实施犯罪、逃匿或毁灭证据的可能性。社会危险性的判

断不仅是对过往行为的评估，更是对未来风险的预测，与刑法的预防功能和刑事诉讼法的程序保障原则一脉相承。根据《刑事诉讼法》第81条的规定，采取取保候审等方法尚不足以防止发生社会危险性行为的情形下，才能逮捕犯罪嫌疑人。社会危险性的具体表现包括继续实施犯罪的可能性、企图自杀或逃匿的可能性、毁灭证据的可能性，以及对证人或其他相关人员实施打击报复的可能性等。这些条件旨在通过对未来行为的预判来保障诉讼程序的顺利进行，同时避免犯罪嫌疑人对社会造成进一步的危害。具体而言，对于可能毁灭证据的认定，要求必须有具体事实证明犯罪嫌疑人、被告人已经实施或正在实施毁灭证据的行为；对于继续实施犯罪的认定，则需要综合考虑犯罪嫌疑人的犯罪手段、主观态度、犯罪后果以及社会环境等多方面因素。[①]　此外，我国法律还特别注重平衡社会安全与犯罪嫌疑人权益保护之间的关系。对于不构成社会危险性的犯罪嫌疑人，可以采取取保候审或监视居住的方式代替逮捕，这不仅有助于减少羁押的滥用，还彰显了我国对人权保障的重视。对于已被逮捕的犯罪嫌疑人，人民检察院和人民法院有义务定期审查羁押必要性，一旦发现不再具有社会危险性，应当及时解除羁押或变更强制措施。在法理上，这些规定体现了刑事诉讼法的核心理念——程序公正与实体公正并重。在程序保障层面，社会危险性判断是一种预防性机制，通过对未来风险的预测，防止潜在危害的发生；而在实体层面，这一判断又与刑法的预防功能紧密相连，追求的是通过司法手段实现对社会秩序的全面保护。从价值取向来看，社会危险性判断的依据不仅限于个案的具体情况，还综合考量了刑法中"罪责刑相适应"的原则，以及刑事诉讼法中"保障诉讼顺利进行与尊重人权"的双重目标。例如，对于恶性犯罪、惯犯或具有暴力倾向的犯罪嫌疑人，社会危险性评估的尺度会更为严格，以保障社会安全；而对于轻罪犯罪嫌疑人或未成年犯罪嫌疑人，法律则更多倾向于采用非羁押措施，体现了宽严相济的刑事政策。[②]

（十）与定罪量刑有关的其他事实

在我国刑事司法体系中，定罪量刑一直是一个复杂的问题，与定罪量

---

①　参见张琳：《逮捕羁押审查中社会危险性的证明问题研究》，载《中国刑事法杂志》2023年第5期。

②　参见高通：《轻罪案件中的逮捕社会危险性条件研究——以故意伤害罪为例》，载《政法论坛》2021年第2期。

刑有关的其他事实也需要在刑事指控中通过证据予以证明。尤其是近年来，围绕认罪悔罪、被害人谅解等主观因素产生的争论，使得量刑的标准更趋复杂化。从法律角度来看，刑法及刑事诉讼法对定罪量刑有一定的指导性规定。例如，我国《刑法》第 61 条规定了在量刑时应当综合考虑犯罪情节、社会危害性等因素，强调量刑应公正、合理。与此同时，司法解释也为量刑提供了更多的参考依据，尤其是在涉及认罪悔罪、被害人谅解等因素时。尽管这些因素有助于量刑的公平性，但过度依赖这些主观因素会影响司法公正。随着司法改革的推进，在定罪量刑时逐渐引入更加科学、客观的量化标准，力求减少个人主观因素的干扰。例如，在评估被告人的认罪悔罪态度时，可以通过量化评估工具，综合考虑其认罪的主动性、悔罪的深度以及在案件中的合作程度等因素。此外，对于案件的社会影响，可以通过专家评估和社会舆论调查等方式来确保量刑决定的科学性。[1]

二、免证事实

免证事实是一种特殊的制度设计，旨在简化诉讼程序，避免重复证明无须争议或易于确定的事实。根据证据裁判原则，一般而言，认定案件事实，应当通过司法证明活动来完成。作为例外，认定案件事实还有司法认知等替代司法证明的方法，这些免证事实不属于证明的对象。

（一）法律、法规的内容以及适用等属于审判人员履行职务所应当知晓的事实

法律知识的普及和法律的统一适用是司法公正的重要保障。自我国刑事诉讼法及相关司法解释实施以来，司法人员应当了解和掌握法律、法规的内容及其适用，已成为司法工作的基本要求。这一原则的根本目的是确保法官、检察官等司法人员能够在案件审理过程中依法独立、公正地作出裁决，避免了法庭上重复举证的困扰，提高了司法效率。随着法治社会的不断推进，法律体系的复杂性逐渐增加，在实践中，司法人员在处理一些新兴领域的案件时，可能会面临一定的理解和适用难度。例如，互联网法、数据隐私保护法等新兴法律领域的出现，使得司法人员需要不断更新自己的知识结构，掌握相关最新法律法规。此外，在一些跨部门法或涉及特别法的案件中，鉴于法律条文的复杂性和专业性，司法人员在面对某些专业

---

[1] 参见杨立新：《认罪认罚从宽制度理解与适用》，载《国家检察官学院学报》2019 年第 1 期。

领域的问题时，依然需要借助专家意见，以确保对法律的准确适用。因此，除了强化法律培训外，引入专家辅助制度以及优化法律资源平台等举措，将有助于提升司法人员对法律的准确理解和应用，保障司法公正与效率。

（二）众所周知的常识性事实

常识性事实，即无须提供证据即可认定的事实，其被认定为免证事实，设计的目的是减少对不需要证据支持的事实的审查，避免烦琐的证明程序。例如，地球围绕太阳旋转、四季变化等被广泛接受且无须进一步证明的事实，属于典型的常识性事实。随着社会发展，在涉及科技、医学、经济等领域的案件中，常识性事实的认定逐渐呈现出更为复杂的特点，尤其在全球化背景下，不同地区与文化背景下的常识认知也有所差异。一是常识的界定较为模糊，不同地区、不同文化背景的司法人员可能对常识有不同的理解。[①] 例如，在涉及经济犯罪案件时，复杂的财务概念是否属于常识性事实，可能无法达成共识，导致裁决结果产生偏差。二是自由裁量权过大，法官在认定常识性事实时，往往拥有较大的自由裁量权。部分法官存在滥用自由裁量权的情况，可能导致法律适用的不统一，特别是在没有明确法律规定的情况下，容易产生裁决不公的现象。在不同的法系中，常识性事实的认定也存在显著差异。在英美法系中，常识性事实通常通过司法认知来处理。法官可以在不要求当事人提供证据的情况下，直接认定某些事实为已知事实。例如，美国联邦法院就明确规定，法院可以在无证据支持的情况下认定某些常识性事实。然而，这种认定过程依赖法官的自由裁量权，这也容易引发争议。相比之下，大陆法系国家（如德国和日本）对于常识性事实的认定则有较为明确的规定，通常通过立法明确哪些事实属于常识，尽量减少法官自由裁量的空间。例如，在德国的民事诉讼法中，明确列举了哪些常识性事实不需要证明。常识性事实作为免证事实的一部分，对于提高诉讼效率具有重要意义。然而，在司法实践中，由于缺乏明确的认定标准，常识性事实的认定存在较大的争议与实践困境。通过明确认定标准、制定统一指导意见、加强培训和推动立法完善，可以有效解决当前的司法难题，提高司法的公正性与效率。

---

① 参见占善刚：《我国刑事诉讼中免证事实之应有范围及其适用——以〈人民检察院刑事诉讼规则〉第334条为分析对象》，载《中国刑事法杂志》2009年第10期。

（三）　自然规律或者定律

自然规律或定律作为免证事实的概念，最早源于自然科学的发展。随着人类对自然界的认知不断深入，科学家们通过大量的实验和观测，归纳总结出一系列自然规律，如重力定律、物质转化定律等。这些规律性事实被认为是普遍适用且经得起验证的，科学界普遍接受其为已知的真理。尽管自然规律作为免证事实在刑事诉讼中得到广泛认可，但在实际案件中，如何准确适用这些规律仍然存在一些问题。特别是在涉及复杂技术和科学领域的案件中，专家证人可能会基于自然规律做出推断，但这些推断是否完全符合自然规律，往往取决于案件的具体情况。[①] 例如，在医学和工程事故案件中，专家根据自然规律进行推理，但是否能够完全适用于具体案件，仍然存在争议。

关于自然规律是否应当完全作为免证事实，学界和实务界有不同的看法。支持者认为，既然自然规律是经过广泛验证的科学事实，法庭应当直接采纳这些规律，避免不必要的证据举证程序；反对者认为，在某些复杂案件中，自然规律的适用可能存在特殊情境和不同解读，需要通过专家证人进一步解释和确认。此外，专家证人的证言质量和可信度也是一个争议点。如何确保专家证人的专业性、客观性和公正性，成为自然规律适用中的另一大难题。针对当前实践中自然规律应用存在的问题，建议在涉及自然规律的案件中，积极引入相关领域的专家证人以确保科学定律的正确适用。此外，法院在审理这类案件时，应加强对专家证人资质和证言可信度的审查，避免不准确或片面的科学解释影响案件结果。[②] 同时，在判决中详细说明自然规律的适用理由，并结合案件的具体情况进行综合分析，以确保对科学定律的应用不产生误判。

（四）　法律规定的推定事实

法律规定的推定事实是法律上的一种特殊制度，它允许在缺乏直接证据的情况下，根据法律规定或者经验法则，从已知事实推断未知事实的存在。古罗马法中已经开始有了推定事实的应用，用于减少司法过程中的重

[①]　参见马连龙：《"公知常识"一种来自实践的免证事实规则——兼论"公知常识"在证据法领域的引入》，载《证据科学》2018 年第 1 期。

[②]　参见王佳星：《认知科学视角下专家意见证据审查规则之重塑》，载《证据科学》2024 年第 5 期。

复性劳动，帮助法官更有效地处理案件。在英美法系和大陆法系的法律体系中，推定的应用有着不同的历史背景和发展。英美法系的法律推定起源于普通法，强调实践中的灵活性，允许当事人提供证据反驳推定事实。而大陆法系的法律推定则多源于民法法系，注重法律的严谨性，推定事实的适用往往较为严格，注重立法的明确性和规范性。在我国，法律推定的概念起步较晚，虽然在某些领域有了逐步的引入和发展，但相关的立法和司法解释并未完全成熟，特别是推定事实的适用范围和反驳机制的规定尚不完善。我国刑事诉讼法及相关司法解释对推定事实进行了初步规定。例如，关于行为人是否有犯罪动机的推定，以及某些犯罪行为的故意性推定等，都已有明确的法律依据。这些推定大部分属于强制性推定，即不容反驳。然而，部分推定仍然具有可反驳性，允许当事人提供反证进行反驳。法律规定的推定事实通常有法理依据，依赖于事实推定背后的合理性和必要性。推定的核心目的是提高司法效率，减少证据收集和审理时间，但在实践中仍存在问题。一是推定范围不明确，在我国法律实践中，推定事实的适用范围尚未完全明确，尤其在复杂的案件中，是否可以基于某些事实推定行为人的主观罪过，仍然存在较大的争议。例如，在一些刑事案件中，如何界定推定事实的边界，避免推定过度或误推，是一个难点。二是推定事实的反驳机制不完善，许多国家和地区对推定事实的适用设置了反驳机制，允许当事人提供证据反驳推定事实。例如，德国法律体系对推定的适用范围和反驳条件做出了详细规定，从而确保推定事实不会被滥用。三是推定事实的适用不一致，由于推定事实的适用缺乏统一标准，不同法官在审理案件时可能采取不同的判断标准，导致司法实践中的不一致性。这种不一致性会影响案件的公平性和公正性，甚至可能引发公众对司法公正的质疑。为了确保推定事实能够有效、公正地发挥作用，必须进一步明确其适用范围、完善反驳机制，确保推定事实既不被滥用，又能充分保障当事人的合法权益。

（五）人民法院生效裁判所确认，并且未依审判监督程序重新审理或者无相反的证据加以推翻的事实

生效裁判确认的事实原则源自"既判力"原则，其目的是维护司法裁判的权威性和确定性，避免重复审理，减少司法资源的浪费。根据这一原则，对于已经生效的裁判确认的事实，不应进行再次审理。这一制度的设立体现了司法系统对判决确定性的重视，旨在通过消除不必要的重复诉

讼，保障法律的稳定性。我国刑事诉讼法及相关司法解释对再审程序作出了明确规定。具体而言，对于已经生效的裁判所确认的事实，若未通过审判监督程序重新审理，则在后续诉讼中无须再次举证。这一规定是对"既判力"原则的法律体现，旨在保障司法裁判的稳定性和确定性。① 但与此同时，我国法律也为再审程序留有一定空间，规定了在一定条件下可启动再审程序的情形。这一设计体现了法律对司法公正和效率之间的平衡。生效裁判确认的事实原则在保障司法稳定性和权威性的同时，也面临新的挑战。如何平衡司法的公正性与稳定性，仍然是当前法律体系面临的重要问题。特别是，有的生效裁判所确认的事实虽然未依审判监督程序重新审理，但本身可能存在错误，对于相关事实一概免证不妥。通过细化再审程序，明确新证据标准，可以有效应对这一挑战，确保司法公正的实现，同时避免司法资源的浪费。在未来的法律实践中，如何更好地保护公民的权益，尤其是在新证据出现的情况下，如何合理调整"既判力"原则的适用范围，将是司法改革的重要方向。

（六）在法庭审理中不存在争议的程序事实

无异议的程序事实制度源于简化诉讼程序，提高司法效率的需求。最早在英美法系中得到应用，其目的是减少不必要的证据审查与程序争议，从而节省时间和资源。无异议程序事实通常包括案件的管辖、是否适用强制措施等基本事项。这一规定的法律依据在于，程序事实与案件的核心争议点无关，可以通过直接认定无争议的事实，节省时间并提高诉讼效率。法理依据则在于程序公正和效率的平衡，确保将司法资源集中于解决实际争议问题上。尽管无异议的程序事实在理论上有助于提高诉讼效率，但在实际操作中，如何准确认定哪些事实是无异议的，仍然存在一定挑战。首先，许多程序事实在表面上看似无争议，但由于当事人未明确表达异议或对其法律后果未作充分了解，可能在后续诉讼中引发争议。其次，一些程序细节，如证据的合法性或某些证据的有效性，虽然双方在审理中未提出异议，但未经过法庭主动审查，可能会导致不公平的审判结果。最后，部分案件中的程序事实较为复杂，涉及多个法律层面和司法解释，需要更为细致地操作与判断。如何在程序事实不明确或当事人未明确表态时，确保程序的公平性和透明度，是实践中亟待解决的问题。无异议的程序事实制

---

① 参见郭烁：《论刑事既判力范围的确定》，载《法学评论》2023 年第 15 期。

度在提高诉讼效率、简化程序方面具有重要作用。然而，如何准确界定"无异议"事实、确保程序的公正性，仍然是实践中需要解决的关键问题。[①] 要通过完善法律规定、加强法官主动审查职能、提高当事人的法律意识等措施，提升司法效率，保障诉讼程序的公正性与透明度。

第三节　证明标准

证明标准是贯穿整个刑事证明过程始终的一根主线。刑事诉讼主体收集、审查、运用、认定证据，进行实体处理活动均围绕证明标准而展开。[②] 证明标准是法律规定的，证明责任主体运用证据对待证事实加以证明所要达到的要求或程度，[③] 在刑事诉讼程序法律上具有核心地位，是决定被告人最终命运和国家刑罚权适用与否的一个关键要素。[④]

刑事案件的证明标准具有以下特点：第一，多层次性。刑事诉讼的证明标准不是单一的，而是多元化、多层次的。[⑤] 不同的诉讼阶段有不同的证明标准，如立案的证明标准与逮捕、提起公诉必然不同；不同的证明对象适用不同的证明标准，对于实体法事实和程序法事实存在不同的证明标准，程序法事实中的不同事项也存在不同的证明标准。第二，客观性。证明标准是对司法人员主观内心确信的描述，但证明标准本身是客观的。司法人员审查、运用、认定证据的过程，也是进行主观判断，形成内心确信的过程，从这方面看是主观性的，但是证明标准本身是独立于司法人员主观活动之外的一种客观标准，不以任何人的意志为转移。第三，基础性。证明标准是司法人员通过证据认定案件事实的最低标准，是不能突破的底线。同时，证明标准作为一种底线思维，并不是为证据的收集框定了上限，收集全案证据可以朝向更为优化的方向发展。

证明标准与证明对象、证明责任关系密切。在证明标准与证明对象的关系方面，证明标准因证明对象而设立，对于不属于证明对象的事实，无

---

① 参见李建明：《刑事审前程序合法性的证明》，载《政法论坛》2009 年第 3 期。
② 参见沈志先主编：《刑事证据规则研究》，法律出版社 2011 年版，第 307 页。
③ 参见陈光中主编：《证据法学》，法律出版社 2023 年版，第 277 页。
④ 参见周洪波：《证据法学——一个新体系的展开》，法律出版社 2023 年版，第 58 页。
⑤ 参见沈志先主编：《刑事证据规则研究》，法律出版社 2011 年版，第 308 页。

须证明，也就不需要证明标准。对于属于证明对象范畴的事实，则需要根据具体情况设定相应的证明标准，对于不同的证明对象有不同的证明标准，最终根据证明是否达到法定的程度和标准来判定该事实是否得到证实。如果没有一个所需达到的标准，则证明活动就失去了准绳。在证明标准与证明责任的关系方面，证明标准为证明责任主体履行举证责任设定了目标，推动刑事诉讼活动的进展，对于司法实践具有指导意义。一方面，证明责任主体通过履行证明责任，寻求证明标准的实现，即提供证据对待证事实加以证明，直到达到法定的程度和要求；另一方面，证明标准又对证明责任主体履行证明责任的行为加以规范和制约，承担证明责任的主体对待证事实提供证据加以证明，必须达到法定的证明标准和要求。①

刑事诉讼证明标准的设置和适用需要综合考虑以下因素：第一，证明标准是具体、明确、具有实操性的法定标准。证明标准设置的目的是为诉讼当事人和司法人员进行刑事诉讼活动提供基本准则和标准参照，因此应当从实务、实际和实用的角度来看待证明标准。第二，证明标准需要考虑局限性因素的限制。刑事诉讼证明是在特定的时空范围内进行的，受到有限资源的限制，需要考虑成本、效益和效率问题。如果标准设置过高，则不利于实现刑事诉讼的目的，从而脱离司法实际。第三，证明标准应当根据证明对象的不同而有所区别。刑事诉讼涉及对犯罪嫌疑人、被告人定罪量刑，是最为严厉的一种惩罚，因此定罪和从重处罚量刑事实的证明标准应当最为严格，对于其他事项，可以根据不同情况予以区别规定。② 我国刑事诉讼的证明标准经历了逐渐丰富和成熟的过程，但仍需进一步完善。

一是坚持证据裁判原则和主客观相统一原则。证据裁判原则是指在刑事诉讼中，对于案件事实的认定必须依据证据。③ 认定案件事实的根据是经过法定程序查证属实的具有证据能力的证据，也是达到法定证明标准的证据。"以事实为根据"是指办理刑事案件必须查明客观事实，且案件的客观事实必须是由证据证明的事实。"以证据为根据"和"以事实为根据"并不矛盾，以证据认定的事实必须与客观事实相一致，影响定罪量刑的事实和情节都需要有证据证明，对于存在疑问和矛盾的事实和情节，需

① 参见陈光中主编：《证据法学》，法律出版社 2023 年版，第 277 页。
② 参见沈志先主编：《刑事证据规则研究》，法律出版社 2011 年版，第 324 页。
③ 参见陈光中主编：《证据法学》，法律出版社 2023 年版，第 92 页。

要进一步收集证据，合理解释疑问，排除证据矛盾。坚持主客观相统一原则意味着，通过证明标准认定案件事实，是客观和主观相结合的诉讼活动。刑事诉讼证明在强调客观真实的前提下，也不应忽略司法人员的主观因素，合理的证明标准应当是客观证据及主观认识程度要求的结合。[1]

二是明确不同层次的证明标准。从刑事诉讼证明标准的层次来讲，一般认为"证据确实、充分""高度可能性""优势证据标准"三种证明标准的证明程度依次由高到低。适用不同的证明标准的前提是适用严格证明还是自由证明的证明方法。对于认定犯罪行为之经过、行为人之责任及刑罚高度等问题的重要事项，法律规定需以严格方式提出证据的，系严格证明。除此之外，以一般实务之惯例以自由证明之方式，也可不拘任何方式来获取可信性，自由证明的适用范围一般限于程序性事项，如回避、管辖等。[2] 严格证明必须达到证据确实充分、排除合理怀疑的确信程度，自由证明则不需要达到此标准。目前，我国法律、司法解释已经明确的证明标准是"证据确实、充分"标准和"高度可能性"标准，在定罪、从重处罚量刑事实方面规定了"证据确实、充分"的证明标准，在犯罪嫌疑人、被告人逃匿、死亡案件违法所得的没收程序以及黑社会性质组织犯罪涉案财物事实方面规定了"高度可能性"标准。对于回避、管辖等程序性事实，可以考虑适用"优势证据"标准。

三是构建多元化、差异化、层次性证明标准体系。首先需要说明的是，证明标准是证明责任主体运用证据对待证事实加以证明所要达到的要求。我国《刑事诉讼法》第51条规定了"公诉案件中被告人有罪的举证责任由人民检察院承担"，第52条明确了"不得强迫任何人证实自己有罪"，因此，虽然有观点认为可以从证明责任主体角度构建层次性证明标准，[3] 但是在我国，犯罪嫌疑人、被告人并不承担证实自己有罪的证明责任，因此并不具有可行性。犯罪嫌疑人、被告人虽然不负有证明责任，但是仍然可以提出犯罪阻却事由、责任阻却事由以及其他的无罪辩解并提供相关证据，该证据并不需要达到"证据确实、充分"的标准，而只要足以对指控证据造成动摇和破坏，产生"合理怀疑"即可。无论如何，不能将犯罪嫌疑人、被告人提出的证据适用证明责任主体的证明标准进行衡量。

---

[1]　参见沈志先主编：《刑事证据规则研究》，法律出版社2011年版，第326页。

[2]　参见林钰雄：《刑事诉讼法》（上册），中国人民大学出版社2005年版，第352—353页。

[3]　参见沈志先主编：《刑事证据规则研究》，法律出版社2011年版，第326页。

从我国刑事诉讼司法实践角度来看，可以根据不同待证事实或者证明对象规定相应的证明标准。《人民检察院刑事诉讼规则》第 330 条、《最高人民法院关于适用〈中华人民共和国刑事诉讼法〉的解释》第 72 条以及《关于办理死刑案件审查判断证据若干问题的规定》第 5 条第 2 款对于证明对象进行了列举规定。从类型化角度来看，首先，区分实体法事实和程序法事实，分别适用不同的证明标准。其次，将实体法事实分为定罪有关事实、量刑有关事实和涉案财物事实，分别适用不同的证明标准。最后，针对不同的程序法事实，设定不同的证明标准。

四是明确排除合理怀疑的内涵以及适用指引。"排除合理怀疑"作为我国"证据确实、充分"证明标准的一种反向证明标准并在实践中合理运用，对司法实践具有重要意义。有罪判决的刑事证明标准在追求"案件事实清楚，证据确实、充分"的客观真实的前提下，同时应坚持在无罪推定原则下的"排除合理怀疑"的标准，使刑事证明标准不仅是有罪裁判的标准，也是无罪裁判的尺度。[1] 排除合理怀疑的内涵及其适用，有待进一步明确。

一、定罪的证明标准

从检察机关指控证明犯罪的角度，人民检察院审查认定犯罪嫌疑人、被告人构成犯罪，提起公诉的，应当确保案件事实清楚，证据确实、充分。证据确实、充分，是指定罪的事实都有证据证明；据以认定案件事实的证据均经法定程序查证属实；综合全案证据，对所认定事实已排除合理怀疑。

（一）定罪证明标准的同一性

对于刑事诉讼各阶段的定罪证明标准应当保持一致性还是具有层次性，是一直以来存在争议的问题。有观点认为，刑事诉讼各机关、各阶段应当有不同的证明标准；也有观点认为，刑事诉讼各阶段应当统一证明标准，防止案件从源头上出现问题，切实维护司法公正。我国立法采纳了后一种观点。我国《刑事诉讼法》第 162 条规定，"公安机关侦查终结的案件，应当做到犯罪事实清楚，证据确实、充分"。《监察法》第 52 条规定，"对涉嫌职务犯罪的，监察机关经调查认为犯罪事实清楚，证据确实、充

---

[1] 参见余剑：《"排除合理怀疑"证明标准在我国刑事审判中的运用》，载《东方法学》2008 年第 5 期。

分的，制作起诉意见书，连同案卷材料、证据一并移送人民检察院依法审查、提起公诉"。《刑事诉讼法》第176条规定，"人民检察院认为犯罪嫌疑人的犯罪事实已经查清，证据确实、充分，依法应当追究刑事责任的，应当作出起诉决定"。《刑事诉讼法》第200条规定，"案件事实清楚，证据确实、充分，依据法律认定被告人有罪的，应当作出有罪判决"。可见，根据刑事诉讼法、监察法的规定，调查终结、侦查终结、提起公诉、审判阶段认定犯罪嫌疑人、被告人有罪的证明标准一致，即"犯罪事实清楚，证据确实、充分"。

将调查、侦查、提起公诉的证明标准与审判的证明标准保持一致，具有重要意义。一方面，从保障人权角度，可以促进最大限度地查明案件事实。办理刑事案件，从调查、侦查阶段就应当依法、客观、全面、及时收集与案件事实有关的各种证据，同一的定罪证明标准可以在证据收集的源头上把好质量关，防止片面收集证据、遗漏关键证据、延误收集时机。定罪证据确实、充分的案件才能进入审查起诉、审判阶段，从而在根本上保障犯罪嫌疑人、被告人的合法权益。另一方面，以审判为中心的刑事诉讼制度改革重在切实发挥审判程序的终局裁判功能。以审判为中心的刑事诉讼制度改革突出了审判程序对审前程序的制约引导功能，同样的定罪证明标准有利于将审判的标准和要求传导至调查、侦查、审查起诉阶段，确保案件事实经得起法律的检验。

（二）客观事实和法律事实

证据、事实、真实是刑事诉讼的认识论的三个元概念，三者分别指向刑事诉讼认识过程中认识的根据、认识的对象和认识的标准，而刑事司法证明的实质也正是寻找认识的根据，确定认识的对象，并判定认识是否满足了法律所设定之标准的过程。从这个意义上来说，建立在证据、事实与真实概念之上的证据观、事实观与真实观理论，就共同构成了刑事诉讼认识论原理的三大支柱。①

"以事实为根据，以法律为准绳""犯罪事实清楚，证据确实、充分"，都涉及刑事诉讼中的事实问题。刑事诉讼的事实观是关于什么是刑事司法证明中的事实的问题，而真实规则是关涉如何定义刑事司法证明的

---

① 参见何家弘、周慕涵：《刑事诉讼事实观与真实观的学理重述》，载《清华法学》2022年第6期。

真实，以及如何设定刑事司法证明事实认定结论的真实性标准的问题。二者都属于认识论的范畴，具有密切的内在联系，只是关注的角度有所不同。学术界关于刑事诉讼事实观的论述中，"客观事实""主观事实"和"法律事实"是三个基本概念。[1] "客观事实""主观事实"和"法律事实"共同构成刑事诉讼的事实观，堪称"三位一体"，相辅相成。客观事实是本体论上的事实，是"过去时态性"的事实，是独立于人类意志以外的事实，也是司法人员的认识对象。客观事实为刑事诉讼的事实观提供了本体论上的依据。主观事实是认知建构的事实，是"进行时态性"的事实，是司法人员对客观事实的主观描述。主观事实为刑事诉讼的事实观提供了认识论上的依据。法律事实是司法剪辑的事实，是"完成时态性"的事实，是司法裁判最终认定的案件事实。法律事实为刑事诉讼的事实观提供了法律意义上的依据。[2]

司法实践中，需要关注法律事实和客观事实的关系。法律事实是根据收集的证据，按照法律程序推断确认，对于解决案件争议、实现法律诉求具有重要法律意义的事实。与法律事实相关联的是客观事实，就是老百姓口中常说的"事实真相"。法律事实是有证据证明的客观事实，法律事实必须以客观事实为追求目标，尽可能最大限度重现或接近客观事实。[3] "以事实为根据""犯罪事实清楚"中的"事实"虽然不是客观事实本身，但它是根据证据认定的事实，而证据的本质属性客观性表明了证据是以客观事实为基础的。这个"事实"是以客观事实为原型和基础的。[4]

定罪事实中需要注意基本事实和全部事实、主要事实的关系。定罪事实的底线是案件的基本事实，所谓基本事实是指对于定罪发挥关键、直接和决定作用的事实，是最低限度的刑事证明对象。全部事实和基本事实是前者包含后者的关系，在侦查条件允许的情况下，应当依法穷尽一切侦查手段查清全部犯罪事实。实践中，由于受限于案件的实际情况，以及办案期限、司法资源、侦查能力等因素，即使穷尽所有取证手段，仍然存在无

---

[1] 参见樊崇义等：《刑事证据前沿问题研究》，载何家弘主编：《证据学论坛》（第1卷），中国检察出版社2000年版，第210—211页。

[2] 参见何家弘、周慕涵：《刑事诉讼事实观与真实观的学理重述》，载《清华法学》2022年第6期。

[3] 参见应勇：《高质效办好每一个案件 努力让人民群众在每一个司法案件中感受到公平正义》，载《人民检察》2024年第18期。

[4] 参见张军主编：《刑事证据规则理解与适用》，法律出版社2010年版，第46页。

法查清全部案件事实的可能，此时，基本事实划定了定罪证明的底线，不需要查清案件的全部事实细节，查清基本事实就可以完成定罪的任务。[1]正如《人民检察院刑事诉讼规则》第 355 条第 2 款的规定，"具有下列情形之一的，可以认为犯罪事实已经查清：（一）属于单一罪行的案件，查清的事实足以定罪量刑或者与定罪量刑有关的事实已经查清，不影响定罪量刑的事实无法查清的；（二）属于数个罪行的案件，部分罪行已经查清并符合起诉条件，其他罪行无法查清的；（三）无法查清作案工具、赃物去向，但有其他证据足以对被告人定罪量刑的；（四）证人证言、犯罪嫌疑人供述和辩解、被害人陈述的内容主要情节一致，个别情节不一致，但不影响定罪的"。对于上述情形，应当以已经查清的罪行起诉。再如《人民检察院刑事诉讼规则》第 358 条的规定，"被告人真实姓名、住址无法查清的，可以按其绰号或者自报的姓名、住址制作起诉书，并在起诉书中注明"。对于被告人真实身份信息这一重要的案件事实无法查清的，不影响提起公诉。主要事实是对定罪量刑产生重大影响的犯罪事实情节，包括对认定犯罪行为性质具有决定作用的定罪事实以及重大量刑事实。主要事实的范围大于基本事实，严格来说，基本事实查清，主要犯罪事实无法查清的，并不影响定罪。[2]

（三）证明标准与提起公诉的条件

根据《刑事诉讼法》第 176 条的规定，"人民检察院认为犯罪嫌疑人的犯罪事实已经查清，证据确实、充分，依法应当追究刑事责任的，应当作出起诉决定"。可见，达到定罪的证明标准是提起公诉的条件之一，具体而言，人民检察院决定向人民法院提起公诉的案件应当达到以下要求：第一，犯罪嫌疑人的犯罪事实已经查清。犯罪的基本事实或主要事实已经查清，个别细节无法查清或者没有必要查清，不影响定罪量刑的，视为犯罪事实已经查清。其中，对一人犯有数罪的，如果有一罪已经查清，而其他罪一时难以查清的，符合起诉条件的，也可以就已经查清的罪提起公诉。第二，证据确实、充分。是指据以定罪量刑的证据属实和证据足以证实犯罪嫌疑人有罪。根据《刑事诉讼法》第 55 条的规定，"证据确实、充分，应当符合以下条件：（一）定罪量刑的事实都有证据证明；（二）据

---

[1] 参见杜邈：《证据为王》，中国法制出版社 2022 年版，第 59 页。

[2] 参见杜邈：《证据为王》，中国法制出版社 2022 年版，第 63 页。

以定案的证据均经法定程序查证属实；（三）综合全案证据，对所认定事实已排除合理怀疑"。第三，依法应当追究刑事责任。这是指根据刑法的规定，犯罪嫌疑人有刑事责任能力，应当对犯罪嫌疑人判处刑罚，不存在《刑事诉讼法》第 16 条规定的情形。① 同时，检察机关通过行使起诉裁量权，认为有提起公诉的必要。

另外，我国刑事诉讼中的不起诉包括法定不起诉、酌定不起诉、存疑不起诉和特殊不起诉。其中，法定不起诉和存疑不起诉都是事实、证据未达到起诉证明标准，但作出酌定不起诉决定的也应当达到"案件事实清楚，证据确实、充分"的证明标准，此时仅系基于起诉裁量权，综合考虑起诉必要性，根据《刑法》第 37 条、《刑事诉讼法》第 177 条第 2 款作出酌定不起诉决定。对于案件的事实、证据存疑，检察机关不得作出相对不起诉处理的决定。

二、量刑的证明标准

长期以来，我国刑事诉讼中定罪与量刑呈现一体化的模式，事实上定罪依据与量刑依据存在着明显的差异，只有将量刑与定罪在程序上分离开来，并使其具有基本的诉讼形态，公诉权才可以从单纯的定罪请求权发展出量刑建议权的内涵，被告人的量刑辩护才可以成为独立的辩护形态，被害人的量刑参与权才可以得到充分的保证，相应的量刑证据规则也才能得以确立。② 随着刑事诉讼制度的改革发展，为实现对审判机关量刑方面自由裁量权的有效制约，确保量刑程序的公正性，量刑程序最终从定罪程序中独立出来。特别是认罪认罚从宽制度实施后，量刑的重要性日益突出。检察机关提出的量刑建议，要科学、精准，离不开对量刑事实的认定。准确认定量刑事实的基础是为量刑事实设计合适的证明标准。③

（一）量刑事实证明标准的一元化与层次化争论

量刑规范化改革前后，各界对量刑事实的证明标准展开了一定的讨论。由于刑事诉讼法并未区分定罪事实和量刑事实的证明标准，因此理论界和实务界对于量刑事实证明标准如何设置存在着较大争议，主要存在一

---

① 参见童建明、万春主编：《〈人民检察院刑事诉讼规则〉理解与适用》，中国检察出版社 2020 年版，第 232 页。

② 参见陈瑞华：《论量刑程序的独立性》，载《中国法学》2009 年第 1 期。

③ 参见单子洪：《阶梯式量刑事实证明标准的提倡》，载《中国刑事法杂志》2022 年第 6 期。

元论量刑事实证明标准和层次化量刑事实证明标准两种观点，一元论观点为少数，层次化观点为多数。层次化观点认为，量刑事实证明标准不应与定罪的证明标准相等同，"多元化"或者"层次化"的设计才是对量刑事实证明标准的合理结构。[①] 对于多元化的量刑事实证明标准应当如何设计，有代表性的观点主要有以下几类：

第一，以轻罪和重罪或者有利于被告和不利于被告为基准区分证明标准。例如，"对于死刑案件，要以排除一切怀疑为标准；对于重罪案件，从重、加重的量刑情节要达到'排除合理怀疑'；对于轻罪案件，对量刑的证明标准统一采用较低的'优势盖然性'的标准。"[②] "对于罪重事实的证明应使用排除合理怀疑标准，对于罪轻事实则使用优势证据证明标准。"[③] 还有的观点区分度更细，比如罪重事实可以分为一般从重和升格加重，前者适用"明晰可信"而后者适用"排除合理怀疑"的标准。[④] 第二，以法定事实情节和酌定事实情节为基准区分证明标准，即"对法定事实情节，采用明晰可信的标准；对酌定事实情节，则适用优势证据的标准"。[⑤] 第三，以量刑事实与定罪事实交叉还是分立为基准区分证明标准，如"对于那些与犯罪事实保持重合的量刑事实，公诉方需要证明到最高的证明标准，对于那些独立于犯罪事实的从重情节以及有利于被告人的从轻、减轻、免除处罚的情节，只需要证明到优势证据的程度"。[⑥] 第四，以非犯罪构成事实和非犯罪事实为基准区分证明标准，即"非犯罪构成事实要适用排除合理怀疑的证明标准，而非犯罪事实只能采用'优势证据'的证明标准"。[⑦]

从比较法的角度来看，其他国家对于量刑事实证明标准的规定也不尽相同。在英国，出于对被告人权利的保护、提高证据质量等原因的考虑，在麦格拉斯案中，法院提出量刑事实的证明责任由检察机关承担，需要达到排除合理怀疑的程度。但对于被告人在量刑程序中提出的减轻量刑情节，被告人有义务提出"一些证据"证明减轻情节的存在，对此没有明确

① 参见汪贻飞：《论量刑程序中的证明标准》，载《中国刑事法杂志》2010年第4期。
② 陈卫东、张佳华：《量刑程序改革语境中的量刑证据初探》，载《证据科学》2009年第1期。
③ 李玉萍：《量刑事实证明初论》，载《证据科学》2009年第1期。
④ 参见汪贻飞：《论量刑程序中的证明标准》，载《中国刑事法杂志》2010年第4期。
⑤ 闵春雷：《论量刑证明》，载《吉林大学社会科学学报》2011年第1期。
⑥ 陈瑞华：《量刑程序中的证据规则》，载《吉林大学社会科学学报》2011年第1期。
⑦ 宋志军：《量刑事实证明问题研究》，载《河南财经政法大学学报》2012年第6期。

的证明标准上的要求。在美国，巡回法院以及最高法院通过一系列案件确定了法官在量刑程序中，对于量刑事实的证明要达到优势证据的证明标准。但在俄潘迪案中，最高法院又认为除了先前定罪行为，任何高于法定最高刑的事实均为犯罪相关事实，要被陪审团审查，并适用排除合理怀疑的证明标准。可见，美国的量刑事实证明标准的选择取决于对证明对象是定罪事实还是量刑事实的认识。在加拿大，根据《加拿大刑法典》第724条第3项（e）的规定以及加德纳案中的判例规则，控方要承担罪重量刑事实的证明责任，且要达到排除合理怀疑的程度，而对于减轻或有利于被告人的量刑事实，如果该事实陷入控辩争议，或者被告人通过提出证据来反驳加重情节来争取减轻量刑的情况下，被告人要承担证明责任且要达到盖然性占优的标准。在日本，虽然日本《刑事诉讼法》第318条确定的自由心证原则并没有区分定罪事实和量刑事实的证明标准，但日本学界对量刑事实的证明标准存在三种观点：其一，如果承认控方承担证明责任，那么量刑事实的证明方法要采用严格证明，证明标准是排除合理怀疑；其二，如果认为不利于被告人的事实由控方承担证明责任，有利于被告人的事实由辩方承担证明责任，则不利于被告人的事实要适用排除合理怀疑，有利于被告人的证明要更加缓和；其三，如果不承认证明责任的存在，出于对量刑事实流动性的特征以及综合判断的考虑，也应当认为证明标准是"确信"。①

（二）量刑事实证明标准层次性、递进性的提倡

量刑事实证明活动之所以具有层次性、递进性，是因为量刑事实本身具有开放性、流动性的特性，以及量刑方法步骤具有层次性、递进性。

1. 量刑事实的开放性、流动性特征

证明标准总是和证明对象密切相连，对于具有不同社会价值或诉讼价值的证明对象，证明标准可能会有所差别。② 证明对象体现为待证事实，实体法意义上的事实包括定罪事实和量刑事实。定罪事实是刑法规定的犯罪构成要件，基于罪刑法定原则，犯罪构成要件的法定性、类型化决定了定罪事实的封闭性、定型化。但是量刑事实不同于定罪事实，现代的量刑观要求司法官在获得了有责性的发动条件后，刑罚的作出亦要考虑刑事政

---

① 转引自单子洪：《阶梯式量刑事实证明标准的提倡》，载《中国刑事法杂志》2022年第6期。
② 参见吴宏耀、魏晓娜：《诉讼证明原理》，法律出版社2002年版，第197页。

策，即可能需要在责任的程度之下科处刑罚。因此，量刑的判断需要考虑宽严相济的刑事政策等综合方面，量刑事实呈现出不同于定罪事实的特征，一方面，刑罚不能仅发挥对罪责的评价和谴责的功能，还要实现对社会大众的震慑作用，并要促使犯罪人复归社会，因此量刑事实不能封闭于罪责的空间内，而是要延于犯罪前与犯罪后。这种开放性决定了量刑事实的广度要远远大于定罪事实。另一方面，基于现代刑法学中相对报应主义的基本立场，量刑的首要步骤是必须竖起责任刑的"天花板"，并在其之下考虑预防需求。① 由此，量刑事实中难免会产生责任刑相关的事实与定罪事实相重合，而预防刑相关的事实几乎独立于定罪事实的现象，即量刑事实在定罪和量刑的两大活动之间保持着流动性。② 量刑事实具有开放性和复杂性的同时，又有着明确的层次性和递进性，责任刑的地位要优先于预防刑和刑事政策的考量。量刑活动首先要对责任刑作出判断，影响责任刑的量刑事实在位阶上必然优先于与预防刑相关的量刑事实。最高人民法院、最高人民检察院、公安部、国家安全部、司法部印发的《关于规范量刑程序若干问题的意见》规定，人民法院应当查明对被告人适用具体法定刑幅度的犯罪事实以及法定或者酌定量刑情节，显然是注意到了量刑事实的这种复杂性、递进性特征。

2. 量刑方法步骤的层次性、递进性

在理论和实务上，量刑问题均具有复杂性。在理论上，从刑罚理论的角度出发，刑事诉讼参与者的量刑活动，始于法定刑的选择，延于责任刑的裁量，终于预防刑的判断。③ 在量刑方法上也需要遵守从法定刑到责任刑，最后是责任刑的基本步骤。这一逻辑无法倒转或变更，因为量刑论的核心要义在于贯彻责任主义，刑罚不能超过犯罪时的罪责。④ 司法实践中，量刑的基本步骤为：首先确定量刑起点，在此基础上确定基准刑，最后运用各种量刑情节调节基准刑。这种量刑方法是量刑思维过程的具体体现，是有机联系的整体。⑤ 可见，量刑方法本质是统一尺度，遵守刑罚原理，规范量刑裁量权，因此必然在思维和操作的双重层面上都要体现出顺序

---

① 参见周光权：《量刑的实践及其未来走向》，载《中外法学》2020年第5期。
② 参见单子洪：《阶梯式量刑事实证明标准的提倡》，载《中国刑事法杂志》2022年第6期。
③ 参见单子洪：《论量刑事实证明的原理》，载《刑事法评论》2021年第1期。
④ 参见周光权：《量刑的实践及其未来走向》，载《中外法学》2020年第5期。
⑤ 参见熊选国主编：《量刑规范化办案指南》，法律出版社2011年版，第36页。

性。在"数量化量刑方法"之中，选择法定刑幅度、确定量刑起点、确定基准刑的三个步骤对应着基本犯罪构成事实和影响犯罪构成的犯罪数额、次数、后果等犯罪事实，这些均与定罪事实密切相关。调节基准刑到作出宣告刑的步骤，对应着非犯罪构成的量刑事实，甚至包括法官"综合全案情节"予以考量的情况，这些量刑事实只能在起始步骤对应的事实查明和认定的基础之上再进行考量，如此一来，杂乱无章的量刑事实结构，在量刑方法的编排和限定之下，形成具有内部递进性和层次性的综合系统，从而为量刑提供事实支撑。①

（三）从重处罚量刑事实

我国现行法律及司法解释对于从重处罚量刑事实有相关规定。《最高人民法院关于适用〈中华人民共和国刑事诉讼法〉的解释》第72条第2款的规定，明确了对于犯罪嫌疑人、被告人从重处罚的量刑事实，应当适用证据确实、充分的证明标准。可见，从重处罚量刑事实的证明，其证明标准与定罪标准是一致的。

将从重处罚事实提升到与定罪事实证明标准同样的高度，一方面，因为公诉案件中侦查机关取证的天然优势地位，将从重处罚量刑事实的证明标准设置为严格的标准，可以更好地维护犯罪嫌疑人、被告人的合法权益，促使控方在收集证据和提出量刑建议方面更为精确和审慎，从而实现程序控制的目标，并能很好地平衡控辩双方的力量差异，以达到公正量刑的目的。另一方面，对于从重处罚量刑事实一律采用同一证明标准的合理性存在一定理论争议。有观点认为，单纯从分类构成上讲，对于纯正和非纯正的量刑事实适用同一标准是不合理的，而现行司法解释的规定对于从重处罚量刑事实均适用证据确实、充分的证明标准，显然未将其内部的纯正量刑事实以及非纯正量刑事实加以区分。对于非纯正的量刑事实，即行为人在犯罪预备阶段、犯罪中止、犯罪未遂、主犯从犯胁从犯等量刑事实而言，其具体的事实认定为犯罪事实，这部分事实与犯罪事实存在交叉部分，在定罪阶段被认定，适用证据确实、充分的严格证明标准并无不妥。所以，对于非纯正量刑事实下的从重处罚量刑事实，可以适用证据确实、充分的证明标准。而对于进入量刑程序阶段，纯正量刑事实是具有相对独立性的，其所考虑的情节与定罪事实无关联，包括事后的损害赔偿、一贯

① 参见单子洪：《阶梯式量刑事实证明标准的提倡》，载《中国刑事法杂志》2022年第6期。

表现、被害人谅解等，这些事实本身与被告人的犯罪行为无关，仅仅影响量刑，并不影响对定罪事实的认定。而要求对纯正的酌定量刑事实的证明和法定量刑事实证明标准一致的程度，不但会提高证明难度，而且在实践中也难以达到，适用较为宽松的证明标准反而更有助于达到预防犯罪的目的。① 因此，该观点认为对于从重处罚量刑事实同一设置为证据确实、充分的证明标准不合理，应当针对不同量刑事实，建立更为多元化，更具有层次性的证明标准。

（四）从宽处罚量刑事实

我国现行法律、司法解释并未对从宽处罚量刑事实的证明标准予以规定。在理论上，有观点认为量刑事实应当以从重处罚和从宽处罚，或者是有利于被告人和不利于被告人的基准作区分。在比较法视野下，英美法系国家也大多按照这种直观的标准来区分量刑事实。在英国，量刑事实被分为加重量刑事实和减轻量刑事实。在澳大利亚，根据西澳大利亚州 1995年的《量刑条例》，量刑时需要同时考虑加重事实和减轻事实，加重事实的证明要满足更多的条件。② 以从重处罚量刑事实和从宽处罚量刑事实为基准区分量刑事实的原因在于，在量刑环节中，从重处罚量刑事实将会影响犯罪嫌疑人、被告人的切身利益，不亚于定罪事实的影响，因此证明标准也应当与定罪证明标准相同；而对从宽量刑事实的证明，出于"有利于被告"的基本原则，以及对刑事诉讼中辩方取证能力远不及于控方的考虑，对其证明的要求不能过高。所以，从重处罚量刑事实和从宽处罚量刑事实的识别基准，是建立在刑事诉讼中的人权保障以及对证明能力的综合考量之基础上的。③

对有利于被告人的从宽处罚量刑事实的证明标准，现有法律、司法解释虽然未予规定，但从体系解释的角度分析，可以推出该证明标准至少不应属于"证据确实、充分"的证明标准。对于适用高度可能性标准还是优势证据标准，理论和实践中存在一定争议。一种观点认为，应当适用高度可能性标准。高度可能性标准，是指具有很大可能性但不需要达到排除合理怀疑的程度。理由是优势证据标准更多地适用于民事证据领域，在刑事证据领域适用未必妥当，且在司法责任制改革的背景下，适用优势证据标

---

① 参见单子洪：《阶梯式量刑事实证明标准的提倡》，载《中国刑事法杂志》2022 年第 6 期。
② 转引自单子洪：《阶梯式量刑事实证明标准的提倡》，载《中国刑事法杂志》2022 年第 6 期。
③ 参见单子洪：《阶梯式量刑事实证明标准的提倡》，载《中国刑事法杂志》2022 年第 6 期。

准一旦导致认定量刑情节的错误，就可能会面临司法责任方面的惩戒。另一种观点认为，应当适用优势证据标准。在存在两种相反的事实认定的可能下，只要其中一种事实存在的可能性具有证据上的相对优势，也就是相对另一种事实存在的可能性而言，该种事实成立的可能性更大一些，那么法庭就该确信该种事实的成立，并将其作为裁判的依据。2010 年最高人民法院、最高人民检察院、公安部、国家安全部、司法部印发的《关于办理死刑案件审查判断证据若干问题的规定》起草过程中，原本规定了对于从宽处罚情节适用优势证据标准，即"对于以下事实的证明，如果存在的可能性明显大于不存在的可能性的，可以作出认定：（一）作为对被告人从轻、减轻或者免除处罚理由的事实；……"但因存在一定争议，最终规定中删除了该内容。我们认为，对于犯罪嫌疑人、被告人从轻、减轻或者免除处罚等有利于被告人的从宽量刑事实的证明标准，可以采用应当有证据予以证明，且相关证据已查证属实的标准。

三、涉案财物的证明标准

涉案财物处置问题是检察机关履行指控证明犯罪职能的重要内容，公诉制度的发展也经历了由传统刑事公诉的"对人之诉"拓展至"对物之诉"。在法律渊源上，我国《刑法》第 64 条确立了涉案财物处理的实体法依据，但刑事诉讼立法一度缺乏对应的系统性程序规定，实务中呈现出"重人身处罚、轻财产处理"的执法司法样态。在完善人权司法保障制度的进程中，刑事司法中的财产权保障成为重点关注对象，涉案财物查控与处理程序得以逐步正当化与规范化。但现行立法存在一种致力于为查封、扣押、冻结等程序性措施善后的倾向，而未聚焦于实体法没收规定的实施，导致涉案财物处理存在相当的局限性，且各类规范在完备性、周密性方面仍有所欠缺，不足以发挥没收的应然功效。[①]

（一）涉案财物的基本问题

关于涉案财物的内涵，《刑法》第 64 条规定："犯罪分子违法所得的一切财物，应当予以追缴或者责令退赔；对被害人的合法财产，应当及时返还；违禁品和供犯罪所用的本人财物，应当予以没收。没收的财物和罚金，一律上缴国库，不得挪用和自行处理。"该条文中，涉案财物主要包括违法所得、违禁品和供犯罪所用之物。违法所得包括经认定的犯罪所

---

① 参见张璐：《刑事涉案财物处理的证明体系研究》，载《中国刑事法杂志》2024 年第 3 期。

得、违法所得及其孳息。根据学术界的普遍观点，违禁品主要是指依照国家规定，公民不得私自留存、使用的物品。① 这些物品因具有高度的危险性，可能对社会造成潜在危害，因此国家通过立法对其流通、使用进行了严格的限制或者禁止。供犯罪使用之物即犯罪行为人为实施犯罪而动用的物品或财产，即为供犯罪使用之物。供犯罪使用之物包括但不限于犯罪工具。除了犯罪工具，供犯罪使用之物还包含组成犯罪行为之物。② 根据《人民检察院刑事诉讼涉案财物管理规定》第 2 条规定："本规定所称人民检察院刑事诉讼涉案财物，是指人民检察院在刑事诉讼过程中查封、扣押、冻结的与案件有关的财物及其孳息以及从其他办案机关接收的财物及其孳息，包括犯罪嫌疑人的违法所得及其孳息、供犯罪所用的财物、非法持有的违禁品以及其他与案件有关的财物及其孳息。"可见，涉案财物除了违法所得，还包括其他与案件有关的财物，既可能涉及定罪，也可能涉及量刑。涉案财物处置的问题虽然比较复杂，但是将其作为独立的诉讼请求以及庭审环节的趋势越来越明显，因此需要分析涉案财物处置的属性问题。

1. 刑罚体系的独立部分

在刑法理论上，刑罚是国家为了防止犯罪行为对法益的侵犯，由法院根据刑事立法，对犯罪人适用的建立在剥夺性、限制性痛苦基础上的最严厉的强制措施。③ 刑罚体系是国家的刑事立法以有利于发挥刑罚的积极功能、实现刑罚目的为指导原则，选择刑种、实行分类并依其轻重程度排成的序列。④ 涉案财物处置属于求刑权和量刑权的一部分，是刑罚体系中附加刑的一部分。综观我国各类立法与具体实践，涉案财物没收的法理基础实际呈现多元化特征，包含着惩罚、预防，甚至类似于返还请求的各种要素。同时，涉案财物中的违法所得、供犯罪所用之物，本身就同时属于犯罪事实的一部分。

根据利益理论，利益是权利的核心内容，权利是受法律所提供的强制力保障的客观利益。⑤ 对利益的剥夺必将牵涉权利保障问题。涉案财物处

---

① 参见郎胜：《中华人民共和国刑法释义》，法律出版社 2009 年版，第 63 页。
② 参见张明楷：《论刑法中的没收》，载《法学家》2012 年第 3 期。
③ 参见张明楷：《刑法学》（上）（第六版），法律出版社 2021 年版，第 667 页。
④ 参见张明楷：《刑法学》（上）（第六版），法律出版社 2021 年版，第 686 页。
⑤ 参见朱庆育：《权利的非伦理化：客观权利理论及其在中国的命运》，载《比较法研究》2001 年第 3 期。

理的本质是国家对个体财产利益的剥夺，同样涉及对公民基本权利的干预。现代社会法治原则要求公权力行使必须具备实体与程序上的正当性根基，具体包括：遵循法定原则、比例原则与程序正当原则，由有权机关依据法定条件、步骤和方式，在给予当事各方充分的陈述意见的机会，并综合考虑适当性、必要性与均衡性的基础上适用法律规定作出决定。党的二十届三中全会强调"坚持正确人权观，加强人权执法司法保障，完善事前审查、事中监督、事后纠正等工作机制，完善涉及公民人身权利强制措施以及查封、扣押、冻结等强制措施的制度"，对于财产强制措施也强调要加强人权司法保障。因此，涉案财物处理应在刑事诉讼轨道内由司法机关依法作出决定，并应建立由各利益主体提出主张并进行举证，司法机关居中裁决的诉讼化争端解决机制。①

2. 日趋独立的"对物之诉"

我国曾长期采用行政化的审批决定模式进行没收，导致实践中出现了不少问题。目前立法已经作出了一定调整。第一，修正权力配置，明确没收的决定权由法院单独行使，涉案财物的实际控制机关依法先行处理的也须由法院作终局性确认，增设犯罪嫌疑人、被告人逃匿、死亡案件违法所得的没收程序，并明确由人民检察院提出申请、由人民法院进行审理并作出裁定。第二，相对独立的程序设置，对法庭调查、听取各方意见及案外人出庭等作出规定，并在独立没收过程中确立了较为完备的诉讼规则。然而实践中普通案件涉案财物的处理依然采用"合一型"模式，存在诸多弊端，如有的检察机关没有及时行使没收请求权，由法院依职权自行决定是否对涉案财物处理事项进行法庭调查与辩论，加之公诉方甚少提供除有关定罪量刑之外的涉案财物事实，被告人在缺乏明确指控内容和意见的情况下无法进行有效的辩护准备，被害人与其他利害关系人更缺少充分表达意见的途径，法院只能依据有限的信息作出最终决定，涉案财物处理的准确性与正当性存疑。② 而造成困境的根源则在于立法未能按照诉的原理和规则对涉案财物处理程序进行全面改造。③ 除了涉及犯罪事实的组成部分之外，涉案财物因与犯罪行为相关联而"涉案"并依法应由国家取得其所有

---

① 参见张璐：《刑事涉案财物处理的证明体系研究》，载《中国刑事法杂志》2024 年第 3 期。

② 参见闵春雷、张伟：《论相对独立的刑事涉案财物处置程序之建构》，载《厦门大学学报（哲学社会科学版）》2022 年第 4 期。

③ 参见陈卫东：《关于〈刑事诉讼法〉第四次修改的几点思考》，载《政法论丛》2024 年第 1 期。

权，故涉案财物处理程序的本质是对财物的权属作出认定，是一种可以独立于对犯罪行为人刑事责任追究的对物裁判。因此，学界的多数观点倾向于依据"对物之诉"理念完善程序设置，并在权衡经济性与可行性后，主张在普通刑事案件中适用相对独立的涉案财物审查决定程序。①

3. 复杂的诉讼证明机制

"对物之诉"为涉案财物处理提供了诉讼化的程序空间，各主体在程序内将围绕相关事实提出主张、进行举证并作出认定，因此还需要科学合理的证明机制作为支撑。传统刑事诉讼是控辩审三方针对被告人定罪量刑问题而展开的证明活动，因无罪推定原则的约束，通常采用严格证明模式，由公诉方承担证明被告人有罪的责任，且对待证事实的证明应达到事实清楚，证据确实、充分的最高程度。② 对于"对物之诉"的证明机制及标准，存在两种不同的观点。一种观点认为，从惩罚犯罪与保障人权的平衡出发，对"对物之诉"应当类比量刑事实的证明，设置层次化的证明标准。对于一般涉案财物，因部分涉及案件事实以及当事人的财产权益，应当比照定罪的证明标准，适用"证据确实、充分"的证明标准。另一种观点认为，"对物之诉"并不涉及对被告人刑事责任的追究，在诉讼标的等方面明显区别于传统刑事诉讼，可以适用民事诉讼证明机制。③ 该观点认为，如将"对物之诉"直接定性为民事诉讼，则适用民事诉讼规则并无不可。有学者依据独立没收程序仅确认涉案财物权利归属而不直接处理行为人的刑事责任，认为其类属于民事诉讼中的确权之诉，应当归为民事诉讼程序而非刑事诉讼程序。④ 普通案件涉案财物处理程序的本质也是解决财产争议，似乎应一致视作民事诉讼。对此，有观点认为，对物诉讼的主要活动固然是辨明相关物上权利，但财产争议的实体法依据主要是由刑法所规定的没收条款，各方争议的最终结论是刑事制裁措施能否对诉讼标的客体物适用。对涉案财物的没收与对行为人刑事责任的追究都以行为的发生为必要前提，事实认定存在一定程度上的同质性，涉案财物处理程序实质依附于刑事诉讼程序，应理解为内置于刑事诉讼的特殊程序。独立没收程

---

① 参见陈瑞华：《刑事对物之诉的初步研究》，载《中国法学》2019 年第 1 期；李玉华：《刑事诉讼法修改与涉案财物制度改革》，载《中国刑事法杂志》2024 年第 2 期。

② 参见张璐：《刑事涉案财物处理的证明体系研究》，载《中国刑事法杂志》2024 年第 3 期。

③ 参见陈瑞华：《刑事对物之诉的初步研究》，载《中国法学》2019 年第 1 期。

④ 参见万毅：《独立没收程序的证据法难题及其破解》，载《法学》2012 年第 4 期。

序与普通案件涉案财物处理程序都是由刑事诉讼法规定的是否实施刑事制裁的程序，不能根据诉讼标的简单划分为民事程序并套用民事诉讼的证据规定。但也应认识到，此类程序因无须遵循无罪推定等刑事诉讼特有原则，又因其他利害关系人的加入突破了三方诉讼构造，在证明对象、证明主体、证明过程等方面也区别于刑事诉讼，在证明机制上有其独特性。①

（二）涉案财物事实证明标准的制度价值

对涉案财物事实的认定需要建立在适当的证明标准之上，以此来维护涉案财物处置司法活动的正当性与合法性。证明标准在刑事"对物之诉"过程中的基本功能是对诉讼结果的可预期以及对司法裁判公正性的证成。涉案财物事实的证明标准在刑事诉讼中的制度价值主要有以下几个方面：

1. 保障刑事诉讼刑罚结构的完整性

"对物之诉"除了作为犯罪事实的组成部分直接影响到主刑的量刑，主要还涉及附加刑的适用。现阶段，我国法律、司法解释存在对涉案财物认定证明标准规定不明确、不完善的问题，增加了涉案财物认定的随意性，为刑罚体系的完整性增加了不确定性。此外，诉讼程序的完整性也体现在对案件事实的全面准确地认定，也影响到刑事诉讼整个程序的连贯性。因此应当重视涉案财物事实证明标准的构建，对于优化刑事诉讼程序的体系结构，促进刑罚体系的完整性有重要作用。

2. 保护公民、组织的合法财产权益

合法财产权涉及公民、组织最基础的安全感，关系到经济社会的和谐稳定，党的二十届三中全会从"坚持正确人权观，加强人权执法司法保障"的高度强调对财产强制性侦查措施的适用。涉案财物事实的证明标准让司法行为对涉案财物处置时有据可依，约束公权力的行使，确保国家执法司法机关在处置涉案财物时不会滥用权力。这就意味着，在对涉案财物事实指控和认定过程中，需要有相应的证据予以证明，保障执法司法公正。

3. 划定执法司法权力的边界

司法实践中，涉案财物处置问题在普通案件中，有时在提起公诉时并不会提出处理意见，有时在庭审程序中混同于定罪和量刑环节进行审理，并未得到应有的重视，难免影响涉案财物处置工作的质效。确立涉案财物

---

① 参见张璐：《刑事涉案财物处理的证明体系研究》，载《中国刑事法杂志》2024 年第 3 期。

事实的证明标准，不仅可以对控辩双方的诉讼行为进行约束，要求控方对涉案财物事实进行举证，双方开展充分的质证和辩论，有效制约审判机关的自由裁量权，划定了司法权力边界。同时，涉案财物事实的证明标准也增加了社会公众对于涉案财物处置标准的预期，有利于推动司法裁判的社会接受度，增强司法制度的公信力和权威性。

（三）涉案财物的范围

现行法律、司法解释对涉案财物处理中的证明对象只有少许原则性规定，《最高人民法院关于适用〈中华人民共和国刑事诉讼法〉的解释》第72条规定了"有关涉案财物处理的事实"属于"应当运用证据证明的案件事实"。从程序设置的目的来看，涉案财物处理的程序目标是没收规定的适用，则诉讼证明的对象就是与没收法律规定的构成要件相关的事实，需要通过对立法的解析提炼后再行确定。《刑法》第64条规定了没收犯罪分子违法所得的一切财物、违禁品和供犯罪所用的本人财物。从表面来看，"相关财物是违法所得、违禁品"和"供犯罪所用的本人财物"就是没收的构成要件，而诸如特定财物系行为人通过具体犯罪行为而取得的系列事实则成为诉讼中的具体证明对象。但该条内容过于原则、概括，不仅没有对各类涉案财物作出界定，也与没收的实际情况相脱节，需要进一步综合司法解释等规范性文件及实践做法后进行归纳。根据《最高人民法院关于刑事裁判涉财产部分执行的若干规定》等司法解释，目前在刑事诉讼中被纳入没收范围的涉案财物主要是三类。第一类是违法所得，包括直接所得，转化所得、混合所得及违法所得的收益。其中直接所得是指直接从犯罪中获得的财物，包括犯罪行为产生之物，根据犯罪行为所取得的物品，作为犯罪行为的报酬所得之物。转化所得是直接所得已经部分或全部转变或转化而成的其他财物。混合所得指直接所得与其他合法财产相混合后所占份额。违法所得的收益是直接所得、转化所得、混合所得产生的收益，亦即间接所得。为保障公民合法权利、维护正常交易秩序，如出现违法所得被第三人善意取得的情况，则相关财物应排除在没收范围之外。另外，根据立法中责令退赔的规定，对违法所得适用追征制度，在原物无法获得时，可以金钱或其他财产作为替代物，故没收范围还可能扩大至违法所得的等价物。第二类是供犯罪所用的财物，包括供犯罪所用的本人财物与有过错第三人所有之供犯罪使用的财物，以及第三人恶意取得的供犯罪所用之物。供犯罪所用的财物包括犯罪工具与组成犯罪行为的物。第三类是违禁品，即"依照国家规定，公民不得私自留存、使用的物品，如枪支、弹药、毒品以及淫秽物品等"。[①]

在美国，有学者将刑事没收中的证明对象抽象化为被告人实施了犯罪行为和拟没收财物与犯罪行为之间存在实质联系。[②] 本质上，涉案财物是因为与犯罪行为之间具有关联性，而具有了刑事制裁的必要性。

1. 违法所得

违法所得是指犯罪分子因实施犯罪活动而取得的全部财物，[③] 对直接所得而言，其与犯罪行为之间的关联性即为直接的因果关系，在诉讼中需要证明具体犯罪行为的存在与申请没收的财物系行为人通过该行为而获得。对转化所得、混合所得及间接所得，其与犯罪行为之间是以直接所得为纽带的间接因果关系，需要进一步证明申请没收财物系直接所得转化而得，或是直接所得与其他财产混合后的形成物，或是前述各类违法所得产生的收益，可以通过追踪直接所得的交易链或演变链完成证明。例如，澳大利亚《2002 年犯罪收益追缴法》第 202 条规定，联邦警察机关等执法部门可向当地法官申请出示令要求有关人员提供财产追踪文件以帮助甄别、查找或计算犯罪嫌疑人的财产或任何犯罪收益以及转移相关财产的证据材料。[④]

2. 供犯罪所用的财物

刑法将对供犯罪所用的财物限定为"行为人所有"，因此不仅要证明涉案财物与犯罪行为的关联性，还要证明涉案财物的权属，该财物属于犯罪行为人所有。

关于如何理解关联性，是做表面理解还是实质理解需要进一步研究。如仅对"供犯罪所用"作字面理解，则涵盖在犯罪预备与实行过程中使用到的一切物品，如此只需证明相关物品与犯罪行为之间存在形式联系即可。但广义的理解可能导致实践中对与犯罪没有必然联系，只是在行为时实际使用了的物品，或者价值明显高于行为危害性的物品进行无差别没收，难免与社会的普遍认知和价值判断产生冲突。因此，主流观点认为应

---

① 张璐：《刑事涉案财物处理的证明体系研究》，载《中国刑事法杂志》2024 年第 3 期。

② 转引自张璐：《刑事涉案财物处理的证明体系研究》，载《中国刑事法杂志》2024 年第 3 期。

③ 参见王爱立主编：《中华人民共和国刑法条文说明、立法理由及相关规定》，北京大学出版社2021 年版，第 180—181 页。

④ 参见张璐：《刑事涉案财物处理的证明体系研究》，载《中国刑事法杂志》2024 年第 3 期。

当对此类没收加以限制。最高人民法院曾提出，应结合财物与犯罪的关联程度、是否损害他人合法民事权利、财物价值与犯罪情节的相当性等因素进行综合衡量。① 有观点在借鉴美国实质关联标准、促进说以及我国台湾地区的直接性与专门性标准的基础上，结合相关司法解释，提出关联性的判断应集中于对直接性、经常性与目的性等方面的考虑，即涉案财物应对犯罪行为的实施有直接的帮助或促进作用，排除因偶然被用于犯罪的情况，以及行为人有将其用于犯罪的故意。② 因此，关联性的证明可以集中体现为：涉案财物是实施犯罪的重要条件或工具；涉案财物经常性或反复被用于犯罪；行为人主观方面明知其将涉案财物用于犯罪。

关于涉案财物的权属问题，如何理解"本人财物"，是具有所有权主体，还是占有权等其他物权的主体。在民法上，物品之上可以同时存在多项权利并分属不同的主体，对"本人财物"的不同解释将在证明内容上体现出明显差异：首先，如果将"本人财物"解释为财物的唯一所有权主体，他人存在抵押权、质权等物权的，则证明内容为行为人对涉案财物的所有权权属，还要证明绝对排除物上存在第三人权利，客观上会增加证明难度。其次，如果认为"本人财物"是指只要行为人享有所有权而无论该财物是否存在其他物权的，则只需要证明涉案财物的所有权权属。《德国刑法典》第74条第3款规定了在判决裁判时属于正犯或共犯所有之物或者其享有处分权之物始可没收，但根据第74条 b 第2款，对没收物品为他人所有或享有处分权时给予该人适当的金钱补偿，则规避了有关权属证明的争议，换言之，只将所有权解释为行为人经济上可支配该物的状态，则"国家未被强迫去满足形式上的财产所有人对行为人的请求权"。③ 因此，我国立法及司法解释可以参考借鉴，考虑在明确"本人财物"为行为人享有所有权之物的基础上，同时设置相应的善意第三人补偿机制，或者规定善意第三人的其他物上权利不受没收影响。同时，如果第三人因轻率不当或出于故意而导致所有物被用于犯罪，则没收可能扩张至第三人所有的财

---

① 《中国刑事审判指导案例》编写组编：《中国刑事审判指导案例1·刑法总则》（增订本），法律出版社2021年版，第298—299页。

② 参见向燕：《刑事经济性处分研究——以被追诉人财产权保障为视角》，经济管理出版社2012年版，第139页。

③ 参见〔德〕汉斯·海因里希·耶塞克、托马斯·魏根特：《德国刑法教科书》（下），徐久生译，中国法制出版社2017年版，第1078页。

物，此时第三人存在主观过错也需要纳入证明范围。①

3. 违禁品

违禁品是指法律法规禁止一般人或组织制造、运输、买卖、使用、持有、占有、所有的物品。刑法上的违禁品是具有值得科处没收刑罚的物品。因此，对违禁品需要证明的是该物品为具有实质性的危险性，关于违禁品没收的范围，不应以行为人是否具有罪责为前提。实践中违禁品与违法所得、供犯罪所用财物常有重叠，理论上任选一项进行证明都不影响没收成立，故而个案中的证明对象仍应视情况具体确定。②

此外，《刑法》第 64 条对责令退赔、没收供犯罪使用的本人财物的规定，从文义解释上看，具有禁止没收第三人合法财产的涵义。最高人民法院、最高人民检察院、公安部印发的《关于办理电信网络诈骗等刑事案件适用法律若干问题的意见》，规定了"他人善意取得诈骗财物的，不予追缴"。可见，司法实践中第三人善意取得所有权或其他物上权利的，可以对抗追缴及没收。但《民法典》关于善意取得的规定是，受让人以财产所有权转移为目的，善意、对价受让且占有该财产的，即使出让人无处分权，受让人仍取得其所有权。如考虑善意取得制度适用之统一性，则有必要对第三人的权利性质作出限制，如明确能够对抗没收的善意取得应限制在所有权取得上，对其他财产权利，可以在没收后保障善意第三人继续行使，第三人在诉讼中可以提出权利主张，但不影响没收要件的成立。据此，在没收阻却事由方面，应对第三人在犯罪行为发生后是否是善意取得涉案财物的事实进行证明。③ 对于适用《刑法》第 64 条对涉案财物规定的情况，是"应当予以追缴""应当予以没收"，从法条文义上看，不存在自由裁量的空间。理论上有观点认为，没收归属于刑事制裁措施，涉及公权力对公民基本权利的干预，应当遵循合比例原则，因此，有必要赋予法院一定的自由裁量权，审查是否存在过当问题后再行决定是否没收及没收的具体范围。此时，还需要证明没收是否与犯罪的情状具有相当的比例。④

（四）层次性的证明标准

通过梳理《反有组织犯罪法》《最高人民法院关于适用〈中华人民共

① 参见张璐：《刑事涉案财物处理的证明体系研究》，载《中国刑事法杂志》2024 年第 3 期。
② 参见张璐：《刑事涉案财物处理的证明体系研究》，载《中国刑事法杂志》2024 年第 3 期。
③ 参见张璐：《刑事涉案财物处理的证明体系研究》，载《中国刑事法杂志》2024 年第 3 期。
④ 参见张璐：《刑事涉案财物处理的证明体系研究》，载《中国刑事法杂志》2024 年第 3 期。

和国刑事诉讼法〉的解释》《最高人民法院、最高人民检察院关于适用犯罪嫌疑人、被告人逃匿、死亡案件违法所得没收程序若干问题的规定》等现行规定，可以从以下层次构建涉案财物事实的证明标准。

1. 关于涉案财物事实的一般情形

在一般情况下，很多涉案财物属于犯罪事实的组成部分，因此在证明标准上应当依照定罪的证明标准。《最高人民法院关于适用〈中华人民共和国刑事诉讼法〉的解释》第 279 条的规定可以佐证，该条规定"经审查，不能确认查封、扣押、冻结的财物及其孳息属于违法所得或者依法应当追缴的其他涉案财物的，不得没收"。从正面对该条款解释，则其证明应当达到"应当有证据确认"的标准，"确认"即确切认定，与定罪的证明标准几乎等同。从法理上讲，一般情况下的涉案财物事实的证明标准同定罪证明标准一致，是平衡了打击犯罪与保护人权的关系得出的理性制度选择。

2. 关于特殊犯罪的情形

《反有组织犯罪法》第 45 条第 3 款规定："被告人实施黑社会性质组织犯罪的定罪量刑事实已经查清，有证据证明其在犯罪期间获得的财产高度可能属于黑社会性质组织犯罪的违法所得及其孳息、收益，被告人不能说明财产合法来源的，应当依法予以追缴、没收。"本款针对在黑社会性质组织犯罪等案件中涉案财物事实的证明予以特殊规定。从法理上讲，由于黑社会性质组织犯罪的特殊社会危害性以及犯罪形态的特殊性，从公正和效率平衡的角度出发，较之普通犯罪的一般情况予以特殊规定，有其必要性和可行性。

3. 关于特殊程序的情形

刑事诉讼法特别程序中规定了犯罪嫌疑人、被告人逃匿、死亡案件没收违法所得申请程序，对于该特殊程序中涉案财物没收的证明标准，司法解释作了明确规定。即《最高人民法院关于适用〈中华人民共和国刑事诉讼法〉的解释》第 621 条第 2 款以及《最高人民法院、最高人民检察院关于适用犯罪嫌疑人、被告人逃匿、死亡案件违法所得没收程序若干问题的规定》第 17 条的规定，明确认定"申请没收的财产属于违法所得及其他涉案财产"适用高度可能性标准。从法理上讲，特殊程序较之刑事案件普通程序而言，比较单纯地体现为"对物之诉"，因此可以类似民事诉讼的高度可能性证明标准。

四、程序性事实的证明标准

在刑事法律事实中，依据调整和规范的来源，可将其分为程序性事实与实体性事实。有观点认为，发动、终止、变更或者消灭一定诉讼程序的客观事实称为程序事实，程序事实并不与实体法利益直接关联，但对诉讼的方向以及当事人诉讼权利的保障或消除具有引导和推定作用。[①] 也有观点认为，程序事实是指对诉讼程序解决有法律意义的事实，它是由刑事诉讼法所规定的能够引起诉讼程序相应法律后果的事实。[②] 还有观点以列举的方式说明需要运用证据进行证明的案件程序事实包括关于管辖、回避、耽误诉讼期限是否有不能抗拒的原因或者其他正当理由、影响采取强制措施、违反法定程序、影响执行等的程序事实。对于程序性事实，我国法学界的通说为"法律效果说"，即凡是能推动、促进诉讼程序的进程，对侦查、起诉、审判、执行等诉讼程序的启动、中止具有影响、具有法律意义的事实均为程序性事实。具体而言，主要包括立案、管辖、回避、违反法定程序、人身强制措施，查封、扣押、冻结等强制性侦查措施，非法证据排除等。

（一）程序性事实的特征

1. 程序性事实是对诉讼进程产生重要影响的事实

刑事诉讼的待证事实包括实体性事实和程序性事实，其中，程序性事实是由规范刑事诉讼程序运行的法律、法规调整所形成的事实。它的作用主要体现在对刑事诉讼程序进展的影响上，有时是局部性的，如申请回避、延期审理、重新鉴定等；有时则是终局性的，如《刑事诉讼法》第16条中规定不予追究的几种情形，或由于出现法定的程序违法事实导致诉讼行为无效，由此可见程序性事实会对诉讼进程产生重要影响。

2. 程序性事实具有双重属性

程序性事实既关系到执法司法机关权力的行使，也关系到刑事诉讼法律关系的另一方主体犯罪嫌疑人、被告人等方面的权益保障。一方面，程序性事实体现了保障犯罪嫌疑人、被告人合法权益，无论是非法证据排除规则，还是回避、管辖等程序性事项，都关切当事人权益及诉求的实现，因此应当予以重视。另一方面，刑事诉讼中执法司法机关的公权力对当事

---

① 参见陈浩然：《证据学原理》，上海华东理工大学出版社 2002 年版，第 385 页。
② 参见黄河、付延威等：《刑事抗诉的理论与实务》，中国检察出版社 2000 年版，第 169—170 页。

人提出的程序性事项进行审查认定，进行程序性判断，推动刑事诉讼程序的进程。在权力和权利的关系方面，两者的影响力不同，权力主体一般可直接行使物质强力实现意志，而权利主体则只有在义务主体不履行义务时请求公权力救济，由公权力机关行使强力以帮助实现权利。① 由于国家公权力的强制和暴力属性，使用不当则会侵犯当事人的合法权利，因此执法司法机关必须依法保障当事人刑事诉讼的合法权益。

3. 程序性事实与程序性裁判密切相关

程序性裁判有广义与狭义之分，广义的程序性裁判，泛指一切旨在解决程序性争议的司法裁判活动，② 主要包括围绕回避、管辖、重新鉴定、补充鉴定或延期审理等问题所发生的程序性争议。而狭义的程序性裁判，专指法院针对侦查机关、检察机关或者下级法院的程序性违法行为，为确定是否实施程序性制裁所进行的司法裁判活动。③ 程序性裁判程序主要解决刑事诉讼程序上的争议问题，这一裁判的结果虽然不涉及犯罪嫌疑人、被告人的刑事责任问题，但对刑事诉讼的进程具有一定程度的影响。程序性裁判程序中包含了对程序性事实的审查、认定，两者关系密切，在程序性裁判过程中首先需要对程序性事实进行证明。

（二）程序性事实证明标准的确定

从整个刑事诉讼流程来看，程序性事实的内涵广泛，主要包括立案、管辖、回避、违反法定程序、人身强制措施，查封、扣押、冻结等强制性侦查措施，非法证据排除等。对于程序性事实适用何种证明标准存在多种观点，有观点认为应当适用高度可能性标准，也有观点认为应当适用优势证据标准。我们认为，应当针对不同的程序性事实明确不同的证明标准。

1. 关于程序性事实的一般情形

对于刑事诉讼过程中出现的管辖、回避、超过诉讼期限、非法证据排除等程序性事实适用"有证据予以证明"或者"优势证据"标准，对于此类程序性事实，只要有证据证明该事实的存在具有一定可能性即可，无须达到"证据确实、充分"的程序。以非法证据排除为例，最高人民法院、最高人民检察院、公安部、国家安全部、司法部印发的《关于办理刑事案件排除非法证据若干问题的规定》第 6 条规定："被告人及其辩护人

① 参见周永坤：《法理学》，法律出版社 2016 年版，第 212 页。
② 参见陈瑞华：《刑事证据法学》，北京大学出版社 2014 年版，第 360 页。
③ 参见陈瑞华：《刑事证据法学》，北京大学出版社 2014 年版，第 360 页。

提出被告人审判前供述是非法取得的，法庭应当要求其提供涉嫌非法取证的人员、时间、地点、方式、内容等相关线索或者证据。"最高人民法院、最高人民检察院、公安部、国家安全部、司法部印发的《关于办理刑事案件严格排除非法证据若干问题的规定》第14条规定，"犯罪嫌疑人及其辩护人在侦查期间可以向人民检察院申请排除非法证据。对犯罪嫌疑人及其辩护人提供相关线索或者材料的，人民检察院应当调查核实"。《最高人民法院关于适用〈中华人民共和国刑事诉讼法〉的解释》第137条规定："法庭对证据收集的合法性进行调查后，确认或者不能排除存在刑事诉讼法第五十六条规定的以非法方法收集证据情形的，对有关证据应当排除。"可见，在非法证据排除证明标准上，被告人及其辩护人只要提出相关线索或者证据即可，检察机关承担证据合法性的证明责任，从最终对非法证据排除这一程序性事实的认定来看，只要"确认或者不能排除"存在刑事诉讼法规定的以非法方法收集证据情形的，对非法证据即应当排除。可见，非法证据排除"确认或者不能排除"的证明标准应当为优势证据标准。

2. 关于刑事诉讼立案的证明标准

根据《刑事诉讼法》第112条的规定，"人民法院、人民检察院或者公安机关对于报案、控告、举报和自首的材料，应当按照管辖范围，迅速进行审查，认为有犯罪事实需要追究刑事责任的时候，应当立案"。可见，刑事立案的法定条件为"认为有犯罪事实需要追究刑事责任"，其中蕴含了"有犯罪事实"的证明标准，同时也包含了"认为"的主观判断。"有犯罪事实"是有证据证明有犯罪事实发生，此处的标准是否要达到"优势证据"的程度呢？理论上说，刑事立案属于刑事诉讼的启动阶段，一般是有犯罪线索或者当事人报案并提供一定证据，该线索或者证据是初步的、单方面的，只有通过立案启动刑事诉讼程序，开展侦查活动调取更多的证据，才能综合判断犯罪事实。因此，对于立案的刑事诉讼程序作用和价值方面，不能对此时的证明标准规定过高，否则不利于惩罚犯罪目的的实现。"认为"是在有证据证明有犯罪事实发生基础上的主观判断，而不是主观猜测或臆断。综上，对于立案的证明标准可以理解为"有初步证据证明"的标准，应当低于优势证据标准。

3. 关于人身强制措施和涉及财产的强制性侦查措施的证明标准

人身强制措施和涉及财产的强制性侦查措施属于保障刑事诉讼顺利开展的强制措施或者侦查行为。刑事诉讼中的强制措施是指公安机关、人民检察院、人民法院为保证刑事诉讼活动的顺利进行，依法对犯罪嫌疑人、被告人或者现行犯、重大嫌疑人所采取的强制性限制其人身自由或者暂时剥夺其人身自由的各种法定强制方法。[①] 我国刑事诉讼法规定了强制措施，包括拘传、取保候审、监视居住、拘留和逮捕。查封、扣押、冻结属于涉及财产的强制性侦查措施，根据《刑事诉讼法》第141条第1款："在侦查活动中发现的可用以证明犯罪嫌疑人有罪或者无罪的各种财物、文件，应当查封、扣押；与案件无关的财物、文件，不得查封、扣押。"第144条第1款："人民检察院、公安机关根据侦查犯罪的需要，可以依照规定查询、冻结犯罪嫌疑人的存款、汇款、债券、股票、基金份额等财产。有关单位和个人应当配合。"对于上述人身强制措施和涉及财产的强制性侦查措施，应当根据每种措施对犯罪嫌疑人可能造成的利益侵害大小适用相应的证明标准，但都无须达到"证据确实、充分"的证明标准，具体而言，可以考虑参照适用逮捕的"有证据证明有犯罪事实"的证明标准。

五、逮捕的证明标准

逮捕是我国刑事诉讼活动中的一项重要制度，是《刑事诉讼法》规定的人身强制措施之一。审查逮捕是刑事检察工作的重要内容，是检察机关的基本职能。随着刑事诉讼法的不断修改，逮捕制度也相应地不断完善，逮捕的证明标准问题成为审查逮捕工作中需要明确的重要问题。

（一）逮捕的基本问题

逮捕是司法机关依照正当的法律程序批准或者决定，针对可能判处一定刑罚的犯罪嫌疑人、被告人采取的，具有一定时限的剥夺人身自由的最严厉的刑事强制措施。逮捕的根本目的是保障刑事诉讼活动的顺利进行，防止发生新的社会危险。审查逮捕是检察机关对于侦查机关提请批准逮捕的案件进行审查，作出是否逮捕犯罪嫌疑人决定的一种诉讼活动，是逮捕程序的中心环节。[②] 讨论逮捕的证明标准问题，需要首先明确证明对象，而逮捕的证明对象蕴含在逮捕条件之中。根据《刑事诉讼法》第81条的规定，逮捕的条件可以分为三种：一般逮捕的条件、径行逮捕的条件、可以转逮捕的条件。

---

① 参见樊崇义主编：《刑事诉讼法》，法律出版社2020年版，第129页。
② 参见孙谦等主编：《刑事检察业务总论》，中国检察出版社2022年版，第136页。

1. 一般逮捕的条件

《刑事诉讼法》第81条第1、2款规定，"对有证据证明有犯罪事实，可能判处徒刑以上刑罚的犯罪嫌疑人、被告人，采取取保候审尚不足以防止发生下列社会危险性的，应当予以逮捕：（一）可能实施新的犯罪的；（二）有危害国家安全、公共安全或者社会秩序的现实危险的；（三）可能毁灭、伪造证据，干扰证人作证或者串供的；（四）可能对被害人、举报人、控告人实施打击报复的；（五）企图自杀或者逃跑的。""批准或者决定逮捕，应当将犯罪嫌疑人、被告人涉嫌犯罪的性质、情节，认罪认罚等情况，作为是否可能发生社会危险性的考虑因素。"该规定明确了适用逮捕应当具备证据条件、刑罚条件和社会危险性条件，三个条件之间不是平行并列的关系，而是层层递进的关系，其中犯罪嫌疑人社会危险性的考量贯穿逮捕始终。

第一，证据条件。刑事诉讼法将"有证据证明有犯罪事实"作为逮捕的第一个要件，将不能证明有犯罪事实的人及时排除在外，此为逮捕的证据条件。没有证据证明有犯罪事实、不具备逮捕的证据条件的，其社会危险性将无从谈起。因此，证据条件是认定是否应当逮捕的先决条件。[①] 根据逮捕的证据条件，逮捕只能适用于有犯罪事实的人，是否有犯罪事实，需要有证据予以证明。根据法律、司法解释的有关规定，审查判断证据的证据能力和证明力，以此认定案件事实，需要同时具备有证据证明发生了犯罪事实、有证据证明犯罪事实是犯罪嫌疑人实施和证明犯罪嫌疑人实施犯罪行为的证据已经查证属实的，才符合逮捕的证据条件。其中的犯罪事实，既可以是单一犯罪行为的事实，也可以是数个犯罪行为中某个或者某些犯罪行为的事实。

第二，刑罚条件。刑罚条件为认定有无逮捕必要拟定基本刑罚标准，即使有证据证明有犯罪事实，但可能判处的刑罚达不到有期徒刑以上刑罚的，从立法上看其社会危险性本身就较小，无逮捕必要。因此，刑罚条件对于认定是否有逮捕必要起到过滤作用，是逮捕的基本条件。[②]

第三，社会危险性条件。《刑事诉讼法》第81条明确了可能实施新的犯罪等五种社会危险性，同时规定了应当将犯罪嫌疑人、被告人涉嫌犯罪的性质、情节，认罪认罚等情况，作为是否可能发生社会危险性的考虑因

---

① 参见孙谦等主编：《刑事检察业务总论》，中国检察出版社2022年版，第144页。
② 参见孙谦等主编：《刑事检察业务总论》，中国检察出版社2022年版，第144页。

素。即使证据条件、刑罚条件全部符合，也不一定有逮捕必要，只有社会危险性较大，取保候审不足以防止发生社会危险性的，才有逮捕必要，应当予以逮捕，可以说社会危险性条件是逮捕的核心条件。

2. 径行逮捕的条件

《刑事诉讼法》第 81 条第 3 款规定："对有证据证明有犯罪事实，可能判处十年有期徒刑以上刑罚的，或者有证据证明有犯罪事实，可能判处徒刑以上刑罚，曾经故意犯罪或者身份不明的，应当予以逮捕。"可见，径行逮捕的条件是指在有证据证明有犯罪事实的情形下，如果属于可能判处十年有期徒刑以上刑罚的人，或者可能判处徒刑以上刑罚且曾经故意犯罪的人，又或者是可能判处徒刑以上刑罚且身份不明的人，应当予以逮捕。从法理上讲，存在上述三种情形的人，可以直接认定为具有较大的社会危险性，因此无须再对其社会危险性进行审查，此处没有自由裁量的空间。但是对于径行逮捕的证据条件和刑罚条件，仍然需要进行审查，可以参照一般逮捕条件的相关内容。

"可能判处十年有期徒刑以上刑罚""可能判处有期徒刑以上刑罚"均应当理解为宣告刑可能为十年以上有期徒刑或者有期徒刑。具体把握时，应当根据案件的性质、情节、法定刑以及有关量刑的司法解释、相似判例进行综合判断，不能因为法定刑中包含十年有期徒刑就予以逮捕。如果经过综合审查判断，认为只能判处不满十年有期徒刑的，则需要看是否符合社会危险性条件，如果有较大的社会危险性，则应当按照一般逮捕的情况予以逮捕。[①]

3. 可以转逮捕的条件

《刑事诉讼法》第 81 条第 4 款规定："被取保候审、监视居住的犯罪嫌疑人、被告人违反取保候审、监视居住规定，情节严重的，可以予以逮捕。"可以转逮捕的条件针对的是被取保候审、监视居住的犯罪嫌疑人违反取保候审、监视居住规定，情节严重的情况下，可以对其予以逮捕。其中包含了两方面的含义：其一，"情节严重"时方能适用，可以转逮捕的情况只适用于违反取保候审、监视居住规定，情节严重的情况，如果没有达到"情节严重"的程度，则不适用；其二，"可以"适用而不是"应当"适用，具备上述条件的情况下，"可以"予以逮捕，而不是"应当"

[①] 参见孙谦等主编：《刑事检察业务总论》，中国检察出版社 2022 年版，第 144 页。

予以逮捕，此处存在自由裁量空间，需要根据犯罪嫌疑人、被告人涉嫌罪名的性质、是否认罪认罚、是否具有社会危险性等方面综合判断。

实践中如何具体把握转逮捕的条件，《人民检察院刑事诉讼规则》予以进一步具体规定，并区分了应当转逮捕和可以转逮捕两种情形。《人民检察院刑事诉讼规则》第101条规定："犯罪嫌疑人有下列违反取保候审规定的行为，人民检察院应当对犯罪嫌疑人予以逮捕：（一）故意实施新的犯罪；（二）企图自杀、逃跑；（三）实施毁灭、伪造证据，串供或者干扰证人作证，足以影响侦查、审查起诉工作正常进行；（四）对被害人、证人、鉴定人、举报人、控告人及其他人员实施打击报复。犯罪嫌疑人有下列违反取保候审规定的行为，人民检察院可以对犯罪嫌疑人予以逮捕：（一）未经批准，擅自离开所居住的市、县，造成严重后果，或者两次未经批准，擅自离开所居住的市、县；（二）经传讯不到案，造成严重后果，或者经两次传讯不到案；（三）住址、工作单位和联系方式发生变动，未在二十四小时以内向公安机关报告，造成严重后果；（四）违反规定进入特定场所、与特定人员会见或者通信、从事特定活动，严重妨碍诉讼程序正常进行。有前两款情形，需要对犯罪嫌疑人予以逮捕的，可以先行拘留；已交纳保证金的，同时书面通知公安机关没收保证金。"《人民检察院刑事诉讼规则》第111条规定："犯罪嫌疑人有下列违反监视居住规定的行为，人民检察院应当对犯罪嫌疑人予以逮捕：（一）故意实施新的犯罪行为；（二）企图自杀、逃跑；（三）实施毁灭、伪造证据或者串供、干扰证人作证行为，足以影响侦查、审查起诉工作正常进行；（四）对被害人、证人、鉴定人、举报人、控告人及其他人员实施打击报复。犯罪嫌疑人有下列违反监视居住规定的行为，人民检察院可以对犯罪嫌疑人予以逮捕：（一）未经批准，擅自离开执行监视居住的处所，造成严重后果，或者两次未经批准，擅自离开执行监视居住的处所；（二）未经批准，擅自会见他人或者通信，造成严重后果，或者两次未经批准，擅自会见他人或者通信；（三）经传讯不到案，造成严重后果，或者经两次传讯不到案。有前两款情形，需要对犯罪嫌疑人予以逮捕的，可以先行拘留。"关于转逮捕的情况下，是否还需要具备一般逮捕条件中的刑罚条件的问题，根据《全国人民代表大会常务委员会关于〈中华人民共和国刑事诉讼法〉第七十九条第三款的解释》，明确规定"对于被取保候审、监视居住的可能判处徒刑以下刑罚的犯罪嫌疑人、被告人，违反取保候审、监视居住等规定，严重影响诉讼活动正常进行的，可以予以逮捕"。因此，转逮捕的情况下，可以不受一般逮捕条件中刑罚条件的限制。

（二）逮捕的证明标准

1. 逮捕证明标准的必要性和制度价值

我国审查逮捕活动通常发生在案件的侦查阶段，检察机关负责决定是否批准逮捕，决定逮捕一般是在检察侦查阶段以及审查起诉阶段。逮捕证明标准的必要性问题，需要首先明确在逮捕中是否存在司法证明。刑事司法证明有广义与狭义之分。广义的刑事司法证明涵盖了各诉讼阶段的主体收集运用证据、认定案件事实、查明案件真相的诉讼活动，其以公安司法机关为主要证明主体，当事人及其辩护人、诉讼代理人为重要参与者。[①] "结合我国相关立法与实践，为了更加全面地对刑事证明活动加以规范，我国应当将整个诉讼过程中相应的证据收集、审查和判断活动均纳入证明的范畴，而不将其仅限定在审判阶段。"[②] 狭义的刑事司法证明一般仅指庭审中的证明，是检察机关和诉讼当事人在法庭审理中依照法定的程序和要求向审判机关提出证据，运用证据阐明事实、论证诉讼主张。[③] 狭义的司法证明主要存在于法庭审判过程中，是负有证明责任的一方向法庭证明所主张的事实成立的活动。[④] 事实上，逮捕程序中存在司法证明活动，亦应当有证明标准，"逮捕社会危险性的审查和认定也需要采用司法证明的模式和规则进行。"[⑤] 对于刑事司法证明应做广义理解，司法证明活动贯穿刑事诉讼始终。在审查逮捕程序中，我国通过立法方式确立了司法审查的构造，侦查机关提供逮捕的证据，犯罪嫌疑人可以进行辩解，检察机关居中裁判是否具有逮捕必要，同时也可以引入检察听证办案模式，"证明机制的确立为审查逮捕程序的正当性提供了基础，唯有通过证明，检察官方可将裁决建立在内心确信的基础之上，也会使控辩双方信服。"[⑥] 审查逮捕中诉讼构造本身就包含了司法证明的过程。逮捕程序中存在司法证明，那么就应当存在证明标准以及证明责任。在审查批捕活动中侦查机关作为承担

---

① 参见陈光中主编：《刑事诉讼法》，北京大学出版社、高等教育出版社 2014 年版，第 171—172 页。

② 陈光中主编：《证据法学》，法律出版社 2023 年版，第 283 页。

③ 参见卞建林主编：《刑事证明理论》，中国人民公安大学出版社 2004 年版，第 13 页。

④ 参见陈瑞华：《刑事证据法》，北京大学出版社 2021 年版，第 428 页。

⑤ 孙谦：《司法改革背景下逮捕的若干问题研究》，载《中国法学》2017 年第 3 期。

⑥ 闵春雷：《论审查逮捕程序的诉讼化》，载《法制与社会发展》2016 年第 3 期。

证明责任的一方，需要向检察机关提供证据证明犯罪嫌疑人符合法定的逮捕条件，并且达到一定的证明标准，否则就要承担不予批捕的后果。①

逮捕的证明标准是检察人员审查批捕时内心达到何种程度的确信才可以批准逮捕，这也是准确使用逮捕措施的保障。② 逮捕涉及公民人身自由权，对于这项仅次于生命权的宪法权利的剥夺，必然带来犯罪嫌疑人、被告人与家庭及社会性活动的断连，也直接影响到其他各项权利的行使，是一种"必要之恶"，但不是获取犯罪嫌疑人口供的工具，更不是一种刑罚替代手段。从逮捕的立法和司法的发展进程来看，我国越来越重视逮捕措施的准确适用问题，力求统一法律适用标准，解决实践中遇到的分歧，体现了我国坚持打击犯罪与保障人权并重的司法理念。采取逮捕强制措施的目的不在于"惩罚"，而在于"预防"，体现的是程序性、保障性、预防性价值。一方面，逮捕作为刑事强制措施中最为严厉的一种，是实现打击犯罪的重要程序保障。另一方面，任何人在未经审判前都应被视为无罪，其人身权利理应受到保障。只有统一审查逮捕的适用标准，才能体现逮捕措施的程序性价值，使之不会异化为一种惩罚手段，体现司法公正与人权保障。如果缺少审查逮捕的证明标准，则会造成实践中对批准逮捕的标准把握不一，无论是降低标准还是拔高适用，都会造成对人权保障和司法公正的损害。设置明确的证明标准，可以规范检察人员在审查逮捕时的自由心证过程，防止主观臆断的情况发生，提高逮捕决定的准确性。③

2. 审查逮捕证明标准的整体考量因素

审查逮捕证明标准可以从两个方面把握。第一，审查逮捕证明标准是刑事诉讼证明标准体系的重要组成部分。审查逮捕作为侦查阶段中的一个环节，其证明标准与其他刑事诉讼活动的证明标准共同构成了具有层次性、递进性的刑事诉讼证明标准体系。第二，审查逮捕证明标准的位阶处于中间地带。审查逮捕证明标准在刑事诉讼证明体系中要低于提起公诉和定罪的证明标准，但应当高于立案的证明标准，逮捕证明标准的定位要体现刑事诉讼证明标准的递进性、层次性，在整个证明标准体系中处于中间地带。④ 在现代法治国家，"控制犯罪与保障人权的平衡是刑事诉讼制度发

---

① 参见杨宇冠、郭凯伟：《论审查逮捕的证明标准》，载《浙江工商大学学报》2020 年第 4 期。

② 参见杨宇冠、郭凯伟：《论审查逮捕的证明标准》，载《浙江工商大学学报》2020 年第 4 期。

③ 参见杨宇冠、郭凯伟：《论审查逮捕的证明标准》，载《浙江工商大学学报》2020 年第 4 期。

④ 参见杨宇冠、郭凯伟：《论审查逮捕的证明标准》，载《浙江工商大学学报》2020 年第 4 期。

展的一条重要规律，二者一定要保持适当的平衡，在最大限度保障人权的同时，一定要充分考虑控制犯罪的能力和需要。"①

　　3. 审查逮捕证明标准的内容

　　我国刑事诉讼法规定的三种逮捕都需要具有犯罪事实条件、刑罚条件和社会危险性条件，三个条件之间既有联系又有区别，从文义解释上看，《刑事诉讼法》第 81 条对于逮捕的三个条件的证据标准皆为"有证据证明"，但并未作详细的阐述。在司法实践中，对于逮捕的证明标准需要从三个条件出发进行具体分析和把握。

　　一是犯罪事实要件证明标准的把握。逮捕三要件在审查逮捕时的地位作用不同，并且有着内在的逻辑关系。"犯罪事实"要件事关犯罪嫌疑人是否构成犯罪，构成何种犯罪，是刑事程序启动的基础性要件，如果没有犯罪事实的存在，强制措施的适用就无从谈起。对于逮捕中犯罪事实要件的证明标准可以更具体地体现为"提请逮捕的证据足以使审查逮捕的检察人员相信有犯罪事实并相信是犯罪嫌疑人所为"。② 根据《人民检察院刑事诉讼规则》第 128 条第 2 款之规定，"有证据证明有犯罪事实是指同时具备下列情形：（一）有证据证明发生了犯罪事实；（二）有证据证明该犯罪事实是犯罪嫌疑人实施的；（三）证明犯罪嫌疑人实施犯罪行为的证据已经查证属实"。同时，在第 3 款也明确了："犯罪事实既可以是单一犯罪行为的事实，也可以是数个犯罪行为中任何一个犯罪行为的事实。"

　　二是刑罚要件证明标准的把握。刑罚要件要求被逮捕的人根据现有证据判断可能会被判处有期徒刑以上刑罚，即刑罚要件也需建立在有证据证明的基础上，以现有证据预测犯罪嫌疑人可能会被判处何种刑罚。因为逮捕虽然是程序性预防性措施，但是仍然属于"必要之恶"，如果现有证据不足以证明犯罪嫌疑人可能被判处徒刑以上刑罚，则社会危险性本身不大，从而不具有逮捕必要。对于刑罚要件的证明标准可以更为具体地表述为"提请逮捕的证据足以使审查逮捕的检察人员相信犯罪嫌疑人可能被判处有期徒刑以上刑罚"。审判机关作出刑罚决定时的证明标准应当是"证据确实、充分"，但在侦查阶段的审查逮捕环节，由于处于刑事诉讼阶段的初期，证据状况较之审判阶段必然不充分，因此逮捕时的刑罚要件证明

---

①　孙谦：《关于修改后刑事诉讼法执行情况的若干思考》，载《人民检察》2015 年第 7 期。
②　参见杨宇冠、郭凯伟：《论审查逮捕的证明标准》，载《浙江工商大学学报》2020 年第 4 期。

标准应当比定罪量刑时的证明标准有所降低。①

三是社会危险性要件证明标准的把握。2012年修改的刑事诉讼法，增加了逮捕的社会危险性要件，成为逮捕条件中的核心要件和衡量逮捕必要性的决定性因素。对于社会危险性的判断，可以从以下方面考察：（1）案件的性质。案件性质越严重，作案人的主观恶性越大，其社会危险性也越大。（2）犯罪嫌疑人、被告人自身情况。主要指多次犯罪还是偶然犯罪；故意犯罪还是过失犯罪；犯罪时的年龄等。（3）案件的其他情况。包括同案人是否被抓获；案件中重要的证据是否已收集在案等。②

《最高人民检察院、公安部关于逮捕社会危险性条件若干问题的规定（试行）》第5条至第9条对于社会危险性的内容予以了细化，"可能实施新的犯罪"包括：（1）案发前或者案发后正在策划、组织或者预备实施新的犯罪的；（2）扬言实施新的犯罪的；（3）多次作案、连续作案、流窜作案的；（4）一年内曾因故意实施同类违法行为受到行政处罚的；（5）以犯罪所得为主要生活来源的；（6）有吸毒、赌博等恶习的；（7）其他可能实施新的犯罪的情形。"有危害国家安全、公共安全或者社会秩序的现实危险"包括：（1）案发前或者案发后正在积极策划、组织或者预备实施危害国家安全、公共安全或者社会秩序的重大违法犯罪行为的；（2）曾因危害国家安全、公共安全或者社会秩序受到刑事处罚或者行政处罚的；（3）在危害国家安全、黑恶势力、恐怖活动、毒品犯罪中起组织、策划、指挥作用或者积极参加的；（4）其他有危害国家安全、公共安全或者社会秩序的现实危险的情形。"可能毁灭、伪造证据，干扰证人作证或者串供"包括：（1）曾经或者企图毁灭、伪造、隐匿、转移证据的；（2）曾经或者企图威逼、恐吓、利诱、收买证人，干扰证人作证的；（3）有同案犯罪嫌疑人或者与其在事实上存在密切关联犯罪的犯罪嫌疑人在逃，重要证据尚未收集到位的；（4）其他可能毁灭、伪造证据，干扰证人作证或者串供的情形。"可能对被害人、举报人、控告人实施打击报复"包括：（1）扬言或者准备、策划对被害人、举报人、控告人实施打击报复的；（2）曾经对被害人、举报人、控告人实施打击、要挟、迫害等行为的；（3）采取其他方式滋扰被害人、举报人、控告人的正常生活、工作的；（4）其他可能对被害人、举报人、控告人实施打击报复的情形。"企图自杀或者逃跑"包括：

---

① 参见杨宇冠、郭凯伟：《论审查逮捕的证明标准》，载《浙江工商大学学报》2020年第4期。

② 参见陈光中主编：《刑事诉讼法》，北京大学出版社、高等教育出版社2014年版，第225页。

（1）着手准备自杀、自残或者逃跑的；（2）曾经自杀、自残或者逃跑的；（3）有自杀、自残或者逃跑的意思表示的；（4）曾经以暴力、威胁手段抗拒抓捕的；（5）其他企图自杀或者逃跑的情形。

检察机关审查认定犯罪嫌疑人是否具有社会危险性时，应当以公安机关移送的社会危险性相关证据为依据，并结合案件具体情况综合认定。必要时可以通过讯问犯罪嫌疑人、询问证人等诉讼参与人、听取辩护律师意见等方式，核实相关证据。同时，社会危险性又具有流动性，在逮捕后要继续开展羁押必要性审查，判断社会危险性是否存在变化。

（三）捕诉证明标准的同质化风险

随着捕诉一体改革和司法责任制度的深入推进，司法实践中有的案件存在将逮捕的证明标准等同于起诉证明标准的问题，造成捕诉证明标准的同质化倾向。将逮捕的证明标准等同于提起公诉的证明标准的情况，不仅拔高了逮捕阶段的证明标准，也不利于保障刑事诉讼活动的顺利开展。因此有必要明确办理刑事案件要注意区分逮捕与起诉的证明标准，不得将批准、决定逮捕的证明标准等同于提起公诉的证明标准，两个标准不能混同适用。

六、核准追诉的证明标准

我国刑事诉讼法规定了四种核准程序，包括特殊情形撤销案件和特殊案件不起诉适用中的核准、缺席审判程序适用中的核准、低龄未成年人犯罪的核准追诉以及超过诉讼时效的核准追诉，四种核准程序的核准权均由最高人民检察院行使。核准追诉是经过一定期限或者针对特定群体，对刑事犯罪是否追诉的一种刑事诉讼制度，司法实践中主要涉及低龄未成年人犯罪的核准追诉以及超过诉讼时效的核准追诉两种情况。

（一）超过诉讼时效核准追诉的证明标准

《刑法》第 87 条规定法定最高刑为无期徒刑、死刑，经过二十年的不再追诉，如果二十年以后认为必须追诉的，须报请最高人民检察院核准。同时，《刑法》第 88 条规定："在人民检察院、公安机关、国家安全机关立案侦查或者在人民法院受理案件以后，逃避侦查或者审判的，不受追诉期限的限制。被害人在追诉期限内提出控告，人民法院、人民检察院、公安机关应当立案而不予立案的，不受追诉期限的限制。"因此，报请核准追诉应当满足的条件包括：第一，量刑条件，即犯罪嫌疑人所犯之罪的法定最高刑为无期徒刑或者死刑。此处的法定刑是指刑法分则条文对各种具体犯罪所规定的刑种和量刑幅度。对于刑法规定了多个量刑幅度的犯罪，追诉时效制度中的法定最高刑并不一定是该罪名的最高刑，而是犯罪嫌疑人适用具体量刑幅度的最高刑。只有犯罪嫌疑人所适用的量刑幅度的最高刑是死刑或者无期徒刑时，才符合核准追诉的量刑条件。第二，时效条件，即犯罪嫌疑人的罪行已经超过二十年的追诉期限。如果犯罪嫌疑人在追诉期限内又犯新罪的，追诉期限重新计算。第三，犯罪嫌疑人没有逃避侦查或者审判的情形。逃避侦查或者审判的行为被视为对追诉时效的阻断，对有这种情形的，不受追诉时效的限制，不需要报请核准。第四，必要性条件，即"认为必须追诉"的犯罪，才能核准追诉。追诉必要性条件由检察人员综合各种因素审查认定。[①]

《人民检察院刑事诉讼规则》第 322 条、《最高人民检察院关于办理核准追诉案件若干问题的规定》第 5 条规定了报请核准追诉的案件应当同时符合的条件，包括：（1）有证据证明存在犯罪事实，且犯罪事实是犯罪嫌疑人实施的；（2）涉嫌犯罪的行为应当适用的法定量刑幅度的最高刑为无期徒刑或者死刑；（3）涉嫌犯罪的性质、情节和后果特别严重，虽然已过二十年追诉期限，但社会危害性和影响依然存在，不追诉会严重影响社会稳定或者产生其他严重后果，而必须追诉的；（4）犯罪嫌疑人能够及时到案接受追诉。

关于已过追诉期限的案件核准追诉的证明标准，根据上述规定，可以认定是应当"有证据证明"符合核准追诉的条件，即有证据证明存在犯罪事实，且犯罪事实是犯罪嫌疑人实施；涉嫌犯罪的行为应当适用的法定量刑幅度的最高刑为无期徒刑或者死刑；涉嫌犯罪的性质、情节和后果特别严重，虽然已过二十年追诉期限，但社会危害性和影响依然存在，不追诉会严重影响社会稳定或者产生其他严重后果，而必须追诉；犯罪嫌疑人能够及时到案接受追诉。

（二）低龄未成年人犯罪的核准追诉的证明标准

《刑法修正案（十一）》对 1997 年《刑法》有关刑事责任年龄的规定作出修改、完善，在总则第 17 条刑事责任年龄条文中增加一款，将故意杀人、故意伤害等导致特别严重后果的犯罪的刑事责任年龄进行适当下

---

① 参见孙谦等主编：《刑事检察业务总论》，中国检察出版社 2022 年版，第 535 页。

调，规定"已满十二周岁不满十四周岁的人，犯故意杀人、故意伤害罪，致人死亡或者以特别残忍手段致人重伤造成严重残疾，情节恶劣，经最高人民检察院核准追诉的，应当负刑事责任"。

已满十二周岁不满十四周岁的未成年人负刑事责任需要满足三个实体条件：第一，适用案件范围。即故意杀人、故意伤害罪，应当理解为实施故意杀人、故意伤害致人死亡或者重伤这两种行为，而不能理解为只包括这两个罪名。第二，危害后果。行为人除了犯故意杀人罪或者故意伤害罪，还需要有法律规定的危害后果发生，即"致人死亡或者以特别残忍手段致人重伤造成严重残疾"。第三，犯罪情节。除了符合以上行为和危害后果条件之外，还需要结合主客观要件，综合判断行为人的行为是否属于情节恶劣。对于不属于情节恶劣的，则不能以犯罪追诉。对于符合上述实体条件的已满十二周岁不满十四周岁的未成年人追究刑事责任，还需要满足法定的程序条件，《刑法修正案（十一）》对此作出了严格的程序限制，即须经最高人民检察院核准追诉。①

现有法律、司法解释中暂未涉及低龄未成年人犯罪的核准追诉案件的证明标准。核准追诉指向的是要不要追诉的问题，涉及追诉的核准，是一种程序性权力，不具有实体处分的性质，其蕴含的逻辑前提是未经核准，不得对犯罪嫌疑人追究刑事责任。② 从刑事诉讼程序来看，核准追诉程序位于公安机关移送审查起诉之前，其证明标准可以低于"证据确实、充分"的证明标准。因此，对于已满十二周岁不满十四周岁未成年人涉嫌犯罪的核准追诉证明标准可以参照已过追诉期限的核准追诉证明标准，适用"有证据证明"的证明标准较为适宜，即对于已满十二周岁不满十四周岁未成年人涉嫌故意杀人、故意伤害犯罪的核准追诉，应当有证据证明存在故意杀人、故意伤害的犯罪事实，且犯罪事实是犯罪嫌疑人所实施。

---

① 参见孙谦等主编：《刑事检察业务总论》，中国检察出版社 2022 年版，第 537 页。

② 参见孙谦等主编：《刑事检察业务总论》，中国检察出版社 2022 年版，第 537—538 页。

第四章　证据审查运用

第一节　证据的审查判断方法

证据审查运用是刑事指控工作的核心内容。案件事实证据链的构建是一项系统工作，需要以对证据的全面审查、全面运用为基础。构建以证据为中心的刑事指控体系，必须提升司法办案人员对证据全链条审查运用的能力，这是高质效办好每一个刑事案件的关键。[①] 检察机关要综合运用主客观相统一、证据印证、合理性审查判断、借助大数据技术和专业力量等方法，对刑事证据进行体系化、全局化、系统化审查和运用，通过扎实的证据夯实案件质量，破解"疑罪"难题。

一、主客观相统一的方法

（一）主客观相统一的内涵

主客观相统一原则是中国刑法的基础性原则，有支撑中国刑法理论的"阿基米德支点"之称。其核心在于，追究犯罪嫌疑人、被告人的刑事责任时，必须同时具备主观和客观两方面条件，既要重视行为及其危害（即客观方面）的决定性作用，强调社会危害性本质特征，又要充分考虑行为人及其人身危险性（即主观方面）的作用，强调预防的正当性。[②]

主客观相统一原则作为刑法的原则最早是由苏联刑法学者提出，并运用到苏联刑法理论及刑事司法实践中。该理论传入我国后，随着刑法学的发展，主客观相统一原则日趋本土化且内涵不断丰富，"决定某一行为成立犯罪所必需的一切客观要件和主观要件的有机统一整体"成为主客观相统一的主要诠释。[③] 有学者认为，在成立犯罪的主客观两个方面的内容中，

---

① 参见李刚：《"三化"提升证据审查运用质效》，载《检察日报》2024 年 4 月 22 日。
② 参见樊崇义：《刑事诉讼中如何平等保护非公经济》，载《检察日报》2017 年 9 月 6 日。
③ 参见马克昌：《犯罪通论》，武汉大学出版社 1999 年版，第 72 页。

二者的意义是完全不同的。客观方面的内容（包括客体）是说明行为对刑法所保护的社会关系或者说是法益所造成的侵害或者危险，它是衡量行为是否成立犯罪的前提，没有对法益造成侵害或者危险的不能进入犯罪判断构成的视野；而主观方面的内容（包括主体）是有关行为人对自己行为及所造成的结果的心理态度，它是对行为人能否在法律上和道义上进行谴责的基础。行为人的行为成立犯罪必须具备主观与客观两方面的内容。因此，在认定行为性质是否是犯罪时，必须坚持主观与客观的辩证考量，即坚持用主客观相统一原则诠释犯罪的本质。

目前，我国刑法未对主客观相统一原则作出明确规定，但 2012 年修改刑事诉讼法时，将"综合全案证据，对所认定的事实已排除合理怀疑"作为认定"证据确实、充分"的重要条件，可以看出我国刑事证明标准已经演变为主客观相统一的标准。[①] 此后，最高人民检察院和最高人民法院、公安部等联合印发的文件中多次提出"坚持主客观相统一"的要求，以规范性文件的形式明确了主客观相统一原则。如最高人民检察院、最高人民法院、公安部、工信部等十部门联合印发的《关于依法惩治涉枪支、弹药、爆炸物、易燃易爆危险物品犯罪的意见》中提出要"综合考虑案件情节，综合评估社会危害性，坚持主客观相统一，决定是否追究刑事责任以及如何裁量刑罚，确保罪责刑相适应。"2023 年最高人民检察院和公安部联合印发的《关于依法妥善办理轻伤害案件的指导意见》中规定，"人民检察院、公安机关要坚持主客观相统一的原则，综合考察案发起因、对冲突升级是否有过错、是否使用或者准备使用凶器、是否采用明显不相当的暴力、是否纠集他人参与打斗等客观情节，准确判断犯罪嫌疑人的主观意图和行为性质。"实践中，用主客观相统一的方法论证犯罪成为我国司法实务部门认定犯罪过程中普遍遵守的一项重要原则，在刑法领域发挥了不可替代的作用。总之，主客观相统一贯穿于犯罪构成中，指导犯罪构成的适用，同样是审查判断证据的重要方法，是我国刑法理论和刑事司法实践应当始终贯彻的原则。

（二）主客观相统一的要求

在对主客观相统一及其具体适用方面，有的司法人员对犯罪嫌疑人、被告人主观恶性考虑较少，过于注重目的，忽视伦理出罪。有的司法人员

---

① 参见艾明：《强化刑事检察监督，确保不枉不纵》，载《检察日报》2024 年 3 月 3 日。

对主观要素情有独钟，习惯于首先考虑被告人主观罪过、动辄以主观故意区分此罪与彼罪以及随意添加主观要素，[①] 这些问题需要纠正。

1. 坚持反对主观归罪和客观归罪

我国刑法理论一直强调主客观相统一原则，反对主观归罪和客观归罪。为防止概念混淆，有必要先对主观主义和客观主义、主观归罪和客观归罪予以区别。主观主义认为刑事责任的基础是犯罪人的危险性格即反复实施犯罪行为的危险性；客观主义认为刑事责任的基础表现在外部的犯罪人的行为及其实害。主观主义和客观主义在认定犯罪方面实际上都要求客观要素与主观要素统一，只是客观主义认为应当重视犯罪客观要素，而主观主义则认为需要重视犯罪的主观要素。[②] 主观归罪是指仅具有犯罪思想，即使没有实施犯罪行为也认定为犯罪；客观归罪则指只要行为产生危害结果，即使行为人没有故意和过失的主观恶性，也应认定行为人的行为成立犯罪。主客观相统一原则反对的是仅以行为人的主观恶意或仅以客观上造成的危害结果作为定罪的唯一标准，它强调主观罪过和客观危害必须同时具备，才能追究刑事责任。

2. 坚持先客观后主观的审查判断序位

任一犯罪都存在客观要件和主观要件，客观要件和主观要件对于犯罪成立都是必不可少的，但是在定罪过程中，必须遵守先客观后主观的判断方法。因为客观行为能看得见、摸得着，更容易被人们认识，所以客观行为也就具有被评价的天然优势。而主观行为属于意识思维范畴，常常捉摸不透，具有不稳定性。司法人员在判断某一行为是否构成犯罪时，首先要从客观上看是否损害了某种法益，是否具有违法性，如果客观上对法益没有造成损害，那么定罪过程就结束了，因为在没有法益损害的前提下评价主观上是故意还是过失，是否需要承担责任是一件毫无意义的事情。另外，从证据收集角度而言，客观证据收集显然比主观证据容易得多。

3. 坚持主观与客观的统一

在认定犯罪时，如果行为人客观行为已经造成实际危害，下一步需评价行为人的主观心理状态，如故意或过失，只有当两者都具备时才能构成犯罪。需要注意的是，这里主观和客观相统一不是简单的叠加，而是有机统一，既不片面、过分地惩罚行为人的主观恶性和人身危险性，也不片

---

① 参见李勇：《走出机械司法的怪圈》，北京大学出版社2024年版，第105页。
② 参见张明楷：《刑法的基本立场》（修订版），商务印书馆2019年版，第75—76页。

面、简单地从行为危害后果对行为人给予刑罚责难。应当在全面审查案件事实、证据的基础上，根据主观方面和客观行为准确认定，避免"唯结果论"。

（三）主客观相统一方法的运用

刑法中主客观相统一原则不但是刑事司法实践的理念，更是贯穿其中的核心方法论。只有坚持主客观相统一的审查证据，才能准确认定案件事实。

1. 充分发挥主观性与客观性证据的证明作用

从证据法理而言，对于待证事实，主观性证据具有生动性和直观性的优点，如果犯罪嫌疑人、被告人自愿认罪认罚，其供述往往是连续的、完整的、情节丰富的，符合经验和逻辑，能够为司法办案人员提供建构事实全貌的直接线索。然而，主观性证据的缺点是具有不稳定性、不确切性，如不同主体基于学历、认识水平、社会经验以及自身利益不同，对同一事实的描述有可能存在较大差别，[①]容易让司法办案人员陷入先入为主的误区。

与主观性证据相比，物证等客观性证据大多是孤立的。物证不会随时间、空间的变迁而改变，不会因持有人认识不同而改变其物理属性，所以客观性证据的证明效力更稳定、更可靠。如果客观性证据关联性较强，也能帮助司法办案人员推导出较为完整的事实，而且事实必然更加符合客观事实。因此，检察机关在认定案件事实时，要高度重视发挥客观性证据的证明力。如果先取得主观性证据，那么需要在主观性证据审查中发现客观性证据，围绕主观性证据收集客观性证据，形成完整的证据链。当客观性证据和主观性证据出现矛盾时，应优先从客观性证据出发寻找事实真相，完成从"发现合理怀疑"到"排除合理怀疑"的认定过程。

2. 强化客观性证据的收集

客观性证据属于"无声"证据，无法直接证明案件事实，也不可能主动"跳"到司法办案人员眼前。尤其在大数据时代，客观证据形式愈发多样化、隐蔽化。如在案件发生过程中形成的，以数字化形式存储、处理、传输的，能够证明案件事实的电子数据等客观性证据更是隐藏在"数字大海"中，如果没有专业的技术辅助很难从数以万计的电子数据中找出有用

---

① 参见李大鹏：《审查调查中客观性证据优先原则的适用》，载《中国纪检监察报》2020年10月28日。

的、关键的、能够证明案件事实的证据。因此借助现代科技手段不仅是必要的，也是司法办案人员应当掌握的技能。又如前文所述，主观性证据往往是犯罪嫌疑人、被告人、证人、被害人等亲身经历或者直接耳闻目睹，他们对犯罪过程、犯罪对象、犯罪现场等要素均有直观感受。司法办案人员通过审查主观性证据，更能挖掘出隐藏证据。因此，主观性证据是发现和挖掘客观性证据的重要途径。[①]

3. 强化客观性证据优势，构建全案证据体系

司法实践表明，查证属实的客观性证据具有证据材料形成的原始性、证据内容的客观性等特点，具有验证主观性证据的真实性的基础。实践中，除了尽可能多收集物证、书证等客观性证据，还应通过客观性证据来验证和补强主观性证据，从而全面审查判断全案证据。特别是一些诸如毒品犯罪等隐蔽性强的案件，证据类型较为单一，且翻供现象较为普遍，应当更加注重收集、审查和运用客观性证据，发挥客观性证据的优势，准确认定案件事实。

二、证据印证的方法

（一）证据印证的内涵

证据印证的方法是指，在司法办案过程中，办案人员注重审查判断证据之间在内容和证明方向上的联系，通过两个及两个以上证据之间的相互印证，或者多个证据对某个证据的佐证等方式，形成印证关系，从而证明案件事实。

刑事案件证据互相印证的基本要求古已有之，我国古代刑事司法中，"诸证一致、人证物证俱在"这一表述就带有印证的雏形。我国现行刑事诉讼法以"综合全案证据，对所认定的事实已排除合理怀疑"作为刑事案件的证明标准，并没有明确将刑事证据相互印证作为法定的证明模式，[②]但"合理怀疑"本身是个十分抽象的概念，司法人员在审查、裁判案件过程中难以把握具体边界，判断路径也不清晰。为此，证据相互印证作为"排除合理怀疑"的证明方式受到实务界和学界高度重视，并在其他法律

---

① 参见远桂宝：《强化客观性、亲历性、系统性审查——推进刑事证据审查模式现代化》，载《检察日报》2023 年 10 月 27 日。

② 参见章志丰：《刑事证据印证模式下"一对一"证据的审查》，载《中国检察官》2019 年第 2 期。

和相关解释文件中频繁出现，同时制定了相应的适用规则。2010 年最高人民法院、最高人民检察院、公安部、国家安全部、司法部联合发布的《关于办理死刑案件审查判断证据若干问题的规定》中"印证"一词出现 11 次，明确没有直接证据证明犯罪行为系被告人实施时，如果经查证属实的据以定案的间接证据之间能相互印证，不存在无法排除的矛盾和无法解释的疑问，已形成完整的证明体系，依据间接证据认定的案件事实符合逻辑和经验，且结论唯一、足以排除一切合理怀疑的，则可以认定被告人有罪。2021 年《最高人民法院关于适用〈中华人民共和国刑事诉讼法〉的解释》中"印证"一词出现 10 次，详细规定了印证在证据审查判断过程中的效用。其中第 140 条第 2 款还规定了印证的基本要求与内涵，即"证据之间相互印证，不存在无法排除的矛盾和无法解释的疑问"。

相较于其他理论学说，学界和实务界对证据印证规则大多持肯定态度，如龙宗智教授认为，证据证明指控事实有印证证明、心证证明和科技证明三种基本方法。其中，印证证明包括同证、契合、聚合、补强、相似五种方法。[①] 陈瑞华教授认为，证据之间相互印证实为刑事诉讼中被告人犯罪诉讼得到证明的重要标准。[②] 在刑事诉讼实践中，证据印证的方法审查判断事实是实现诉讼证明的基本方式，也是司法机关普遍使用的方法。如最高人民检察院指导性案例、最高人民法院指导性案例、最高人民法院公报案例，这三类具有权威性的案例中不论何种案件，基本证明方式都是印证证明。[③]

（二）证据印证的要求

1. 证据印证的方法是对优秀传统司法文化的传承

"据证""察情"是中国古代优秀的司法办案理念。如，隋代《折狱龟鉴·摘奸》记载"凡推事有两，一察情，一据证，审其曲直，以定是非"，指出勘断案件，需结合证据进行情理判断，排除合理怀疑，得出真相。其中，"察情"的意思是察明情理、事理。"据证"的意思是要依据人证、物证。南宋郑克在《折狱龟鉴》中记载"尝云推事有二，一察情，一据证，固当兼用之。然证有难凭者，则不若察情，可以中其肺腑之隐。情有难见者，则不若据证，可以屈其口舌之争，两者迭用，各所适宜也。"

---

① 参见龙宗智：《建立指控证据体系须用好三大证据规则》，载《中国检察官》2024 年第 3 期。

② 参见陈瑞华：《论证据相互印证规则》，载《法商研究》2012 年第 1 期。

③ 参见龙宗智：《建立指控证据体系须用好三大证据规则》，载《中国检察官》2024 年第 3 期。

上述情证结合的审查方式与现代证据印证的方法不谋而合。

2. 证据印证的方法能让法律事实更趋近于客观真实

寻求案件的本来面貌达到客观真实，是学术界和实务界追求的最高境界，司法的被动性决定其审查的只能是已经发生的事实。证据印证方法通过要求各个证据之间相互印证、排除合理怀疑，最大限度地还原案件真相。通过严谨的证据审查与印证，能够更好地避免冤错，查明真相，让法律事实更加趋近于客观真实。

3. 证据印证的方法是避免冤假错案的重要方式

以证据为中心实质是以审判为中心，即奉行证据裁判主义。这意味着对案件事实的认定需有相应的证据予以证明、支撑，① 且相关证据必须达到确实、充分的程度。即强调孤证不能定罪，定案证据之间必须相互印证。实践中，证据印证的方法运用并非严格规范，尤其在故意杀人、贩卖毒品等重大犯罪案件中，依然存在为印证而印证的现象。如，2019 年 2 月最高人民法院发布的司法改革白皮书显示，2013 年至 2018 年，我国法院通过再审改判纠正了包括张氏叔侄案、念斌案、呼格吉勒图案、聂树斌案在内的 46 起刑事冤案，这些案件在当初判决时，同样认为"证据与证据间相互印证、形成完整证据链"，② 然而冤案依旧发生。究其根源，在于侦查机关为坐实犯罪，肆意非法取证，使用各种为法所不许的证据，证据信息源头已被扭曲和污染。同时司法机关未能严格按照证据印证的方法审查证据，未对案件证据进行实质审查，或者即使认真审查做到"相互印证"，也因"先供后证"而失去实际意义，因而造成了冤假错案。如果司法机关能严格按照证据印证规则审查证据，即使证据源头出现错误，也能最大限度避免冤假错案的发生。因此，检察机关应加强对非法证据的监督，坚持用证据印证证据，用经印证的证据构筑案件事实，夯实、筑牢刑事指控证据基础，防止案件"带病"进入审判程序。

（三）证据印证方法的运用

1. 注重证据与证据之间在内容和证明方向上的一致性

证据证明内容一致是指当案件存在直接证据时，通过其他直接或间接证据的比对，所证明的事实或细节相互吻合，没有矛盾。证据证明内容的

---

① 参见熊秋红：《以证明标准为中心的刑事指控证据体系之构建》，载《中国检察官》2024 年第 3 期。

② 参见林婧：《刑事证据印证规则的构成探析》，载《法律方法》2019 年第 1 期。

一致性是评估证据可靠性的重要因素，当两个以上不同源的证据能够相互印证，指向同一事实时，这些证据的证明力会极大增强。例如，在一起交通事故案件中，目击者的证言、交通监控录像以及车辆损坏的照片等证据如果都能证明事故发生的时间、地点和经过，那么这些证据就可以被认为是内容一致的。证据证明方向一致是指当案件没有收集到直接证据时，但存在多个间接证据，而且这些间接证据在证明案件事实的方向上保持一致，没有矛盾。因此，证据证明方向一致对证据数量、质量要求更高，需要环环相扣，共同指向同一犯罪事实，任一环节遗漏或者出现矛盾均会影响案件事实的认定。实践中，证据证明方向一致常运用于"零口供"案件中，如《刑事审判参考》（第 1392 号）朱某国盗窃案的裁判要旨：对于被告人拒不供述且无其他直接证据的，只要间接证据符合《最高人民法院关于适用〈中华人民共和国刑事诉讼法〉的解释》第 105 条之规定，亦可认定被告人有罪。零口供下以间接证据定案，应严格坚持法定证明标准，遵循证据审查规则和疑罪从无原则。要以单个证据品质为前提、以证据多（双）向印证为主导，合理运用推定认定案件事实。同时，应当确保间接证据之间的协调性、间接证据形成的证明体系的完整性以及间接证据推理出的结论的唯一性。

2. 注重证据与证据之间的印证关系

证据与证据之间存在印证关系，前提是这些证据来自两个以上不同的信息源。证据数量越多，相互印证的证据也会随之增加，证据体系稳定性和证明力也会越强。实践中，证据与证据印证关系要注意三点：

其一，孤证不能定案。孤证不能定案包含两层含义：一是案件只有一项有罪证据，该证据形成了"孤证"，得不到其他任何证据印证，处于真伪难辨、虚实不明的状态，裁判者无法仅凭各项孤证来认定案件事实。二是案件虽然存在着若干项有罪证据，都能够证明犯罪事实的某一环节或者片段，但它们相互之间不存在任何事实信息的重合和交叉，而只是孤立存在，彼此无法得到任何形式的印证或者佐证，裁判者无法判断犯罪事实得到了证明。① 另外，同源证据不能印证，证据与证据之间需来自两个以上不同信息来源。如被告人供述、被告人辨认指证、被告人悔过书以及由被告人传闻而形成的传闻证据等均出自被告人一人，均属于同源证据，存在

———————————

① 参见陈瑞华：《论证据相互印证规则》，载《法商研究》2012 年第 1 期。

"一变俱变"的可能性。需要特别指出的是，如果监控视频完整地记录了案发现场的经过，是否可以作为"孤证不能定案"的例外？答案是否定的。监控视频同样要遵循证据印证原则，如电影《全民目击》中的造假视频足以影响司法人员正确判断，在审判机关作出最终裁判后因犯罪嫌疑人幡然悔悟案件才真相大白。因此，视频监控不仅要确认没有被删改、篡改，还需与犯罪嫌疑人作案动机、作案时间、作案条件等证据相互印证，①才能作为定案的根据。总而言之，如果仅有犯罪嫌疑人有罪供述一项证据，缺乏其他证据进行比对、验证，即使犯罪嫌疑人供述符合社会经验和法律逻辑，亦不足以认定犯罪事实，② 因为它是一项"孤证"。

其二，可以适度容忍非基本性证据矛盾。在理性状态下，对全案事实都应当查清，但是由于司法资源的有限性，在基本事实能够被证据充分证实的情况下，应当允许案件在某些非基本事实上存在模糊之处，允许某些次要证据之间存在一些矛盾和差异，③ 为防止诉讼拖延，不再进一步查证。以贩卖毒品罪为例，需要根据犯罪嫌疑人供述，收集贩卖毒品的具体地点、周边环境的特征、交易人员的联系方式、交易使用的暗语等交易毒品的特殊方式，以及毒品的外包装特征、毒品的形状、重量，交易金额，交易人员的体貌特征、衣着情况等。如果供证能一一印证，在排除逼供、诱供的情况下，即使供述和证言在时间段上略有差异，但不存在根本的矛盾，也足以认定。同时，除了言词证据，还要尽量收集能够与之佐证的实物证据，如交易时的通话记录、交易款项的银行卡明细等。

其三，关注实物证据和言词证据的双向互动性。实践中经常存在一种错误做法，只考虑用实物证据来印证言词证据，把言词证据当作对象的单向印证。一旦实物证据不能印证言词证据，就束手无策，甚至不惜制造虚假印证来完成证明任务。司法办案既要用实物证据来印证言词证据的真假，又要注重从言词证据中挖掘蕴含着实物证据的细节信息，还要注重言词证据对实物证据的解释、解读。实物证据与言词证据不是简单笼统的概貌式印证，而是细节上的多点印证。④

---

① 参见杜邈：《论双层次刑事证明模式》，载《国家检察官学院学报》2024 年第 5 期。

② 参见杜邈：《论双层次刑事证明模式》，载《国家检察官学院学报》2024 年第 5 期。

③ 参见张超、廖祥勇、钟兴全：《证据矛盾案件的证据审查及事实认定》，载《中国检察官》2023 年第 2 期。

④ 参见杨斌：《证据审查必须遵循四项法则》，载《检察日报》2021 年 7 月 28 日。

3. 通过证据印证的方法排除合理怀疑

2012 年，立法机关将"排除合理怀疑"正式写入刑事诉讼法，"排除合理怀疑"是我国传统"证据确实、充分"证明标准在主观方面的解释和要求。其中，"合理怀疑"是指以证据、逻辑和经验法则为根据的怀疑，即案件存在被告人无罪的现实可能性。"合理怀疑"的存在，意味着由证据得出的结论不具有唯一性。但没有根据的怀疑，以及对与犯罪无关事实的合理怀疑、不影响对犯罪事实的认定。"排除合理怀疑"是对裁判者主观认识提出的要求，作为主观层面的判断标准，关注犯罪嫌疑人事实上无罪的可能性。[1] 所以，对排除合理怀疑的证明必须达到这样一个令人确信的程度，即一个理性之人在日常生活中面临最重要的事项时不会犹豫并进而据此采取行动的程度。在类似案件办理中，司法人员更需要通过证据反向印证犯罪嫌疑人供述虚假及辩解的不真实性，综合听取辩护人及其他在案证据，条分缕析、去伪存真，从而准确认定案件事实。如在一起运输毒品案中，[2] 被告人赵某从云南省昆明市前往重庆市九龙坡区，后被民警查获，在其随身携带的铁观音茶叶盒中发现用茶叶袋包装的甲基苯丙胺片剂 3000 余克。赵某辩解该盒茶叶系在云南某茶叶店以 500 元价格整盒购买，一直未拆封，购买目的是带回老家送给朋友以感谢对方为其家人解决工作安排，并不知道对方销售的茶叶礼盒中是毒品。为查明该"幽灵抗辩"，检察人员亲自前往昆明市该茶叶店进行取证，了解到该茶叶店并无该种包装的茶叶盒，也无 500 元的礼盒产品。检察人员引导公安人员对其辩解的购买意图进行核实，发现该感谢事宜纯属子虚乌有。同时，对其手机短信记录进行恢复提取，发现大量涉毒交易信息以及疑似与查获毒品有关的联络信息。检察机关排除合理怀疑，对赵某以运输毒品罪提起公诉，法院采纳了检察机关指控意见。因此，对于此类"幽灵抗辩"，司法人员一定要通过亲历性司法对犯罪嫌疑人不真实的辩解进行反证，从而排除合理怀疑，进而准确认定犯罪事实。另外，实践中有些案件关键证据存在疑点，确实无法排除合理怀疑的案件，应当坚持"疑罪从无"，宣告无罪。对于无犯罪事实的证明，并不需要达到确实、充分，排除合理怀疑的程度，只

---

[1]　参见庄伟、张润平：《命案证据的综合审查与判断——从"排除合理怀疑"角度切入》，载《人民检察》2024 年第 12 期。

[2]　参见史卫忠、张晓津主编：《国家公诉人出庭指南》（修订版），法律出版社 2023 年版，第 377 页。

要无罪事实存在，足以影响到证据不足，不能认定被告人有罪即可。

三、合理性审查判断的方法

（一）合理性审查判断的内涵

证据是案件事实的"生命载体"，从证据到事实是包含涉及逻辑判断、经验判断等复杂的推理过程，这一过程的是否严密、科学，关系到事实最终能否得到确认。[①] 但在案件事实认定活动中，事实认定者对所要认知的案件事实缺乏亲身经历，也没有"时光机"能够穿梭时光回到案发现场"目睹"案件事实。[②] 因此，司法人员在证据审查判断、案件事实认定过程中，必然具有天然的局限性，只能在现有证据的基础上，凭借经验和逻辑，感知并挖掘证据中的现有信息和隐藏信息，再通过运用推理性思维重新建构和解释过去发生的事实，这便是检察人员司法办案审查分析证据的基本过程。

（二）合理性审查判断的要求

1. 符合常识、常情、常理是证据审查判断的底线

常识是指一般人所拥有的知识，也是从事各项工作应当具备的基础知识；常情、常理是指人民群众普遍具有的感情和普遍知晓的事理。社会生活中，不可能让全体民众都懂得刑法的具体规定，那么民众最基本的是非观、善恶观、伦理观，即常识、常情、常理成为刑法最佳的立场、方法和解释，[③] 同步也赋予了刑法的稳定性、延续性和群体认同性。由于常识、常理、常情是人们日常行为的规则或指引，因此证据审查过程中，通过常识、常理、常情判断证据与证据之间的矛盾是否合理，是一种"去伪存真"的有效方法。司法人员司法思维活动不能脱离现实生活，忽视常识、常理、常情，只有将尊重常识、常情、常理贯彻到对案件事实情节的发现、提取和适用过程中，才能确保事实认定以及以此为基础的最终裁判结果的客观、公正和准确。[④] 但需要注意的是，世界上没有相同的两片树叶，每个案件都有各自不同的具体情况。在依据常识、常情、常理的同时，还

---

① 参见魏颖华：《刑事案件事实的分析与认定》，载《河南社会科学》2014 年第 8 期。

② 参见刘世权：《强化证据动态分析　高质效办好每一起重罪案件》，载《检察日报》2023 年 6 月 21 日。

③ 参见周国文：《刑罚的界限——Joel Feinberg 的"道德界限"与超越》，中国检察出版社 2008 年版，第 158 页。

④ 参见罗沙：《最高法：刑事审判要兼顾天理国法人情》，载《人民法院报》2019 年 10 月 21 日。

要结合法理，做好统一衡量，以确保公平正义。

2. 经验法则和逻辑法则是证据审查判断的重要方式

经验法则和逻辑法则都是被法律条文规范确认的审查证据、认定事实的规则。如《人民检察院刑事诉讼规则》《最高人民法院关于适用〈中华人民共和国刑事诉讼法〉的解释》《关于办理死刑案件审查判断证据若干问题的规定》等多个文件都对经验法则和逻辑法则问题进行了具体规定。

经验法则有两种含义，一是依靠普遍性经验，即被确认的某种一般性知识，判断案件事实的法规则。二是总结这些具有普遍性的社会经验所形成的，据以盘点证据事实的实际经验内容，即社会普遍确认的各种知识定则。[①] 经验法则可以帮助司法人员从表象中推理出常识矛盾、发现合理怀疑、质疑在案证据和已认定事实；逻辑法则是法律思维的主要形式，是判断证据真实的有效方法。实践中常用逻辑定律包括同一律、矛盾律和排中律三类。其中，同一律要求在一个过程中，每一思想都要保持与自身统一。矛盾律要求一个概念、判断或命题所断定的内容，不能既此又彼，不能自相矛盾、前后不一。排中律要求客观事实在特定时空条件下，是什么和不是什么应当是确定的，而不是模棱两可的。[②] 在刑事诉讼活动中，经验法则和逻辑法则属于并列关系，互为补充，共同构筑案件事实认定的基础。

3. 排除证据矛盾是审查判断证据是否合理的关键步骤

证据矛盾是指证据内部、证据之间、证据与情理之间、证据与案件事实之间所含信息的差异和冲突。[③] 实践中，证据矛盾主要分为三种，第一种是事实上的矛盾。真实的证据内容能客观反映案件事实，且内容前后呼应、符合逻辑。而虚假的信息难免"东拼西凑"，零散且毫无逻辑，甚至无法自圆其说。第二种是不符合情理的矛盾。证据内容与情理是否协调，其蕴含的情理因素的强弱，直接关系证据的真实性以及证明力的强弱。[④] 如果符合情理，案件处理结果则能被人们普遍接受；如果不符合情理，人们内心情感会对司法公正产生怀疑。第三种是与社会经验、正常逻辑不符

---

① 参见龙宗智：《刑事证明中经验法则运用的若干问题》，载《中国刑事法杂志》2021 年第 5 期。

② 参见杨斌：《证据审查必须遵循的四项法则》，载《检察日报》2021 年 7 月 28 日。

③ 参见张超、廖祥勇、钟兴全：《证据矛盾案件的证据审查及事实认定》，载《中国检察官》2023 年第 2 期。

④ 参见任卫华：《刑事证据判断》，人民法院出版社 2017 年版，第 192—195 页。

合的矛盾。如某入户盗窃案中，犯罪嫌疑人辩解进入被害人住宅是为了给手机充电，但结合犯罪嫌疑人以秘密方式入户且在被户主发现后即逃离的客观情形，这一辩解与一般善意进入他人家中给手机充电的一般生活经验法则不相符。① 又如并不能准确显示犯罪嫌疑人五官的监控视频，仅因监控视频中的人物体貌身形特征与犯罪嫌疑人相符而采信就违背了逻辑法则。证据矛盾能够促进司法人员更加审慎对待证据并最终解决证据间的矛盾。关注证据矛盾是提高刑事案件证据分析运用能力的重要途径。

（三）合理审查判断方法的运用

实践中，不存在完美的犯罪，也不存在完美吻合的证据链。通过常识、常情、常理和经验法则、逻辑法则推定的事实，也有可能存在"轻率认定犯罪嫌疑人有概括故意""司法人员常识、经验存在片面性、忽视当事人或者所在行业的特殊习惯"等问题。因此，司法人员要注重对证据进行合理性审查判断，结合社会普遍接受的常识、常理、常情，利用逻辑以及从生活经验、专业经验中归纳出来的相关知识、理论和方法，进行推理分析，发现、检验并排除事实和证据的矛盾和疑问。

1. 提升阅卷水平，构建多维一体化思维

刑事诉讼过程本质就是一个证明过程。完成证明过程必须依靠证据审查判断，证据审查判断是否合理首要环节便是阅卷。阅卷是办案的基础性工作，目的在于通过阅卷理出头绪，分析论证，进而精准甄别证据，得出客观准确的审查结论。② 阅卷过程中，除了审查证据的合法性、关联性、真实性，还需结合经验法则和逻辑规则审查证据的合理性。一名合格的刑事检察官，不仅需要具备法律理论功底，还要具备丰富的知识面、优秀的心理素质和协调能力。通过观察对象的神态、眼神、语气等细节，以达到内心确认的依据，这也是司法人员经验法则辅助判断在案证据是否可信的重要方法之一。实践中，检察机关要坚持多维度一体化思维，从刑事、民事、行政等不同证据标准出发，进行全方位审查，坚守客观公正立场，履行客观义务，全面审查有罪、无罪、罪轻、罪重等证据。要加强客观性证据的运用，以客观性证据证明主观明知的问题。同时，要坚持普遍联系观点，将直接证据和间接证据相结合、主观证据与客观证据相对比，避免孤

---

① 参见武飞：《论经验法则在刑事司法裁判中的论证》，载《学术月刊》2021 年第 11 期。

② 参见董斌：《阅卷的核心在于"审"》，载《检察日报》2021 年 3 月 22 日。

立审查证据，在证据规则指引下尽可能地接近客观真实。

2. 尊重律师的辩护权，注重听取犯罪嫌疑人供述与辩解

真理越辩越明。一个健康完整的诉讼，控、辩、审三方缺一不可。我国《刑事诉讼法》第 37 条明确规定："辩护人的责任是根据事实和法律，提出犯罪嫌疑人、被告人无罪、罪轻或者减轻、免除其刑事责任的材料和意见，维护犯罪嫌疑人、被告人的诉讼权利和其他合法权益。"在司法办案中，律师和检察官同为庭审参加者，两者具有高度统一的法律背景和价值观念，只有双方充分对抗，对是与非、对与错进行充分交流，才能让案件事实更加清晰、明了。因此，检察人员在开展刑事诉讼相关活动中，要尊重和保障律师的辩护权，认真听取律师的辩护观点以及对证据提出的疑问，哪怕是在检察官认为案件事实已经"确实、充分"的情形下，也要慎重对待辩护律师的意见。因为经验丰富的律师往往具有敏锐的洞察力，能够帮助检察官弥补证据审查的漏洞，更加全面审查案件事实，得出符合社会常识、情理的结果。

另外，我国《刑事诉讼法》第 50 条规定，犯罪嫌疑人、被告人供述和辩解属于证据。犯罪嫌疑人、被告人是案件的亲历者，口供具有直接、全面证明案件事实的价值，但囿于文化水平、法律知识或者趋利避害的本性等原因，部分案件中犯罪嫌疑人、被告人接受讯问时要么答非所问，要么避重就轻，要么闭口不言，要么无法做出合理说明，司法机关要引起足够重视，要运用生活经验、逻辑规则去作出判断，选取最符合逻辑、经验和自然科学的解释情形。如，逻辑规则告诉我们，犯罪嫌疑人两种不同的说法不可能同时成立，只能有一种说法是真实的，此时司法人员就要分析哪一种说法得到其他证据的印证，从而判断言词证据的真实性。如一个贩毒案，公安机关经过布控当场抓获犯罪嫌疑人吴某，查获冰毒 500 克，后又在吴某出租房内搜获冰毒 2600 克，吴某辩解受罗某指使贩卖冰毒。一审法院认为吴某的辩解不能成立，应对查获的全部毒品承担刑事责任，判处其死刑。吴某不服，提出上诉，案件进入二审。办案检察官阅卷时发现，吴某租住在月租仅二三百元的简陋民房里面，银行卡内平时仅有小额资金进出。从他的经济状况判断，不像是贩卖大量毒品的毒贩。通话记录显示他和罗某仅联系过一次，而与周某的联系却十分频繁。办案检察官据此判断，吴某的背后可能另有他人，吴某可能是受周某指使。于是，检察官到公安机关核查周某情况，发现周某有重大嫌疑。通过提审，吴某承认

是受周某指使贩毒,其所贩卖的毒品均由周某提供,自己只是马仔。经过检察机关和公安机关大量工作,周某被抓获归案。吴某贩卖毒品案被发回重审,与周某贩卖毒品案并案审理,最终周某被判处死刑,吴某被判处无期徒刑。在这个案件中,发现吴某大量贩毒与其经济条件、银行流水不符的疑点,就是犯罪嫌疑人供述和辩解与经验和逻辑法则在办案中运用的典型。① 因此,检察人员在审查证据时,要深入生活、理解生活,通过犯罪嫌疑人供述和辩解仔细分析判断,得出可靠判断,作出正确结论。

3. 丰富办案智慧和推理能力,规范运用经验法则和逻辑法则

法律既是一门科学,也是一门艺术。认定事实出现错误,多与司法办案人员推理判断能力有关。司法活动中,很多证据是通过书面阅卷无法发现的,或者即使书面证据已经达到了相互印证的程度,也无法完全避免冤假错案的发生,如佘祥林、杜培武等社会关注度高的案件,从形式上来看,证据表面得到印证无疑。因此,司法人员不仅要积累丰富的办案经验,培养严谨的逻辑推理能力,还要善于走出卷宗,懂得"人间烟火"、深谙人伦之情,用深厚的知识积淀、丰富的人生阅历和社会经验对案件事实进行全面客观判断,增加内心确认。同时需要注意的是,经验法则或逻辑法则一般在印证明显无效、可疑或者证据不具备印证条件时使用。如在人员复杂的故意伤害、故意杀人现场,双方人员各执一词,存在矛盾。如果犯罪嫌疑人的多个亲属朋友证言均证实了犯罪嫌疑人的伤害或杀人行为,这种情况可以采信被害方的说法,因为据生活经验来判断,犯罪嫌疑人亲属、朋友一般不会说出对犯罪嫌疑人不利的话。而且实践中经验法则和逻辑法则主要以消极评价为主,在"逆经验怀疑型"明显多于"顺经验相信型"的现实下,② 应坚持印证证明为主、经验法则和逻辑法则确证为辅的顺位关系,避免滥用经验法则和逻辑法则。如某建筑工地盗窃案,有证据印证犯罪嫌疑人实施了盗窃行为,但侦查机关认为某犯罪嫌疑人无法独自将200多公斤的电缆从被害单位运出,根据一般经验法则,可能存在其他同案人员,故认定共同犯罪并移送审查起诉。在无其他证据印证共同犯罪或者案件证据无明显矛盾的情形下,显然侦查人员违反了先印证后经验判断的顺位关系。又如,证据印证犯罪嫌疑人在办公室收受巨额现金,此时有证据印证的事实与受贿人一般不会在办公场所接受现金贿赂的经验

---

① 参见张建忠:《重大犯罪案件证据审查运用的几个问题》,载《中国刑事司法》2024年第3期。

② 参见罗维鹏:《刑事证明中经验法则确证的规则塑造》,载《法学家》2022年第4期。

法则产生矛盾，则需要司法人员审慎对待。所以，司法办案人员运用经验法则不是突发奇想，也不是流俗之见，必须通过有效论证。

4. 运用经验法则、逻辑法则认定犯罪诉讼需要注意的问题

虽然经验法则、逻辑法则在司法办案活动中发挥了重要作用，但同时也要注意，证据审查分析本质上是一种思维活动，依据的是认识论、逻辑学等领域的知识，离不开司法者的法律素养、实践经验以及常理常识等。因此，经验法则并非无所不能，同样具有局限性，运用不当可能会出现南辕北辙的结果。对经验法则和逻辑法则运用需要遵循必要的规则。一是不能将概率统计结论等同于经验结论。在借助证据得出事实结论过程中，有的司法人员试图用贝叶斯方法、似然率模型等概率统计方法推导犯罪事实结论。如在妻子被谋杀的案件中，司法人员首先考虑丈夫在没有外遇和负债的情况下，杀害妻子的概率有多大。表面上看，使用概率方法得出结论似乎与经验很类似，都是一种归纳，实质上两者有质的区别。概率学带有较强的理性，并不考虑结论的可接受性，而经验法则得以运用的基础在于结论的可接受性而非纯粹理性。两者的差异决定了犯罪事实所依赖的经验不能与概率统计结论混同。[①] 二是尽量避免在重大事实的证明上，关键证据只依靠经验法则作出判断，必须有充分的证据相互印证形成完整的证据链。如在办理涉未成年人犯罪案件中，犯罪嫌疑人的年龄对案件有至关重要的影响，某犯罪嫌疑人自供出生于 1998 年 1 月 1 日，但出生证明上记载出生日期为 1997 年 1 月 1 日，公安机关户籍登记时间也为 1997 年 1 月 1 日。从表面上看，出生证明来源于医院，户籍证明来自公安机关，两者系来源不同的证据，具有一定公信力。但根据日常生活经验，户籍登记通常根据出生证明填写，本质上属同源证据，实际上是一种虚假印证。三是运用经验法则时应密切关注是否有例外情形。当有证据表明有例外情形存在时，就应当推翻经验法则所形成的判断，重新构筑证据体系。如某证据能印证犯罪嫌疑人驾车从 A 地至 100 公里以外的 B 地实施放火，但放火现场监控视频显示有一个与犯罪嫌疑人体貌相似的人驾驶电动自行车实施了放火行为。在有证据印证的事实与经验法则"不可能驾驶电动自行车至百公里外放火"有较大反差，但不排除犯罪嫌疑人事先将电动自行车放置汽车内，到目的区域后驾驶电动车至现场放火伪造本地人作案的可能。

[①] 参见范思力：《犯罪事实认定中经验法则的理解和适用》，载《检察日报》2021 年 4 月 6 日。

四、借助大数据等技术的方法

（一）借助大数据等技术方法的内涵

随着经济社会的迅速发展，大数据成为驱动经济运行的关键性生产要素。《中华人民共和国国民经济和社会发展第十四个五年规划和2035年远景目标纲要》提出，要培育壮大人工智能、大数据、区块链、云计算、网络安全等新兴数字产业，提升通信设备、核心电子元器件、关键软件等产业水平。数据作为一种新型资源、战略资源，已成为与自然资源、人力资源同等重要的生产要素和发展要素，[①] 演变成重组全球要素市场、重塑全球经济结构、改变全球竞争格局的关键力量。但正如一个硬币有正反面，在大数据蓬勃发展的同时，与其密切相关的经济金融、网络犯罪等日趋复杂隐蔽，"证据矛盾""证据缺失""证据虚假""证据海量"等情形不断出现，给司法办案带来巨大冲击。大数据技术在国外刑事司法系统中得到了广泛应用，如早在20世纪90年代中期，美国警察就开始利用大数据技术分析犯罪趋势。日本政府也于2016年开始运用并借助"预测性犯罪预防系统"分析过去10年在京都府辖区内发生的10万条案件信息。[②] 法国在2016年颁布《数字共和国法》，推进以司法大数据预测应用为内容的"预测正义"。[③]

面对浩如烟海的大数据信息材料，近年来，我国司法实务部门也主动将大数据技术应用于刑事证据，希冀以人工智能、科学数理算法等提高证据搜查、审查和认定的效率。司法办案人员要牢固树立数字思维，注重借助大数据、区块链、人工智能、三维全景等数字技术手段收集、核实、分析证据，加强对数字证据的审查和运用，通过数据采集、处理、分析和结果可视化等形式构建证据体系。充分发挥数字检察在证据收集、审查、运用中的作用，加强大数据监督模型的应用，以更好地应对高科技犯罪带来的挑战。

---

① 参见简洁：《"数字革命"驱动新时代检察机关法律监督提质增效》，载《检察日报》2022年12月23日。

② 参见［日］星周一郎：《大数据警务与信息技术侦查》，李立丰等译，载《上海政法学院学报》2022年第6期。

③ 参见戎静：《"预测正义"能否预测正义？——基于法国司法大数据预测应用的考察与启示》，载《中外法学》2023年第5期。

（二）借助大数据等技术方法的意义

1. 大数据技术在司法领域被广泛运用是时代发展的必然趋势

当今时代，大数据、云计算、人工智能、区块链等技术已经融入经济社会发展的各领域和全过程。2021 年 6 月，党中央专门印发《中共中央关于加强新时代检察机关法律监督工作的意见》，明确要求"运用大数据、区块链等技术推进公安机关、检察机关、审判机关、司法行政机关等跨部门大数据协同办案"，大数据技术成为国家未来重要发展的方向。为此，学术界和实务界对大数据技术也展开了丰富的研究和实践。在学术领域，研究重点主要集中在大数据证据概念、法律地位、证据属性、作用方式、审查判断规则等方面，为司法实践提供了宝贵的理论依据和研究发展方向。实务中，司法机关与相关职能部门加大配合协作力度，海量的通信数据、资金流数据、账户信息、网页数据、网络舆情信息、地理信息及专业数据库的数据已被广泛运用于司法办案，基于大数据技术分析形成的"轨迹大数据""公安大数据平台数据""证券交易监控系统数据"等，也多次在庭审中用于事实认定，[①] 为司法机关高质效履职提供了坚强保障，给司法办案带来的技术性变革。

2. 大数据技术具有传统技术所不具有的独特优势

在数据时代，犯罪行为会留存下越来越多的数据痕迹，这些构成了恢复案件真相的重要物质基础，但如果仍然依靠原始人力对这些海量数据进行梳理筛选已不现实，不仅效率低下，还容易破坏电子证据的完整性和真实性。相比之下，利用大数据技术收集提取、审查判断证据契合数据时代司法需求，对大数据证据进行数据化分析成为司法活动现代化的必然路径。实践中，大数据技术不仅能通过规则主动采集数据，而且可以利用大数据平台对数据进行高密度采集，能够精确获取全局数据，并通过分布式技术、分布式文件系统、分布式数据库等技术对多个数据源的数据进行整合，进而根据要求集中处理或者实时处理。[②] 以科大讯飞与上海市公检法机关共同研发的"上海刑事案件智能辅助办案系统"（又名"206"系统）为例，该系统由上海刑事案件大数据资源库、上海刑事案件智能辅助办案

---

① 参见刘金松：《数字时代大数据辅助司法证明的构造及其风险防控》，载《现代法学》2024 年第 1 期。

② 参见郑少华主编：《大数据思维在刑事证据评价中的应用及其风险规制》，中国社会科学出版社 2023 年版，第 175 页。

应用软件、上海刑事案件智能辅助办案系统网络平台三部分组成，[①] 并建立了办案要件库、证据规则库等 12 个数据库资源，搭建了以神经网络、机器学习等技术为基础的支撑平台，用以帮助司法办案人员准确评价证据。[②] 从未来发展态势来看，随着人工智能突破性进展，大数据技术与刑事证据评价的结合也会愈发紧密，大数据技术也正在深刻改变人类发现问题、解决问题的方式。

3. 大数据证据辅助证明有助于提升事实认定的科学性与准确性

专家经验、模型算法和海量数据是大数据技术最重要的三个特征，也决定了大数据技术本质上是一种独立的算法、程序，其提取的数据不带有司法办案人员的主观色彩，能够在程序指令下，提取有罪无罪、罪轻罪重等全面证据。因此，大数据技术具有相对可靠性。另外，大数据技术提取的电子证据本质上属于间接证据，需要通过其他独立来源的证据相印证，以证明犯罪事实，[③] 不会出现人们所担心的"机器人断案""神灵断案"的现象，所以大数据证据无法最终对事实裁判造成实际威胁。尽管如此，司法办案人员仍要理性对待大数据技术手段，可以借助技术手段来辅助判断，但不能被替代判断。换言之，机器可以为司法办案提供帮助，但最终决定权仍在司法人员手里。具体而言，在大数据证据的证据能力审查上，应能经受住相关性和科学性的检验；在证明力评价层面，应结合大数据应用的信息连接点选择、算法歧视可能性、逻辑架构合理性、算法结论稳健性等因素，综合判断大数据证据的可信性以及对待证事实的证明程度。[④]

（三）借助大数据等技术方法的运用

1. 树立数据理念与数字思维

数化万物，万物皆数。党的十八大以来，数字经济发展速度之快、辐射范围之广、影响程度之深，前所未有。数据作为一种新型资源、战略资源，已成为与自然资源、人力资源同等重要的生产要素和发展要素，正在

---

① 参见严剑漪：《揭密"206"：法院未来的人工智能图景——上海刑事案件智能辅助办案系统 154 天研发实录》，载《人民法院报》2017 年 7 月 10 日。

② 参见郑少华主编：《大数据思维在刑事证据评价中的应用及其风险规制》，中国社会科学出版社 2023 年版，第 169 页。

③ 参见洪涛：《大数据证据真实性审查规则的建构》，载《苏州大学学报（法学版）》2024 年第 1 期。

④ 参见林喜芬：《大数据证据在刑事司法中的运用初探》，载《法学论坛》2021 年第 3 期。

深刻影响和改变新时代政法工作、检察工作。[①] 应勇检察长强调，要充分、深入运用大数据，最大限度释放数据要素价值，促进检察办案更加公正。[②] 在此背景下，检察人员要牢固树立数字思维，增强数据办案的自觉性和主动性，有意识地把案件证据承载的信息，变成法律监督模型里的数据，实现证据到数据的转化，搭建好大数据法律监督模型。[③] 一方面，检察人员要"眼睛向内"，盘活检察内部数据，加强对检察工作网数据的提取、归纳、整合，充分开发内部数据资源富矿；另一方面，检察人员要"视野向外"，打破外部数据资源壁垒，畅通数据资源的"源头活水"。但事物均具有两面性，大数据作为司法实践中的新生事物，虽然提升了司法办案效率，增加了证据印证、打击犯罪的机遇，但也面临着数据真实性、隐私保护、证据规则等诸多挑战。检察人员要树立数据风险意识，关注并致力于解决数据采集、传输、存储、使用环节算法霸凌、算法黑箱、大数据歧视、信息泄密等技术失控问题，切实筑牢数据安全屏障。

2. 加强对数字证据的审查

习近平总书记强调，"要推动大数据、人工智能等科技创新成果同司法工作深度融合。"[④] 司法工作中，数据审查、运用的关键在于电子数据的收集、提取和审查判断。关于数字证据的收集提取，2016 年 9 月，最高人民法院、最高人民检察院、公安部联合印发的《关于办理刑事案件收集提取和审查判断电子数据若干问题的规定》对电子数据的收集与提取、移送与展示、审查与判断作了专门性规定，要求司法技术人员按照本规定严格规范提取，确保电子数据证据从起始提取到审查、运用，全链条合法规范、真实完整，相关场景可重现、可回溯。关于数字证据的审查、运用，2021 年施行的《最高人民法院关于适用〈中华人民共和国刑事诉讼法〉的解释》第 110 条至第 115 条规定了刑事电子数据证据的审查要坚持真实性、完整性、合法性。实践中，在审查内容上，除了审查真实性、完整性、合法性，还要注重关联性审查，同步建立电子证据领域非法证据排除规则。在审查模式上，要遵循从外部载体到内部载体再到数据内容的逻辑

---

① 参见简洁：《"数字革命"驱动新时代检察机关法律监督提质增效》，载《检察日报》2022 年 12 月 23 日。

② 参见胡东林：《以数字检察赋能检察改革纵深犯罪》，载《检察日报》2024 年 11 月 20 日。

③ 参见崔晓丽：《数字革命赋能法律监督的进阶之路》，载《检察日报》2024 年 2 月 26 日。

④ 习近平：《维护政治安全、社会安定、人民安宁》，载《论坚持全面依法治国》，中央文献出版社 2020 年版，第 248 页。

顺序，即只有保证数字证据来源真实，才能对证据所包含的数据信息本身是否具有真实性进行认定，并由此衡量该数字证据在终极意义上是否真实。以侦查活动中常见的手机端微信信息取证为例，既要梳理使用人现实身份与终端设备手机、微信账号的关联性，又要结合犯罪嫌疑人自认或者具有独立来源的其他证据对表达内容及真实性进行解读、佐证，形成完整的证据链条，通过电子数据连同传统数据共同还原案件事实。在数字证据运用方面，司法办案人员要尽量将数字证据与其他证据进行整合、搭建各种有效的证据组合、印证体系、信息两个空间对接等结构，以宏观的视角还原案件事实。①

3. 以数字检察赋能刑事检察

检察工作已经步入数字时代，数据正在深刻改变着新时代的检察工作。② 2022 年 6 月，全国检察机关数字检察工作会议要求唤醒那些虽活跃但总体还沉睡着的各类数据，实现关联分析和深度挖掘，为强化法律监督、做实综合治理提供前所未有的线索、依据。实践中，检察官面对海量电子数据，难以单纯依靠人工完成梳理，电子数据赋能检察办案作用日益凸显。检察机关要加强数据监督模型在刑事检察领域的开发运用，做实数据的汇聚、整合、管理、应用，利用数据分析制定基本的证据标准指引，规范诉讼活动，通过"数字画像"，强化证据链条，实现精准指控和证明犯罪，强化当事人对办案结果的认同。③ 检察办案技术人员依托数字技术对电子证据进行结构化处理分析，开展全面审查，厘清内部逻辑、复盘人物关系，可以帮助检察官准确认定事实、为高质效办案提供强有力的技术支撑。具体工作中，检察技术人员开展电子数据技术性证据关联审查，应当坚持数字思维，加强对涉案电子数据的综合运用，坚持深挖数据背后隐藏的重要信息和潜在的犯罪线索，让沉睡的数据"说话"。如四川省成都市检察机关在办理一起贩卖毒品案件过程中，通过应用研发的数据分析工具，对海量电子数据中的关键涉案数据进行标注和定位，帮助快速查找出可能与毒品犯罪相关联的信息，分离犯罪嫌疑人聊天记录 10 万余条，通过智能引擎转化，清晰界定了对话双方的身份和对话时间。将相关聊天记

---

① 参见刘品新：《电子证据运用：如何"重建"案件事实》，载《人民检察》2021 年第 19 期。

② 参见邱春艳：《深入贯彻习近平法治思想　以"数字革命"驱动新时代检察工作高质量发展》，载《检察日报》2022 年 6 月 30 日。

③ 参见刘国媛：《以证据为核心推进高质效办好刑事案件》，载《检察日报》2023 年 11 月 18 日。

录按时间顺序排序，结合抓捕时间，证实犯罪嫌疑人对案发现场的毒品主观明知，同时也印证了上家购买毒品后转卖给犯罪嫌疑人的事实。在审查起诉阶段，检察技术人员协助检察官出示相关电子数据证据，突破犯罪嫌疑人的心理防线，最终犯罪嫌疑人认罪认罚。① 在技术理性和法律理性并重的思维下，让司法驾驭技术，让技术服务司法是数据司法时代的永恒议题，法律监督数字化、智能化也将成为新阶段数字法治、智慧法治建构的重要变量。②

五、借助专业力量的方法

（一）借助专业力量的内涵

技术性证据专门审查制度是在以审判为中心的刑事诉讼制度改革背景下，推动构建以证据为中心的刑事指控体系，贯彻证据裁判原则的现实要求。

2019 年《人民检察院刑事诉讼规则》第 334 条规定："人民检察院对鉴定意见有疑问的，可以询问鉴定人或者有专门知识的人并制作笔录附卷，也可以指派有鉴定资格的检察技术人员或者聘请其他有鉴定资格的人进行补充鉴定或者重新鉴定。人民检察院对鉴定意见等技术性证据材料需要进行专门审查的，按照有关规定交检察技术人员或者其他有专门知识的人进行审查并出具审查意见。"第 335 条规定："人民检察院审查案件时，对监察机关或者公安机关的勘验、检查，认为需要复验、复查的，应当要求其复验、复查，人民检察院可以派员参加；也可以自行复验、复查，商请监察机关或者公安机关派员参加，必要时也可以指派检察技术人员或者聘请其他有专门知识的人参加。"

"有专门知识的人"在刑事诉讼法和其他司法解释文件中均多次出现，如《刑事诉讼法》条文中就出现了 3 次，其中第 128 条规定，侦查人员在必要的时候，可以聘请、指派有专门知识的人对与犯罪有关的场所、尸体等勘验、检查。可以把此处的"有专门知识的人"称为勘验人员；第 146 条规定，当需要解决案子中的专门性问题来查明案情时，应当聘请或者指派有专门知识的人进行鉴定。此处"有专门知识的人"称为鉴定人；第 197 条规定的"有专门知识的人"是指应公诉人、辩护人等的申请，可以

---

① 参见崔晓丽：《海量数据中锁定关键涉案信息》，载《检察日报》2024 年 11 月 20 日。
② 参见高景峰：《法律监督数字化智能化的改革图景》，载《中国刑事法杂志》2022 年第 5 期。

出庭对鉴定意见提出相应的意见的人。而 2021 年《最高人民法院关于适用〈中华人民共和国刑事诉讼法〉的解释》中"有专门知识的人"更是出现了 16 处之多。如何准确界定"有专门知识的人",给理论界和实务界带来不小的困扰。

为和刑事诉讼法、司法解释中的表述相区别,本节所称"有专业知识的人"限于 2018 年 2 月最高人民检察院出台《关于指派、聘请有专门知识的人参与办案若干问题的规定(试行)》中所规定的人员,即运用专门知识参与人民检察院办案活动,协助解决专门性问题或者提出意见的人,但不包括以鉴定人身份参与办案的人。同时允许有专门知识的人在符合有关要求时,为鉴定工作提供特别帮助。仅排除那些运用专门知识解决专门性问题的人以鉴定人身份参与办案的情形。[①] 此处所称的"专门知识",是指特定领域内的人员理解和掌握的、具有专业技术性的认识和经验等。

2023 年 2 月,最高人民检察院印发《人民检察院技术性证据专门审查工作规定》,明确了审查意见的作用,规定了专门审查的审查范围和内容、委托受理和审查要求等,同步将审查范围拓展至视听资料、电子数据、勘验笔录和专家意见、评估报告等。检察机关在办案中遇到技术性证据不足或需要审查专门性问题,可以通过检察技术人员开展检验鉴定、技术性证据专门审查和技术协助等活动提供技术支持。在检察技术力量不足时,可以通过聘请外部专家、借助侦查机关或者行政机关技术力量、委托社会鉴定机构等方式解决。[②]

(二)借助专业力量的价值意义

1. 重视"有专门知识的人"参与办案是高质效办好案件的必由之路

司法办案审查案件事实,从大前提到小前提是最理想的法律推理模式,但法律事实纷繁复杂,且涉及高度分工的现代社会,司法办案离不开专业领域专业人员专业技术的支持。实践中,检察人员也时常会遇到金融、计算机、工程、海事等专业性强的新型案件,这些案件中存在大量堆砌的行业术语、复杂的事实关系,又分属不同专业领域,且在案件中出现的专业性较强的证据大多需要专业人士鉴定后给出专业意见。但当前检察官专业背景单一,大多仅具备法学专业背景,无法通晓各种专业知识,对

---

① 参见闫晶晶:《专业问题,交给"有专门知识的人"》,载《检察日报》2018 年 4 月 18 日。
② 参见刘勇:《刑事诉讼中技术性证据专门审查的运用》,载《人民检察》2023 年第 18 期。

如鉴定意见、视听资料、电子数据、勘验、检查笔录和专家意见、评估报告等一些专业性较强的证据不能仅凭司法经验判断直接采用此类证据，也无法做出客观审慎判断，这就需要在相关领域有专门知识的人协助检察官收集、分析某些专业领域的证据。引入有专门知识的人参与办案，参与案件的专门性问题的审查，有助于弥补检察官专业技术短板，帮助检察官对一些专业性证据做出正确的、符合科学的判断和认定。

2. 重视"有专门知识的人"协助办案是构建以证据为中心的刑事指控体系的重要组成部分

证据法的科学化、专业化，是现代证据法发展的趋势。在刑事诉讼中，鉴定意见、电子数据、评估报告等专业性证据对定罪量刑往往具有至关重要的作用，但上述专业性证据又并不一定可靠。以常见鉴定意见为例，司法鉴定手段虽然对侦查机关发现、确认、打击犯罪活动发挥重要作用，但许多冤假错案也正是因为检材来源不明、未进行同一性认定、错误鉴定、篡改鉴定或者鉴定条件不足等问题所导致。检察机关通过"有专门知识的人"协助办案，一方面，能帮助检察机关对复杂、专业、重大的案件做出更加准确的判断，从而正确适用法律，避免公诉活动陷于被动。另一方面，也能规范检察履职行为，避免检察机关利用公诉优势背景而脱离、背离专业领域的基本规律、规则或常识进行武断司法。控辩双方在同样的或者相近的专业人士的辅助之下进行平等对话和理性沟通，不仅是现代刑事诉讼对抗制发展方向的现实需要，还能为审判机关最后做出正确判决筑牢证据基础，避免冤假错案和司法偏差。[①]

3. 重视"有专门知识的人"参与办案有助于检察专业化建设

指派、聘请有专门知识的人参与诉讼、协助办案，是促进检察队伍专业化和落实科技强检战略的重要路径。一方面，专门知识常常独立于法律知识而存在，超出检察官的认知能力，引入"有专门知识的人"实质上给办案检察官配备了科技智囊、高参和助手。检察官通过向"有专门知识的人"学习，不仅能弥补自身专业知识的缺陷，确保专业性领域案件的办案质量，还能拓展知识面，培养自身的专业能力、专业精神。另一方面，规定内容明确引入"有专业知识的人"有指派、聘请两种方式。聘请主要针对检察系统外部专家，而指派属于组织内部行为，可以将检察机关通过长

---

① 参见闫晶晶：《专业问题，交给"有专门知识的人"》，载《检察日报》2018 年 4 月 18 日。

期司法实践积累的司法鉴定力量更好地服务司法办案，也为检察机关由上而下系统性、内发性培养、挖掘人才提供了新的契机。检察技术人员也要增强技术自信，突破技术瓶颈，加强大数据、人工智能、区块链等新技术应用，帮助检察官打破事实、证据认定中存在的技术性障碍，解决检察官限于专业知识、专业技能所不能查实、无法判断、难以理解的技术难题，促进检察技术与检察业务深度融合，让检察技术与检察官办案同频共振，这也是"高质效办好每一个案件"的应有之义。

（三）借助专业力量方法的运用

1. 技术与业务深度融合，提升办案质效

随着叠加式改革的影响、司法责任制推进、刑事犯罪的复杂化，检察业务对检察技术的依赖逐渐加深。检察机关对证据的收集、审查、运用也从传统的"刀耕火种"向"技术借力"演变。近年来，检察技术部门通过开展法医检验、文痕检验、司法会计、电子数据、声像资料、心理测试、同步录音录像及公益诉讼现场勘验、检验鉴定等工作，为检察司法办案解决了一个又一个专门性、技术性问题，为高质效办案提供了有力的技术支撑。检察技术部门专门审查的技术协助和技术规范双重功能愈发重要和突出。①

技术协助方面，检察技术部门要发挥好智囊团作用。以办理计算机软件领域案件为例，要协助检察官做好三步走。第一步，侦查机关委托鉴定机构出具的鉴定意见必然存在专业术语晦涩难懂的情况，此时检察技术"智囊团"需担任"技术翻译"，详细分析专业术语，帮助检察官提供准确的审查意见。第二步，在讯问过程中，犯罪嫌疑人一般会从技术事实角度提出辩解，此时仅靠检察官个人专业知识和社会经验进行审查判断是远远不够的，检察技术可以从专业角度协助检察官审查犯罪嫌疑人辩解是否合理。第三步，在庭审过程中，检察技术人员可以出庭协助公诉，对专门性问题的证据材料掌握情况或者对专业问题进行回答、解释和说明，以更有力指控犯罪。技术规范方面，检察技术部门司法鉴定等技术工作能对所涉及的技术性诉讼证据进行审查和监督，防止技术性证据出现偏差，② 检察官可以通过技术性证据审查意见决定退回补充侦查或重新鉴定，倒逼侦

---

① 参见龙宗智等：《技术性证据专门审查工作的运行状况及改进建议》，载《人民检察》2023 年第 6 期。

② 参见丁力军：《强化技术赋能助推检察办案提质增效》，载《检察日报》2021 年 11 月 29 日。

查机关规范鉴定或取证活动，提升法律监督能力和司法公信力。如最高人民检察院发布的第四十五批指导案例之宋某某危险驾驶二审、再审抗诉案（检例第 182 号）中就同一专门性问题有两份或者两份以上司法鉴定意见，且结论不一致。检察技术人员通过开展检验鉴定、技术性证据专门审查和技术等活动，为检察官办案提供了强有力的监督。①

2. 办理新类型案件要善于借助专业力量

新类型案件的主要特点是"新"，是过去司法办案所没有涉及或者很少涉及的，此类案件往往需要有专门的知识和技能对其加以分析、判断和认定，甚至需要依靠科学的原理、设备与技术手段，并加上缜密的逻辑推断才能得出结论。以最高人民检察院于 2023 年 6 月 25 日发布的"依法严惩毒品犯罪　强化禁毒综合治理"十大典型案事例之一袁某贩卖、制造毒品、洗钱案为例，公安机关第一次提请批准逮捕时，检察机关以证据不足不批准逮捕。检察机关经与具有专门知识的特邀检察官助理、食药监等部门人员进行研讨，了解到 γ-羟丁酸可以通过化学方式配比生成。经过引导侦查，公安机关发现袁某曾在化工厂工作，作案前曾多次在手机上搜索查询如何生成 γ-羟丁酸，在明知 γ-羟丁酸是国家管制的精神药品后，仍然制造、贩卖，具有制造、贩卖毒品的主观故意。夯实这一关键证据后，滕州市检察院在公安机关第二次提请批准逮捕时对袁某依法批准逮捕。②

3. 对鉴定意见存在疑问时要善于借助专业力量

鉴定意见是我国法定证据种类之一，虽然与其他证据具有共通性，但因其具有科学性的特质，倚重于有专门知识的人对专门性问题进行技术性鉴别和主观性判断。③ 然而，鉴定意见作为判断性或者解释性的意见证据，并不具有必然的科学性和百分百的准确性，即使结论表述上完全肯定或者完全否定的意见亦是如此。以我国高发的故意伤害案件为例，被害人身体往往受到不同程度的损伤，伤情鉴定意见是定罪量刑的关键证据，也是审查、辩护的重中之重。但司法活动中故意伤害类案件存在"真伤还是假伤""新伤还是旧伤"两个难点。在此两种情况下，需要进行相应的技术

---

① 参见刘勇：《刑事诉讼中技术性证据专门审查的运用》，载《人民检察》2023 年第 18 期。

② 参见崔晓丽：《最高检禁毒十大典型案事例背后的故事》，载《检察日报》2023 年 6 月 27 日，第 5 版。

③ 参见郭华：《不确定鉴定意见的证据属性及功能》，载《中国法学》2023 年第 5 期。

性证据审查。以重庆市巴南区检察院办理的李某故意伤害案为例，侦查机关以李某涉嫌故意伤害罪向检察机关移送审查起诉，检察机关经对本案进行技术性证据审查后认为原鉴定意见关于死亡原因和致伤方式的合理怀疑尚待解决，不同意原鉴定意见并退回补充侦查。后重新鉴定，新的鉴定意见与原鉴定意见存在较大分歧。巴南区检察院报请重庆市检察院司法鉴定中心聘请重庆市政法院校、医学院校、公安及法院系统的法医学专家召开法医学专家讨论会，后该案借助有专门知识的人的专业优势，同时通过询问案件相关人员、勘查现场、聘请专家讨论等方式对本案被害人死亡原因及死亡方式充分论证，为案件定性起到关键性的作用。① 因此，检察机关在审查不同种类鉴定意见时，不能迷信鉴定意见，对于存疑的鉴定意见，要借助"有专门知识的人"提供的专业意见理性评判、取舍，只有与其他证据共同形成关于不可分割的证据体系，才能最终采信。在无法鉴定或者无法得出明确意见、鉴定意见表述含糊、模棱两可或答非所问、鉴定有漏项、达不到证据充分的要求，鉴定意见有明显的瑕疵或存在错误、鉴定意见与其他证据存在明显矛盾时，可以通过聘请外部专家等方式以答疑解惑。同理，视听资料、电子数据、勘验比例和专家意见、评估报告等专业性证据，要求也是一样的。

总而言之，检察机关要采取多种措施，用好用足技术性证据审查意见，通过加强与检察技术人员和外聘专家的沟通，深入了解审查意见背后的深层次专门性问题，完善证据体系。在起诉书、公诉意见书中可以采用审查意见内容，在法庭辩论过程中引用审查意见。向法庭申请检察技术人员或外聘专家作为有专门知识的人出庭作证，在法庭上充分阐述审查意见，② 从而更好地构建以证据为中心的刑事指控体系。

第二节　证据的收集

证据是刑事诉讼的核心，直接决定了案件事实的客观性和真实性。一个被作为定罪量刑依据的证据须经过层层的筛选与论证，其中证据的收集

---

① 参见张德江、张杰等：《伤情鉴定技术性证据审查　助力检察官精准科学办案》，载《检察日报》2022 年 4 月 9 日。

② 参见刘勇：《刑事诉讼中技术性证据专门审查的运用》，载《人民检察》2023 年第 18 期。

作为首个环节起到了奠定基础的作用，出现差错有时只得推倒重来。不论是为了保护法益，还是保障人权，证据的收集都必须严格依照法律规定的程序和原则进行。在我国刑事诉讼体系中，证据的收集不仅是侦查机关的职能，也是人民检察院和人民法院的责任，甚至包括当事人和辩护律师的参与。本节将从证据收集的主体、原则、实践要求以及各诉讼阶段的任务等角度，全面探讨刑事诉讼中证据收集的各个维度。

一、证据收集的一般要求

（一）证据收集的主体

目前，有学者将证据收集的概念定义为法定的机关和人员依照法律规定的权限和程序，发现、采集和提取与案件有关的各种证据材料的活动。[①]据此，证据收集的主体应当是法定的机关和人员。

1. 侦查机关

根据刑事诉讼法及相关法律规定，侦查机关是指依法享有侦查权，负责刑事案件调查、取证和初步审查的机关。不同的侦查机关在刑事诉讼中各自负责不同的任务，并有着不同的职权。主要包括公安机关、人民检察院、国家安全机关、军队保卫部门、中国海警局、监狱管理机关以及海关走私犯罪侦查机关等。

《刑事诉讼法》第19条第1款规定，"刑事案件的侦查由公安机关进行，法律另有规定的除外"。公安机关负责调查大部分常见的刑事案件，包括盗窃、抢劫、诈骗、故意伤害等犯罪案件。公安机关在案件侦查过程中，承担着最初的调查和证据收集工作，特别是对案件现场的勘查、犯罪嫌疑人的讯问，以及对物证的提取、扣押、保存等。

国家安全机关主要负责涉及国家安全的犯罪案件，如间谍、为境外窃取刺探、收买、非法提供国家秘密、情报案件等犯罪案件，主要集中在刑法第一章罪名之中；在刑事案件中的角色较为特殊，通常与国家利益和国家安全相关。《刑事诉讼法》第4条规定，"国家安全机关依照法律规定，办理危害国家安全的刑事案件，行使与公安机关相同的职权"。可以看出，国家安全机关的侦查职权与公安机关类似，但是更侧重国家安全方面。

《刑事诉讼法》第308条作为附则，同时授予了军队保卫部门、中国海警局和监狱的侦查权。其中，军队保卫部门是军队内专门负责侦查军队

---

① 参见陈光中：《证据法学》，法律出版社2023年版，第298页。

内部犯罪案件的机构，主要处理与军人有关的犯罪案件，并对涉案军人进行相关的侦查和处理。例如，军人违反职责及军队内部腐败等犯罪案件。军队保卫部门对这些案件拥有侦查权，并与其他相关部门进行协调处理。军队保卫部门的侦查职能与公安机关类似，但仅限于军队内部。中国海警局则负责侦查海上发生的刑事案件，譬如海上走私、非法捕捞、海上毒品交易，其职能包括搜查船只、检查海上货物、调查海上犯罪活动等。而监狱管理机关主要负责对在监狱内服刑罪犯的相关刑事案件进行侦查，职能包括调查服刑人员的违法行为和监狱内发生的其他刑事案件。

海关走私犯罪侦查机关是专门负责侦查涉及走私犯罪案件的国家机关，其主要任务是对违反国家进出口法律法规、破坏关税和经济秩序的行为进行侦查和打击。海关法明确规定了海关在国家进出口管理中的法律地位，并授权海关对涉嫌违反海关规定的行为进行调查和处罚。对于涉及刑事犯罪的走私案件，海关有权移交人民检察院审查起诉。

由此可见，我国不同侦查机关分管不同的犯罪领域，各司其职。这样的设置有助于实现职能分工与专业化侦查，确保对不同类型犯罪的高效打击，同时通过权力分配和监督机制保障侦查过程的合法性与公正性。侦查机关根据犯罪性质、犯罪场所等分工协作，从而有效应对复杂犯罪，维护国家安全和社会秩序，并保障刑事诉讼程序的公正性与规范性。

2. 监察机关

监察机关作为我国职务犯罪调查的专门主体，其调查权的设置是全面推进依法治国和全面从严治党的重要体现。根据监察法和刑事诉讼法，监察机关主要负责对行使公权力的公职人员，包含党政机关工作人员、企事业单位管理人员等进行监督调查，以查处贪污贿赂、滥用职权、玩忽职守等职务犯罪为核心任务。其中，《监察法》第36条规定监察机关收集的证据在刑事诉讼中可以作为证据使用，要求和标准同刑事审判其他证据一致。这种调查权的赋予，保障了监察机关能够独立、全面地调查案件事实。通过独立调查和合法取证，监察机关能够及时发现和惩治违纪违法行为，为构建清正廉洁的政治生态奠定坚实基础。

3. 人民检察院

《刑事诉讼法》第19条规定："人民检察院在对诉讼活动实行法律监督中发现的司法工作人员利用职权实施的非法拘禁、刑讯逼供、非法搜查等侵犯公民权利、损害司法公正的犯罪，可以由人民检察院立案侦查。对于公安机关管辖的国家机关工作人员利用职权实施的重大犯罪案件，需要由人民检察院直接受理的时候，经省级以上人民检察院决定，可以由人民检察院立案侦查。"这一规定明确了人民检察院的侦查权范围，特别是在涉及司法公正与权力监督的领域中，体现了人民检察院作为法律监督机关的独特职能。

4. 人民法院

根据《刑事诉讼法》第 52 条规定，人民法院及其审判人员在刑事诉讼中负有依法收集证据的职责，其目标是全面查明案件事实，确保审判公正。审判人员应严格依照法定程序，收集能够证明犯罪嫌疑人或被告人有罪、无罪以及犯罪情节轻重的各种证据。在具体情形上，人民法院收集证据主要包括两种方式：一种是人民法院在审判案件过程中，基于职权主动调查收集证据。例如，《刑事诉讼法》第 196 条规定："法庭审理过程中，合议庭对证据有疑问的，可以宣布休庭，对证据进行调查核实。"人民法院在此过程中，可以依法采取勘验、检查、查封、扣押、鉴定、查询、冻结等措施，以确保证据的真实性与完整性。另一种是人民法院依据当事人、辩护人或诉讼代理人的申请进行证据调查。《最高人民法院关于适用〈中华人民共和国刑事诉讼法〉的解释》对这一程序作出详细规定，当辩护律师或代理人申请法院调取证据时，若人民法院认为申请合理且相关人员不宜或无法自行调取，人民法院应当准许并进行调查。调取的证据需及时复制并移交申请人，以保障诉讼权利的充分实现。这种机制不仅为辩护方提供了有效的证据获取途径，也确保了人民法院审判的全面性与公正性。

5. 当事人及其代理人、辩护人

在刑事诉讼中，当事人及其代理人、辩护人享有一定的证据收集权，该收集权不是一种权力而是一种权利。这种权利的赋予，是为了保障当事人在诉讼过程中的平等地位和合法权益，同时确保案件审理的全面性和公正性。根据《刑事诉讼法》第 51 条的规定，在自诉案件中，自诉人负有举证责任，因此享有相应的证据收集权。根据《刑事诉讼法》第 197 条的规定，当事人和辩护人、诉讼代理人在庭审阶段有权申请通知新证人到庭、调取新物证或书证，以及申请重新鉴定或勘验，为其权利保护提供了制度保障。

辩护律师和诉讼代理人作为当事人的代表，在刑事诉讼中扮演着重要的角色，依法享有调查和收集证据的权利。《刑事诉讼法》第 43 条明确规定，辩护律师经证人或相关单位同意，可以向其收集与案件有关的材料，并可以申请人民检察院或人民法院调取证据或通知证人出庭。最高人民法院、最高人民检察院相关司法解释进一步完善了律师的调查权利，为其行使诉讼权利提供了法律依据。这种权利的赋予具有重要意义，一方面，通过为辩护人和诉讼代理人提供有效的证据获取途径，平衡了控辩双方的诉讼地位；另一方面，也有助于辩护律师和诉讼代理人发现案件事实的更多维度，确保司法过程的公正性。同时，这种制度设计体现了对公民合法权益的尊重，推动了依法治国和公平正义的实现。

可见，我国刑事诉讼活动中，证据的收集涉及多个主体。但从构建以证据为中心的刑事指控体系的角度出发，本节我们主要从监察、侦查、检察机关收集证据的角度进行探讨。

（二）证据收集的原则和要求

收集证据是一项重要的诉讼活动，是正确认定事实和适用法律的前提。[①] 证据收集的原则不但应当遵循以证据为中心的刑事指控体系的原则和要求，而且要从我国刑事诉讼法、司法解释以及司法实践的经验中提炼。

1. 客观公正原则

客观公正原则是刑事诉讼中证据收集的核心理念，要求司法机关在证据收集过程中以事实为依据、以法律为准绳，不偏不倚地全面收集能够证明案件事实的所有证据。《刑事诉讼法》第 52 条规定，在收集证据时，必须依法全面、客观地收集既能证明犯罪嫌疑人或被告人有罪的证据，也要收集能够证明其无罪或者罪轻的证据。这种全面性要求避免选择性取证的风险，确保案件事实的客观性和真实性。例如，在侦查阶段，侦查人员不仅要注重犯罪嫌疑人供述的真实性，还需从物证、书证、证人证言等多个方面补强证据链，确保证据体系的完整性。

客观公正原则的实现，需要侦查人员在证据收集过程中排除主观臆断和偏见，严格遵守法律程序，从案件的客观实际出发。司法实践中，主观主义或经验主义对证据收集的干扰可能导致案件事实的片面性和失真。因此，侦查人员应善于通过细致入微的调查和科学的分析，从纷繁复杂的表

---

① 参见陈光中：《证据法学》，法律出版社 2023 年版，第 299 页。

象中提取真实的案件信息。此外，辩护人作为犯罪嫌疑人、被告人的代表，在履行辩护职责时也需围绕对犯罪嫌疑人、被告人有利的方向全面收集证据，帮助审判人员全面审视案件事实。这一原则不仅保障了诉讼的公平性，也为司法活动的客观性奠定了基础，充分体现了刑事诉讼中的法治精神。

2. 配合制约原则

配合制约原则在证据的收集环节强调多方主体的协作与制衡，防止权力滥用，确保程序的合法性。侦查机关、人民检察院、人民法院以及辩护人等证据收集主体各司其职，共同构建科学严谨的刑事指控体系。

侦查机关作为证据收集的主要责任主体，在案件发生后第一时间采取行动，迅速进入现场进行调查、勘验，确保证据的及时固定。人民检察院不仅负责审查证据的合法性和真实性，还需在侦查阶段对重大案件的证据收集过程进行监督，确保案件能够进入审判程序。人民法院则作为事实审查的最终关口，通过庭审核实证据的合法性与关联性，并根据需要进行补充调查，以确保案件事实的完整性。在配合制约的框架下，聚焦证据的收集审查与运用是确保刑事指控合法性的重要实践，从长远角度上仍有加强立法的空间。① 通过系统化设计，各主体在共同推进案件的同时，形成了监督与制衡的闭环，提升了司法权威性与可信度。

3. 证据裁判原则

证据裁判原则是刑事诉讼中证据收集和运用的基本准则，要求审判机关严格依据合法、真实和充分的证据开展案件的审理与裁判。根据《刑事诉讼法》第 56 条的规定，非法收集的证据不得作为定案依据，必须依法排除。这一原则对证据收集提出了严格要求，在收集证据时，必须遵守法律规定，确保每一份证据的合法性与真实性，以避免因程序瑕疵或证据缺陷导致案件裁判失当。在侦查阶段，侦查人员需特别关注证据的合法性，避免因违法取证行为导致证据排除；在审查起诉阶段，人民检察院需对证据的质量和逻辑关联性进行严格审查，确保指控的精准性；在审判阶段，人民法院需对证据进行公开质证，通过质疑与辩论进一步明确证据的效力。

---

① 参见陈光中：《如何理顺刑事司法中的法检公关系》，载《环球法律评论》2014 年第 1 期。

4. 时效性与合法性要求

证据的时效性和合法性是刑事诉讼中不可忽视的两个关键点。时效性强调证据的获取必须迅速及时，以避免因时间流逝而导致证据灭失或有效性降低。刑事案件具有突发性、复杂性和证据易消散的特点，犯罪现场的证据可能随着时间的推移而自然消失或被人为破坏，如犯罪工具被销毁、现场被清理、证人记忆减退等。《刑事诉讼法》第 118 条至第 154 条对侦查机关如何及时开展现场勘查、提取物证、询问证人、讯问犯罪嫌疑人等作了具体规定，以确保证据能够在最佳时间内固定。

合法性要求是证据收集的根本规范，确保侦查人员在取证过程中严格遵循法律程序，不得通过非法手段获取证据。不论是刑事诉讼法，还是《人民检察院刑事诉讼规则》，都详细列举了证据收集的规定，侦查人员需要严格按照规定开展侦查活动。合法性要求不仅能够维护犯罪嫌疑人、被告人的基本权利，也可以保证证据的可采性与司法裁判的公正性。时效性与合法性要求共同构成证据收集的核心规范，既强调效率，又重视程序的正当性，为刑事案件的公正裁判奠定了坚实基础。

5. 依靠群众

刑事案件的侦查和证据收集离不开群众的支持。《刑事诉讼法》第 6 条规定了刑事诉讼依靠群众原则。侦查人员应深入群众，广泛收集线索，听取群众意见，同时加强法治宣传，鼓励群众主动提供证据。群众的参与不仅提高了案件侦破的效率，也增强了社会对司法公正的信任感。

二、在证据收集环节的检察职责

（一）适时介入侦查

1. 适时介入侦查机关侦查活动

《人民检察院刑事诉讼规则》第 256 条第 1 款规定："经公安机关商请或者人民检察院认为确有必要时，可以派员适时介入重大、疑难、复杂案件的侦查活动，参加公安机关对于重大案件的讨论，对案件性质、收集证据、适用法律等提出意见，监督侦查活动是否合法。"

适时介入侦查是指人民检察院从法律监督的角度出发，及时介入侦查机关对重大、疑难、复杂案件的侦查活动，帮助其确定正确的侦查方向，引导侦查人员围绕起诉指控所需，准确全面地收集和固定证据的侦查监督活动。① 人民检察院作为法律监督机关，应当发挥证据指控的主导作用。②要有效利用"侦监协作"工作机制，充分发挥侦查监督与协作配合办公室规范化、实质化、长效化运行效能，常态化对侦查过程进行动态监督，引导侦查人员在侦查"黄金期"收集到关键证据。

2. 适时介入监察机关调查活动

《人民检察院刑事诉讼规则》第 256 条第 2 款规定："经监察机关商请，人民检察院可以派员介入监察机关办理的职务犯罪案件。"

人民检察院提前介入监察委员会调查工作的主要任务是对证据的收集、事实的认定、案件的定性等方面提出意见和建议，以规范调查取证工作，完善案件的证据体系，并对是否需要采取强制措施进行审查，从而确保法律适用的准确性。对于监察委员会办理的职务犯罪案件，检察机关可以在以下三类情形下提前介入：一是案件在当地具有重大影响；二是案件在事实认定、证据采信、案件定性及法律适用等方面存在分歧的疑难复杂案件；三是其他确有必要提前介入的案件。需要特别强调的是，人民检察院对职务犯罪案件的提前介入，须以监察委员会"书面商请"为前提，而非检察机关主动介入。③

人民检察院提前介入监察委员会办理职务犯罪案件，可以就以下问题提出意见和建议，一是对调查部门已经获取的证据材料进行分析，提出进一步补充、固定、完善证据的工作建议，全面客观地收集证明被调查人有罪、罪重以及无罪、罪轻的证据；二是对案件事实和性质认定、法律适用以及涉案财物处理等问题提出意见和建议；三是对审查发现的非法证据提出依法排除或者重新收集的意见，对瑕疵证据提出完善补正的意见；四是对案件管辖问题提出意见和建议；五是对是否需要采取强制措施以及采取何种强制措施进行审查；六是对监察文书是否齐全、卷宗材料是否齐备等提出意见和建议；七是对其他需要解决的法律问题提出意见和建议。④

---

①　参见刘国媛：《以证据为核心推进高质效办好刑事案件》，载《检察日报》2023 年 11 月 18 日。

②　参见华为民：《检察引导侦查的基本内涵和理论基础》，载《人民检察》2001 年第 8 期。

③　参见郭竹梅：《完善程序机制　做好提前介入工作》，载《检察日报》2020 年 2 月 16 日。

④　参见陈国庆：《刑事诉讼法修改与刑事检察工作的新发展》，载《国家检察官学院学报》2019 年第 1 期。

3. 督促证据收集主体及时收集、固定存在被隐匿、转移或者毁损、灭失风险的关键证据

在侦查阶段，针对司法实践中出现的因不及时收集、固定证据而错失调取关键证据最佳时机的问题，对于存在被隐匿、转移或者毁损、灭失风险的关键证据，人民检察院应在适时介入过程中督促监察机关、侦查机关及时收集、固定存在被隐匿、转移或者毁损、灭失风险的关键证据。

（二）刑事诉讼全流程证据收集

在当前以审判为中心的刑事诉讼制度改革背景下，完善以证据为中心的刑事犯罪指控体系是一项系统工程，涵盖证据收集、证据审查和证据运用三项基本工作，贯穿于侦查阶段的引导取证、审查起诉阶段的证据审查判断和审判阶段的出庭支持公诉之中，需要人民检察院从多项任务、多重职能的角度做出努力，其中最为基础性的工作是证据收集。[①] 人民检察院刑事检察职能贯穿于刑事诉讼全过程，实践中，往往比较重视刑事诉讼前期的证据收集，而忽视后续阶段的证据收集。针对此问题，人民检察院应根据刑事诉讼各阶段的不同工作要求，采用相应的方式，加强证据的收集，适时补充完善证据，查清案件事实。

1. 侦查阶段

在刑事诉讼中，侦查和审查起诉作为审前程序，是为审判程序顺利启动做准备的关键阶段。以审判为中心的刑事诉讼制度改革要求强调庭审在认定证据和查明事实中的决定性作用，使控辩双方在庭审中的对抗更加激烈。庭审中，细微的指控瑕疵可能会被无限放大，指控证据成为定案依据的标准更加严格，案件裁判结果的不确定性随之增加，无罪判决的可能性也会提高。这一改革不仅没有削弱审前程序的重要性，反而强化了侦查和审查起诉阶段依法办案的责任。因此，侦查和审查起诉阶段的办案质量，尤其是对证据的把握，必须能够经受住庭审实质性审查的更高要求。

面对以审判为中心的新挑战，构建以协作为基础的"大控方"追诉格局，既必要又可行。在侦诉分立的模式下，构建"大控方"追诉格局，需要改变过去侦诉工作各自为战、追诉合力不足的局面，紧扣有效指控犯罪和完成出庭公诉任务这一共同诉讼目标，在诉讼过程中加强联系与协作，

[①] 参见陈卫东：《论检察机关的犯罪指控体系——以侦查指引制度为视角的分析》，载《政治与法律》2020年第1期。

形成强有力的追诉合力。① 在侦查阶段，检察机关应切实引导侦查机关加强证据的收集，适时补充完善证据，查清案件事实。人民检察院可以派员适时介入重大、疑难、复杂案件的侦查活动，参加侦查机关对于重大案件的讨论，对案件性质、收集证据、适用法律等提出意见，监督侦查活动是否合法；对于批准逮捕后要求侦查机关继续侦查、不批准逮捕后要求侦查机关补充侦查或者审查起诉阶段退回侦查机关补充侦查的案件，人民检察院应当分别制作继续侦查提纲或者补充侦查提纲，写明需要继续侦查或者补充侦查的事项、理由、侦查方向、需补充收集的证据及其证明作用等，送交侦查机关。

2. 审查起诉阶段

基于诉讼认识论与诉讼阶段论，审查起诉阶段仍然是对案件事实加深认识的一个过程。在证据裁判原则下，收集更多的证据自然也是审查起诉阶段不可或缺的功能。

（1）要求监察机关、侦查机关提供法庭审判所必需的证据材料。《刑事诉讼法》第175条第1款规定："人民检察院审查案件，可以要求公安机关提供法庭审判所必需的证据材料；认为可能存在本法第五十六条规定的以非法方法收集证据情形的，可以要求其对证据收集的合法性作出说明。"该条是关于人民检察院针对证据收集进行监督的原则性规定，即人民检察院审查案件，可以要求公安机关提供法庭审判所必需的证据材料，既可以是审查起诉阶段，也可以是审判阶段。

（2）退回补充侦查和自行补充侦查。《刑事诉讼法》第175条第2款规定："人民检察院审查案件，对于需要补充侦查的，可以退回公安机关补充侦查，也可以自行侦查。"退回补充侦查，是指人民检察院在审查起诉阶段发现案件存在犯罪事实不清、证据不足或遗漏罪行、同案犯罪嫌疑人等问题时，将案件连同补充侦查提纲退回公安机关或监察机关进行进一步调查。这一过程旨在完善证据材料，确保犯罪事实和证据确实、充分。

自行补充侦查，是人民检察院在审查刑事案件中，对于证据不足或需要进一步侦查的案件，通过自身力量开展调查和证据收集。自行补充侦查具有从属性、补充性和自主性，能够提升案件质量、减轻对侦查机关的依

---

① 参见李智：《以审判为中心背景下的侦诉关系》，载《人民检察》2016年第14期。

赖并强化法律监督职能。在实践中，其实施需遵循必要原则、经济原则和补充原则，以确保侦查活动的效率与合法性。

（3）依据辩护律师申请收集、调取证据。《刑事诉讼法》第43条规定："辩护律师经证人或者其他有关单位和个人同意，可以向他们收集与本案有关的材料，也可以申请人民检察院、人民法院收集、调取证据，或者申请人民法院通知证人出庭作证。"《人民检察院刑事诉讼规则》第50条规定："案件提请批准逮捕或者移送起诉后，辩护人认为公安机关在侦查期间收集的证明犯罪嫌疑人无罪或者罪轻的证据材料未提交，申请人民检察院向公安机关调取的，人民检察院负责捕诉的部门应当及时审查。经审查，认为辩护人申请调取的证据已收集并且与案件事实有联系的，应当予以调取；认为辩护人申请调取的证据未收集或者与案件事实没有联系的，应当决定不予调取并向辩护人说明理由。公安机关移送相关证据材料的，人民检察院应当在三日以内告知辩护人。"人民检察院应当秉持客观公正的立场，在证据收集层面，既要收集对犯罪嫌疑人不利的证据，又要收集对犯罪嫌疑人有利的证据。因此，当辩护人申请收集、调取证据时，人民检察院应当进行审查，经审查，认为辩护人申请调取的证据已收集并且与案件事实有联系的，应当予以调取；认为辩护人申请调取的证据未收集或者与案件事实没有联系的，应当决定不予调取并向辩护人说明理由。

3. 审判阶段

《人民检察院刑事诉讼规则》第422条第1款规定："在审判过程中，对于需要补充提供法庭审判所必需的证据或者补充侦查的，人民检察院应当自行收集证据和进行侦查，必要时可以要求监察机关或者公安机关提供协助；也可以书面要求监察机关或者公安机关补充提供证据。"以审判为中心的刑事诉讼制度改革思路在于"通过以'三项规程'为代表的技术推进模式逐步实现庭审实质化，进而完善以审判为中心的刑事诉讼制度"，从而实现"诉讼证据出示在法庭、案件事实查明在法庭、诉辩意见发表在法庭、裁判结果形成在法庭。"因此，可以认为，审判阶段是证据收集、使用和审查的核心环节，而侦查阶段和审查起诉阶段的取证工作，都是为了在审判阶段能够作出公正裁判提供支持和保障。

审判阶段，人民检察院仍应高度重视证据收集工作，在一审程序、二审程序、再审程序、复核程序等环节，以及案件的申诉环节，都应当秉持证据收集的意识，不断完善证据体系。需要注意的是，在审判阶段人民检察院应当自行收集证据和进行侦查，必要时可以要求监察机关或者公安机关提供协助；也可以书面要求监察机关或者公安机关补充提供证据。①

（三）调查取证的国际刑事司法协助

随着犯罪全球化和信息网络技术的飞速发展及运用，跨境犯罪逐渐增多，境外刑事证据的调取成为实践中常见的问题。根据《刑事诉讼法》第18条，《国际刑事司法协助法》第2条、第25条，《最高人民检察院关于办理涉外刑事案件若干问题的指导意见》第7条等相关规定，人民检察院办理涉外刑事案件，根据我国法律、有关规定以及缔结或加入的国际公约、与外国签订的国际刑事司法协助条约等国际条约，可以向外国提出调查取证请求。没有缔结、加入或者签订相关国际公约、国际刑事司法协助条约的，可以通过外交途径或者对外执法合作调取境外证据。请求外国协助调查取证时，经被请求国同意，办案机关可以在被请求国执行请求时派员到场。侦查机关申请被请求国协助调查取证时，人民检察院可以适时介入侦查，必要时可以派员随同侦查人员赴境外取证。请求外国协助调查取证，应当遵守被请求国的法律规定。在不违反被请求国法律规定的前提下，可以商请被请求国按照我国法律规定调取证据。

三、证据的补查补正

（一）要求监察机关或者公安机关补充提供证据

《刑事诉讼法》第51条规定："公诉案件中被告人有罪的举证责任由人民检察院承担，自诉案件中被告人有罪的举证责任由自诉人承担。"这意味着人民检察院在公诉案件中应当提供充分的证据来证明被告人的犯罪行为，以达到人民法院有罪裁判的标准。2014年10月，党的十八届四中全会指出推进以审判为中心的诉讼制度改革，其中一项核心要求就是全面贯彻证据裁判原则。证据裁判原则要求，人民法院作出刑事裁判必须建立在案件事实清楚，证据确实、充分的基础上，即案件事实的认定必须以证据为依据，除法律规定的免证事实外，证据应当达到能够证明案件事实的程度，即达到证明标准，这就给刑事案件的侦查、起诉和公诉工作提出了更高的要求。

---

① 参见金威：《注重引导说理　完善补充侦查机制》，载《检察日报》2020年2月7日。

　　实践中，由于监察机关、公安机关调查、侦查收集、固定的证据不到位、不全面，以及案件在审查起诉、审判阶段出现新证据、新情况等，导致人民检察院指控证明犯罪的证据需要进一步补强和完善，因而需要监察机关、公安机关补充提供证据以支撑人民检察院指控证明犯罪责任和证据体系。《人民检察院刑事诉讼规则》第 340 条规定："人民检察院对监察机关或者公安机关移送的案件进行审查后，在人民法院作出生效判决之前，认为需要补充提供证据材料的，可以书面要求监察机关或者公安机关提供。"根据这一规定，人民检察院自受理监察机关或者公安机关移送审查起诉的案件后，直至人民法院作出生效判决前，无论是一审案件、二审案件，还是按照一审程序、二审程序审理的再审案件，都可以要求监察机关或者公安机关补充提供证据。《人民检察院刑事诉讼规则》第 422 条第 1款规定："在审判过程中，对于需要补充提供法庭审判所必需的证据或者补充侦查的，人民检察院应当自行收集证据和进行侦查，必要时可以要求监察机关或者公安机关提供协助；也可以书面要求监察机关或者公安机关补充提供证据。"由此可见，在审判阶段补充侦查的主体应为人民检察院，监察机关、公安机关仅是在人民检察院自行补充侦查遇到困难障碍时，向人民检察院提供协助。监察机关、公安机关是法定的调查、侦查主体，处于案件办理的第一环节，在案件调查、侦查过程中可能会比检察机关通过审查书面卷宗证据材料掌握的案件信息更为透彻、全面，并且监察机关、公安机关在调查、侦查经验、技术、装备等方面具有较为明显的优势。因此，人民检察院在必要时，需要借助监察机关、公安机关的协助，有利于进一步查清案件事实。

　　（二）退回监察机关、公安机关补充调查、补充侦查

　　补充侦查是在原有监察机关、公安机关调查、侦查工作的基础上，进一步查清事实，补充完善证据体系的诉讼活动。补充调查、补充侦查包括人民检察院要求监察机关、公安机关继续调查、侦查，补充调查、侦查，或者退回补充调查、侦查，自行侦查，以及要求提供协助或者书面要求补充提供证据。《监察法》第 54 条第 3 款规定："人民检察院经审查，认为需要补充核实的，应当退回监察机关补充调查，必要时可以自行补充侦查。"《刑事诉讼法》第 175 条第 2 款规定："人民检察院审查案件，对于需要补充侦查的，可以退回公安机关补充侦查，也可以自行侦查。"根据上述规定，人民检察院在受理监察机关或者公安机关移送审查起诉的案件

后，在审查起诉阶段，认为案件事实不清、证据不足或者存在遗漏罪行、遗漏同案犯罪嫌疑人等情形时，为进一步查清案件事实，可以将案件退回到监察机关或者公安机关进行补充调查、补充侦查。但是，退回补充调查、补充侦查并非人民检察院在审查起诉阶段的必经程序，在主要犯罪事实已经查清，在案证据均已查证属实且能够形成完整的证据链条时，虽有部分不影响定罪量刑的细枝末节事实无法查清，人民检察院仍可径行提起公诉，不必再退回补充调查、补充侦查。

2020 年 3 月，最高人民检察院、公安部联合印发的《关于加强和规范补充侦查工作的指导意见》明确规定了人民检察院在审查起诉阶段对不同情况的处理。其中第 3 条规定了补充侦查的五项原则，即必要性、可行性、说理性、配合性、有效性，第 9 条规定了一般不退回补充侦查的 6 种情形，即对不影响定罪量刑和没有补充侦查必要性、可行性的情况下，无须对案件进行补充侦查。第 3 条对于说理性原则明确规定，"补充侦查提纲应当写明补充侦查的理由、案件定性的考虑、补充侦查的方向、每一项补正的目的和意义，对复杂问题、争议问题作适当阐明，具备条件的，可以写明补充侦查的渠道、线索和方法"。据此，人民检察院在审查起诉期间发现案件需要补充调查、补充侦查的，应当及时退回办案机关补充调查、补充侦查，应当书面详细列明补充调查、侦查的事项、理由和目的等，提出明确、具体、可操作的意见和要求，明确取证的目的和要求，必要时与调查人员、侦查人员直接沟通，说明案件的证明思路、证明方法以及需要补充完善的证据在证明体系中的证明价值、证明方向和作用。在补充调查、补充侦查期间，人民检察院办案人员还需要加强与调查人员、侦查人员"面对面"的沟通交流，持续关注补充调查、侦查工作进展，做好必要的引导，必要时可以列席监察机关、公安机关案件讨论并充分发表对案件事实、证据、定性等方面的意见，确保退回补充调查、侦查工作的质量和效果。

（三）自行补充侦查

人民检察院自行补充侦查权是指在刑事案件审查起诉或者提起公诉的过程中，发现案件存在事实不清、证据不足或者存在非法取证等情形时，有权决定在原有侦查工作的基础上，自行对案件进行补充侦查的诉讼活动。人民检察院自行补充侦查权是基于公诉权衍生而来的重要权力，是检察侦查权的重要内容，其兼具公诉权属性、侦查权属性和监督权属性。人民检察院充分行使自行补充侦查权，是落实以审判为中心的刑事诉讼制度改革的必然要求，是加强新时代检察机关法律监督工作的重要保障，是人民检察院"高质效办好每一个案件"的现实路径。面对新要求、新理念，人民检察院应当主动适应以审判为中心的刑事诉讼制度改革的现实需要，积极主动推动构建以证据为中心的刑事指控体系，通过充分行使自行补充侦查权，改变以往"坐堂办案"的传统模式，在认真审查"在卷证据"的基础上，突破案卷材料的限制，着眼于收集和审查"在案证据"，让检察官直接接触第一手材料，发挥自行补充侦查的亲历性优势，提升证据收集的即时性和有效性，进而促进办案检察官内心确信的形成，确保刑事案件证据达到确实、充分的证据标准，充分发挥人民检察院审前过滤把关、指控证明犯罪的积极作用。

《人民检察院刑事诉讼规则》第 343 条第 1 款规定："人民检察院对于监察机关移送起诉的案件，认为需要补充调查的，应当退回监察机关补充调查。必要时，可以自行补充侦查。"人民检察院在审查起诉过程中，必要时应当开展自行补充侦查。自行补充侦查应当依照法定权限和程序，补充收集、固定有关定罪量刑等方面的证据，完善证据体系。人民检察院自行补充侦查的，可以商请监察机关、侦查机关予以协助。人民检察院各部门之间应当加强沟通协作，必要时由检察技术部门、警务部门派员协助。需要对技术性证据和其他专门性证据补充侦查的，可以先由检察技术人员或有专门知识的人进行审查，根据相关审查意见开展补充侦查工作。人民检察院在审查起诉过程中，发现影响定罪量刑的关键证据存在灭失风险，需要及时收集和固定证据，或者经退回补充侦查未达到要求等，有条件自行补充侦查且更为适宜的，可以依法自行开展补充侦查工作。自行补充侦查应当严格依照法定权限和程序进行，确保收集的证据具有证据能力和证明力。检察机关在自行补充侦查期间，根据工作需要，可以向监察机关、侦查机关提出协作要求或者意见、建议，加强沟通协调。检察机关在自行补充侦查过程中，除了与外部监察、侦查机关等部门进行沟通协助，还要注重内部各部门之间的相互配合协助，如需对技术性证据和专门性证据等方面补充侦查的，可以委托检察技术人员或有专门知识的人进行审查，形成内外合力，确保自行补充侦查的效果。在依法履行案件审查职责中，对证据有疑问、有争议的案件，用好自行补充侦查权，针对性地收集固定补强证据，既增强办案亲历性，又提高办案效率。

（四）证据的调查核实

调查核实权本质上是一项依附于检察监督权的权能，是检察监督权在实践中派生的权能。《人民检察院组织法》第 21 条对调查核实权进行了总括性规定，《人民检察院刑事诉讼规则》第十三章明确了调查核实的对象、措施、结果及救济，使调查核实权的运行具备了独立的程序构造。《刑事诉讼法》第 57 条规定，人民检察院接到报案、控告、举报或者发现侦查人员以非法方法收集证据的，应当进行调查核实。对于确有以非法方法收集证据情形的，应当提出纠正意见。《人民检察院刑事诉讼规则》第 72 条、第 265 条、第 551 条等条款规定，人民检察院发现侦查人员以非法方法收集证据的，应当及时调查核实。人民检察院对刑事诉讼活动实行法律监督，发现违法情形的，依法提出抗诉、纠正意见或者检察建议。由此可见，刑事案件调查核实权针对的是非法取证等违法事实。在单纯行使批捕、起诉等司法审查属性职能时，应当排除调查核实权的运用。

调查核实权是检察机关监督办案的重要手段，只有调查核实才能发现、认定、纠正事实认定错误、法律适用错误。调查核实要从案卷中走出来，从办公室走出来，从检察机关走出来，以亲历性保障准确性、实效性，以法律事实最大限度地还原客观真实。[①]《中共中央关于加强新时代检察机关法律监督工作的意见》专门对加强新时代检察机关法律监督工作提出明确要求。关于调查核实工作，该意见明确提出，检察机关要加强对监督事项的调查核实工作。第 13 条"进一步提升法律监督效能"中指出，"检察机关要加强对监督事项的调查核实工作，精准开展法律监督。检察机关依法调阅被监督单位的卷宗材料或者其他文件，询问当事人、案外人或者其他有关人员，收集证据材料的，有关单位和个人应当协助配合。""对于无正当理由拒绝协助调查和接受监督的单位和个人，检察机关可以建议监察机关或者该单位的上级主管机关依法依规处理。"调查核实权是包含在法律监督权中不能分割的权能，应当是人民检察院法律监督的一种手段、方式、途径。调查核实权的运用范围应当包括对刑事、民事、行政诉讼活动的法律监督，在公益诉讼中行使法律监督，对判决裁定等生效法律文书的执行工作实行法律监督，对监狱、看守所的执法活动实行法律监

---

① 参见应勇：《高质效办好每一个案件 努力让人民群众在每一个司法案件中感受到公平正义》，载《人民检察》2024 年第 18 期。

督，也包括法律规定的检察机关对自侦案件行使侦查权和法律规定的其他职权等。

人民检察院调查核实权主要有以下几项功能：一是保障功能，保障辩护人、诉讼代理人合法诉讼权利；二是调查功能，包括程序性事实调查和实体调查；三是审查功能，立案审查（初查），羁押必要性审查、对看守所、监狱、强制医疗机构的审查等；四是监督功能，如非法证据排除，对人民法院执行刑事裁判的监督，对刑罚执行的监督等。调查核实作为检察机关监督办案的重要手段，对于准确查明案件事实、依法开展法律监督具有重要作用，同时也是办案亲历性原则的应有之义。人民检察院在办理案件过程中，发现存在违反法定程序收集证据，证据有矛盾疑问，犯罪嫌疑人、被告人及其辩护人提供自首、立功等可能影响定罪量刑的材料和线索等情形的，可以开展调查核实。调查核实的方式主要包括讯问、询问诉讼参与人，听取办案人员、辩护人、值班律师的意见，调取、查询、复制相关材料等，通过开展调查核实，进一步复核相关证据，确保准确全面查清案件事实，但是人民检察院在调查核实过程中不得限制被调查对象的人身、财产权利。

第三节　证据的审查

证据是刑事诉讼的基础，也是刑事诉讼的灵魂。刑事案件的办理主要围绕证据展开，对证据审查的好坏直接关系到刑事案件办理质效。证据的审查以对真实性、关联性、合法性的审查为基础，侧重于证据能力审查，判断哪些证据在刑事诉讼中可以使用，是证据进入刑事诉讼程序的准入。实践中，证据审查主要包括法定种类证据审查、法定种类以外的证据审查及特殊案件证据审查等。

一、证据真实性的审查

《刑事诉讼法》第 50 条第 2 款规定："证据必须经过查证属实，才能作为定案的根据。"《最高人民法院关于适用〈中华人民共和国刑事诉讼法〉的解释》第 139 条第 1 款规定："对证据的真实性，应当综合全案证据进行审查。"

在证据属性的问题上，理论上争议颇多，既有"三性说（真实性、关联性、合法性)",也有"一性说(相关性)""两性说(真实性和关联性)""四性说(证据能力、证据力、证明能力、证明力)"等。[①] 一般都认为,证据具有真实性和关联性。司法实践采纳证据的"三性说"。其中,关于证据是否真实可信的属性,理论上有"客观性"和"真实性"两种表述,但内涵一致。真实性是证据本身及其来源的真实可靠性或真实可信性,体现的是对证据本身可信程度的要求。《刑事诉讼法》第200条第1项规定,"案件事实清楚,证据确实、充分,依据法律认定被告人有罪的,应当作出有罪判决",即为定罪标准。其中,"证据确实、充分"的"实",就是证据的真实性属性。本质上,能够成为定罪证据的根本前提就是客观真实,即证据的真实性是具备证据能力的先决条件之一。审查证据,审的最终落脚点仍是证据的真实性。实践中,出现的冤假错案往往是司法机关错误将虚假"证据"作为定案根据,常见的如刑讯逼供的虚假供述被作为证据使用,赵作海案等即是因忽视证据真实性的审查所酿成的悲剧。

从司法实践维度,证据真实性的审查,应当对证据的形式和内容是否客观真实进行审查,注重审查证据的来源是否明确、可靠,是否存在破坏、篡改、伪造等情形,证据的收集、保管、移送等环节是否影响证据的客观性。如果证据来源不明,或者存在破坏、篡改、伪造等情形,影响证据客观真实的,则不具有证据能力,在刑事诉讼中不得作为证据使用。

(一) 形式审查

形式审查是证据真实性审查的第一步,查的是证据这一外在的"载体"是否真实可信。证据以客观存在的实体形式呈现,表现形式为人与物两种,与之对应的是主观性证据与客观性证据。按照诉讼中收集或者提供的证据与客观性的关系,可以将证据分为三类:一是客观性的证据,如物证、书证等"物的证据";二是客观性与主观性间杂的证据,主要体现为人证,如证人证言中对事实的描述;三是主观性的证据,如鉴定意见等。[②]

---

① 参见张保生、阳平:《证据客观性批判》,载《清华法学》2019年第6期;何家弘、马丽莎:《证据"属性"的学理重述——兼与张保生教授商榷》,载《清华法学》2020年第4期;周洪波:《证据属性的中国法律之道》,载《中国法学》2022年第6期;张斌:《论我国刑事证据属性理论的重构——刑事证据"四性说"的提出与意义》,载《四川大学学报(哲学社会科学版)》2015年第1期;王均平、翟远烨:《刑事证据基本属性新阐释——应用论视角的证据价值、功能、工具定位》,载《四川警察学院学报》2013年第1期。

② 参见张建伟:《证据法要义》(第二版),北京大学出版社2016年版,第135—136页。

客观性的证据的形式审查，应注重审查"同一性"问题。即审查是否是原物、原件，复制件、复制品与原件、原物是否相符，原物、原件是否受到污染、破坏，复制件、复制品是否有篡改、伪造等。涉及单位、合同等书证，注重审查是否有签名、盖章，以确保形式上的真实性。

客观性与主观性间杂的证据的形式审查，应注重审查"人证"主体是否确为真实的本人，是否具备作证或者受审能力。重点从个人身份信息、联系方式等入手核查，特别是对于不识字、拒绝签字的人证，更要亲历性核查。

主观性的证据的形式审查，应注重审查三个方面：一是判断对象是否是本案的物证；二是判断主体是否适格，即是否具备相关的专业知识能力与技术，是否与所证明的内容具有利害关系需要回避等；三是判断依据是否合理、正确。

（二）内容审查

内容审查是证据真实性审查的关键，是奠定推动构建以证据为中心的刑事指控体系的基石。根据证据的表现形式、存在状况、提供方式，内容审查的证据种类可以进一步简化为客观性证据与言词证据。其中，客观性证据也是实物证据，是广义的"物证"，又被称为"环境证据""情状证据"，既包括犯罪的工具、赃物等物品和犯罪留下的痕迹，也包括对案情有证明意义的书面文件等。实物证据只是呈现，而不能自己通过言词方式表达案情，人们称其为"哑巴证据"。① 言词证据是与客观性证据或者广义的"物证"对应的"人证"，是以人和记录人的话语的书面材料为表现形式的证据，即依靠人的言词表现以语言形式来反映案件的相关事实。据此，在法定的八大证据种类中，物证、书证、勘验、检查、辨认、侦查实验等笔录、视听资料、电子数据属于客观性证据，证人证言、被害人陈述、犯罪嫌疑人、被告人供述和辩解、鉴定意见属于言词证据。当然，鉴定意见需要以物证即客观性证据作为评价的对象。此外，实践中也逐渐出现一些如报告、说明、技术性证据审查意见等非法定种类的"证据"，此类新型"证据"需要"套入"法定种类的证据才能依法作为定案根据使用。无论何种类型的证据，内容审查往往均需要综合情理判断、比对判断等多种方法检验内容的合理性，据此排除合理怀疑以辨别证据内容的真实

---

① 参见张建伟：《证据法要义》（第二版），北京大学出版社 2016 年版，第 147 页。

性。进而言之，通过前文介绍的证据印证、合理性审查判断、借助大数据等技术、借助专业力量等证据的审查判断方法，根据情理、事理、逻辑和经验法则等对证据内容是否真实来审查判断。

关于客观性证据的内容审查，注重将排除合理怀疑作为证明方法和推理过程，发现、验证和排除证据的疑点和矛盾判断证据真伪，解决的核心点在于审查证据是否被污染、破坏、篡改、伪造，以及受损或者瑕疵证据能否反映原物本来的特征或影响证据客观真实等。具体而言，内容审查主要包括三个方面：一是对证据本身是否存在疑问的审查，包括是否符合该类证据的一般特征、形成规律。如尸体检验报告反映死者身上只有枪伤，而案发现场搜到带有斑迹的木棒，木棒显然不是致死工具，而木棒上的斑迹有可能含有死者或被告人的 DNA。二是对单个客观性证据与其他证据、待证事实之间进行比对判断，重点审查是否存在合理矛盾。如在死者所穿衣服上检出未在案的第三名男子的 DNA，其他证人证言及被告人供述等均证明死者案发时仅接触了被告人，此时需要考虑检材是否受到污染。又如，现场勘查笔录记载扣押了 17 包海洛因，但与被告人供述、扣押清单及扣押照片所反映的扣押数量不符，此时需要判断现场勘查笔录记载查获的毒品数量是否正确。三是对单个客观性证据与情理事理之间的常识常理性判断，重点审查是否存在符合情理、事理、自然规律以及科学定律的合理怀疑。必要时，可以委托有专门知识的人、检察技术人员出具审查意见作为参考，如侦查实验等。

关于主观性证据的内容审查，注重从自愿、客观两个层面进行审查。在自愿层面，要结合非法证据排除制度进行审查。最高人民法院、最高人民检察院、公安部、国家安全部、司法部印发的《关于办理刑事案件严格排除非法证据若干问题的规定》列明了取证的禁止性规定，"严禁刑讯逼供和以威胁、引诱、欺骗以及其他非法方法收集证据，不得强迫任何人证实自己有罪""采取殴打、违法使用戒具等暴力方法或者变相肉刑的恶劣手段，使犯罪嫌疑人、被告人遭受难以忍受的痛苦而违背意愿作出的供述，应当予以排除""采用以暴力或者严重损害本人及其近亲属合法权益等进行威胁的方法，使犯罪嫌疑人、被告人遭受难以忍受的痛苦而违背意愿作出的供述，应当予以排除""采用非法拘禁等非法限制人身自由的方法收集的犯罪嫌疑人、被告人供述，应当予以排除""采用暴力、威胁以及非法限制人身自由等非法方法收集的证人证言、被害人陈述，应当予以排除"。此外，还反向对禁止性条文作了例外规定。其中，第5条规定，"采用刑讯逼供方法使犯罪嫌疑人、被告人作出供述，之后犯罪嫌疑人、被告人受该刑讯逼供行为影响而作出的与该供述相同的重复性供述，应当一并排除，但下列情形除外：（一）侦查期间，根据控告、举报或者自己发现等，侦查机关确认或者不能排除以非法方法收集证据而更换侦查人员，其他侦查人员再次讯问时告知诉讼权利和认罪的法律后果，犯罪嫌疑人自愿供述的；（二）审查逮捕、审查起诉和审判期间，检察人员、审判人员讯问时告知诉讼权利和认罪的法律后果，犯罪嫌疑人、被告人自愿供述的。"第7条规定，"收集物证、书证不符合法定程序，可能严重影响司法公正的，应当予以补正或者作出合理解释；不能补正或者作出合理解释的，对有关证据应当予以排除"。据此，内容审查自愿性问题上，注重审查"人证"的辩解或申诉，特别是辩护人的意见，调查核实言词证据是否是通过以上非法手段取得的情形。在极个别情形下，特别是发现鉴定意见明显违反常情常理、经验法则的结论时，同样要注重审查鉴定人员出具鉴定意见的自愿性，排查是否存在被胁迫、殴打、利诱等非法手段取得的情形。此外，还需要注重审查讯问或询问的时间，是否有疲劳审讯的嫌疑等。

审查客观性与主观性间杂的证据与审查主观性证据相同，落脚重点仍在"主观性"。由于这两类证据往往夹杂人的主观因素，受限于人的自身感知能力、判断能力、记忆能力及表达能力等，时常影响内容的客观性。因此，围绕可能影响客观性的"人为"因素，注重审查以下内容：一是注重审查案件是"先供后证"还是"先证后供"。二是注重审查第一次笔录。有多次笔录的，是否存在完全复制粘贴或重复性痕迹，是否存在言词反复的情况，是否能合理解释前后不一致的原因。三是笔录证明的关键细节性事实如"非亲历不可感知""非亲自作案不可知情"等是否有其他证据特别是客观性证据印证或矛盾，内容是否合理、是否是孤证。对于可能判处无期徒刑、死刑的案件或其他重大案件，审查重大案件讯问合法性核查意见书。四是笔录是否有同步录音录像。有同步录音录像的，注重审查内容是否与笔录内容相同，做笔录时的神情是否自然、状态是否正常等。此外，还需要对讯问过程录音录像，是否不间断进行，保持完整性，是否存在选择性地录制，剪接、删改等情况。五是注重审查证人、被害人，犯罪嫌疑人等与各自笔录涉及人员之间的关系，判断证明力大小。审查鉴定人员是否有回避情形，判断鉴定意见的客观性。六是审查"人"的主体资格，是否具有受审能力、作证能力，是否具备鉴定资格，是否为无行为能力人或限制行为能力人等。七是对物证鉴定还要注重审查鉴定过程是否有同步视频，过程是否规范或可能受到污染，如有瑕疵是否会影响鉴定结论的因素，鉴定依据、过程、理由和结论等是否正确，等等。

（三）来源审查

严格意义来说，证据来源审查属于内容审查的重要环节。鉴于实践中，冤假错案的产生往往与办案人员对证据来源不够重视有关，死刑案件往往是因为侦破经过即案件来源不明或未能排除合理怀疑等因素导致最高人民法院不予核准死刑。为突出审查元素，有必要专门讨论证据来源审查。具体而言，来源审查需要注重以下方面：一是侦破经过、抓获经过，涉及案件的真实性。在侦查和破案的过程中，每一个细节都至关重要，因为它们共同构成了案件的全貌。侦破经过通常涉及一系列复杂的调查、取证活动，包括但不限于现场勘查、证据搜集、目击证人询问以及犯罪嫌疑人的审讯等。这些环节需要高度的专业性和求极致的侦查工作，任何疏忽都可能导致关键证据的遗漏，进而影响案件的真实性。例如，在一个案件中，如果现场勘查未能发现关键的物证，或者现场目击证人的证言未能得到充分的重视和核实，都可能影响案件真实性。因此，来源审查必须先审侦破经过、抓获经过，即注重审查如何案发的，侦查机关如何发现案件发生，用何种方法锁定犯罪嫌疑人，如何抓获犯罪嫌疑人，破案经过是否合理、自然。二是注重审查证据来源是否明确、可靠，证据是否存在破坏、篡改、伪造等情形，证据的收集、保管、移送等环节是否会对证据的客观性存在影响。对于证据来源不明，或者存在破坏、篡改、伪造等情形，影响证据客观真实的，根据法律规定不具有证据能力，在刑事诉讼中不得作为证据使用。其中，对于客观性证据来源，特别要细致审查现场勘查笔录和照片、扣押笔录、提取笔录与在案物证等内容是否一致。如有出入，是否可以合理解释。注重审查"送检的检材"物证与在案物证具有同一性，即鉴定意见书中的送检检材与检材提取笔录、扣押笔录等内容可以闭环对应，具有唯一性。注重审查检验结果是否包含全部送检的检材，鉴定意见的案情简介等是否就是本案。注重审查物证编号、特征等是否对应，如有出入，是否可以合理解释。涉及 DNA 鉴定的，注重审查图谱及检验过程等。同时，对于言词证据而言，注重审查证据取得是否存在前述非法手段。如果有两份以上矛盾的证据，注重充分运用证据的审查判断方法尤其是证据印证的方法及合理性审查判断方法等予以鉴别。值得注意的是，非法手段取得的言词证据，内容也并非全部为假。从立法原意来看，只是对犯罪嫌疑人不利的证据予以排除，但如果有利的内容，如辩解经核实为真，则可以采信。因此，在审查证据时，要避免"一刀切"的做法，应根据每份证据内容的具体情况切割判断。三是注重审查笔录时间、侦查人员及见证人等，是否存在同一人员同一时间在不同笔录出现。四是情况说明等，注重审查时间、经过等关键事实要素、说明内容是否合理、与其他证据是否印证等。

二、证据关联性的审查

（一）证据关联性的内涵

证据关联性也称为相关性，是指证据必须与案件事实有实质性联系，从而对案件事实有证明作用。[①] 证据的关联性从本质上说取决于证据事实由案件事实所反映、所产生，而与案件事实存在内在的联系，从而才可能有不同程度的证明力。判断证据是否具有关联性，往往需要逻辑推理，在立法上无法将有关联性的证据加以穷尽，只能规定特定的证据原则上没有关联性，同时设置若干例外。[②] 尽管我国刑事、民事、行政三大诉讼法没有就证据的关联性问题专门作出明确的规定，但在刑事诉讼领域已形成证据只有对案件事实有证明作用才能够证明案件事实或定案根据的司法共识。

我国学者一般认为，对于证据的关联性，可以从客观性、多样性、可知性三方面理解：首先，证据的关联性不是主观臆断形成，而是客观存在的。据此，审查证据的关联性，应注重证据与待证事实之间的关系，客观评价证据对案件待证事实的证明作用，不能将没有客观联系的证据当作关联性。其次，证据关联性呈现多样性。如因果联系、时间联系和空间联系、偶然联系和必然联系、直接联系和间接联系、肯定联系和否定联系等。其中，因果联系是指证据事实是案件主要事实的原因或者结果；时间和空间联系指证据事实属于与案件事实有关的时间、地点、环境等事实；

[①]　参见陈光中、徐静村主编：《刑事诉讼法》，中国政法大学出版社 2002 年版，第 130 页。

[②]　参见陈光中主编：《中华人民共和国刑事证据法专家拟制稿件（条文、释义与论证）》，中国法制出版社 2004 年版，第 137 页。

偶然联系和必然联系、直接联系和间接联系、肯定联系和否定联系，反映了证据事实与案件事实之间存在偶然的或者必然的、直接的或者间接的、肯定的或者否定的关系。无论存在何种联系，都表明证据反映了与案件有关的事实。[①] 最后，证据的关联性具有可知性，即证据证明事实与案件事实能够为人们所认识。顾名思义，为人们认识才能被人们判断证据是否与案件事实有关联。如果是一种未知的证据事实，则不能断定是否具有关联性，当然不能作为定案根据。

我国诉讼理论对关联性的理解逐步吸收了英美关联性概念中的一些因素，理解日益全面。与英美证据法中的关联性相比，我国理论界主要有三点区别：一是英美证据理论认为，关联性的核心要求是其证明性，即能够证明待证事实的实际能力；而我国则更强调关联的客观性。二是英美证据法中的关联性是指形式上的关联，与证据资格有关；而我国更强调内容上客观的关联，落脚点在于证明力的大小。三是英美证据法中除了规定关联性规则的一般原则之外，还规定了一些诸如品格证据规则、类似事实证据规则等与证据关联性有关的具体规则。我国虽然没有这些具体规定，但在司法实践中也认可和运用这些规则的精神要义。不难看出，我国证据的"关联性"与英美法中的"关联性"不是同一概念。我国证据法上的关联性侧重实质的关联性，而英美法则不涉及证据的真假和证明价值，关注点在证据与证明对象上的形式关联。我国证据法的关联性近似于大陆法系的内容，在大陆法系中，关联性是指对证据证明力的范畴评价，目的在于要求法官在评价证据、形成内心判断时所应遵循的客观联系，避免不适当地排除有利于查明案件的相关证据，或不适当地采纳不具有关联性的证据，从而导致错误认定事实。实践中，我国对证据关联性的争议相对较小，庭审中对证据的争议主要集中在真实性与合法性问题上。

一般认为，证据关联性的法律依据是《刑事诉讼法》第 50 条第 1 款规定的"可以用于证明案件事实的材料，都是证据"。《刑事诉讼法》还就关联性问题规定了侦查机关的取证规范，也是检察机关对证据关联性需要注重审查的内容。其中，第 120 条规定了侦查人员讯问犯罪嫌疑人相关性的要求，"侦查人员在讯问犯罪嫌疑人的时候，应当首先讯问犯罪嫌疑人是否有犯罪行为，让他陈述有罪的情节或者无罪的辩解，然后向他提出

---

① 参见张建伟：《证据法要义》（第二版），北京大学出版社 2016 年版，第 125 页。

问题。犯罪嫌疑人对侦查人员的提问，应当如实回答。但是对与本案无关的问题，有拒绝回答的权利。"第 141 条、第 145 条规定对搜集涉案财物（物证）相关性的要求。第 141 条第 1 款规定，"在侦查活动中发现的可用以证明犯罪嫌疑人有罪或者无罪的各种财物、文件，应当查封扣押；与案件无关的财物、文件，不得查封，扣押"。第 145 条规定，"对查封、扣押的财物、文件、邮件、电报或者冻结的存款、汇款、债券、股票、基金份额等财产，经查明确实与案件无关的，应当在三日以内解除查封、扣押、冻结，予以退还"。第 152 条第 2 款规定对技术侦查搜集证据的相关性要求，"侦查人员对采取技术侦查措施过程中知悉的国家秘密。商业秘密和个人隐私，应当保密；对采取技术侦查措施获取的与案件无关的材料，必须及时销毁"。除此之外，证据关联性的法律还主要散见于《关于办理死刑案件审查判断证据若干问题的规定》第 6 条、第 7 条、第 10 条，《关于建立健全防范刑事冤假错案工作机制的意见》第 9 条，《人民法院办理刑事案件第一审普通程序法庭调查规程（试行）》第 46 条之规定等。其中，《关于办理死刑案件审查判断证据若干问题的规定》第 6 条第 5 项规定，对物证、书证应当着重审查的内容包括"与案件事实有关联的物证、书证是否全面收集"；第 7 条规定，"对在勘验、检查、搜查中发现与案件事实可能有关联的血迹、指纹、足迹、字迹、毛发、体液、人体组织等痕迹和物品应当提取而没有提取，应当检验而没有检验，导致案件事实存疑的，人民法院应当向人民检察院说明情况，人民检察院依法可以补充收集、调取证据，作出合理的说明或者退回侦查机关补充侦查，调取有关证据"；第 10 条规定，"具备辨认条件的物证、书证应当交由当事人或者证人进行辨认，必要时应当进行鉴定。"最高人民法院《关于建立健全防范刑事冤假错案工作机制的意见》第 9 条规定："现场遗留的可能与犯罪有关的指纹、血迹、精斑、毛发等证据，未通过指纹鉴定、DNA 鉴定等方式与被告人、被害人的相应样本作同一认定的，不得作为定案的根据。涉案物品、作案工具等未通过辨认、鉴定等方式确定来源的，不得作为定案的根据。"《人民法院办理刑事案件第一审普通程序法庭调查规程（试行）》第 46 条规定，"通过勘验、检查、搜查等方式收集的物证、书证等证据，未通过辨认、鉴定等方式确定其与案件事实的关联的，不得作为定案的根据。"

综上，办理刑事案件，应当审查证据与待证事实之间是否存在关联，以及对待证事实是否具有实质性证明作用。对于具备辨认条件的物证、书证等证据，应当交由当事人或者证人进行辨认，必要时依法进行鉴定。对于鉴定的程序、方法等存在问题，导致无法确定证据与待证事实之间存在关联性的，应当进行调查核实，必要时重新鉴定。

（二）证据关联性的审查要点

证据的关联性审查，应当以案件是由犯罪嫌疑人所实施为基本点，从宏观与微观两个维度进行审查。

1. 宏观维度的审查

关于宏观维度的审查，注重审查"破案经过""抓获经过"等将犯罪嫌疑人与案件建立关联的证据材料，即能够证明案件就是犯罪嫌疑人所为的证据材料。具体如何审查此类证据，涉及前文关于证据真实性的审查内容，在此不再赘述。一般而言，直接证据与案件事实的关联性较为明显，审查重点在于证据的真实性与合法性。因此，关联性问题主要与间接性证据相联系。在英美法系国家认为，在判断一项（间接）证据是否具有关联性时，应当依次考察以下三个问题：（1）提出的证据是用来证明什么的？（2）这是否是本案中的实质性问题（在刑事案件中，实质问题的范围取决于刑事实体法的规定）；（3）提出的证据对该问题是否有证明性（能否帮助确认该实质性问题）。如果答案全部是肯定的，该证据就具有关联性。[①]有学者将上述问题归纳为两个判断标准：一是指向标准。意为证据在诉讼证明活动中用以证明什么，清楚表明了证据的指向。指向诉讼中的争议事项的，意味着符合关联性的第一个判断标准。二是功能标准。证据因与案件有某种关联而具有揭示其事实真相的能力。反过来，如果某一证据具有揭示有关案件事实的功能，使待证事项的存在更有可能或者更无可能，说明它一定与案件存在某种关联。证明功能是外在表现，关联关系是内在原因，两者是表与里的关系。因此，证据的证明功能能够成为判断证据有无关联性的依据。[②]实践中，直接证据的关联性较为明显，证据的关联性审查难点主要集中在间接性证据。上述指向标准与功能标准可以为证据关联性的审查提供借鉴。间接证据关联性审查还需要注重审查证据与证据之间的关联，即间接证据间形成的闭环证据链条需要相互印证，而这印证关系就是证据与证据之间的关联。

---

① 参见［美］乔恩·华尔兹：《刑事证据大全》，何家弘等译，中国人民公安大学出版社 1993年版，第 64 页。

② 参见张建伟：《证据法要义》（第二版），北京大学出版社 2016 年版，第 129—130 页。

当然，证据间的关联并非无限扩展的关联，应是对能够证明关键事实证据（影响对犯罪嫌疑人定性与定量）的关联。在英美证据法中，也对一些证据的关联性作了限定，防止此类证据被不适当使用。如太遥远证据、品格证据、类似事实、特定诉讼行为与事实行为、被害人过去的行为、传闻证据、产生不利于被告人的偏见的证据、仅仅证明犯罪倾向的证据等。我国司法实践虽没有明确规定上述限制，但也基本达成共识。其中，上述限制需要特别关注品格证据、传闻证据及臆测产生不利于被告人的偏见等证据，这些证据往往是造成冤错案件的主要定案根据。因此，上述类型证据的关联性审查必须特别注重。需要注意的是，证据关联性具有相对性，并不是所有品格证据、传闻证据均与案件没有关联。如在量刑证据特别是死刑量刑的证据方面，品格证据涉及人身危险性等评价，从一定程度上可以反映犯罪嫌疑人的一贯表现，类似于前科、累犯等罪前情况，是判定是否需要判处死刑立即执行或是否还有改造必要的重要因素之一。同时，结合其他证据有时也需要参考品格证据，根据经验法则等判断犯罪嫌疑人的供述和辩解、证人证言等言词证据是否真实，即证据真实性的审查有时也需要参考品格证据；如传闻证据，需要分情况审查关联性：一是证明听到的内容，如听到张三告知李四杀人的事实，此时对证明李四杀人的事实属于传闻证据，没有关联性；二是证明传闻来源，如证明李四杀人的事实是张三告知的。对于指证张三而言，是直接证据，具有关联性。

2. 微观维度的审查

关于微观维度的审查，围绕是否具有实质性证明作用，注重审查以下几类的关联：一是与行为人涉嫌犯罪的构成要件事实有关的证据，包括被侵害的客体证据、客观方面证据、主体证据、主观方面证据；二是能证明行为人涉嫌犯罪的具体行为过程的证据，包括何人、何种动机与目的、何时、何地、何种手段、何行为、何种危害后果等要素的证据；三是能证明或排除犯罪嫌疑人、被告人辩解的证据；四是与行为人涉嫌犯罪的犯罪情节有关的其他证据，包括罪重和罪轻等情节，如自首、立功、被害人过错、防卫过当等；五是与待证事实的证明作用的有无以及大小、证据的"同一性"，需要相关的辨认笔录、鉴定意见等予以关联性证明。需要注意的是，与宏观维度注重审查建立犯罪嫌疑人与案件之间的关联性证据，包括侦破经过、抓获经过等对应，微观维度审查要注重是否建立客观物证与犯罪嫌疑人之间的关联证据。实践中，常常被辩护人或犯罪嫌疑人、被告人提出关联性质疑的客观性证据，绝大部分要么因为侦查机关未能在现场提取的物证上检出犯罪嫌疑人的 DNA 等因素，要么未能在犯罪嫌疑人处搜集到与案发现场扣押的实物相关联的痕迹证据，又或者仅仅对客观性证据作了相关的辨认，但被辨认的物证如刀套等不能进一步关联就是案发现场查扣刀具的刀套，即案发现场的客观性证据与其他地方的证据不能建立关联且具备唯一性的关联，进而造成缺乏物证与犯罪嫌疑人之间的关联。对此，在审查时不仅要查明是否能在客观性证据上检出包括犯罪嫌疑人在内的 DNA，证成或证伪犯罪嫌疑人与客观性证据之间建立的关联，也要注重审查为何不能检出犯罪嫌疑人 DNA 的原因，以及为何在客观性证据与犯罪嫌疑人之间不能建立关联，综合其他证据组合是否可能影响案件是否为犯罪嫌疑人所为的判断，排除合理怀疑，避免出现冤错案件。本质上证据与证据之间的关联，就是构建以证据为中心的刑事指控体系，审查是否形成闭合、环环相扣的证据链条，相互印证犯罪嫌疑人实施了犯罪。"环环相扣"或者证据与证据之间的链接点，就是证据之间的关联关系，也是证据关联性所要审查的具体内容。

三、证据合法性的审查

证据合法性是指，证据的形式以及证据收集的主体、方法和程序应当符合法律的规定，并且证据必须经过法定的审查程序，其中重点强调证据收集手段、方法的合法性。[①] 在境外证据法学理论研究中，与证据的合法性对应的概念，一般称为"证据能力""证据资格"或者"证据的适格性"，即"证据的容许性，亦即作为证据，在审判庭上为了用于调查的所谓适格"。[②] 根据证据采纳是否受限，可以将证据能力分为严格的证明与自由的证明：严格的证明主要是针对实体法事实（如刑事诉讼中犯罪事实是否存在以及与刑罚权的范围有关的待证事实）严格依据证据法的规定进行的证明，具有"严格的形式性"，表现在两个方面：一是法定证据方法的限制，二是法定调查程序的限制，亦即审判程序中关于案件事实的调查与证明，必须在依法律规定所准许的证据方法的范围之内，并且依据法律规定的调查证据程序加以实施，两者必须同时具备，才符合严格的证明的要求。[③] 英美法系国家采用此种模式，按照证据可采性理论对可以采纳为证

---

① 参见陈光中、徐静村主编：《刑事诉讼法》，中国政法大学出版社 2002 年版，第 145 页。
② ［日］我妻荣主编：《新法律学辞典》，董璠舆等译，中国政法大学出版社 1991 年版，第 485 页。
③ 参见林钰雄：《刑事诉讼法》（上册），中国人民大学出版社 2005 年版，第 348 页。

据的材料的范围加以限制，为此设立严格的规则。与严格的证明对应，自由的证明并没有法定证据方法的限制和法定调查程序等限制。自由的证明是针对若干程序事实而进行的非依严格的证据法的规定，主要依靠法官自由裁量而进行的形式较为灵活的证明。大陆法系国家采取此种模式，为了充分发挥职权主义功能，对证据能力很少加以积极的规定，只是消极的对无证据能力或者限制证据能力的情形作出规定。如德国依据程序禁止与证据禁止的理论对证据能力加以限制。程序禁止是对收集和调查核实证据的程序加以限制，如违反搜查、扣押程序而取得的物证和违反勘验程序所形成的勘验笔录，在一些限制条件下不具有证据能力。证据禁止是对作为定案根据的证据材料的范围加以限制，如被胁迫等非出于任意性自白，一般也不认为具有证据能力。

我国庭审实践中，主要围绕证据的三性展开质证，对于证据的证据能力、证明力问题主要在理论层面开展研究。一般认为，证据三性与两力之间存在密切的联系。具备三性才有证据能力，进而判断证据的证明力。其中，证据的合法性是证据能力的基础。证据的证明力上证据价值的大小，有证据能力者，证明力才有诉讼上的意义。证据的三性与两力互为表里，正如上文所述，二者是证据作为定案根据采纳的不同评价体系。比如非法证据既违反了证据的合法性评价，又不具备证据能力的条件；《刑事诉讼法》第 55 条规定的"只有被告人供述，没有其他证据的，不能认定被告人有罪和处以刑罚"，既是对被告人供述孤证不能作为定案根据进而缺乏证据合法性的规定，又是对其不具有证据的证明力或证据力的规定。证据"两力"仅有证据的"证明力"表述在《最高人民法院关于适用〈中华人民共和国刑事诉讼法〉的解释》第 139 条第 2 款的规定，"对证据的证明力，应当根据具体情况，从证据与案件事实的关联程度、证据之间的联系方式等方面进行审查判断。"证据的"合法性"表述散见于《刑事诉讼法》第 58 条、第 59 条、第 175 条、第 192 条、第 289 条和《最高人民法院关于适用〈中华人民共和国刑事诉讼法〉的解释》第 130—135 条、第 137 条、第 138 条等若干规定。证据合法性的审查内容应主要注重审查程序与实体两个方面，涵括证据的法定种类（形式）、主体、来源、程序、内容等多个维度。

（一）程序合法性的审查

根据刑事诉讼程序法定原则，人民法院、人民检察院和公安机关在整个刑事诉讼活动过程中，必须严格遵守刑事诉讼法和其他法律的有关规定，保证程序在形式上合法、在实质上正当。程序合法性审查以程序性事实为基点，注重对证据主体（办案主体与办案对象）、来源、形成过程等进行审查。倘若证据获取的过程存在程序瑕疵，这些证据很有可能在法庭上被排除。[①]

1. 关于主体是否适格的审查

主体是否适格包括对证据收集主体、对象、见证人，以及是否存在回避情形等因素审查：一是关于证据收集主体，必须具备相应的法律资格和权限。注重审查证据收集过程中是否存在超越职权或滥用职权等影响证据合法性的情形。办案人员的主体资格是审查的重点，讯问犯罪嫌疑人必须由人民检察院或者公安机关的侦查人员负责进行。其中，侦查人员不包括辅警，因此对相关的证据收集人即办案人员需要特别注意审查。特别是在行刑交叉的案件中如危险驾驶罪，证据的收集包括吹气等均需要正式交警收集。二是关于证据收集对象，包括犯罪嫌疑人、被害人、证人、鉴定人员、有专门知识的人等，注重审查上述人员是否具备基本的认识和表达能力。其中，对鉴定人员还要注重审查鉴定机构和鉴定人是否具有法定资质，相关资格证书是否过期。对有专门知识的人还要注重审查是否具备相应的专业知识水平和能力等。同时，在证人资格方面，虽然证人不需要有特别的要求，但生理上、精神上有缺陷或者年幼，不能辨别是非、不能正确表达的人，不能作证人。在内容上，证人证言审查时需要注意，对于处于明显醉酒、中毒或者麻醉等状态，不能正常感知或者正确表达的证人所提供的证言，不得作为证据使用。证人的猜测性、评论性、推断性的证言，不得作为证据使用，但根据一般生活经验判断符合事实的除外；对被害人陈述的审查与认定，与证人证言的审查相同。在鉴定主体资格方面，对鉴定意见应当着重审查鉴定机构和鉴定人是否具有法定资质；如果鉴定机构不具备法定资质，或者鉴定事项超出该鉴定机构业务范围、技术条件的，或者鉴定人不具备法定资质，不具有相关专业技术或者职称，或者违反回避规定的，均不得作为定案的根据。值得注意的是，实践中，鉴定意见经常因鉴定时资格证书过期的问题被辩护律师提出不能作为定案根据的质疑。对此情形，鉴定机构和鉴定人员在鉴定之时资格证书虽已过期，之

---

① 参见陈红君、王郑琦：《网络服务提供者协助犯罪侦查的规范化》，载《福建警察学院学报》2024 年第 1 期。

后是否接续通过年检获得资格证书是需要审查的重点。如果获得，则鉴定机构和鉴定人员实质上具备鉴定资质和资格，鉴定意见只是存在瑕疵，应具备实质合法性；反之，则不具备法定资质，不能作为定案根据。三是关于见证人资格，与证人资格的要求一样，必须具备相应的辨识和表达能力。根据法律规定，不得担任见证人的有以下三种类型：第一，能力欠缺。如生理上、精神上有缺陷或者年幼，不具有相应辨别能力或者不能正确表达的人。第二，利益回避。与案件有利害关系，可能影响案件公正处理的人。第三，职务回避。如行使勘验、检查、搜查、扣押、组织辨认等监察调查、刑事诉讼职权的监察、公安、司法机关的工作人员或者其聘用的人员。四是关于回避问题。注重审查前述证据收集主体、对象、见证人等是否存在可能影响案件公正而需要回避的情形。《刑事诉讼法》第三章、《最高人民法院关于适用〈中华人民共和国刑事诉讼法〉的解释》第二章、《监察法》第58条等专门规定了有关回避问题。具体而言，在实体上，适用回避的主体分为三类：其一是办案人员，包括监察人员、审判人员、检察人员、侦查人员等；其二是与办案相关的人员，如书记员、翻译人员和鉴定人；其三是独立的第三方人员，见证人等。上述主体需要回避的情形主要有四类：其一是亲属关系。系本案的当事人或者是当事人的近亲属；其二是利害关系。本人或者其近亲属与本案有利害关系；其三是"角色"回避。担任过本案的证人、鉴定人、辩护人、诉讼代理人等；其四是与本案当事人有其他关系，可能影响公正处理案件等。在程序上，回避的形式表现为自行回避，或由当事人及其法定代理人要求回避。

2. 关于证据来源的审查

注重审查证据来源是否清楚，是否是合法取得，侧重静态源头。一方面，违法取证不等于证据排除，立法机关相关人士就此指出，这里应当理解为并不是所有以非法方法收集的证据都应当予以排除。[①] 另一方面，刑事诉讼法、《最高人民法院关于适用〈中华人民共和国刑事诉讼法〉的解释》等均规定了来源不明以及非法方法收集的证据，不能作为定案根据。比如，法庭启动排除非法证据程序，经过法庭审理，公诉人未能证明相关证据具备合法性，法院确认或者不能排除存在《刑事诉讼法》第56条规定的以非法方法收集证据情形的，则会对有关证据予以排除；又如，在勘

---

① 　参见李寿伟：《非法证据排除制度的若干问题》，载《中国刑事法杂志》2014年第2期。

验、检查、搜查过程中提取、扣押的物证、书证，未附笔录或者清单，不能证明物证、书证来源的，不得作为定案的根据；再如，对来自境外的证据材料，人民检察院应当随案移送有关材料来源、提供人、提取人、提取时间等情况的说明，证明来源合法。

经人民法院审查，相关证据材料能够证明案件事实且符合刑事诉讼法规定的，可以作为证据使用，但提供人或者我国与有关国家签订的双边条约对材料的使用范围有明确限制的除外；材料来源不明或者真实性无法确认的，不得作为定案的根据。当事人及其辩护人、诉讼代理人提供来自境外的证据材料的，该证据材料应当经所在国公证机关证明，所在国中央外交主管机关或者其授权机关认证，并经中华人民共和国驻该国使领馆认证，或者履行中华人民共和国与该所在国订立的有关条约中规定的证明手续，但我国与该国之间有互免认证协定的除外。实践中，常常容易出现的是物证来源即提取、扣押笔录及现场勘查笔录等内容错误，影响物证认定。如笔录表述扣押的物证特征模糊、不一致甚至错误；查扣物证数量与现场照片反映的内容不一致；扣押笔录与现场勘查笔录矛盾；鉴定检材来源即送检材料与扣押物证笔录不能对应等，审查时需要特别注意前述证据间的内容细节表述，注重查明物证的"同一性"。特别是对于毒品寄递案件，需要注意侦查机关在异地就已经查获毒品的情况。注重审查侦查机关在上游地起获毒品的现场勘查笔录、扣押笔录、称量、检验、证人如快递公司人员辨认笔录及毒品入库清单，在源头上固定好证据，审查在下游地人赃俱获的毒品犯罪证据，特别是包裹的特征、包裹内毒品放置的情况及毒品特征等是否与此前在上游地查扣的物证一致，如果不一致，是否有合理说明（如侦查人员将毒品放回包裹时未按照原状放置）等，审查是否在上、下游地查获的毒品"唯一性"已经建立完整的证据闭合链条。

3. 关于证据形成过程的审查

注重审查证据的收集、保管、移送、审查及认定等过程是否依法、规范，是否符合法律规定的程序，收集证据的时间、地点、方式等是否符合法律的要求，包括送检、鉴定等程序是否依法、规范，鉴定依据是否科学、正确等。实践中，较易出现的问题是因违反办案规范导致物证受到污染，影响定案。如在毒品犯罪案件中，最高人民法院、最高人民检察院、公安部印发的《办理毒品犯罪案件毒品提取、扣押、称量、取样和送检程序若干问题的规定》，明确对毒品物证固定到鉴定等一系列环节的办案程序，有的侦查机关并未严格按照规定取证，最终影响死刑量刑甚至产生无罪风险。一般而言，证据合法性或者证据能力被质疑的风险点往往在源头即现场扣押环节没有及时封存，物证保管、提取、检验环节等受到污染，导致鉴定意见不能作为定案根据。

4. 关于办案程序审查

办案程序与证据来源、过程形成等有所交叉，但侧重点各不相同。后者在前文讨论中更侧重"证据"这一"客体"角度审查，办案程序则侧重从办案主体的履职角度谈审查，先此叙明。办案程序规定散见于刑事诉讼法、《最高人民法院关于适用〈中华人民共和国刑事诉讼法〉的解释》的相关规定，对取证环节注重逐一对照审查。如讯问的时候，侦查人员不得少于二人。犯罪嫌疑人被送交看守所羁押以后，侦查人员对其进行讯问，应当在看守所内进行；对不需要逮捕、拘留的犯罪嫌疑人，可以传唤到犯罪嫌疑人所在市、县内的指定地点或者到他的住处进行讯问，但是应当出示人民检察院或者公安机关的证明文件。对在现场发现的犯罪嫌疑人，经出示工作证件，可以口头传唤，但应当在讯问笔录中注明。传唤、拘传持续的时间不得超过十二小时；案情特别重大、复杂，需要采取拘留、逮捕措施的，传唤、拘传持续的时间不得超过二十四小时。不得以连续传唤、拘传的形式变相拘禁犯罪嫌疑人。传唤、拘传犯罪嫌疑人，应当保证犯罪嫌疑人的饮食和必要的休息时间。询问证人或讯问同案犯的，应当个别进行等。

另外，为确保犯罪嫌疑人、被告人供述的真实性，程序上还需进一步特别保障犯罪嫌疑人、被告人被讯问时的权利，审查时注重是否有以下依法不得作为定案根据的情形：一是讯问笔录是否经被犯罪嫌疑人、被告人核对确认；二是讯问聋、哑人，是否提供通晓聋、哑手势的人员；三是讯问不通晓当地通用语言、文字的犯罪嫌疑人、被告人，是否提供翻译人员；四是讯问未成年人，其法定代理人或者合适成年人是否在场等。与此同时，审判人员应当依照法定程序收集、审查、核实、认定证据；收集的证据需要经过庭审举证、质证，未经当庭出示、辨认、质证等法庭调查程序查证属实，不得作为定案的根据。对鉴定意见应当审查以下内容：一是鉴定程序是否符合法律等有关规定；二是鉴定的过程和方法是否符合相关专业的规范要求；三是鉴定意见是否明确；四是鉴定意见是否依法及时告知相关人员，当事人对鉴定意见有无异议等。对于辨认笔录证据能否作为定案的根据，注重审查是否具有以下情形：一是辨认是否在调查人员、侦查人员主持下进行的；二是辨认前辨认人是否见过辨认对象；三是辨认活动是否个别进行；四是辨认对象是否混杂在具有类似特征的其他对象中，供辨认的对象数量是否符合规定；五是辨认中是否存在给辨认人明显暗示或者明显有指认嫌疑的情形；六是是否违反法律等有关规定，不能确定辨认笔录真实性的其他情形。实践中，经常遇到辩护人以违反程序规定为由质疑证据合法性，提出排除非法证据。刑事诉讼法的价值根基在于程序正义和实现实体真实。证据取得禁止不等于证据使用禁止。[①]

对此，需要区分非法证据与其他不能作为定案根据的证据之间的区别：首先，非法证据排除特指以刑讯逼供等非法方法收集的证据，手段、方法违法甚至犯罪，应予排除。主要依据刑事诉讼法、《最高人民法院关于适用〈中华人民共和国刑事诉讼法〉的解释》《关于办理刑事案件严格排除非法证据若干问题的规定》《办理刑事案件排除非法证据规程》等规定。综合法律和司法解释规定，非法证据排除规则主要包括以下五个方面内容：一是采取殴打、违法使用戒具等暴力方法或者变相肉刑的恶劣手段，以及采用以暴力或者严重损害本人及其近亲属合法权益等进行威胁的方法，使犯罪嫌疑人、被告人遭受难以忍受的痛苦而违背意愿作出的供述，应当予以排除。采用非法拘禁等非法限制人身自由的方法收集的犯罪嫌疑人、被告人供述，应当予以排除。二是采用刑讯逼供方法使犯罪嫌疑人、被告人作出供述，之后犯罪嫌疑人、被告人受该刑讯逼供行为影响而作出的与该供述相同的重复性供述，应当一并排除，但下列情形除外：（1）调查、侦查期间，根据控告、举报或者自行发现等，监察机关、侦查机关确认或者不能排除以非法方法收集证据而更换调查、侦查人员，其他调查、侦查人员再次讯问时告知有关权利和认罪的法律后果，犯罪嫌疑人自愿供述的；（2）审查逮捕、审查起诉和审判期间，检察人员、审判人员讯问时告知诉讼权利和认罪的法律后果，犯罪嫌疑人、被告人自愿供述的。三是采用暴力、威胁以及非法限制人身自由等非法方法收集的证人证言、被害人陈述，应当予以排除。四是采用非法搜查、扣押等违反法定程序的方法收集物证、书证，可能严重影响司法公正的，应当予以补正或者作出合理解释；不能补正或者作出合理解释的，对该证据应当予以排除。

---

① 参见林钰雄：《干预处分与刑事证据》，北京大学出版社 2010 年版，第 210 页。

五是人民检察院经审查，认为确有或者不能排除刑讯逼供、非法取证情形的，应当依法排除非法证据。对于排除的非法证据，不得作为批准或者决定逮捕、移送起诉以及提起公诉的依据。对于确有以非法方法收集证据情形的，应当提出纠正意见；构成犯罪的，依法追究刑事责任。

其次，其他不能作为定案根据的证据包括办案程序违法、瑕疵证据不能作合理解释的证据。如前述取证人员主体不适格，造成证据不合法，不能成为定案根据。根据法律规定，侦查机关应当严格依照法定程序收集物证、书证。否则，可能严重影响司法公正的，应当予以补正或者作出合理解释。不能补正或者作出合理解释的，对该证据依法应当予以排除。一般而言，笔录瑕疵中的笔录特指讯问笔录，也是常被辩护人提出要求排除非法证据的情形，包括以下三类：一是讯问笔录填写的讯问时间、讯问地点、讯问人、记录人、法定代理人等有误或者存在矛盾；二是讯问人没有签名；三是首次讯问笔录没有记录告知被讯问人有关权利和法律规定。这些问题根据法律规定，应属于瑕疵证据而不是非法证据。如果可以补正或者作出合理解释的，可以采用。否则不能作为定案的根据。另外，人民检察院认为可能存在以刑讯逼供等非法方法收集证据情形的，可以书面要求监察机关或者公安机关对证据收集的合法性作出说明。实际上，非法证据排除的范围仅仅是不能作为定案根据的三大情形之一，并且仅占小部分比例，不能将瑕疵证据与非法证据混为一谈。随着推动构建以证据为中心的刑事指控体系工作深入开展，办案更加规范，非法证据情形只会越来越少，今后需更注重审查其他程序违法和瑕疵证据是否能作合理说明等问题。

违反程序是否影响证据成为定案根据，需要结合法律、司法解释、法理等具体判断，注重区分效力性规定与宣示性规定。如关于讯问应当同步录音或录像而没有录或者因客观原因不能提供同步录音录像的情况，往往是辩护律师提出应予排除证据的争议焦点。根据法律规定，对于可能判处无期徒刑、死刑的案件或者其他重大犯罪案件，应当对讯问过程进行录音或者录像。对依法应当对讯问过程录音录像的案件，相关录音录像未随案移送的，必要时，人民法院可以通知人民检察院在指定时间内移送。人民检察院未移送，导致不能排除属于《刑事诉讼法》第 56 条规定的以非法方法收集证据情形的，对有关证据应当依法排除。导致有关证据的真实性无法确认的，不得作为定案的根据。同时《人民检察院刑事诉讼规则》第

71 条第 1 款,《办理刑事案件排除非法证据规程》第 4 条、第 5 条以及最高人民检察院、公安部、国家安全部《关于重大案件侦查终结前开展讯问合法性核查工作若干问题的意见》等确立重大案件侦查终结前讯问合法性核查制度,强调驻看守所检察人员应当对重大案件讯问合法性进行核查。其中,对重大案件,人民检察院驻看守所检察人员在侦查终结前应当对讯问合法性进行核查并全程同步录音、录像,核查情况应当及时通知本院负责捕诉的部门。对于可能判处无期徒刑、死刑的案件或者其他重大案件,侦查机关在侦查终结前,应当书面通知人民检察院驻看守所检察人员开展讯问合法性核查。检察人员应当在侦查终结前讯问犯罪嫌疑人,核查是否存在刑讯逼供等非法取证的情形,并全程同步录音录像。实践中,对于可能判处无期徒刑、死刑的案件或者其他重大犯罪案件,如果应当对讯问过程进行录音或者录像而没有进行的,违反规定自不待言,但必须一分为二看待:一方面,未按规定录音或录像,是执法办案的规范性问题;另一方面,违反规范是否影响证据的合法性,需要从实质性判断,即讯问笔录是否依法取得,犯罪嫌疑人供述是否真实、自愿,是否存在刑讯逼供等非法取得证据的情形。进而言之,证据的合法性判断仍回归实质性评价。如果不存在非法取证等情形获得的口供,仍具有证据的合法性,可以作为定案根据。《最高人民法院关于适用〈中华人民共和国刑事诉讼法〉的解释》第 74 条中的"人民检察院未移送,导致不能排除属于刑事诉讼法第五十六条规定的以非法方法收集证据情形的,对有关证据应当依法排除;导致有关证据的真实性无法确认的,不得作为定案的根据"核心要义及反对解释,就是根据存疑有利于被告原则,实质性评价证据的合法性,排除非法证据的合理怀疑情形。如果可以排除非法取证的合理怀疑,可以确认证据真实性的,则可以作为定案根据。"实质性评价"作为解释的精神要义及法治内涵和逻辑,贯通刑事诉讼制度全过程。

据此,对因办案不规范被质疑是非法证据而不应采纳为定案根据的质疑,应秉承上述理念来看待处置。实践中,除了前述同步录音录像,还有如没有及时告知犯罪嫌疑人权利义务,讯问时未告知同步录音录像,羁押超 24 小时未送看守所时的问话笔录,被羁押看守所后外提辨认时的指认辨认笔录、讯问笔录等证据,是否能作为定案根据或非法证据予以排除常常是庭审争议的焦点。对于没有及时告知权利义务问题,刑事诉讼法已经明确首次讯问笔录可以补正或作出合理解释,否则不能作为定案根据。其法律原意就是根据保护人权及权责统一等原则，要求犯罪嫌疑人在确定知道自己的权利义务后，所做的笔录才具备实质意义上的自愿性。依此法理，在后续的讯问笔录中即使未及时告知权利义务甚至未告知而讯问的笔录，也不能因此作为不是定案根据的理由。同样道理，讯问时同步录音录像未告知犯罪嫌疑人，并不必然影响证据本身的合法性，关键仍是审查讯问时是否有非法取证的情形。对于后两类争议的问题，法律依据源于《刑事诉讼法》第85条规定："公安机关拘留人的时候，必须出示拘留证。拘留后，应当立即将被拘留人送看守所羁押，至迟不得超过二十四小时。"第118条规定："犯罪嫌疑人被送交看守所羁押以后，侦查人员对其进行讯问，应当在看守所内进行。"最高人民法院、最高人民检察院、公安部、国家安全部、司法部《关于办理刑事案件严格排除非法证据若干问题的规定》第9条规定："拘留、逮捕犯罪嫌疑人后，应当按照法律规定送看守所羁押。犯罪嫌疑人被送交看守所羁押后，讯问应当在看守所讯问室进行。因客观原因侦查机关在看守所讯问室以外的场所进行讯问的，应当作出合理解释。"类似情形应注重实质性审查证据的收集过程是否存在刑讯逼供等非法取证情形，据以作为是否定案根据的事实依据。同时，对于"外提"的笔录，需要注意实质性审查笔录的性质。有的笔录形式虽然是"讯问笔录"，但实质是现场辨认笔录和指认笔录，则此类笔录并没有违反以上规定。

（二）内容合法性的审查

因为证据的实体内容是通过侦查机关依程序取得而来，所以内容合法性审查与程序合法性审查存在交叉，如非法证据排除问题等已经在程序合法性审查中讨论的，在此不再赘述。结合办案实践，内容合法性审查主要包含证据的形式、办案管辖权、瑕疵证据、言词证据采纳问题及证据转化问题等。

1. 关于证据形式的审查

注重是否属于刑事诉讼法规定的八类法定形式：物证，书证，证人证言，被害人陈述，犯罪嫌疑人、被告人供述和辩解，鉴定意见，勘验、检查、辨认、侦查实验等笔录，视听资料、电子数据。根据法律规定，证据形式只能是上述八种法定种类作为定案根据。随着经济社会高速发展，证据形式除法定种类之外，呈现出其他非法定种类证据，如讯问犯罪嫌疑人的同步录音或录像、专门性问题认定意见、技术性证据审查意见、数字证据等。实践中，对于上述新类型证据是否具有证据资格，应当区分不同情形。《最高人民法院关于适用〈中华人民共和国刑事诉讼法〉的解释》第100条规定，"因无鉴定机构，或者根据法律、司法解释的规定，指派、聘请有专门知识的人就案件的专门性问题出具的报告，可以作为证据使用。对前款规定的报告的审查与认定，参照适用本节的有关规定"。第101条规定，"有关部门对事故进行调查形成的报告，在刑事诉讼中可以作为证据使用；报告中涉及专门性问题的意见，经法庭查证属实，且调查程序符合法律、有关规定的，可以作为定案的根据"。总体而言，当前证据的形式呈现扩张态势，为便于司法机关办理案件，有必要更多地赋予其证据资格。

2. 关于管辖权的审查

关于管辖权问题，实践中需要特别注意侦查机关异地抓人特别是毒品犯罪类型的案件是否具有管辖权问题，注重审查是否得到上级机关的指定管辖或是否具有管辖权。根据属地管辖原则规定，刑事案件由犯罪地的人民法院管辖。如果由被告人居住地的人民法院审判更为适宜的，可以由被告人居住地的人民法院管辖。其中，犯罪地包括犯罪的行为发生地和结果发生地。如我国关于毒品犯罪案件的地域管辖，坚持以犯罪地管辖为主、被告人居住地管辖为辅的原则。进而言之，"犯罪地"包括犯罪预谋地，毒资筹集地，交易进行地，毒品生产地，毒资、毒赃和毒品的藏匿地、转移地，走私或者贩运毒品的目的地以及犯罪嫌疑人被抓获地等。"被告人居住地"包括被告人常住地、户籍地及其临时居住地。实践中，根据毒品犯罪司法解释文件规定，对毒品犯罪的上下游毒品犯罪分子，可以并案管辖。但对于其他案件，如果没有司法解释等相关规定，盲目扩大"牵连管辖"的含义，则意味着侦查机关对所有犯罪都有管辖权，刑事诉讼法管辖权规定将被架空，这与刑事诉讼管辖权制度设定是为了限制侦查权的初衷相违背。

3. 关于瑕疵证据的审查

在前述程序合法性审查内容中的有所论述，在此需要强调的是，瑕疵证据审查注重证据来源、内容与实际不符或与其他关键证据相矛盾、办案不规范等影响证据作为定案根据的判定时，是否有补正或合理解释、说明，排除合理怀疑。这种可合理解释或补正的就属于"两个证据规定"中所说的瑕疵证据，属于可补救的证据。①

---

① 参见王景龙：《证据为何要补救？——刑事证据补救的逻辑与方法》，载《证据科学》2022年第2期。

4. 关于言词证据采纳问题的审查

在前述程序性审查中证据对象有所提及，在此注重审查证据的证明力。实践中，以下两类人员的言词，不能简单采信或排除，应当慎重使用，有其他证据印证的，可以采信：一是生理上、精神上有缺陷，对案件事实的认知和表达存在一定困难，但尚未丧失正确认知、表达能力的被害人、证人和被告人所作的陈述、证言和供述；二是与被告人有亲属关系或者其他密切关系的证人所作的有利于被告人的证言，或者与被告人有利害冲突的证人所作的不利于被告人的证言。

5. 关于证据转化问题

证据转化问题主要是指行刑交叉的案件。行政机关在行政执法和查办案件过程中收集的物证、书证、视听资料、电子数据等证据材料，可以直接作为证据使用，不需要转化即重新收集。经法庭查证属实，且收集程序符合有关法律、行政法规规定的，可以作为定案的根据。而对行政机关收集的言词证据需要转化，重新制作问话笔录。

四、法定种类证据的审查

对法定种类（传统）证据的审查，刑事诉讼法和相关司法解释规定较为完备，包括《刑事诉讼法》《最高人民法院关于适用〈中华人民共和国刑事诉讼法〉的解释》《人民检察院刑事诉讼规则》《关于办理死刑案件审查判断证据若干问题的规定》等。

（一）物证的审查

物证是以其外部特征、物证属性、存在状况等证明案件真实情况的一切物品或痕迹。[①]《最高人民法院关于适用〈中华人民共和国刑事诉讼法〉的解释》第82条规定："对物证、书证应当着重审查以下内容：（一）物证、书证是否为原物、原件，是否经过辨认、鉴定；物证的照片、录像、复制品或者书证的副本、复制件是否与原物、原件相符，是否由二人以上制作，有无制作人关于制作过程以及原物、原件存放于何处的文字说明和签名；（二）物证、书证的收集程序、方式是否符合法律、有关规定；经勘验、检查、搜查提取、扣押的物证、书证，是否附有相关笔录、清单，笔录、清单是否经调查人员或者侦查人员、物品持有人、见证人签名，没有签

---

① 参见陈光中主编：《刑事诉讼法》（第六版），北京大学出版社、高等教育出版社2016年版，第207页。

名的，是否注明原因；物品的名称、特征、数量、质量等是否注明清楚；
（三）物证、书证在收集、保管、鉴定过程中是否受损或者改变；（四）物
证、书证与案件事实有无关联；对现场遗留与犯罪有关的具备鉴定条件的血
迹、体液、毛发、指纹等生物样本、痕迹、物品，是否已作 DNA 鉴定、指
纹鉴定等，并与被告人或者被害人的相应生物特征、物品等比对；（五）与
案件事实有关联的物证、书证是否全面收集。"据此，物证证据应注重审
查"同一性"、来源、动态变化、与案件事实的关联、收集是否全面、规
范等。

1. 关于物证"同一性"的审查

主要包括两个方面：一是注重审查物证是否是扣押的原物。《最高人
民法院关于适用〈中华人民共和国刑事诉讼法〉的解释》规定，据以定案
的物证应当是原物。注重审查原物是否经过辨认和鉴定，以及辨认的物证
和送检鉴定的检材如血迹、斑迹、体液、毛发、指纹等生物样本、痕迹、
物品等是否为现场扣押的物证；二是对于物证的照片、录像、复制品，注
重审查是否为原物的原型，是否符合《最高人民法院关于适用〈中华人民
共和国刑事诉讼法〉的解释》第 83 条规定"原物不便搬运、不易保存、
依法应当返还或者依法应当由有关部门保管、处理的，可以拍摄、制作足
以反映原物外形和特征的照片、录像、复制品。必要时，审判人员可以前
往保管场所查看原物"的条件，以及是否足以反映原物外形和特征，是否
经与原物核对无误、经鉴定或者以其他方式确认真实等。

2. 关于物证来源的审查

注重审查来源是根据犯罪嫌疑人供述在现场找到还是自行发现，自行
发现是如何发现，发现的位置是否隐蔽，发现的过程是否自然、符合情
理；收集程序、方式是否符合法律、有关规定；收集过程中是否受损或者
改变等。在形式上，还要注重反映物证来源的其他法定种类证据的审查。
《最高人民法院关于适用〈中华人民共和国刑事诉讼法〉的解释》第 86 条
规定："在勘验、检查、搜查过程中提取、扣押的物证、书证，未附笔录
或者清单，不能证明物证、书证来源的，不得作为定案的根据。"理论上，
关于物证定案争议较大的是"毒树之果"是否可以作为定案根据，即侦查
机关通过刑讯逼供等非法手段获得物证信息，进而找到物证。此时，对此
物证是否能作为定案根据？在英美法系和大陆法系国家谈及"毒树之果"
是由非法证据排除规则延伸而来。排除规则不限于警察非法行为直接产生

的证据，还包括侵犯犯罪嫌疑人宪法权利的结果而间接获得的证据。此类证据或被称为"第二手证据""派生证据"等。① 同时，"毒树之果"原则也有若干例外可以作为定案根据的情形，主要有独立来源、稀释、必然发现、真诚相信等例外。其中，独立来源的例外是指，如果一个污点证据能够从与原来的违反宪法行为完全不同的来源获得的话，则允许采纳该份证据。稀释例外是指，纵然污点证据只有通过违反宪法的行为才能发现，没有独立的来源，但只要取得该证据的手段与原先的违法行为相距甚远和界限分明，那么该证据依然可被采纳。必然发现的例外是指，允许采纳依事态的正常发展必然要发现的证据。根据这项例外，控诉依证据的以下优势而被接受，尽管证据实际上是作为违宪行为的直接结果而被发现的，该证据最终或者必然要被合法手段，如作为执法机构、若干其他机构或者私人可以预见或者日常的行为而发现。真诚相信的例外是指，只要怀着确实的善意行事的执法人员从独立并中立的法官或者治安法官那里取得了搜查证，并在搜查证确定的权限内进行搜查，依该令状所扣押的证据就不会被排除，即使后来发现治安法官签发该令状依据的证据不足或者存在错误导致该令状无效。② 我国司法实践借鉴了国外经验，以收集程序是否符合法定程序作为认定物证证据是否可以成为定案根据的依据。《刑事诉讼法》第 56 条规定："收集物证、书证不符合法定程序，可能严重影响司法公正的，应当予以补正或者作出合理解释；不能补正或者作出合理解释的，对该证据应当予以排除。"

3. 关于物证动态变化问题

注重审查物证被发现时的样态，是否及时按规范提取、封存、保管、鉴定等，在收集、保管、鉴定过程中是否受损或者改变等。随着科技进步，DNA 检测非常灵敏，办案过程中稍有不慎就可能污染物证。因此，审查时要特别注意是否遵照规范操作。

4. 关于物证与案件事实关联的审查

注重对现场遗留与犯罪有关的具备鉴定条件的血迹、体液、毛发、指纹等生物样本、痕迹、物品，是否已作 DNA 鉴定、指纹鉴定等，并与被告人或者被害人的相应生物特征、物品等比对。实践中，特别是对死刑案件的现场物证，除了注重审查与在案犯罪嫌疑人、被告人关联的物证，还

---

①　参见张建伟：《证据法要义》（第二版），北京大学出版社 2016 年版，第 176 页。

②　参见张建伟：《证据法要义》（第二版），北京大学出版社 2016 年版，第 178 页。

要注重是否有第三人的 DNA 物证，综合全案证据审查是否还有第三人作案的可能。

5. 关于物证的收集是否全面的审查

《最高人民法院关于适用〈中华人民共和国刑事诉讼法〉的解释》第 85 条对物证收集是否全面的审查作了提示性规定："对与案件事实可能有关联的血迹、体液、毛发、人体组织、指纹、足迹、字迹等生物样本、痕迹和物品，应当提取而没有提取，应当鉴定而没有鉴定，应当移送鉴定意见而没有移送，导致案件事实存疑的，人民法院应当通知人民检察院依法补充收集、调取、移送证据。"实践中，主要有以下情形存在遗漏：一是个别案件中，犯罪现场有血迹，或提取的作案工具、犯罪嫌疑人衣服上有血迹。但是，案卷材料中没有对血迹的鉴定材料；对于提取的作案工具也没有提取指纹进行鉴定。经调查得知，一些侦查人员在犯罪嫌疑人认罪或者目击证人较多的情况下，认为证据已经足够，就没有再做工作。[①] 我们建议，对发现的可疑痕迹要尽可能地进行鉴定；对于作案工具上的指纹要尽可能地提取并进行鉴定。确实提取不到的，或提取的指纹不完整而难以鉴定的，或提取的指纹与犯罪嫌疑人不符的，应写一份说明并附卷。二是个别案件出现已经扣押的涉案物品与定案有紧密关联，侦查机关未及时收集或收集后未重视而发还家属的情况。此时，侦查人员再找被害人家属索回物证进行补充提取相关证据，可能会导致程序合法性、内容真实性存疑。审查时注重审查证据的合法性、真实性是否得到补强与合理说明，能够排除合理怀疑。

6. 关于物证证据瑕疵的审查

物证证据瑕疵特指收集程序、方式存在瑕疵。对此类证据注重审查是否有补正或合理解释，是否能弥补瑕疵确保证据真实。《最高人民法院关于适用〈中华人民共和国刑事诉讼法〉的解释》第 86 条第 2 款规定："物证、书证的收集程序、方式有下列瑕疵，经补正或者作出合理解释的，可以采用：（一）勘验、检查、搜查、提取笔录或者扣押清单上没有调查人员或者侦查人员、物品持有人、见证人签名，或者对物品的名称、特征、数量、质量等注明不详的；（二）物证的照片、录像、复制品，书证的副本、复制件未注明与原件核对无异，无复制时间，或者无被收集、调取人

---

① 《我们应从"法官对公安办案弱点评判"一文中得到什么启示》，载《检察日报》2021 年 8 月 7 日。

签名的；（三）物证的照片、录像、复制品，书证的副本、复制件没有制作人关于制作过程和原物、原件存放地点的说明，或者说明中无签名的；（四）有其他瑕疵的。"

（二）书证的审查

书证是以其记载或表达的内容来证明有关案件事实的文字材料或其他物品。书证与物证的审查重点相似，《最高人民法院关于适用〈中华人民共和国刑事诉讼法〉的解释》将物证、书证审查规定在同一章节之中。同时，书证审查有其特殊性，审查书证应当通过分析对比、印证、核实等方法，除了物证审查关注的重点，还要重点从书证的真实性、合法性、关联性展开。

1. 关于书证真实性审查

书证真实性审查注重三个方面：一是注重同一性问题。根据《最高人民法院关于适用〈中华人民共和国刑事诉讼法〉的解释》第 82 条规定，注重审查书证是否是原物、原件，是否经过辨认、鉴定；书证的副本、复制件是否与原件相符，是否由二人以上制作，有无制作人关于制作过程以及原物、原件存放于何处的文字说明和签名；物证照片能否反映原物的外形和特征，是否与原物核对无误、经鉴定或者以其他方式确认真实等。此外，《最高人民法院关于适用〈中华人民共和国刑事诉讼法〉的解释》第 84 条规定，"据以定案的书证应当是原件。取得原件确有困难的，可以使用副本、复制件。对书证的更改或者更改迹象不能作出合理解释，或者书证的副本、复制件不能反映原件及其内容的，不得作为定案的根据。书证的副本、复制件，经与原件核对无误、经鉴定或者以其他方式确认真实的，可以作为定案的根据"。二是注重在收集、保管、鉴定过程中是否受损或者改变。特别是陈年旧案，注重综合其他证据审查是否存在与案件相关而未提交的关键性书证，核实书证是否有因保管不善等原因而损毁或灭失的情况。三是内容是否具体、客观。注重书证内容如扣押笔录是否与扣押物证的名称、特征、数量、质量等相一致，是否注明清楚、具体。实践中，常出现的瑕疵证据如毒品扣押、称量笔录出现笔误，侦破经过、抓获经过没有说清楚侦查机关如何发现案件，如何锁定犯罪嫌疑人等。此类书证审查时，注重内容是否具体、明确，解决定案、量刑的关键疑问。特别是表述笼统如派出所民警"根据线索"在某地抓获犯罪嫌疑人的抓获经过，注重审查是否有材料进一步说明"根据线索"是根据什么线索，线索是怎么来的，是线人举报、群众举报、技术侦查手段获悉，还是同案犯供述出来等来源经过。

2. 关于书证合法性审查

本部分内容同物证收集过程等审查，落脚点在书证的来源，包括收集主体、程序与方式等是否依法规范，有瑕疵内容的是否有合理解释并能排除合理怀疑。《最高人民法院关于适用〈中华人民共和国刑事诉讼法〉的解释》第86条规定："在勘验、检查、搜查过程中提取、扣押的书证，未附笔录或者清单，不能证明物证、书证来源的，不得作为定案的根据。物证、书证的收集程序、方式有下列瑕疵，经补正或者作出合理解释的，可以采用：（一）勘验、检查、搜查、提取笔录或者扣押清单上没有调查人员或者侦查人员、物品持有人、见证人签名，或者对物品的名称、特征、数量、质量等注明不详的；（二）物证的照片、录像、复制品，书证的副本、复制件未注明与原件核对无异，无复制时间，或者无被收集、调取人签名的；（三）物证的照片、录像、复制品，书证的副本、复制件没有制作人关于制作过程和原物、原件存放地点的说明，或者说明中无签名的；（四）有其他瑕疵的。物证、书证的来源、收集程序有疑问，不能作出合理解释的，不得作为定案的根据。"

3. 关于书证关联性审查

关联性审查包括全面与证明力两个方面：一是立足证据收集全面性原则，注重审查书证收集是否遗漏。实践中，对于犯罪嫌疑人归案时认罪态度较好的案件，往往没有及时收集犯罪嫌疑人及相关人员使用电话的通话清单、基站信息、微信聊天记录、上网痕迹信息、银行流水等，导致后期补正时陷入被动；二是注重审查书证与其他证据之间是否相互印证或矛盾，以审查证明力大小。

（三）证人证言的审查

证人证言是指刑事诉讼当事人以外的第三人就自己感知的案件事实，向司法机关所作的陈述。实践中，需要区别侦查人员向法院提交的情况说明与证人证言在性质上的差异。证人证言证据的审查应注重程序与实体两个方面。

1. 关于证人证言的程序审查

注重证人资格与收集程序等。《最高人民法院关于适用〈中华人民共和国刑事诉讼法〉的解释》第87条规定了对证人证言应当着重审查的八类内容："（一）证言的内容是否为证人直接感知；（二）证人作证时的年龄，认知、记忆和表达能力，生理和精神状态是否影响作证；（三）证人与案件当事人、案件处理结果有无利害关系；（四）询问证人是否个别进行；（五）询问笔录的制作、修改是否符合法律、有关规定，是否注明询问的起止时间和地点，首次询问时是否告知证人有关权利义务和法律责任，证人对询问笔录是否核对确认；（六）询问未成年证人时，是否通知其法定代理人或者刑事诉讼法第二百八十一条第一款规定的合适成年人到场，有关人员是否到场；（七）有无以暴力、威胁等非法方法收集证人证言的情形；（八）证言之间以及与其他证据之间能否相互印证，有无矛盾；存在矛盾的，能否得到合理解释。"《最高人民法院关于适用〈中华人民共和国刑事诉讼法〉的解释》第 89 条规定了收集程序违法而不得作为定案根据的情形："（一）询问证人没有个别进行的；（二）书面证言没有经证人核对确认的；（三）询问聋、哑人，应当提供通晓聋、哑手势的人员而未提供的；（四）询问不通晓当地通用语言、文字的证人，应当提供翻译人员而未提供的。"《最高人民法院关于适用〈中华人民共和国刑事诉讼法〉的解释》第 90 条对瑕疵证据的处置进行了规定："证人证言的收集程序、方式有下列瑕疵，经补正或者作出合理解释的，可以采用；不能补正或者作出合理解释的，不得作为定案的根据：（一）询问笔录没有填写询问人、记录人、法定代理人姓名以及询问的起止时间、地点的；（二）询问地点不符合规定的；（三）询问笔录没有记录告知证人有关权利义务和法律责任的；（四）询问笔录反映出在同一时段，同一询问人员询问不同证人的；（五）询问未成年人，其法定代理人或者合适成年人不在场的。"

2. 关于证人证言的实体审查

《最高人民法院关于适用〈中华人民共和国刑事诉讼法〉的解释》第 88 条规定："处于明显醉酒、中毒或者麻醉等状态，不能正常感知或者正确表达的证人所提供的证言，不得作为证据使用。证人的猜测性、评论性、推断性的证言，不得作为证据使用，但根据一般生活经验判断符合事实的除外。"除此之外，还要注重审查证人证言来源是目击还是听说，与案件当事人、处理结果有无利害关系，所证案发现场的客观环境与条件如地貌、光线能见度、天气情况等影响证人判断的因素，与其他证据之间及证人的前后证言之间是否基本一致、印证或矛盾，证人能否合理解释在先的证言遗漏关键事实而在后的证言详细陈述、证言前后不一致甚至矛盾等原因，收集证人证言的时间与案发间隔时间等。其中，证人多次证言存在矛盾，注重审查证言变化的过程和原因，证人能够对证言变化作出合理解释，改变后的证言与相关证据印证的，应当将改变后的证言作为认定案件事实的根据；不能作出合理解释，而之前证言与相关证据印证的，可以将之前证言作为认定案件事实的根据。

（四）被害人陈述证据的审查

《最高人民法院关于适用〈中华人民共和国刑事诉讼法〉的解释》第92条规定，对被害人陈述的审查与认定，参照适用证人证言审查的有关规定。鉴于被害人陈述的特殊性，注重审查证明来源、获取方式、印证三个方面。关于来源审查，注重被害人陈述内容是否是其直接亲历，是否事前与相关证人讨论过案情，与犯罪嫌疑人在案发前是否认识及是否有纠纷等冲突关系，审查证明力大小。关于获取方式审查，注重审查是否存在诱导、向被害人透露案情，是否分开询问证人、被害人等，确保被害人陈述的客观性。关于印证的审查，注重审查被害人陈述之间及与其他证据之间能否相互印证，形成证据链条；不能相互印证甚至相互矛盾的，注重综合审查哪个更合理。注重审查被害人陈述前后内容是否出现重大矛盾，能否合理解释等。

（五）犯罪嫌疑人、被告人供述和辩解的审查

犯罪嫌疑人、被告人供述和辩解属于言词证据，审查重点与证人证言、被害人陈述相同，包括收集主体、程序、方法等是否依法、规范，内容是否真实，瑕疵情形是否有补正或合理说明。《最高人民法院关于适用〈中华人民共和国刑事诉讼法〉的解释》第93条第1款规定了应当重点审查的内容："（一）讯问的时间、地点，讯问人的身份、人数以及讯问方式等是否符合法律、有关规定；（二）讯问笔录的制作、修改是否符合法律、有关规定，是否注明讯问的具体起止时间和地点，首次讯问时是否告知被告人有关权利和法律规定，被告人是否核对确认；（三）讯问未成年被告人时，是否通知其法定代理人或者合适成年人到场，有关人员是否到场；（四）讯问女性未成年被告人时，是否有女性工作人员在场；（五）有无以刑讯逼供等非法方法收集被告人供述的情形；（六）被告人的供述是否前后一致，有无反复以及出现反复的原因；（七）被告人的供述和辩解是否全部随案移送；（八）被告人的辩解内容是否符合案情和常理，有无矛盾；（九）被告人的供述和辩解与同案被告人的供述和辩解以及其他证据

能否相互印证，有无矛盾；存在矛盾的，能否得到合理解释。"第 94 条反向规定违反程序而不得作为定案根据的情形："（一）讯问笔录没有经被告人核对确认的；（二）讯问聋、哑人，应当提供通晓聋、哑手势的人员而未提供的；（三）讯问不通晓当地通用语言、文字的被告人，应当提供翻译人员而未提供的；（四）讯问未成年人，其法定代理人或者合适成年人不在场的。"第 95 条对瑕疵证据处置进行了规定："讯问笔录有下列瑕疵，经补正或者作出合理解释的，可以采用；不能补正或者作出合理解释的，不得作为定案的根据：（一）讯问笔录填写的讯问时间、讯问地点、讯问人、记录人、法定代理人等有误或者存在矛盾的；（二）讯问人没有签名的；（三）首次讯问笔录没有记录告知被讯问人有关权利和法律规定的。"第 96 条对证据判断作了提示性规定，核心要义给庭前证据审查提供了参考："审查被告人供述和辩解，应当结合控辩双方提供的所有证据以及被告人的全部供述和辩解进行。被告人庭审中翻供，但不能合理说明翻供原因或者其辩解与全案证据矛盾，而其庭前供述与其他证据相互印证的，可以采信其庭前供述。被告人庭前供述和辩解存在反复，但庭审中供认，且与其他证据相互印证的，可以采信其庭审供述；被告人庭前供述和辩解存在反复，庭审中不供认，且无其他证据与庭前供述印证的，不得采信其庭前供述。"

实践中，犯罪嫌疑人、被告人供述和辩解往往是非法证据排除的主要证据种类之一。审查时，除注重前述解释规定的内容之外，还需要围绕口供真实性注重审查犯罪嫌疑人、被告人供述是否有证据特别是非亲历不可知的客观性证据印证，是先供后证还是先证后供，如何归案及归案后第一次供述和辩解内容、被移送看守所后第一次讯问笔录、审查起诉第一次讯问笔录等，注重审查犯罪嫌疑人何时翻供，是否有翻供的合理性及其他证据印证等。此外，针对证据时常出现的合法性存疑的问题，需要注重审查讯问笔录是否存在被刑讯逼供后的"重复性供述"可采纳情形、同一名侦查人员在同一时段讯问不同的犯罪嫌疑人或询问证人、现场勘查等侦查工作，是否有连续讯问、记录不准、方言记录等问题。《最高人民法院关于适用〈中华人民共和国刑事诉讼法〉的解释》第 124 条规定："采用刑讯逼供方法使被告人作出供述，之后被告人受该刑讯逼供行为影响而作出的与该供述相同的重复性供述，应当一并排除，但下列情形除外：（一）调查、侦查期间，监察机关、侦查机关根据控告、举报或者自己发现等，确认或者不能排除以非法方法收集证据而更换调查、侦查人员，其他调查、侦查人员再次讯问时告知有关权利和认罪的法律后果，被告人自愿供述的；（二）审查逮捕、审查起诉和审判期间，检察人员、审判人员讯问时告知诉讼权利和认罪的法律后果，被告人自愿供述的。"在个别瑕疵笔录中，反映为侦查人员对犯罪嫌疑人连续讯问。从笔录记载的时间上看，有的一次讯问时间过长，有的多份讯问笔录中两次讯问间隔时间很短，导致证据合法性存疑。实际上，侦查人员在较长时间讯问过程中，一般都会保障犯罪嫌疑人吃饭、饮水、上厕所的时间，但在笔录中没有记载等。此类瑕疵问题，需要核实并审查是否有合理说明。

（六）鉴定意见的审查

鉴定意见是国家专门机关就案件中的专门性问题，指派或聘请具有专门知识的人进行鉴定后作出的判断性意见。[1] 鉴定意见证据的审查依据除了前述《刑事诉讼法》《最高人民法院关于适用〈中华人民共和国刑事诉讼法〉的解释》等规定外，还包括《关于司法鉴定管理问题的决定》等。其中，《最高人民法院关于适用〈中华人民共和国刑事诉讼法〉的解释》第97条规定了对鉴定意见应当着重审查以下内容："（一）鉴定机构和鉴定人是否具有法定资质；（二）鉴定人是否存在应当回避的情形；（三）检材的来源、取得、保管、送检是否符合法律、有关规定，与相关提取笔录、扣押清单等记载的内容是否相符，检材是否可靠；（四）鉴定意见的形式要件是否完备，是否注明提起鉴定的事由、鉴定委托人、鉴定机构、鉴定要求、鉴定过程、鉴定方法、鉴定日期等相关内容，是否由鉴定机构盖章并由鉴定人签名；（五）鉴定程序是否符合法律、有关规定；（六）鉴定的过程和方法是否符合相关专业的规范要求；（七）鉴定意见是否明确；（八）鉴定意见与案件事实有无关联；（九）鉴定意见与勘验、检查笔录及相关照片等其他证据是否矛盾；存在矛盾的，能否得到合理解释；（十）鉴定意见是否依法及时告知相关人员，当事人对鉴定意见有无异议。"第98条反向规定鉴定意见具有下列情形之一的，不得作为定案的根据："（一）鉴定机构不具备法定资质，或者鉴定事项超出该鉴定机构业务范围、技术条件的；（二）鉴定人不具备法定资质，不具有相关专业技

---

① 参见陈光中主编：《刑事诉讼法》（第六版），北京大学出版社、高等教育出版社2016年版，第216页。

术或者职称，或者违反回避规定的；（三）送检材料、样本来源不明，或者因污染不具备鉴定条件的；（四）鉴定对象与送检材料、样本不一致的；（五）鉴定程序违反规定的；（六）鉴定过程和方法不符合相关专业的规范要求的；（七）鉴定文书缺少签名、盖章的；（八）鉴定意见与案件事实没有关联的；（九）违反有关规定的其他情形。"第 99 条第 1 款规定："经人民法院通知，鉴定人拒不出庭作证的，鉴定意见不得作为定案的根据。"

上述规定，涵括了鉴定意见证据的审查要点，包括证据能力（鉴定主体与鉴定过程的合法性、文书形式的法定性）、证明力（鉴定意见的明确性、关联性及与其他证据、当事人看法之间的相互印证）。同时，还需要注重审查是否将在案的物证全部送检，鉴定意见是否与送检的检材一一对应，是否与委托事项一致等。实践中，需要同时注重审查物证如刀具等未能检出犯罪嫌疑人 DNA 原因等是否符合经验法则。

（七）勘验、检查、辨认、侦查实验等笔录的审查

1. 关于勘验、检查笔录的审查

《最高人民法院关于适用〈中华人民共和国刑事诉讼法〉的解释》第 102 条规定了应当重点审查内容："（一）勘验、检查是否依法进行，笔录制作是否符合法律、有关规定，勘验、检查人员和见证人是否签名或者盖章；（二）勘验、检查笔录是否记录了提起勘验、检查的事由，勘验、检查的时间、地点，在场人员、现场方位、周围环境等，现场的物品、人身、尸体等的位置、特征等情况，以及勘验、检查的过程；文字记录与实物或者绘图、照片、录像是否相符；现场、物品、痕迹等是否伪造、有无破坏；人身特征、伤害情况、生理状态有无伪装或者变化等；（三）补充进行勘验、检查的，是否说明了再次勘验、检查的原由，前后勘验、检查的情况是否矛盾。"第 103 条规定了瑕疵证据的处理，"勘验、检查笔录存在明显不符合法律、有关规定的情形，不能作出合理解释的，不得作为定案的根据"。实践中，时有发生现场扣押笔录与现场勘查笔录、现场照片等不一致的情形，或者见证人未签名或见证人不符合主体资格，或同一侦查人员、见证人等在其他笔录的同一时间段有签名等，需要重点审查。

2. 关于辨认笔录的审查

《最高人民法院关于适用〈中华人民共和国刑事诉讼法〉的解释》第 104 条规定："对辨认笔录应当着重审查辨认的过程、方法，以及辨认笔录

的制作是否符合有关规定。"第 105 条反向规定程序违法不得作为定案根据情形,"辨认笔录具有下列情形之一的,不得作为定案的根据:(一)辨认不是在调查人员、侦查人员主持下进行的;(二)辨认前使辨认人见到辨认对象的;(三)辨认活动没有个别进行的;(四)辨认对象没有混杂在具有类似特征的其他对象中,或者供辨认的对象数量不符合规定的;(五)辨认中给辨认人明显暗示或者明显有指认嫌疑的;(六)违反有关规定,不能确定辨认笔录真实性的其他情形。"实践中,需要注重审查辨认对象特别是物证指认照片的不规范问题。对于现场辨认笔录,有同步录音录像的,注重审查是否存在侦查人员在前诱导指认等不规范情形,是否有合理说明等。

3. 关于侦查试验的审查

《最高人民法院关于适用〈中华人民共和国刑事诉讼法〉的解释》第 106 条规定:"对侦查实验笔录应当着重审查实验的过程、方法,以及笔录的制作是否符合有关规定。"第 107 条规定:"侦查实验的条件与事件发生时的条件有明显差异,或者存在影响实验结论科学性的其他情形的,侦查实验笔录不得作为定案的根据。"

(八)视听资料、电子数据的审查

对于视听资料、电子数据证据的审查,应当注重从来源合法,内容完整、真实等方面的审查。

1. 关于视听资料的审查

《最高人民法院关于适用〈中华人民共和国刑事诉讼法〉的解释》第 108 条规定对视听资料应当着重审查的内容:"(一)是否附有提取过程的说明,来源是否合法;(二)是否为原件,有无复制及复制份数;是复制件的,是否附有无法调取原件的原因、复制件制作过程和原件存放地点的说明,制作人、原视听资料持有人是否签名;(三)制作过程中是否存在威胁、引诱当事人等违反法律、有关规定的情形;(四)是否写明制作人、持有人的身份,制作的时间、地点、条件和方法;(五)内容和制作过程是否真实,有无剪辑、增加、删改等情形;(六)内容与案件事实有无关联。对视听资料有疑问的,应当进行鉴定。"第 109 条规定了不得作为定案根据的情形:"(一)系篡改、伪造或者无法确定真伪的;(二)制作、取得的时间、地点、方式等有疑问,不能作出合理解释的。"

2. 关于电子数据的审查

《最高人民法院关于适用〈中华人民共和国刑事诉讼法〉的解释》第110条规定对真实性审查应当着重的内容："（一）是否移送原始存储介质；在原始存储介质无法封存、不便移动时，有无说明原因，并注明收集、提取过程及原始存储介质的存放地点或者电子数据的来源等情况；（二）是否具有数字签名、数字证书等特殊标识；（三）收集、提取的过程是否可以重现；（四）如有增加、删除、修改等情形的，是否附有说明；（五）完整性是否可以保证。"第111条规定："对电子数据是否完整，应当根据保护电子数据完整性的相应方法进行审查、验证：（一）审查原始存储介质的扣押、封存状态；（二）审查电子数据的收集、提取过程，查看录像；（三）比对电子数据完整性校验值；（四）与备份的电子数据进行比较；（五）审查冻结后的访问操作日志；（六）其他方法。"第112条规定了对收集、提取电子数据合法应当着重审查的内容："（一）收集、提取电子数据是否由二名以上调查人员、侦查人员进行，取证方法是否符合相关技术标准；（二）收集、提取电子数据，是否附有笔录、清单，并经调查人员、侦查人员、电子数据持有人、提供人、见证人签名或者盖章；没有签名或者盖章的，是否注明原因；对电子数据的类别、文件格式等是否注明清楚；（三）是否依照有关规定由符合条件的人员担任见证人，是否对相关活动进行录像；（四）采用技术调查、侦查措施收集、提取电子数据的，是否依法经过严格的批准手续；（五）进行电子数据检查的，检查程序是否符合有关规定。"第113条规定："电子数据的收集、提取程序有下列瑕疵，经补正或者作出合理解释的，可以采用；不能补正或者作出合理解释的，不得作为定案的根据：（一）未以封存状态移送的；（二）笔录或者清单上没有调查人员或者侦查人员、电子数据持有人、提供人、见证人签名或者盖章的；（三）对电子数据的名称、类别、格式等注明不清的；（四）有其他瑕疵的。"第114条规定了不得作为定案根据的情形："（一）系篡改、伪造或者无法确定真伪的；（二）有增加、删除、修改等情形，影响电子数据真实性的；（三）其他无法保证电子数据真实性的情形。"

实践中，需要注重电子数据的转化来源问题。如通过拍照等方式转化为书证微信聊天记录，不仅需要有犯罪嫌疑人在该书证上签字确认是自己的聊天记录，还需要审查是否有来源说明等。

五、法定种类以外证据的审查

随着社会发展，证据形式呈现多样化。如报告、说明类证据、专门性问题认定意见、技术性证据审查意见、数字证据等，应当着重审查其真实性、关联性和合法性，准确判断是否具有证据资格。

（一）报告、说明类证据的审查

此类证据主要包括有关部门出具的事故调查报告、道路交通事故认定书、价格认定结论书、资金分析报告、检验报告、审计报告，以及有关部门在案件发生后、诉讼活动中出具的关于取证合法性、发破案经过、到案经过、抓获经过、退赃退赔等工作说明、情况说明等。此类证据的主要法律依据有《最高人民法院关于适用〈中华人民共和国刑事诉讼法〉的解释》第100条的规定，"因无鉴定机构，或者根据法律、司法解释的规定，指派、聘请有专门知识的人就案件的专门性问题出具的报告，可以作为证据使用。对前款规定的报告的审查与认定，参照适用本节（鉴定意见）的有关规定。"第101条规定，"有关部门对事故进行调查形成的报告，在刑事诉讼中可以作为证据使用；报告中涉及专门性问题的意见，经法庭查证属实，且调查程序符合法律、有关规定的，可以作为定案的根据。"据此，审查报告、说明类证据时，注重围绕证据的三性审查报告形成的主体、来源、程序、工作方法等是否符合法律、有关规定。

1. 关于事故调查报告的审查

事故调查报告主要依据《生产安全事故报告和调查处理条例》规定制作。审查时，注重审查以下方面：一是调查主体是否适格。审查调查组组成成员是否由符合规定的人员组成，成员是否具备相应的专业知识和能力等。具体而言，事故调查组的组成应当遵循精简、效能的原则。根据事故的具体情况，事故调查组由有关人民政府、安全生产监督管理部门、负有安全生产监督管理职责的有关部门、监察机关、公安机关以及工会派人组成，并应当邀请人民检察院派人参加。事故调查组可以聘请有关专家参与调查。其中，人民检察院依法履行法律监督职能，类似案件提前介入。事故调查组成员应当具有事故调查所需要的知识和专长，并与所调查的事故没有直接利害关系，确保作出的调查报告客观、公正。二是履职是否依法、规范、适当，调查依据是否全面、客观。三是调查报告内容是否完整，认定事实是否与查明事实一致，事故描述是否清晰、全面和详尽。根据规定，事故调查报告内容具有程式性，应当具备下列内容：（1）事故发生单位概况；（2）事故发生经过和事故救援情况；（3）事故造成的人员伤亡和直接经济损失；（4）事故发生的原因和事故性质；（5）事故责任的认定以及对事故责任者的处理建议；（6）事故防范和整改措施。四是事故原因、性质、责任认定及其依据等是否正确，责任主体是否遗漏等。其中，事故原因中的因果关系、责任大小等行政视角与刑事视角不尽相同，审查时需要注意以行为人注意义务大小判定责任大小，以刑法意义上的因果关系综合报告意见进行司法判定。

2. 关于交通事故认定书的审查

主要依据《道路交通安全法》《道路交通安全法实施条例》《交通事故处理办法》《交通事故处理程序规定》等。根据规定，在文书形式上，审查时需要注重道路交通事故认定书是否载明以下内容：（1）道路交通事故当事人、车辆、道路和交通环境等基本情况；（2）道路交通事故发生经过；（3）道路交通事故证据及事故形成原因分析；（4）当事人导致道路交通事故的过错及责任或者意外原因；（5）作出道路交通事故认定的公安机关交通管理部门名称和日期。道路交通事故认定书应当由交通警察签名或者盖章，加盖公安机关交通管理部门道路交通事故处理专用章。在文书内容上，审查还需要注重以下内容：一是执法主体是否是正式交警。二是处理依据的事实是否与查明事实相符。三是认定责任的依据、事故因果关系等是否与司法判定有所区别。实践中，由于交通事故责任认定的依据主要从行政法规角度来评价，与刑法从注意义务大小为判断标准的视角有所区别，故对于事故认定书只能作为参考，不能完全以此为定罪依据。如《交通事故处理程序规定》第61条规定发生事故后逃逸的，直接认定逃逸人为全部责任，而刑法则需要结合肇事前谁的注意义务更大等因素综合判定。当然，一般情况下，对于责任认定的结论性意见与依据大多与刑法判断结论一致。四是制作的程序、文书形式、是否及时送达等是否依法、规范，被送达人对结果是否有意见及申辩内容等。

3. 关于价格认定结论书的审查

价格认定结论书主要依据《价格认定规定》等，注重审查以下内容：一是认定主体是否适格，是否具备相关资质和专业技术，是否与涉案人员存在需要回避的情形等。二是材料来源是否为本案物证或反映物证购买时间、价格、特征等具体信息的关键书证，确定价格对象与涉案财物的"同一性"。如果材料是书证的，审查书证是否是原件，是否存在伪造痕迹等。

三是材料内容是否完整、准确，是否包含所有必要的信息和细节，与实际情况相符。四是价格认定程序是否依法、规范，形式是否合法。如落款是否有单位盖章及两名鉴定人员等签字等。五是认定结论是否合理等。实践中，有的案件需注重定损的合理性。如在故意毁坏汽车案件中，有的车损不必要按照完全毁损的价值计算，对于非主体部件损坏的地方如汽车保险杠刮蹭等，则仅就刮蹭的部位以修复价定损。

4. 关于资金分析报告的审查

资金分析报告主要在经济犯罪中作为证据使用，是指利用资金查控分析技术，对个案的资金来源、去向分析出具的报告。主要内容一般包括案件基本情况、涉案资金总体情况分析、主要资金来源及去向分析等，可根据具体案件情况对相关资金重点分析。其中，资金查控分析技术，是指有权机关通过网络查询涉案账户信息、控制涉案账户资金并对涉案资金流向利用大数据、可视化分析等技术进行分析研判的过程。[①] 资金查控分析技术一方面可以充分利用现代科技手段在短时间内分析涉案资金流向，为进一步开展侦查工作明确方向，另一方面也可以通过可视化的方式展示涉案公司、人员的资金流转关系，便于办案人员从错综复杂的资金流向中更直观地掌握资金去向、锁定关键人员。[②] 理论上，资金分析报告能否作为证据使用存在两种不同观点。有观点认为涉案资金分析报告并不属于法定的证据形式，仅可以作为侦查机关办案的线索，不能作为定案的证据，也有观点将涉案资金分析报告归类为鉴定意见、专家辅助人意见、证人证言（机器证言）等证据。[③] 实践中，司法机关已经认可资金分析报告的证据能力。

我们认为，近年来，随着电信网络诈骗等案件的增多，资金分析报告的使用日益增多，证明作用逐渐凸显，且与价格认定结论书、事故调查报告等具有同质性，明确其证据能力符合客观实际。具体而言，注重审查以下方面：一是资金数据来源是否客观、真实。数据是资金分析报告的基本点，是报告客观、真实，具备证据能力的前提。一般而言，资金数据展现的形式多为电子数据，需要按照收集和提取电子数据证据的规定进行。其

---

① 参见程科：《犯罪资金查控平台的设计与构建》，载《江西警察学院学报》2018 年第 3 期。

② 参见程科：《数据可视化技术在违法资金分析中的应用》，载《江西警察学院学报》2019 年第 5 期。

③ 参见刘品新：《论大数据证据》，载《环球法律评论》2019 年第 1 期。

主要依据有刑事诉讼法、《关于办理刑事案件收集提取和审查判断电子数据若干问题的规定》等。据此，审查资金数据注重是否程序合法、来源清楚，资金数据是否完整，是否被篡改等。二是内容是否完整。涉案资金交易数据的完整性包括涉案账户的完整性、调取账户时间的完整性以及账户数据字段的完整性。[①] 上述内容是否完整，直接影响报告通过资金流出额与流出资金占比等分析是否客观反映，证据是否真实。三是形式是否完备。注重是否有出具的时间、资金分析人员的签名及其所在单位的盖章并附有相关身份材料，是否在报告中完整列明诸如账户名称、起止时间、账户信息等涉及账户的详细情况。四是分析是否科学、严谨、正确、合理。尽管资金分析报告在形式上会程式化，但在内容上凸显个性化分析。针对具体案件情况，专业分析资金规律，为司法判断提供参考证成。五是结论是否准确、可靠，是否有对应的资金数据依据支撑等。

5. 关于检验报告的审查

检验报告在实践中类型繁多，如尸体检验、痕迹检验、物证检验、书证检验等，审查重点与鉴定意见相同，需要注重以下几方面内容：一是检验主体是否具备相关资质或专业能力，是否有需要回避及其他不适合检验的情形；二是检验来源是否明晰、合法，是否为案件证据，依据的事实是否与查明事实相符，相关标准是否合法、合规、科学、合理；三是检验内容是否全面、客观，程序是否规范；四是相关结论是否符合情理，是否与其他证据矛盾。如果同一事项有多份检验的，检验报告之间是否相互矛盾，哪一份更合理、科学等。

6. 关于审计报告的审查

审计报告主要适用于证明各类经济犯罪，应注重以下几方面内容：一是主体是否具备审计资质，是否与被审计对象有应当回避的情形。其中，需要注重出具审计报告的时间是否在审计人员资格证书的有效期间内。二是审计材料的来源是否清楚，内容是否完整、充分，是否符合审计的范畴。其中，来源注重是否为在案扣押的相关书证，能够一一对应。内容注重与审计事项有关的每份材料是否完整记录相关的信息（如银行交易明细是否记录交易对手账号、户名等），是否涵盖所有要求在审计事项时间范围内所需的全部材料，是否为财务会计资料及能够证明经济业务发生或结

---

① 参见刘荣、蔡晨昊：《检察机关对涉案资金分析报告的审查与应用研究》，载《北京政法职业学院学报》2022 年第 1 期。

果的相关客观性资料等，是否还包含有犯罪嫌疑人供述、证人证言、被害人陈述等主观证据，以及其他单位出具的审计报告等非财务会计资料等。三是鉴定过程是否客观、真实。对比提供的审计材料，注重鉴定过程中记录的数据是否错误，是否对检材中不可能出现的文字随意添加、删减、改变或者揣测词义等。四是分析论证是否合理，依据是否正确等。

7. 关于有关部门在案发后出具的情况说明等

此类证据以针对证据瑕疵作合理解释为主，制作主体主要是侦查机关。实践中，类似说明以书证形式向法院举证质证，注重审查内容是否全面、准确、翔实、合理，与其他在案证据是否矛盾，形式是否合法（如落款是否有侦查机关盖章并有两名侦查人员的签字）等。同一事项有多份说明的，审查内容是否一致，有出入的能否合理说明原因。此外，还需要进一步审查出具人是否是办案单位的负责人或案件的亲历性办案人员等。

（二）专门性问题认定意见的审查

根据司法解释规定，因无鉴定机构，或者根据法律、司法解释的规定，指派、聘请有专门知识的人就案件的专门性问题出具的报告，可以作为证据使用。据此，对于有专门知识的人就案件的专门性问题出具的意见，应当审查有专门知识的人是否具有鉴定资质或者相应专业能力，意见的形式、委托程序、形成的过程和方法等是否符合法律、有关规定；符合相关规定的，在刑事诉讼中可以作为证据使用。当然，这里的鉴定资质相应的资质能力，不是法定鉴定机构。否则，其性质直接认定为鉴定意见，而不是此处的专门性问题认定意见。具体而言，审查时需注重以下几方面：一是主体是否具备相关专业技术能力，是否存在需要回避的情形及其他违反客观公正、办案纪律、竞业禁止等不适宜作认定意见的情形。其中，需要注重审查有专门知识的人是否存在下列不得参与办案的情形：（1）因违反职业道德，被主管部门注销鉴定资格、撤销鉴定人登记，或者吊销其他执业资格、近三年以内被处以停止执业处罚的；（2）无民事行为能力或者限制民事行为能力的；（3）近三年以内违反法律规定、技术标准和规范，或者违反保密规定、办案纪律，或者有在同一案件中同时接受刑事诉讼当事人、辩护人、诉讼代理人，民事、行政诉讼对方当事人、诉讼代理人，或者人民法院的委托等情形的；（4）以办案人员等身份参与过本案办理工作的；（5）与前述情形相当，不宜作为有专门知识的人参与办案的其他情形。二是意见形式是否符合法律或有关规定。一般而言，有专门知识的人根据个人风格和习惯出具专门性问题认定意见，形式上无统一标准规范。这里所说符合法律或有关规定，是指内容符合法律规定，如果没有法律规定的，以行业标准作为规范，如内容必须有委托事项说明、分析、依据、结论性意见等基本要素。三是委托程序是否符合法律或有关规定。如委托不适合作专门知识的人出具专门性问题认定意见等。四是形成的过程和方法是否符合法律或有关规定。有专门知识的人出具专门性问题认定意见，形成过程有程式性、科学性及合理性，方法符合专业领域内规范与通行做法。具体可依法参照鉴定意见的审查。

关于专门性问题认定意见，理论上有观点认为性质具有"兜底性"，包括鉴定意见类、检验报告类、价格认定类、专家意见类等。① 实际上，该观点值得商榷，有泛化专门问题认定意见范围之嫌，不利于司法实践类型化指引，也不符合法律及法理。进而言之，《最高人民法院关于适用〈中华人民共和国刑事诉讼法〉的解释》第 101 条规定："有关部门对事故进行调查形成的报告，在刑事诉讼中可以作为证据使用；报告中涉及专门性问题的意见，经法庭查证属实，且调查程序符合法律、有关规定的，可以作为定案的根据。" 根据对第 100 条的体系性解释，可以得出事故调查报告与专门性问题认定意见是两类不同的证据。同时，尽管法条中表述"专门性问题"，但是不同主体所制作的"专门性问题"意见类型可能会不一样，如鉴定意见、检验报告、专门性问题认定的意见等。换言之，有专门知识的人就案件的专门性问题出具的报告才是这里所说的"专门性问题认定意见"，而出具专门性问题"意见"的主体未必是"有专门知识的人"，有可能是鉴定机构，其性质就未必是"专门性问题认定意见"。从文义解释看，"有专门知识的人"区别于鉴定机构自不待言，也区别于一些出具检验报告的公安机关、出具价格认定结论书的物价局等机关、事业单位，其应是某一行业领域具备相应专业技术性才能的专家。根据《最高人民检察院关于指派、聘请有专门知识的人参与办案若干问题的规定（试行）》第 2 条规定："'有专门知识的人'，是指运用专门知识参与人民检察院的办案活动，协助解决专门性问题或者提出意见的人，但不包括以鉴定人身份参与办案的人。本规定所称'专门知识'，是指特定领域内的人员理解和掌握的、具有专业技术性的认识和经验等。" 根据规定要义，"有

专门知识的人"是自然人，不包括法人单位。据此，专门性问题认定意见并不是对鉴定意见以外有鉴定性质意见证据的兜底性证据，而是与其他非法定类型化证据种类并列的证据，属于专家意见类证据。

（三）技术性证据审查意见的审查

证据法科学化发展的趋向，推动科学技术在诉讼证明中的应用。当前司法实践日益凸显出证据法的科学化与司法人员科学技术知识不足的矛盾。解决这一矛盾的重要方法之一，即是由技术人员等有专门知识的人对技术性证据出具意见，帮助司法人员形成合理心证，破解技术壁垒。[①]《人民检察院技术性证据专门审查工作规定》规定，人民检察院案件办理过程中，检察技术人员对案件中的鉴定意见、视听资料、电子数据、勘验笔录和专家意见、评估报告等技术性证据材料的科学性、准确性进行审查，并出具审查意见。根据上述规定，办案部门、检察人员既可以委托检察技术职能部门、检察技术人员开展技术性证据专门审查，也可以邀请其他有专门知识的人对技术性证据进行审查。

关于技术性证据专门审查意见的证据能力问题，实践中有两种做法，一种做法是将其作为证据使用，部分地方法院将该类证据放置于鉴定意见中认定；另一种做法是不认可其具有证据能力，仅作为参考依据。在理论上也主要有两种观点，一种观点认为技术性证据专门审查意见以校验案件相关证据为主要功能，本质上仍然是针对专门技术性问题，与专门性问题认定意见具有同质性，尽管最终指向的证明对象是案件的技术性证据，但这只影响其证明功能的具体发挥，不影响其证据资格，均可以《最高人民法院关于适用〈中华人民共和国刑事诉讼法〉的解释》第100条作为其证据地位的法律依据，应对其赋予证据能力。另一种观点认为，不宜赋予技术性证据专门审查意见以证据能力。理由是：第一，从现有刑事诉讼证据制度及司法实践来看，不宜作为证据使用。实践中，技术性证据专门审查意见很大比例是针对司法鉴定意见做出的，司法鉴定是国家按照一定标准，统一、严格管理的一种鉴定形式，用技术性证据专门审查意见来替代鉴定意见与国家对司法鉴定严格管理的要求不符。第二，刑事诉讼证据制度中对于专门性问题认定的规定已经可以覆盖办案的需要。根据我国现有的刑事诉讼证据规定，对于案件中专门性问题的认定，可以根据情况通过

[①]　参见郑飞：《证据法的理论反思》，中国政法大学出版社2023年版，第144页。

司法鉴定意见、行业鉴定意见（如价格认定结论书等）、有专门知识的人就案件的专门性问题出具的报告三种方式解决，已经构建了较为完整的解决专门性问题的广义的鉴定制度，有关问题在现有证据形式下完全可以解决，没有必要也不宜再将检察技术部门出具的技术性证据专门审查意见作为证据使用。第三，从权力来源来看，技术性证据专门审查是检察人员审查权的派生权能。技术性证据专门审查意见派生于检察人员对案件证据的审查权，是检察技术人员作为司法辅助人员作出的派生审查，其意见作为案件证据审查意见的一部分，最终汇总于检察人员对案件的审查意见。技术性证据审查的目的，是对于案件中的专门性问题，以专业人士的视角来审查鉴定等在规范、过程、结果等方面是否存在可靠性方面的隐蔽风险。检察技术人员对鉴定意见等技术性证据给出专业方面的实质性审查意见，用以辅助司法人员进行审查判断，其审查过程本身并不产生新的证据。

我们认为技术性证据专门审查意见不具有证据能力，仅可以作为办案部门、检察官判断运用证据或作出相关决定的参考依据。最高人民检察院发布的司法解释文件，也仅明确了其可以作为办案部门、检察官判断运用证据或作出相关决定的参考依据，没有赋予其证据能力。

（四）数字证据的审查

随着数字时代的发展，大数据、区块链、人工智能等技术更多地得到应用，对于证据制度产生了深刻的影响。实务中新出现的运用数字技术记录、存储的数据以及对海量电子数据运用数字分析技术形成的数据分析报告，是为数字证据。

最高人民法院、最高人民检察院、公安部《关于办理刑事案件收集提取和审查判断电子数据若干问题的规定》第1条规定，"电子数据是案件发生过程中形成的，以数字化形式存储、处理、传输的，能够证明案件事实的数据。电子数据包括但不限于下列信息、电子文件：（一）网页、博客、微博客、朋友圈、贴吧、网盘等网络平台发布的信息；（二）手机短信、电子邮件、即时通信、通讯群组等网络应用服务的通信信息；（三）用户注册信息、身份认证信息、电子交易记录、通信记录、登录日志等信息；（四）文档、图片、音视频、数字证书、计算机程序等电子文件。"电子数据包括了数字证据。因此，在审查与提取方面，与数字证据相同。

关于数字证据的法律地位问题，理论上主要有五种观点：一是视听资料说。该观点认为数字证据与视听资料都是以电磁或其他形式存储在非传统意义上的介质上，都需借助一定工具或一定手段转化才能为人们直接感知，且多数视听资料能以数字形式存储并被计算机处理。二是物证说。该说认为数字证据属于广义物证，即一切实物证据都是物证。数字证据在有的情形下可以作为鉴定对象，故为证据。三是书证说。该说认为数字证据具有书证的特点，需要以表达记录的思想内容来证明案件事实。根据《民法典》第469条第3款规定，"以电子数据交换、电子邮件等方式能够有形地表现所载内容，并可以随时调取查用的数据电文，视为书面形式。"从文义解释上看，数字证据视为书证。四是鉴定意见说。少数观点从转换的角度将数字证据归为鉴定意见，认为如果数字证据的真实性有疑问，可以通过鉴定辨明真伪，然后由法院确定数字证据能否作为认定事实的根据。此观点对证据种类有循环论证之嫌。五是混合证据说。此说认为数字证据不是一种独立的新型证据，而是传统证据的演变形式。在我国还没有通过立法对证据分类进行修正的情况下，将其分别归为数字物证、数字书证、数字视听资料、数字证人证言、数字当事人陈述、数字证据鉴定结论以及数字勘验检查笔录无疑是最合理的选择。

我们认为，从实质性特征上看，数字证据类似电子证据，但又区别于电子证据。一方面，根据前述《关于办理刑事案件收集提取和审查判断电子数据若干问题的规定》第1条规定，数字证据也是电子证据，能"以数字化形式存储、处理、传输"。另一方面，传统电子数据概念和证据规则已不能有效涵盖和规制现有各种数字证据。如人工智能等产生的数字数据是智能化数据，在本质上与定义有所不同。从一定意义上说，如同鉴定意见与专门性问题认定意见类似，电子证据与数字证据仍有区别。有学者就此归纳证据数字化呈现出五个基本面向——电子化、区块链化、大数据化、人工智能化和虚拟仿真化，从而形成电子数据、区块链证据、大数据证据、人工智能证据和虚拟仿真证据等五种基本的数字证据类型，建立一种以电子数据证据规则为基础的阶梯式分类审查机制。同时，还应从证据采纳的必要性审查和实质性审查等层面，建立一种数字证据阶梯式审查的更新机制，以应对技术发展可能带来的对证据审查的冲击。[1]

关于数字证据的审查。在现阶段，对于大数据、区块链、人工智能等新型数字证据，参考电子数据等相关规定，应当重点审查数据的来源是否

---

[1]　参见郑飞：《数字证据及其阶梯式分类审查机制》，载《法学研究》2024年第5期。

清晰，数据的提取、固定、传输、保管链条是否完整，数据的清洗、标注等是否导致原始形态发生改变，数据分析人员是否具备相应专业技能，数据分析工具和算法规则是否明确、可靠，数据分析结论是否科学等。新型数字证据客观、真实、完整，收集、提取、检查、保管、分析的方法和过程符合法律、有关规定，数据内容与案件事实具有关联性的，在刑事诉讼中可以作为证据使用。

（五）技术调查、侦查证据的审查

技术调查、侦查证据是指监察机关、侦查机关依法采取技术调查、侦查措施收集的材料。其主要应用于危害国家安全犯罪、重大毒品犯罪等，其所属何种证据需要根据具体内容判断。实践中，技术调查、侦查证据一般以视听资料或转化为书证等法定种类证据形式作为定案根据。其主要的法律依据是《最高人民法院关于适用〈中华人民共和国刑事诉讼法〉的解释》第116条规定的"依法采取技术调查、侦查措施收集的材料在刑事诉讼中可以作为证据使用"。

对采取技术调查、侦查措施收集的证据材料，除根据其转化成物证、书证等内容进行相应的类型审查之外，还应当着重审查以下内容：（1）技术调查、侦查措施所针对的案件是否符合法律规定；（2）技术调查措施是否经过严格的批准手续，按照规定交有关机关执行；技术侦查措施是否在刑事立案后，经过严格的批准手续；（3）采取技术调查、侦查措施的种类、适用对象和期限是否按照批准决定载明的内容执行；（4）采取技术调查、侦查措施收集的证据材料与其他证据是否矛盾；存在矛盾的，能否得到合理解释。实践中，常被质疑证据的合法性、真实性的情形主要有以下几种，需要特别注意：一是程序是否依法、规范。如注重来源是否清晰。又如移送采用技术调查、侦查措施收集的视听资料、电子数据的，依法应当制作新的存储介质，并附制作说明，写明原始证据材料、原始存储介质的存放地点等信息，由制作人签名，并加盖单位印章。再如注重技术调查、侦查的开始时间是否在获得批准时间之后。有的案件中，辩护人质疑技术侦查措施没有针对犯罪嫌疑人的审批程序。此时，需要审查该犯罪嫌疑人的通话对象是否事前经过依法审批后，被技术侦查而关联到本案的犯罪嫌疑人等。二是技术侦查措施转化为翻音材料书证的，需要审查关键内容是否一致、正确，翻音材料是否有来源说明、翻音人签字及侦查机关的盖章等。三是对技术侦查对象同一性有疑异的，综合其他证据审查。必要时，对相关技术侦查材料作声纹鉴定。

六、特殊案件证据的审查

（一）认罪认罚案件证据的审查

2018年10月26日公布施行的《刑事诉讼法》创设了认罪认罚从宽制度。根据《刑事诉讼法》第15条规定："犯罪嫌疑人、被告人自愿如实供述自己的罪行，承认指控的犯罪事实，愿意接受处罚的，可以依法从宽处理。"最高人民法院、最高人民检察院、公安部、国家安全部、司法部《关于适用认罪认罚从宽制度的指导意见》第8条规定了认罪认罚案件与其他刑事案件特殊性在于"从宽"处罚，即"从宽处理既包括实体上从宽处罚，也包括程序上从简处理。"

认罪认罚从宽制度始于2016年9月，全国人大常委会通过了《关于授权最高人民法院、最高人民检察院在部分地区开展刑事案件认罪认罚从宽制度试点工作的决定》，正式明确在北京、天津、上海、郑州、西安等18个城市开展刑事案件认罪认罚从宽制度试点工作，相关理论研究随之大量增加。理论研究集中在证据标准、人权保护两大方面。

在证据标准方面，区别于国外的辩诉交易制度，证明标准不因犯罪嫌疑人、被告人认罪认罚而降低，与其他案件一样，必须达到"证据确实、充分"的标准，此为国内刑事领域的共识。故对于认罪认罚案件证据的审查标准，与其他案件或者说是所有的刑事案件证据标准一致。有学者梳理出认罪认罚从宽制度与辩诉交易制度的"明显差异"[1]：一是证明标准能否降低不同。前者不能降低证明标准，后者则可以。二是罪名定性可否商榷不同。前者在司法机关主导下自愿签订具结书，包括认定事实、罪名、量刑等内容，均不能协商。后者如在美国，辩诉交易包括控罪交易和判刑交易，在控罪交易中，检察官可以撤销起诉书记载的多项罪状中的一项或多项，控罪和判刑在司法实践中往往同时进行。[2] 三是是否具有合同效力不同。尽管理论界与实务界中认为司法机关与犯罪嫌疑人、被告人形成的认罪认罚具结书等在形式上看类似于一种契约，一旦签订除被迫、被骗等非自愿情况下签订之外，对双方均有约束力，不得反悔。但在职权主义的影

---

① 参见樊崇义、徐歌旋：《认罪认罚从宽制度与辩诉交易制度的异同及其启示》，载《中州学刊》2017年第3期。

② 参见陈瑞华：《比较刑事诉讼法》，中国人民大学出版社2010年版，第418、421页。

响下，该契约明显区别于民事契约。如民事契约中，毁约方依法应承担不利后果，而犯罪嫌疑人在签订具结书后并在一审判决后仍可以技术性反悔上诉，并受到"上诉不加刑"权利的保护。很多学者将辩诉交易理解为控辩双方之间的合同、契约，"根据美国最高法院判例以及州的规定，被告人应该了解认罪答辩的直接后果，也就是明确的、即时的、多数情况下自动发生的且与量刑的性质或者刑期有关的影响。"①

在人权保护方面，主要集中在律师见证与反悔权问题，及由此延伸的反悔上诉与抗诉应否支持等问题，确保犯罪嫌疑人签订认罪认罚具结书时的自愿性。如一些案件，曾有过犯罪嫌疑人认罪认罚，聘请的律师无罪辩护而拒绝见证犯罪嫌疑人签订认罪认罚具结书，此时邀请值班律师替代辩护律师见证，该具结书是否具有法律效力；如被告人在一审判决后，为留所服刑而技术性上诉，此时检察机关能否据此以认罪认罚基础灭失而提起抗诉；等等。我们认为，人权保护围绕证据标准展开探讨，在已经达成认罪认罚案件证据标准不变的共识下，诸如律师见证、上诉反悔等问题，其底层逻辑应与一般普通刑事案件相关程序保障问题等没有本质区别，即律师见证只是为了在场证明并保障犯罪嫌疑人、被告人签署具结书时完全自愿、真实而没有被胁迫、诱骗，被告人上诉无论是否属于反悔或是技术性上诉，均是刑事诉讼法赋予所有被告人的权利，并在制度上还赋予"上诉不加刑"的保障。因此，律师见证是程序性保障，辩护律师拒绝见证而由值班律师代为见证并不影响犯罪嫌疑人表达意愿的自愿性与真实性。反悔上诉固然属于权利滥用，但只是道德评价范畴，抗诉的标准没有改变，并不必然因上诉而抗诉。据此，上述情形不影响认罪认罚案件证据的审查标准。

综上，对于犯罪嫌疑人、被告人认罪认罚的刑事案件，不能因认罪认罚而降低证明标准，应当审查认罪认罚的自愿性、真实性和合法性。

对于自愿性，应当着重审查犯罪嫌疑人、被告人是否具有正常的精神状态、认知能力和表达能力，是否知悉、理解所享有的诉讼权利以及认罪认罚的性质和可能导致的法律后果，是否受到暴力、威胁、引诱而违背意愿。犯罪嫌疑人、被告人认罪认罚的自愿性的证据种类是犯罪嫌疑人供述，载体形式可以是讯问笔录、同步录音录像、认罪认罚具结书等。其

---

① 祁建建：《美国辩诉交易研究》，北京大学出版社 2007 年版，第 47、151—156 页。

中，认罪认罚具结书是认罪认罚案件的核心文书。具结书的性质在理论上看法不一。有观点类比辩诉交易，认为具结书是司法机关与犯罪嫌疑人、被告人在平等基础上签订的"合同"，具结书中认定的犯罪事实、罪名、量刑建议等对双方均有约束力。有观点则认为，具结书不是"合同"，不具有平等性，而是司法机关为减少犯罪嫌疑人、被告人抵抗的司法成本而依法定程序启动，根据认定的犯罪事实出具具结书。具结书内容本质上是依法确定而不是双方协商，因为具结书影响犯罪嫌疑人、被告人定罪量刑的事实认定、罪名认定及量刑建议等均是依法制作，尤其是量刑建议是司法机关根据相关的量刑基准并结合犯罪嫌疑人、被告人认罪、悔罪态度而得出的建议。犯罪嫌疑人、被告人只能仅对个别事实情节提出异议，或者虽然对行为性质提出辩解但表示接受司法机关认定意见；否则，视为具结书不成立。实践中，有的地方检察机关将具结书作为书证提交，性质上应属于被告人供述。当被告人上诉时，具结书是检察机关重点审查的证据之一。检察机关要查明上诉原因，注重审查具结书签订时是否自愿，并结合其他证据审查是否符合事实认定错误、量刑畸轻等抗诉条件。

对于真实性，应当着重审查是否全面收集有罪、无罪的证据，是否冒名顶替、代人顶罪，犯罪行为是否为犯罪嫌疑人、被告人所实施，是否存在串供、干扰证人作证、毁灭、伪造证据或者隐藏、转移财产等情形。真实性审查也是查明犯罪嫌疑人、被告人罪后态度是否真诚认罪、悔罪。实践中，个别案件发现有的犯罪嫌疑人、被告人并不关心认定的犯罪事实和罪名，只关心量刑建议部分，为了顺利适用认罪认罚程序而不为自己辩解客观事实，走程序签字。审查时，仍需严格按照以证据为中心的刑事指控体系标准进行。

对于合法性，应当着重审查是否符合认罪认罚从宽制度等法律、有关规定，是否符合"三个效果"的有机统一。理论上，所有刑事案件均可适用认罪认罚。但在实践中，认罪认罚案件是否适用死刑案件一直存在争议。有的地方认为，法律没有明确禁止，只要符合《刑事诉讼法》第15条规定就可以适用。实践中，也确实存在死刑案件适用认罪认罚程序，并且向法院的量刑建议是建议死刑。有的地方则认为，结合立法原意，对于拟建议死刑的案件不宜适用。因为适用认罪认罚从宽制度就会有一个"从宽"的结果体现。就量刑从宽而言，死刑已经是最严重的刑罚，适用认罪认罚的案件依法应当从宽处理。如果再建议死刑甚至建议判处极刑，则不符合设置认罪认罚的立法初衷。当然，也要综合考虑案情，有的地方因适用认罪认罚而导致罪刑不相适应。最高人民法院、最高人民检察院、公安部、国家安全部、司法部《关于适用认罪认罚从宽制度的指导意见》第1条也作了倾向性规定，即"对严重危害国家安全、公共安全犯罪，严重暴力犯罪，以及社会普遍关注的重大敏感案件，应当慎重把握从宽，避免案件处理明显违背人民群众的公平正义观念。"以上因素，审查时均需要考虑。

（二）跨境证据的审查

我国法律对于跨境证据的定义暂无具体规定，与跨境证据有关的规定散见于法律和司法解释中。《最高人民法院关于适用〈中华人民共和国刑事诉讼法〉的解释》第77条以"来自境外的证据材料"定义跨境证据。从文义解释与实践上看，跨境证据包括两层含义：一是从境外取得的刑事证据材料；二是从境内取得，但形成于境外的刑事证据材料。跨境证据的审查，应当以我国刑事诉讼法律的规定为依据，这是司法主权的体现。

跨境证据的审查依据主要有《刑事诉讼法》《最高人民法院关于适用〈中华人民共和国刑事诉讼法〉的解释》《中华人民共和国国际刑事司法协助法》及我国与其他国家或地区签订的有关刑事司法协助的条约等。跨境刑事证据的审查判断重点并非形式意义的合法性，即获取证据的过程是否符合人民法院所在地或取证行为地的法律，而是采纳境外取证所获证据是否会背离我国刑事证据规则的设置目的。[①] 审查时，特别要注重证据的来源是否明晰。根据法律规定，对自境外的证据材料，人民检察院应当随案移送有关材料来源、提供人、提取人、提取时间等情况的说明，以确认来源的真实性。经人民法院审查，相关证据材料能够证明案件事实且符合刑事诉讼法规定的，可以作为证据使用，但提供人或者我国与有关国家签订的双边条约对材料的使用范围有明确限制的除外；材料来源不明或者真实性无法确认的，不得作为定案的根据。当事人及其辩护人、诉讼代理人提供来自境外的证据材料的，该证据材料应当经所在国公证机关证明，所在国中央外交主管机关或者其授权机关认证，并经中华人民共和国驻该国使领馆认证，或者履行中华人民共和国与该所在国订立的有关条约中规定的证明手续，但我国与该国之间有互免认证协定的除外。进而言之，审查

---

① 参见陈苏豪：《证据性权利：跨境刑事证据的一个阐释框架》，载《证据科学》2023年第2期。

跨境证据时应注重以下三个方面：

一是审查来自境外的证据材料，注重侦查机关是否随案移送有关材料来源、提供人、提取人、提取时间以及保管、移交过程等情况的说明。如果没有的，是否存在提供人或者我国与有关国家签订的双边条约对材料的使用范围有明确限制，或者我方承诺不作为证据使用的情形等对以上证据材料，应注重审查是否能够证明案件事实且符合法律、司法解释规定。

二是对当事人及其辩护人、诉讼代理人、证人等提供的来自境外的证据材料，注重审查该证据材料是否经所在国公证机关证明，所在国中央外交主管机关或者其授权机关认证，并经我国驻该国使领馆认证，或者履行我国与该所在国订立的有关条约中规定的证明手续。如果没有的，是否存在我国与该国之间有互免认证协定情形。对于确因客观原因，无法经过相关证明、认证的物证、书证、视听资料、电子数据等客观性证据，证据材料是否能够证明案件事实且其来源及真实性能够确认等。实践中，对于当事人及其辩护人、诉讼代理人、证人等提供的来自境外的未经公证、认证的客观性证据，能否作为证据使用，存在不同意见。一种意见认为，随着涉外案件的增多，如果确因客观原因，对于当事人及其辩护人、诉讼代理人、证人等提供的来自境外的未经公证、认证的客观性证据，在符合一定条件的情况下，可以作为证据使用；另一种意见认为，这一规定与《最高人民法院关于适用〈中华人民共和国刑事诉讼法〉的解释》第77条规定不符。我们同意第一种意见，主要有以下三点理由：其一，实践中确有需求。例如危害国家安全类案件、职务犯罪案件，当事人及其辩护人、诉讼代理人、证人提交的客观性证据确因客观原因未经过认证、公证，能够证明案件事实且能确认来源及真实性的，确有必要赋予证据资格；其二，符合国际法发展趋势。国际法中的认证、公证程序主要针对跨境的公文书证据，且简化文书的认证程序，便利文书的跨境流转，成为国际社会的普遍共识和趋势。以往国际上对公文书跨境流转的认证方式主要是领事认证，即"外交部门认证＋使领馆认证"的"双认证"程序。随着全球化进程的加剧，2023年3月8日我国加入《取消外国公文书认证要求的公约》（以下简称《公约》），并于同年11月7日在我国生效实施，《公约》框架下启用基于附加证明书的"一步式"证明新模式，取消领事认证，仅要求文书来源国主管机关签发附加证明书即可，使得认证程序更为便捷。《最高人民法院关于适用〈中华人民共和国刑事诉讼法〉的解释》第77条对于当事人及其辩护人、诉讼代理人提供的跨境证据，适用"双认证＋公证"的方式，未区分公文书还是私人提供的书证，也未区分物证、书证等不同证据种类，一律适用"双认证＋公证"，事实上，有些证据例如物证，在部分国家无法经过公证、认证。因此，《最高人民法院关于适用〈中华人民共和国刑事诉讼法〉的解释》第77条的规定本身也需要适应新形势需求。其三，我国民事境外证据的规定已经紧跟国际发展，呈现出宽松认定的趋势。虽然民事域外证据和刑事域外证据的认定存在较大不同，但是底层逻辑是共通的，可以参考。《最高人民法院关于民事诉讼证据的若干规定》第16条，规定了当事人提供的我国领域外形成的公文书证需要经过公证或者双边条约规定的证明手续，我国领域外形成的涉及身份关系的证据应当经所在国公证机关证明并经我国驻该国使领馆认证，或者履行双边条约规定的证明手续，但随后出台的《全国法院涉外商事海事审判工作座谈会会议纪要》则对上述规定予以放宽，规定"公文书证在中华人民共和国领域外形成的，应当经所在国公证机关证明，或者履行相应的证明手续，但是可以通过互联网方式核查公文书证的真实性或者双方当事人对公文书证的真实性均无异议的除外"。该条但书的规定表明，认定域外形成的证据的本质在于通过一定途径确认其来源及真实性，该思路也可以用于刑事域外证据的审查。必要时，可以通过官方途径对证据的来源及真实性予以确认。

三是通过国际刑事警察组织、国际警务合作收集或者外国执法机关移交的境外证据材料，确因客观条件限制，未提供相关证据的发现、收集、保管、移交情况等材料的，侦查机关需对上述证据材料的来源、移交过程以及种类、数量、特征等作出书面说明，由两名以上侦查人员签名并加盖侦查机关印章，才能够证明案件事实。按照外国刑事诉讼程序收集的境外证据材料，注重是否商请侦查机关调取外国刑事诉讼程序相关规定，并对证据材料的收集情况作出说明，证据收集程序是否符合外国相关法律规定等。

最后，跨境证据要作为定案根据，必须在形式上符合我国法定证据的种类。一般而言，跨境证据需要经过转化才能作为定案根据。通过国际刑事司法协助方式取得的证据，大多是境外司法机关根据该国国内法收集而来。由于各国关于证据方面的立法不尽相同，该种方式获取的境外刑事证据与国内证据的表现形式也可能不同。对于此类证据，需要经过一定的程序和手段，转换为符合我国法律规定的八种证据表现形式，才具备证据能力。消除境外刑事证据形式上的障碍，是其具有证据资格的前提。进而言之，我国侦查机关介入境外的侦查工作应当依据严格的法定程序进行。我国《刑事诉讼法》对此没有明确规定，主要依据双边、多边条约中的规定。实践中，大多数案件主要通过侦查机关介入侦查，从而转换证据形式。从实践看，侦查机关介入侦查主要有联合侦查、境外侦查以及代为调查等三种方式：第一种是关于联合侦查，又分为两种合作方式，一是各国侦查机关相互分工、相互配合，在各自境内分别开展侦查工作。此时，在国内取证的证据不需要转化，依法属于证据。二是成立联合侦查组，在他国境内联合调查取证。依照该种方式，各国侦查机关都参与调查取证，根据当地及我国法律规定的程序要求收集境外证据。因此，证据在不违背本国证据法规则的前提下，合法有效，一般不存在形式上的障碍。唯联合侦查涉及侦查权的让渡，所以在实践中，限制颇多。第二种是关于境外侦查，即我国侦查人员到他国进行刑事侦查，此种取证方式与成立联合侦查组类似，都是在他国境内联合调查取证。由于侦查人员通过该种方式取得证据时，兼顾他国与本国法律规定的证据要求进行取证，一般而言，证据本身就具有合法性，不存在形式上的障碍。唯此种方式涉及他国主权问题，一般情况下，境外侦查工作会遇到较大阻力。第三种是通过代为调查转换证据形式。该种方式是实践中的常见方式。主要依照签订的条约开展国际刑事司法协助，请求他国代为调查取证。因此，对于他国执法机关收集的境外刑事证据，需要将其通过一定的程序予以转换。例如，在湄公河"10·5"案件中，我国依据司法协助条约，请求他国代为调查取证，之后我国接收了大量证据，并对其翻译，转换为符合我国规定的证据形式。与此同时，一些地方无政府武装，由于武装力量在国际法上并不是一个政府单位主体，此时武装力量向我国提供的跨境证据如电信诈骗等相关犯罪证据会面临是否仍可以"免证"而具有证据资格？如果可以，法律依据是什么？武装力量不可能像政府部门那样有专门的规范性、程式性收集证据，且严格意义上说也没有无政府状态下的法律依据规范。来源如何取得，似乎也难以要求武装力量出具说明。证据来源及合法性、真实性等问题，往往被辩护人或犯罪嫌疑人、被告人等提出疑问。如果不可以，则无疑会影响案件办理，不利于实现公平正义。实践中，只要经过我国外交部等官方系列认证程序的，一般都具备证据资格。

（三）移送管辖案件证据的审查

《刑事诉讼法》《公安机关办理刑事案件程序规定》确立了公安机关在刑事案件地域管辖方面应当适用犯罪地原则和最初受理原则。但司法实践中，侦查机关无管辖权或管辖权不明引起争议的案件并不少见，一方面是因为犯罪地基本情况不明导致立案时管辖权不能确定的情况客观存在，另一方面也有趋利执法、争抢案源，擅自赴异地开展抓捕、搜查、扣押等侦查活动，造成不良社会影响。因此在实践中，移送管辖案件出现两种情形：一是侦查机关在立案时有证据证明有管辖权，经进一步侦查发现不属于自己管辖或者需要由其他侦查机关并案侦查等原因移送管辖的案件。此时，移送前的证据均是有管辖权机关收集，与案件有关的，可以作为证据继续使用。此类情形主要存在于侦查机关依法管辖的案件，经进一步侦查发现需要移送管辖情况下的证据能力问题。在这种情况下，需要移送管辖的，案件证据材料应当随案移交，可以作为证据继续使用，具有证据资格。二是侦查机关在立案时无管辖权，需要移送管辖的，一般应当由有管辖权的侦查机关重新收集证据。已经收集的物证、书证、视听资料、电子数据、鉴定意见、勘验、检查笔录等证据，确无继续取证条件，经人民检察院审查，收集程序符合法律、有关规定的，可以作为证据继续使用。此时，部分证据需要转化。此类情形往往存在趋利执法、争抢案源等情况。其中，无管辖权侦查机关收集的证据能否作为证据使用，或者能否区别看待客观性证据与主观性证据而认定效力，看法不一。有的观点认为，没有管辖权的侦查机关没有执法主体资格，所取得的证据成无本之木，无水之源，缺乏证据的合法性，不具有证据资格。有的观点认为，侦查机关对一切犯罪案件都有执法权，管辖权只是内部工作规定或法理解释，刑事诉讼法也并没有规定侦查机关的管辖权问题，故不影响证据的合法性，具有证据资格。还有的观点认为，要具体区分证据情况认定是否具有证据资格。原则上，一般应当由有管辖权的侦查机关重新收集证据。在确无继续取证的情况下，应当分两种情况处理，一是物证、书证、视听资料、电子数据、鉴定意见、勘验笔录、检查笔录等证据材料，基于其客观属性，经审查收集程序符合法律、有关规定的，可以作为证据继续使用，具有证据资格；二是证人证言、被害人陈述、犯罪嫌疑人供述和辩解等言词证据材料，基于言词证据具有较强的主观性、易变性，应当亲历、直接地收集，故有管辖权的侦查机关一般应当重新收集。特殊原因无法再调取，且该证据系关键证据并有其他证据佐证，如果能够依法调查确认，也可以采用。我们同意最后一种观点。实际上，此类情形收集的客观性证据，仅是来源"瑕疵"即取证主体不适格，如果除管辖权问题之外，依法规范取得的客观性证据，不影响证据的客观性。从追求实质公平正义的角度，应当认可其证据资格，只是在一些特定情形下，需要作合理说明或证据转化等。

实践中，值得研究的是，对于无管辖权侦查机关所取得的证据，能否事后通过上级机关指定管辖而追认此前的侦查行为具有管辖权，进而认定取得的证据有证据资格？有观点认为，侦查行为或是职务行为区别于民事行为，"法无授权不可为"，程序不能倒流，作出那一刻已成既成事实，不可事后追认。另一种观点则认为，不能过分苛刻，应根据实际情况认定。根据法律规定，侦查机关须在立案之后才能进行侦查取证，这意味着立案之时侦查机关还未开始侦查，只是有线索或事实反映可能有管辖权。侦查机关只有在侦查取证过程中才能根据收集的证据确证自己是否有管辖权，依法继续侦查、移送管辖或申请指定管辖等。由此可见，侦查机关须在立案后才能侦查，这似乎形成一个循环反复的悖论：一方面，需要有管辖权才能侦查取证；另一方面，只有侦查取证后才能确证是否真的有管辖权。立案时依据线索或未进行侦查工作查证的部分事实难以保证侦查机关一定有管辖权。由此，从实际出发，一般而言，指定管辖应有溯及力。特殊情况下，如技术侦查取证涉及人权保护的问题，必须经过严格审批程序，所以不能事后追认。

关于移送管辖案件证据的审查，主要包括四个层面的内容：一是对案件管辖权证据的审查，人民检察院应当审查侦查机关对案件是否具有管辖权，认为有管辖权的证据不足的，应当要求其补充移送相关证据；二是经审查发现侦查机关没有管辖权的，应当综合考虑是否有利于保障当事人的合法权益以及诉讼便利，建议侦查机关移送有管辖权的机关或者办理指定管辖；三是对于改变案件管辖之前收集的相关证据，人民检察院应当审查其是否符合法律、有关规定；四是受理的本级院是否具有管辖权。《公安机关办理刑事案件程序》第二章专章规定了侦查机关的管辖权问题。根据法律及相关规范性文件规定，大部分刑事案件由公安机关管辖。审查时，要注重是否存在以下涉及职务犯罪案件、检察侦查案件、军职犯罪等不由公安机关管辖的例外情形：（1）监察机关管辖的职务犯罪案件。（2）人民检察院管辖的在对诉讼活动实行法律监督中发现的司法工作人员利用职权实施的非法拘禁、刑讯逼供、非法搜查等侵犯公民权利、损害司法公正的犯罪，以及经省级以上人民检察院决定立案侦查的公安机关管辖的国家机关工作人员利用职权实施的重大犯罪案件。（3）人民法院管辖的自诉案件。对于人民法院直接受理的被害人有证据证明的轻微刑事案件，因证据不足驳回起诉，人民法院移送公安机关或者被害人向公安机关控告的，公安机关具有管辖权且应当受理；被害人直接向公安机关控告的，公安机关具有管辖权且应当受理。（4）军队保卫部门管辖的军人违反职责的犯罪和军队内部发生的刑事案件。（5）监狱管辖的罪犯在监狱内犯罪的刑事案件。（6）海警部门管辖的海（岛屿）岸线以外我国管辖海域内发生的刑事案件。对于发生在沿海港岙口、码头、滩涂、台轮停泊点等区域的，由公安机关管辖。除此之外，还需注意审查其他依照法律和规定应当由其他机关管辖的刑事案件，如涉及国家安全的案件等。

实践中，管辖权以属地管辖为原则。审查时，注重犯罪行为是否与犯罪地有关联。根据法律规定，刑事案件以犯罪地的公安机关管辖为原则。如果由犯罪嫌疑人居住地的公安机关管辖更为适宜的，可以由犯罪嫌疑人居住地的公安机关管辖。法律、司法解释或者其他规范性文件对有关犯罪案件的管辖作出特别规定的，从其规定。犯罪地辐射的范围包括犯罪全过程，包括犯罪行为发生地和犯罪结果发生地。其中：犯罪行为发生地，应广义理解为整个犯罪过程涉及的地方，包括犯罪行为的实施地以及预备地、开始地、途经地、结束地等与犯罪行为有关的地点；犯罪行为有连续、持续或者继续状态的，犯罪行为连续、持续或者继续实施的地方都属于犯罪行为发生地。犯罪结果发生地，包括犯罪对象被侵害地、犯罪所得的实际取得地、藏匿地、转移地、使用地、销售地。居住地包括户籍所在地、经常居住地。经常居住地是指公民离开户籍所在地最后连续居住一年以上的地方，但住院就医的除外。单位登记的住所地为其居住地。主要营业地或者主要办事机构所在地与登记的住所地不一致的，主要营业地或者主要办事机构所在地为其居住地。关于网络犯罪的犯罪地与前述犯罪地认定的机理相同。针对或者主要利用计算机网络实施的犯罪，用于实施犯罪行为的网络服务使用的服务器所在地，网络服务提供者所在地，被侵害的网络信息系统及其管理者所在地，以及犯罪过程中犯罪嫌疑人、被害人使用的网络信息系统所在地，被害人被侵害时所在地和被害人财产遭受损失的公安机关可以管辖。此外，关于国家安全机关、监察机关、检察机关等也有相关的管辖权规定。

第四节　证据的运用

在证据审查确立证据资格、证据能力的基础上，证据的运用侧重于判断证据证明力以及对具体案件事实的证明力大小，继而综合全案证据，形成完备的证据体系，认定案件事实。

一、证据运用的步骤

办理刑事案件，运用证据构建证据体系可以遵循一定步骤，层层递进、环环相扣、逐步完成。一般而言，证据运用可以按照"明确待证事实—建立证明关系—解决证据矛盾—形成证据体系"的基本步骤展开。

（一）明确待证事实

所谓待证事实，就是侦查机关起诉意见的指控内容。从宏观维度看，待证事实就是犯罪构成的事实，即被侵害的客体事实、客观方面事实、主体事实、主观方面事实。从中观维度看，待证事实包括何时、何地、何事、何人、何物、何情、何因等方面。其中，何事是指事情的性质是事件，还是犯罪，以及何种犯罪；何物是指实施犯罪时的作案工具；何情是指实施犯罪的过程、特点及方式等；何因是指犯罪动机与目的。从微观看，根据法律规定、案件情况、涉嫌罪名等因素，将所有与案件有关的事项分解为若干待证要素事实。其中，包括待证的有罪事实和无罪事实、罪重事实与罪轻事实、实体事实与程序事实、犯罪嫌疑人、被告人及其辩护人提出的辩解、辩护事实等。上述不同维度的待证事实，互为表里，一般以起诉意见书或起诉书指控的犯罪事实为主线，根据证据裁判原则、突出证据中心，根据案件情况将待证事实分为若干对应需要证据证明的要素。

理论上，与待证事实相关的概念是客观真实、法律真实、案件事实三组概念。在刑事诉讼领域中，三组概念既有区别，又相互联系："客观真实"一词是从大陆法系的"实质真实"演化而来。通常认为，客观真实指案件的实际发生情况，不依赖于任何人的主观意识与感知，是完全符合实际情况的真实状态。其代表了事情的本质和真相，独立于法律程序和证据之外，也是司法机关办案追求的终极目标。法律真实是指在法律程序中，司法机关根据合法收集的证据及适用法律所认定的案件事实，即证据体系能够证明的事实。法律真实是在遵循程序正义的前提下，求极致追求实质公平正义，尽可能接近客观真实的事实版本，即此处的待证事实或指控事实。其强调的是证据三性，以及司法机关在适用法律过程中对证据的采信与事实认定。案件事实是指在具体的诉讼过程中，经过法庭调查、证据出示和质证等程序后，最终被法院确认的案件内容。案件事实是法律真实的具体体现，是法院判决的直接依据。大体而言，客观真实、法律真实与案件事实构成了一个递进和包含的关系链，反映了从客观实际到法律认定的转化过程。三者之间，客观真实是基础，是案件事实的原始状态，但可能无法完全被还原或证实；法律真实是在客观真实基础上，通过合法程序和证据规则建构起来的事实版本，力求最大限度地接近客观真实；案件事实则是法律真实在具体案件中的应用和体现，是法院最终认定并用于裁判的事实。当然，我国司法理念秉持的是实质公平正义观，追求事物的实质合理。因此，对法律真实要尽可能无限接近甚至就是客观真实，这也是办案的基本要求。

实践中，要注意两种极端倾向，既要避免过度追求与定罪、量刑无关的事实证据，如被告人作案前在酒店付款到底是 300 元还是 320 元等无关痛痒的情节，又不能忽视事情起因、侦破经过等影响死刑量刑证据。从近年的案件看，侦查机关往往重视定罪事实，忽视量刑事实，命案中因事情起因未查明、侦破经过不清等因素导致不核准死刑的案件占有一定比例。

（二）建立证明关系

所谓建立证明关系就是确立证据和待证事实的对应关系。围绕待证事实，根据案件具体情况，按照犯罪发展进程、犯罪构成要件、案件组成要素、逻辑关联、因果关系等，通过叙事法、图示法等方法，对全案证据进行系统排序，确定关键证据，组织其他证据。如果将第一步"明确待证事实"比喻为靶的话，那么第二步"建立证明关系"就是射靶的飞镖。从形式上看，证明关系与待证事实的对应关系不是机械的单个或多个单一的对应待证事实，而是证据组合或证据链条间有机的印证指向待证事实，在证明关系内部所包含的证据与证据之间，可以是内容相互一致的证据，或者是大致一致、证明的指向相同的证据，有时也可以是矛盾或反向等不利证据中已经排除合理怀疑后其他内容可以证明待证事实的证据等。从内容上看，证明关系与待证事实有多个不同维度相对应：在宏观层面，如待证的犯罪构成事实可以根据四要件、三阶层、二阶层划分，有对应每个要件的证据组合证明；在中观层面，如围绕罪前、罪中及罪后三个方面，或者围绕定罪、量刑两个方面等待证事实，确立证据与之对应关系；在微观层面，如根据指控事实切割若干事实要素，针对每一部分的待证要素，建立对应的证据证明关系。

实践中，往往容易被忽视的是在物证与犯罪嫌疑人、被告人之间建立关联，尤其是在犯罪嫌疑人归案时配合侦查机关供述的案件中，侦查机关往往在得到稳定有罪供述后，不及时根据供述内容进一步收集其他物证及其他大量的证人证言等。一旦犯罪嫌疑人翻供，往往陷入被动。一些证据取证不及时，可能会被污染甚至灭失，往往难以弥补。某种意义而言，证明关系是以证据为中心的具体体现，建立证明关系越牢固，案件质量越高。如在孙某故意杀人一案中，孙某事前去杂货店买好水果刀具预谋杀人，将刀带回自己的住院病房，后拔开刀壳持刀至隔壁病房将被害人杀死。该案证据中，有视频监控反映犯罪嫌疑人买刀，从被害人病房中跑出来等行为，公安机关查获的刀具及在犯罪嫌疑人病房中的刀套，有商家指证犯罪嫌疑人在其店里购买刀具并对刀具、刀套辨认，犯罪嫌疑人翻供持刀杀人，辩解自己的刀不见了。庭审中，辩护人就物证与被告人的关联之间提出了疑问：一是扣押的刀具上未检测出被告人 DNA；二是在被告人病房中的刀套是种类物，与刀具之间并不是唯一对应，只要是符合的类型均可匹配；三是刀具是种类物，商家也只能证明被告人到过商店买过与本案查扣的同一类型的刀具，辨认刀具就是作案工具不客观。辩护人的辩护意见往往是在物证与犯罪嫌疑人之间建立证据关联证明关系常被忽略的薄弱点，需引起足够重视。

如何与待证事实建立证明关系并非都是同一模式，需要结合具体案件情况，切忌统一用罗列式证明关系的"菜单"。如对于认罪认罚等可以适用速裁、简易程序，甚至简单的普通案件，可以按照证据种类罗列式排列建立与待证事实的关系，不必建立证据组合对应待证事实中的若干要素。对于重大、疑难、复杂案件，则有必要细化、梳理不同待证事实要素，建立对应证明关系。实践中，对于此类案件，仍是以证据种类式建立证明关系，而没有切割待证事实的若干要素，以证据组合建立证明关系，往往容易导致关键证明要素遗漏，产生证据证明的空白点，也不利于落实指控精准化的要求，需要特别注意。

（三）解决证据矛盾

解决证据矛盾阶段是在已经基本形成证据体系的基础上而作的证据运用工作，也是防止冤假错案发生的极其关键一步。此阶段，要识别、解决事实证据的漏洞、疑问和矛盾，及时发现待证事实需要完善的内容，解释事实中的疑问，补充证据体系的缺失，解决证据之间的矛盾，完善证据体系。一般而言，在顺序上，先审查在案事实与犯罪嫌疑人、被告人之间是否已经完全建立关联，是否有遗漏证明待证事实的地方，在此基础上分梯度解决证据矛盾：一是影响证据成为定案根据的矛盾。此类型主要涉及证据的合法性与真实性。其中，证据的合法性涉及是否为非法证据问题，如诱供、逼供等非法取得的笔录，非侦查人员收集的证据，只有一名侦查人员讯问等。证据的合法性问题多由犯罪嫌疑人、被告人及其辩护律师主动提出，大部分庭前会议是为了审查是否有必要启动非法证据排除程序。证据的真实性主要涉及指控对象错误，不是本人犯罪。如对技术侦查材料、监控视频等质疑，提出不是本人。必要时，需要补充声纹鉴定等进行判断。二是证据之间矛盾。一般而言，客观性证据的证明力如 DNA 生物物证大于主观性证据。在言词证据中，当场受到伤害的被害人陈述最具证明力，传闻证据除外。具体而言，被害人亲历事件，除极端故意陷害、敲诈等情形外，指认被害人的证明力较高。在一些案件中，有的被害人没有见到真凶，而是猜疑或是听说等，此时不具有证据能力。另外，对于犯罪嫌疑人、被告人不利的证据，无利害关系的证人证言大于犯罪嫌疑人、被告人关系好的亲属、朋友对其有利的证言，弱于关系好的亲属、朋友对其不利的证言。反之亦然。

实践中，证据矛盾点以犯罪嫌疑人辩解产生的与其他证据矛盾为主要类型。其中，包括犯罪嫌疑人的不稳定供述，同类证据间的矛盾。大体主要有以下几方面要素：一是非法证据排除要素，此时要综合判定犯罪嫌疑人、被告人辩解与入所体检表等书证、相关证人如侦查员、看守所人员、驻所医生和检察人员等证言间是否存在矛盾。二是时间要素，如是否有作案时间。特别是陈年旧案，犯罪嫌疑人往往提出自己没有作案时间，甚至提出有相关的证人可以作证。此时，需要综合其他证据予以认定。前文已提及，客观性证据如视频监控、照片、住宿清单、手机基站信息、手机照片反映的位置信息及现场提取的 DNA 生物鉴定等，证明力大于主观性证据。如果均是言词证据的，需要从比较与犯罪嫌疑人、被告人之间关系的角度评价证明力大小。三是事件起因要素，在许多命案当中，由于被害人已经死亡，直接证据往往只有犯罪嫌疑人、被告人辩解。此时，是直接证据与其他间接证据之间的矛盾，要结合经验法则等判断辩解的合理性、间接证据的指向等综合评价。四是防卫要素，这一要素与事件起因要素紧密关联。多数伤害案件中，犯罪嫌疑人、被告人均会辩解被害人有过错，自己是防卫行为。需结合伤情鉴定、尸体检验报告、死因鉴定及其他相关证人证言、微信信息等综合判断。五是归案要素，如是否逃避侦查涉及的追诉时效问题、自首等。此类型主要与证人证言等相矛盾。

（四）形成证据体系

形成证据体系就是准确把握案件的证明标准，综合运用证据规则，形成认定案件事实的完整证据体系。此环节为起诉前，协同构建指控体系的最后一步也是最关键一步，决定诉讼质量及风险。根据《刑事诉讼法》《最高人民法院关于适用〈中华人民共和国刑事诉讼法〉的解释》及最高人民法院、最高人民检察院、公安部、国家安全部、司法部《关于办理死刑案件审查判断证据若干问题的规定》等，认定案件的证明标准要达到确实、充分。《刑事诉讼法》第55条规定，"对一切案件的判处都要重证据，重调查研究，不轻信口供。只有被告人供述，没有其他证据的，不能认定被告人有罪和处以刑罚；没有被告人供述，证据确实、充分的，可以认定被告人有罪和处以刑罚。证据确实、充分，应当符合以下条件：（一）定罪量刑的事实都有证据证明；（二）据以定案的证据均经法定程序查证属实；（三）综合全案证据，对所认定事实已排除合理怀疑。"《关于办理死刑案件审查判断证据若干问题的规定》第5条规定，"办理死刑案件，对被告人犯罪事实的认定，必须达到证据确实、充分。证据确实、充分是指：（一）定罪量刑的事实都有证据证明；（二）每一个定案的证据均已经法定程序查证属实；（三）证据与证据之间、证据与案件事实之间不存在矛盾或者矛盾得以合理排除；（四）共同犯罪案件中，被告人的地位、作用均已查清；（五）根据证据认定案件事实的过程符合逻辑和经验规则，由证据得出的结论为唯一结论。办理死刑案件，对于以下事实的证明必须达到证据确实、充分：（一）被指控的犯罪事实的发生；（二）被告人实施了犯罪行为与被告人实施犯罪行为的时间、地点、手段、后果以及其他情节；（三）影响被告人定罪的身份情况；（四）被告人有刑事责任能力；（五）被告人的罪过；（六）是否共同犯罪及被告人在共同犯罪中的地位、作用；（七）对被告人从重处罚的事实。"本质上，证据的运用步骤围绕上述规定进行。

实践中，有一种倾向认为，以证据为中心的刑事指控体系决定了以客观性证据为核心的审查模式，进而认为不宜再谈以主观性证据为中心的审查模式。我们认为，应根据具体证据情况构建指控体系，不宜"一刀切"。一些案件特别是陈年命案，因各种原因许多客观性证据已难以补证，有的甚至已被污染或者灭失。此时，只能以主观性证据为中心形成证据指控体系，根据被告人供述、证人证言等逐项求证其中对定案关键的细节性证据，特别是"非亲历者不可知"的细节性事实寻求证据印证，并排除合理怀疑、形成内心确信锁定犯罪嫌疑人为作案人。进而言之，"以证据为中心"并不排斥以主观性证据为中心的证据体系，需要根据案件实际情况来把握。强调"重客观性证据"或"以客观性证据为中心的审查模式"是在过去司法办案过度依赖口供定案，不重视客观性证据，为取得有罪供述甚至刑讯逼供等大背景下提出的。司法办案应秉持客观公正立场，既要重视客观性证据，又要重视主观性证据，全面、客观地审查全案证据。主观性证据与客观性证据二者相辅相成，不是矛盾关系。前者是定案的直接证据，后者是间接证据，需要通过直接证据或运用经验法则等将若干间接证据串联起来，建立内在闭环的逻辑关联，排除合理怀疑，最终形成证据体系。就此而言，尽管主观性证据往往是冤假错案的"标签证据"，但不可否认主观性证据比客观性证据更为直接。一般来说，有罪供述的案件，司法机关是以有罪供述为中心，通过证人证言或客观性证据等证成或证否供述。即注意证据审查收集是否全面，尤其重视客观证据收集审查，加强与犯罪嫌疑人供述的印证分析，防止关键性证据灭失或发生变化，通过印证规则、经验法则等建立、形成证据体系。当然，根据个人习惯，也可以以客观性证据为中心，通过有罪供述等主观性证据，或者以直接指证的证人证言为中心，证成或证否待证事实；对于一直零口供的案件，则一般以客观性证据作为中心体系，通过其他证据形成体系。这也是当前强调以客观性证据为中心主要适用的情形。

二、言词证据的运用

（一）言词证据的主要功能

言词证据，顾名思义，是指在刑事诉讼过程中，以人类陈述作为存在及表现形式的证据种类,[①] 在司法实践中又被称为"人证"。言词类证据主要有证人证言,被害人陈述,犯罪嫌疑人、被告人供述和辩解。言词证据能够生动、形象地反映案件事实,在刑事案件证据体系中对于认定案件事实具有重要作用,主要体现在:

1. 直接证明案件事实

犯罪嫌疑人或被告人的供述往往能够直接呈现犯罪的动机、目的、手段和过程等关键要素。例如,在盗窃案件中,犯罪嫌疑人详细交代了其选择作案目标的原因是曾经看到被害人家里经常无人且财物放置较为随意,作案的具体时间是被害人上班期间,进入室内的方式是通过攀爬窗户以及所盗窃财物的种类和藏匿地点等内容。这种直接的供述对于案件事实的认定有着不可替代的作用。

被害人陈述也能直接描述犯罪行为的发生情况。如在抢劫案件中,被害人可以准确地说出抢劫者的身高、体型、面部特征、衣着、使用的凶器是刀还是棍棒、抢劫的地点和时间,以及抢劫者逃跑的方向等重要线索,帮助警方迅速锁定犯罪嫌疑人并开展追捕工作。

2. 挖掘案件细节和背景信息

证人证言可以提供案件发生的背景和相关细节。以一起交通肇事逃逸案件为例,现场的路人可能会作为证人提供肇事车辆的行驶方向、速度、是否有刹车痕迹等细节。同时,他们还可能知道肇事车辆之前是否与其他车辆或行人有过异常接触,这些信息有助于还原事故发生的全貌,包括事故是单纯的意外还是存在故意的可能。

犯罪嫌疑人的辩解能为案件提供新的视角。以犯罪嫌疑人主张自身行为系基于正当防卫情形为例,此时,对该辩解真实性的核查,便成为案件侦查进程中的关键任务。该类辩解可为侦查工作提供更精准导向,使侦查方向得以明晰,深度挖掘案件背后潜在的纠纷脉络,如是否存在长期存续的矛盾冲突等因素,均需纳入案件主要事实范畴,以全面、精准地审视案件全貌,使最终认定的法律事实重现或者最大限度接近客观事实

3. 与其他证据相互印证

言词证据与物证相结合可以增强证据的证明力。如在故意杀人案件中,现场发现了带有血迹的凶器,而犯罪嫌疑人在供述中提到了使用该凶

---

① 参见张华:《证据法学原理与案例课堂》,中国政法大学出版社 2019 年版,第 140 页。

器的具体过程，包括如何握持凶器、在什么位置对被害人进行攻击等内容。这种言词证据与物证（凶器和血迹）的相互印证，能够使证据链更加完整，更有说服力地证明犯罪嫌疑人的犯罪行为。

与书证等证据相互印证对于认定案件事实同样重要。如在诈骗案件中，犯罪嫌疑人关于诈骗过程的供述可以和被害人提供的聊天记录、转账记录等书证相互印证，从而确定犯罪嫌疑人是否存在虚构事实、骗取财物的行为。

4. 有助于发现新的证据线索

证人或者被害人可能会提及一些尚未被侦查机关掌握的证据线索。例如，证人证明看到犯罪嫌疑人在作案后将一个包裹丢弃在附近的垃圾桶里，警方根据这一线索可以及时寻找包裹，里面可能包含与犯罪有关的重要物品，如作案工具、被盗财物或者能证明犯罪嫌疑人身份的物品、痕迹等。

犯罪嫌疑人的供述也可以引导警方找到其他同案犯或者犯罪线索。如在贩卖毒品案件中，犯罪嫌疑人供出了毒品的来源以及其他下线的联系方式和藏匿地点，这对于打击整个犯罪团伙，彻查案件有着极为关键的作用。

（二）影响言词证据证明力的主要因素

言词证据的形成分为两个阶段，首先是案件事实作用于人的头脑，形成证据映象，然后通过侦查活动转化为言词证据。这个过程受到多种因素的影响，对其进行深入分析有助于更好地理解言词证据的特点和有针对性地加强言词证据的运用。影响言词证据可信性的因素较为复杂，包括主体因素：如证人的年龄、性别、情绪、记忆等；主体外因素，如事件后信息等。

1. 言词证据提供者的主观因素

一是记忆偏差。人的记忆并非完全准确可靠，随着时间的推移，记忆可能会出现模糊、变形甚至错误。例如，在一些刑事案件中，证人可能在案发后一段时间才被询问，此时他们对案件细节的记忆可能已经受到干扰，导致其提供的证言与实际情况存在偏差。例如盗窃案件，证人在案发时看到了犯罪嫌疑人的衣着特征，但在几个月后的询问中，可能会因为记忆模糊而错误地描述嫌疑人的衣着颜色或款式。二是主观偏见。言词证据提供者可能因为个人的主观偏见而影响证据的效力。例如被害人可能因为对犯罪嫌疑人的怨恨而夸大案件的严重程度，或者证人可能因为与一方当事人有特殊关系而偏袒该方。在故意伤害案件中，如果被害人与犯罪嫌疑人之前存在矛盾，那么被害人在陈述时可能会着重强调犯罪嫌疑人的恶意，而忽视一些可能减轻犯罪嫌疑人责任的情节。三是利益驱动。当言词证据提供者有自身利益考量时，其提供的证言的客观性可能会削弱。例如犯罪嫌疑人为了减轻自己的罪责而编造虚假的事实，或者证人可能因为受到利益诱惑而提供不实的证言。

2. 言词证据的获取过程因素

一是询问方式不当。侦查人员在询问证人、被害人或犯罪嫌疑人时，如果采用不当的询问、讯问方式，可能会影响言词证据的效力。例如，使用诱导性提问、威胁、恐吓等方式，使被询问、讯问者按照侦查人员的期望回答问题，而不是真实地陈述事实。例如，如果侦查人员对证人说"你肯定看到了犯罪嫌疑人拿着刀，对吧？"这种诱导性提问会导致证人的回答失去客观性。二是环境因素影响。询问的环境也可能对言词证据的效力产生影响。如果询问环境嘈杂、不舒适或者存在压力，被问者会感到紧张、不安，从而影响其陈述的准确性。例如，在一个狭小、闷热的房间里进行询问，证人会因为身体不适而无法集中注意力，导致其提供的证言不够准确。三是时间因素。言词证据的获取时间也很重要。如果时间过长，被询问讯问者可能会疲劳，从而影响其记忆和陈述的准确性。另外，案发后及时询问可以减少记忆偏差的影响，而如果过于匆忙，被询问者会因为没有足够的时间整理思绪，从而影响言词证据的质量。例如，在一起交通事故案件中，如果在案发后立即询问当事人，可能因为情绪激动而无法清晰地陈述事实。

3. 言词证据的外部因素

一是其他证据的影响。在刑事案件中，言词证据往往需要与其他证据相互印证才能确定其效力。如果言词证据与实物证据、书证等存在矛盾，那么其效力就会受到质疑。例如，在盗窃案件中，犯罪嫌疑人供述自己盗窃了某物品，但被害人否认且现场勘查没有发现该物品，此时犯罪嫌疑人的供述的效力就会大打折扣。二是社会舆论压力。社会舆论可能会对言词证据的效力产生影响。如果案件引起了广泛的社会关注，证人、被害人、犯罪嫌疑人都可能受舆论的影响而改变自己的陈述或供述。例如，在一些引起公众强烈关注的刑事案件中，证人可能会因为担心自己的言论受到公众批评而不敢如实陈述事实，或者为了迎合公众的期望而提供不实的证言。

（三）言词证据合理性审查

我国近年来揭露的多数刑事冤错案件，从侦查到审判程序，存在着一种大致相同的问题，即侦查机关以口供为中心构建有罪证据；检察机关形式化地审查证据；法院有罪倾向地裁判证据、认定事实。冤错案件存在着两个所谓"印证型"证据体系，一个是侦查机关以口供为中心的控诉证据体系，另一个是几乎完全采信错误控诉证据而形成的裁判证据体系。① 对于言词证据的运用要特别注意从以下几个方面审查其合理性。

1. 逻辑性审查

言词证据的逻辑性审查是判定其可靠性的关键环节。在司法实践中，任何违背逻辑常理的言词陈述都可能隐藏虚假成分。例如，在刑事案件中，犯罪嫌疑人对作案过程的叙述必须在时间、空间、行为手段等要素上遵循逻辑规律。

以盗窃案为例，若犯罪嫌疑人供述在短短一分钟内，从一楼飞速奔至五楼实施盗窃，随后携带大量财物再返回一楼。从人体运动机能与行为时间的逻辑角度审视，正常情况下，在这样有限的时间内，即便不考虑盗窃行为所需的寻找、收集、整理财物的时间，仅是往返楼层的路程，按照一般人的体能与速度，几乎难以达成，更遑论还要携带重物。这种违背常情常理常识的供述，其真实性无疑会被侦查人员重点质疑。

证人证言亦需经得起逻辑推敲。当多个证人针对同一事实进行证明时，若关键细节在逻辑上出现冲突，会使整个事实的真实性受到影响。例如，在交通事故现场的证人证言中，有的证人称车辆先碰撞后刹车，而有的证人则证明先刹车后碰撞，这一关于事件先后顺序的逻辑矛盾，将直接影响对事故发生瞬间真实状况的还原。侦查人员此时必须深入调查，借助现场勘查痕迹、车辆行驶数据记录等多方面证据，回溯事件逻辑脉络，甄别证人证言的真伪，精准还原事故发生的真实顺序。

逻辑审查不仅要对言词证据对应的案件事实要素进行分析，更需将言词证据置于案件整体情境中考量。作案动机与行为结果的逻辑、证人与犯罪嫌疑人所处情境及心理状态对其陈述、供述的潜在影响等，均是审查的

---

① 参见封安波：《论口供中心的冤案证据实践模式》，载《法学论坛》2023 年第 9 期。

要点。通过全方位、多层次的审视，确保个体言词证据在案件证据体系中与其他证据形成逻辑一致的证明力。

2. 细节审查

细节审查是精准甄别言词证据真实性的惯常方法。在司法实践中，其中涉及犯罪现场的各类要素，诸如作案工具的独特物理属性、现场环境的特定布局以及各类物证的细微状态等关键细节，均可成为判断言词证据是否可靠，能否作为认定案件事实的关键论据。

在抢劫、盗窃案件中，若犯罪嫌疑人能够精准且详尽地描述出只有亲历作案现场方可知晓的特定细节，此细节便如同契合案件真相锁芯的关键钥匙，有力佐证其供述的真实性。例如，在某抢劫案件的审查过程中，犯罪嫌疑人精确无误地供述出抢劫现场墙壁上一幅极具独特性且不为公众所知悉的涂鸦细节，而此细节经侦查机关现场勘查工作所确认，该供述与现场勘查所获取的细节信息高度契合，对于非亲历不可感知的细节，能够极大增强言词证据在案件证据体系中的证明效力及可信度。

细节审查亦需考量记忆规律与认知偏差因素，人的记忆易受时间、情绪等干扰而变形。被害人在紧张、恐惧的情况下陈述的细节可能失真；犯罪嫌疑人出于逃避罪责心理，篡改或模糊关键细节屡见不鲜。当言词证据出现关键情节缺失、模糊含混状态，或其陈述细节与经勘查、鉴定所获取的实物证据、现场状况及其有效证据存在明显矛盾冲突时，此类言词证据的证明力应受到质疑。在故意杀人案件中，若犯罪嫌疑人对于凶器的关键特征，诸如凶器的形状、尺寸、材质特性等关键细节，在多次供述中始终表述不清、前后矛盾，或其所供述的作案手法与法医依据尸体伤痕所鉴定得出的致伤机制及凶器类型判定严重不符，该犯罪嫌疑人的供述可靠性便大打折扣。司法人员应当依法进行深入细致的调查核实、甄别判断，必要时借助专业技术手段及专家辅助审查，对其证明能力和证明力作出精准判定，以确保案件证据链条的完整性、准确性。

3. 一致性审查

对言词证据的稳定性、一致性进行审查，也是判断言词证据真实性的重要因素。以诈骗案件为例，被害人在初次询问明确指认犯罪嫌疑人为老年男性，在后续询问中，却坚称犯罪嫌疑人为中年女性。此关键情节的前后矛盾，明显违背了陈述一致性原则，对案件侦查方向和事实认定造成重大干扰。司法人员务必全面考量多重因素，诸如证人记忆的固有局限性、外界因素不当干扰、蓄意伪造或篡改证言意图混淆事实等潜在因素，通过调查、交叉印证等手段，判断前后证据的真实性。

犯罪嫌疑人从认罪到翻供也是刑事案件常态，翻供的原因错综复杂，或因羁押期间遭受同监室人员蛊惑，或源于原供述遭受非法取证，司法人员可以通过证据形成的时间、讯问场所、言语神态细节剖析及关联证据等综合考量，挖掘翻供动机与影响因素。还可以借助同步录音录像资料审查、心理测谎技术等辅助甄别，厘清供述一致性出现变化的原因。

（四）言词证据运用需要注意的问题

1. 证人证言的可信度问题

在某刑事案件中，证人甲在案发时目睹了犯罪过程。然而，在侦查阶段和审查起诉阶段，证人甲的证言出现了变化。在侦查阶段，证人甲详细描述了犯罪嫌疑人的外貌特征和作案过程，明确指认乙是犯罪嫌疑人；但在审查起诉阶段，证人甲却表示自己当时并没有看清楚犯罪嫌疑人的面容，不能确定乙就是作案人。

前文已述，证人的记忆可能会随着时间的推移而出现偏差。案发后，证人可能会受到各种因素的影响，如媒体报道、他人的议论等，从而对自己的记忆产生怀疑。此外，证人在作证时也会受到紧张、恐惧等情绪的影响，导致记忆不准确。司法实践中，证人受到他人的暗示、威胁、引诱等外部因素的干扰，从而改变证言内容的也并不少见。与实物证据不同，证人证言无法通过科学技术手段进行检验和鉴定。因此，在判断证人证言的可信度时，往往需要依靠司法人员的经验和判断。证人多次证言存在矛盾，应当审查证言变化的过程和原因，证人能够对证言变化作出合理解释，并有其他证据印证的，应当将改变后的证言作为认定案件事实的根据；不能作出合理解释，而之前证言有其他证据印证的，可以将之前证言作为认定案件事实的根据。

2. 犯罪嫌疑人、被告人供述的自愿性问题

在某刑事案件中，犯罪嫌疑人甲在侦查阶段作出了有罪供述。然而，在审查起诉阶段，犯罪嫌疑人甲却声称自己的供述是在侦查人员的逼供、诱供下作出的，并非自愿。对此，在实践中审查判断存在难度。一方面，犯罪嫌疑人可能会为了逃避法律制裁而谎称自己受到了逼供、诱供；另一方面，侦查人员在审讯过程中会采取灵活的审讯策略和方法，界限并非十分清晰。犯罪嫌疑人的翻供会给案件的审查带来比较大的困难。司法人员

需要对犯罪嫌疑人的翻供理由进行审查，判断其翻供的真实原因。犯罪嫌疑人供述和辩解出现反复，不能合理说明翻供理由或者无罪辩解与全案证据相矛盾，有罪供述与其他证据相互印证的，该有罪供述可以作为认定案件事实的根据；有罪供述无法与其他证据相互印证的，该有罪供述不得作为认定案件事实的根据。

此外，对于犯罪嫌疑人、被告人供述的自愿性问题，要注意审查运用讯问同步录音录像。作为侦查人员对犯罪嫌疑人讯问的视听资料，同步录音录像以程序性争议事实为证明对象，起到证明讯问过程合法性，以及在讯问合法性存疑时作证的程序性作用。[①] 司法实践中，侦查供述和同步录音录像通常是相互印证的关系，录音录像既可以证明讯问过程的合法性，也可以证明讯问内容。录音录像和讯问笔录内容有冲突在司法实践中并不少见，主要有两种情况，一种情况是讯问笔录记载的内容与讯问同步录音录像在关键细节方面有不同，存在实质性差异；另一种情况是讯问笔录内容与同步录音录像内容并非一一对应，但没有实质性差异。从办案实践出发，当讯问笔录记载的内容与讯问录音录像存在实质性差异时，应以讯问录音录像为准。一些司法裁判也已证实，在部分案件中，当被告人及其辩护人对讯问笔录的合法性提出疑问，笔录被排除时，同步录音录像就作为记载供述、反映案件事实的关键证据。[②] 讯问笔录记载的内容与讯问同步录音录像内容部分不一致，原因在于侦查人员记录时对犯罪嫌疑人供述和辩解进行适当梳理、总结，但与主要内容不存在实质性差异。若讯问同步录音录像证明不存在非法取证情形，被告人供述自愿性可以确认的，讯问笔录可以作为认定案件事实的根据。实践中，对于后一种情况，有的辩护人以没有如实记录为由提出异议，认为笔录内容真实性有瑕疵申请排除，对于该申请，应予驳回。需要说明的是，依法应当对讯问过程录音录像的案件没有提供讯问录音录像，或者讯问录音录像存在选择性录制、剪接、删改等情形，综合现有证据不能排除以非法方法收集证据的，对于相关讯问笔录应当予以排除。

---

① 参见郎胜：《〈中华人民共和国刑事诉讼法〉修改与适用》，新华出版社 2012 年版，第 244 页。

② 参见郭烁：《纠结的"查阅"同步录音录像：新〈刑诉法解释〉第 54 条述评》，载《上海政法学院学报（法治论丛）》2022 年第 1 期。

3. 被害人陈述的真实性问题

在某刑事案件中，被害人甲在案发后向公安机关报案，陈述了自己被犯罪嫌疑人乙侵害的经过。然而，在案件审理过程中，犯罪嫌疑人乙提出被害人甲的陈述存在虚假成分，是为了报复自己而编造的。

被害人在遭受侵害后，往往会处于情绪激动的状态。这种情绪状态可能会影响被害人的陈述内容，使其夸大犯罪的情节或者故意隐瞒对自己不利的事实。同时，被害人可能会出于自身利益的考虑而虚假陈述。例如，被害人可能希望通过夸大犯罪情节来获得更多的赔偿，或者为了报复犯罪嫌疑人而故意编造虚假陈述。

与证人证言一样，被害人陈述也缺乏客观的验证手段。对其真实性的判断，可以借鉴证人证言可信度的判断模式，主要审查其前后有无变化，与在案其他证据的印证关系。

4. 特殊言词证据的运用问题

在某刑事案件中，涉及一份未成年人的证言。未成年人甲在案发时目睹了犯罪过程，并向公安机关提供了证言。然而，在案件审查起诉过程中，对于未成年人甲的证言是否能够作为定案的依据，存在争议。

与成年人相比，未成年人心智发育尚未成熟，其身心的特殊性要求办案人员在处理未成年人案件时应当采取不同于处理成年人案件的方式，从而更好地维护未成年人的合法权益。[①] 未成年人的认知能力和表达能力相对较弱，这对他们对事实的理解和描述可能存在影响。此外，未成年人容易受到外界因素的影响，如他人的暗示、引导等，也会影响证言的真实性。对未成年被害人陈述、证人证言，应当着重审查陈述、证言形成的时间、背景，被害人、证人的年龄、认知、记忆和表达能力，生理和精神状态是否影响陈述、证言的自愿性、完整性，陈述、证言与其他证据之间能否相互印证，有无矛盾。低龄未成年人陈述、证言前后存在不一致的，应当考虑其身心特点，综合判断其陈述的主要事实是否客观、真实。

同样，对于生理、精神上有缺陷，对案件事实的认知和表达存在一定困难，但尚未丧失正确认知、表达能力的被害人、证人和犯罪嫌疑人、被告人所作的陈述、证言和供述等特殊言词证据，是否采信应当更加谨慎。

---

① 参见李旭：《未成年人言词证据排除规则的评析与完善》，载《青少年犯罪问题》2024 年第 4 期。

5. 言词证据与实物证据的冲突问题

在某刑事案件中，现场勘查发现了一些物证，这些物证与犯罪嫌疑人甲的供述存在矛盾。犯罪嫌疑人甲在供述中称自己没有实施犯罪行为，但现场勘查发现的物证却指向犯罪嫌疑人甲有作案嫌疑。

实物证据虽然具有客观性，但也可能会因为收集、保管、检验等环节的问题而出现错误。言词证据虽然具有主观性，但在某些情况下也可能具有较高的可信度。言词证据和实物证据可能会因为解释的不同而产生冲突，犯罪嫌疑人会对自己的行为进行不同的辩解，而实物证据也会因为技术手段的限制或者人为因素的影响而出现不同的解读。在判断言词证据和实物证据的可靠性时，虽然实物证据一般具有较高证明力，但也不可当然以实物证据否定与其有冲突的言词证据。在处理言词证据与实物证据的冲突时，需要综合考虑各种因素，综合运用在案证据，进行全面分析。

6. 同案犯供述的运用问题

1994 年，河南省南阳市唐河县某村村民赵某某被毒死，柳某某被怀疑并最终供认因借钱不还而下毒杀害赵某某。后来，柳某某改口称与王某某、周某某共同作案。王某某和周某某最初否认涉案，但在长时间审讯后承认罪行。案件经过多次审理，最终在 1999 年南阳市中级人民法院宣判王某某、周某某无罪，柳某某被判处死刑，缓期二年执行。关于同案犯供述的采信及其证明力的问题，此案为我们提供了一个深刻的教训。首先，同案犯供述在刑事案件中具有重要的证据价值，但同时也存在很大的不确定性和风险。同案犯供述可能因为多种原因而相互印证，包括犯罪嫌疑人如实供述、串供、推卸责任、侦查人员非法手段取得供述等。因此，同案犯供述的真实性和可靠性需要谨慎对待。在王某某、柳某某案中，法院最初认定王某某等人故意杀人罪成立的直接证据就是他们本人的供述，以及与柳某某供述的相互印证。然而，本案出错的主要原因也是同案犯的虚假供述。这表明，在缺乏其他直接证据的情况下，仅凭同案犯供述来认定犯罪事实是非常危险的，容易导致冤假错案的发生。

同案犯供述的采信必须非常慎重，不能仅仅依赖于同案犯之间的相互印证。鉴于同案被告人之间具有不同程度的利害关系，即使供述一致，相互印证，也只能说明他们的供述朝可靠的方向前进了一步，如无其他旁证印证，其真实可靠性仍然是不确定的，不能据此定罪量刑。对于同案被告人的供述和辩解，应当审查该供述和辩解的真实性、稳定性、细节的合理性，与其他证据的印证关系以及有无矛盾，并结合各被告人之间的关系以及在共同犯罪中的地位和作用等，综合判断是否作为认定案件事实的根据。此外，共同犯罪、关联犯罪案件中，部分被告人被人民法院生效裁判先予处理的，是否采信先到案被告人的供述和辩解，应当综合后到案犯罪嫌疑人、被告人的供述和辩解以及全案证据予以审查判断。只有这样，才能确保司法的公正性和准确性，避免冤假错案的发生。

7. 非亲历不可知言词证据的运用

犯罪嫌疑人、被告人供述和辩解、证人证言、被害人陈述中，有非亲历不可知的隐蔽性、特定性案件细节，内容合理且与其他在案证据相互印证，并排除串供、逼供、诱供，以及指证、诱证、诬告、陷害等可能性的，可以作为认定案件事实的根据。

对于发生在特定场所、特定关系人之间的故意杀人、故意伤害等恶性案件，性侵犯罪等特殊案件，可以运用"非亲历不可感知""非亲自作案不可知情"的案件特点，充分挖掘言词证据中的隐蔽性、特定性细节，如果该细节内容合理且与其他在案证据能够相互印证，并排除了非法取证可能性的，可以作为认定案件事实的根据。在最高人民检察院成功抗诉的陈某红故意杀人案等案件中，已经通过运用非亲历不可知言词证据规则认定案件事实，实践中运用该规则应当注意把握以下几点：一是言词证据中含有非亲历不可知的隐蔽性、特定性细节，非亲历不可知是指对于隐蔽性、特定性细节，被害人、证人非亲历不可感知，犯罪嫌疑人、被告人非亲自作案不可知情；二是案件细节内容合理且与其他在案证据能够相互印证，对于隐蔽性、特定性案件细节，经过经验和逻辑法则判断，具有合理性，且与其他在案证据形成印证联系；三是排除了非法取证的可能性，对于犯罪嫌疑人、被告人供述和辩解排除了串供、逼供、诱供的可能性，对于被害人陈述、证人证言排除了指证、诱证、诬告、陷害等可能性。

三、客观性证据的运用

（一）客观性证据的主要功能

日本学者土本武司认为，证据是证明的手段，包含两层含义：一是作为证据方法的含义，二是作为证据资料的含义。证据方法是指成为认定事实资料的场所、物或者人；证据资料是指透过证据方法所得到的内容。证据方法是形式，证据资料是内容。根据证据方法的性质不同，可以将证据分为"人的证据"和"物的证据"。证据方法是现实生存的人的情况的，即"人的证据";证据方法是人之外的物的情况的,即"物的证据"。① 认定案件事实所依据的是通过证据方法所获得的包含案件事实信息的证据资料,然而证据方法的不同,会导致证据资料的稳定性与可靠性产生差异。以"人"为证据方法的证据,因受人的主观性影响较强,其证据资料的稳定性与可靠性不如以"物"为证据方法的证据。我国理论界借鉴日本学者的观点,根据证据内容的稳定性与可靠性程度之差异,将证据分为客观性证据与主观性证据。

主观性证据是指以人为证据内容载体的证据,需要通过对人的调查来获取其所掌握的证据信息,由于人的认知会随着外部环境和内在动机的变化而发生改变,因此主观性证据的特点表现为变动有余而稳定不足。客观性证据是指以物为证据内容载体的证据,这些证据内容的载体通常是客观之物,虽然也会受到自然之影响,但是在有限的诉讼时限内,在没有人为因素介入的情况下,其外部特征、性状及内容等基本稳定,所包含的证据内容受人的主观意志的影响较小,因而客观性较强。所以,客观性证据与主观性证据相比,稳定性、可靠性更高,对于准确认定案件事实具有很高的证明价值。可以纳入客观性证据的包括:物证;书证;鉴定意见;勘验、检查、辨认、侦查实验等笔录;视听资料、电子数据。物证、书证是以客观的物质、文书为证据内容载体的证据,其属于客观性证据自不待言;鉴定意见虽然是依靠鉴定人的认知判断而作出,但是,鉴定人是根据科学规律、专业知识对客观的案件之物进行鉴定作出的认知,其判断的来源是客观之物的性状与特征,具备再次接受检验的途径和方法,所以也应归于客观性证据;勘验、检查、辨认、侦查实验等笔录是通过客观记载侦查活动过程并反映某一方面事实情节的记叙类证据,是以文书为载体,可以通过现场照片、录像、实物证据验证其真实性,具有可靠的可验证性,相对于主观性证据更加可靠,所以属于客观性证据;视听资料、电子数据是以电子设备为载体的证据,载体是客观之物,其所包含的证据内容在没有人为更改的情况下,稳定不变,理应属于客观性证据。②

总的来说,客观性证据具有独特的特点,在没有人为因素介入的情况下,其外部特征、性状及内容等基本稳定,所包含的证据内容不受人的主

---

① 参见〔日〕土本武司:《日本刑事诉讼法要义》,董璠舆、宋英辉译,五南图书出版股份有限公司1997年版,第295页。

② 参见樊崇义、赵培显:《论客观性证据审查模式》,载《中国刑事法杂志》2014年第1期。

观意志的影响。以物证为例，物证是案件发生后在客观外界遗留下的物品或痕迹，其反映的内容是真实的、客观存在的，被认为是"真正的最佳证据"和现代司法中的"证据之王"。例如在刑事案件中，犯罪现场遗留的作案工具、赃款赃物等，这些物证以其物质属性，包括外部特征、存在场所等证明案件事实。又如书证，以其记载的内容来证明案件真实情况，具有较强的客观性。视听资料以录音、录像、计算机磁盘或其他高科技设备所存储的以音像信息证明案件真实情况，电子数据以电子形式存在，用以证明案件事实的一切材料及其派生物，如电子邮件、电子数据交换、网上聊天记录、手机短信等，都是客观存在的证据材料。

客观性证据在刑事案件证据体系中对于认定案件事实具有决定性作用，主要体现在：

1. 摆脱对口供的过分依赖

在传统的刑事诉讼中，口供常常被视为最直接、最有力的证据，但往往忽视了口供的不稳定性与易变性。犯罪嫌疑人或被告人可能会因为恐惧、压力而改变口供，这使得依赖口供认定案件事实会随着口供的变化而充满不确定性。相比之下，客观性证据以其稳定性和可靠性，能为案件事实认定提供坚实的基础。以一起故意杀人案为例，犯罪嫌疑人在侦查阶段最初承认了犯罪行为，但随后翻供，声称自己是被冤枉的，在这种情况下，如果没有客观性证据的支持，案件事实认定将陷入僵局。然而，通过调取案发现场的监控录像、指纹鉴定等客观性证据，即使在被告人翻供的情况下，也能够构建起完整的证据体系，证明犯罪嫌疑人在侦查阶段的有罪供述是属实的，能够通过侦查阶段的有罪供述和在案其他证据准确还原案发经过，认定案件事实。

客观性证据越丰富越有利于摆脱对口供的依赖，在客观性证据充分的情况下，即使没有被告人口供，也可以认定被告人有罪和判处刑罚。例如，在运输毒品案中，被告人归案后拒不认罪，但通过对毒品包装上的痕迹（如 DNA 鉴定）、通讯基站轨迹等客观性证据的审查，仍能认定犯罪事实。在故意伤害案中，有案发现场监控视频记录了案发全过程，从冲突起因到矛盾升级到伤害过程，监控视频成为认定案件事实的关键证据。这些案例充分说明，在刑事案件中，通过对物证、书证、视听资料、电子数据等客观性证据的充分调取，能够摆脱对口供的依赖，即使被告人拒不认罪，客观性证据依然能够为案件的认定提供有力支持。

2. 创新事实认定途径

客观性证据的运用，为事实认定提供了新的视角和方法。通过对物证、书证等客观性证据的科学分析，可以发现案件的线索和证据链条，从而更准确地认定案件事实。如在网络集资诈骗案件中，犯罪嫌疑人通过复杂的金融操作掩盖犯罪行为，传统的侦查方法很难揭示其犯罪手法，但通过对银行流水、交易记录等电子数据的深入分析，办案人员发现了资金流动的异常模式，银行账目能够详细呈现资金流向、账目情况等，通过对这些数据的分析，可以确定是否存在非法集资行为以及涉及的金额、范围等关键信息；交易记录、聊天记录等，则可以进一步揭示犯罪嫌疑人之间的沟通情况、操作手段等，两者相互配合，能够构建起更为完整的证据链条，为准确认定案件事实提供有力支撑，从而揭露犯罪嫌疑人的诈骗行为。这些客观性证据的结合使用，使办案人员能够清晰地了解犯罪行为模式，为案件的事实认定提供全新的途径。

3. 准确认定案件事实

在疑难复杂刑事案件中，客观性证据有利于全面准确认定案件事实，加强对客观性证据的审查，能够最大限度保证案件事实的准确认定。在故意杀人案中，犯罪嫌疑人坚称自己是无辜的，而目击者的证言又存在矛盾，在这种情况下，通过对现场的血迹、指纹、DNA 等客观性证据的全面审查，办案人员发现被告人的衣物上存在被害人的血迹，而被告人无法提供合理的解释。这些客观性证据的审查，为案件事实的认定提供了坚实的基础。

客观性证据的运用，常常伴随着现场重建的过程。通过对现场的细致勘查，可以还原案发时的情景，从而为案件事实的认定提供直观的证据。例如，在上述谋杀案件中，通过对现场血迹分布的分析，可以推断出被害人受伤的位置和凶手攻击的方向，这些信息对于案件事实的认定至关重要。客观性证据的审查，不仅是对单一证据的分析，更重要的是对所有证据的综合分析。这种综合分析需要考虑证据之间的关联性、一致性。例如，犯罪嫌疑人甲饮酒后驾驶轿车，途经某市村道时撞到同向骑电动自行车的被害人乙。发生碰撞后，甲将车开出约 30 米时开始刹车，在地上留下 26 米轮胎拖印。被害人乙在车底被拖行 650 余米甩落在路边，当场死亡，甲驾车逃离现场。次日上午，甲投案并辩解醉酒严重，不记得事故发生经过，并不明知车底有人。侦查机关根据碰撞点、汽车轮胎拖印、电动自行车挫划印分析，甲驾车从后撞击乙电动自行车时的反应距离与反应时间，长于普通人正常的反应距离和时间，但同时有较为明显的左转方向盘避让及长距离刹车动作，可以证明甲在碰撞阶段虽然受饮酒影响反应速度下降，但仍然有避让、刹车等反应举动。在此基础上分析认为，对于甲是否明知车底有人，不能简单地以酒醉、雨夜视线差等为由就否定明知的可能，而应当依据乙有刹车、避让等举动来认定其有明确的辨认和控制能力，再根据现场的血迹位置、撞人前后驾驶顺畅程度等推导出甲有驾车缓慢前行、回溜顿挫等行为，并综合现场客观环境进行判断，最终认定甲构成故意杀人罪而非交通肇事罪。

4. 落实理性平和的司法理念

在办理刑事案件过程中，司法人员依据客观性证据进行案件审查，能够避免主观臆断，有助于落实理性平和的司法理念。首先，客观性证据具有客观、稳定的特点，将客观性证据作为认定案件事实的核心依据，可以避免因司法人员主观因素导致的认识差异，能够为案件的认定提供可靠的基础。例如在毒品犯罪案件中，加强对毒品包装上的生物痕迹、住宿记录、卡口记录等客观性证据的审查，能够更加准确地认定犯罪事实，避免因犯罪嫌疑人翻供而导致案件陷入困境。其次，司法人员在审查证据时，客观性证据既有助于快速识别和排除无关或不可靠的证据，又能够增强在案其他证据的证明力。例如，侦查机关根据犯罪嫌疑人供述找到其丢弃的作案工具，该作案工具作为客观性证据，能显著增强犯罪嫌疑人供述的真实性。最后，当当事人认识到诉讼结果是基于客观性证据而得出的结论，他们对诉讼结果的信任度和接受度会更高。在许多矛盾冲突比较激烈的刑事案件中，如果检察官在出庭公诉时能够更细致地进行证据开示，让被告人和被害人清楚地了解案件事实和法律适用的证据基础，尤其是这些证据具有无可辩驳的客观性，则双方对诉讼结果会有比较清楚的预期，减少因"证据黑箱"导致的案件信访。

（二）影响客观性证据证明力的主要因素

刑事案件中，客观性证据是支撑案件法律事实的基石，其重要性不言而喻。但客观性证据证明力也受多种因素影响，从证据自身特质到取证流程，从外部技术环境到司法人员主观层面，均可能影响客观性证据的证明力。在证据审查过程中，唯有对这些因素进行综合考量，才能让客观性证据释放最大证明价值。

1. 证据的真实性

真实性是客观性证据的"灵魂",只有真实可靠的证据,才能承载证明案件事实的重任。客观性证据也可能受外界因素干扰,可能出现虚假、失真情况。物证伪造、变造在司法实践中时有发生,犯罪嫌疑人为逃避罪责,蓄意篡改物证特征、篡改车辆里程数以隐瞒肇事逃逸前的行驶距离;伪造合同签订时间,模糊经济诈骗的关键节点。书证方面,篡改账目、伪造发票用于洗钱、逃税犯罪,另外,纸张老化、字迹褪色也会干扰内容识别,若修复、解读技术不过关,书证原本传达的真实信息易被曲解等。技术鉴定是核验物证真实性的常用手段,如果鉴定科学和流程存在瑕疵,同样催生虚假结果。指纹因各人不同的特定性与终身不变的稳定性,成为个人识别的关键技术手段,然而随着欧美指纹鉴定错案的不断发生,指纹鉴定证据的科学性受到质疑,影响了其使用效力。其中,最著名的案例之一是发生于 2004 年的马德里爆炸案,当时美国联邦调查局依据现场遗留的指纹错误地将犯罪嫌疑人认定为布兰德·梅菲尔德。两个月后,西班牙警方推翻了这一结论,指纹鉴定的科学基础及其可靠性问题受到了前所未有的质疑。

2. 证据体系的完整性

客观性证据往往是碎片化、孤立的证据,难以支撑复杂的案件事实认定。刑事案件的复杂性决定了单一客观性证据难以认定全案事实,要求各类证据形成拼凑出犯罪全貌的证据体系。以金融诈骗案为例,转账记录仅能证明资金流向,却无法说明资金流转背后的欺诈意图;合同文本虽能体现交易形式,但若缺乏双方沟通记录、虚假宣传材料等关联证据,难以认定诈骗故意,只有将这些客观性证据放在全案证据中考量,才能发挥其证明价值。此外,现场勘查是收集完整性证据的重要环节,勘查不仅要提取显眼物证,更要全方位搜集毛发、纤维、微量物证等细微线索,结合周边环境证据,还原案发场景。视频监控作为常见客观性证据,若关键时段画面缺失、画质模糊,或是摄像头安装位置局限,遗漏关键情节,证据完整性受损,证明力也随之受限。

3. 外部环境与技术因素

现代刑事案件侦破与审判越来越依赖科技手段,技术水准、环境条件影响着客观性证据的获取与解读。新型犯罪滋生出新型证据形式,网络犯罪中的海量电子数据易被篡改,加密货币交易、跨境网络赌博背后的服务器日志、聊天记录，取证难度大、技术门槛高，若提取的数据残缺不全，将会影响对犯罪线索的研判和事实认定。鉴定技术革新滞后同样制约证据证明力，面对愈发复杂的毒品成分，传统鉴定方法难以精准定性。例如，2023 年 10 月，依托咪酯被列入麻精药品目录后，由于依托咪酯含量鉴定需要较高的技术条件，造成各地此类案件含量鉴定需求被严重积压，对诉讼效率造成较大影响。环境因素干扰也不可小觑，极端天气致使现场物证加速损毁、污染；偏远地区监控设备落后，无法提供清晰画面；案发地人流量大、环境嘈杂，痕迹物证混杂难辨，这些客观条件都会弱化证据的证明力。

4. 司法人员的认知与经验

客观性证据虽力求客观，可最终收集、审查、串联证据的是司法人员，其专业素养、认知偏见、办案经验成为影响证据证明力的隐性因素。经验丰富的刑侦人员、检察官、法官能敏锐洞察证据细节，深挖潜在价值。面对繁杂现场，侦查专家能迅速锁定关键物证，梳理证据脉络；一般侦查人员则可能手足无措，遗漏重要线索，误读证据关联性。但经验也可能催生认知偏见，形成思维定势。长期办理盗窃案的司法人员，易习惯性套用过往模式，忽视个案特殊性，对非典型盗窃证据心存疑虑，无端降低其证明力；先入为主观念也常常作祟，前期舆论渲染嫌疑人有罪，司法人员受舆论裹挟，不自觉放大有罪证据分量，轻视无罪辩解与反向证据。

（三）客观性证据合理性审查

客观性证据因其自身稳定性强，成为证明案件事实最有力的证据。优先使用客观性证据作为认定案件事实的依据，是刑事案件证据运用的基本遵循。作为司法人员，审查客观性证据的核心问题就是审查该证据是否因为主观性问题导致证明力减弱和消失，即客观性证据有无故意伪造或因过失导致证据失真。其中，对客观性证据的合理性审查尤有必要。

1. 证据来源的可靠性

对于物证，要审查其发现的地点和环境。例如，在犯罪现场发现的凶器，其位置是否符合犯罪行为的逻辑。如果凶器被发现于一个与犯罪行为明显无关的位置，如远离犯罪现场的垃圾桶，那么就需要进一步调查其来源是否可靠。还要考虑物证的获取过程，物证应当是通过合法的搜查、扣押等程序获取。例如，侦查机关在没有合法手续的情况下获取的物证，其来源的合法性就会受到质疑，合理性也大打折扣。对于书证，应当审查书证的形成过程，如合同、信件等，要考虑其制作主体、制作时间和目的。例如，一份商业合同是否是由合同双方真实签订的，是否存在伪造签名或篡改日期的情况。对于从第三方获取的书证，如银行记录、公司账目等，要审查第三方提供信息的真实性和完整性。银行是否按照法定程序和规范提供账户流水，公司账目是否经过审计等都是判断书证来源可靠性的重要因素。

2. 证据的完整性

物证在收集、保管和检验过程中应当保持完整。例如，在涉及毒品犯罪的案件中，毒品样本的完整性直接影响到对毒品数量、成分等的判断，如果毒品样本在提取和保管过程中出现被污染的情况，那么相关鉴定意见的证明力就会受到质疑。书证应当包含完整的信息。例如，一份合同不仅要有双方的签名和主要条款，还应当包括合同的附件、补充协议等相关内容。如果缺少关键部分，可能会影响对案件事实的认定。对于文件的页码、签名盖章等部分也要进行检查，如在贪腐案件中，原始账目文件的页码是否连续，是判断书证完整性的要点。电子数据容易被篡改或损坏，因此审查其完整性尤为重要。例如，在网络犯罪案件中，电子数据如电子邮件、聊天记录等，需要检查其是否完整地记录了通信过程，这包括检查数据的时间戳是否准确，数据是否有丢失或被修改的迹象。对于存储在电子设备中的数据，要考虑设备本身是否完好，存储介质是否被损坏或格式化。例如，从犯罪嫌疑人的手机中提取的短信记录，需要确保手机没有被恶意刷机或在数据恢复过程中没有破坏数据的完整性。

3. 证据与案件事实的关联性

有些客观性证据与案件事实有直接的关联。例如，在盗窃案件中，被盗财物在犯罪嫌疑人手中被发现，这一物证与犯罪行为有直接的联系。这种直接关联性的证据能够直观地证明案件的关键事实，如犯罪行为的发生和犯罪嫌疑人的参与。在故意伤害案件中，现场发现的带有被害人血迹的凶器，直接关联到犯罪嫌疑人的伤害行为，是证明犯罪手段和犯罪后果的关键证据。但许多客观性证据可能与案件事实只有间接的关联，但这些证据同样重要。例如，在谋杀案件中，犯罪嫌疑人在案发时间附近出现在犯罪现场附近的监控录像，虽然不能直接证明犯罪行为的发生，但可以作为其有作案嫌疑的间接证据。对于间接关联性证据，需要结合其他证据来综合判断其对案件事实的证明力。如在诈骗案件中，犯罪嫌疑人的通话记录可能只显示与被害人有联系，但结合其他证据如转账记录、证人证言等，可以推断出诈骗行为的存在。

4. 证据之间的相互印证

一般情况下，客观性证据之间应当相互印证。例如，在非法集资案件中，司法人员需要了解集资的方式、资金的流向、参与集资的人员情况等，从而确定相关的客观性证据如银行流水、合同、会议记录等与案件事实的关联性。如果物证和书证之间存在矛盾，就需要进一步调查原因，判断证据的合理性，除有合理解释外，其中之一必然应当被排除。例如，在走私犯罪案件中，查获的走私物品（物证）与相关的报关单据（书证）在货物名称、数量、来源等方面不相符，但不相符是犯罪嫌疑人为走私而故意使用虚假的报关单据，该合理解释既能解决客观性证据之间的矛盾，还能证明犯罪嫌疑人的犯罪故意。

客观性证据与证人证言、犯罪嫌疑人供述等主观性证据也应当相互印证。例如，在抢劫案件中，被害人描述的犯罪嫌疑人的外貌特征和穿着与现场监控录像（客观性证据）中的形象相符，这就增强了证据的可信度。当主观性证据与客观性证据存在矛盾时，需要谨慎分析，可能是主观性证据存在记忆错误、虚假陈述等情况，也可能是客观性证据的收集或审查出现了偏差，这些矛盾是证据审查和运用过程中需要着重注意的问题。

5. 证据的合理性与案件背景的契合度

客观性证据所反映的情况应当符合常理和逻辑。例如，在一个盗窃案中，如果证据显示犯罪嫌疑人在一分钟内打开了一个复杂的保险柜，而这种开锁方式超出了正常的技术水平和作案时间范围，那么就需要对证据的合理性进行重新审视。对于犯罪行为的过程和结果，证据应当能够合理地解释。例如，在火灾事故刑事案件中，鉴定意见对火灾是由自然原因还是人为原因引起，以及火灾的蔓延过程作出判断，火灾现场的痕迹物证应当与判断具有一致性。证据应当与案件所处的社会环境和行业背景相契合。例如，在涉及金融诈骗的案件中，证据应当符合金融行业的交易规则和市场环境。如果一份所谓的金融投资合同的条款与当时的金融市场法规和惯例严重不符，那么这份合同作为证据的合理性就值得怀疑。

（四）客观性证据运用需要注意的问题

1. 客观性证据的收集与保全

部分侦查人员在办案过程中，过于依赖口供等主观性证据，对客观性证据的收集重视不够，往往没有充分认识到客观性证据的重要性，在现场勘查、调查取证等关键环节中，未能全面、细致地收集客观性证据。此外，在收集客观性证据时，部分侦查人员缺乏科学的方法和技术手段。例如，在物证提取过程中，没有按照规范的程序进行操作，导致物证被污染或损坏；在电子数据收集过程中，收集需要专业的技术手段和设备，而且电子证据容易被篡改和删除，增加了收集的难度，如果没有采用专业的取证工具和方法，电子数据的真实性和完整性就会受到质疑。

客观性证据在收集后，还需要进行妥善的保全，以确保其真实性和完整性。然而，在实际操作中，证据的保全可能会受到各种因素的影响，如保管条件不当、人为破坏等。部分司法机关的证据保管场所条件简陋，缺乏必要的防潮、防火、防盗等设施，容易导致证据的损坏、丢失或变质。在证据保管过程中，缺乏健全的保管制度，对证据的出入库登记、交接、保管期限等方面规定不明确，容易出现管理混乱的情况。一些证据保管人员缺乏专业的知识和技能，对证据保管的重要性认识不足，在工作中存在责任心不强、操作不规范等问题。例如某盗窃案件中，警方在现场提取了犯罪嫌疑人的指纹和脚印等物证，但在保管过程中，由于保管条件不佳，部分物证受到了污染和损坏，影响了证据的价值。又如很多陈年命案，在案发当时提取了一些有价值的物证和痕迹，在刑事侦查技术不断发展的环境下，本可以通过原始物证和痕迹发现侦查线索，但由于保管不善，物证和痕迹上附着的生物性样本已经被污染或毁坏。

2. 客观性证据的解读与关联性建立存在的问题

客观性证据的解读往往需要专业知识和技能，例如，鉴定意见需要具备相关专业领域的知识。对于不具备专业知识的司法人员来说，准确解读客观性证据存在一定难度。故意伤害案中，被害人的伤情鉴定意见对于案件的定性至关重要。然而，实践中存在由于司法人员对鉴定意见的绝对信任，在解读鉴定意见时不假思索的予以认定，并作为认定案件事实的依据，往往因为鉴定意见错误影响对案件事实的认定。

客观性证据与案件事实的关联性需要通过分析和推理来建立，但在实际操作中，这种关联性的建立并非易事。有时，看似与案件有关的客观性证据，实际上可能与案件并无关联。某杀人案中，警方在现场发现了一把刀具，但经过鉴定，该刀具上未检测到与犯罪嫌疑人或被害人有关的生物信息，无法确定该刀具与案件的关联性。证据是否具有关联性需要论证，论证应当以证据为基础，并结合合理性逻辑作出分析，这对司法人员的专业性和理性分析能力提出了更高的要求。在司法实践中，证据的关联性论证是一个复杂的过程，司法人员不仅要具备法律知识，还要有逻辑推理和批判性思维的能力。

3. 客观性证据的可靠性评估

客观性证据并非绝对可靠，可能存在瑕疵。例如，物证可能被污染、损坏，鉴定意见可能存在错误等。这些瑕疵可能影响证据的可靠性，进而影响案件事实的认定。例如，某毒品案件中，警方在现场查获了一批毒品，但在送检过程中，由于检测程序不规范，导致检测结果存在误差，这种误差使得毒品的数量和性质难以确定，影响了案件的定罪量刑。

在刑事案件中，可能存在多个客观性证据相互矛盾的情况，这给认定案件事实带来困难。司法人员需要综合考虑各种因素，对证据的可采性进行评估，但这种评估往往具有主观性。例如，某交通事故案件中，现场有多个目击证人，他们的证言与现场的物证和鉴定意见存在矛盾。司法人员在判断证据的可采性时，需要考虑证人的可信度、证据的来源和形成过程等因素，这一过程十分复杂且具有主观性。

4. 口供补强规则的具体运用

在某故意杀人案中，侦查人员在犯罪嫌疑人的指引下，在其家中的一个隐蔽地点找到了与案件直接相关的血迹斑斑的衣物，这些衣物与案件中的其他证据，如证人的证言、监控录像等相互印证，则犯罪嫌疑人的供述的真实性被隐蔽性很强的物证所验证，在排除非法取证的情形下，其供述的证明力应当予以确认。

所谓口供补强规则，是指根据犯罪嫌疑人、被告人的供述、指认提取到隐蔽性很强的物证、书证等客观性证据，且犯罪嫌疑人、被告人的供述与其他证明犯罪事实发生的证据相互印证，并排除串供、逼供、诱供等可能性的，可以认定供述的犯罪事实。同样，具有隐蔽性的视听资料、电子数据等客观性证据，一旦根据犯罪嫌疑人、被告人的供述、指认被提取，具有与物证、书证相类似的证明力，能够充分补强犯罪嫌疑人、被告人供述的真实性，极大增强司法人员对其供述事实认定的内心确信，提高构建案件证据体系的效率。

该规则在实际运用中需要注意以下几个方面的问题：一是根据犯罪嫌疑人、被告人的供述和指认，侦查机关能够提取到隐蔽性很强的客观性证据，如上述案例中的血迹斑斑的衣物，这些证据的发现对于案件的侦破至关重要；二是发现的隐蔽性证据能和其他证据相互印证，如案例中血迹斑斑的衣物与其他证据目击证人的证言、监控录像等相互印证，共同指向犯罪嫌疑人、被告人实施了犯罪行为，发现的隐蔽性很强的客观性证据和在案其他证据之间的内在联系和相互印证是认定事实的关键；三是排除非法取证，需要确保犯罪嫌疑人、被告人的供述是自愿的，排除了任何形式的非法取证，如刑讯逼供、威胁、引诱等非法手段获取的供述不能作为客观性证据补强的依据；四是排除合理怀疑，需要确保根据证据认定的案件事实足以排除合理怀疑，结论具有唯一性；五是符合逻辑和经验，运用证据进行的推理论证必须符合逻辑和经验，即证据的运用和案件事实的推导需要合乎常理，不能存在明显的逻辑漏洞或违背常识，所有证据具有指向一致的证明力。

5. 鉴定意见、报告类证据运用

我国证据制度中对于各类专门性问题的解决，主要有以下几种方式：司法鉴定意见，行政部门出具的报告，行业管理机构出具的鉴定、认定报告，有专门知识的人出具的专门性问题的意见报告等。司法实践中普遍存在的鉴定意见、报告等证据的运用难题。对于犯罪嫌疑人、被告人、被害人对鉴定意见有异议，申请补充鉴定或者重新鉴定的，应当审查其申请的理由，必要时可以要求其提供相关材料或者线索。从节约司法资源以及平衡公平与效率价值的角度，应当避免不必要的补充鉴定或者重新鉴定。

对于同一专门性问题有两份或者两份以上鉴定意见且意见不一致的，应当注重从鉴定主体的适格性，鉴定程序的合法性，检材来源、取得、保管、送检的完整性，送检材料的充分性，鉴定过程的规范性，鉴定方法的科学性，分析论证的合理性，鉴定文书格式的完备性，鉴定意见与其他证据的一致性等方面，进行实质性审查。优先采信鉴定材料全面、方法科学适用、分析论证充分严谨、检验结果合理可靠的鉴定意见。必要时，可以委托有专门知识的人出具审查意见。

案件中的事故调查报告、道路交通事故认定书、价格认定结论书、资金分析报告、检验报告、审计报告，以及有专门知识的人就案件的专门性问题出具的意见等，虽然这些报告和意见与鉴定意见在主体、形式、程序等方面仍然存在一定差异，有些专门性问题存在行政法规、行业标准等规定，但其审查与认定，可以参照适用鉴定意见的有关规定，对于出具报告、意见的主体、形式、程序、方法等符合法律、有关规定，论证过程合理，结论科学的，可以作为认定案件事实的根据。

四、几类特殊证据的运用

（一）数量众多的同类证据的运用

随着信息网络技术的发展，网络犯罪、电信诈骗等犯罪数量快速增长，越来越多的案件中出现了海量的客观性证据以及数量众多的被害人、证人，如何有效地审查运用数量众多的同类证据，成为当前司法实践中亟须解决的突出问题，数量众多的同类证据的审查运用规则应运而生。所谓数量众多的同类证据，就是在某些案件如信息网络犯罪案件中，由于犯罪行为的特殊性，往往会生成大量的电子数据或其他类型的证据。这些证据虽然数量庞大，但其在性质、特征或功能上相同。例如，多名被害人陈述内容相似，或者多份电子数据记录了相同的犯罪手段等。数量众多的同类证据的运用，与抽样调查息息相关。而当前我国刑事诉讼法学界有关此方面的研究成果普遍对应用抽样技术中的概率抽样与非概率抽样的区分认识不够，存在着用概率抽样的基本理论阐释我国实践中的非概率抽样调查之嫌疑;[1] 同时对刑事抽样调查的本质属性存在较大的分歧。[2] 理论上，对抽样调查的证据是否可以作为定案根据，有不同看法。在抽样调查中，由于非抽样误差、抽样误差和样本偏差的存在，样本数据无法准确地代表研究总体。[3] 有观点认为，在抽样调查结果无法做到确定性、唯一性的情况下，基于抽样调查结果对案件关键事实的认定就难以达到我国刑事证明标准所要求的确定性、唯一性。也有观点认为，在应用抽样调查中，随机抽样调查统计的总误差等于抽样误差的平方与非抽样误差的平方之和的平方根。[4] 抽样调查作为一门科学的统计手段，已经在我国人口、经济、社会和司法等领域得到了广泛应用。实际上，数量众多的同类证据运用就是抽样调查理论在我国的引入和发展。抽样调查作为一种新的取证和诉讼证明方法，之所以引起关注甚至备受质疑，是因为其与我国传统证据制度之间存在紧张关系。具体来说，抽样调查对从证据的收集要求（全面收集证据）、诉

---

① 参见高童非：《刑事抽样证明的类型化重释》，载《中国刑事法杂志》2022 年第 3 期。

② 参见郑飞：《论数字时代的刑事抽样取证》，载《求是学刊》2023 年第 3 期。

③ 参见［美］爱德华·布莱尔、约翰尼·布莱尔：《如何抽样》，朱慧劼译，中国人民大学出版社 2022 年版，第 22 页。

④ 参见李金昌主编：《应用抽样技术》（第 3 版），科学出版社 2015 年版，第 28 页。

讼证明方式（印证证明）和证明标准（得出唯一结论）三个方面对我国现有证据制度提出了挑战。[①] 我们认为，上述挑战可以通过证据的运用来化解。即抽样调查或者是同类证据的运用需要综合其他证据予以评判案件，允许反向证据否定同类证据，排除合理怀疑。且将同类证据限定在一定范围内适用。

根据相关规定及司法实践，对于数量众多的同类证据材料，在证明是否具有同样的性质、特征或者功能时，因客观条件限制不能全部验证的，可以进行抽样验证。数量众多的同类证据主要分类型：一是集资类经济犯罪，包括集资诈骗罪，非法吸收公众存款罪，组织、领导传销活动罪等。根据相关法律规定，公安机关办理非法集资、传销以及利用通讯工具、互联网等技术手段实施的经济犯罪案件，确因客观条件的限制无法逐一收集被害人陈述、证人证言等相关证据的，可以结合已收集的言词证据和依法收集并查证属实的物证、书证、视听资料、电子数据等实物证据，综合认定涉案人员人数和涉案资金数额等犯罪事实，做到证据确实、充分。二是涉商品类犯罪。公安机关办理生产、销售伪劣商品犯罪案件，走私犯罪案件，侵犯知识产权犯罪案件，对同一批次或者同一类型的涉案物品，确因实物数量较大，无法逐一勘验、鉴定、检测、评估的，可以委托或者商请有资格的鉴定机构、专业机构或者行政执法机关依照程序按照一定比例随机抽样勘验、鉴定、检测、评估，并由其制作取样记录和出具相关书面意见。有关抽样勘验、鉴定、检测、评估的结果可以作为该批次或者该类型全部涉案物品的勘验、鉴定、检测、评估结果，但是不符合法定程序，且不能补正或者作出合理解释，可能严重影响案件公正处理的除外。法律、法规和规范性文件对鉴定机构或者抽样方法另有规定的，从其规定。三是网络犯罪。办理信息网络犯罪案件，对于数量特别众多且具有同类性质、特征或者功能的物证、书证、证人证言、被害人陈述、视听资料、电子数据等证据材料，确因客观条件限制无法逐一收集的，应当按照一定比例或者数量选取证据，并对选取情况作出说明和论证。人民检察院、人民法院应当重点审查取证方法、过程是否科学。经审查认为取证不科学的，应当由原取证机关作出补充说明或者重新取证。人民检察院、人民法院应当结合其他证据材料，以及犯罪嫌疑人、被告人及其辩护人所提辩解、辩护意

---

① 参见陈学权：《我国刑事诉讼中抽样调查研究》，载《中国刑事法杂志》2024 年第 3 期。

见，审查认定取得的证据。经审查，对相关事实不能排除合理怀疑的，应当作出有利于犯罪嫌疑人、被告人的认定。对于涉案人数特别众多的信息网络犯罪案件，确因客观条件限制无法收集证据逐一证明、逐人核实涉案账户的资金来源，但根据银行账户、非银行支付账户等交易记录和其他证据材料，足以认定有关账户主要用于接收、流转涉案资金的，可以按照该账户接收的资金数额认定犯罪数额，但犯罪嫌疑人、被告人能够作出合理说明的除外。案外人提出异议的，应当依法审查。几类特殊证据运用可以分为一般规则、数量众多的客观及鉴定类证据、数量众多的言词证据等三部分内容。

1. 一般规则

对于数量众多且具有同类性质、特征或者功能的物证、书证、证人证言、被害人陈述、视听资料、电子数据等证据材料，确因客观条件限制无法逐一收集、勘验、鉴定、检测、评估，按照一定比例或者数量选取证据的，应当审查选取情况说明和论证过程，重点审查选取对象是否属于同一证据种类，是否具有相同来源，是否具有相同的证明方向；选取方法、比例、过程是否科学合理，结合其他在案证据综合认定案件事实。必要时，可以委托有专门知识的人对选取对象、方法、比例、过程等情况出具意见。具体而言，适用数量众多的同类证据审查运用的一般规则，需要把握以下几个方面：

其一，适用对象的范围。数量众多的同类证据包含了除犯罪嫌疑人、被告人供述和辩解之外的其他所有法定种类的证据。之所以将犯罪嫌疑人供述和辩解排除在外，是因为犯罪嫌疑人、被告人是被刑事追诉的主体，办案机关听取犯罪嫌疑人、被告人的有罪供述和无罪辩解是刑事诉讼法规定的法定程序，也是辩护权的重要内容，是尊重和保障人权在刑事诉讼领域的具体体现。以大宗毒品犯罪为例，根据相关法律及司法解释的规定，毒品一般呈现为粉状、块状、液态、固液混合态等不同形态，对数量众多的毒品要按照一定的规则随机抽取检材，进行成分与含量鉴定。如对于粉状形态，将毒品混合均匀，并随机抽取约 1 克作为检材；对于液态毒品，将毒品混合均匀，并随机抽取约 20 毫升作为检材等。审查时，注重程序是否规范，是否按照规定随机抽取。实践中，往往因未规范提取或未严格按照规则要求的标准提取，导致毒品成分、含量存疑，影响定罪、量刑。特别是死刑案件，一旦程序出现瑕疵，往往导致不核准死刑的法律后果。

随着司法实践的发展，数量众多的同类证据呈现出从实物证据扩展至言词证据的发展趋势，如线下的非法吸收公众存款罪、集资诈骗罪逐步发展到线上，电信网络诈骗犯罪呈越演越烈的态势。

其二，适用对象具有同质性。所谓"同质"，是指当证据被用来证明某个犯罪事实时，其适用对象即证据所指向的案件事实或情节等，在关键问题上保持一致。例如，多份证据都用来证明同一个犯罪行为的实施过程，这些证据在适用上就具有同质性。进而言之，数量众多的同类证据是全部证据的一部分，只有证据之间具有同类性质、特征或者功能，才具有证明力。"同类性质、特征或者功能"可以从证据属于同一证据种类、具有相同来源、具有相同证明方向和目的等方面进行理解。实践中，对象同质往往受到质疑，认为不排除被评价对象有其他性质。如在前述大宗毒品犯罪的鉴定中，犯罪嫌疑人、被告人及其辩护人等常常提出鉴定意见不全面，不能证明其他未检物品含有毒品成分，质疑抽样被检物品只能证明被检物品的含量，不能证明其他未检物品含量，应全部送检。即使依法对颗粒状、块状毒品随机选择三个以上不同的部位，各抽取一部分混合作为检材检出毒品，也不能证明该物品就是毒品，因为没有检的部位仍有可能不含有毒品成分等。实际上，这种质疑的底层逻辑是对运用规则的科学性质疑，不切实际地要求排除一切怀疑。因为证据确实、充分的要求不是漫无边际的排除一切怀疑，而是要求排除合理怀疑，合理性是综合全案证据、经验法则等得出的客观、唯一结论，是法律真实。实际上，数量众多的同类证据的审查运用规则的证据法理论基础是抽样调查理论。在经济犯罪、知识产权、毒品、电信诈骗、网络犯罪、非法集资等犯罪领域，均有相关法规、司法解释的规定。现有相关法规、司法解释以及证据法学界主流观点均认为，抽样调查取证在我国刑事诉讼中具有正当性。

其三，适用的必要性。适用的必要性包括"数量众多""确因客观条件限制无法逐一收集、勘验、鉴定、检测、评估"。面对大量的同类证据，如果逐个审查，必将耗费大量的时间和资源等司法成本。本质上，适用必要性就是想通过抽样验证的方法，在一定程度上减少过多同质的审查工作量，提高司法效率。对于"数量众多"不宜机械把握，可以从案件类型、证据种类、证据收集的难易程度等方面综合判断。"确因客观条件限制无法逐一收集等"，可以从收集证据所需要付出的人力、物力成本等方面综合判断。一般而言，运用范围仅包括前述提及的经济犯罪、网络犯罪、医保骗保、非法吸收公众存款罪、集资诈骗罪等涉众型犯罪。必要性是限制同类证据运用规则的滥用，限制为确因客观条件限制无法逐一收集。因为抽样验证本身仍可能与客观真实存在一定误差，它只不过通过抽样验证证明的待证事实去合理推理未被抽样验证的待证事实，所以仍需要综合其他证据验证抽样验证的结果。

其四，选取方法、比例、过程的科学合理性。选取数量众多的同类证据需要遵循抽样调查统计规律，在不同案件中根据具体情况综合判断。在选取方法上，办案需要可以采用随机抽样调查、非随机抽样调查；在选取比例上，根据法律、有关规定选取相应的数量比例，例如《专利行政执法办法》规定样品的抽取以"能够证明事实为限"，《公安机关办理行政案件程序规定》规定样品的抽取以"能够认定本品的品质特征为限"；在选取过程上，应当符合相关规范和技术要求。

其五，结合其他在案证据综合认定案件事实。因为数量众多的同类证据的特殊性，因而以此作为证据认定案件事实时，应当结合其他在案证据综合分析，必要时，可以委托有专门知识的人对选取对象、方法、比例、过程等情况出具意见。

2. 数量众多的客观及鉴定类证据运用规则

数量众多的客观及鉴定类证据运用规则主要适用于涉毒犯罪案件、有毒有害物品及非法经营类案件。该运用规则是指按照一定比例随机抽样勘验、鉴定、检测、评估的，取样记录和抽样结果可以作为该批次或者该类型全部涉案物品的勘验、鉴定、检测、评估结果。但是若不符合法定程序，且不能补正或者作出合理解释，可能严重影响案件公正处理的，则不能适用该规则。法律、有关规定对鉴定机构或者抽样方法另有规定的，从其规定。司法实践中，经审查认为取样、抽样不科学的，应当由原取证机关作出补充说明或者重新取证。对相关事实不能排除合理怀疑的，应当作出有利于犯罪嫌疑人、被告人的认定。

数量众多的涉案物证及其勘验、鉴定、检测、评估结果的审查运用规则，在程序上与单一证据一样，根据法定程序、规范对涉案物证进行随机抽样勘验、鉴定、检测、评估，不过与单一证据需要全部验证不同，数量众多的同类证据可以根据一定比例进行。实践中，除毒品外，尚无明确规定具体的抽样比例是多少，以根据经验法则能够在比例上合理说明涉案物证的性质、形成内心判断为依据。

3. 数量众多的言词证据运用规则

对于网络犯罪、电信诈骗、非法集资等案件，确因客观条件限制无法逐一收集相关被害人陈述、证人证言时，可以根据记录被害人、证人人数、涉案资金数额等犯罪事实的电子数据、书证等客观性证据，在审查犯罪嫌疑人、被告人辩解以及其辩护人意见的基础上，综合全案证据，对相关犯罪事实作出认定。

（二）涉案财物证据的运用

刑事案件涉案财物处置工作，对于削弱犯罪分子经济基础、全面有效打击犯罪、保护当事人与利害关系人的合法权益以及保障刑事诉讼顺利开展具有重要意义。涉案财物证据的有效运用是规范涉案财物处置工作的重要基础。

根据相关法律、司法解释的规定，检察机关在提起公诉时，应当随案移送涉案财物、附涉案财物清单，列明涉案财物权属情况，并就涉案财物处理提供相关证据材料。因此，起诉前，要审查是否为查封、扣押、冻结犯罪嫌疑人、被告人的违法所得或者其他涉案财物，是否存在查封、扣押、冻结逾期的情况，是否存在对涉案财物的遗漏，权属是否明晰、确为违法所得或其他涉案财物，以及是否有相关的证据材料且确实、充分等。办理信息网络犯罪案件时，与办理现实生活中的犯罪案件一样，审查的重点在于是否及时查封、扣押、冻结涉案财物，是否督促涉案人员退赃退赔，是否及时追赃挽损；公安机关是否全面收集证明涉案财物性质、权属情况、依法应予追缴、没收或者责令退赔的证据材料，并在移送审查起诉时随案移送并作出说明。其中，特别注重审查是否存在涉案财物需要返还被害人的情形，应当尽可能查明被害人损失情况。人民检察院应当对涉案财物的证据材料进行审查，在提起公诉时提出处理意见。人民法院应当依法作出判决，对涉案财物作出处理。对应当返还被害人的合法财产，权属明确的，应当依法及时返还；权属不明的，应当在人民法院判决、裁定生效后，按比例返还被害人，但已获退赔的部分应予扣除。办理毒品案件时，审查的重点在于是否全面收集证明犯罪嫌疑人违法所得及其他涉案财物性质的证据材料。对毒品犯罪的违法所得及其收益，供毒品犯罪所用的本人财物，以及其他涉案财物，应审查公安机关是否及时采取查封、扣押、冻结措施，并收集书证、犯罪嫌疑人供述、证人证言等相关证据材料随案移送；犯罪嫌疑人将毒品犯罪的违法所得用于投资、置业形成的财产及其收益，应审查是否依法查封、扣押、冻结；审查是否存在犯罪嫌疑人将毒品犯罪的违法所得及其他涉案财物用于清偿债务、转让或者设定其他权利负担，具有排除善意取得而依法应当查封、扣押、冻结的情形。此外，还应当注重审查证明涉案财物及其孳息的来源、用途和权属情况的证据。涉案财物的证据也需要经当庭出示、辨认、质证等法庭调查程序查证属实，才能作为定案的根据。人民检察院应当在提起公诉时对涉案财物及其孳息提出处理意见。人民法院应当在判决书中写明对涉案财物及其孳息的具体处理情况；对查封、扣押、冻结的涉案财物及其孳息，需要审查是否有证据证明确属毒品犯罪的违法所得及其收益、供毒品犯罪所用的本人财物，属于的应当没收上缴国库，但法律另有规定的除外；另外，还需要注重是否存在不能认定属于依法应当追缴的涉案财物的情形等。对属于犯罪嫌疑人、被告人的个人合法财产的，应当作为财产刑的执行对象，执行完毕的剩余部分应当及时返还；相关财物未随案移送的，应当通知查封、扣押、冻结机关将执行财产刑的部分移送人民法院。

对于涉案财物的证据，在审查其性质、权属、价值以及来源和去向等情况的基础上，还应当注意以下内容：（1）查封、扣押、冻结的手续是否齐全，查封、扣押、冻结是否逾期；（2）是否随案移送涉案财物并附涉案财物清单；（3）是否随案移送对涉案财物依法应予追缴、没收或者责令退赔的相关证据；（4）涉案财物需要返还被害人的，是否有证明被害人损失以及与涉案财物关联性的证据。根据审查运用涉案财物证据的情况，人民检察院在提起公诉时提出处理意见。

涉案财物处理既关系犯罪控制目标的实现，又涉及公民合法财产权的保障，是刑事诉讼的重要组成部分。当前涉案财物处理程序已初具"对物之诉"的雏形，但相关规定如证明体系等需进一步完善。具体而言，在证明对象上，需要厘清违法所得与没收阻却事由如善意取得等界限；在证明责任上，需要分层次区分检察机关在刑事领域的证明责任与民事领域"谁主张谁举证"原则的界限。如区别于刑事领域指控犯罪的证明责任只有检察机关承担，对于被告人与案外人就各自的积极主张，也应承担相应的证明责任；在证明标准上，即对涉案财物是否为违法所得等性质，适用优势证据规则，等等。在实践中，对涉案财物处置的重视程度还有很大提高空间。如有的案件对涉嫌犯罪的涉案财物没有及时查明并扣押，有的案件即使扣押了涉案财物，但又依申请退还了涉案人员家属等。在许多涉大宗毒品犯罪的案件中，查实的贩毒数量与赃款查扣明显不成比例。当然，这里有取证困难等问题，对于类似这些明显涉及巨额涉案财物线索的案件，一旦完结刑事程序，未在案的涉案财物问题基本不会继续追踪。

（三）讯问同步录音录像的运用

讯问同步录音录像是侦查人员对犯罪嫌疑人讯问笔录的视听资料载体，在案件中的主要作用是证明讯问过程的合法性，但在特殊情况下，尤其是讯问笔录与同步录音录像存在差异的情况下，也可以以讯问同步录音录像的内容作为判断案件事实的依据。在必要时录音录像资料能够被检察机关、审判机关调取，实际上就是一种附条件的移送，即需要移送就可以移送。①

根据相关法律、司法解释的规定，对于公安机关提请批准逮捕、移送起诉的案件，检察人员审查时发现存在有刑讯逼供等非法取证情形的，可以调取公安机关讯问犯罪嫌疑人的录音、录像。对于重大、疑难、复杂的案件，必要时可以审查全部录音、录像；对于监察机关移送起诉的案件，认为需要调取有关录音、录像的，可以商请监察机关调取；对于人民检察院直接受理侦查的案件，审查时发现负责侦查的部门未按照相关规定移送录音、录像或者移送不全的，应当要求其补充移送。

一般而言，讯问同步录音录像不作为证据使用。当犯罪嫌疑人、被告人提出被刑讯逼供等供述不真实时，才会考虑以讯问同步录音录像作为证据运用。根据相关法律规定，审查犯罪嫌疑人、被告人供述和辩解过程中，对取证合法性或者讯问笔录真实性等产生疑问的，应当调取、审查相关讯问同步录音录像，对于重大、疑难、复杂的案件，必要时应当调取、审查全部录音、录像。实践中，讯问笔录记载的内容与讯问同步录音录像内容不尽一致，需要具体分析。讯问笔录记载的内容与讯问同步录音录像内容部分不一致，但不存在实质性差异，讯问同步录音录像证明不存在非法取证情形，犯罪嫌疑人、被告人供述自愿性可以确认的，讯问笔录可以作为认定案件事实的根据。讯问笔录记载的内容与讯问同步录音录像存在实质性差异的，对于相关讯问笔录应当予以排除。依法应当对讯问过程录音录像的案件没有提供讯问录音录像，或者讯问录音录像存在选择性录

---

① 参见卞建林、陶加培：《论监察法与刑事诉讼法衔接中录音录像制度》，载《中国刑事法杂志》2019 年第 3 期。

制、剪接、删改等情形，综合现有证据不能排除以非法方法收集证据的，对于相关讯问笔录应当予以排除。

关于讯问同步录音录像的性质，实践中有所争议：有观点认为只要制作了讯问同步录音录像就应当作为证据提交和运用；有观点则认为需要根据具体情况决定。一般而言，同步录音录像只是审查讯问过程是否合法和规范、供述是否自愿、笔录内容是否为犯罪嫌疑人、被告人所说的内部工作材料。在启动非法证据排除程序时，为证明证据的合法性，讯问同步录音录像才作为证据运用。需要注意的是，除前述在内容上不一致之外，在形式上如讯问同步录音录像反映的讯问时间、侦查人员等与讯问笔录内容也可能不一致。审查时，需要审查证据的同一性，明确同步录音录像是否为对应的讯问笔录，是否存在记录瑕疵。

（四）证据专业性解读的运用

对于疑难复杂的刑事案件，对证据的专业性解读十分重要。区别于有专门知识的人，证据的专业性解读主体主要是经验丰富的司法机关内部专业人员。司法实践中，缺乏有罪供述印证、客观性证据薄弱的命案等疑难复杂案件，在证据是否确实、充分、能否排除合理怀疑等方面常常存在较大分歧，难以作出判断。对于这类案件，经验丰富的侦查专家、检察技术专家通过结合案件证据对案件犯罪经过、侦破过程等进行综合分析，充分解读案件细节，有效联结案件中的各类线索或证据，可以辅助检察人员和审判人员在证据与待证事实之间建立起有效联系，增强认定案件事实的内心确信，为该类案件处理提供切实可行的辅助判断。具体而言，审查证据过程中，对于缺少犯罪嫌疑人、被告人供述印证或者专业性较强的勘验、检查、侦查实验笔录、视听资料、电子数据等，可以委托相关领域地市级以上刑事侦查、检察技术等专家进行专业性解读。对于审查证据过程中涉及的步态、人脸、情态、声纹、痕迹、手机通讯信息等判断有疑问的，参照前述办理。专业性解读意见可以作为判断、运用证据的参考。

（五）技侦证据的运用

《最高人民法院关于适用〈中华人民共和国刑事诉讼法〉的解释》第116条、第118条、第119条分别规定了技侦证据的运用。采取技术调查、侦查措施获取的证据在刑事诉讼中可以直接作为证据使用，在不影响真实性和准确性的情况下，也可以转化使用。采取技术调查、侦查措施收集的材料，作为证据使用的，应当随案移送。在司法实践中，技侦材料证据转化存在条件不明晰、程序不明确等困境，而技侦证据审查存在证据形式不统一、证据能力审查形式化等问题。① 关于技侦证据的审查内容，有学者从证据属性角度认为，技侦证据材料同常规侦查手段获取的材料没有区别，因此对技侦证据材料的调查核实也要在法庭上进行，经过控辩双方当庭举证、质证和辩论，由法院经审判确定技术侦查证据能否作为定案根据。②

采取技术调查、侦查措施获取的证据，运用时应当注意以下内容：（1）技术调查、侦查措施所针对的案件是否符合法律规定，是否按照法律、有关规定履行批准手续，法律文书是否随案移送，采取技术调查、侦查措施的种类、适用对象和期限是否按照法律文书载明的内容执行；（2）对采取技术调查、侦查措施收集的物证、书证、视听资料、电子数据等证据材料的来源、内容是否作出说明，复制件的内容与原件是否一致，与案件事实有关的证据是否全部移送；（3）采取技术调查、侦查措施收集的证据与待证事实的关联程度，与其他证据的联系等；（4）采取技术调查、侦查措施获取的证据材料，是否符合所属证据种类的审查、运用标准。

关于技侦证据的转化使用，即将技术调查、侦查证据转化为其他形式的证据，最大限度减少使用技术调查、侦查证据可能危及有关人员人身安全、暴露技术方法的担忧，例如通过技术调查、侦查措施获取的通话录音，可以转化为书面文字证据，或者相应的声纹鉴定意见等。实践中，技侦证据转化多为常态，多以翻音材料为载体形式。对于转化文字的翻音材料，注重审查内容与音频内容的一致性、准确性。一般而言，审查技侦材料时，要结合通话清单从主叫与被叫号码、犯罪嫌疑人供述、证人证言等审查技侦对象是否为犯罪嫌疑人本人，通过通话清单时间段、犯罪嫌疑人供述和辩解、证人证言等审查技侦证据反映的时间段是否为犯罪嫌疑人的通话时间段，确定该通话时间就是技术侦查的时间。如果犯罪嫌疑人讲方言、"黑话"的，应由通晓当地方言的人翻音，综合地域性、全案证据等情况判断"黑话"意思。

总之，在刑事诉讼中运用技侦证据应当坚持以下原则：一是合法使用原则。技侦证据只能用于指控和认定犯罪，不得用于其他用途。司法机关

---

① 参见庞良程、黄洁梅：《技术侦查材料证据转化实务问题探析》，载《中国检察官》2021 年第 13 期。

② 参见王贞会：《技术侦查证据庭外核实程序之完善》，载《河南社会科学》2018 年第 2 期。

在使用技侦证据过程中，应当依法限定知悉范围，严格保守秘密，不得向无关人员透露技侦内容。二是安全保密原则。司法机关在起诉书等对外法律文书中，可以叙明作为证据使用的技侦证据的名称、证据种类和证明对象，但不得表述有关人员身份和技术侦查措施使用的技术设备、技术方法、侦查方法等。三是最后使用原则。此原则在理论中有所争议：一种观点认为，在刑事诉讼活动中，只要形成的材料就应当作为证据一并移送人民法院。理论上，多数学者认为庭上审查为原则，技术处理适用于特殊情形，必要时候再启动庭外核实；① 少数观点则认为，技术侦查证据有其特殊性，涉及国家安全技术。如无特殊情况，一般不轻易作为证据出示，且即使没有技术侦查材料，有其他在案证据已经足以定案，已无必要以技侦材料作为证据提交法院。一般而言，由于技侦材料的特殊性，如有其他证据足以印证证明犯罪事实，则技侦材料不作为证据提交法院。只有影响到定案或者死刑适用时，才作为证据使用。

五、证实和证伪并重

办理刑事案件，应始终坚持证实和证伪相结合的原则，兼顾证据正向的证实和反向的证伪。为有效提高检察人员对辩护证据的重视程度，协同构建好以证据为中心的刑事指控体系，最大限度防止证据运用疏忽，有必要进一步强化对于无罪、罪轻或者依法不应追究刑事责任的辩解和意见的审查意识。一方面，既要通过证据证实待证事实，也要注意是否存在否定待证事实的证据。对犯罪嫌疑人、被告人及其辩护人提出无罪、罪轻或者依法不应追究刑事责任的辩解和意见，应当依法进行审查。另一方面，在审查案件时发现案件发生过程存在多种可能性，可以根据在案证据以及案件具体情况，通过溯因、归纳、演绎等逻辑推理方法以及经验法则进行验证，逐步排除不能成立的事实，形成可以合理解释的案件事实，综合全案证据予以分析判断。

（一）证实与证伪的内容与关系

"实"与"伪"是一组矛盾对立关系。"证实"就是证明待证事实，"证伪"就是针对指控的待证事实以反向的否定证明，是验证证实是否正确的重要途径。证实与证伪就是对待证事实有利与不利证据间矛盾的对抗。有观点将庭审过程中的"证实"比喻为公诉机关指控犯罪的过程，将

---

① 参见程雷：《技术侦查证据使用问题研究》，载《法学研究》2018 年第 5 期。

"证伪"比喻为犯罪嫌疑人、被告人的辩解及其辩护律师的辩护意见，是两种对待证事实逆向证明的过程。证明对立冲突的待证事实内容既可以是全部事实，也可以是部分关键事实、情节；既可以是实体事实，也可以是程序性事实；既可以是定罪事实，也可以是量刑事实。

《刑事诉讼法》第55条第2款规定："证据确实、充分，应当符合以下条件：（一）定罪量刑的事实都有证据证明；（二）据以定案的证据均经法定程序查证属实；（三）综合全案证据，对所认定事实已排除合理怀疑。"从立法原意看，认定犯罪事实的标准是证据确实、充分，包括正向对定罪量刑的事实即待证事实的证实，也包括同时对证实的事实反向证伪，排除合理怀疑，验证证实的真实性。进而言之，证据确实、充分的三个要件是并列要件：第一项是"证实"要件；第二项是程序要件，与《刑事诉讼法》第12条规定"未经人民法院依法判决，对任何人都不得确定有罪"对应；第三项是"证伪"要件，与"证实"要件有机结合。有观点认为，排除合理怀疑就是证据确实、充分的标准。不难看出，排除合理怀疑只是"证伪"要件，"证实"要件不可或缺。就逻辑而言，否定对抗的观点，并不能说明己方的观点正确，还是需要有立论依据。很多案件，可以排除合理怀疑，但因为没有形成证据链条相互印证，导致不能定案，典型的如只有被告人供述的案件等。作为证据要求最高的死刑案件标准，《关于办理死刑案件审查判断证据若干问题的规定》对证据确实、充分作了更进一步的细化，第5条规定："办理死刑案件，对被告人犯罪事实的认定，必须达到证据确实、充分。证据确实、充分是指：（一）定罪量刑的事实都有证据证明；（二）每一个定案的证据均已经法定程序查证属实；（三）证据与证据之间、证据与案件事实之间不存在矛盾或者矛盾得以合理排除；（四）共同犯罪案件中，被告人的地位、作用均已查清；（五）根据证据认定案件事实的过程符合逻辑和经验规则，由证据得出的结论为唯一结论。办理死刑案件，对于以下事实的证明必须达到证据确实、充分：（一）被指控的犯罪事实的发生；（二）被告人实施了犯罪行为与被告人实施犯罪行为的时间、地点、手段、后果以及其他情节；（三）影响被告人定罪的身份情况；（四）被告人有刑事责任能力；（五）被告人的罪过；（六）是否共同犯罪及被告人在共同犯罪中的地位、作用；（七）对被告人从重处罚的事实。"实际上，上述内容也是"证实"内容的细化。

实践中，证实与证伪贯穿诉讼全过程。二者在表现形式上，可能有对应主体分别进行证实与证伪，如对待证事实或指控事实发生争议时，通常表现为侦查机关、检察机关作为控方与犯罪嫌疑人、被告人作为被控一方的"对立"。此时，证实与证伪的工作倾向在各自一方表现尤为明显，并且与双方对抗程度成正比。也可能只有司法机关进行证实与证伪工作。如"控""辩"双方对待证事实没有分歧时，表现形式仅有"证实""证伪"工作是司法机关在证据审查过程中进行。此类情形主要发生在大部分认罪认罚案件当中。实际上，以证据为中心的刑事指控体系就是要求对所有待证事实都同时证实与证伪，这样才能达到证据确实、充分的标准要求。在内容上，证实与证伪随着工作进展可以相互转化。主要表现为两个层面：一是对指控的待证事实的证明，证实与证伪并立。其中，对于证伪工作仍需要调查核实相关证据，此时的证伪本身就是在进行证实；二是起诉意见书指控的待证事实之外，另需查明的关键事实和疑点事实，或是犯罪嫌疑人、被告人及其辩护人提出在待证事实之外的新的罪轻意见，特别是陈年旧案被告人供述证据薄弱的情况下，证伪工作成为主要内容，此时"证伪"从证据收集与核实的角度来看，也是一种"证实"。

（二）证实和证伪相结合的必要性及方法

证实和证伪并重是坚持客观公正、证据裁判及无罪推定等原则的基本要求，包含两个方面：一是强化证据意识，注重证实。待证事实特别是关键事实均有相应的证据证明，且证据的证明程度不能仅是排除合理怀疑、有重大嫌疑指向，而是有证据链条相互印证的确证；二是具备审慎意识，注重证伪。对每一项证实相应的保持证伪疑问，验证证实内容。

从司法错案、瑕疵案件看，办理刑事案件经常出现"重配合、轻监督""重打击、轻保护"、不重视犯罪嫌疑人辩解及律师的辩护意见、证据意识不强，滥用存疑有利于被告原则等问题。本质上，均是没有结合证实与证伪，忽视证伪甚至忽视细节证实。

1. 改变观念，确保证实与证伪并重

我国"控辩式"诉讼构造决定了法院居中裁判，强化控辩平等对抗，控审分离。我国《刑事诉讼法》第 7 条明确规定，检察机关与侦查机关、审判机关分工负责、相互配合、相互制约。辩护意见与检察机关的意见可能因立场不同而产生分歧甚至矛盾，但就依法保障犯罪嫌疑人合法权益这一点上而言，二者意见殊途同归。此时，正是证实与证伪并重的良性表记。只有做到证实与证伪的结合，才能高质效推动构建指控体系，避免错案发生。

一方面，加强与侦查机关协作配合。构建指控体系始于公安的立案、侦查，终于审判机关的生效判决。检察机关围绕"事实清楚，证据确实、充分"的证明标准，全过程补证（正）完善指控体系。检察机关或引导侦查机关补充侦查，或自行补充侦查，向侦查机关不断传导以证据为中心的审判标准，不断推动提高侦查机关构建指控体系的能力。另外，检—公制约关系主要就检察机关是法律监督机关而言，结合证成与证伪，要秉持客观公正立场，依法监督侦查活动。既要重视对被告人不利的证据，又要重视对被告人有利的证据，确保指控体系完备、精准。

另一方面，认真听取辩护意见。侦查机关在从无到有的收集证据与构建指控体系过程中，难免出现纰漏。检察机关审查时，证据把关不严现象时有发生。此时，检察机关需要一个旁观者以第三视角监督审视指控体系，避免错案发生。显而易见，律师作为犯罪嫌疑人、被告人的辩护人，具有维护其合法权益的法定职责与义务，适合充当第三方"旁观者"角色。辩护人将全案证据从程序到实体仔细放大和过滤每一个细节，审查证据力与证据能力，不放过一丝遗漏，向检察机关提出指控体系存在的问题。检察机关据此可以有针对性地查疑补漏，进一步查明事实，完善指控体系。

2. 贯通"两种思维"，提升证实与证伪结合能力

思维决定能力。提升证实与证伪结合能力，必须融会贯通侦查思维、证据思维两种重要思维。其中，侦查思维主要决定了证据收集的能力，证据思维主要决定了证据审查与构建指控体系的能力，即证实能力。只有贯通"两种思维"，才能有效推动构建指控体系。

（1）贯通侦查思维，提升证实能力。贯通侦查思维是从证实待证事实的角度而言，尽可能使证据的触角周延。侦查思维在检察机关提前介入、引导侦查、自行补充侦查等推动构建指控体系过程中，起着举足轻重的作用。进而言之，侦查思维决定了向侦查机关提供取证方向、取证视野的广度与深度，决定了构建指控体系的基础是否牢固，也决定了完善证据链条的精准度。以命案提前介入为例，检察官应邀到现场引导侦查取证时，如果没有足够的侦查思维能力，只能空谈意见，不仅不能达到介入目的，还可能贻误取证时机甚至影响取证方向。因此，要有意识地培养和训练侦查思维，提高侦查能力。进而言之，要贯通侦查过程的回溯性、对比性与注

意反常性、设身处地性等思维。即通过犯罪结果反映的各种痕迹回溯思考，向可能的方向侦查取证。案发现场是犯罪核心事实的载体，犯罪现场勘查和证据搜集工作非常重要，要注重引导侦查机关围绕现场及关联场所全面梳理、深挖客观性证据；① 通过类案经验对比参考，借鉴以往情形确定取证方向。以案件中的反常点为重要基本点，拓展构建、不断完善案件的侦查模型，形成指控体系；通过换位将自己以犯罪嫌疑人角度思考问题，找出相应对策等。侦查思维是侦查工作的核心思维，一定程度上侦查人员要比检察人员更加熟练。因此，在办案中，要加强与侦查人员交流，在配合与监督中向侦查机关学习侦查思维，形成自己的一套侦查思维体系。

（2）贯通证据思维，强化证伪验证。证据思维主要是从证伪的角度验证证实，解决的是如何将犯罪嫌疑转化为定案根据的问题。证据思维是推动构建指控体系的核心思维，在推动构建指控体系的每个细节、每一环节都需要用到。证据思维主要包括三方面内容：一是解决取证遗漏问题，确保以证据定案。实践中发现，侦查机关在一些犯罪嫌疑人认罪的案件中，往往不重视全面收集或及时固定证人证言、客观性证据等，导致指控体系非常单薄。在案件侦查后期甚至审查起诉期间，一旦犯罪嫌疑人翻供，再补强证据时已时过境迁，一些关键性证据已经灭失，使指控陷入非常被动的状态，甚至有些案件因证据不足作存疑不起诉。因此，要坚持证据全面收集原则，应取尽取。特别是陈年旧案，更应以求极致的精神结合印证规则等思路全面收集证据。在此阶段，就是不断地结合运用证实、证伪再到证实的过程。二是解决取证规范问题，确保指控体系中的每一个证据都是定案根据。证据思维就是根据证据规定补强证据和排除非法证据，完善指控体系，最终起到诉前过滤作用。实践中，侦查机关取证不规范的案件时有发生，检察机关需要不断将证据规范向侦查机关传导，避免关键性证据因非法取证被排除，确保案件质量。三是解决证据把关问题，确保指控质量。除前述审查取证是否遗漏和规范外，还要注重审查案件侦破过程、量刑证据、指控体系完整性等。即在审查各类证据的基础上，对案件所有证据进行综合比较、鉴别、分析，通过审查证据之间的印证、补强及矛盾、差异关系以及证据与案件事实是否有客观联系，从整体上判断全案证据是

---

① 参见王志：《检察机关构建以证据为核心的刑事犯罪指控体系探析》，载《中国检察官》2019年第21期。

否能够形成完整、合理、有逻辑的证据体系，是否能够排除合理怀疑得出唯一结论。证据间具有逻辑顺序、位次、层级等复杂关系。应当高度重视那些"自身证明力强、不容易发生变化、辩方难以提出疑问"的"优质证据"等。①

（三）最佳解释推理的运用

1. 最佳解释推理的逻辑脉络

最佳解释推理是指，按照一定标准，对于证据及案件事实可作多种解释的，选取最具合理性的解释情形。此理论源自英美证据法，由吉尔伯特·哈曼于1965年提出，用于生成并验证最佳假说，是对皮尔士"溯因推理"概念的深化与延伸。之后，利普顿对最佳解释推理作了较为系统的刻画与发展。② 最佳解释推理已被公认为科学家提出某种似真性理论的"重要形式"。由于最佳解释推理被视为具有"普适性"的推理方法，因而被证据法学者引入司法证明领域。具体而言，英美证据法中的最佳解释推理（Inference to the Best Explanation，IBE）理论是一种源自科学领域的归纳式逆向推理方法，近年来被引入司法证明领域，尤其是证据法学中。该理论的核心在于从一组证据中推导出最能解释这些证据的假设或结论。在英美法系中，最佳解释推理的应用旨在为复杂的案件事实提供一种更为合理的解释方式。然而，直接将IBE应用于司法证明存在一定的理论漏洞，主要表现在三个方面：一是证据基础的差异。科学证明与司法证明在证据基础上存在显著不同，不具有类比性。科学证据通常具有较高的确定性和一致性，而司法证据则更加多样化和具有不确定性，且从根本上的逻辑运用等均不相同。二是证明目标的不同。科学证明追求的是普遍性和必然性，而司法证明则侧重于具体性和盖然性，即在排除合理怀疑的前提下达到高度盖然性，确认只能达到无限接近于客观事实的法律事实。三是证明方式的特殊性。科学推理依赖于实验和重复验证，而司法证明则依赖于法官或陪审团的主观判断，这种主观性使得IBE在司法领域的应用受到一定限制。据此，为了弥补上述理论漏洞，有学者建议在IBE中引入最佳证据原则（Best Evidence Principle），将最佳解释推理建立在最佳证据的基础之上。这种方法不仅能够增强IBE在司法证明中的适用性，还能提高其解

---

① 参见范仲瑾：《构筑刑事证据体系的基本策略》，载《检察日报》2015年1月12日。

② 参见荣小雪、赵江波：《最佳说明推理与溯因推理》，载《自然辩证法通讯》2012年第3期；王航赞：《溯因推理与最佳说明的推理》，载《哲学动态》2013年第5期。

释力与说服力。综上，英美证据法中的最佳解释推理理论虽然为司法证明提供了一种新的思路，但在应用时需谨慎对待其理论局限性，并结合具体司法实践进行适当调整和优化。

在我国，学者将最佳解释推理引入并对印证模式进行改良，主要有三种学说："指导说"认为应当将最佳解释推理作为我国司法证明的内在机制和总体框架；[①]"兼容说"认为最佳解释推理理论是适用对象更为广泛、推理形式更为包容的事实推理类型，而印证证明模式是最佳解释推理理论的亚类型；[②]"交互说"认为最佳解释推理与印证方法是相互依存的关系，印证是技术工具，最佳解释推理以印证为前提条件。[③] 这些学说从比较法视角论证了最佳解释推理对完善我国刑事证明模式的借鉴意义。

2. 最佳解释推理的内涵

最佳解释推理开始的起点不是证据本身，而是基于关键性证据直接拿出多个竞争性假说，再以假说解释全部证据，最后以"最佳解释"确认某个假说。在科学探究领域，最佳解释推理是以"预见"为模型，抽象地把握自然现象或事件所蕴含的规律或原理。其推理过程以哈曼为代表的"三段式"模式与后继者利普顿等为代表的"四段式"模式。其中，"三段式"是哈曼将最佳解释推理分为三个阶段：一是生成多个竞争性假说；二是以该等假说分别对证据进行解释；三是选定一个比其他假说"更好"地解释证据的假说并确认该假说为真。其核心观点为"解释是推理的指导"。[④] 逻辑起点是给定假说，终点是确认最佳假说为真，从而形成事实认知。"四段式"是在"三段式"基础上发展而来，新增检验阶段，即利普顿提出了后验概率的验证程序，以最佳解释推理兼容贝叶斯公式，然后用贝叶斯对最佳假说进行检验，保证其真值。内容上，在既有的理论上进一步全面阐明最佳解释推理的最优标准，对最佳解释推理的可靠性进行保全。有观点将最佳解释推理的检验标准从融贯性、涵盖性和简单性"三性"维度来描述"最佳"标准。只有解释符合该"三性"标准时，假说

[①]　参见杜文静：《司法实践中刑事证据推理的方法》，载《求是学刊》2020年第6期；向燕：《论司法证明中的最佳解释推理》，载《法制与社会发展》2019年第5期。

[②]　向燕：《论司法证明中的最佳解释推理》，载《法制与社会发展》2019年第5期。

[③]　参见罗维鹏：《印证、最佳解释推理与争议事实证明方法——兼与周洪波教授商榷》，载《法学家》2021年第2期。

[④]　参见［英］彼得·利普顿：《最佳说明的推理》，郭贵春、王航赞译，上海科技教育出版社2007年版，第7页。

才可被认为具有可靠性。该"三性"标准之所以被认为是对现有"最佳"标准的总结和概括，因为其内部之间具有严密的逻辑秩序：融贯性是关于某个假说自身整体上的结构性标准，涵盖性是亚整体或中观层面的假说与证据之间的关联性标准，简单性是微观的证据之间的交互性标准。[①]

融贯性是指在内容上相互协调、印证，指向一致，没有彼此冲突、对立的关系。在司法证明中，融贯性表现为证据性事实和要件事实之间排除了疑点且相互衔接、相互推演而形成"交叉互锁"的状态，或者说证据之间的相互印证状态。[②] 在最佳解释推理中，融贯性是竞争性假说在形式逻辑上的内在要求，是检测思维理性的一个技术指标，也是最佳解释推理的最低解释标准。如果待证事实内容或某个要素上存在断裂、矛盾等，说明待证事项存在疑点，该假说不符合融贯性标准。

涵盖性涉及对证据的涵盖问题，是指假说应当能够覆盖所有证据基础并因此获得证据的支持。如果说融贯性对应的是形而上的宏观逻辑，那么涵盖性对应的是形而下的实在的证据实体。其表现形式有积极与消极两种。积极的涵盖性从证实角度出发，涉及假说向下演绎时能够有多大程度覆盖并解释案件证据，类似证据支撑的覆盖率。如果是最佳假说，则所有有效证据在其解释的覆盖下都会反映顺畅、自然，而不是突兀、异常。与积极的涵盖性相反，消极的涵盖性从证伪角度出发，表现为假说的主要或关键待证事实要素没有相应证据支撑，假说的想象成分过多，或是出现了假说覆盖不了一些证据的情形。两种情形中，如果是前者，则会出现有罪推定现象，涵盖性没有对待证事实百分百覆盖。最佳解释与证据之间的涵盖性关系非常重要，是保证案件质量的基石。仅从报道的冤假错案中，就不难看出错案事实要么覆盖不了主要证据，要么没有主要证据支撑。

简单性是指在以假说解释证据时不需要或较少借助于其他辅助假说，如情况说明。解释的简单性意味着其包含的设想和命题会更少，也说明最佳解释明确，证据本身较为完美，无疑问的地方。

3. 最佳解释推理的运用

最佳解释推理在司法实践中如何具体运用的问题，我国研究较少。国

---

① 参见潘金贵、吴国章：《最佳解释推理在侦查中的技术展开》，载《中国人民公安大学学报（社会科学版）》2024 年第 4 期。

② 参见龙宗智：《事实碎片都闪耀着同一事实之母的光芒——论"印证"的机理》，载《当代法学》2022 年第 1 期。

外在探讨司法证明性质时，集中由审判阶段展开，主要是从最佳解释推理的方法在司法证明、证明标准、案件事实认定等方面应用予以研究。遗憾的是，最佳解释推理方法在司法领域应用的研究有着明显局限性，以最佳解释推理认定案件事实时，寻找最佳解释保证最终得出的结论是最佳的，对"何为最佳的标准"这一问题并没有形成统一的结论。另外，国外在探讨司法证明性质时，论证司法证明不是概率的而是解释性的，提出在审判阶段分两阶段：第一阶段由当事人推动形成不同版本的案件事实，事实认定者也可根据自己观察到的证据提出自己的"故事版本"；第二阶段根据解释的连贯性、完整性、唯一性等标准基于法律体系以及事实认定者的推理偏好选出能够对呈上法庭的证据最好说明的事件建构，该事件建构形成事实结论。尽管最佳解释推理没有统一的标准并且我国的审判模式与国外也不相同，但是最佳解释推论的双重解释指导推理的模式以及其中的证伪的思想在很大程度上为我国的案件事实认定的方法提供了参考。最佳解释推理揭示了证据及事实认定的基本过程，其核心精髓在司法实践中已经被广泛借鉴和运用，有两个基本步骤：一是根据证据确定案件事实的多个可能性，究竟哪个可能性是真实的，需要综合全案证据进行评价；二是从多个可能性中选取最具有合理性的解释情形。一般而言，最具合理性的案件事实解释情形是在不运用假设的情况下，能够对尽可能多的证据提供解释，符合逻辑和经验法则。进而言之，在案能作为定案根据的证据均指向待证的事实，证据与证据之间是同向相互印证的。证据解释本质就是证据证明，包括证明关键事实的证明及排除辩解等虚假性去伪的证明；就是通过溯因、归纳、演绎等逻辑推理方法以及经验法则进行验证，通过逐步排除不能成立的事实进行证伪，形成可以合理解释的案件事实进行证实，综合全案证据予以分析判断。

关于溯因推理。溯因推理是一种重要的逻辑思维形式，主要用于从已知结果推断可能的原因，或从观察到的现象推导出合理的解释。基本形式可以表示为：如果 P 则 Q（即如果存在某种情况 P，那么会观察到结果 Q），已知 Q（即实际观察到了结果 Q），从而推测 P（即推测可能存在情况 P）。这种推理虽然不具备演绎推理那样的逻辑必然性，但它在探索未知领域和促进发现真相方面具有重要作用。溯因推理对证据全面审查与真实性验证、形成内心确信等具有重大意义。如判断案件侦破经过是否自然、合理，犯罪嫌疑人、被告人供述与辩解是否真实、合理等，均有溯因推理的运用。

关于归纳推理。归纳推理是一种从个别到一般的推理方法，通过对具体案例或现象的观察和研究，总结出一般性的结论或规律。在证据审查中，归纳推理发挥了重要作用，具体表现在以下几个方面：一是证据筛选。通过归纳推理，可以从大量的证据中筛选出与案件事实相关的证据。例如，数量众多的同类证据运用，其底层逻辑也是运用到了归纳推理。再如，被告人在庭审中诡辩通常都会表现出对证据辩解属于偶然，但经法庭质证的每一份证据特别是细节性证据均无一例外的指向被告人，那么若干个偶然通过归纳推理即可得出必然的结论，足以认定是被告人所为。二是证据链或指控体系构建。归纳推理有助于构建完整的证据链条。即在审查证据时，通过归纳、组合各证据之间的关联性，建构证据组合，最终形成一个相互支持、相互印证的证据体系，提高证据的整体证明力。三是证据矛盾排除。在证据审查过程中，归纳推理可以帮助排除矛盾证据。通过对各证据的综合分析，如果发现某些证据与其他多数证据存在矛盾，需要特别注意审查证据的证明力，排除矛盾。四是辅助事实认定。归纳推理有助于事实认定者或司法机关对案件事实作出最佳解释。在面对多种可能的解释时，通过归纳推理，结合经验、逻辑和一般常识等，可以排除那些不符合常情常理的解释，从而选出最佳解释，提高事实认定的准确性。总之，归纳推理在证据审查中不仅有助于筛选和构建有效的证据链，还能帮助排除矛盾证据，辅助事实认定，从而确保案件质量。

关于演绎推理。演绎推理与归纳推理相对，是一种从一般到特殊的逻辑推理方法，其核心在于从普遍接受的前提（大前提）出发，结合具体情况（小前提），通过逻辑推导得出具体结论。在审查证据的过程中，演绎推理可以帮助司法人员从已知的法律原则或事实出发，推断出未知的事实真相，确保证据审查的逻辑性、严密性和准确性。

关于经验法则。经验法则是指人们从生活经验中归纳获得的关于事物因果关系或属性状态的法则或知识，贯穿于诉讼判断案件的全过程。其在审查证据中的应用主要体现在以下几个方面：一是作为证据评价的依据。经验法则是司法机关在审查证据时的重要工具之一。案件的承办人员会依据日常生活经验，对证据的证明力进行独立判断。二是建立证据与事实之间的联系。经验法则有助于建立证据与待证事实之间的逻辑联系。当直接证据不足时，可以通过间接证据和经验法则推定待证事实。在毒品犯罪案件中，法律对行为人主观明知的规定内容，即根据经验法则判断而推定的待证事实。三是提高事实认定的准确性。在缺乏直接证据的情况下，经验法则可以帮助司法机关更加准确地认定案件事实。通过运用经验法则，案件承办人员可以结合已知事实和一般生活经验，推断出未知事实，从而使事实认定更加贴近客观真实。四是辅助法律解释和适用。经验法则不仅在事实认定中发挥重要作用，还在法律解释和适用中具有重要意义。司法机关可以依据经验法则理解法律条文的真实含义和目的，从而做出更加合理的裁判。

六、印证证明案件事实

印证，是指在诉讼中利用不同证据内含信息的同一性来证明待证事实的方法。① 从我国刑事诉讼法等法律规定看，"印证"可以分两个维度来理解其内涵：一是印证属于一种证明方法，即审查判断单个证据、多个证据乃至全案证据的方法；二是在全案证据"相互印证"的情况下可以作为综合认定案件事实的定罪标准。在此维度，印证是一种证明模式。所谓证明模式，通常是指实现诉讼证明的基本方式，即人们在诉讼中以何种方式达到证明标准，实现诉讼证明目的。理论上，印证能否构成"证明模式"仍有争议，主要有三种学说：一是肯定说，认为印证证明标识了中国刑事证明模式的特点，也是中国刑事诉讼证明的基本方法；二是部分肯定说，认为印证证明模式只能部分地体现中国刑事证明模式的特征；三是否定说，认为印证不能标识中国刑事证明模式的特征。目前，通说观点持肯定说，印证证明标识了我国刑事证明制度的显著特征，是具有中国特色的证明模式。

印证作为一种重要的证据审查和证明方法，在法律实践中具有以下几个主要特征：一是证据之间的相互支持。印证要求不同证据之间存在相互支持的关系，即证据之间需具备一致性，共同指向同一待证事实。例如，证人证言与物证（如指纹、毛发等）虽然呈现的内容不同，但基于事理或经验法则建立关联后，它们可以被视为对同一待证事实（如被告人杀人）的共同证明。二是补强与聚合。印证不仅包括证据内容上的同一性，还包括证据之间的补强关系和聚合效应。补强指的是一个证据通过另一个证据的支持而增强其可信度，而聚合则是指多个证据共同作用，使得待证事实

---

① 参见龙宗智：《刑事印证证明新探》，载《法学研究》2017 年第 2 期。

更加清晰和确定。三是排除矛盾与冲突。在印证过程中，证据之间不应存在矛盾或冲突。如果证据之间存在矛盾，如关键证人之间的证言相互矛盾或与客观证据不符等，则可能导致整个证据链的弱化甚至无效。四是形式与实质标准有机统一。印证不仅要求证据的数量至少为两个以上（形式标准），还要求这些证据在内容上相互印证（实质标准）。即证据之间需具有内在联系，共同指向同一待证事实；五是客观性与外部性。印证强调证据之间的客观支持关系，而非仅依赖于个人内心的主观确信。这意味着在审查证据时，应更多地依赖证据之间的相互印证，而不是单纯依靠个体的内心感受或确信等。总之，印证作为一种重要的证据审查和证明方法，其主要特征包括证据之间的相互支持、补强与聚合、排除矛盾与冲突、形式与实质标准，以及客观性与外部性。这些特征共同构成了印证在法律实践中的独特地位和重要作用。综上，办理刑事案件，印证证明案件事实需要从运用印证规则、相似事实证据规则及防止证据印证的异化等三个方面进行。

（一）印证规则的运用

办理刑事案件，应合理运用证据印证的方法，确保证据之间各自证明的案件情况存在重合或者交叉，不存在无法排除的矛盾和无法解释的疑问，相互印证真实性，共同证明案件事实；证据之间各自证明的案件情况相结合，或者根据其内在联系共同指向待证事实，相互协调支持形成印证，进而认定案件事实。

通过证据间的相互印证来证明案件事实，是我国司法实践中认定案件事实的基本方式，主要功能是彼此验证或者协调配合证明证据的真实性，从而共同证明案件事实。综合证据理论及司法实践，印证既包括证据之间各自证明的案件情况存在重合或者交叉的印证，也包括证据之间各自证明的案件情况不存在重合或者交叉，而是通过证据之间相结合，或者根据其内在的紧密联系，具有共同指向性，相互协调支持形成的印证。其中，既包括了证据法理论上印证的"同证""契合""聚合"，也包括了"点式印证""链式印证"。

1. 同证

同证是指不同信息源的证据所含信息具有同一性，彼此间相互印证，同时共同证明待证事实。直接证据之间的印证是典型的同证。① 再如，证人证言之间的陈述内容一致，犯罪嫌疑人供述与现场目击证人的指证一致等也属于同证。在指控体系中，同证是较为常见的印证类型之一。主要表现形式多样，可以包含前述直接证据间的同证，也可以包含间接证据间的同证，如犯罪嫌疑人准备工具买车运毒的供述与商家卖车的证言，内容上所含信息一致，有相互支持验证的功效；也可以包含相同信息的人证与物证的印证，以及某些物证之间的印证等。总之，可以是同种类证据之间印证，也可以是不同种类之间的印证。实践中，大部分认罪案件特别是陈年旧案，同证主要表现为直接证据的犯罪嫌疑人供述与间接证据物证、现场勘查笔录、DNA 鉴定及其他非亲历不可知的隐蔽性证据等的印证。值得注意的是，同证如系人证间的印证，以及人证与物证类证据的印证，较容易发生"扭曲的印证"。即在人证取证时通过某种不合法、不适当的手段实质上改变人证内容，使之相互印证，尤其是人证之间的印证。鉴于中国刑事诉讼未贯彻传闻排除（书面证言排除）的证明环境，侦查（调查）阶段获取的书面供词与证言，更容易受人为影响，形成"扭曲的一致性"，这是保证印证证明客观性需着重关注的问题。② 就人证与物证类证据的印证而言，还需适当注意取证的先后。如"先证后供"较之"先供后证"，更容易发生人证的扭曲及印证的虚假。因为根据物证类证据来"制作"人证较易，而根据人证找到物证，如果物证确实，尤其是找到隐蔽性物证，则虚假印证的可能性相对较小。因此，对"先证后供"获得人证与物证印证的案件，要特别注意人证合法性审查。③ 实践中，特别是主要定案根据是被告人供述的陈年旧案，对于有线索支持被告人辩解其被刑讯逼供的情形，适用死刑时特别慎重。

2. 契合

契合即证据之间通过契合性产生证明力。如被害人陈述受伤部位或犯罪嫌疑人供述的伤害部位与被害人伤情鉴定之间形成的印证关系。契合与同证一样，是较为常见的印证类型之一。契合与同证相对，证据与证据之间相互对应，而同证类型的证据指向相同，产生支持、叠加效应，具体表

---

① 参见龙宗智：《刑事诉讼中"印证"概念与方法重述》，载《法学》2024 年第 6 期。
② 参见龙宗智：《刑事诉讼中"印证"概念与方法重述》，载《法学》2024 年第 6 期。
③ 参见余剑、吴亚安：《认罪供述得到印证型命案的审理思路》，载《人民司法》2021 年第 16 期。

现形式的范围与同证相同。同时，契合与同证两种印证类型不是绝对分开的，在一些证据与证据之间的印证中可以同时包含两种类型。以同案被告人之间的供述为例，被告人供述与同案被告人的指证同时具有契合与同证的特性。

3. 聚合

聚合是指不同证据指向不同直接待证事实，不同待证事实因其内在联系而共同指向最终待证事实，证明不同中间待证事实的证据之间形成"聚合"的印证关系。[①] 与前两种印证关系不同，聚合关系主要在是否形成证据链条的语境下探讨，即"链式印证"中运用，不同证据指向不同事实点，但是不同事实相互协调，对指控主张指向一致。如贩毒案件中，事前商谋、筹款准备、交易行为、事后分赃等，是事实链上的不同事实，证明这些事实的不同证据共同指向被告人贩卖毒品。与"链式印证"相对应的是"点式印证"，是指不同证据共同指向同一个待证事实要素，共同证明某一事实的印证。同证、契合就是"点式印证"的典型类型。

（二）相似事实证据规则的运用

犯罪嫌疑人、被告人实施多个行为，多个行为具有显著的作案特征、高度或者实质相似性，行为的基本要素具有一致性，证明相似行为的证据应当结合多个相似行为的关联性、案件类型、犯罪嫌疑人、被告人的供述和辩解以及其他在案证据，综合判断是否作为认定案件事实的根据。

以上涉及相似事实证据规则的运用。相似事实证据是指证明被告人实施过的、与被指控罪行相类似的不当行为的证据。相似事实证据规则来源于英美证据法，在证据法历史上具有悠久传统，在很多国家的一定范围内被适用。其最根本的理论基础是概率理论。在英国较为有名的 Hales V. Kerr 案中，原告于 1907 年 10 月接受被告的理发服务感染了疥癣，原告提出，在 1907 年 9 月同样在该理发师处理发的另外两名顾客也感染了该病毒，作为相似事实证据。法院最终接受了这一证据。理由在于从概率上来看，同一理发师的三名顾客都在别处同时感染疥癣的概率几乎是零。[②] 然而，概率理论适用具有一定错误风险，因此一些国家在适用时会有所限制，并不是完全依据概率论。在英国对于认定属于相似事实证据的要求有

---

① 参见龙宗智：《刑事诉讼中"印证"概念与方法重述》，载《法学》2024 年第 6 期。
② 参见辜恩臻：《英美证据法中的相关性与可采性》，载《证据学论坛》2002 年第 2 期。

一个演化的过程。传统观点中，只有在下列条件下相似事实证据才可以被采纳：（1）在证明案件某一问题方面有关联性。（2）其证明价值超过损害后果。该要求有一定的含糊性，在之后的演化中逐步完善。至 2003 年英国《刑事审判法》要求该证据能否被采纳时仍要考虑三个因素：一是该犯罪前科是否构成被告人具有犯本案罪行的倾向；二是该倾向是否意味着被告人更有可能犯被指控之罪；三是如果该证据被采纳是否影响程序正义。足见在较新的理论体系中，更为强调对犯罪人倾向性的证明以及考虑是否影响程序正义。①

从广义的印证概念来看，相似事实证据规则涉及他案事实与本案事实的印证，又称为"外证"。我国理论中，是否适用相似事实证据规则有不同的声音。坚持实质证据观的学者强调证据是事实，而对形式证据观将证据看作客观事实在人们观念中的反映这一观点提出强烈批评，当然地质疑相似事实证据规则中存在的概然性的证据问题。也有观点认为，可以合理运用相似行为证据规则。例如，将多个被害人分别陈述犯罪嫌疑人针对自己实施性侵害的事实（相似行为证据）作为补强证据使用，进而确定犯罪嫌疑人的性侵害事实。② 我们认为，司法的核心价值是实质公平正义。对于一些案件特别是性侵案件，绝大部分证据都是一对一的情况。在此情形下，相似事实证据规则的运用具有必要性和科学性。当然，对于相似事实证据规则的一些诟病，我们完全可以综合全案证据、经验法则等验证评判。司法实践中，相似事实证据处于一种矛盾的境地。一方面，在刑事诉讼法等法律及相关司法解释中对其没有任何规定；另一方面，司法实践对其又有鼓励的倾向，且也有相关案例已经适用了相似事实证据规则。例如，最高人民检察院第四十五批指导性案例（检例第 180 号）李某抢劫、强奸、强制猥亵二审抗诉案中即使用了该项证据规则进行论证：检察机关在履职过程中，"组织技术力量破解了在一审阶段始终未能破解的李某电脑硬盘加密分区，发现李某还涉嫌在 2013 年至 2016 年 6 月间，强奸、强制猥亵犯罪及其他抢劫犯罪线索，遂移送公安机关进一步侦查。通过提取到的大量不雅照片和视频，确定了 15 名潜在被害人的身份信息，进而发

---

① 参见王震：《我国相似事实证据规则构建研究——以"胡某英案"为视角》，载《东南大学学报（哲学社会科学版）》2018 年第 1 期。

② 参见张理恒、申乐国：《性侵儿童案件可合理运用相似行为证据规则》，载《检察日报》2015 年 6 月 24 日。

现有多名女性在不知情的情况下被强奸、猥亵并被拍摄视频和照片。这些被害人互不相识，但与李某的交往经历和受侵害的遭遇基本相似，充分印证了被李某投放药物后处于'不知反抗、不能反抗'的状态。同时，转换侦查思路，多方查找李某获取精神类药物的途径和方式。通过调取李某社保卡记录，发现其多次以失眠抑郁、癫痫疾病为由开具精神类药物，并收集证据证实其从未患有过精神类疾病的客观事实。"

相似事实证据规则对解决司法实践难点问题具有重要价值，也是经过实践检验行之有效的证据规则，是经验法则和归纳推理、类比推理、因果追溯等逻辑方法的具体运用，具有犯罪心理学心理定势理论基础。一般而言，相似事实在满足一定条件的情况下可以作为证据使用：一是多个相类似的行为具有显著的作案特征。例如作案手段高度一致的连续犯，多个相类似的行为均具有显著的行为特征。二是多个行为的高度或者实质相似性。高度或者实质相似性可以理解为多个行为具有超过一般概率的、本质上的相似性，达到按照一般常识都不能将其认为是巧合的程度。三是行为的基本要素的一致性。例如作案动机、对象、手段、目的等案件事实要素上，具有一致性。满足以上条件，意味着相似事实的证据之间具有相当程度的关联性，其证明价值较高，因此在刑事诉讼中可以具有证据能力。同时，为了防止该证据规则的滥用，明确了证明相似行为的证据应当结合多个相似行为的关联性、案件类型、犯罪嫌疑人、被告人的辩解以及其他在案证据，综合判断其证明力以及最终决定是否作为认定案件事实的根据。需要注意的是，相似事实证据规则和品格证据具有实质区别。广义上的品格证据包括行为人的声誉、秉性、之前的行为等方面。相似事实证据中多会涉及行为人之前的行为，但其仍具有独立价值，不仅被用于证明行为人的品格，更多的是证明犯罪行为在基本要素上的一致性等方面，因此，不能将相似事实证据作为品格证据的附属概念。

（三）防止证据印证的异化

1. 证据印证的异化表现与成因

证据印证的异化主要是指在刑事证据分析和认定过程中，原本用于增强证据可靠性和证明力的印证方法，反而因种种因素导致其功能偏离甚至错误，产生瑕疵、错案等现象。具体表现在以下几个方面：一是案件质量下降。一些证据虽然表面上看似相互印证，但实际上可能存在真实性存疑、来源不合法等问题，导致整体证据链条的可靠性降低。二是可能导致机械办案。证据印证过程往往被视为客观验证手段，忽略了承办人在证据分析中的自由裁量与内心确信，从而影响了事实认定的准确性。实践中，较为典型的现象是出现两个极端，要么动辄存疑有利于被告而放纵罪犯，要么没发现假象印证而成为错案。三是证据运用偏差。证据运用是一个动态过程，包含人的主观判断，但若过度强调证据间的印证而忽略其他重要因素，可能会导致证据运用出现偏差。如一些冤错案件，绝大部分被告人的有罪供述是存在刑讯逼供的情形。如果对犯罪嫌疑人、被告人的辩解不重视，被假象印证影响，往往造成错案后果。关于假象印证或证据印证异化的成因，主要有以下几个方面：

第一，证据本身不可靠。作为印证前提，如果证据本身存在问题，那么意味着证明案件的来源不可靠，导致整个证据体系链条断裂、崩塌，难以补正完善。印证证明模式强调的是证据之间的融贯关系与相互协调一致。如果定案证据本身不可靠，以之为基础形成的印证属于虚假印证自不待言，且会由证据本源的虚假辐射到所有与之印射的证据链条。曾有研究表明，在 50 起刑事错案中，存在虚假证人证言的 10 起，占 20%；存在被害人虚假陈述的 1 起，占 2%；存在同案犯伪证的 1 起，占 2%；存在被告人虚假口供的 47 起，占 94%；存在鉴定结论错误 4 起，占 8%；存在鉴定缺陷的 10 起，占 20% 等。① 可见，与实物证据相比，言词证据证明力相对较小，且绝大部分的错案或是假象印证都与错误采信虚假供述有关。这也是为何在刑事诉讼领域中被诟病的"口供中心主义"，司法实践经常被批判过于重视被告人口供甚至"口供至上"的观念依然存在。另外，理论研究认为确保被告人供述自愿性的程序制度仍不完善，被告人口供的真实性、可靠性等缺乏保障。如果以可靠性缺乏保障的被告人供述为基本点，寻找印证性证据，或者对其他证据包括实物证据做出不利于被告人的错误解读，刻意寻求与口供的印证，自然会容易导致虚假印证，这也是证据异化的典型表现。

第二，重刑主义思想根深蒂固，回避证据矛盾。通过证据之间的印证分析，有助于审查单个证据的真实性，进而审查能否作为定案根据。如果证据之间存在矛盾，就意味着其中某个证据可能真实性存疑，进而需要排除或不采信特定的证据或者对此做出合理解释。充分发挥印证证明模式的

---

① 参见杨克敏：《刑事错案原因与对策》，载洛阳市中级人民法院官网 2011 年 4 月 25 日，https://hnlyzy.hncourt.gov.cn/public/detail.php? id=1502。

功能，关键在于全面收集、审查所有证据。从报道的冤错案件反映出，案件中原本存在证据表明犯罪嫌疑人、被告人可能无罪或者作案者可能另有其人，包括有证人提出被告人可能并非作案人，或者鉴定意见表明现场物证尤其是生物证据并非被告人所留时，但是因被告人曾经作出认罪供述，这些与口供存在矛盾的证据未被收集或者作为定案根据。这种不当取舍或者人为排除证据的错误做法，故意回避证据矛盾，将会导致虚假印证。这种形式的虚假印证难以识别，极易导致冤错案件发生。

第三，证据推理结论存在其他可能，印证结论不唯一。证据推理结论存在其他可能性，主要与间接证据相关。与直接证据直接、确定的证明案件事实的功能不同，间接证据需要通过推理达至证明，且结论具有或然性。例如，故意杀人案中被害人的 DNA 与被告人短裤上血迹的 DNA 相符合，该证据能够建立被害人与被告人之间的关联，但仅凭此不能认定被告人作案。如果忽视其他可能性，又刻意寻求其他证据的印证，尤其是通过非法方法取得虚假的被告人供述或者证人证言，就可能导致虚假印证。近年来，被曝出的一些冤错案件均因如此。

2. 证据印证异化的防范

《最高人民法院关于适用〈中华人民共和国刑事诉讼法〉的解释》第140 条规定："没有直接证据，但间接证据同时符合下列条件的，可以认定被告人有罪：（一）证据已经查证属实；（二）证据之间相互印证，不存在无法排除的矛盾和无法解释的疑问；（三）全案证据形成完整的证据链；（四）根据证据认定案件事实足以排除合理怀疑，结论具有唯一性；（五）运用证据进行的推理符合逻辑和经验。"第 141 条规定："根据被告人的供述、指认提取到了隐蔽性很强的物证、书证，且被告人的供述与其他证明犯罪事实发生的证据相互印证，并排除串供、逼供、诱供等可能性的，可以认定被告人有罪。"值得注意的是，零口供情形下以间接证据定案，应严格坚持法定证明标准，遵循证据审查规则和疑罪从无原则。以单个证据品质为前提、以证据多（双）向印证为主导，合理运用推定认定案件事实。同时，应当确保间接证据之间的协调性、间接证据形成的证明体系的完整性、间接证据推理出的结论的唯一性。

运用印证证明要客观论证，防止假象印证和印证的形式化，既要防止以偏概全或者求全责备，又要防止仅关注有利证据或不利证据，切实防止印证的绝对化倾向，更不能为了印证而印证。运用印证认定案件事实，既要防止仅有个别非关键情节被印证便认定案件事实，或者全部案件细节都得到印证才认定案件事实，又要防止仅关注有利于认定案件事实或者不利于认定案件事实的证据之间的印证。识别和防范虚假印证的方法，对证据和证据体系要从以下方面进行审查：一是在不考虑结论与其他证据的前提下，单个证据本身具有多大的真实性，即独立可靠性；二是证据之间能否印证，是否存在矛盾；三是综合全案证据得出的结论是否排除合理怀疑，具有唯一性。具体而言：

（1）重视对各类证据真实性的审查判断。每类证据都有各自独特的证明价值，也同时可能具有不同的错误风险。实践中要立足各类证据的特点，重视对证据真实性的审查。对单个证据可靠性的分析要独立进行，不能基于其他证据进行循环论证。

对于言词证据，因其主观性较强，与客观物证不同，其失真、歪曲或者虚假的可能性较大，因此要特别注意审查。具体而言，对于被告人供述，要审查是否存在替人顶罪、被刑讯逼供等情形；对于证人证言，要审查证人是否具备感知、辨认能力，以及是否存在伪证等情形；对于被害人陈述，要审查被害人报案的理由、动机和目的，以及是否存在夸大事实、诬告陷害等情形。对于各类言词证据，如果存在翻供、翻证等情形的，要注意审查细节信息和变化原因，从而对其真实性作出判断。尤其是关键证人的证言，如果其真实性面临质疑，就应当依法作出判断。其中，对于被告人翻供且缺乏客观性证据的案件，在审查证据时主要应从以下两个方面着手：第一，审查判断被告人的有罪供述是否真实、可信，翻供理由是否合理，是否适用非法证据排除；第二，审查其他间接证据是否能与被告人的有罪供述相互印证，形成完整的证据锁链，并排除合理怀疑。根据不同案件类型，可将被告人的有罪供述与其他言词证据，物证、书证等实物证据，尸体检验意见、尸体照片等证据，现场勘验检查笔录等证据进行比对审查，查看是否存在矛盾以及对这些矛盾能否做出合理解释，进而判断综合全案证据，能否"排除一切合理怀疑"。

对于实物证据，要注意审查是否全面收集现场的实物证据，证据的来源是否清楚，证据的保管链条是否完整，证据是否遭到污染、发生改变等。对现场提取的重要痕迹物证尤其是生物物证，应当进行鉴定，充分发挥客观性证据在认定被告人有罪和排除无辜两方面的重要证明价值。

（2）重视证据的印证分析和矛盾分析。防止以口供为中心审查其他证据的真实性,即防止"口供中心主义"。对于具有可采性的证据,要注意审查证据与证据之间能否互相印证,是否存在无法排除的矛盾或无法解释的合理怀疑。如果证据之间不能相互印证,存在实质性矛盾,就需要基于逻辑、常识和经验等判断究竟哪个证据存在问题,避免将内容虚假的证据作为定案根据。在证据印证分析的过程中,不能以口供为中心简单否定其他证据尤其是实物证据及其推论。为了充分、有效地对证据进行印证分析,需要全面收集证据,不仅包括证明被告人有罪、罪重的证据,而且还包括可能表明被告人无罪、罪轻的证据。只有全面收集所有的证据材料,才能通过印证分析和矛盾分析发现证据之间的矛盾,避免虚假印证。

(3)排除合理怀疑,确保结论唯一。当前,"口供中心"的错误观念仍在一定范围内存在,虚假印证仍有发生的现实可能性。为了有效发现虚假印证,需要在重视审查证据对论证结论支持度的基础上,特别重视案件中的疑点,也即合理怀疑。修改后的刑事诉讼法将"排除合理怀疑"作为"证据确实、充分"证明标准的必要条件,将"证实"与"证伪"相结合,"论证"与"反驳"相结合,具有重要的方法论意义。

实践中,为了排除合理怀疑,先要发现合理怀疑。就刑事诉讼制度的设计而言,发现证据指控体系的缺陷和不足,对指控方的证据体系进行反驳,是辩护一方的职责所在,因此要高度重视犯罪嫌疑人、被告人及其辩护人对指控事实的辩解理由和辩护意见,充分揭示案件事实存在的合理怀疑。值得注意的是,现阶段一些案件的犯罪嫌疑人缺乏实质性辩护能力,辩护实践中也存在所谓的无效辩护等问题,有鉴于此,审查时要特别注重对证据的审查判断和分析认定,及时、有效地发现案件事实存在的合理怀疑。只有切实排除合理怀疑,确保最终认定的案件事实结论具有唯一性,才能有效防止虚假印证。如果基于全案证据得出的结论无法排除合理怀疑,不能得出唯一结论,就应当坚持疑罪从无原则,切实避免冤错案件发生。

(4)重视证实与证伪的有机统一关系。从定罪的角度而言,需要同时满足证据确实、充分(证实)与排除合理怀疑(证伪)两个条件。一方面,"确实"是对证据质的衡量,是指据以定案的证据都必须是经过查证属实,具有客观真实性,每个证据必须和待查证的犯罪事实之间存在客观联系,能够证明待证事实;"充分"则是对证据的量的要求。"量"不是指数量,而是指证据证明力的大小或者强弱,是指证据具有足够的证明力，足以证明待证案件事实：首先，证据之间应当相互印证、相互支撑、相互说明；其次，证据与已证事实之间、证据与情理之间，不应当存在不能解释的矛盾；再次，证据之间、证据与已证事实之间、各事实要素之间环环相扣，各个事实环节均有足够的证明，不能出现断裂；最后，在对事实的综合认定上结论应当是唯一的，合理排除了其他可能。在不同证据所证内容存在矛盾的情况下，可运用排除合理怀疑、是否符合正常逻辑推理以及经验法则等综合认定全案证据是否确实、充分。

另一方面，综合全案证据，对所认定事实排除合理怀疑，要求由证据得出的结论为唯一结论，否则就未能达到"证据确实、充分"的证明标准。"综合全案证据，对所认定事实已排除合理怀疑"，是"证据确实、充分"的必要条件。对于犯罪事实，"合理怀疑"是指以证据、逻辑和经验法则为根据的怀疑，即案件存在被告人无罪的现实可能性。没有根据的怀疑，以及对与犯罪无关事实的合理怀疑，不影响对犯罪事实的认定。"合理怀疑"的存在，意味着由证据得出的结论不具有唯一性。对于如何把握"排除合理怀疑"的证明标准，一般认为，应当注意以下几点。第一，"合理怀疑"区别于一切怀疑，不是凭空想象与臆测，无任何凭借的猜疑。合理怀疑应当是基于现有证据存在的问题而产生，而不是办案人员的臆想、猜测，尤其办案人员不能脱离犯罪嫌疑人供述和辩解的案件基本事实而在其未主张某种事实情节的情况下去为其设想某种事实情节的存在。第二，应当注意从以下几方面判断怀疑是否具有合理性：一是"怀疑"是否符合常情常理的分析。怀疑的前提是"合理"，所以首先必须分析判断怀疑是否符合情理；二是"怀疑"是否符合逻辑推理，需要分析判断所持的怀疑在逻辑推理上能否成立；三是"怀疑"是否符合经验法则，根据日常生活经验能否产生怀疑；四是"怀疑"是否有相应证据印证。即怀疑是否基于现有证据存在的问题而产生，怀疑有无在案证据为基础加以佐证。

七、间接证据认定案件事实

（一）间接证据的内涵

根据与案件主要事实之间的关联方式不同，我们可以把证据划分为直接证据和间接证据。所谓直接证据，就是以直接方式与案件主要事实相关联的证据，即能够直接证明案件主要事实的证据，例如刑事案件中的被告人供述和目击证人证言。所谓间接证据，就是以间接方式与案件主要事实相关联的证据，即必须与其他证据连接起来或通过推理才能证明案件主要事实的证据，亦称为"旁证"，例如刑事犯罪现场的手印、足迹和血迹，或手机等电子设备中留存的电子数据。①

间接证据与直接证据不同的是，它同案件主要事实的关系，是间接的证明关系。它不能直接证明案件的主要事实，而只能证明案件中的某一局部情况或者个别情节。所谓案件中的局部情况或者个别情节，有学者将其归类为七种事实要素，即人、原因、时间、地点、行为、结果、手段等事实和情况。凡是不能直接证明案件的主要事实，而只能证明上述的某一情况或情节的，都叫局部情况或个别片段，就叫间接证据。例如，发现了犯罪嫌疑人作案时使用的工具；犯罪嫌疑人在现场留下的足迹；或者在被告人家中发现赃款、赃物等，这些被发现和提取的物品或痕迹，不能单独、直接证明案件的主要事实，只能分别地证明与案件有关的某一个别情况，所以都属于间接证据的范畴。也有学者把间接证据称为情状证据，就是以其收集的某些客观事物、情况或者现象，表明被告人与案件事实有某种联系、有犯罪的嫌疑。当然，间接证据与案件中的其他证据相结合，通过推理判断，也可达到查明案情真相的目的，在特定的条件下，也可以作为定案的根据。

需要说明的是，将证据作如此划分，并不意味着这两类不同的证据在证明力方面有强有弱，有大有小；而只是说这两类证据由于在能否单独直接证明案件主要事实这一问题上有所不同，审查、运用时应注意根据不同的特点进行。事实上，无论直接证据还是间接证据，其证据力的强或弱，大或小，都不能一概而论，必须根据具体情况作具体分析。特别是都要经查证属实以后，才能予以确定。

直接证据由于它与案件主要事实是直接的证明关系，有其优越性，一是直接证据不需要与其他证据相结合就能证明案件的主要事实；二是证明对象的范围较大，犯罪嫌疑人是谁、时间、地点、行为、结果等，往往一个直接证据就可以证明；三是证明的过程比较简单，直接证据只要查证属实，案件的主要事实也就清楚了。间接证据与案件主要事实虽然是间接的关系，需要与其他证据相结合才能证明案件的主要事实。但是，间接证据在认定案件事实中仍然有着十分重要的意义和作用，只要查证核实，其证明力也是不可低估的，主要表现在：一是为侦查提供线索。大多数刑事案

---

① 参见何家弘、马丽莎：《间接证据案件证明标准辨析》，载《国家检察官学院学报》2021 年第 5 期。

件，往往在开始时只取得间接证据，然后依靠间接证据确定侦查方向，缩小侦查范围，直至最后查获犯罪嫌疑人，侦破全案。二是间接证据是获得直接证据的阶梯。一般情况下，犯罪发生时，极少会有人看见，很难找到目睹犯罪事实发生的证人，而且虽然每个案件都有被害人，但不见得每个案件都有被害人陈述这一直接证据。而犯罪嫌疑人为了逃避法律的制裁，或自以为作案巧妙，归案后总是百般抵赖，拒不认罪。只有在大量证据，其中多数是间接证据面前，才被迫低头，供认自己的罪行。所以，实践中通过间接证为阶梯，获得直接证据，最后彻底查明案件真相的情况是比较多见的。三是间接证据是鉴别直接证据真假的重要手段。有些直接证据，如犯罪嫌疑人对自己是否犯罪的供述或辩解，证人就案件主要事实所提供的证言等，由于各种主、客观上的原因而可能不真实，因而必须注意查证核实。对直接证据进行审查，就其本身来源的客观性以及与案件事实的联系性进行分析固然是重要的，但是，将它们与间接证据对照审查，相互印证，也是认定案件事实的有效途径。例如，某故意杀人案犯罪嫌疑人甲作案后将作案凶器埋藏于某地，案发后甲被列为重大嫌疑对象被监视居住，在监视居住期间，甲受到政策感召，交代了犯罪事实和凶器埋藏的地点，根据甲的交代，从埋藏的地点找到作案凶器，从凶器上检出了被害人的 DNA，从而印证了甲供述的真实性，使案件事实得以确认。

（二）间接证据的主要特征

这里是指间接证据除必须具有任何证据都具有的客观性、关联性、合法性的本质特征外，还具有自身特殊特征。

1. 证明关系的间接性

证明关系的间接性是间接证据自身最主要的特点，其他的特点都由此产生，或者说受这一特点的制约和影响。间接证据具有依赖性，这意味着任何一个间接证据本身并没有单独的证明作用。其证明力是由间接证据与案件事实之间客观联系以及与其他证据在证明过程中互相结合所决定的。例如，某个物证可能只能说明犯罪现场的某个情况，只有与证人证言、犯罪嫌疑人的行为表现等其他证据结合起来，才能对案件主要事实起到证明作用。间接证据还具有关联性。各个间接证据所能证明的内容必须是一致的，变更且排除了其他可能性。如果不能排除其他可能性，就不能得出证明的结论。例如，不同的间接证据之间如果存在矛盾，就需要进一步查证核实，以确保证据之间协调一致，没有矛盾。

间接证据对案件主要事实的证明方法是推断。与直接证据相比，其证明过程复杂，必须有一个判断和推理的过程。只有把众多的间接证据连起来，彼此互相印证，并在排除了其他各种可能性之后，才能证明案件主要事实。例如，在一些复杂的刑事案件中，通过现场勘查所获得的物证、书证，结合犯罪嫌疑人的通讯记录、行为表现等多个间接证据，进行综合分析和推理，从而推断出犯罪嫌疑人的犯罪行为。

2. 证明作用的中立性

证明作用的中立性指间接证据本身在证明作用问题上没有任何固定的倾向性。之所以如此，是因为一方面由于间接证据与案件主要事实的关系是间接的证明关系，因而，任何间接证据对案件的主要事实有没有证明作用，有什么证明作用，它本身不能直接回答。只有把它同案件中的其他事实相联系，从联系中才能作出回答。另一方面，间接证据与不同事实相联系，就会起不同的证明作用，得出的结论也迥然不同。这就是间接证据所具有的中立性。

为了说明间接证据在证明作用上的中立性，以侦查中从某人身边发现了被盗的赃物为例。这个赃物作为案件中的间接证据，孤立地看，什么问题都说明不了、证明不了。要使它发挥应有的证明作用，就只能将它与案件中的其他事实相联系，从联系中才能看出它的证明作用以及起什么样的证明作用。而且，与它联系的事实不同，其所起的证明作用也不一样。因为，被告人所持有的赃物，并不一定就是盗来的，也可能是捡来的、买的或者是别人赠送的。与上述不同的事实相联系，得出来的结论完全不同。例如以这个赃物——间接证据与被告人捡到的、购买的或者接受别人赠予的事实相联系，则可以分别证明被告人所持有的赃物，是由于捡来的、买来的或者他人赠送的结果，与盗窃无关。但是，如果把这个赃物与被盗现场留下的指纹相联系，而该指纹经鉴定，确系被告人所留，则又可以证明被告人所持的赃物，是偷盗的结果。这就是间接证据在证明作用上所具有的中立性的具体体现。这就说明，对间接证据实行正确的联系，就会发挥正确的证明作用，而如果实行错误的联系，必然也会发挥错误的作用，将我们引入歧途，所以必须注意。

3. 证据范围的广泛性

间接证据虽然只能证明案件中的个别事实或情节，但间接证据与案件事实之间的联系形式是多种多样的。例如，有的反映案件事实发生的原因或结果，有的则是案件事实发生的条件，如证明有作案的时间，接触过犯罪现场，或证明拥有作案凶器等。所以，有的案件可能收集不到直接证据，但却不会没有间接证据。正是这样，有的案件在没有直接证据的情况下，通过收集大量的间接证据，也可以分析定案。明确间接证据范围的广泛性和多样性，有助于司法人员在办案中开展广泛深入的调查研究，将可能收集到的间接证据统统收集起来。

4. 证明过程的复杂性

由于间接证据的上述特点，也就决定了运用间接证据证明案件事实时，不像直接证据那样简单，而使证明过程呈现出异常复杂的特点。运用直接证据证明案件事实，只要查明直接证据属实，案件的主要事实也就清楚了。但是，运用间接证据证明案件的全部事实则不那么简单，起码要经过两个证明阶段：一是先要对案件中的所有间接证据逐个地查证核实，并确认它们在案件中所能证明的具体情节；二是要把各个间接证据所证明的具体事实互相结合起来，进行严密的逻辑推理。要从一个事实推论到第二个、第三个事实，再推论到第四个，甚至更多的事实，而且彼此间都应协调一致，没有破绽。通过推理判断得出来的结论是唯一的，完全排除了其他可能性。所以，这个推理证明的过程是十分复杂的，特别是在只有间接证据而没有直接证据时，其推理证明的过程更为复杂，稍有不慎，就会出现判断上的错误。

（三）间接证据定案规则

司法实践中，部分刑事案件由于种种原因缺乏直接证据证明，间接证据虽然不能单独、直接证明案件事实，但是在符合一定条件下，仍然可以对证明案件事实起到重要作用，甚至成为很多疑难复杂案件的定案根据。《关于办理死刑案件审查判断证据若干问题的规定》第 33 条、《最高人民法院关于适用〈中华人民共和国刑事诉讼法〉的解释》第 140 条规定的间接证据定案规则被司法实践广泛运用。没有直接证据，但间接证据同时符合下列条件的，可以认定案件事实：一是证据已经查证属实；二是证据之间相互印证，不存在无法排除的矛盾和无法解释的疑问；三是全案证据形成完整的证据体系；四是根据证据认定案件事实足以排除合理怀疑，结论具有唯一性；五是运用证据进行的推理符合逻辑和经验法则。

运用间接证据认定案件事实，应当注重证据之间的协调性、证据体系的完整性，对全案证据进行综合分析判断。间接证据之间互相衔接、互相印证，形成完整的证据体系。有证据或者线索证明案件事实存在其他可能性的，应当调查核实，排除其他可能性，得出唯一结论。

1. 间接证据必须经查证属实

证据的真实性是刑事案件定案的基石。如果间接证据真实性受到影响，那么无论有多少间接证据，都无法构建出可靠的证据链条。在事实认定过程中，证据链条中存在不真实的证据，则得出的案件事实也必然远离客观真实。例如，如果某个证人证言是通过威胁或利诱获取的，将这样的虚假证言作为定案依据，就可能导致冤假错案。间接证据必须依法取得，这是确保证据真实性的基础。侦查人员在收集间接证据时，应严格依照法定程序进行，避免采用刑讯逼供、威胁、利诱、欺骗以及其他非法方法收集证据。此外，对于每个间接证据，都要经过审慎的查证核实。在使用间接证据定案时，保证充分的法庭质证是确保证据真实性的重要程序，通过控辩双方的质疑和辩论，可以进一步揭示证据的真实性和可靠性。在质证过程中，控辩双方可以从正反两个方向对证据的来源、收集方法、证明力等方面进行审查，从而分清真伪。因此，在刑事案件中，必须对间接证据进行严格的审查，分清真伪。这不仅需要侦查人员在收集证据时严格依法进行，确保证据的合法性和真实性，还需要在庭审过程中，通过各方的质证和辩论，进一步核实证据的真实性。只有这样，才能确保刑事案件的定案依据真实可靠，保障司法公正。

2. 间接证据与案件事实存在客观联系

间接证据与案件事实的联系呈现出多样化的形式。一方面，间接证据可能反映案件主要事实发生的原因。例如在刑事案件中，犯罪现场遗留的工具可能暗示犯罪行为发生的原因是犯罪嫌疑人有预谋地准备作案工具实施犯罪。另一方面，间接证据也可能反映案件主要事实的结果。比如现场的血迹分布和尸体状态可以表明犯罪行为的严重程度和可能导致的后果。此外，间接证据还可能是案件事实的条件，比如特定的时间、地点等条件下出现的证据，为案件的发生提供了背景和环境。同时，间接证据还可以证明某个证据的真伪，通过与其他证据的相互印证，确定某个证据是否真实可靠。或者排除其他可能性，当多个间接证据共同指向一个结论时，可以排除其他不合理的假设。

在刑事案件中，确定间接证据与案件事实的联系是一项复杂而关键的任务。司法人员不能仅凭主观臆断来判断哪些证据与事实有关，而必须深入分析每个证据的具体情况。对于不同类型的刑事案件，间接证据与案件事实的联系可能各不相同。在盗窃案件中，现场的脚印、被撬开的门锁等间接证据可能与犯罪嫌疑人的作案手段和逃跑路线有关。在诈骗案件中，通信记录、银行流水等间接证据可能反映犯罪嫌疑人的作案过程和资金流向。司法人员需要对这些间接证据进行细致的分析和研究，结合案件的具体背景、犯罪嫌疑人的行为特征等因素，确定哪些证据与案件事实存在客观联系。同时，司法人员还应避免主观猜测和牵强附会。不能因为某个间接证据与自己的预设观点相符，就强行将其与案件事实联系起来。必须以客观、科学的态度对待每一个间接证据，通过严谨的逻辑推理和综合分析，确定其与案件事实的真实联系。只有这样，才能确保间接证据在刑事案件中的有效运用，为准确认定犯罪事实提供可靠的依据。

3. 形成完整证明体系

在刑事案件中，单个间接证据往往只能反映案件的某个局部情况或个别情节，无法完整呈现案件全貌，仅仅依靠个别间接证据来认定犯罪事实显然是不可取的，间接证据定案需要有足够数量的证据支撑。例如在一些复杂的经济犯罪案件中，单一的银行流水记录可能只能表明资金的流向，但无法确定资金的用途是否涉及犯罪。只有当多个不同类型的间接证据相互结合时，才能构建起一个完整的证据体系，为案件的定案提供坚实的基础。

通过间接证据认定案件的过程就如同构建一座坚固的事实高楼，每个间接证据都是高楼的组成部分，只有当所有能够证明案件各个片段的间接证据相互联系，紧密结合，才能形成一个完整稳定的证明体系。例如在一起盗窃案件中，现场的脚印可以证明犯罪嫌疑人曾出现在现场，被盗物品的去向记录可以反映犯罪嫌疑人的作案目的，周边监控视频中的身影可以确定犯罪嫌疑人的行动轨迹。这些不同的间接证据相互印证，构成一条完整的链条，从犯罪行为的发生、实施到后续的处理，全面地证明案件的每个环节。只有当所有间接证据环环相扣，共同发挥作用时，才能确保案件的定案准确无误，经得起法律的检验。

4. 证据之间及与案件事实协调一致

在刑事案件中，间接证据之间的一致性至关重要。如果不同的间接证据之间存在矛盾，在有合理解释前，不得对矛盾的证据进行取舍。例如，在某一盗窃案件中，现场勘查发现的脚印大小与犯罪嫌疑人所穿鞋子尺码不符，而其他证据又指向该犯罪嫌疑人，此时就出现了间接证据之间的矛盾。司法人员不能忽视这种矛盾，而应继续深入调查，收集更多的证据来验证或排除这些矛盾。可能需要重新询问证人、进行更细致的物证检验，或者进一步调查犯罪嫌疑人的行踪等，以确保间接证据之间相互印证，没有无法解释的矛盾之处。

间接证据与案件事实之间同样不能有矛盾，间接证据与案件事实之间的协调一致是准确认定犯罪事实的关键。如果间接证据与案件事实存在矛盾，那么就不能轻易地依据这些证据定案。例如，在一起故意伤害案件中，证人证言表明犯罪嫌疑人在案发时不在现场，但现场遗留的物品却与犯罪嫌疑人有一定关联。这种情况下，间接证据与案件事实之间就出现了矛盾。司法人员不能勉强定案，而必须进一步核实证据，深入调查案件的具体情况，以确定这些矛盾是否能够合理排除。只有当间接证据与案件事实完全契合，没有任何矛盾时，才能依据这些证据认定案件事实。

5. 间接证据得出的结论具有唯一性

间接证据形成的证明体系必须足以排除其他可能性，不能存在两种以上可能性且各有证据支持的情况。间接证据定案的关键在于其证明体系要严密到足以排除所有其他可能的情况。在刑事案件中，每个间接证据都像是一块拼图，只有当这些拼图组合起来能够清晰地呈现出唯一的画面时，才能作为定案的依据。如果存在两种以上的可能性，且各有证据支持，那么就意味着间接证据的证明体系存在漏洞，无法确定案件事实。例如，在某一盗窃案件中，如果现场发现的脚印既可能是犯罪嫌疑人留下的，也可能是其他无关人员留下的，且各有一定的证据支持这两种可能性，那么仅依靠这些间接证据就不能确定犯罪嫌疑人到过现场。

运用间接证据得出的结论必须具有唯一性。这意味着通过对多个间接证据的综合分析和推理，所认定的案件事实是唯一确定的。例如，在贿赂案件中，贿赂款物的来源和去向、受贿人为行贿人谋取利益的情况等间接证据，构成的证据链节越多，结合越密切，其证明作用越大，得出的犯罪嫌疑人受贿的结论就越具有唯一性。只有这样的结论才具有不可动摇的证明力，能够完整地证明案件事实。间接证据认定案件事实，即使其他合理可能性没有线索或证据指向，也不能认定案件事实不具有唯一性。

（四）间接证据认定案件事实需要注意的问题

1. 单个间接证据不能证明主要事实

没有直接证据时，单纯运用间接证据认定案件事实，必须深刻认识到每个间接证据必须同其他证据结合才具有证明作用。单个间接证据无法独立地证明案件主要事实，这是由间接证据的本质属性所决定的。在刑事案件中，间接证据通常只能反映案件的某个局部情况或个别情节，比如现场发现的一个物证可能仅能说明犯罪现场的某个特定状况，但无法完整地呈现整个犯罪过程。只有当多个间接证据相互结合时，它们才能共同发挥作用，构建起对案件主要事实的证明。从总体上把握间接证据的证明作用，就是要明确任何一个间接证据的证明力，都是由间接证据与案件事实之间的客观联系及与其他证据的相互结合所决定的。间接证据的运用不仅取决于其本身的真实性，也取决于它在证据体系中的地位及其与案件之间的客观联系。例如在《刑事审判参考》第512号杨飞故意杀人案裁判要旨中提到，间接证据虽不能直接证明案件的主要事实，但当间接证据结合起来形成一个具有内在联系的完整证据体系时，便可证明案件的主要事实，得出罪行系何人所为及如何为的结论。在完全依靠间接证据定案的案件中，因具体案情不同，排他性的证明可能会比较困难，这就对间接证据提出了更高的要求。只有当所有间接证据相互印证，排除了其他所有可能性，得出的结论具有唯一性，才能够作为定案的依据。如果间接证据之间不能形成完整的证据链条，出现证据链条裂痕，不能得出唯一的、排他的结论，就应当坚持"疑罪从无"的原则。所以，单个间接证据不能证明主要事实，必须与其他证据结合，共同构建起严密的证据体系，才能准确认定犯罪事实。

2. 间接证据证明力的影响因素

间接证据的证明力，由其与案件事实之间的客观联系及在证据体系中的地位与其他证据的相互结合所决定。间接证据的证明力受到多种因素的影响。一方面，其与案件事实之间的客观联系至关重要。例如在刑事案件中，一个看似不起眼的间接证据，如现场遗留的一个物品，其证明力取决于它与案件事实的具体联系。如果这个物品能够与犯罪嫌疑人的行为、犯罪现场的情况等建立起合理的客观联系，那么它就可能在案件的证明中发挥重要作用。另一方面，间接证据在证据体系中的地位也决定了其证明意义。不同的间接证据在证据体系中可能处于不同的位置，有的可能是关键证据，与其他证据紧密结合，对案件主要事实的证明起到核心作用；而有的可能只是辅助性证据，对案件事实的证明起到补充和支持的作用。只有当间接证据与案件事实之间存在明确、合理的客观联系，并在证据体系中占据适当的地位，与其他证据相互结合时，才能充分发挥其证明力，为认定案件事实提供有力的支持。

3. 单个证据影响全案证据体系

在完全依靠间接证据定案时，任何一个间接证据被推翻，都必须重新审视整个证据链条。这是因为间接证据定案过程中，各个间接证据相互依存、相互印证，共同构建起对案件主要事实的证明体系。如果其中一个间接证据被推翻，就可能引发对整个证据链条的质疑。

首先，间接证据通常只能反映案件的某个局部情况或个别情节，单个间接证据的推翻可能意味着该局部情况或情节的真实性受到挑战。例如，在一个刑事案件中，某个物证原本被认为可以证明犯罪现场的某个特定情况，但如果该物证被证明存在问题或不具有可靠性，那么就需要重新考虑这个物证所涉及的案件情节是否真实发生。其次，间接证据之间以及与案件事实之间必须协调一致，没有矛盾。一个间接证据被推翻可能导致与其他间接证据或案件事实产生矛盾。比如，某个证人证言原本与其他间接证据相互印证，但如果这个证人证言被推翻，则与之印证的其他证据的证明力当然减弱，此时就必须重新审视整个证据链条，以确定因证明力减弱导致的其他合理可能性是否能够合理排除。总之，在完全依靠间接证据定案时，任何一个间接证据被推翻都不能掉以轻心，必须重新审视整个证据链条，以确保案件的定案准确无误，经得起法律的检验。

（五）间接证据认定案件事实规则的具体运用

1. 严格审查证据真实性

间接证据来源多样，查证属实难度大。如证人证言、物证书证、鉴定结论等间接证据，需依照法定程序收集，达到本身确实的程度。间接证据的来源广泛，涵盖了证人证言、物证书证、鉴定结论等多种形式。这使得对其真实性的查证面临巨大挑战。以检察工作为例，监察法实施条例明确规定，据以定案的证据均经法定程序查证属实是对每一证据的质的要求。在实践中，审查言词证据时，要重点审查该言词证据是否系当事人自愿供述；审查同步录音录像时，要确认侦查人员是否存在刑讯逼供等违法行为；审查物证、书证时，要审查提取的程序是否合法；现场勘查要审查侦查人员是否依照法定程序收集各种证据等。只有严格遵循法定程序，才能确保间接证据本身确实可靠。

单个间接证据往往不能清晰表明与案件事实的联系，需结合其他证据判断真实性。单个间接证据通常只能反映案件事实的某一个侧面或者片段，难以直接证明案件的主要事实。例如，在刑事案件中，刑事犯罪现场的手印、足迹和血迹，或手机等电子设备中留存的电子数据等间接证据，必须与其他证据连接起来或通过推理才能证明案件主要事实。这就要求司法人员在审查间接证据时，不能孤立地看待单个证据，而要将其与其他证据结合起来进行综合分析。如在审查现场生物检材时，要重点审查是否具有排他性，即据以定案的各证据之间应当具有指向性，不存在违反案件事实或常理的"反证"，依据间接证据形成的证明体系所得出的结论应具有排他性。通过对多个间接证据的相互印证和逻辑推理，才能准确判断间接证据的真实性，进而认定案件事实。

2. 审慎确认证据关联性

间接证据与案件事实的联系形式多样，难以准确判断哪些事实与案件事实存在联系。有的反映案件主要事实发生的原因或结果，有的是案件事实的条件等。间接证据与案件事实的联系错综复杂，使得确定其关联性成为一大难点。例如，在刑事案件中，某些间接证据可能反映出案件主要事实发生的原因，如犯罪现场的环境因素可能暗示犯罪动机的产生；有的间接证据可能是案件事实的结果体现，比如犯罪行为发生后留下的痕迹物证等；还有的可能是案件事实的条件，如特定的时间、地点等因素为犯罪的发生提供了客观条件。这种多样的联系形式使得司法人员在审查证据时，很难准确判断哪些具体的事实真正与案件事实存在紧密联系。

需综合分析全案间接证据，查明与案件事实的客观联系，避免主观因素影响。全案的间接证据往往数量众多且相互关联，只有通过综合分析，才能查明其与案件事实的客观联系。司法人员不能仅凭主观猜测或牵强附会来认定证据的关联性。例如，在审查贪污犯罪案件中，证人证言、物证、书证、鉴定意见等间接证据，需要结合具体案件情况进行细致分析。单个间接证据可能无法明确显示其与案件事实的联系，但将多个间接证据综合起来，就能逐步揭示出它们与案件事实的客观联系。如通过证人证言了解犯罪嫌疑人履行职务的情况，结合物证确定赃款赃物的去向，依据书证判断公款公物的性质等，从而形成一个完整的证据体系，准确认定案件事实。同时，在审查类似事件和品格证据等表面上看似有关联的证据材料时，要保持谨慎。虽然这些证据在某些情况下可能会引起人们的联想，但根据法律和证据学理论，它们对"定罪"通常不具备关联性。只有通过客观、细致地综合分析，才能准确确定间接证据与案件事实的关联性，为案件的公正审理提供坚实的证据基础。

3. 形成完整证明体系

一个间接证据只能证明案件事实的某个片段，需收集众多间接证据并找出相互联系。若间接证据不能结合成完整体系，即使数量多也不能定案。间接证据的特点决定了其在单独使用时往往只能呈现案件事实的一部分，无法全面、准确地认定案件。例如，在刑事案件中，某个现场遗留的物品可能只能说明犯罪嫌疑人在特定时间出现在案发现场，但无法直接证明其实施了犯罪行为。只有将众多的间接证据收集起来，分析它们之间的联系，才能逐步构建起完整的案件事实。然而，在实际操作中，收集众多间接证据并非易事。不同的间接证据可能来自不同的渠道，具有不同的形式和内容，要找出它们之间的相互联系需要耗费大量的时间和精力。而且，即使收集到了一定数量的间接证据，如果这些证据之间无法形成有效的联系，不能相互印证，那么也不能作为定案的依据。

构建完整证明体系过程复杂，如在缺乏直接证据的疑难复杂案件中，排他性证明困难。在缺乏直接证据的疑难复杂案件中，构建完整的证明体系尤为困难。一方面，由于没有直接证据的引导，司法人员需要从众多的间接证据中去梳理和分析，寻找能够证明案件事实的线索。这就如同在黑暗中摸索，充满了不确定性。另一方面，要实现排他性证明更是难上加难。例如，在一些重大刑事案件中，可能存在多种可能性，而间接证据往往只能排除部分可能性，无法完全确定唯一的结论。为了达到排他性证明的要求，司法人员需要对每一个间接证据进行深入的审查和分析，确保其真实性、关联性和合法性。同时，还需要运用逻辑推理和经验判断，将各个间接证据有机地结合起来，形成一个完整的证据链条，使得根据证据认定的案件事实足以排除一切合理怀疑，结论具有唯一性。然而，在实际操作中，由于各种因素的影响，如证据的不完整性、证据之间的矛盾性等，要实现排他性证明并非易事。

4. 排除合理怀疑

间接证据所形成的证明体系要足以排除其他可能性，得出唯一结论难度大。若存在两种以上可能性且各有证据支持，需重新调查研究。间接证据定罪的"唯一性标准"具有合理性和实用价值，但在实际操作中，要达到这一标准并非易事。由于间接证据只能以间接方式与案件主要事实相关联，必须与其他证据连接起来或通过推理才能证明案件主要事实，因此其形成的证明体系要足以排除其他可能性，得出唯一结论难度较大。例如，在一些复杂的刑事案件中，可能存在多种可能性的解释，且每种可能性都有一定的证据支持。在这种情况下，司法人员很难确定哪种解释是正确的，需要重新进行调查研究，以收集更多的证据，排除其他可能性，得出唯一结论。

在完全依靠间接证据定案时，任何一个间接证据被推翻都需重新审视整个证据链条。若存在两种以上可能性且各有证据支持，需重新调查研究。在完全依靠间接证据定案的情况下，每个间接证据都至关重要，因为间接证据之间相互依存，共同构建起证明案件事实的体系。如果其中任何一个间接证据被推翻，都可能导致整个证据链条的松动。例如，在某刑事案件中，多个间接证据共同指向被告人有罪，但如果其中一个关键的间接证据被证明存在瑕疵或不真实，那么就需要重新审视整个证据链条。司法人员需要对其他间接证据进行再次审查，确认它们的真实性、关联性和合法性，同时还需要重新调查研究，寻找新的证据来支持或推翻原有的结论。这一过程不仅耗时费力，而且对司法人员的专业素养和判断能力提出了很高的要求。

第五章　排除合理怀疑

第一节　排除合理怀疑的渊源和内涵

2012 年 3 月 14 日，第十一届全国人民代表大会第五次会议通过的关于修改刑事诉讼法的决定中，对证据一章作了一处重要修改，增加了认定"证据确实、充分"的条件的规定，为如何判断是否达到"证据确实、充分"证明标准提供了依据和指引。按照该条文规定，"证据确实、充分"应当符合三个条件：定罪量刑的事实都有证据证明；据以定案的证据均经法定程序查证属实；综合全案证据，对所认定事实已排除合理怀疑。我国刑事诉讼法首次将肇始于英美法系、被誉为"古老道德世界的活化石"的"排除合理怀疑"证明标准写入立法之中。① 然而，在司法实践中，对于何为合理怀疑，何者不属于合理怀疑，以及如何排除合理怀疑等具体问题存在较大争议。因缺少明确的规定，使得排除合理怀疑成为适用时的模糊条款，如何将其具象化成为司法实践亟须解决的问题。

一、排除合理怀疑的历史渊源

排除合理怀疑或超出合理怀疑（beyond a reasonable doubt）是一些国家刑事司法中证明被告人有罪时必须达到的证明标准。从历史发展来看，排除合理怀疑证明标准是在普通法国家陪审团制度发展的过程中逐步确立起来的。

在英国早期的刑事审判过程中，法官并未过多关注陪审团在证据方面的责任，陪审员经常依据其个人经验和证言作出判断。随着法律制度的发展，英国法庭逐步要求陪审团在作出裁判时必须考虑证据问题，并为陪审团提供证据证明标准方面的指示以供其在裁决时考虑。从 16 世纪到 18 世

---

① 参见［美］詹姆士·惠特曼：《合理怀疑的起源——刑事审判的神学根基》，侣化强等译，中国政法大学出版社 2012 年版，第 7 页。

纪中叶，"符合良心和道德确信的标准"是英国刑事司法中有罪判决经常使用的证明标准；18世纪下半叶，对证据的"完全满意"或"满意"成为有罪判决时适用的证明标准。排除合理怀疑在英国作为证明标准，通过几个判例得以确认。在1784年理查德·科比特（Richard Corbett）纵火案中，老贝利刑事法院的法官给陪审团的指示中提到："如果存在合理怀疑，那么在这样的案件中，对这些怀疑应当作出有利于被告人的裁决。"在1786年约瑟夫·理查德（Joseph Richards）故意杀人案中，法官在给陪审团的指示中也提出："如果发现任何合理的怀疑，你们可以认定他无罪。"从而逐步将"排除合理怀疑"作为陪审团有罪判断的证明标准。①

　　排除合理怀疑在美国刑事司法中作为有罪的证明标准同样有着悠久的历史，可以追溯到美国建国之前，在1770年"波士顿大屠杀"的审判中就使用了"排除合理怀疑"的说法，并在之后的判例中多次被使用。排除合理怀疑证明标准被美国各州司法机关采用的时间分散展开。纽约和北卡罗来纳州最早明确使用排除合理怀疑作为有罪证明标准，在1822年纽约出现了适用该标准的大量判例，1839年纽约州最高司法法院在怀特案中正式确立了这一规则，确定了审判法官应当明确告知陪审团关于合理怀疑的含义。1828年，北卡罗来纳州最高法院在科克伦案件中确立了"合理怀疑"是轻罪案件乃至死刑重罪案件说服责任的证明标准，排除合理怀疑的证明标准被该州各初审法院大量采用。美国其他州陆续确立了排除合理怀疑的有罪证明标准，联邦最高法院也认可这一标准。在1880年美国联邦最高法院就提出，"说服陪审团作出有罪判断的证据必须充分到足以定罪，而且必须排除所有的合理怀疑"。1970年，美国联邦最高法院从宪法性要求的高度重申了有罪指控应当达到排除合理怀疑的证明标准，"除非构成犯罪的每个必要事实被排除合理怀疑地证明，否则被告人受到正当程序条款保护而不得被定罪。"②

　　排除合理怀疑证明标准的产生在英美法系国家有着深厚的历史与文化基础，与其法治发展和宗教传统有着密切的关联。从法制史的角度来看，对于排除合理怀疑证明标准产生的原因，英美法系国家主要有三种代表性

---

① 转引自杨宇冠、孙军：《"排除合理怀疑"与我国刑事诉讼证明标准的完善》，载《证据科学》2011年第6期。

② 转引自杨宇冠、孙军：《"排除合理怀疑"与我国刑事诉讼证明标准的完善》，载《证据科学》2011年第6期。

学说。第一，保障人权学说。该学说认为排除合理怀疑产生自保护被告人权利的需要，这是美国司法实务界的主流观点。美国联邦最高法院认为，被告人在刑事指控中有极为重要的利益，其原因在于一经定罪被告人就可能会失去人身自由，其名声也必然会受到影响。因此，除非对犯罪排除了合理怀疑，一个珍视个人自由与声誉的社会不应当判决其有罪。更重要的是，对于一个自由的社会来说，让每个公民相信在其行为被以最高的证明标准证明有罪前不被政府判决有罪是极为关键的。第二，价值平衡学说。该学说认为排除合理怀疑标准并非源自保护被告人权利的需要，而是为了矫正"排除任何怀疑"标准的极端性。英美法早期强调排除"任何怀疑"，由于任何怀疑包括合理的和不合理的怀疑，使得控诉方的证明责任十分繁重，对被告人定罪也十分困难，往往造成放纵犯罪。排除合理怀疑标准的产生，要求怀疑需为"合理怀疑"，既保证了定罪的高标准，防止冤错案件，同时又防止了过于理想化的排除任何怀疑标准所导致的错释有罪之人。第三，宗教信仰学说。该学说认为"排除合理怀疑"最初主要与宗教信仰有关，与法治原则和自由价值并无任何联系。排除合理怀疑标准产生最初并非用以增加陪审团定罪的难度，相反是为了使定罪更加容易。在拥有基督教传统的英美法国家，由于早期的陪审员大多为基督教徒，在旧基督教传统中，判决一个无辜的人有罪是致命的原罪。合理怀疑标准从保护基督教传统的角度，只要对有罪的怀疑是不合理的，就可以作出有罪判决而不用担心破坏传统。因此，排除合理怀疑标准是"道德忧虑困扰的世界的产物"。[①]

随着排除合理怀疑标准在英国和美国的产生和发展，该标准逐渐为其他英美法系国家所接受，已经成为英美法系国家刑事司法与证据制度的重要特征，并得到了越来越多的其他国家刑事司法的认叮。

二、排除合理怀疑的理论学说及立法规定

（一）英美法系的排除合理怀疑

《布莱克法律词典》认为，所谓排除合理怀疑是指全面的证实、完全的确信或者相信一种道德上的确定性。

在英国法中，排除合理怀疑证明标准是刑事审判中公诉方为证实被告

---

① 转引自杨宇冠、孙军：《"排除合理怀疑"与我国刑事诉讼证明标准的完善》，载《证据科学》2011年第6期。

人有罪而必须达到的标准。如果在一个刑事案件中，只要还存在着公诉方未能证明的合理怀疑，无论这种合理怀疑是由公诉方提出的证据引起的，还是由被告方提出的证据引起的，被告人均享有被判无罪的权利，而且必须宣告无罪。排除合理怀疑证明标准是一个很高的证明标准，但并不要求绝对肯定，因为绝对的肯定很少能够达到。因此排除合理怀疑的证明并不要求一点怀疑的影子都没有，如果公诉方的证据能力能够有力地证明被告人有罪，而只有极小的可能性可以使被告人不被定罪，也就是说这种可能性仅仅是可能但一点都靠不住，那么公诉方的证明就是"排除合理怀疑"的证明。至于什么是"合理怀疑"，英国枢密院和上诉法院认可的定义是：合理怀疑是一种当你在处理有关自身事务的重要问题时，能以各种方式影响你做出决定的那种性质和种类的怀疑。[①]

在美国法中，排除合理怀疑标准专门适用于刑事诉讼的公诉人。公诉人承担证明被告人犯有所控罪行的所有实质要素的任务。如果公诉人运用证据仅仅能证明被告人可能是作案人，那么，这是不够的，被告人不能因此被判有罪；仅仅能够证明"很可能是"也不够。公诉人必须能够证明达到排除合理怀疑的程度，才算完成了证明责任；换言之，事实裁判者聆听完公诉人的所有证据后，再把被告方的反驳证据考虑在内，若觉得对被告人就是罪犯这一点还存在"合理的怀疑"，则不能判决被告人有罪，应将其无罪开释。关于何为"合理的怀疑"，有观点认为，合理的怀疑就是不是想象出来的怀疑；是那种能够使一个谨慎的人在做某件重要的事情之前产生迟疑的怀疑。[②]

在加拿大法中，加拿大最高法院在利夫切斯一案中，对"合理怀疑"进行了界定：合理怀疑并不是一种假想的或轻率的怀疑。它不能建立在同情或偏见的基础之上，它是建立在合理的和通常的理解之上的。它是从证据中或在缺少证据的情况下推论出来的。但是，对任何一个案件的证明都不可能达到绝对确信的程度，并且也不要求公诉人那样做，因为这种证明标准是不符合现实的。[③]

在英美法系国家，对于"排除合理怀疑"的内涵并没有统一的解释，英美法系理论界和实务界对此有多种观点。第一，将排除合理怀疑解释为

---

① 参见何家弘主编：《外国证据法》，法律出版社 2003 年版，第 116—117 页。

② 参见何家弘主编：《外国证据法》，法律出版社 2003 年版，第 205 页。

③ 参见何家弘主编：《外国证据法》，法律出版社 2003 年版，第 241—242 页。

一种道德上的确信。在合理怀疑规则发展的过程中，英美法学者已经认识到了陪审团对于两个核心问题理解的重要性。一是经验认知难以达到绝对确认程度。人类的认知可区分为数学认知和经验认知，数学认知能绝对确定，但对于经验认知，不可能达到绝对确定的程度。二是道德上的确信。尽管经验认知不可能达到绝对确定的程度，但是可以通过不断补充证据增加确定性。19世纪的学者将经验领域可以达到的最高确定性称之为"道德上的确信"，并将其与"排除合理怀疑"的概念等同。第二，将排除合理怀疑解释为很高的可能性（a high degree of probability）。英国早期理论研究认为法庭证明不可能达到绝对确定，而只能在经验认知的范围内达到最大限度的可能性，这对于英国司法及其证明标准产生了重要影响。英国法官丹宁勋爵认为，在刑事案件中，排除合理怀疑并不需要达到确信，但必须达到很高的可能性。排除合理怀疑的证明并不意味着连怀疑的影子都必须排除，如果允许虚假的可能性妨碍司法的过程，法律就无法有效地保护社会。如果证据如此强而有力以至于没有支持某人的可能性，能够以"当然这是可能的，但却是丝毫不能证明"的理由驳回，那么此案的证明就达到了排除合理怀疑的标准。第三，将合理怀疑解释为"难以决定"（hesitate to act）。"难以决定"的解释起源于美国阿拉斯加上诉法院，根据该法院的解释，合理怀疑就是"对于一件在其生命中十分重要的事务，使一个理性的人难以决定的怀疑"。此解释后来被很多其他法院乃至联邦上诉巡回法院所引用。在1954年的霍兰案中，联邦最高法院对此解释予以认可，认为将合理怀疑定义为使一个人难以决定的怀疑而非能够作出决定的怀疑，并不属于那种可能误导陪审团去寻找非合理怀疑的指示。但美国司法实务界也有观点认为这一解释虽然被普遍沿用，但实际上仍然模糊。第四，对排除合理怀疑标准进行量化解释。英国学说认为，在刑事诉讼中，当控方的证明到49%的可能性、辩方为51%，或控方证明到51%、辩方为49%时，辩方都胜诉，应当作出无罪判决。而排除合理怀疑要求只有当控方的证明接近100%时，控方才能胜诉。但也有反对的观点认为，对合理怀疑进行量化解释可能降低控诉方的证明责任，而且会给陪审员带来理解上的混乱，司法实务中法院也很少将合理怀疑标准进行量化解释。第五，"坚定地相信"以及"基于理由和常识的怀疑"的解释。美国司法会议下设的陪审团工作委员会1987年制定的《刑事陪审团指示示范》中，认为排除合理怀疑是这样一种标准：如果陪审员坚定地相信被告人有罪，就应当作出有罪判决；如果认为存在现实无罪的可能性，就应当作无罪判决，因而将排除合理怀疑解释为"坚定地相信"。其中，"坚定地相信"与"现实的可能性"是该解释中合理怀疑标准的核心内容。还有的美国法院将合理怀疑解释为，"经过仔细和无偏见地考虑了案件所有的证据之后，一种基于理由和常识的怀疑"。[①]

（二）大陆法系的内心确信

在德国法中，证据法的证明标准包括信服、释明和表面证明三种，其中信服标准与排除合理怀疑标准相似，是指法官对当事人主张的案件事实的完全信服。完全信服的基础既不是优势的可能性，也不是绝对的确定性，而是指法官做出裁判时没有合理怀疑的状态。为此，当事人对主张的案件事实的证明需要达到排除合理怀疑的程度，需要排除任何合理的可能性。[②]

德国的自由心证原则是指对证据的适用和判断，由法官本着理性和良心，根据在证据调查和审理的全部过程形成的内心确信予以认定。[③] 在理解自由心证原则时应当注意以下问题：第一，自由心证适用于证据审查而不是证据调查。自由心证适用于对证据的证明力以及全案事实的审查判断，而不适用于证据调查。在证据调查方面，法官受各种证据规则和程序规范的限制，而证据的审查则具有鲜明的法官个体个性和主观性，其结果不仅取决于认证的情况，而且取决于审理的内容和过程。在个别证据方式的证明力的判断和全案事实的认定方面，只能由法官自由判断。第二，自由心证不仅适用于审判机关，也适用于侦查机关和公诉机关。因为侦查机关和公诉机关在履行刑事诉讼职能时也存在着证据审查问题，自由心证具有普遍的适用性。第三，自由心证的客体仅限于审查事项。这就意味着不得考虑没有纳入刑事诉讼程序的事实、证据，不得考虑已经排除的事实、证据。第四，不能形成内心确信的情况属于证据不足。此种情况下，应当作出无罪判决，关于形成内心确信的标准，在客观方面，确信以与确定性接近的可能性为标准，而不需要绝对的确定性；在主观方面，形成内心确信之前，必须穷尽所有的理性考虑。第五，自由心证的适用存在例外情形。

---

① 参见杨宇冠、孙军：《"排除合理怀疑"与我国刑事诉讼证明标准的完善》，载《证据科学》2011年第6期。

② 转引自何家弘主编：《外国证据法》，法律出版社2003年版，第436页。

③ 何家弘主编：《外国证据法》，法律出版社2003年版，第397页。

在必须遵循客观规律、经验法则、推定等情况下，心证可能会不"自由"。[①]

在法国法中，类似的规定体现为"内心确信"的判断标准，在涉及犯罪证据的问题上，只要存在着疑问，便足以证明，应当宣告被告人无罪，"存疑有利于被告人"是一条重要原则，如果案件证据不足以使法官产生"内心确信"或者存在疑问，那么被告人应当得到免于起诉或者宣告无罪。[②]

（三）我国排除合理怀疑的界定

我国证据法理论界对于排除合理怀疑也有多种界定。有观点认为，"排除合理怀疑是指综合所有经过法庭调查和法庭辩论的证据，法官对于被告人的犯罪事实已经产生了内心确信，而不再有任何有证据支持或者符合经验法则、逻辑法则的疑问。反过来，只要对被告人的犯罪事实存在着这种合理的怀疑，法官就应当作有利于被告人的解释，也就是宣告被告人不构成犯罪。"该观点将无法排除合理怀疑与"事实不清、证据不足"相关联，认为"那些无法排除'合理怀疑'的情况，也被解读为'事实不清、证据不足'的情形。这些情形主要有以下几个类型：（1）证据之间以及证据与案件事实之间存在矛盾且无法得到合理排除；（2）根据全案证据无法得出唯一结论，或者无法排除其他可能性；（3）在犯罪嫌疑人、被告人作出有罪供述的情况下，所供述的犯罪事实无法得到其他证据的印证；（4）在案件没有直接证据的情况下，全案间接证据无法相互印证，难以形成完整的证明体系或证据锁链。"[③]

有观点认为，"所有怀疑都要接受理性的检验。合理怀疑不是一种任意的怀疑，不是凭空的猜测或推断，也不是杞人忧天式的多虑，而是明智的人基于证据分析产生的理性怀疑，其关注的核心是'被告人事实上无罪的现实可能性'。没有事实证据基础、不符合逻辑和经验法则的怀疑，不是合理怀疑。即便一些怀疑具有合理性，但如果其并不影响被告人有罪的认定，不能形成被告人无辜的现实可能性，也不属于法律所关注的合理怀疑。"[④]

有观点认为，"考察'排除合理怀疑'在我国刑事诉讼法中的语境，

---

① 参见何家弘主编：《外国证据法》，法律出版社 2003 年版，第 398 页。
② 参见何家弘主编：《外国证据法》，法律出版社 2003 年版，第 382—383 页。
③ 陈瑞华：《刑事证据法》，北京大学出版社 2021 年版，第 499 页。
④ 刘静坤：《证据审查规则与分析方法》，法律出版社 2018 年版，第 302 页。

可以认定这一要求是对定罪证明标准的解释，是以对'全案证据'判断为前提，因此，它是对案件基本事实（犯罪构成要件事实及量刑事实）的综合判断；从阶段上看，它是对案件事实的最后判断。""'合理怀疑'是指在对全案证据慎重细致的分析推理的基础上产生的，有具体的事实根据，符合经验和逻辑，足以动摇事实确认的怀疑。"[①] "在解释'合理怀疑'的基础上，还可以进一步就'排除合理怀疑'进行说明和界定：一是规定排除合理怀疑所认定的事实，应当经得起客观验证，以此防止排除合理怀疑标准运用的主观化，保证其客观性基础。二是规定能够在裁判文书中有效论证，即要求展开心证形成的过程，以此加强事实认定的说理性，保证证据裁判的质量。""排除合理怀疑作为证明标准最突出的问题是难以有效把握，作为理念的'虚拟性'较强而作为规则的实效性不足。"[②] 2012 年，《最高人民法院关于适用〈中华人民共和国刑事诉讼法〉的解释》理解与适用中认为，"排除合理怀疑"主要是指证据与证据之间、证据与案件事实之间不存在矛盾或者矛盾得以合理排除，而根据证据认定案件事实的过程符合逻辑和经验法则，由证据得出的结论具有唯一性。[③]《关于修改中华人民共和国刑事诉讼法的决定：条文说明、立法理由及相关规定》中认为，"排除合理怀疑"是指对于认定的事实，已没有符合常理的、有根据的怀疑，实际上达到确信的程度。

　　有观点认为，可以从五个维度理解排除合理怀疑标准：第一，排除合理怀疑属于严格判断。严格证明是在证明的根据及程序上都受到法律的严格限制，且应当达到排除合理怀疑的程度。排除合理怀疑又称为"唯一性"或"排他性"标准，这是一种最为严格的证明标准。定罪所依据的证据必须符合法定证据形式，依照法定调查程序查证属实，适用最严格的证明标准，这是保障犯罪嫌疑人、被告人合法权益的必然要求。第二，排除合理怀疑属于全面判断。全面判断源于司法人员不偏不倚的客观义务，怀疑分为局部证据引发的怀疑和全案证据引发的怀疑。有的案件中，单一证据、局部证据可以引发怀疑，但是综合全案证据就可以得出确定结论。要注意犯罪嫌疑人、被告人提出无罪辩解，且有证据支持该辩解的情况下，

---

　　① 龙宗智：《中国法语境中的"排除合理怀疑"》，载《中外法学》2012 年第 6 期。

　　② 龙宗智：《中国法语境中的"排除合理怀疑"》，载《中外法学》2012 年第 6 期。

　　③ 参见江必新主编：《〈最高人民法院关于适用中华人民共和国刑事诉讼法的解释〉理解与适用》，中国法制出版社 2013 年版，第 46 页。

不能因上述证据互相印证就直接采信，而应当综合全案证据进行检验。对所认定事实已排除合理怀疑是针对全案证据的判断要求。第三，排除合理怀疑属于主观判断。合理怀疑的"怀疑"是指司法人员对案件事实的一种心理状态。排除合理怀疑属于自然人对案件事实能否成立的内心判断，是一个极具个体性的认知过程，尤其是对于证据证明力的判断，易受到个体阅历、办案经验、价值取向等方面的影响。第四，排除合理怀疑属于经验判断。排除合理怀疑是司法人员依据经验法则进行心证判断的过程，即自由心证，这并不是毫无限制的，而要受到包括经验法则在内的诸多制约。其中，经验判断包括日常经验判断和专业经验判断。第五，排除合理怀疑属于穷尽判断。排除合理怀疑以穷尽取证手段为前提。案件中不少疑点可以通过收集完善证据加以解决，不能一遇到疑点就按照"存疑有利于被告人"处理。在穷尽取证手段之后，待证事实仍然呈现"虚实之证等，是非之理均"的状态，指控证据相对于辩护证据仅占优势，或者两者相当但又不能互相否定的，则按照"存疑有利于被告人"的原则处理。①

　　关于排除合理怀疑的立法化，目前刑事诉讼法及审判机关、检察机关的司法解释中多次出现"排除合理怀疑"的内容。《刑事诉讼法》第55条第2款："证据确实、充分，应当符合以下条件：（一）定罪量刑的事实都有证据证明；（二）据以定案的证据均经法定程序查证属实；（三）综合全案证据，对所认定事实已排除合理怀疑。"《最高人民法院关于适用〈中华人民共和国刑事诉讼法〉的解释》第140条规定："没有直接证据，但间接证据同时符合下列条件的，可以认定被告人有罪：（一）证据已经查证属实；（二）证据之间相互印证，不存在无法排除的矛盾和无法解释的疑问；（三）全案证据形成完整的证据链；（四）根据证据认定案件事实足以排除合理怀疑，结论具有唯一性；（五）运用证据进行的推理符合逻辑和经验。"《最高人民法院关于进一步加强刑事审判工作的决定》第13条规定："坚持'事实清楚，证据确实充分'的裁判原则。确定被告人有罪，必须达到事实清楚、证据确实充分的法定证明标准。认定犯罪的事实不清、证据不足，特别是影响定罪的关键证据存在疑问，不能排除合理怀疑得出唯一结论的，要依法作出证据不足、指控的犯罪不能成立的无罪判决。"《人民检察院刑事诉讼规则》第368条规定："具有下列情形之一，

---

① 参见杜邈：《证据为王》，中国法制出版社2022年版，第488—535页。

不能确定犯罪嫌疑人构成犯罪和需要追究刑事责任的，属于证据不足，不符合起诉条件：（一）犯罪构成要件事实缺乏必要的证据予以证明的；（二）据以定罪的证据存在疑问，无法查证属实的；（三）据以定罪的证据之间、证据与案件事实之间的矛盾不能合理排除的；（四）根据证据得出的结论具有其他可能性，不能排除合理怀疑的；（五）根据证据认定案件事实不符合逻辑和经验法则，得出的结论明显不符合常理的。"

三、排除合理怀疑的基本内涵

排除合理怀疑作为对犯罪嫌疑人、被告人定罪的证明标准，最突出的问题是难以有效把握，缺乏具体、明确、统一的判断标准。根据全国人大常委会立法规划，接下来刑事诉讼法修改工作所关注的内容之一即是科学界定"排除合理怀疑"的证明标准。明确对排除合理怀疑的界定，核心的问题是对何为"合理怀疑"的阐明。在国内外理论及立法成果的基础上，可以将合理怀疑解释为，是在对全案证据综合分析的基础上产生的，以事实、证据为根据，符合逻辑和经验法则，能够影响案件事实认定的、理性现实的怀疑。排除合理怀疑不等同于排除一切怀疑，应当着重审查怀疑是否合理。对于合理怀疑的内涵，可以从以下四个方面进一步解释：第一，合理怀疑是对全案证据综合分析基础上产生的怀疑。根据《刑事诉讼法》第55条第2款规定，"综合全案证据，对所认定事实已排除合理怀疑"。因此，排除合理怀疑是在完成了对单个证据或者局部事实的判断之后，对全案证据的判断，是对案件基本事实的综合判断和最后判断。第二，合理怀疑是以事实、证据为根据，符合逻辑和经验法则的怀疑。对合理怀疑的心证判断并不是毫无根据、随心所欲的，而要以事实和证据为基础，并受到逻辑和经验法则等方面的制约。第三，合理怀疑是能够影响案件事实认定的、理性现实的怀疑。不是所有的怀疑都会对定罪产生影响，合理怀疑必须是"足以动摇事实确认的怀疑"，同时，所有怀疑都要接受理性和现实的检验，其关注的核心是"被告人事实上无罪的现实可能性"。第四，排除合理怀疑不等同于排除一切怀疑，应当着重审查怀疑是否合理。根据马克思辩证唯物主义的观点，人类的认识只能无限接近客观真实，并不能真正达到客观真实，"排除合理怀疑"并非要求排除一切怀疑。实践中，部分检察人员在办案时存在一种排除合理怀疑适用标准的绝对化倾向，即只要有任何怀疑就归为存在合理怀疑，认为一定要排除了全部怀疑才能算是排除合理怀疑，并没有将工作重点放在审查怀疑是否合理上。事实上，应当注重审查怀疑的合理性，合理怀疑要有事实、证据基础，并不是凭空臆测或者毫无根据的推断，即便是案件中仍然存在一定的矛盾和疑点，但是并不影响案件事实认定，其他证据可以达到证据确实、充分证明标准的，即可以认定排除合理怀疑。综上，合理怀疑最终影响到的是司法人员的内心确信，排除合理怀疑证明标准的达成，意味着司法人员对于认定的事实，已没有符合常理的、有根据的怀疑，实际上达到确信的程度。

尽管国内外理论界和实务界关于排除合理怀疑证明标准的定义或解释莫衷一是，但各种解释总体而言都有某些共同的特征。这也是我国在引进"排除合理怀疑"概念时必须考量的因素。

首先，排除合理怀疑证明标准强调怀疑的合理和有据。其一，怀疑应为"合理"的怀疑。那些主观想象的、不符一般经验常识的、带有偏见的怀疑，都是不合理的。因此，排除合理怀疑标准要求司法人员公正、独立，避免有罪预断。其二，怀疑应当"有据"。"所谓怀疑，当然只是一种可以说出理由来的怀疑，而不是无故质疑。否则，对于任何纷纭的人事，都可能发生想像的或幻想的怀疑。"[1] 因此怀疑应当有理由或根据，也即"合理怀疑必须以事实为根据，……必须要有证据证明。"[2] 可见，虽然排除合理怀疑是一个主观认识的过程，但对于案件的所有怀疑以及对怀疑的排除都必须有证据作为依据。

其次，排除合理怀疑证明标准要求司法人员秉持理性与良知。英国在17世纪后期，陪审团开始对证人与证据的可靠性进行审查。"符合良知"开始成为评价事实与证据的标准，并逐渐与"排除合理怀疑"等具有同等含义，法庭审判中也大量使用"良知"用词，"良知"与"道德上的确定性""排除合理怀疑"等密不可分，"符合良知"是排除合理怀疑证明标准的核心。"符合良知"要求陪审团成员"理性地、不偏袒地和不带感情色彩地理解、评价事实与证据"，对于司法人员则要求其秉持公正、诚实的道德和以证据为依据进行裁决，其所产生之怀疑应当是"一种实在的、诚实的、为良心所驱使的怀疑"。[3]

再次，排除合理怀疑证明标准的制度价值在于保护犯罪嫌疑人、被告

---

① 李学灯：《证据法比较研究》，五南图书出版公司1992年版，第666页。

② 樊崇义：《客观真实管见——兼论刑事诉讼证明标准》，载《中国法学》2000年第1期。

③ 参见杨宇冠、孙军：《"排除合理怀疑"与我国刑事诉讼证明标准的完善》，载《证据科学》2011年第6期。

人的合法权益。尽管英美法系国家关于法官是否应当向陪审团解释排除合理怀疑存在着很大的争议，但争议的主要原因在于法庭指示是否会影响陪审团对排除合理怀疑标准的准确理解与独立判断，归根到底在于对被追诉者权利的保护。此处需要平衡的是错判无辜与错放有罪之人之间的选择。英美法系国家秉持"宁可错放某些有罪的人，也不可错判一个无辜者"理念，其基本价值判断为"给无辜者定罪的错误远比让犯罪者逍遥法外恶劣"。[①]

最后，排除合理怀疑证明标准与无罪推定原则关系密切。无罪推定原则是指任何人在未经法院判决有罪之前，应当有权被推定为无罪，是现代刑事诉讼的一项基本原则，也是犯罪嫌疑人、被告人的一项基本人权。"排除合理怀疑"的应有之义即"只有所有的合理怀疑已经被排除，被告人才得被认定有罪"。这就涉及证明责任以及无罪推定原则的问题，排除合理怀疑证明标准要求控方承担证明被告人有罪的责任，以消除裁判者对指控事实的"合理怀疑"；而被告方则既不承担证明有罪的责任，也不承担证明无罪的责任，但有权进行无罪或者罪轻的辩解，并启动裁判者对指控事实的"合理怀疑"。因此，排除合理怀疑标准还具有防止追诉权滥用，保证公民权利的作用。[②]

四、排除合理怀疑与证据确实、充分的关系

从立法上看，排除合理怀疑作为证据确实、充分证明标准的组成部分而存在，排除合理怀疑在立法上被引入，意味着案件达到排除合理怀疑的程度，就等于达到了证据确实、充分的证明标准。

（一）有关证据确实、充分证明标准的争论

我国法定的定罪证明标准是"事实清楚，证据确实、充分"，然而该证明标准也面临一定的争议。第一，证据确实、充分证明标准属于司法证明的理想，并不具有实操性。"事实清楚，证据确实、充分"证明标准具有认识论的色彩，表达的是案件的客观事实已经查清，符合客观真实，达到了完全的确定性，完全重现了案件事实真相。很显然这具有理想主义倾向，而缺乏实操性。第二，证据确实、充分证明标准具有过度客观化倾

---

① 参见杨宇冠、孙军：《"排除合理怀疑"与我国刑事诉讼证明标准的完善》，载《证据科学》2011 年第 6 期。

② 参见杨宇冠、孙军：《"排除合理怀疑"与我国刑事诉讼证明标准的完善》，载《证据科学》2011 年第 6 期。

向，容易忽视司法证明的主观方面特质。一般认为，证据确实、充分的证明标准属于我国定罪证明标准中的客观标准，实践中也容易出现过度客观化的倾向，忽视了内心确信程度的主观方面。司法证明标准不仅要满足客观方面的确定性和真实程度的测度，而且还要着眼于司法者对待证事实可信程度的描述。证据确实、充分的标准中，难以发现司法者对待证事实的真实性形成确信的程度，是否存在合理的怀疑，而只体现出一种独立于司法者主观认识活动之外的客观目标。最终会造成证据确实、充分证明标准的过大自由裁量权，难免导致冤假错案的出现。第三，证据确实、充分证明标准的确立，体现了"新法定证据主义"的立法理念。新法定证据主义往往对证据证明力和待证事实的真实程度进行法定限制，而没有交给司法人员根据经验、逻辑、理性和良知进行自由心证的判断，与大陆法系的自由心证原则形成了鲜明对比，限制了司法人员自由裁量权和主观能动性的发挥，反而会导致司法人员机械司法，从而进入"不自由"的状态。[①]

（二）排除合理怀疑与证据确实、充分的关系辨析

排除合理怀疑对证据确实充分有一种解释性、补充性功能，总体而言，两者既有区别，又有联系。

1. 排除合理怀疑与证据确实、充分证明标准的区别

第一，客观要求与主观认知的区别。我国"事实清楚，证据确实、充分"标准主要在于强调证明标准的客观要求，即对证据本身质与量的规定，对于司法人员如何判断控方的证明达到证明标准却鲜有要求。排除合理怀疑则意味着，司法人员对有罪达到内心确信的过程，是通过对证据不断排除内心怀疑的过程，只有当合理怀疑被排除时，才能作出有罪判决。[②]将"排除合理怀疑"引入我国刑事诉讼，不仅符合司法认知的一般规律，也是弥补我国现行证明标准片面性的需要，[③] 从而构建起我国的主客观相结合的有罪证明标准。

第二，积极构建与消极排除的区别。在认识方向上，证据确实、充分着眼于建构，主要体现为一个积极和肯定的标准。该标准适用于采用证据证明待证事实的情况，是对积极的证明活动进行的评估。排除合理怀疑则

---

① 参见陈瑞华：《刑事证据法》（第四版），北京大学出版社2021年版，第497页。

② 参见杨宇冠、孙军：《"排除合理怀疑"与我国刑事诉讼证明标准的完善》，载《证据科学》2011年第6期。

③ 参见陈光中、江伟主编：《诉讼法论丛》（第7卷），法律出版社2002年版，第22—23页。

着眼于解构，主要体现为一个消极和否定的标准，即在证明过程中寻求其薄弱环节进行疑点发现及其消除性检验。后者虽然也服务于证据事实的建构，即某一特定叙事的确认，但其路径和方法主要是消极排除而非积极建构。建构设定与解构排除为事实认定的两个方面，排除合理怀疑即能建立事实确信，反之亦然。因此任何理性的证明标准必然包含这两个方面的内容。不过因为不同的制度背景、哲思基础、证据思维习惯以及其他一些原因设置法律标准的重点或落脚点可能有所区别。①

2. 排除合理怀疑与证据确实、充分证明标准的联系

第一，"证据确实、充分"与"排除合理怀疑"是包含与被包含的关系。根据《刑事诉讼法》第 55 条第 2 款的规定，"排除合理怀疑"是判断是否达到"证据确实、充分"的条件内容之一。亦即，"证据确实、充分"的标准包含了"排除合理怀疑"这一必要条件。"证据确实、充分"的三个条件之间应为并列关系，即必须同时符合三个条件才能达到"证据确实、充分"的标准。

第二，"证据确实、充分"与"排除合理怀疑"存在一定程度的重合关系。虽然二者的涵义存在较大差异，但实质上，只有已经对犯罪嫌疑人、被告人定罪没有合理怀疑的情况下，才能认定达到证据确实、充分的证明标准。即如果司法人员认为案件已经达到"证据确实、充分"标准，是其已经排除了案件中的合理怀疑。立法机关也持此立场，"只有对案件已经不存在合理的怀疑，形成内心确信，才能认定案件'证据确实、充分'。"②

第三，"证据确实、充分"与"排除合理怀疑"均需要做到主客观相统一。作为证明标准而言，虽然"证据确实、充分"被认为属于客观标准，然而司法人员的适用过程仍然具有主观性，"证据确实、充分"与"排除合理怀疑"的判断过程实际上都具有主观性，都需要办案人员的主观认识的参与。"排除合理怀疑"的主观性在英美法系司法实践中也体现得较为明显，在英美法系国家大多数法官都拒绝向陪审团给出明确的解

---

① 参见龙宗智：《中国法语境中的"排除合理怀疑"》，载《中外法学》2012 年第 6 期。

② 全国人大法制工作委员会刑法室：《关于修改中华人民共和国刑事诉讼法的决定：条文说明、立法理由及相关规定》，北京大学出版社 2012 年版，第 53 页。

释，认为该证明标准是不言而喻的。① 但是无论是按照"证据确实、充分"还是按照"排除合理怀疑"去把握证明标准，都必须是相关的客观证据加上办案人员的主观分析，均需要做到主客观相统一。正如立法所认为的："'证据确实、充分'具有较强的客观性，但司法实践中，这一标准是否达到，还要通过侦查人员、检察人员、审判人员的主观判断，以达到主客观相统一。"②

第四，"排除合理怀疑"与"证据确实、充分"的条件关系。必须正确理解和把握"排除合理怀疑"，才能确保达到"证据确实、充分"的证明标准。在刑事诉讼法已经明确将"排除合理怀疑"作为达到"证据确实、充分"的证明标准的最重要条件的情况下，司法实践中，必须正确理解和把握排除合理怀疑的内涵或条件。合理把握"排除合理怀疑"的证明标准，应当注意以下几点：其一，"合理怀疑"不能是凭空猜想、臆测，无端猜疑。合理怀疑应当是基于现有证据存在的问题而产生，而不是办案人员的臆想、猜测，尤其办案人员不能脱离当事人陈述的案件基本事实而在当事人未主张某种事实情节的情况下去设想某种事实情节的存在。其二，应当注意对怀疑进行合理性审查判断：一是"怀疑"是否符合情理分析。既然是合理怀疑，首先必须分析判断怀疑是否符合情理。二是"怀疑"是否符合逻辑推理。即需要分析判断所持的怀疑在逻辑推理上能否成立。三是"怀疑"是否符合经验法则。即根据日常生活经验能否产生怀疑。四是"怀疑"是否有相应证据佐证。即怀疑是否基于现有证据存在的问题而产生，怀疑有无在案证据为基础加以佐证。③

此外，需要理解排除合理怀疑与结论"唯一性""排他性"的关系。理论上有观点认为排除合理怀疑标准也可以视为"唯一性""排他性"标准。这主要基于对合理怀疑进行排除的过程中，需要判断证据是否共同指向同一待证事实，有无无法排除的矛盾和无法解释的疑问，全案证据是否形成完整的证明体系，根据全案证据认定的事实是否足以排除合理怀疑，结论是否具有唯一性。从这个层面理解，两者具有相同的内涵。

---

① 参见［美］乔恩·R. 华尔兹：《刑事证据大全》，何家弘等译，中国人民公安大学出版社1993年版，第313页。

② 全国人大法制工作委员会刑法室：《关于修改中华人民共和国刑事诉讼法的决定：条文说明、立法理由及相关规定》，北京大学出版社2012年版，第53页。

③ 参见潘金贵主编：《证据法学》，法律出版社2022年版，第138页。

（三）排除合理怀疑证明标准的制度价值

定罪证明标准在追求"案件事实清楚，证据确实、充分"的客观真实的前提下，同时坚持在无罪推定原则下"排除合理怀疑"的标准，使刑事定罪的证明标准不仅是有罪裁判的标准，也是无罪裁判的尺度。[①] 排除合理怀疑可以视为证据确实、充分证明标准的反向证明标准，对于推动我国定罪证明标准的完善具有重要意义。

第一，排除合理怀疑作为一种推理过程，融入了对证据的主观审查判断。刑事诉讼的证明离不开司法人员主观的审查判断，随着我国刑事诉讼口供中心主义的消退，司法人员主观的审查判断作用将越来越重要。司法实践中，我国的司法证明模式主要为从正面用证据之间的印证来认定证据的确实性，用证据的堆砌来说明证据的充分性，从而陷入循环论证之中，难以形成说理的说服力。排除合理怀疑作为反向的证明标准，司法人员对证据进行综合判断时，就可以从证据本身的矛盾、证据之间的矛盾、全案证据的矛盾以及证据与已证事实之间的矛盾出发，对证据进行审查判断，从而为判断证据能否证明案件事实提供一种合理的思维方法和逻辑推理路径。

第二，排除合理怀疑作为"无罪推定""疑罪从无"价值观念，具有重要的司法指引作用。证明标准的设置与无罪推定刑事诉讼原则及其派生的疑罪从无的疑罪处断规则关系密切。排除合理怀疑作为反向的证明标准，能够合理引导司法人员在理念上将无罪推定作为审查判断证据的出发点，从对证据的合理怀疑出发对证据的真实性、关联性及证明力等方面进行审查，防止以定罪为出发点的追诉倾向，并避免案件存在重大矛盾和疑点时作出有罪判决。

第三，排除合理怀疑作为证明方法，可以保障刑事证据审查判断的质量。排除合理怀疑不仅是证明标准的组成部分，也是提供了一种具体的证明方法，尤其是通过发现矛盾疑点，甄别矛盾疑点，排除矛盾疑点，适度容忍矛盾等具体方法，得出唯一性、确定性结论，从而保证对证据审查判断的质量。[②]

---

① 参见沈志先主编：《刑事证据规则研究》，法律出版社 2011 年版，第 328 页。
② 参见沈志先主编：《刑事证据规则研究》，法律出版社 2011 年版，第 328 页。

第二节　排除合理怀疑的司法适用

证明标准的制度价值在于，对证明标准的规定可以帮助司法人员准确地把握证明标准，促进司法人员形成合理、可靠的心证。从方法论层面，具体而言，排除合理怀疑证明标准可以帮助司法人员通过"互相印证""排除矛盾"等方法去检验证据是否确实、充分；自觉运用经验法则与逻辑法则去判断证据和事实，求得合理的心证；运用唯一性和排他性标准作为最终的事实判断，以确保"案件事实清楚，证据确实、充分"。① 办理刑事案件过程中，司法人员适用排除合理怀疑标准时，应当注意发现证据存在的疑问，以及证据之间、证据与待证事实之间存在的矛盾，通过以下步骤进行排除：第一，通过逻辑和经验法则分析矛盾和怀疑是否具有合理性，客观地解释矛盾、怀疑的内容以及形成的原因，减少对案件事实认定的影响；第二，围绕矛盾和怀疑进一步补充完善证据，充实证据的质与量，充分发挥客观性证据、专门性证据的优势，排除矛盾和怀疑的合理性；第三，通过其他在案证据充分证明案件事实，得出唯一结论，从而排除矛盾和怀疑的合理性，以及对案件事实认定的影响。排除合理怀疑的过程也是心证形成的过程，因此它也是一种证明方法，即心证的方法，具体体现为疑点排除法或矛盾排除法。有矛盾就有可疑之处，矛盾解决的过程就是合理怀疑消除的过程，也是心证形成的过程。②

一、排除合理怀疑的双重属性

排除合理怀疑具有证明标准和证明方法的双重属性。考察"排除合理怀疑"在我国刑事诉讼法中的语境，可以认定这一要求是对定罪证明标准的解释，是以对"全案证据"综合判断为前提，因此，它是对案件基本事实（犯罪构成要件事实及量刑事实）的综合判断；从阶段上看，它是对案件事实的最后判断。然而，在此前阶段，在对个别证据的确实性进行判断，或对局部事实能否认定进行判断时，可以将排除合理怀疑作为方法论，参照适用"排除合理怀疑"的标准。因为"排除合理怀疑"不仅是

---

① 参见张军主编：《刑事证据规则理解与适用》，法律出版社 2010 年版，第 94 页。

② 参见龙宗智：《中国法语境中的"排除合理怀疑"》，载《中外法学》2012 年第 6 期。

证明标准，也是证明方法；而且，从个别与体系、局部与整体的关系看，如果没有个别证据或局部事实"排除合理怀疑"，对全案证据和事实"排除合理怀疑"就丧失了基础。当然，个别或局部判断的前提、要求，以及使用的方法与最后判断有所不同。对个别证据可靠性作合理怀疑排除判断，既依靠由单一证据的感知和分析形成的经验判断，也依靠证据间的相互印证。而对全案证据的判断，则是在完成个别判断的基础上，综合全案证据寻求经验感知与逻辑分析并得出结论。①

具体到个案中，排除合理怀疑作为方法论，可以称之为合理性判断规则。排除合理怀疑作为证明标准是针对全案证据而言的，作为证明方法和推理过程，仍然可以应用于单个证据、局部证据的审查。有时，基于单个证据、局部证据可能引发怀疑，但是综合全案证据，相关的疑点和矛盾得以排除，或者局部怀疑并不能构成对全案的怀疑，案件其他证据确实、充分，可以证明案件事实，得出唯一和确定结论。

二、排除合理怀疑适用中的问题

证明标准的适用与一个国家的主流司法证明模式有关。在我国，排除合理怀疑证明标准的适用需要考虑主流司法证明模式为印证证明模式而缺少综合证明模式补充的背景。2012 年"排除合理怀疑"正式被写入我国刑事诉讼法，理论界对此多持认可态度，认为排除合理怀疑入法能够化解我国刑事诉讼中"证据确实、充分"的证明标准过于客观、操作性不强的问题，从而强化刑事证明中主观要素的运用，提升司法人员的自由心证空间。然而，从司法实践来看，排除合理怀疑的运行样态显然和原本的制度愿景有所偏差，未完全实现制度设计的初衷。实践现状表明，排除合理怀疑缺少具体化、类型化的表述，导致适用标准不一，同时，我国刑事司法证明过于追求客观印证的问题并没有因排除合理怀疑的入法而有所调和，反倒是理论图景中作为主观心证标志之一的排除合理怀疑在实践中浸染了较强的客观色彩，以硬性的证据要求限缩了主观分析判断的空间，以致出现过度客观化的问题，也造成了一定的弊端。②

（一）司法适用的错误倾向

其一，控方承担过度的证明负担，无谓增加指控证明犯罪难度。在我

---

① 参见龙宗智：《中国法语境中的"排除合理怀疑"》，载《中外法学》2012 年第 6 期。

② 参见潘金贵、夏睿泓：《排除合理怀疑的过度客观化及其纾解》，载《西南民族大学学报（社会科学版）》2023 年第 6 期。

国职权主义刑事诉讼模式下，检察机关是犯罪追诉的主要责任承担者，承担指控证明犯罪的职责，对可能阻碍指控事实成立的合理怀疑承担排除的责任。从刑事司法证明的角度而言，检察机关指控证明犯罪的过程主要分为两阶段：第一阶段是依循"事实清楚，证据确实、充分"的证成思路构建指控证明犯罪的证据体系，第二阶段则是因应"排除合理怀疑"的证伪思路确立消除合理怀疑的证据矩阵。刑事证明活动从过往相对粗放的"一步到位"式证成模式，演变成"证成—有合理怀疑—证伪释疑"的"两步走"正反面证明样态。① 司法实践中，由于排除合理怀疑的适用，对于辩方提出的任何怀疑，不加甄别地认为检察机关都应尽可能进行证伪，无谓增加指控证明犯罪的负担和难度。

其二，将不合理辩解解释为合理怀疑，存在放纵罪犯之嫌。排除合理怀疑的入法，为辩方进行证据辩护提供了有力工具，使得辩方能够以案件存有合理怀疑为有力辩点，抗衡指控，但实际上辩方所提的怀疑辩点并非都具备足够的合理性。② 虽然理论语境中合理怀疑并非无端臆想和无依据的猜测，但是司法实践中仍会出现难以把握和区分的现实问题。司法实践中，有不少被告人以"幽灵抗辩"逃脱指控便是典型的体现。③ 有实务工作者坦言，"实践中，只要辩方提出的疑点在概率上不为零，控方就难以将怀疑不合理作为反抗辩理由，而法官也经常不敢以此作为拒绝采纳辩护意见的裁判理由。"④ 排除合理怀疑类型化尺度的缺乏，导致司法人员难以证立不存在的情况，无法有效消解"幽灵抗辩"对案件的影响。由于对怀疑是否合理，疑点是否客观，矛盾是否实质等方面缺少甄别，而要求控方排除一切怀疑，事实上产生了放纵犯罪的后果。

其三，非必要、过量证据重复增加，怠于使用逻辑推理等论证证明方式。排除合理怀疑过度客观化适用导致的证明环节增加、补侦次数上升等现象，加剧了刑事司法中证据数量扩增的趋势，这给认定案件事实带来一定的不良影响。有观点认为，"证据确实、充分"标准已简化为证据充分

---

① 参见潘金贵、夏睿泓：《排除合理怀疑的过度客观化及其纾解》，载《西南民族大学学报（社会科学版）》2023 年第 6 期。

② 参见桑本谦、戴昕：《真相、后果与"排除合理怀疑"》，载《法律科学》2017 年第 3 期。

③ 参见陈春英、赵文娟：《"幽灵抗辩"司法应对路径探析——以 172 个无罪辩护案件为研究对象》，载《山东法官培训学院学报》2023 年第 1 期。

④ 曲翔：《在间接证据审查判断中排除合理怀疑的适用》，载《人民司法》2019 年第 29 期。

标准，案件的定罪量刑全然建立在是否有足够多的证据支撑的基础之上。[①]指控体系构建当然需要一定数量的证据，坚持证据的种类、数量、质量相结合，但是证据数量并不是一味越多越好，重要的是关键证据、证明力强的证据的取得，否则容易导致案件办理的过度繁杂和僵化。另外，排除合理怀疑的客观化适用容易导致证明思维简略化的倾向，司法人员往往缺乏主观能动性，怠于使用经验法则、逻辑法则进行推理，导致割裂、孤立、片面地看到案件事实，陷入机械僵化的证明样态，反而容易造成冤假错案的发生。[②]

（二）不属于合理怀疑的情形

司法实践中，对于排除合理怀疑证明标准的适用，除了首先明确何为"合理怀疑"之外，还可以从反面思考什么不是"合理怀疑"。综合而言，下列情况可以认为不属于合理怀疑：对与认定犯罪没有关联的事实的怀疑；没有事实、证据根据的主观臆测、猜测或推断，或者据以支持该怀疑的证据系编造或者虚构的；不符合情理、事理、自然规律以及科学定律的怀疑；基于单个证据、局部证据引发的怀疑，综合全案证据怀疑可以排除或者作出合理解释，能够得出唯一、确定结论的；证据虽然存在一定矛盾和疑问，但不影响定罪基本事实认定的。具体分析如下：

其一，对与认定犯罪没有关联的事实的怀疑。实践中有些怀疑和案件事实完全无关，不具有关联性，因此不能构成对案件证据体系的冲击，不能列入合理怀疑。

其二，没有事实、证据根据的主观臆测、猜测或推断，或者据以支持该怀疑的证据系编造或者虚构的。合理怀疑虽然表现为主观认知活动，但并不是一种任意的、凭空的猜测或推断，也不是杞人忧天式的多虑，而是基于一定的事实证据分析产生的理性怀疑，并且相关的证据是真实的，而不是编造或者虚构的。

其三，不符合情理、事理、自然规律以及科学定律的怀疑。排除合理怀疑是基于逻辑和经验法则的判断，其中包含了情理、事理、自然规律、科学定律等具体判断因素，这是一个主客观相统一的判断过程。

其四，基于单个证据、局部证据引发的怀疑，综合全案证据怀疑可以

排除或者作出合理解释，能够得出唯一、确定结论的。排除合理怀疑作为证明标准是针对全案证据而言的，作为证明方法和推理过程，仍然可以应用于单个证据、局部证据的审查。有时，基于单个证据、局部证据可能引发怀疑，但是综合全案证据，相关的疑点和矛盾得以排除，或者局部怀疑并不能构成对全案的怀疑，案件其他证据确实、充分，可以证明案件事实，得出唯一和确定结论。

其五，证据虽然存在一定矛盾和疑点，但不影响定罪基本事实认定的。合理怀疑需要有质的要求，即需要撼动全案的证据体系，导致案件事实不清、证据不足，证据虽然存在一定矛盾和疑点，但是并不影响定罪基本事实认定，不具有犯罪嫌疑人、被告人无罪的现实可能性的，不属于证明标准范畴内的合理怀疑。

三、排除合理怀疑的方法

（一）有效甄别证据矛盾的属性与类别

从逻辑上讲，证据的矛盾是证据所含信息的差异与冲突。具体而言，构成证据矛盾应当具备三个要素：一是指向的同一性，即证明同一事实。二是两个以上的信息表达。矛盾的前提是多方面的信息表达，这种信息表达可能是多个载体，如两个犯罪嫌疑人之间供述的矛盾。也可能是单一载体，如某一个犯罪嫌疑人多次供述的矛盾。三是信息内容的不一致。这是指不符合形式逻辑的不矛盾律的要求，即一个证据称"是"，另一证据则称"否"，而在"是"或"否"必居其一的情况下，呈现出一种真假难辨的情况。[①]

从矛盾类别上看，证据的矛盾可以分为证据自身的矛盾、证据之间的矛盾、证据与待证事实之间的矛盾。其一，证据自身的矛盾包括证据自身多个载体的矛盾以及证据与情理事理的矛盾。同一个证据存在多个载体，例如犯罪嫌疑人的供述和辩解存在多份笔录，不同时间笔录之间存在供述的矛盾；又如，犯罪嫌疑人供述和辩解的笔录与同步录音录像的矛盾，即是纸质载体和视听资料载体之间的矛盾。证据与情理事理的矛盾可以作为证据本身的矛盾，是通过情理事理来判断证据本身是否合情合理，其是指某一或某些证据与经验法则所确认的事物的自然状态与一般发展变化规律不一致因而存在较大的虚假可能性。此处需要注意的是，虽然经验法则所

---

① 参见龙宗智：《试论证据矛盾及矛盾分析法》，载《中国法学》2007 年第 4 期。

确认的事物自然状态与发展变化规律是某一证据内容的比照物，是判断证据真伪的根据，但是经验法则具有盖然性而非必然性，由此种矛盾的分析中，只能发现疑点和虚假的可能性（即使是极大的可能性）但不能作为对真伪的确证。[1] 其二，证据之间的矛盾，是指不同的证据之间在内容和信息上的冲突。根据矛盾律，此时一般有一个证据为假。其三，证据与事实的矛盾，这里的证据是指某一具体的证据材料及其所含信息，而事实是指已经有证据足以证明、排除了合理怀疑的事实。证据与事实不符的分析认定，实际上已经暗含了一个事实结论，包含了通过多种证据认定某一事实的前提性分析过程。省略这一前提性分析过程，直接采用某些事实结论来对某一证据或某些证据所反映的情况作比对，并作出判定，使证明通道更为近便，使证明过程更有效率。[2]

从矛盾的性质上看，证据的矛盾可以有多个区分维度。在诉讼案件中，证据间矛盾是普遍存在同时又是千差万别的。为了辨析矛盾性质与特点并寻找解决矛盾的方法，需要从不同角度对证据矛盾进行分类。

其一，根据证据矛盾的性质可以将其分为冲突性矛盾与差异性矛盾。冲突性矛盾是指矛盾的各方处于一种十分对立的关系中，其不相容性非常突出。例如被告人留下作案痕迹，但证据表明缺乏作案时间。两种信息根本冲突并无相通性，显得十分对立。而差异性矛盾是指不同证据所含信息具有一定的一致性，同时又有某些不一致性，形成同中之异。冲突性矛盾是我们分析证据矛盾时关注的主要对象，因为这种矛盾的存在会影响我们对该事实或事实情节的认定。而证据信息间的差异性矛盾十分普遍，甚至构成证据间关系的一种常态，且由于其以基础信息一致性、印证性为前提，对事实认定的构造通常不至于产生大的冲击。但这种差异性矛盾也有相当的认识意义，尤其在某些特定情况下，其重要性不容忽视。

其二，根据证据矛盾的意义，可以将其分为根本性矛盾与非根本性矛盾。前者是指影响基本事实认定的重大矛盾；后者是指不影响或基本不影响基本事实认定的非重大矛盾。所谓基本事实即构成要件事实。在刑事案件中是指什么人犯了什么罪的事实。在民事诉讼中是指构成请求权基础的民事要件事实。根本性矛盾不仅是针对基本事实即要件事实而且其构成的矛盾必须是冲突性矛盾，即信息的基本内容相冲突。而非根本性矛盾是指

---

[1]　参见龙宗智：《试论证据矛盾及矛盾分析法》，载《中国法学》2007 年第 4 期。

[2]　参见龙宗智：《试论证据矛盾及矛盾分析法》，载《中国法学》2007 年第 4 期。

不影响基本事实的矛盾以及虽然针对基本事实，但其不同证据载体所携信息之间只有某些差异，并无根本冲突。如二被告人均承认作案，但各自叙述的具体时间与某些情节有差异。根本性矛盾是证据间矛盾分析所要关注的主要对象，因为不解决这类矛盾甚至无法确认基本事实。但非根本性矛盾一方面影响案件事实情节，另一方面，有时可以转化为根本性矛盾，成为影响基本事实认定的重大问题。

其三，根据证据矛盾的内部构成数量，可以将证据矛盾分为二元矛盾和多元矛盾。二元矛盾是矛盾的基本形态，即矛盾由相互对立的两个方面构成；多元矛盾指矛盾构成不限于两个方面而由多个方面构成。

此外，还可以根据需要作出不同的分类。如根据证明的直接或间接性，将证据间的矛盾分为直接证据间的矛盾、间接证据间的矛盾以及直接证据与间接证据间的矛盾等。①

（二）客观、合理地解释矛盾和疑问

在案件证据出现各种矛盾时，首先考虑运用矛盾的合理解释法，解决某些矛盾或者即使不消除矛盾，也能通过解释合理地认定事实并减弱证据矛盾对事实认定的损害。解释法在证据矛盾分析中的运用主要是指合理解释矛盾的形成原因及矛盾信息本身的内容与意义。如果通过现有证据无法合理解释矛盾和疑点，应当进一步补充完善证据，补充更多有质量的证据尤其是客观性证据、专门性证据，排除矛盾和怀疑的合理性。②

（三）通过矛盾证据之外的证据充分证明事实

在证据存在矛盾的情况下，另一种路径就是尽量通过其他证据充分证明案件事实。即以证据补强方法抑制已经出现的证据矛盾，进而证明案件事实。在证据存在矛盾情况下，补强方法的采用要求证据的搜集与运用既要注意证据的量，又要注意证据的质。在"一对一"的证据矛盾情况下，通过证据补强，运用其他证据与矛盾证据之间的印证关系，以及其他证据之间的印证，证明案件事实。证据补强要注意补充证明力强的证据，增强证据对矛盾证据的佐证，通过存在矛盾和疑点的证据之外的其他证据，充分地证明案件事实，最终也能得出排他的、唯一结论，进而使得案件原来的矛盾和疑点并不能造成对全案的证据体系的实质性影响，成为可以容忍

---

① 参见龙宗智：《试论证据矛盾及矛盾分析法》，载《中国法学》2007 年第 4 期。
② 参见龙宗智：《试论证据矛盾及矛盾分析法》，载《中国法学》2007 年第 4 期。

的矛盾。①

（四）适度容忍正常、非根本性矛盾

从司法实际看，指控证明犯罪过程中有矛盾是正常现象，完全没有矛盾的"严丝合缝"的证据反而需要引起警惕。因此，在一定情况下，需要理解并且容忍证据中存在一定数量、一定程度的正常、非根本性矛盾。适度容忍正常、非根本性矛盾发生在基本事实能够被证据证实的情况下，容许在某些非基本事实上存在一些矛盾，或者虽然在基本事实上存在某些矛盾，但通过证据印证可以确证基本事实，再或者通过合理解释，使证据矛盾的存在成为一种比较正常可以理解的情况。在案件基本事实认定中，能够适度容忍的矛盾大致包括以下几种类型：其一，证据能够相互印证证明基本事实，但就具体情节的证明，证据之间存在一定的差异，而且这种差异不致于损害主要证据的证明力。其二，证据能够相互印证证明基本事实，虽有相反证据，但其形成原因能够获得合理解释，不致于冲击基本事实构造。其三，有相反证据，而且其形成原因可能有多种解释，但能够证明基本事实的证据确实充分，达到很高的证明程度，无可辩驳使人确信无疑。②

四、排除合理怀疑的结论

经过对证据的收集审查运用以及补查补证，并进行了排除合理怀疑的判断，对照案件的证明标准，需要作出审查判断的结论。从检察机关角度来看，若经审查认为，案件事实清楚，证据确实、充分，依法应当追究刑事责任的，则应当作出起诉决定；若经过穷尽补查补证手段，据以认定案件定罪基本事实的证据存在无法排除的疑问，证据之间、证据与待证事实之间存在无法合理解释的矛盾，综合全案证据不能排除合理怀疑的，则应当作出不起诉决定，切实履行过滤、把关的职责。

在对照排除合理怀疑证明标准并作出最终认定结论之前，可以从以下几个方面综合审视全案证据情况：

第一，所认定的事实不应与确凿事实存在矛盾。确凿事实可以分为案内确凿事实与案外确凿事实。在案件事实认定的过程中，随着证据搜集运用的推进，总有部分事实被证据先证明为确凿，形成案内确凿事实。依据

---

① 参见龙宗智：《试论证据矛盾及矛盾分析法》，载《中国法学》2007 年第 4 期。
② 参见龙宗智：《试论证据矛盾及矛盾分析法》，载《中国法学》2007 年第 4 期。

证据认定事实不能与这种已经被证明的确凿事实相矛盾。同时，认定的事实也不能与案外确凿事实相矛盾，包括反映科学定律、自然规律和社会客观情况的众所周知的事实，以及经审判机关生效判决所认定的且相反证据的事实。

第二，所认定的事实不应与情理事理相矛盾，除非有合理解释。情理事理一般反映人们所能认识到的事物的自然状态与事物发展的一般规律，而违背情理的事实认定一般不能成立。案外确凿事实与情理之间的区别在于，前者是无可辩驳的实际情况，而后者是根据人们的经验所作出的一种可能性推断。事实认定也不能与情理相矛盾，因为情理的形成符合人们的经验即符合人们对真理的认识，如果违背情理，则事实认定大概率会出现错误。同时需要注意的是，情理事理仍然具有盖然性，在反常、特殊情况下，应当允许合理解释的存在。

第三，不存在不能合理解释的重大疑问，以及无法排除的根本性矛盾。重大疑问和矛盾关系到案件基本事实的认定，即便有其他证据，但是如果案件的重大疑问和根本性矛盾无法排除的话，无法完成案件基本事实的认定。

第四，在对证据真实性确认之前，对相关要件事实不能认定。在存在差异性矛盾的证据中，如果证据本身的真实性未得到确认的，则对相关事实不能认定。

第五，已形成的证据体系足以建立内心确信并排除合理怀疑。在证据存在矛盾的情况下，这是认定犯罪事实的最重要、也是最后的一道防线。因为在印证与矛盾的并行与交互作用中认定犯罪事实，最后的要求还是达到科学的、法定的证据标准，即综合全案证据，足以建立内心确信，排除合理怀疑。虽然存在证据矛盾，但完整的证据体系足以消除这种矛盾的实质性影响，使得全案证据能够符合证明标准的，可以认定案件事实。

在排除行使起诉裁量权的情况下，根据《人民检察院刑事诉讼规则》第355条、第367条的规定，刑事案件的办理主要存在两种不同的处理结论：一是符合案件事实清楚，证据确实、充分的定罪证明标准，综合全案证据可以排除合理怀疑，依法应当追究刑事责任的，应当作出起诉决定；二是《刑事诉讼法》第175条第4款规定"对于二次补充侦查的案件，人民检察院仍然认为证据不足，不符合起诉条件的，应当作出不起诉的决定"，相关司法解释也作出了类似规定。无罪推定是现代刑事司法的基本原则，由无罪推定延展而来的疑罪从无或"存疑有利于被告"，已成为一项基本的刑事诉讼证据原则，我国立法和司法解释也对这一原则作出确认。根据公诉案件证明被告人有罪的举证责任由人民检察院承担的法律规定，对于未达到证据确实、充分定罪证明标准的，不利的后果由人民检察院承担，应当作出"存疑有利于被告"的决定。然而，实践中在适用疑罪从无、"存疑有利于被告"时，存在"简单化""机械化"的倾向，特别是为了避免所谓的"诉讼风险"，导致该诉的案子不诉，影响了打击犯罪的效果。因此，在作出不起诉决定之前，应当穷尽补查补证手段，如果据以认定案件定罪基本事实的证据仍然存在无法排除的疑问，证据之间、证据与待证事实之间存在无法合理解释的矛盾，综合全案证据不能排除合理怀疑的，应当作出不起诉决定。

第六章 出庭指控犯罪

第一节 庭前准备

出庭公诉是公诉人代表国家依法指控犯罪、维护诉讼参与人合法权益、履行刑事审判监督职责的重要活动，是展示公诉人公正司法形象、开展法治宣传教育的重要阵地，也是检察机关接受社会监督、联系群众的重要窗口。提升公诉人出庭指控证实犯罪水平，确保出庭公诉质量，事关检察机关依法惩治犯罪、保障人权、维护稳定、促进公正的履职效果。加强出庭公诉工作，是适应全面深化改革和全面依法治国新形势，顺应深化诉讼制度改革，全面贯彻证据裁判原则，有效应对庭审实质化的必要要求；是贯彻落实修改后刑事诉讼法，充分发挥庭审功能作用，推进司法公开化、民主化，积极回应人民群众新期待的必然要求。庭前准备作为与出庭公诉紧密衔接的前序环节，该阶段工作准备是否充分，直接关系到公诉人在庭审中的出庭表现，进而影响指控犯罪的整体质量和效果。这就要求公诉人必须高度重视庭前准备工作，确保后续出庭指控工作高效顺畅。

一、庭前准备的内涵

庭前准备，一般是指刑事案件提起公诉后至法院正式开庭审理前，公诉人围绕即将到来的庭审所做的系列准备工作。庭审实质化背景下，庭前准备工作是否充分，直接关系到公诉人出庭公诉的质量和效果，尤其是对于重大、疑难、复杂案件，此类案件往往社会关注度高，且涉及事实认定、证据采信、法律适用等问题复杂多样，如果公诉人的庭前准备不够充分，对庭审中可能出现的新问题、新情况预判不足，将会在瞬息万变的庭审过程中难以应对甚至陷入被动。因此，公诉人必须牢固树立"不打无准备之仗"的观念，高度重视庭前准备工作，充分预判庭审中可能出现的情况，并把问题解决在庭前，确保出庭履职效果。

二、庭前准备的基本要求

高质量的庭前准备是出庭履职效果的基础和保障，理想状态的庭前准备工作所应达到的效果是无论庭审中出现何种情况，均未超出公诉人庭前准备的内容和范围。这就要求公诉人在进行庭前准备时应当遵循充分性、预判性和有效性原则。

所谓充分性，要求公诉人所进行的庭前准备工作要全面细致。公诉人要根据审查起诉阶段对案件事实及证据的审查情况，并结合以往出庭经验，把庭审过程预先在心中"预演"一遍，把整个庭审流程及法庭讯问、举证质证、法庭辩论等各环节可能出现的问题和情况考虑周全，避免因考虑不周存在疏漏而在庭审时陷入被动。

所谓预判性，要求公诉人所进行的庭前准备工作要有预见性。例如，对于适用认罪认罚程序提起公诉的案件，但犯罪嫌疑人在侦查阶段或审查起诉阶段，曾对其犯罪行为提出过辩解或者供述存在反复情形，则公诉人在进行庭前准备时就需要预判到被告人存在当庭翻供的可能性，在制作出庭预案时需考虑一旦被告人当庭不认罪应如何进行应对的问题。

所谓有效性，要求公诉人所进行的庭前准备工作在庭审中能够真正发挥应有的作用。庭前准备的目的是服务保障出庭指控犯罪工作顺利进行，如果公诉人虽然预判到了庭审中可能出现的问题，但对相关问题的应对方案准备不足、针对性不强，则在庭审过程中遇到相关问题时仍然难以作出有效应对，出庭指控犯罪的效果也必将大打折扣。

庭前准备的充分性、预判性、有效性三者相辅相成、互为补充，其中，充分性是基础，只有把庭审中可能出现的问题考虑全面准备充分才能做到"有备无患"；预判性是方法，只有对庭审情况作出精准有效地预判才能保证"有的放矢"；有效性是关键，只有在庭审中能够切实发挥作用才能实现庭前准备的目的。

三、庭前准备的主要内容

公诉人在庭审时担负着指控犯罪及全面举证的责任，因此针对法庭上可能遇到的各种情况，必须扎实、充分细致地做好开庭前的一系列准备工作。要做到对案件的犯罪事实，包括犯罪时间、目的、动机、地点、手段、结果等细节了如指掌，对于各种类型的有利于证明犯罪事实的直接证据和间接证据做到心中有数，对相关的法律条款及法律原则熟练掌握，并对案件中涉及的其他学科的知识做到了解、掌握，这样才能在整个出庭的过程中处变不惊，以不变应万变。公诉人在庭前准备阶段要注重做好以下工作：

（一）全面熟悉掌握案件事实和证据

案件事实和证据是法庭审理的核心，庭审实质化要求事实认定在法庭、证据采信在法庭，因此，公诉人全面掌握起诉指控的案件事实和证据，是确保出庭指控犯罪顺利进行的前提和基础，只有对全案事实和证据了然于胸，才能在法庭上从容应对。这就要求公诉人在开庭审理前，要结合审查起诉阶段对案件事实和证据的审查情况，系统梳理在案证据以及根据证据所认定的案件事实，特别是对于在审查起诉阶段对案件事实认定、证据采信等方面存有争议的案件以及涉案人员众多、重大疑难复杂的案件，要全面检视起诉指控的犯罪事实是否准确，据以定案的证据是否符合客观性、关联性、合法性要求，证据体系的构建是否科学完整，是否存在遗漏罪行、遗漏同案犯罪嫌疑人等情形。由于案件提起公诉后至法院开庭审理前存在一定时间间隔，为避免因时间原因导致记忆偏差，为确保庭前准备的质量，《人民检察院刑事诉讼规则》第397条第2款规定，"人民检察院基于出庭准备和庭审举证工作的需要，可以取回有关案卷材料和证据"。因此，公诉人在庭前准备阶段可以通过重新查阅卷宗材料或案件电子卷宗等方式对案件事实及证据进行进一步梳理和确认。同时，对于梳理审查过程中发现需要补充完善证据等情形的，要及时做好查漏补缺工作，第一时间向侦查机关反馈并要求补充完善，必要时可通过自行补充侦查等方式巩固完善证据体系，确保案件事实清楚，证据确实、充分。

（二）深入研究案件所涉法律政策问题

庭审中控辩双方既有事实证据之辨，也有法律适用之辨，其中，法律适用之辨既关系到罪与非罪、此罪与彼罪的认定，又关系到自首、立功等量刑情节的认定，是被告人、辩护人进行无罪或罪轻辩解、辩护的主要方向。公诉人出庭支持公诉的核心目的在于论证检察机关起诉指控的犯罪事实成立、适用的罪名正确、量刑建议适当，尤其是在法庭辩论阶段，公诉人需要结合案件事实、证据以及庭审情况，阐明案件应当适用的法律规定，并对定罪及从重、从轻、减轻处罚等提出明确意见。因此，公诉人在庭前准备阶段要针对案件涉及的法律适用问题做好充分准备。一方面要全面掌握法律规定的内容。通过对案件的审查、听取辩护方的意见，归纳案件中的法律适用争议，有针对性地查阅相关法律规定，其中既包括刑法及相关司法解释的规定，也包括其他法律以及行政法规、部门规章等的规定。比如在办理涉侵犯知识产权类犯罪案件中，不仅要掌握刑法、司法解释对此类案件如何适用法律所作的规定，还要掌握其他相关法律、行政法规、部门规章中对"专利""注册商标"等的规定。另一方面要准确理解和把握法律规定。公诉人在法庭上就法律适用问题发表意见时，不仅要说明援引的法律条文，还要结合案件事实分析论证法律适用的正当性，只有深入了解相关法律法规的出台背景、适用范围、立法原意，才能确保在法庭上的释法说理更准确、更全面、更有说服力。

除了对法律适用问题做好充分准备以外，公诉人还需要充分考量相关刑事政策对案件办理的影响。刑事政策是国家的刑事法律思想的外化形式，是以抑制和预防犯罪为根本宗旨，用于指导国家刑事立法，刑事司法和其他与之相关的社会活动的策略、方针和原则。以宽严相济刑事政策为例，公诉人要在全面、准确理解和把握的基础上，把宽严相济刑事政策贯彻落实到具体个案办理中，对初犯、偶犯、轻微犯罪以及再犯、累犯、严重暴力犯罪在处理上体现政策差异，真正做到"当宽则宽、当严则严、宽严相济、宽严有度"。在庭审中要善于运用相关刑事政策开展释法说理和法庭教育，促使被告人认罪悔罪，激发旁听人员共鸣，提升庭审指控犯罪的综合效能，实现案件办理政治效果、法律效果、社会效果的统一。

（三）充实审判中可能涉及的专业知识

随着经济社会高速发展，政治、经济、文化水平不断提高，刑事犯罪的手段、方式以及发案领域亦发生明显变化，主要表现为传统犯罪与新型犯罪相互交织，犯罪手段花样繁多且不断升级，各类新业态犯罪不断涌现，涉及相关专业领域犯罪逐渐增多。刑事犯罪态势的变化，在客观上对检察机关履职办案的专业化水平提出了更高的要求。

公诉人作为具有法律专业知识的司法工作人员，具有较为丰富的法律知识储备，能够对案件中的法律问题作出准确判断，然而实践中很多案件不仅涉及法律问题，还会涉及相关领域的专业知识。比如，故意伤害、故意杀人类犯罪案件往往会涉及法医、病理、痕迹检验等方面知识；经济类犯罪案件往往会涉及司法会计、金融、统计等方面知识；食药品及环境类犯罪案件往往会涉及药理、环境、营养学等方面知识；毒品类犯罪往往会涉及麻精药品、管制药品等方面知识；网络领域犯罪案件往往会涉及计算机、信息通讯等方面知识等。面对涉及相关领域专业知识的案件，如果公诉人在庭前对相关专业知识缺乏了解或准备不足，将会导致庭审中法庭讯问、举证质证等环节的专业性、针对性不强，对于辩护方就相关专业问题的质疑难以作出有效应对，出庭质量和效果必然受到影响。因此，公诉人在庭前要对案件中的相关专业问题做好充足的准备，不仅要注重平时积累，广泛涉猎日常办案中可能涉及的专业知识，而且要根据具体个案实际情况，通过有针对性地查阅相关专业书籍资料、咨询检察技术人员、有专门知识的人以及相关领域专家等方式，有效填补专业知识盲区，为出庭履职奠定基础。

（四）围绕起诉指控认真做好出庭预案

出庭预案，是公诉人在庭前围绕出庭支持公诉所制作的相关工作方案，一般意义上的出庭预案主要是制作"三纲一书"，也即讯问、询问提纲，举证质证提纲，辩论提纲和公诉意见书，对于重大复杂敏感案件，除需准备"三纲一书"以外，还要就庭审中可能出现的突发情况制作临庭处置预案等。详尽周全的出庭预案，能够为公诉人在庭审中进行法庭讯问、举证质证、发表公诉意见、开展法庭辩论等提供有力支撑，有效提升出庭指控犯罪的效果和对庭审突发情况的应对能力，其重要性不言而喻。

下面重点围绕讯问、询问提纲、举证质证提纲、公诉意见书及辩论提纲的制作展开论述。

1. 讯问、询问提纲的制作

（1）讯问提纲的制作。公诉人在庭前制作有针对性的讯问提纲，能够有效提升庭审讯问的质量和效果，从而巩固强化被告人庭前有罪供述或者对被告人当庭不实供述予以充分揭露。公诉人要结合案件事实和证据以及案件争议焦点问题，充分考量被告人的认罪态度以及在侦查阶段、审查起诉阶段供述情况，有针对性地制作讯问提纲。其中，对于被告人有罪供述持续稳定的案件，讯问提纲的准备重点应放在核实确认被告人庭前供述的真实性、合法性、自愿性上，为提高庭审效率，发问问题可适当简化概括而不必面面俱到；对于被告人庭前供述存在反复或者当庭可能翻供的案件，讯问提纲的准备重点应放在揭示被告人不实供述与案件事实证据之间存在的矛盾，揭露其当庭翻供理由不合理、不成立，进而确认、强调其庭前有罪供述的真实性、合法性；对于被告人"零口供"的案件，此类案件的被告人在侦查、审查起诉阶段均未能作有罪供述，反映出其主观对抗心理十分顽固，公诉人通过当庭讯问而扭转其认罪态度并当庭作出有罪供述的可能性微乎其微，对于此类案件，讯问提纲的准备重点应放在被告人承认且能够从侧面印证起诉指控的事实上，在问题设置上尽量以"封闭式"发问为主，同时注重找准被告人辩解的矛盾点进行诘问，以展示被告人拒不认罪的态度。

（2）询问提纲的制作。根据刑事诉讼法及相关司法解释规定，法庭询问的对象主要包括被害人、证人、鉴定人、有专门知识的人、侦查人员。随着庭审实质化要求不断提高，证人、鉴定人、有专门知识的人、侦查人员出庭作证越来越普遍。对于拟出庭作证的人员，公诉人在庭前要有针对性地制作询问提纲，在问题设置上要重点围绕与定罪量刑紧密相关的事实以及陈述、证言、鉴定意见、审查意见中有遗漏、矛盾、模糊不清和有争议的内容展开，同时也要考虑被询问对象的身份、与案件的关联程度、所证实内容在案件证据体系中的地位和作用等情况。例如，对于证人应重点围绕证人的认知能力、与当事人的关系、如何知晓案件事实、有无受到干扰影响等方面制作询问提纲；对于鉴定人应重点围绕鉴定人及鉴定机构的资质、鉴定结论形成的过程、鉴定结论是否可靠等方面制作询问提纲，同时由于鉴定意见往往涉及相关专业问题，公诉人还要注意对鉴定所涉相关专业知识进行储备，以免所问问题空洞乏力、有失水准，甚至因不了解专业知识而导致发问问题出现低级错误。

2. 举证质证提纲的制作

公诉人出庭支持公诉的核心目的在于论证起诉指控的犯罪事实成立，而证据作为认定案件事实的基础，在庭审中的作用不言而喻。事实的认定是以证据为基础的，这就要求公诉人在法庭上要全面展示证据并对辩护方对证据提出的质疑发表质证意见。举证质证提纲的制作过程，也是公诉人对全案证据进行再次熟悉和掌握的过程。公诉人在制作举证质证提纲时，应注意把握以下方面：一是要对全案证据进行合理归类，注重根据不同证据种类、证据在全案证据体系中的地位和作用以及对案件事实的证明作用等情况，对在案证据进行优化配置、排列组合，以达到最优证明效果，切忌机械按照证据种类进行举证，当然这也考验了公诉人对案件事实的把握能力，对证据的归纳梳理能力。二是尽量采用直观、通俗的方式来表达证据的内容，举证的目的不仅要能够通过展示证据以证明起诉书指控的事实，还要让合议庭、庭审参与人员、旁听群众能够理解从证据到事实的证明过程。三是注意举证质证阶段发表质证意见，虽带有一定辩论色彩，但仍与法庭辩论阶段的辩论不同，本阶段的质证意见应重点围绕证据本身的客观性、关联性、合法性进行，对于涉及事实认定、法律适用层面的问题，可以向法庭作简要说明，待法庭辩论环节再予以详细答辩。

3. 公诉意见书的制作

当前，检察机关出庭公诉的形势任务、舆论环境和具体要求发生深刻变化，刑事案件出庭活动逐渐进入"深水区"。因此，一份优秀的公诉意见书不仅是国家公诉人理论造诣、实践经验、法律智慧的评价载体，更是"提高刑事指控能力和构建刑事指控体系的重要方面"。[①] 最高人民检察院《关于加强出庭公诉工作的意见》指出，公诉人要善于围绕控辩双方在事实、证据、法律适用方面和量刑方面的分歧焦点，运用事实证据、法律规定和刑事政策，客观公正地发表公诉意见。

公诉意见书虽与起诉书制作要求的内容准确、形式规范不同，但要求严谨规范且通俗易懂、内涵紧缩且外延宽广、逻辑严密且细致入微、理性智慧且动情入理。这就要求公诉人在制作公诉意见书时，要注意除充分阐明案件事实认定及法律适用以外，还要求从指控犯罪、释法说理、社会问题剖析、量刑建议、庭审效果等诸多方面对案件做更细腻、更全面、更深刻的剖析和解读。需要对全案证据进行认真细致的梳理，根据庭审情况以及审查起诉的思路，将关键证据、争议证据提炼出来，依据证据规则以及社会经验，结合其他关联事实，对证据的充分性程度进行综合分析，进而得出事实清楚，证据确实、充分的结论。从法律认定的角度，不能仅仅停留在正确引用法律条文，更在于通过法律逻辑分析，将指控罪名进行构成要件方面的拆解，将相关事实置于各个要件中加以评判，从而推导出被告人所实施的行为符合起诉书所指控罪名的构成要件，应当以刑法的某项条文定罪处罚的结论。从释法说理的角度，公诉人首先需要对被告人的行为做社会价值层面的判断，对案件中呈现出的方方面面事实和信息进行过滤，从而确定对于开展法治宣传教育有价值的证据和信息。实践经验看，要做好这方面工作，公诉人需要立足于更高站位，跳出案件本身对被告人的行为进行审视。同时，为了使这方面的内容更具有说服力和感染力，公诉人的关注点不应仅限于案件事实和证据，还需要围绕法治教育的主题对案件各种信息进行分析，提炼有价值的信息作为法治教育的佐证材料或主

---

① 李勇：《围绕事实证据与法律适用，把握公诉意见书撰写要点》，载《检察日报》2023 年 7 月 26 日。

要依据。从综合治理的角度，需要公诉人拓宽视野，综合分析被告人的犯罪原因及客观条件性因素，找出社会管理方面存在的不足，有针对性地提出完善社会管理方面的建议。基于对公诉意见书内容的广泛性以及所承载功能的丰富性，公诉人在制作文书时需要对案件各方面的综合因素进行全面考量，从案件定罪角度，需要考量案件的事实、证据、法律规定、法学理论；从庭审辩论角度，则需要考量辩论技巧、逻辑；从法治宣传和教育的角度，需要关注社会情感、朴素正义观念、社会价值等各方面。

4. 辩论提纲的制作

辩论提纲，是公诉人针对被告人可能提出的辩解以及辩护人可能提出的辩护意见而在庭前拟定的应对提纲。拟定辩论提纲，是确保占据法庭辩论先机的重要基础。① 为提升辩论提纲的针对性和有效性，公诉人在庭前拟制辩论提纲时应注意以下几点：一是要全面掌握各方意见，对于在事实认定、法律适用等方面存在较大争议的案件，公诉人在庭前要认真听取辩护人意见，并围绕辩护意见有针对性地制定辩论提纲，必要时可与承办案件的审判人员进行沟通，关注辩护人向法庭传递的信息，结合被告人在审查起诉阶段是否认罪及具体认罪的状况，研究辩护人可能采取的辩护策略和重点，积极做好应对工作。二是深入研究探析法理，特别是对于新类型、新罪名案件，为确保取得良好庭审效果，公诉人在庭前应就个案涉及的相关法律问题作深入细致地研究，从立法原意出发，借鉴国内外判例，夯实案件的理论和实践基础，为庭审应变作充分的准备。三是及时补充专业知识。刑事案件的处理往往会不同程度地涉及一些专业知识，这也是部分辩护人进行辩护的重点方向之一，公诉人要力争迅速有效掌握案件所涉专业知识，全面客观评价案件事实，进而确保法庭辩论的质量。

（五）对可能出现证据合法性争议的，拟定证明证据合法性的提纲并准备相关材料

证据合法性问题，直接关系到证据是否具有证据能力和证据资格。随着证据裁判原则、非法证据排除规则等逐步确立和完善，出庭公诉环节对证据的审查出示和证明的要求越来越高。实践中，证据合法性越来越成为庭审争议的焦点，法庭启动非法证据排除调查程序越来越常见，瑕疵证据

---

① 参见史卫忠、张晓津主编：《国家公诉人出庭指南》（修订版），法律出版社 2023 年版，第 37 页。

也往往成为辩护重点，在庭审中被放大而冲击指控证据体系。

《人民检察院刑事诉讼规则》第 393 条规定："人民检察院在开庭审理前收到人民法院或者被告人及其辩护人、被害人、证人等送交的反映证据系非法取得的书面材料的，应当进行审查。对于审查逮捕、审查起诉期间已经提出并经查证不存在非法取证行为的，应当通知人民法院、有关当事人和辩护人，并按照查证的情况做好庭审准备。对于新的材料或者线索，可以要求监察机关、公安机关对证据收集的合法性进行说明或者提供相关证明材料。"这就要求公诉人在庭审前要特别注重对证据合法性的审查，确保指控所依据证据的合法性。

一方面，在审查逮捕、审查起诉阶段要强化对证据合法性的审查力度，严格按照《刑事诉讼法》《人民检察院刑事诉讼规则》《最高人民法院关于适用〈中华人民共和国刑事诉讼法〉的解释》、最高人民法院、最高人民检察院、公安部、国家安全部、司法部《关于办理刑事案件排除非法证据若干问题的规定》、最高人民法院、最高人民检察院、公安部、国家安全部、司法部《办理刑事案件排除非法证据规程》等法律、司法解释中关于非法证据审查判断标准，围绕取证主体、取证程序、证据形式等方面，对全案证据进行认真细致地审查，对于经审查确认系非法证据的，要严格依法予以排除，不得作为批准逮捕、提起公诉的依据；对于经审查认定为瑕疵证据的，应当及时要求侦查机关予以补正或做出合理解释，不能补正或做出合理解释的，要严格依法予以排除，坚决杜绝证据"带病"进入下一诉讼环节。

另一方面，在案件提起公诉后开庭审理前，公诉人收到人民法院或者被告人及其辩护人、被害人、证人等送交的反映证据系非法取得的书面材料的，要第一时间开展审查，并区分不同情形做出相应处理：其中，对于经审查发现存在《刑事诉讼法》第 56 条规定的非法取证行为的，应当在开庭前予以排除并通知人民法院、有关当事人和辩护人。对于经审查发现侦查机关收集物证、书证不符合法定程序，可能严重影响司法公正的，应当及时要求侦查机关予以补正或做出合理解释，能够补正或做出合理解释的，公诉人应当就侦查机关的补正、解释情况通知人民法院、有关当事人和辩护人；不能补正或做出合理解释的，对相关证据应当予以排除。对于在审查逮捕、审查起诉期间已经提出并经查证不存在非法取证行为的，公诉人应当通知人民法院、有关当事人和辩护人，并按照查证的情况做好庭审准备。

关于证据合法性问题的调查核实方法，《人民检察院刑事诉讼规则》第 551 条第 2 款已做出规定，主要包括"（一）讯问、询问犯罪嫌疑人；（二）询问证人、被害人或者其他诉讼参与人；（三）询问办案人员；（四）询问在场人员或者其他可能知情的人员；（五）听取申诉人或者控告人的意见；（六）听取辩护人、值班律师意见；（七）调取、查询、复制相关登记表册、法律文书、体检记录及案卷材料等；（八）调取讯问笔录、询问笔录及相关录音、录像或其他视听资料；（九）进行伤情、病情检查或者鉴定；（十）其他调查核实方式"。在具体运用时，公诉人可根据案件实际情况及涉及的证据合法性问题类型合理选择相应方式。调查核实结束后，公诉人应当根据调查情况制作调查报告，并将调查核实过程中收集固定的证实证据收集合法性的材料进行梳理汇总，拟定证明证据合法性的提纲，做好庭审应对准备工作。

（六）需要对出庭证人等进行保护的，应向人民法院提出建议或者配合工作并做好相关准备

庭审实质化背景下的法庭审理，对直接言词原则的要求越来越高，相应地，证人、鉴定人等出庭对于查明案件事实、解决争议焦点亦发挥了越来越重要的作用。司法实践中，虽然证人、鉴定人等出庭情况呈增长趋势，但相较于刑事案件总量而言仍占比较低，其中一个重要原因系证人、鉴定人因担心出庭作证会导致其本人或家人的安全受到影响而不愿出庭作证。

关于证人、鉴定人等的作证保护，《人民检察院刑事诉讼规则》第 79 条第 1 款规定："人民检察院在办理危害国家安全犯罪、恐怖活动犯罪、黑社会性质的组织犯罪、毒品犯罪等案件过程中，证人、鉴定人、被害人因在诉讼中作证，本人或者其近亲属人身安全面临危险，向人民检察院请求保护的，人民检察院应当受理并及时进行审查。对于确实存在人身安全危险的，应当立即采取必要的保护措施。人民检察院发现存在上述情形的，应当主动采取保护措施。"该条第 2 款分别规定了检察机关对证人、鉴定人作证保护的具体措施，主要包括："（一）不公开真实姓名、住址和工作单位等个人信息；（二）建议法庭采取不暴露外貌、真实声音等出庭作证措施；（三）禁止特定的人员接触证人、鉴定人、被害人及其近亲属；（四）对人身和住宅采取专门性保护措施；（五）其他必要的保护措施。"

同时规定"人民检察院依法决定不公开证人、鉴定人、被害人的真实姓名、住址和工作单位等个人信息的；可以在起诉书、询问笔录等法律文书、证据材料中使用化名。但是应当另行书面说明使用化名的情况并标明密级，单独成卷。人民检察院依法采取保护措施，可以要求有关单位和个人予以配合。对证人及其近亲属进行威胁、侮辱、殴打或者打击报复，构成犯罪或者应当给予治安管理处罚的，人民检察院应当移送公安机关处理；情节轻微的，予以批评教育、训诫"。

根据上述规定，对于特定类型案件公诉人需要在庭前就出庭证人、鉴定人等的保护工作做好充分准备，采取必要措施保护好出庭证人、鉴定人本人及其近亲属的人身安全，并做好与法院、公安机关等的沟通对接，打消证人、鉴定人出庭作证心理顾虑，确保庭审工作顺利进行。此外，证人、鉴定人等往往缺乏出庭经验，可能会由于对庭审程序、法庭纪律等事项不熟悉，或者由于过度紧张等而影响当庭作证的效果。对此，对于申请关键证人、被害人、鉴定人、侦查人员出庭作证的，公诉人要在庭前与出庭人员做好充分沟通，介绍庭审程序、法庭纪律和有关法律知识，并进行必要的心理疏导，确保出庭人员能够客观如实向法庭作出陈述，从而保证出庭作证顺利和良好庭审效果。

（七）有效运用庭前会议解决争议问题

庭前会议是指庭审之前审判人员召集公诉人、当事人及辩护人、诉讼代理人等，就回避、出庭证人名单、非法证据排除等与审判相关问题以会议形式了解情况、听取各方意见的诉讼制度。《最高人民法院关于适用〈中华人民共和国刑事诉讼法〉的解释》第226条规定："案件具有下列情形之一的，人民法院可以决定召开庭前会议：（一）证据材料较多、案情重大复杂的；（二）控辩双方对事实、证据存在较大争议的；（三）社会影响重大的；（四）需要召开庭前会议的其他情形。"同时，该解释第227条规定了庭前会议的召开方式："控辩双方可以申请人民法院召开庭前会议，提出申请应当说明理由。人民法院经审查认为有必要的，应当召开庭前会议；决定不召开的，应当告知申请人。"

根据上述规定，庭前会议并非是庭审必经程序，而是主要适用于证据材料较多、案情重大复杂，控辩双方对事实、证据存在较大争议，以及具有重大社会影响的案件。关于庭前会议的召开方式，既可以由控辩双方申请召开，也可以由人民法院根据案件的必要性决定召开。

此外，《最高人民法院关于适用〈中华人民共和国刑事诉讼法〉的解释》第 228 条还对庭前会议所要解决的问题做出规定："庭前会议可以就下列事项向控辩双方了解情况，听取意见：（一）是否对案件管辖有异议；（二）是否申请有关人员回避；（三）是否申请不公开审理；（四）是否申请排除非法证据；（五）是否提供新的证据材料；（六）是否申请重新鉴定或者勘验；（七）是否申请收集、调取证明被告人无罪或者罪轻的证据材料；（八）是否申请证人、鉴定人、有专门知识的人、调查人员、侦查人员或者其他人员出庭，是否对出庭人员名单有异议；（九）是否对涉案财物的权属情况和人民检察院的处理建议有异议；（十）与审判相关的其他问题。庭前会议中，人民法院可以开展附带民事调解。"

由此可知，庭前会议的目的及功能是将部分程序性问题在开庭前予以解决，具体而言主要包括以下功能：一是解决案件管辖、回避、不公开审理等审判机关、审判人员是否能够审理本案以及具体审理方式的问题；二是解决非法证据排除问题；三是解决提供新的证据材料、申请重新鉴定或者勘验、申请证人、鉴定人、有专门知识的人、调查人员、侦查人员或者其他人员出庭等需要在庭前提出，否则将会导致庭审中断的问题。

关于庭前会议中公诉人的职责，根据《人民检察院刑事诉讼规则》第 395 条规定："在庭前会议中，公诉人可以对案件管辖、回避、出庭证人、鉴定人、有专门知识的人的名单、辩护人提供的无罪证据、非法证据排除、不公开审理、延期审理、适用简易程序或者速裁程序、庭审方案等与审判相关的问题提出和交换意见，了解辩护人收集的证据等情况。对辩护人收集的证据有异议的，应当提出，并简要说明理由。公诉人通过参加庭前会议，了解案件事实、证据和法律适用的争议和不同意见，解决有关程序问题，为参加法庭审理做好准备。"

按照上述规定，公诉人在庭前会议中主要有以下职责：一是通过参加庭前会议，了解案件情况，了解需要召开庭前会议提请解决的案件管辖、回避、庭审方案和出庭证人、鉴定人、有专门知识的人、侦查人员的名单等与审判相关的问题，为参加法庭审理做好准备。注意了解辩护人收集证据的情况，明确诉辩焦点，有针对性地交换意见和向法庭阐明观点。二是辩方提出排除非法证据申请，且人民法院认为可能存在非法证据的，人民检察院应当对证据收集的合法性进行说明。需要调查核实的应在开庭审理前进行。公诉人应当重视辩护人提出的非法证据排除意见，正确区分非法证据与瑕疵证据，能够在庭前会议环节解决的非法证据问题力争解决。三是庭前会议结束后公诉人应注意查漏补缺，充分利用会议中获取的事实、证据信息和辩护意见，做好证据补强、程序安排和庭审预案的调整完善等工作。对辩护律师提出的执业权利受侵犯的情况，要积极查证并监督纠正。

第二节　讯问和询问

法庭讯问是全面展现被告人犯罪事实及认罪态度的庭审环节，公诉人通过开展高质量的法庭讯问，既能有效固定被告人的有罪供述，又能充分揭露被告人的虚假供述或无理辩解，对于提升出庭指控效果具有十分重要的作用。而随着庭审实质化改革持续推进，证人、鉴定人等出庭作证的比率逐步提高，公诉人通过当庭询问证人、鉴定人等出庭人员，能够有效解决询问笔录、鉴定意见等书面证据材料中可能存在的遗漏、矛盾、模糊不清等问题，有利于法庭更加全面准确查明案件事实，确保指控犯罪的证据体系更加健全完备。

一、法庭讯问

(一) 法庭讯问概述

法庭讯问，是指在法庭审理过程中，由公诉人、法官或者辩护人向被告人就起诉书指控的犯罪事实和相关活动进行发问，以及被告人对发问内容作出回答的过程。公诉人开展法庭讯问的目的是通过讯问全面揭示被告人的犯罪行为，有效固定被告人的有罪供述，充分揭露被告人的虚假供述或无理辩解，全面展示被告人的认罪悔罪态度。法庭讯问既是法庭调查的首要环节，也是公诉人与被告人及其辩护人法庭上的第一次"交锋"，因此，法庭讯问的质量和效果直接关系到后续庭审环节的指控效果，高质量的法庭讯问对于提升出庭指控效果具有十分重要的作用。

(二) 法庭讯问的工作要求

庭审讯问与审查起诉阶段的讯问有所不同，审查起诉阶段讯问犯罪嫌疑人是以查明事实真相为目标，而庭审讯问虽有查明事实的功能，但另一目的则是"明知故问"，通过有针对性有步骤的讯问，向法庭以及旁听群众揭示被告人的主观故意、犯罪行为、认罪态度等。庭审讯问要充分考虑被告人在审查起诉阶段的供述情况，在庭前制作讯问提纲时就要区分不同情形做好准备。其中，对于犯罪嫌疑人在审查起诉阶段全面翻供，甚至提出非法证据排除申请的，承办检察官在审查起诉阶段的讯问必须足够细致、足够全面，让犯罪嫌疑人自行供述尽可能多的细节，以查明是否存在非法证据、是否需要排除，排除之后在案其他证据是否能够达到证明标准。如果查清犯罪嫌疑人的翻供并不成立、排非申请并不成立、所谓刑讯逼供或被威胁引诱等信息也都是虚假的，那么在庭审讯问阶段公诉人则没有必要像审查起诉阶段讯问时那样任由被告人发挥，因为被告人及其辩护人在庭审中自然会陈述其排非理由，公诉人也没有必要就犯罪事实详细展开讯问，因为被告人已经翻供。在法庭讯问时只需简单向法庭揭示被告人翻供、请法庭注意其认罪态度，关于被告人的翻供理由并不成立可在非法证据调查程序或者庭审示证环节或者答辩环节予以分析。对于被告人"零口供"的案件，公诉人要根据审查起诉阶段讯问以及阅卷等了解的被告人类型制定相应的方案。针对主动对抗、反侦查能力强，表达煽动能力强的被告人，在审查阶段就要充分了解被告人的各项辩解。通过调查分析得出被告人辩解理由均不成立的结论之后，在庭审时再通过讯问逐一展示被告人的辩解理由，同时为后续举证质证埋下伏笔，待到举证质证阶段再通过全面展示证据揭露被告人辩解的不合理之处。针对虽不善言辞但情绪容易失控、对抗情绪强烈的被告人，公诉人在进行法庭讯问时要注意方式方法，问题设置不必过于纠缠细枝末节，讯问语气保持平和理性，避免被告人受刺激后情绪失控而出现自伤、自残、闹庭等影响庭审顺利进行的情况。

(三) 法庭讯问的基本原则

公诉人开展法庭讯问，要紧紧围绕巩固证据体系这一目标进行，合理选择运用解释性讯问、追问等方式，做到层次分明、重点突出、有的放矢。讯问被告人应把握主动，从容应对，确保当庭指控犯罪全面、准确、有力。对被告人的合理辩解认真对待，对被告人当庭不实供述予以揭露，对庭前的有罪供述予以固定。一般而言，公诉人开展法庭讯问应当遵循以下原则：

1. 针对性强

公诉人在讯问被告人时，应当根据案件的具体情况以及被告人的知识结构、认罪态度等情况，有针对性地设计讯问方案。对于不认罪的被告人，应重点讯问其辩解的理由和依据，对于认罪的被告人，则应侧重于通过讯问确认其有罪供述的完整性和真实性。

2. 过程连贯

法庭讯问应当是一个连贯的过程，避免过多的思考和停顿。公诉人在讯问过程中应当保持思路清晰，确保发问的问题紧密相连，有助于被告人全面、准确地陈述事实。

3. 内容完整

讯问的内容应当涵盖所有必要的犯罪事实，包括犯罪的起因、时间、地点、作案方式、后果以及与定罪量刑相关的情节和细节。此外，还应包括被告人的个人身份情况、犯罪动机、目的以及犯罪后的行为表现等可能影响量刑的因素。

4. 繁简有度

公诉人在讯问时应注意语言的简洁性和明了性，避免过多使用复杂或专业的词汇，确保被告人能够理解公诉人发问的问题并准确作出回答。同时，也要注意避免发问问题冗长繁杂和重复性讯问，确保讯问的效率和质量。

5. 依法文明

公诉人在讯问过程中必须严格遵守法律法规，尊重被告人的诉讼权利，服从审判长的主持和指挥，不得采取威胁、引诱等方式进行讯问或者进行诱导性发问。此外，公诉人在讯问过程中还要注意使用文明用语，树立良好的公诉人形象。

6. 目的明确

法庭讯问的最终目的是解决案件的事实争议，确保被告人的犯罪事实得到充分的展示和审查。因此，公诉人在讯问前应当明确讯问目的和讯问重点，确保讯问活动有序、高效地进行。

（四）法庭讯问的主要方法

公诉人当庭对被告人的讯问不同于审查起诉阶段的讯问，庭审讯问时间短，讯问的方式和要达到的目的也与审查起诉阶段的讯问不相同。在出庭公诉的刑事案件中，每一起案件的案情不同，犯罪构成的要件不同，每一名被告人的素质不同、心理状态也不相同。而且在庭审调查中，情况总是千变万化，很多情况都是庭前无法预料的。因此，公诉人庭审讯问被告人除需按照讯问的基本规律，结合掌握的证据和依据预测的辩论要点确定讯问的重点内容以外，还必须结合不同案情、不同要求、不同对象和不同内容，选择适当的讯问方法，在庭审有限的时间内确认固定被告人的犯罪事实。

1. 直接讯问与间接讯问相结合的方法

对于认罪态度较好、对指控的犯罪事实无异议的被告人，可以选择直接讯问的方法，即由公诉人直接提出问题，发问重点应侧重对被告人供述中不够具体、全面的内容进行讯问，从而查清犯罪的目的、动机、时间、地点、手段、方式、参与犯罪的人员、造成的后果、犯罪后的表现、赃款赃物及作案工具的数量、特征、来源、去向以及在共同犯罪中各被告人所处的地位和所起的作用等与定罪量刑有关的情况。采取此种讯问方法时，一句问话应只包含一个问题，使被告人把思路集中在公诉人所提出的问题上，否则将造成被告人不知所措，无所适从，回答的针对性不强。对于案情重大疑难复杂，被告人拒不供认或当庭翻供，或因害怕承担刑事责任而对公诉人的讯问心存戒备时，公诉人可以选择间接讯问方法，公诉人的发问内容可以不直接触及所要问的问题而要措词婉转，使被告人在心理毫无防备的情况下，供述出犯罪行为的客观真相及罪过状态。在庭审讯问中，不论采取直接讯问方法，还是采取间接讯问方法，公诉人都要善于及时捕捉被告人在回答问题过程中瞬间或阶段的心理变化，灵活调整讯问方式，以确保达到预期目的，在有限的时间内有力驳斥被告人，始终掌握庭审讯问的主动权。

2. 合理安排讯问被告人的顺序

对于有多名被告人且各被告人有不同认罪态度的案件，公诉人可以合理确定讯问被告人的顺序。一般而言，先讯问认罪态度较好的被告人，使其发挥证实犯罪的作用，在庭审初期尽早固定该被告人的供述，使合议庭对本案的情况、各被告人在犯罪中的地位、作用有初步认识，同时对其他被告人的供述起到印证效果。对多名被告人之间互相推诿的案件可以打破常规，先讯问认罪态度不好的被告人，通过被告人之间的不同供述来否认其中不认罪被告人的虚假辩解，然后结合其他证据证实各被告人的犯罪事实。

3. 在讯问过程中适当展示证据

关于法庭讯问环节的证据运用问题，有观点认为法庭讯问与举证、质证属不同环节，公诉人在开展法庭讯问时不能出示证据。我们认为，法庭讯问是对被告人供述通过当庭问答的方式进行示证的过程，目的在于解决证据是否客观真实以及是否具有证明力等问题，与举证、质证前后呼应且具有目的一致性，特定情况下公诉人通过适当展示运用证据，特别是被告人当庭供述与在案其他证据证实内容存在实质性矛盾时，公诉人通过适时展示在案其他证据，能够有力驳斥被告人的当庭不实供述和不合理辩解，进而提升法庭讯问的效果，故公诉人可以结合证据有针对性地对被告人进行讯问。

4. 被告人拒绝回答公诉人讯问时的应对

庭审中对于被告人拒绝回答公诉人讯问或者对公诉人发问的某一问题拒绝回答时，公诉人不应紧接着进行下一轮发问，而是要及时提请法庭注意，向法庭说明公诉人发问内容与案件事实的关联性，被告人在这其中所起的作用是什么，进而阐明被告人之所以不愿回答，其用意是回避本人所参与事实和在其中起的作用，从而引导合议庭形成正确的内心确信。如果该问题原先被告人做过供述，可以就供述的内容扼要予以说明，并说明公诉人在后续举证质证环节将会宣读被告人庭前所作的相关供述笔录。

5. 被告人当庭翻供的应对

被告人在庭上推翻庭前有罪供述时，公诉人要保持沉着、冷静、稳定的心理状态，要善于采取有效策略迅速作出应对。如果被告人全部或部分否认起诉书指控的犯罪事实，公诉人要先仔细听取其辩解的根据和理由，然后抓住其中的矛盾和漏洞，围绕犯罪构成的要件进行讯问，适时宣读以前的供述和出示相关证据，必要时请有关证人出庭作证。需要注意的是，被告人当庭翻供或否认罪行，公诉人一般在开庭前就已掌握相关迹象，只要庭前准备充分，其他证据形成链条，在面对被告人当庭翻供时的应对就会更加从容。

6. 辩护人不当发问时的应对

辩护人向被告人作不当发问时，公诉人应当及时向法庭提出制止，消除可能带来的不良影响。公诉人应先引用被告人在回答该问题时所作的真实供述，强调被告人在辩护人不当诱导下所作不实供述是无效的，与其先前供述互相矛盾，并简要说明其他证据可以印证其原先供述的真实性，公诉人将在以后举证阶段再向法庭出示。

二、法庭询问

随着庭审实质化改革持续推进，证人、鉴定人、侦查人员等出庭作证的比率逐步提高，公诉人通过当庭询问证人、鉴定人、侦查人员等出庭人员，能够有效解决询问笔录、鉴定意见等书面证据材料以及侦查取证过程中可能存在的遗漏、矛盾、模糊不清等问题，有利于法庭更加全面准确查明案件事实，确保指控犯罪的证据体系更加健全完备。

（一）法庭询问的对象

《刑事诉讼法》第192条规定："公诉人、当事人或者辩护人、诉讼代理人对证人证言有异议，且该证人证言对案件定罪量刑有重大影响，人民法院认为证人有必要出庭作证的，证人应当出庭作证。人民警察就其执行职务时目击的犯罪情况作为证人出庭作证，适用前款规定。公诉人、当事人或者辩护人、诉讼代理人对鉴定意见有异议，人民法院认为鉴定人有必要出庭的，鉴定人应当出庭作证。经人民法院通知，鉴定人拒不出庭作证的，鉴定意见不得作为定案的根据。"《最高人民法院关于适用〈中华人民共和国刑事诉讼法〉的解释》第244条规定："经审判长准许，控辩双方可以向被害人、附带民事诉讼原告人发问。"第246条第1款规定："公诉人可以提请法庭通知证人、鉴定人、有专门知识的人、调查人员、侦查人员或者其他人员出庭，或者出示证据。被害人及其法定代理人、诉讼代理人，附带民事诉讼原告人及其诉讼代理人也可以提出申请。"《人民检察院刑事诉讼规则》第404条规定："公诉人对证人证言有异议，且该证人证言对案件定罪量刑有重大影响的，可以申请人民法院通知证人出庭作证。人民警察就其执行职务时目击的犯罪情况作为证人出庭作证，适用前款规定。公诉人对鉴定意见有异议的，可以申请人民法院通知鉴定人出庭作证。"根据上述法律及司法解释规定，法庭询问的对象主要包括被害人、证人、鉴定人、侦查人员、调查人员等。

（二）法庭询问的基本原则

公诉人询问出庭作证的证人等，可以要求被询问人连贯陈述，也可以直接发问。发问内容应当简洁清楚，重点围绕与定罪量刑紧密相关的事实以及证言中有遗漏、矛盾、模糊不清和有争议的内容进行。当事人及其辩护人、诉讼代理人发问完毕后，公诉人可以根据回答情况向法庭申请再次发问。发现辩护人对证人、鉴定人等有提示性、诱导性发问的，公诉人要

及时提请合议庭予以制止。一般而言,公诉人开展法庭询问应当遵循以下原则:

1. 依法文明

公诉人开展法庭询问时,必须严格遵守庭审规则,服从审判长的主持和指挥,按顺序发问,严禁采取威胁、引诱、欺骗等方式进行发问。

2. 目的明确

公诉人进行法庭询问,应当紧紧围绕询问的目的进行,明确每次发问所要解决的问题,并尽可能采用最有利于实现询问目的的方式发问,对于与指控事实无关或者指向不明的问题,应当尽量不发问或者少发问。

3. 遵守规则

对于辩方采用诱导、推测等不正当方式发问的,公诉人应当及时提出反对意见。同时,公诉人在发问时也要注意避免采用上述方法,在对被询问人回答内容进行总结归纳时,要客观全面准确,不得夹杂主观臆测内容以及超出被询问人回答范围的内容。

(三)法庭询问的主要方法

正如前文所述,法庭询问的对象主要包括被害人、证人、鉴定人、侦查人员等,上述人员在主体身份、在案件中的地位作用、所证实内容与案件事实的关联程度等方面各不相同,这也决定了公诉人在进行法庭询问时,要根据不同的询问对象,合理选择不同的询问方式和策略。同时,对于申请关键证人、被害人、鉴定人、侦查人员出庭作证的,公诉人要在庭前做好与出庭人员的充分沟通,向出庭人员介绍庭审程序、法庭纪律和有关法律知识,并进行必要的心理疏导,确保出庭作证顺利和良好的庭审效果。

1. 对被害人的询问

被害人作为受到犯罪行为直接侵害的对象,在刑事诉讼中兼有当事人和证人的双重角色,因被害人对案件事实的感知相较于证人等更加直观,其陈述对于被告人的定罪量刑具有非常重要且直接的影响。同时,由于被害人与被告人往往具有特定关系甚至亲属关系,基于仇恨、报复、畏惧、亲情等复杂心理,其陈述又具有主观性和不稳定性等特点。因此,公诉人在当庭询问时要充分考量被害人陈述的上述特点,重点围绕被害人与被告人的关系、受到犯罪行为侵害过程中被告人的行为表现、被告人作案的具体细节、犯罪行为给被害人造成的损害后果、犯罪行为与损害后果之间的因果关系、是否具有谅解意愿等方面进行。此外，公诉人对被害人发问时，要考虑被害人的心理感受和权益保障，注意语言规范适当、态度理性平和，避免使用过激言语致使被害人产生抵触心理甚至给被害人造成"二次伤害"。

2. 对证人的询问

公诉人当庭询问证人，要根据证人对于案件事实的知悉程度以及与案件当事人的关系等情况，突出询问重点，重点围绕与定罪量刑紧密相关的事实以及证言中有遗漏、矛盾、模糊不清和有争议的内容进行。要明确出庭证人在案件事实中证明的关键点是什么，并围绕这一关键点展开提问。发问问题要明确具体，语言尽量做到简洁、清晰、明了，使证人在明确知晓公诉人发问内容的前提下作出有效回答。此外，公诉人申请证人出庭的目的旨在通过当庭询问解决案件证据中存在的矛盾和疑问，进而强化巩固指控证据体系，因此公诉人对于证人的发问可尽量选择开放式的语言发问，让证人从容不迫地陈述其所知晓的全部案件事实，通过开放式的问答方式，最大限度地还原案件事实真相。需要强调的是，公诉人在询问证人时不能使用明显诱导性的语言进行发问，对于证人采取猜测性、评论性、推断性语言作证的，公诉人应当提醒其客观表述所知悉的案件事实，确保证人当庭所作证言客观全面准确。对于证人出庭作证的证言与庭前提供的证言相互矛盾的，公诉人应当问明理由，并对该证人进行询问，澄清事实。认为理由不成立的，可以宣读证人在改变证言前的笔录内容，并结合相关证据予以反驳。

3. 对鉴定人的询问

鉴定人作为对案件所涉专业性问题出具鉴定意见的专业技术人员，相较其他诉讼参与人而言，具有很强的专业优势，其能否顺利完成出庭接受质询任务，关系到鉴定意见能否被采纳，甚至关系到检察机关指控犯罪成功与否。对于公诉方申请出庭的鉴定人，公诉人要按照事先准备好的预案对鉴定人进行询问，在问题设置上要做到专业性和通俗性兼顾，重点围绕鉴定意见中直接关系案件事实认定以及控辩双方存有争议的内容进行。在具体询问时，要通过询问鉴定人及鉴定机构的鉴定资质、所属专业领域、司法鉴定经验等情况，以展现鉴定人及鉴定机构具备相应的专业能力。通过询问鉴定结论的形成过程，包括鉴定委托及受理程序、检材移送情况、鉴定的方法、鉴定的依据、鉴定结论是否具有排他性、参与鉴定人员是否存在分歧意见等内容，以展现鉴定意见的客观性、合法性、关联性。此外，公诉人在询问鉴定人时，要注意保持客观中立的立场，由鉴定人自行陈述，不得进行诱导式发问。对于鉴定意见中表述专业性较强或表述略有含混的内容，要通过询问针对性地了解鉴定意见相关表述的具体含义，由鉴定人向法庭解释、说明有关原理、方法、操作过程等，从而厘清争议。此外，基于鉴定意见的专业性，《刑事诉讼法》第 197 条第 2 款规定，"公诉人、当事人和辩护人、诉讼代理人可以申请法庭通知有专门知识的人出庭，就鉴定人作出的鉴定意见提出意见"。因此，对于鉴定人出庭的案件，公诉人可以通过申请有专门知识的人出庭，对鉴定意见提出意见并对鉴定人进行发问，有效弥补公诉人相关专业知识方面的不足，进而提升当庭询问的质量和效果。

4. 对侦查人员的询问

侦查人员在法庭上的身份是特殊证人，侦查人员出庭作证目的主要在于证实案件侦办过程中收集证据的合法性问题。公诉人询问出庭作证的侦查人员，应根据案件争议问题围绕下列内容展开：对于被告人到案过程有争议的，要重点询问侦查人员在执行职务时的目击情况以及抓获被告人的情况；对于认定被告人是否具有自首、立功等量刑情节有争议的，要重点询问侦查人员接受自首、立功情况和被告人到案后认罪悔罪的情况；对于在案物证、书证、视听资料、电子数据以及勘验、检查、辨认、侦查实验等笔录存在争议的，要重点询问侦查人员在侦办案件过程中开展搜查、查封、扣押、冻结、勘验、检查、辨认、侦查实验的过程；对于被告人庭前供述是否系非法取得存在争议的，要重点询问侦查人员在侦查阶段对犯罪嫌疑人的讯问地点、讯问人员、讯问过程、是否进行同步录音录像等情况。

5. 被害人、证人当庭翻证的应对

实践中，由于证人、被害人在记忆力、反应能力等方面的差异性，与案件当事人及审理结果具有利害关系，以及受作证时的环境和条件等内在外在因素的影响，证人证言、被害人陈述具有可塑性和可变性，在法庭上证人推翻之前证言、被害人推翻之前陈述的情况也属常见。对于公诉人申请出庭作证的证人当庭改变证言、被害人改变其庭前陈述的，公诉人可以询问其言词发生变化的理由，认为理由不成立的，可以择机有针对性地宣读其在侦查、审查起诉阶段的证言、陈述，或者出示、宣读其他证据，对证人、被害人进行询问，予以反驳。

6. 对辩方申请出庭人员的询问

根据法律及相关司法解释规定，被告人及其辩护人亦可以向法庭申请证人、鉴定人等相关人员出庭作证。一般而言，被告人及其辩护人申请相关人员出庭作证的目的在于从有利于被告人的角度证实被告人无罪、罪轻或者削弱指控证据体系。对于辩护方申请出庭作证人员，公诉人要在庭前充分准备的基础上，通过当庭询问审查出庭人员当庭陈述的客观性、关联性、合法性，揭示出庭人员当庭陈述中不合理、不真实、不客观的内容。其中，对于辩护方提请出庭的证人，公诉人可以围绕证人与案件当事人、案件处理结果有无利害关系；证人的年龄、认知、记忆和表达能力、生理和精神状态；证言的内容是否为证人直接感知，证人感知案件事实时的环境、条件和精神状态；证人作证是否受到外界的干扰或者影响；证人与案件事实的关系；证言前后是否矛盾；证言之间以及与其他证据之间能否相互印证，有无矛盾等方面进行询问。对于辩护方提请出庭的鉴定人，公诉人可以围绕鉴定机构和鉴定人是否具有法定资质；鉴定人是否存在应当回避的情形；检材的来源、取得、保管、送检是否符合法律和有关规定，与相关提取笔录、扣押物品清单等记载的内容是否相符，检材是否充足、可靠；鉴定程序是否符合法律和有关规定；鉴定的过程和方法是否符合相关专业的规范要求等方面进行询问。

三、当庭对质

（一）当庭对质的内涵

对质也称为"对质询问"或"对质诘问"，是指两人同时在场面对面互为质问，包括面对面和询问两点要素。对质询问既是查明事实的一种方法，又涉及当事人的一种基本权利即对质权。刑事案件的当庭对质，是指在刑事庭审过程中，由于人证的言词证据存在实质性矛盾，在法庭安排下，通过质问、质疑、反驳、辩解等形式，帮助审判人员判断人证陈述真实性的一种庭审证据调查方式。通过出庭人员当庭对质，既能够有效解决言词证据之间存在的矛盾从而确保准确全面认定案件事实，同时也是对被告人诉讼权利保障的重要体现。因此，公诉人可以根据案件需要适时建议法院通知相关人员当庭对质。

（二）当庭对质的主体

关于当庭对质，我国刑事诉讼法中并未作出规定，但在最高人民法院、最高人民检察院出台的相关司法解释及规范性文件中确认了当庭对质制度，并对当庭对质的主体作出了规定。关于当庭对质的主体范围，《最高人民法院关于适用〈中华人民共和国刑事诉讼法〉的解释》第 269 条规定："审理过程中，法庭认为有必要的，可以传唤同案被告人、分案审理的共同犯罪或者关联犯罪案件的被告人等到庭对质。"《人民检察院刑事诉讼规则》第 402 条第 4 款规定："被告人、证人、被害人对同一事实的陈述存在矛盾的，公诉人可以建议法庭传唤有关被告人、通知有关证人同时到庭对质，必要时可以建议法庭询问被害人。"最高人民检察院印发的《人民检察院公诉人出庭举证质证工作指引》第 72 条规定："控辩双方针对同一事实出示的证据出现矛盾的，公诉人可以提请法庭通知相关人员到庭对质。"第 73 条规定："被告人、证人对同一事实的陈述存在矛盾需要对质的，公诉人可以建议法庭传唤有关被告人、证人同时到庭对质。各被告人之间对同一事实的供述存在矛盾需要对质的，公诉人可以在被告人全部陈述完毕后，建议法庭当庭进行对质。"第 74 条第 3 款规定："对辩护方出示的鉴定意见等技术性证据和提请出庭的鉴定人，必要时，公诉人可以提请法庭通知有专门知识的人出庭，与辩护方提请出庭的鉴定人对质。"第 75 条规定："在对质过程中，公诉人应当重点就证据之间的矛盾点进行发问，并适时运用其他证据指出不真实、不客观、有矛盾的证据材料。"

从上述司法解释及规范性文件的规定可以看出，最高人民法院和最高人民检察院的司法解释及规范性文件中对于当庭对质主体范围的规定存在差异。其中，《最高人民法院关于适用〈中华人民共和国刑事诉讼法〉的解释》仅以共同被告人为当庭对质的主体。而《人民检察院刑事诉讼规则》《人民检察院公诉人出庭举证质证工作指引》则将当庭对质的主体扩大至被告人、证人、鉴定人和有专门知识的人。我们认为，从有利于查明案件事实以及保障被告人人权的角度出发，当庭对质的主体扩大至被告人、证人、鉴定人、有专门知识的人具有一定合理性。关于被害人可否成为当庭对质的主体，目前最高人民法院、最高人民检察院司法解释及规范性文件中未作出明确规定，考虑到被害人已经因刑事犯罪受到伤害，如若要求其出庭与被告人当庭对质，对于被害人的身心可能会带来二次伤害。在相关司法解释及规范性文件没有明确被害人可以作为当庭对质主体的情况下，不宜要求被害人当庭参与对质。但同时考虑到查明案件事实的客观需要，如果被害人本人同意到庭与被告人进行对质的，应当允许其参与对质。

（三）当庭对质应注意的问题

1. 当庭对质适用的条件限制

当庭对质作为一种辅助法庭查清案件事实的方式，在适用条件上应当作出必要的限制，只有在满足特定条件时才能作出允许当庭对质的决定，否则将会因当庭对质滥用而造成同案被告人、证人之间相互影响导致言词证据失真，进而致使言词证据真伪愈加复杂难辨，影响法庭对案件事实作出正确判断。根据最高人民法院、最高人民检察院司法解释及相关规范性文件规定，只有当同案被告人、证人等对同一事实的陈述存在矛盾，且所涉事实对被告人的定罪量刑有重大影响，经控辩双方对被告人供述、证人证言等进行充分质证后仍无法辨别真伪的情况下，才具有组织相关人员当庭对质的必要性。对于同案被告人供述、证人证言之间虽有矛盾，但不影响对被告人的定罪量刑或者通过法庭讯问、询问，举证质证等能够确认相关供述、证言真伪的，则不宜进行当庭对质。

2. 当庭对质程序的启动

在刑事审判活动中，对质的启动以控辩双方的申请为主、法院依职权启动为辅。当发生被告人供述、证人证言相互矛盾需要以对质的方式查清案件事实时，控辩双方可以向法院提出申请组织相关人员当庭对质，并由法院根据控辩双方的申请判断是否符合当庭对质的条件，符合条件的由法院决定启动当庭对质程序。如果控辩双方未向法院提出当庭对质的申请，而法院认为根据案件审理需要或案件实际情况符合当庭对质条件，有必要启动当庭对质程序的，可以依职权组织相关人员进行当庭对质。

3. 当庭对质应当遵循的原则

为确保当庭对质的质量和效果，真正通过当庭对质有效解决言词证据之间的矛盾和疑点，开展当庭对质应注意遵循以下原则：当庭对质要严格遵守法庭指挥，控辩双方向法院提出进行当庭对质的申请，当庭对质是否启动应由法院决定，当庭对质过程中由审判人员引导相关人员就各自陈述中的矛盾之处进行陈述并互相发问，对质过程中出现与案件事实无关的发问或陈述，审判人员应当及时予以制止。当庭对质双方在对质过程中享有平等的机会和权利，对质人员应有平等的发言机会和发问机会，任何一方不得干扰另一方发言或者发问。此外，对质应当在抗辩双方同时在场的情况下进行，确保控辩双方及时了解相关人员的对质情况，必要时控辩双方可以根据对质情况对相关人员进行补充发问。

第三节　举证质证

以审判为中心的诉讼制度改革的本质要求，就是突出庭审在整个刑事诉讼中的地位和作用，公诉人作为控诉方，在法庭上承担着指控、证明、说服三大责任，而这些任务能否顺利完成，对公诉人的举证、质证能力有着极高的要求。因此，公诉人庭审举证质证工作质量，不仅考量公诉人的工作能力和理论水平，还直接影响着指控犯罪的力度和庭审效果。

一、举证质证的内涵

举证是指在出庭支持公诉过程中，公诉人向法庭出示、宣读、播放有关证据材料并予以说明，对出庭作证人员进行询问，以证明公诉主张成立的诉讼活动。

质证是指在审判人员的主持下，由控辩双方对所出示证据材料及出庭作证人员的言词证据的证据能力和证明力相互进行质疑和辩驳，以确认是否作为定案依据的诉讼活动。

以审判为中心的实质是以庭审为中心，而庭审则是围绕证据来进行，因此证据是整个刑事诉讼活动的中心，刑事诉讼的侦查、批捕、起诉、审判都是围绕着证据的收集、审查、运用而进行的。根据法律规定，证据必须经过当庭举证质证等程序查证属实后，才能作为定案的根据。因此，在查明案件事实的法庭调查程序中，举证和质证是最为核心的两个环节，公诉人只有通过合理有序、明确有力的举证和质证，才能真正实现庭审实质化，从而达到以审判为中心的本质要求。

二、举证质证的基本原则

（一）实事求是，客观公正

在刑事诉讼中，公诉人代表国家出庭支持公诉，是法律的守护人，而不是一方当事人，坚持以事实为根据，以法律为准绳，恪守客观公正立场是对国家公诉工作的基本要求。恪守客观公正立场，要求公诉人站在客观公正的角度，寻求案件事实和真相，克服单纯追求打击犯罪、激情追诉的心态，公正全面地审查出示辩驳证据。坚持惩罚犯罪与保障人权并重，既要依法指控犯罪，又要严格把关和强化诉讼监督，保障无罪的人不受刑事追究，保障有罪的人公正接受审判。出庭举证质证过程中，公诉人要全面出示证据，既要出示对被告人有罪以及其他不利的证据，也要出示对被告人有利的证据，包括依法排除非法证据，也要注重对证据的综合审查判断，注重对证据合法性的调查核实和证明。

（二）尊重辩方，理性文明

尊重和保障犯罪嫌疑人、被告人辩护权，保障律师依法执业，是尊重和保障人权的必然要求，也是衡量司法文明进步程度的标尺。在出庭举证质证工作中，尊重辩方、理性文明司法，也是公诉人必须坚持的基本原则和基本理念。尊重辩方，就是要依法保障辩护权，特别是注意保护犯罪嫌疑人、被告人自我辩护的权利，保障律师的会见权、阅卷权、调查取证权等。公诉人应当耐心倾听律师意见，不仅要在审查起诉阶段耐心听取，而且在出庭公诉工作中对辩方符合事实法律的质证，要实事求是客观公正地发表意见，给予应有的尊重。要注意与辩护方加强平等协商，特别是在举证方式、举证顺序、简化举证等方面与辩方尽力达成一致意见。应当保持司法权力的谦抑性，摒弃强势心理，做到有理、有力、有节，与辩护人理性平和抗辩，做到"对抗而不对立、交锋而不交恶"。

（三）遵循法定程序，服从法庭指挥

程序正义是保障当事人诉讼参与权、诉求表达权、诉讼程序与结果知情权以及诉讼权利不受非法侵犯的制度保障。公诉人在出庭公诉工作中，应当严格遵循法定程序做好举证质证，依法参加庭前会议、排除非法证据、补正瑕疵证据、展开讯问和询问等。审判是控辩审三方共同参与的刑事诉讼活动，公诉人作为指控犯罪的主角，应当尊重法庭对庭审进程的主导，服从法庭对举证方式顺序、申请证人出庭、质证辩论等方面的指挥。

（四）突出重点，有的放矢

这是对出庭举证质证工作方法的基本要求。实践中，一些公诉人尚未建立对举证质证功能的正确认知，有的认为举证质证不过是对证据程序性的出示罗列，无关紧要，有的认为"法庭辩论阶段"才是控辩对抗的主阶段，不在意"法庭调查阶段"尤其是举证质证环节的立论与抗辩，因而出现举证质证虚化、走过场，不注意总结和有效运用举证质证方法，致使举证质证千篇一律、机械罗列，在服务构建证据体系、证明公诉主张、有效反驳辩解方面的功能不足。坚持"突出重点，有的放矢"作为举证质证的原则，要求公诉人要立足举证质证的功能意义，针对具体案件事实证据情况，突出指控重点，灵活运用各类举证质证方法，通过构建证据体系，加强庭审说理和论证，运用总结、说明、辩驳、证实、排伪等方法，及时开展立论与抗辩，证明公诉主张，有效反驳辩解，把握主动权，实现证明目的。

三、提升公诉人举证质证能力的必要性

一是证人、鉴定人、侦查人员等出庭给公诉人举证质证工作带来新挑战。庭审实质化背景下，庭审对于查明案件事实、证据采信、保护诉权、公正裁判中的决定性作用愈发凸显，庭审亲历性和直接性显得尤为重要。直接言词证据与书面言词证据的最大区别就在于其亲历性和直接性，当然还有其更具客观性的特点。推行以审判为中心，必将落实直接言词原则，证人、鉴定人、侦查人员出庭比率较之过去会有所上升。上述人员出庭作证，必将面临控辩双方的交叉询问，并且可能需要与被告人当庭对质。证人、鉴定人、侦查人员出庭作证，在对指控、证实犯罪增加证明力的同时，也给庭审活动带来了诸多不确定因素，给庭审中通过质证来指控犯罪造成一定风险，要求公诉人进一步提高举证、质证能力。

二是非法证据排除制度扩大了公诉人的举证质证范围，增加了举证质证不力的风险。以审判为中心的内在要求是以证据为中心，要确保证据的合法性，就要坚决依法排除非法证据。刑事诉讼法明确规定证据合法性的证明责任由控方承担，非法证据排除制度的确立使公诉人举证、质证的范围得到明显扩大。被告人及辩护人提出排除非法证据申请并提供相关线索的，法院即会启动排除非法证据程序，控方就要举证证明证据的合法性。庭审中，一旦出现若干对案件的定罪量刑有重大影响的证据被视为非法证据而予以排除，必将导致控方构建的证据体系削弱甚至瓦解，举证、质证的质量以及指控犯罪的效果将会受到重大影响。

三是刑事辩护制度的完善客观上对公诉人举证质证能力提出了更高要求。随着以审判为中心的诉讼制度改革深入推进，律师执业权利保障机制更加健全，律师阅卷、会见、调查取证等权利得到有效保障。律师权利的保障，加之控辩平等的理念深入推行，庭审中控辩双方的对抗性和针对性增强，加大了庭审中指控犯罪的难度，同时也给公诉人的质证、论辩能力等提出了新要求。辩护律师通过在庭前全面阅卷，知悉了案件的全部事

实、证据及薄弱环节，如果庭前证据开示阶段，辩方有意隐瞒所调取的证据情况，庭审中辩护人进行证据突袭就容易使公诉人陷入被动，这给公诉人举证、质证能力提出了更高要求。

四、公诉人举证质证的工作要求及注意事项

（一）公诉人庭审举证的工作要求

公诉人庭审举证的核心目的是证明起诉书指控的犯罪"事实清楚，证据确实、充分"，具体举证方法不应僵化。具体而言，公诉人举证应注意把握紧密性、实效性和直观性三大原则。所谓举证紧密性是指举证应与起诉书指控的犯罪紧密关联，如依指控犯罪事实的顺序进行举证，证据与待证事实之间即可以直接关联；所谓举证实效性是指举证应以证据证明效果最大化为目标，如可采用分组举证等方式最大限度地发挥证据的证明作用；所谓举证直观性是指举证应就重要细节让人印象深刻，如举证后对其他关联证据予以强调或采用多媒体示证等方法，使相关证据的证明内容深入人心。具体而言，公诉人要实现高质量庭审举证需重点做好以下几方面工作：

1. 扎实的庭前准备，夯实案件证据基础

一方面公诉人在审查起诉阶段要注重积极引导侦查，切实提高案件质量，要通过适时介入侦查，以出庭公诉的标准对案件的取证方向、证据体系、证明标准、适用法律等提出意见，不仅能够有效提升侦查工作的成效，而且能为日后出庭支持公诉奠定基础。另一方面要细致审查证据，强化证明效力。审查起诉时，不仅要判断证据是否达到起诉标准、巩固案件的证据体系，还要通过对证据的个别审查、相互对比、综合分析等步骤，排除案件中隐藏的非法证据以及完善瑕疵证据。

2. 科学合理布局证据体系，做到层次分明

在举证顺序上，应以有利于证明公诉主张为目的，一般应先出示定罪证据，后出示量刑证据；先出示主要证据，后出示次要证据。在举证方式上，采取以"分组举证为主、逐一举证为辅"的方式。分组举证可以采用正叙法，即按照犯罪事实发生、发展的时间顺序出示证据，也可以采用倒叙法，即先出示犯罪结果的证据后出示作案过程的证据，还可以按照犯罪构成要件的具体内容采用其他适宜的方式。在对证据分组上，要遵循证据之间的逻辑关系，从有利于整体把握案件事实、能够突出重点事实与争议事实、便于解决庭审争议焦点等方面对证据进行组合，一般应将证明方向

一致或者证明内容相近的证据归为一组，也可以根据实际情况，按照证据种类的不同进行分组，并注意各组证据在证明内容上的层次与递进关系，以便于法庭和旁听人员理解。对证据进行分组可以按照以下步骤进行：首先，合理分解案件事实。完整的案件事实总是由很多要素组成，包括时间、地点、当事人、具体行为过程或行为方式，伴随着犯罪工具的使用、犯罪后果的产生、犯罪金额的认定以及其他犯罪情节，每一个要素都涉及一部分事实。从宏观角度讲，全案事实可以分解成几组大的事实；如果再将几组大的事实进行分解，各组事实又可以分解成更小更具体的事实；在许多复杂的案件中，还可以进一步分解。因此，在庭审举证阶段，证据的分组首先体现为对事实的分解，唯有事实分解得当，才能保证庭审思路清晰、举证有的放矢。其次，根据所要认定的各个具体事实将证据进行分类组合。刑事诉讼法列举了八种法定证据，庭审中应当避免机械地按照这八种证据进行分类组合，而应根据证据的内容进行分类组合，将有利于认定同一具体事实的证据组合在一起，以突出证据之间的关联性。需要指出的是，即使是同一份证据，根据证明的内容可以分别归入不同证据组合中，在举证时从不同的角度多次使用同一份证据。最后对证据进行恰当的排序，一方面是对已经分组的证据按照证据组别进行排序，另一方面是在每一证据组内部对各个具体的证据进行排序。在对证据进行排序时的总体原则为，将涉及案件主要事实的证据排在前，便于突出庭审焦点；将涉及案件基础事实或者事实争议较小的证据排在前，为后续解决庭审争议焦点奠定基础。

3. 突出举证重点，灵活运用举证策略

公诉人在举证阶段，要注重根据案件的具体情况、被告人的认罪态度、辩护人的辩护方向，确定和突出举证重点。对认罪的被告人，应扼要举证加以确认，无须过多展开；对拒不认罪或推卸责任的被告人，要将重点放在论证其实施的犯罪事实和刑事责任上；对是否应当承担刑事责任或责任大小控辩双方认识分歧较大的，要将重点放在争论的焦点上；对社会影响大、情节恶劣、旁听群众多的案件，要将举证重点放在证明犯罪事实、情节、危害后果以及被告人的主观恶性上；对于涉及罪与非罪、此罪与彼罪的问题，要把举证重点放在证明犯罪的构成要件上，特别是要注意案件的核心细节。公诉人在举证时，还需恰当运用举证策略，采用最佳的举证方式争取最佳的证明效果。对于证据有矛盾的案件，公诉人应首先向法庭出示有利于指控犯罪的证据，并使有利证据形成一个稳固、合法、有效的证明体系后，再向法庭解释证据的合理矛盾。

4. 合理把握举证节奏，牢牢掌握主动权

公诉人在举证过程中要注意对举证节奏的把握，重点考虑两方面的因素：即被告人因素和案件因素。首先是被告人因素。这体现在两点：一是被告人自身的认知能力、理解能力、文化水平。如果其文化水平较高，理解能力较好，可以适当加快举证节奏；反之，则应放慢节奏。二是被告人的认罪程度。如果被告人完全认罪或者大部分认罪，则可以加快举证节奏；反之，则应放慢节奏，并围绕被告人不认罪部分所对应的证据，尽量一证一质。其次是案件因素。根据审查起诉阶段公诉人对案件证据材料的把握，以及控辩双方庭前交流、法庭讯问的情况，庭审的复杂性与争议点已经比较清晰，举证就应当围绕案件重点事实和争议事实展开。因此，在把握举证节奏上，对于没有争议且不是重点事实所对应的证据，可以加快举证节奏，提高庭审效率；对于重点事实或争议较大的事实所对应的证据，则应当减缓举证节奏，给辩方尤其是被告人以充分质证的机会，也方便控方对辩方的质证意见进行有针对性的答辩，以增强庭审效果。

5. 充分运用多媒体举证，提升庭审实效

公诉人在举证过程中通过多媒体设备，将相关音频、视频资料等证据材料在庭审过程中直接播放出来，这种多媒体示证得到越来越广泛的应用。实际庭审中，公诉人可以根据不同情况运用多媒体方式进行示证。其中对于案情复杂、证据种类繁多的案件，可以运用多媒体展示总体的证据结构、证明对象，让公诉人更好地展示案件的证据体系，更好地揭示证据之间的关联性。对于音频、视频、图片等电子数据，运用多媒体来表达证据的内容，最大限度地还原这类证据的原始内容。对于言词证据、书证、现场勘验笔录等证据，在必要时也可运用多媒体，将这些证据的重要内容展示出来，增强庭审的举证效果。多媒体示证的优点在于直观明了，便于取得良好的庭审效果，但缺点在于庭前往往需要耗费大量人力物力进行准备，对法庭的技术设备也有一定的要求，司法成本较高。公诉人需要结合具体庭审情况，对于是否采用多媒体示证以及对哪些证据运用多媒体示证作出合理选择。

（二）公诉人庭审举证需要注意的事项

公诉人在当庭举证过程中，应注意以下问题：一是加强对举证目的和证明对象的说明。在举证前，应向法庭简要介绍公诉人将要出示证据的主要顺序和内容，使法庭和旁听者对公诉人的举证意图先有一个总的了解；对召开庭前会议的案件，还要结合庭前会议的有关情况，对控辩双方无争议的证据将要简略出示作出说明。在举证时，对物证、书证、视听资料等关键证据，由于这些证据本身不会说话，公诉人应对每个证据的证明情况以及对被告人辩解的揭露作用作出客观、详细的说明。在举证完成或每组证据出示完毕后，公诉人还应及时作出小结，以便法庭及旁听人员听明白所举证据的证明意义。二是注意法庭举证与法庭讯（询）问之间的平衡。法庭讯（询）问的目的在于通过讯（询）问，使审判人员对案情有所了解，对被告人供述的真伪形成初步判断，为后续的举证环节做必要的准备；而举证的目的在于揭露被告人的罪行，两者在功能上有一定程度的竞合，如果不能做到繁简有度，势必会影响到庭审的效率。因此，对于法庭讯问时被告人不持异议的犯罪事实，公诉人在举证时可以简化，将重点放在被告人不认可的其他犯罪事实上；在通过举证很难将证据与事实之间的关联性直观地展示出来，或效果不甚理想的情况下，公诉人在讯问被告人时应当尽量强化。三是要与法庭进行有效沟通。在一些案件中，公诉人与合议庭之间对于如何举证难免持有不同意见，为避免庭审中出现审判长干预公诉人举证节奏的情况，公诉人在庭前应当与合议庭就举证方式等技术层面的问题进行沟通。

（三）公诉人庭审质证的工作要求

法庭质证是法庭辩论的基础，是指控犯罪能否成立的关键。公诉人在庭审质证过程中要注重讲究质证技巧，围绕证据的合法性、客观性和关联性，运用法律和事实，巩固指控证据体系。

司法实践中，公诉人在庭审质证方面主要存在以下两个较为突出的问题：第一个较为突出的问题是公诉人当庭质证不力的问题，为质证不及时，主要表现为对辩护方提出的质疑没有及时作出答辩，在未向法庭作出说明的情况下，将质证的内容留到法庭辩论阶段进行，给法庭和旁听群众造成公诉人回避质疑的印象，反而强化了辩护方质疑对证据证明力的影响；质证不全面，主要表现为对于辩护方就证据提出的质疑，未能全部作出合理答辩，影响证据证明力，或者对辩方提出的证据，不能从证据的形式、内容、证明力等方面提出有力度的疑问，并就此与辩护方展开对抗；质证缺乏针对性，主要表现为对于辩方的质疑，公诉人虽然予以答辩，但是辩驳内容缺乏针对性，答非所问，不能有效应对；质证不规范，主要表现为对于是否质证、何时质证、如何质证等随意性大、不够规范的问题，无视案件情况"打包质证""捆绑质证"等现象依然存在。第二个较为突出的问题为过度质证。主要表现为在质证过程中过于纠缠细枝末节，甚至将质证等同于辩论，在质证阶段就开始对案件事实的认定及法律适用等发表意见。需要强调的是，庭审质证和法庭辩论是庭审的两个不同阶段，质证属于法庭调查阶段，解决的是单个证据的客观性、真实性、合法性问题，而法庭辩论阶段解决的是对事实认定与法律适用的分歧，是在法庭调查和各方充分发表自己对整个犯罪事实、情节、每个证据的证明力等意见的基础上，对双方争论的焦点问题，作进一步的辩论。质证阶段的辩论，一般应围绕证据的有效性和证明力进行，对于证据之间的关联性和证据的综合证明作用问题，一般在法庭辩论阶段予以答辩。但质证与法庭辩论又紧密联系，辩论是在质证基础上的提炼和升华，公诉人在质证阶段完成了对所出示证据证明力的论证，作好了铺垫，辩论阶段就会顺理成章、水到渠成。反之，如果质证阶段对证据的证据能力和证明力没能很好地解决，辩论就失去了证据这一认定案件事实和适用法律的基石，定罪量刑就无从谈起。

实现高质量庭审质证需要公诉人重点做好以下方面工作：

1. 庭前要做好充分预测、准备预案

公诉人应在开庭前充分预测和了解辩护方可能出示的证据，以及可能对指控证据的合法性、客观性、关联性提出的质疑，并制作质证方案，防止证据突袭。在质证过程中，公诉人应根据辩护方所出示证据的内容以及对控方证据提出的质疑，紧紧围绕案件事实、证据和适用法律进行。此外，质证阶段的辩论，应围绕证据的有效性和证明力进行，对于证据之间的关联性和证据的综合证明作用问题，则在辩论阶段进行答辩。

2. 质证要做到全面、及时和有针对性

公诉人针对辩护方对证据提出的每项质疑，应当尽可能全面地进行答辩，这样既可以强化合议庭和旁听人员对证据的印象，避免出现认为公诉人回避质疑的情形，同时也能够为下一环节的法庭辩论扫清障碍。当辩护方对证据取得的合法性提出质疑时，公诉人应当从取证主体、取证程序、取证手段的合法性上进行说明；当辩护方对内容的真实性提出质疑时，公诉人可用其他证据的补强作用说明其真实客观性；当辩护方在对物证、书证、勘验检查笔录的真实性及证明力提出质疑时，公诉人可以从此类证据的稳定、客观、不易失真的属性方面以及结合其他证据进行答辩、说明。此外，公诉人在质证阶段的答辩要抓住实质，直击要害，言简意赅，切忌舍本逐末，长篇大论，在枝节问题上纠缠不清。具体要根据辩护人的质疑是否动摇公诉证据的证据能力而定，对于质疑无碍公诉证据能力的，应简要、明确地表达质疑不能成立或不能否定证据能力，不必过分纠缠。而对于质疑的问题可能动摇公诉证据能力的，应观点鲜明，据理力驳，不能含糊其辞，要直接指出其谬误或不合逻辑之处，并依据整体证据的综合证明力，阐明所出示的证据不仅具有证据能力，且能与其他证据相互印证。

3. 根据不同的证据种类采取灵活的质证方式

根据不同的划分标准，证据可分为言词证据、实物证据，直接证据和间接证据等，每种证据各有其自身的规律和特点。如言词证据具有形象、直观、但稳定性差的特点，实物证据具有不易变化、较稳定的特点。公诉人只有对证据种类非常熟悉，对每种证据特点了如指掌，质证时才能做到心中有数、有的放矢。如对言词证据，要重点从作证人与被告人、被害人之间的关系、证人的感知力、表达力、了解到案情的途径等方面，质证证据的客观性，对实物证据要重点从来源、收集、固定、保管等方面质疑其合法性、客观性及与被告人的关联性，对间接证据的质证重点是与案件事实的关联性。

4. 积极应对辩方可能出示的新证据

对于辩护方当庭出示的新证据，公诉人应从以下几个方面准备质证：一是从证据的来源入手，审查证据的取证时间、取证主体和取证程序是否符合现行法律的规定。对于证据是在开庭五日前提取的，可以指出辩护方没有按照刑事诉讼法的有关规定于开庭五日前向法庭提供，属程序违法。对于被告人或其家属自行收集的证据或者证人自行书写的证言笔录，可以指出相关证据在取证主体、取证程序上不符合法律的规定；对出示的物证、书证系复制品或复印件，可以指出没有与原件、原物相印证的复制件不能作为定案的根据。二是从作证对象入手，审查作证对象的感知能力、与案件或被告人有无利害关系。三是从证据之间的关联性入手，审查证据与待证事实之间的关系。对于与待证事实无实质关联的证据，可以该证据与案件事实不具有关联性进行质证。四是从证据对比入手，审查同一主体之间、不同主体之间以及言词证据与实物证据之间的差异。五是从证据矛盾入手，审查证据是否符合客观规律，或者与已经被确认的事实之间有无矛盾，对与事物发生、发展客观规律相抵触的内容，要运用经验法则指出该证据不具有真实性。对辩方出示新证据的基本质证方法，一个总的原则是先从证据的合法性上进行判断，然后再判断证据的关联性，最后判断证据的真实性。如果对证据的真实性一时难以判断的，可以向法庭说明公诉人将在庭后对该份证据的真实性进行核实，必要的时候，可以申请法庭延期审理。

5. 注意根据庭审变化及时调整质证方式和策略

法庭审理过程是一个不断发生变化的动态过程，随时可能会出现出庭预案内容之外的变化。如被告人当庭翻供、出庭作证的证人改变庭前证言、被害人改变庭前陈述、辩护人出示庭前证据开示范围外的证据、申请重新鉴定和勘验等。面对庭审中证据发生变化等突发情况，公诉人要仔细分析上述变化，针对发生变化的原因，及时调整质证方式，确保质证的针对性。

（四）公诉人庭审质证需要注意的事项

公诉人在庭审质证时需要注意把握以下几点：一是注意质证与举证、发问的有机结合。控辩式庭审给控辩双方的自由发挥提供了空间，使举证、质证与发问更加密不可分。公诉人不仅要把有利于控方证据的证明力充分阐述，还要把举证、质证与发问根据需要有机结合起来，在举证、质证阶段对辩护人的辩护观点予以适当的"堵截"。法庭是最好的释法说理场所，公诉人举证、质证方式灵活、得当、生动，不仅有利于法庭对证据的采纳，更能够让当事人及旁听群众听清看懂，从而提升案件的出庭指控效果。

二是注意把握质证与法庭辩论之间的界限。质证要解决的是单个证据的客观性、关联性、合法性的问题，着眼于微观，是"小辩论"；法庭辩论针对的是对事实认定与法律适用的分歧，着眼于宏观，是"大辩论"。在法庭上，有时辩护方在质证过程中，就会对案件事实以及法律的适用发表意见，公诉人应当掌握好质证与辩论之间的界限，不要在质证阶段陷入对事实和法律的辩论之中。当辩护方在质证时发表辩论观点时，公诉人应当作出说明，即辩方所提出的问题，公诉人将在法庭辩论环节进行详细答辩。

三是举证、质证要契合庭审的变化动向。庭审是一个动态过程，公诉人要掌握举证、质证的主动性，必须关注被告人供述、辩护人辩护意见、审判人员发问以及整个证据的庭审变化情况。变化是动机和目的的外在体现，公诉人只有认真分析这些变化，理解主体的真实意图，才能有针对性地进行举证、质证。

第四节　法庭辩论

法庭辩论是指在法庭调查结束后，公诉人利用法庭调查阶段出示的证据和认定的事实，向法庭全面阐述主张成立的理由，驳斥辩护方不恰当的辩护理由，以使法庭准确地对被告人定罪量刑的诉讼活动。法庭辩论是公诉人出庭支持公诉活动的高潮，不仅是法庭审理的一个重要阶段，更是公诉人对案件事实把握、证据规则运用以及法律适用等综合素质的全面体现，法庭辩论的成效直接关系到公诉人出庭效果的好坏，直接影响检察机关的形象和威信。一般而言，法庭辩论主要由三个环节构成：公诉人发表公诉意见、被告人及其辩护人发表辩护意见、控辩双方进行相互辩论。因此，公诉人在法庭辩论环节要注意全面充分发表公诉意见，认真倾听被告人及其辩护人的辩护意见，同时结合案件事实和证据针对案件争议焦点问题与辩护方进行辩论。

一、发表公诉意见

（一）发表公诉意见应当实现的效果

公诉人发表公诉意见，是公诉人对起诉书指控被告人罪行和适用法律等重要问题的进一步阐释和论证，也是法庭听取公诉人总体性意见的重要形式。它对法庭正确审理案件，准确定罪量刑具有重要意义。需要指出的是，公诉意见不同于公诉意见书，公诉意见书是公诉意见的重要载体但并非唯一载体，在不需要公诉意见书的场合，公诉人也可以通过量刑建议书等文书以及口头表达方式发表公诉意见。一般而言，公诉人要通过发表公诉意见实现以下效果：

一是对起诉书的补充论证。就诉讼过程而言，公诉机关在整个刑事诉讼中起着指控和证明犯罪的重要作用。公诉人代表国家出庭支持公诉，通过向法庭揭露犯罪、证实犯罪来进行对犯罪的进一步指控，是公诉权行使的核心内容。无论是检察机关对侦查活动的监督、提前介入，还是对侦查机关移送证据的审查判断，以至于做出提起公诉的决定，都是为了在庭审中使法庭确信被告人实施了起诉书指控的犯罪、需要追究其刑事责任。因此，检察机关行使上述公诉权能的各项活动，都是围绕着指控犯罪这一目的。起诉书因体例所限，对事实、证据及法律适用的描述较为原则和理性，对证据体系的构建、事实全貌的认定、法律依据的阐释、社会危害性的揭示等，都需要通过发表公诉意见来完成。公诉人在庭审中必须充分发挥主动性和积极性去证实所指控的犯罪事实成立，通过举证、质证、发表公诉意见、参加法庭辩论等一系列活动来证实犯罪。上述活动必须通过论证，即"论证者为自己的主张（结论）提出理由企图说服目标听众接受该主张的过程和结果"①。公诉人出庭的目的就是论证检察机关指控的成立，因此公诉意见的论证效果直接决定了法庭对犯罪指控的认可程度，同时通过对犯罪的充分论证也更容易说服被告人认罪服法。综上，公诉意见的首要功能即是论证功能，通过论证实现对犯罪的指控。

二是对法庭调查内容的归纳梳理。在法庭调查阶段，控辩双方出示证据并相互对证据提出质疑。但在法庭审理过程中，并未设置专门的环节对法庭调查的情况进行归纳，法官也很少对法庭调查进行总结。实践中，这一工作往往由公诉人通过发表公诉意见的方式来完成。公诉人在发表公诉意见时，要通过对法庭调查阶段证据进行总结提炼，进一步完善证据体系，为法庭辩论夯实基础。此外，作为公诉意见主要载体的公诉意见书还具有把公诉人庭审的动态活动以法律文书的形式记录、固定化的功能，法律文书具有记录和固定的作用，它记录了司法机关的活动过程，是法律实施的重要工具，是履行职责、规范权利义务的凭证。

公诉人出庭是一项复杂的系统工作，涉及事实认定、证据采信、法律适用、量刑建议等诸多实体和程序内容。② 作为"一锤定音"的公诉意见书所记载的内容最为丰富、承载的功能最为全面，③ 在程序和实体上有着不同的功能价值。程序上，公诉人宣读公诉意见书标志着法庭调查阶段的结束，法庭辩论阶段的开始，也是控辩双方正式交锋的开始；实体上，公诉意见书具有指控犯罪、提出量刑建议、引领社会价值观念的作用。

---

① 熊明辉：《诉讼论证：诉讼博弈的逻辑分析》，中国政法大学出版社 2010 年版，第 29 页。

② 参见徐军：《检察监督与公诉职能关系论》，中国人民公安大学出版社 2010 年版，第 10 页。

③ 参见史卫忠、张晓津主编：《国家公诉人出庭指南》（修订版），法律出版社 2023 年版，第 156 页。

（二）发表公诉意见的工作要求

公诉意见作为一种高度个性化意见，依附于公诉人个体的创造力，是无法完全规划和程式化的，这是由庭审的不确定性和庭审实质化的特点所决定的。公诉意见内容的广泛性及功能的多样性决定了公诉人发表公诉意见时，需要遵循以下几方面要求：

1. 认真细致梳理证据

以审判为中心，其核心是证据。庭审前，公诉人务必再次认真细致审查作为定案根据的证据是否存在非法和瑕疵情况，证据之间是否存在无法排除的矛盾，如讯（询）问地点是否适当、过程是否合法，取证主体是否适格，笔录记载时间与提押证是否吻合，录音录像是否全程，讯问笔录内容与录音录像是否一致，勘查时间与笔录记载时间是否矛盾，笔录记载与照片是否相符，物证来源是否清晰、保管是否规范，是否通过辨认和鉴定确定物证与案件的关联性，鉴定人是否具备鉴定资质，鉴定方法是否科学，鉴定程序是否合法，鉴定意见是否客观等。只有在确保证据具有证据能力和证明力的前提下，才能作为定案的根据，避免因辩方对证据提出质疑而引起被动，牢牢掌握庭审主动权。

2. 准确全面预测辩方观点

公诉人只有全面准确预测辩方观点，才能围绕争议焦点在事实和法律上予以有效回应。实践中，公诉人可以从全案事实、证据中的矛盾点进行预测，从庭前被告人辩解和辩护人提出的意见进行预测，从侦查机关与检察机关的认识分歧进行预测，从法律争议问题进行预测，通过"换位思考"站在辩护人的角度进行全面分析，做到有的放矢。

3. 注意繁简得当

公诉人当庭发表公诉意见，繁简得当是一条重要的原则。公诉人在发表公诉意见时，应当做到对无争议的部分尽量简化，有争议的部分详细展开。对于事实清楚，证据确实、充分，被告人认罪认罚的案件，对案情和证据的分析可以适当缩减；如案件事实清楚，但法律适用存在争议的，应当在论证是否构成犯罪以及构成何罪上多下功夫，结合当前刑法理论和相关法律规定，指出其中可能存在的法律适用争议，再从认定犯罪角度阐述控方理由，并尽可能翔实。针对涉众型、社会影响较大或媒体关注度较高的案件，应注重对法治宣传教育部分的论述，充分发挥公诉意见的教育感化作用，进而有效回应社会关切。同时，还要注意公诉意见与答辩意见的合理分工，从最有利于辩论的角度整理工作思路并合理安排内容。

4. 注重法理情相融合

司法实践中，有的案件虽然被告人被定罪判刑，但庭审效果乃至社会效果未必理想，究其原因主要是公诉人在发表公诉意见时未能真正做到法理情的有机融合。如有的公诉人在发表公诉意见时只说被告人作案手段残忍，主观恶性大，给社会造成了严重危害，但对如何残忍，主观恶性大的具体表现，造成严重危害后果的具体表现等没有展开论述，导致公诉意见的教育、警示功能未能充分体现。实践中，公诉人可以通过宣读尸检报告中部分关键内容论证犯罪手段的残忍程度，通过案发前因、被告人的犯罪动机、作案后的行为表现、当庭的认罪态度等论证其主观恶性之大，通过案件后果、被害人亲属的感受、舆情民意等论证被告人犯罪行为的社会危害性等。总之，公诉人在发表公诉意见时应善于围绕控辩双方在事实认定、证据采信、法律适用以及量刑等方面的分歧焦点，通过证据将客观事实提炼为法律事实，进而阐明对被告人犯罪行为进行法律评判的理由和依据，将指控理由进一步深化。同时，善于挖掘案件情感点，与旁听者形成情感上的交流互动，引发大家的情感共鸣，达到强化公诉意见感染力的目的。

5. 用语兼顾严谨与生动

公诉人在发表公诉意见时，应遵循严谨、平和、理性的原则，无论是遣词造句还是发表观点都应认真推敲、仔细琢磨，确保严谨无疏漏，避免因语言表达上的疏漏而影响庭审实际效果。同时注意感情融入，这不仅能反映出公诉人代表检察机关对被害方的一种人文关怀，同时也能感染群众、说服法官，促使被告人及辩护人心服口服，使审判人员采纳公诉意见。

6. 注意公诉意见与庭审的紧密结合

作为公诉意见主要载体的公诉意见书一般是公诉人在庭前已经撰写完成，以对案件的实质审查和判断为基础，但实际到庭审中提前预判的有关情况都可能发生变化，如被告人庭前认罪，但庭上翻供，或者庭前不认罪，但当庭认罪等，与之相对性的辩护人的辩护观点和立场亦可能发生变化，如庭前进行的罪轻辩护，但庭上作无罪辩护，或者庭前作无罪辩护，当庭进行罪轻辩护等。对于上述情况，公诉人应提前做好预判，在发表公诉意见时要及时作出调整。随着庭审实质性不断强化，庭审的不确定性及对抗性亦随之不断增强，这就要求公诉人发表的公诉意见必须与庭审变化环环相扣，根据庭审实际，及时进行调整。需要强调的是，与庭审变化相结合应当是一种主动结合，公诉人要注重把握庭审主动权，如在法庭讯问、举证质证阶段，就要根据被告人的供述情况以及辩护人的质证意见，提前考虑发表公诉意见的重点和方向，敏锐捕捉到当庭出现的哪些方面是公诉意见书中没有涉及的，在发表公诉意见时对该部分内容应做出调整完善。

（三）发表公诉意见的法庭教育功能

关于公诉人发表公诉意见时可否进行法庭教育，公诉意见书中是否应当有法庭教育部分，理论界和实务界中存有一定争议。主流观点认为，公诉人通过发表公诉意见的形式开展法庭教育意义重大。公诉意见将法庭教育与指控犯罪融合在一起确有必要，虽然犯罪原因分析及法庭教育不是公诉意见的重点内容，但却是最能体现司法人文关怀，最能展现检察机关承担社会责任的部分，如果运用得当，将成为庭审的亮点。公诉人在发表公诉意见时对法治教育这部分内容应予以充分重视。做法治教育工作的目的是帮助被告人提高对犯罪的认识，增强其回归社会的信心。特别在未成年人犯罪庭审现场，法治教育不仅是教育、感化、挽救未成年人的必要途径，也是加深旁听群众对法律知识理解的有效途径。[1] 而反对观点则认为，将"法庭教育"放在公诉意见中，背离了公诉意见的功能，应当予以去除。公诉意见在属性上系法庭辩论的辩词，辩论应当讲究对抗性和说理性，应当在总结法庭调查阶段内容的基础上进行说理论证，集中"火力"对辩方观点进行说理和反驳，开展法庭教育容易弱化庭审效果，在法庭辩论阶段将被告人作为一个"罪犯"来进行教育也有违无罪推定原则之嫌。[2]

我们认为，公诉人在发表公诉意见时开展法庭教育具有其理论和实践合理性。首先，刑法具有特殊预防和一般预防的功能，公诉人在发表公诉意见时开展法治宣传和教育可以实现刑法的预防功能。在促使被告人认罪悔罪的同时，教育公众以此为戒，合理合法调整自身的行为，并形成示范效应。其次，法治教育宣传功能可以提升司法公信力以及社会公众对法治的信仰。公诉人通过对案情进行分析，揭示案件事实真相，详细释法说

---

① 参见车明珠：《公诉意见书应蕴含法治教育》，载《检察日报》2014 年 7 月 18 日。
② 参见李勇：《公诉意见书宜去除"法庭教育"》，载《检察日报》2013 年 12 月 15 日。

理，揭露犯罪的社会危害性，有效回应媒体和社会公众关切，让人民群众在每一个司法案件中感受到公平正义。可以引导媒体和社会公众以理性平和的视角来观察真相，使媒体和公众从法律和道德层面加深对案件的认识，进而帮助社会公众树立法治观念和对法律权威的信仰。最后，公诉人在发表公诉意见时进行法庭教育功能并不违反罪刑法定原则，公诉人虽然有客观、公正义务，但是同样具有指控犯罪的职能与立场。虽然在作出生效判决之前，被告人尚不能被称作罪犯，但公诉机关已经通过对事实与证据的审查认为其有罪从而代表国家指控被告人，因此公诉人代表国家揭示被告人犯罪的原因、教育旁听群众正是指控犯罪的延续以及应有之义。

需要强调的是，公诉人在发表公诉意见时是否进行法庭教育，要根据不同案件情况确定。其中，对于事实相对简单，被告人认罪，犯罪原因也众所周知的案件，公诉人在发表公诉意见时即没有必要开展法庭教育；对于案件起因复杂，既有被告人的原因也有被害人过错，甚至还有深层次的社会原因的案件，公诉人如果在发表公诉意见时全面分析案件发生的深层原因，将会容易冲淡起诉指控犯罪这一根本职能，或者刺激被告人或者被害人，致使庭审无法顺利进行，此种情形下公诉人在发表公诉意见时就不适宜进行法庭教育。而对于案发原因清晰且具有警示教育意义的案件，以及因案件存在情与法的冲突，辩护人将被告人值得同情的一面过分夸大，而有意淡化其社会危害性，借此博取旁听群众同情的案件，公诉人在发表公诉意见时应有针对性地进行法庭教育。法治教育工作实际上是对听众进行心理干预的过程，公诉人发表的公诉意见中对犯罪的原因分析以及法治宣传部分，能够很好发挥教育被告人、启发旁听人的功能。因此法治教育不仅要措辞得当，分析严谨，更要有情感的激发与共鸣，在于让公诉人与听众建立起情感互动，达到心理上的沟通和理解。同时加强对同类问题的归纳总结，从案件中找准影响社会稳定的症结，促进源头性、根本性问题的解决。综上，公诉人在发表公诉意见时进行法庭教育不但有法治宣传的功能，而且可以教育被告人，促使其真诚认罪悔罪。

此外，公诉人进行法庭教育必须把握好措辞的分寸、说理的程度，在教育被告人的同时，不得使用侮辱、贬低的词语，不激化被告人的情绪；作为法律职业共同体，控、辩、审三方的终极目标一致：在保障人权的前提下维护司法公正。因此公诉人应当将辩护人作为平等主体并赋予其应有的尊重，认真倾听辩护意见，并对辩护意见进行全面、实质化的回应。还要注意措辞，避免因措辞过激而对被害人及其家属造成二次伤害。在法庭教育过程中，要以社会公众能够听懂的语言、能够接受的道理释法说理、揭示案件背后的原因。表述方式要尽量大众化、简明化和通俗化，在保证语言准确、平实的前提下，增强警示教育作用，强化教育宣传效果。

综上所述，公诉人在发表公诉意见时要重点围绕有效指控犯罪、提出量刑建议、引领社会价值观念的目标。通过对犯罪构成要件的论证、证据链的衔接、事实全貌的表达、法律依据的阐释证明被告人的犯罪事实清楚、证据确实、充分；通过对被告人自首、坦白、立功、主从犯等法定、酌定量刑情节的客观评价，提出幅度量刑建议或者精准量刑建议；通过将刑事政策、法律规定、社会关切和案情有机融合，深入剖析被告人犯罪行为的严重危害以及犯罪根源，在充分融合法、理、情的基础上，做到既有力揭示犯罪，又最大限度释放人文关怀，从而起到引正纠偏的效果。

二、开展法庭辩论

公诉人进行法庭辩论目的在于运用充分的事实和理由，辨明事理，使旁听者信服己方看法，使法官采纳指控意见。公诉人进行法庭辩论的过程，也是充分阐明指控观点、驳斥辩护方不合理辩解及辩护意见、强化指控效果的关键环节。

（一）法庭辩论的特点

相较于法庭讯问、举证质证等法庭审理的其他环节，法庭辩论具有以下特点：

一是辩驳性。法庭辩论在语言形式上属于驳论，侧重点在于反驳对方观点，通过对对方观点的驳斥以实现己方观点的强化，这就要求公诉人要研究驳论的方法，在法庭辩论环节掌握驳斥对方观点的技巧。二是即时性。法庭答辩是针对对方所提出的问题，在法庭上即刻进行回答与辩驳，公诉人在辩护方发言后，必须立即作出应答，法庭辩论的即时性要求公诉人一方面庭前准备要充分，另一方面对于没有预测到的问题，要有应变能力，能够运用自己的知识储备和机敏的反应去积极、有力应对对方的辩论。三是交替性。法庭辩论阶段是由公诉人或辩护人相互交替发言，在公诉人或辩护人完整表达完己方的意见后，再由对方进行有针对性地辩驳，这就要求公诉人在进行法庭辩论时组织语言要完整全面，在将公诉方核心要点信息尽可能多地融入一次发言中，同时在辩护方发言时，公诉人要仔细倾听辩护方的发言内容，并做好进行下一轮答辩的准备。四是针对性。

公诉人进行法庭辩论不仅仅是对公诉观点的重申，更重要的是对辩护方错误观点的反驳，这就要求公诉人在进行答辩时要重点围绕辩护方的错误观点展开，不能仅仅固守己方的观点，还要进一步批驳对方观点，指出其错误之处，从而正本清源，还原事实本来面目。五是准确性。法庭辩论中，控辩双方除了立足自己的观点进行阐述外，更重要的反驳方法就是对对方不准确、不严谨、不规范的语言和观点进行驳斥，这就要求公诉人在答辩中注意使用法言法语和规范性语言，做到用语严谨、逻辑缜密，避免因言语上的疏漏影响案件的认定。

（二）公诉人进行法庭辩论的工作要求

为确保法庭辩论的质量和效果，公诉人要围绕法庭辩论着重做好以下几方面工作：一是充分预测辩点，拟定答辩提纲。答辩提纲要充分预测辩方观点、展现指控思路，在全面掌握案件证据的基础上，将所有可能在辩论环节出现的争议问题进行预设并自我解答，再根据法庭调查过程中的讯问结果及质证意见随时调整思路，确保在辩论中游刃有余。在准备答辩提纲过程中，公诉人应根据需要，尽量再次认真细致地从形式到实质对作为定案根据的证据进行针对性审查。要对证据的收集、固定等程序进行规范审查，依照操作规范严格排除非法证据，补强瑕疵证据。

二是强化说理论证，注重理论支撑。法庭辩论中，公诉人不仅要运用法理分析证据采信的合理性，还要说明具体个案与抽象法律规定如何建立联系、客观事实如何解释并抽象成法律事实，如果缺少说理论证，公诉人仅仅聚焦证据审查、认定案件事实的逻辑过程便难以奏效。新时代检察工作需要检察人员具备与新型刑事指控体系相匹配的理论储备。首先，就法学基础理论而言，要学习思考，多接触经典、疑难案例，重视研究刑法理论中的难重点与热点。其次，就法学实务理论而言，要深入了解案件背后的社会问题，分析现象背后的社会观念及经济文化理念，从实务角度推动刑法理论落地，实现更高层次的公平与效率的统一。

三是围绕焦点问题，予以重点答辩。庭审中，要结合在案证据情况，在答辩提纲的基础上，进一步总结提炼法庭辩论焦点，适时调整法庭辩论的方向以及对策，答辩要详略得当，更要分清孰轻孰重，对于法庭调查环节中暴露的争议焦点问题要重点关注，非重点问题可以归纳总结后进行集中答辩。要仔细聆听并记录辩方观点中影响事实认定、行为定性及量刑的部分。在发表公诉意见时，主要从事实认定、证据采信、案件定性、量刑分析四个方面刻画全案的基本脉络。对于疑难、争议较大的案件，庭前准备时要突出层次，发表公诉意见时可以只作一般阐述，在答辩发言时再针对辩方主要观点进行辩驳。答辩过程中，要紧紧围绕起诉书指控的内容，以证据为中心，通过严密的逻辑层层递进，最终实现升华。对于复杂案件，要善于总结归纳，对于控辩双方争议的焦点做到心中有数。因此，公诉人在庭审中要认真倾听辩护人、被告人的意见，抓住关键词，迅速记录，每个要点要标注序号，要点下面相应地留出空白，便于增加答辩内容。

四是逻辑严谨、符合情理。答辩内容要注重条理。案件包含多位被告人的，可以分别答辩。针对具体问题，可从不同角度进行分析论证，对于事实部分叙述要清楚、完整，对于证据的运用要准确、灵活，注重辩论内容的规范性与逻辑性。通过换位思考，预判辩护人意见，从辩护人、被告人、社会公众角度审视公诉意见，对要发表的公诉意见进行有针对性准备，对可能引起控辩双方争议的证据和问题进行严格审查和充分阐述，不断提升审查过滤证据和指控证明犯罪的能力。同时，答辩内容也要立足于社会一般道德观念和情感价值，充分考虑司法结论的公众认可度。这要求公诉人在庭审过程中不仅需对犯罪事实、证据、情节以及产生的结果等进行详细阐述，还要结合证据对指控罪名进行深入论证，才能使一般社会公众理解并认同指控观点。

五是语言规范、语气平和。公诉人对庭审发言材料要字斟句酌，做到简洁凝练；语言文字表述不仅要求法言法语，而且要注重规范性、严谨性。同时，要做到语气平和。法庭辩论中，公诉人除了业务能力要过关，还要具备优良的心理素质，做到头脑清醒，思维敏捷，反应迅速，主动出击，发言要把握分寸和尺度，做到充分尊重和保障辩护权，特别是注意保护被告人自我辩护的权利。让耐心倾听律师意见成为公诉人的基本素质，始终做到有理有利有节，与辩护人理性平和论辩。

第五节　庭审突发情况应对

刑事案件法庭审理阶段，因庭审参与人员相对较多，不仅包括审判人员、公诉人、被告人、辩护人，还可能包括被害人及其诉讼代理人、证人、鉴定人、侦查人员等，对于公开开庭审理的案件一般还有旁听群众在场，由于各方在刑事案件中的地位角色不同，加之庭审过程往往是矛盾争议集中出现的场域，导致庭审中可能随时出现突发情况。其中，既包括当事人、辩护人等庭审参与人员在庭审中出现妨害诉讼等不当行为，也包括庭审中被告人翻供、证人翻证、证据突袭、当庭查明的事实与起诉书认定事实不一致或量刑建议需要调整等情况，甚至包括诉讼程序因法定事由需要更换，这就要求公诉人对庭审过程中可能出现的突发情况必须提高预见和有效应对能力。

一、庭审突发情况概述

庭审突发情况，一般是指在庭审中突然发生，严重损害司法权威、妨碍诉讼活动、影响审判程序正常进行、危及庭审参与人员安全、造成或可能造成重大人员伤亡、财产损失等后果，需要采取应急措施予以应对的紧急情况。

刑事案件庭审中，尤其是被告人不认罪、辩护人作无罪辩护的案件，在事实认定、法律适用等方面存有较大分歧的案件以及具有重大社会影响的案件中，出现庭审突发情况的概率较大。同时由于庭审突发情况具有发生的突然性、发展的不确定性、危害的严重性、时间的紧迫性等特点，一旦未能得到及时妥善处理，轻则导致庭审效果大打折扣，重则将会造成庭审秩序混乱甚至产生其他恶劣后果，损害国家司法权威。因此，庭审中如何有效处置庭审突发情况非常考验公诉人及审判人员的驾驭庭审能力以及应激反应能力。

二、庭审突发情况的特点

如前所述，庭审突发事件除具有发生的突然性、发展的不确定性、危害的严重性、时间的紧迫性等特点外，一般还具有以下几个特点：

一是人身危险性。刑事案件庭审过程是诉讼各方矛盾争议高度聚集的区域，尤其是被告人与被害人双方矛盾较深，难以化解的案件，以及涉案人员多、参与旁听人员多的案件，所出现的突发事件可能带有一定人身危险性，所针对的对象既包括刑事案件的被告人、被害人、辩护人、诉讼代理人，还包括审理案件的审判人员以及公诉人和旁听人员等，一旦处置不当，后果不堪想象。

二是处置复杂性。正如前文所述，庭审过程中可能出现的突发情况复杂多样，既可能包括当事人、辩护人等庭审参与人员在庭审中出现妨害诉讼等不当行为，也可能包括庭审中被告人翻供、证人翻证、证据突袭、当庭查明的事实与起诉书认定事实不一致或量刑建议需要调整等情况，面对不同类型的庭审突发情况，需要采取与之相对应的应对策略，这也决定了庭审突发情况的处置带有一定复杂性。

三是社会影响性。检察机关代表国家行使犯罪追诉职权，人民法院代表国家行使审判职权，事关国家的尊严和形象，各种庭审突发情况的发生，除了造成或可能造成人员伤亡和财产损失、影响审判活动正常进行以外，更为重要的是严重损害国家司法权威，妨碍公诉和审判活动。比如，在刑事案件审判过程中，一旦出现当事人闹庭，或者旁听人员起哄闹事、冲击法庭、冲击公诉人等情况，将会直接导致庭审活动中断，更为严重的是检察机关、审判机关在人民群众中的权威将受到严重损害。

三、庭审突发情况的应对原则

（一）严格依法

公诉人在处置庭审突发情况时要秉持严格依法原则，区分不同突发情况的类型，严格按照法律、司法解释等规定的要求和程序依法进行处置，做到头脑清醒、从容应对，切忌自乱阵脚、慌忙应对。

（二）及时有效

庭审突发情况所具有的突然性和紧迫性特点，决定了公诉人在应对时要注重及时有效的原则。所谓及时，要求公诉人必须当庭果断形成处理决定，避免因时间耽搁而延误处置的最佳时机；所谓有效，要求公诉人的处理决定必须能够妥善解决庭审突发情况，避免因处置措施失当而致使事态进一步扩大。此外，需要强调的是，虽然庭审突发情况具有突然性特点，但这并不意味着相关情况在庭审完全无法预判，因此，公诉人在庭审前要结合案件实际对庭审中可能出现的突发情况进行预判，以确保当庭处置及时有效。

（三）服从法庭指挥

根据《最高人民法院关于适用〈中华人民共和国刑事诉讼法〉的解释》第306条规定，"庭审期间，全体人员应当服从法庭指挥"，因此，公诉人在处置庭审突发情况时，要注重服从法庭的指挥，对需要法庭准许的事项要向法庭报告同意后进行。

四、不同情形庭审突发情况的应对

（一）对于可能影响案件实体处理的庭审突发情况的应对

1. 对被告人、辩护人当庭提交新证据的应对

被告人、辩护人当庭提交新证据，是庭审中经常遇到的情况，由于部分新证据可能影响案件事实认定，因此公诉人应当作出有效应对。

根据《最高人民法院关于适用〈中华人民共和国刑事诉讼法〉的解释》第 221 条规定，开庭审理前，人民法院应当通知当事人、法定代理人、辩护人、诉讼代理人在开庭五日以前提供证人、鉴定人名单，以及拟当庭出示的证据；《人民检察院刑事诉讼规则》第 420 条规定，在法庭审判过程中，被告人、辩护人向法庭出示公诉人不掌握的与定罪量刑有关的证据，需要调查核实的，公诉人可以建议法庭延期审理；根据《人民检察院公诉人出庭举证质证工作指引》第 64 条规定，公诉人应当认真审查辩护方向法庭提交的证据。对于开庭五日前未提交给法庭的，可以当庭指出，并根据情况，决定是否要求查阅该证据或者建议休庭；属于下列情况的，可以提请法庭不予采信：（1）不符合证据的真实性、关联性、合法性要求的证据；（2）辩护人提供的证据明显有悖常理的；（3）其他需要提请法庭不予采信的情况。对辩护方提出的无罪证据，公诉人应当本着实事求是、客观公正的原则进行质证。对于与案件事实不符的证据，公诉人应当针对辩护方证据的真实性、关联性、合法性提出质疑，否定证据的证明力。对被告人的定罪、量刑有重大影响的证据，当庭难以判断的，公诉人可以建议法庭休庭或者延期审理。

按照上述规定，对于被告人、辩护人当庭提交的新证据，公诉人应当首先向法庭指出辩护方当庭提交新证据违反了开庭五日前提交的规定，并根据情况决定是否要求查阅该证据或者建议休庭；其次要围绕被告人、辩护人当庭提交新证据的"真实性、关联性、合法性"进行审查并发表质证意见，对于审查后认为该证据不符合"真实性、关联性、合法性"要求或者明显有悖常理的，可以建议法庭不予采信；对于对被告人的定罪、量刑有重大影响的证据，公诉人当庭难以作出判断的，可以建议法庭休庭或者延期审理，并在庭审后对所涉证据进行细致审查。

2. 对庭审中出现证据合法性问题的应对

证据的合法性证明是公诉人在庭审中经常遇到的突发情况，在辩护方对证据合法性提出异议且法院启动调查程序时，公诉人必须作出有效应

对，切实履行证据合法性的证明职责，巩固证据体系。

根据《人民检察院刑事诉讼规则》第 410 条规定："在法庭审理过程中，被告人及其辩护人提出被告人庭前供述系非法取得，审判人员认为需要进行法庭调查的，公诉人可以通过出示讯问笔录、提讯登记、体检记录、采取强制措施或者侦查措施的法律文书、侦查终结前对讯问合法性进行核查的材料等证据材料，有针对性地播放讯问录音、录像，提请法庭通知调查人员、侦查人员或者其他人员出庭说明情况等方式，对证据收集的合法性加以证明。审判人员认为可能存在刑事诉讼法第五十六条规定的以非法方法收集其他证据的情形，需要进行法庭调查的，公诉人可以参照前款规定对证据收集的合法性进行证明。公诉人不能当庭证明证据收集的合法性，需要调查核实的，可以建议法庭休庭或者延期审理。在法庭审理期间，人民检察院可以要求监察机关或者公安机关对证据收集的合法性进行说明或者提供相关证明材料。必要时，可以自行调查核实。"

按照上述规定，对于被告人、辩护人当庭对被告人庭前供述的合法性提出异议，且审判人员认为需要调查的，公诉人要切实履行证据合法性的证明责任。在证明方式的选择上，公诉人可以通过出示被告人庭前所做的讯问笔录、提讯登记、体检记录、采取强制措施或者侦查措施的法律文书、侦查终结前对讯问合法性进行核查的材料等证据材料，有针对性地播放讯问录音、录像，提请法庭通知调查人员、侦查人员或者其他人员出庭说明情况等方式，对证据收集的合法性加以证明。如果公诉人根据公诉人证据材料，不能当庭证明证据收集的合法性，需要进一步调查核实的，可以建议法庭休庭或者延期审理。此种情况下，人民检察院可以要求监察机关或者公安机关对证据收集的合法性进行说明或者提供相关证明材料。由检察机关自行调查核实更合适的，也可以开展自行调查核实。

3. 对当事人及其辩护人、诉讼代理人当庭申请通知新的证人到庭、调取新证据、重新鉴定或勘验的应对

实践中，当事人及其辩护人、诉讼代理人当庭申请通知新的证人到庭、调取新的物证、进行重新鉴定或勘验，在不认罪认罚案件庭审中较为常见，有必要对公诉人如何区分情况进行有效应对作出规定。

根据《刑事诉讼法》第 197 条第 1 款规定："法庭审理过程中，当事人和辩护人、诉讼代理人有权申请通知新的证人到庭，调取新的物证，申请重新鉴定或者勘验。"《最高人民法院关于适用〈中华人民共和国刑事诉

讼法〉的解释》第 228 条第 1 款规定："庭前会议可以就下列事项向控辩双方了解情况，听取意见：……（六）是否申请重新鉴定或者勘验；（七）是否申请收集、调取证明被告人无罪或者罪轻的证据材料；（八）是否申请证人、鉴定人、有专门知识的人、调查人员、侦查人员或者其他人员出庭，是否对出庭人员名单有异议……"同时本条第 3 款规定，"控辩双方没有新的理由，在庭审中再次提出有关申请或者异议的，法庭可以在说明庭前会议情况和处理决定理由后，依法予以驳回"。

按照上述规定，公诉人首先应当认识到申请通知新的证人到庭，调取新的物证，申请重新鉴定或者勘验是当事人及其辩护人、诉讼代理人享有一项重要的诉讼权利，对于符合条件的案件，法庭在征求公诉人意见时，公诉人应当准许。与此同时，公诉人要注意认真听取当事人及其辩护人、诉讼代理人提出上述申请的理由和依据，以及上述申请旨在证实的案件事实或解决的争议问题，以确定上述申请的必要性，对于案件已经达到事实清楚，证据确实、充分或者当事人及其辩护人、诉讼代理人的申请理由明显不成立的，公诉人可以建议法庭予以驳回。此外，对于已经召开庭前会议，且控辩双方在庭前会议中已就是否申请重新鉴定或者勘验、是否申请证人等出庭、是否调取新证据等事项达成一致意见，而当事人及其辩护人、诉讼代理人在没有新的理由当庭再次提出上述申请的，公诉人可以根据庭前会议决议情况建议法庭予以驳回。

（二）对可能影响庭审活动顺利进行的突发情况的应对

1. 庭审中诉讼参与人或者旁听人员违反法庭纪律严重干扰庭审活动顺利进行时的应对

司法实践中，诉讼参与人或者旁听人员因情绪失控或发泄不满等原因，可能出现鼓掌、喧哗等起哄闹庭甚至对审判人员、公诉人、其他诉讼参与人或旁听人员进行言语辱骂、人身攻击等行为，上述情况的出现不仅严重影响庭审活动的顺利进行，还对司法权威造成严重危害后果，为确保庭审顺利进行，公诉人应当及时建议法庭予以制止和警告、责令带出法庭，构成犯罪的依法追究刑事责任。

根据《最高人民法院关于适用〈中华人民共和国刑事诉讼法〉的解释》第 307 条第 1 款、第 2 款规定："有关人员危害法庭安全或者扰乱法庭秩序的，审判长应当按照下列情形分别处理：（一）情节较轻的，应当警告制止；根据具体情况，也可以进行训诫；（二）训诫无效的，责令退出法庭；拒不退出的，指令法警强行带出法庭；（三）情节严重的，报经院长批准后，可以对行为人处一千元以下的罚款或者十五日以下的拘留。未经许可对庭审活动进行录音、录像、拍照或者使用即时通讯工具等传播庭审活动的，可以暂扣相关设备及存储介质，删除相关内容。"第308条第1款、第2款规定："担任辩护人、诉讼代理人的律师严重扰乱法庭秩序，被强行带出法庭或者被处以罚款、拘留的，人民法院应当通报司法行政机关，并可以建议依法给予相应处罚。"第309条规定："实施下列行为之一，危害法庭安全或者扰乱法庭秩序，构成犯罪的，依法追究刑事责任：（一）非法携带枪支、弹药、管制刀具或者爆炸性、易燃性、毒害性、放射性以及传染病病原体等危险物质进入法庭；（二）哄闹、冲击法庭；（三）侮辱、诽谤、威胁、殴打司法工作人员或者诉讼参与人；（四）毁坏法庭设施，抢夺、损毁诉讼文书、证据；（五）其他危害法庭安全或者扰乱法庭秩序的行为。"

按照上述规定，对于庭审中诉讼参与人或者旁听人员实施上述扰乱法庭秩序的行为，审判长应当及时予以制止。审判长没有制止的，公诉人应当建议审判长予以制止和警告，要求诉讼参与人或者旁听人员遵守法庭纪律。对诉讼参与人或者旁听人员不听劝阻的，公诉人可以建议审判长对诉讼参与人或者旁听人员进行训诫。训诫无效的，可以建议审判长责令诉讼参与人或者旁听人员退出法庭，对拒不退出法庭的，可以建议审判长指令司法警察将诉讼参与人或者旁听人员强行带出法庭，以维护法庭审理秩序，保证法庭审判活动的顺利进行。

2. 辩护人当庭拒绝为被告人辩护或被告人当庭拒绝辩护人为其辩护的应对

根据《最高人民法院关于适用〈中华人民共和国刑事诉讼法〉的解释》第311条规定："被告人在一个审判程序中更换辩护人一般不得超过两次。被告人当庭拒绝辩护人辩护，要求另行委托辩护人或者指派律师的，合议庭应当准许。被告人拒绝辩护人辩护后，没有辩护人的，应当宣布休庭；仍有辩护人的，庭审可以继续进行。有多名被告人的案件，部分被告人拒绝辩护人辩护后，没有辩护人的，根据案件情况，可以对该部分被告人另案处理，对其他被告人的庭审继续进行。重新开庭后，被告人再次当庭拒绝辩护人辩护的，可以准许，但被告人不得再次另行委托辩护人或者要求另行指派律师，由其自行辩护。被告人属于应当提供法律援助的情形，重新开庭后再次当庭拒绝辩护人辩护的，不予准许。"第312条规定："法庭审理过程中，辩护人拒绝为被告人辩护，有正当理由的，应当准许；是否继续庭审，参照适用前条规定。"

按照上述规定，辩护人拒绝为被告人辩护，被告人要求另行委托辩护人的，合议庭应当准许。辩护人拒绝为被告人提供辩护后，仍有辩护人的，合议庭可以听取被告人的意见，决定是否继续开庭审理。没有辩护人的，被告人坚持自行辩护且不属于应当提供法律援助情形的，合议庭应当准许；被告人要求另行委托辩护人或者申请法律援助机构指派律师为其提供辩护，合议庭应当宣布休庭。对于有多名被告人的案件，部分辩护人拒绝为被告人提供辩护后，仍有辩护人的，合议庭可以听取被告人的意见，决定是否继续审理。没有辩护人的，除被告人坚持自行辩护且不属于应当提供法律援助情形的，合议庭可以根据案件情况，由被告人另行委托辩护人或者申请法律援助机构指派律师为其辩护，或者对该被告人另案处理，对其他被告人的法庭审理继续进行。重新开庭后，被告人另行委托的辩护人或者申请法律援助机构指派律师为其辩护，法庭上辩护人再次拒绝为被告人辩护的，合议庭应当准许，但被告人不得再次要求另行委托辩护人或者申请法律援助机构指派律师为其辩护，由被告人自行辩护。对于盲、聋、哑人，未完全丧失辨认或者控制自己行为能力的精神病人，或者可能被判处无期徒刑、死刑的人以及未成年被告人，法庭重新开庭时，法律援助机构指派的律师当庭拒绝为被告人提供辩护的，合议庭应当不予准许。

3. 庭审中被告人突发疾病的应对

根据《最高人民法院关于适用〈中华人民共和国刑事诉讼法〉的解释》第605条第1款规定："因被告人患有严重疾病导致缺乏受审能力，无法出庭受审，中止审理超过六个月，被告人仍无法出庭，被告人及其法定代理人、近亲属申请或者同意恢复审理的，人民法院可以根据刑事诉讼法第二百九十六条的规定缺席审判。"《人民检察院刑事诉讼规则》第511条规定："因被告人患有严重疾病无法出庭，中止审理超过六个月，被告人仍无法出庭，被告人及其法定代理人、近亲属申请或者同意恢复审理的，人民检察院可以建议人民法院适用缺席审判程序审理。"

对于被告人在庭审中突发严重疾病情形，公诉人要从切实保障被告人权益的角度出发，立即建议合议庭休庭，并对被告人进行救治，根据被告人身体恢复情况视情恢复法庭审理或由法庭裁定中止审理。对于被告人患有严重疾病无法出庭，中止审理超过六个月，被告人仍无法出庭，被告人及其法定代理人、近亲属申请或者同意恢复审理的案件，人民检察院可以建议人民法院适用缺席审判程序审理。

五、指控及诉讼程序变更

人民检察院在人民法院宣告判决前，发现有遗漏同案犯罪嫌疑人或者遗漏罪行可以一并起诉审理的，应当要求侦查机关补充移送起诉或者补充侦查；对于犯罪事实清楚，证据确实、充分的，可以直接追加、补充起诉；发现被告人的真实身份或者犯罪事实与起诉书中叙述的身份或者指控犯罪事实不符的，或者事实、证据没有变化，但罪名、适用法律与起诉书不一致的，可以变更起诉。人民检察院在人民法院宣告判决前，发现遗漏罪行，且属于监察机关管辖，犯罪事实清楚，证据确实、充分，符合起诉条件的，经书面征求监察机关意见后，可以补充起诉。监察机关提出不同意见，或者遗漏罪行事实不清、证据不足的，人民检察院应当及时将线索移送监察机关。

人民检察院在人民法院宣告判决前，发现案件存在证据不足或证据发生变化，不符合起诉条件等情形，经检察长批准，可以撤回起诉。对于撤回起诉的案件，没有新的事实或者新的证据，人民检察院不得再行起诉。

对于告诉才处理的案件、被害人有证据证明的轻微刑事案件，被害人向人民法院提起自诉，人民检察院发现有证据证实该案属于公诉案件的，应当建议人民法院说服自诉人撤回起诉或者裁定不予受理；已经受理的，应当建议人民法院说服自诉人撤回起诉或者裁定终止审理。同时，以检察建议的方式或者通过立案监督程序，通知侦查机关立案侦查，侦查机关侦查终结后，符合起诉条件的，依法提起公诉。

人民检察院在人民法院适用速裁程序审理案件过程中，发现有不宜适用速裁程序审理情形的，应当建议转为普通程序或者简易程序重新审理；发现有不宜适用简易程序审理情形的，应当建议转为普通程序重新审理。诉讼程序转换后，公诉人应当重新梳理全案证据，及时调整指控策略，有针对性地做好出庭工作。

另外，人民检察院办理二审、再审、申诉程序等案件，应当坚持全面审查原则，把握全案证据，重点围绕有争议的事实、证据进行审查，必要时补充、完善新的证据，接续巩固刑事指控体系，同时监督纠正一审等先前程序中的错误决定或者裁判。

第七章　健全制度机制

第一节　完善刑事指控工作机制

推动构建以证据为中心的刑事指控体系是一项系统工程，具体到检察机关内部，需要积极适应刑事司法现代化要求，健全完善检察一体化履职、跨区域协同履职、自行补充侦查与调查核实、指控能力建设、数字检察战略等相关配套制度机制，奋力推进检察机关刑事指控工作提质增效。

一、完善一体化、跨区域协同履职机制

检察一体化，是用以确定检察机关组织结构并指导检察官履行职务的一项重要原则，其基本含义是检察机关作为一个系统性的整体，检察机关及其所属检察官基于领导关系，依法履行上级的指示命令，其精神实质在于保障检察权的统一行使。宪法从组织体系方面对检察一体原则进行了规定，人民检察院组织法、检察官法等相关法律从权力运行、人员调配等不同侧面对检察一体原则作了具体规定。《宪法》第 137 条规定："最高人民检察院领导地方各级人民检察院和专门人民检察院的工作，上级人民检察院领导下级人民检察院的工作。"《人民检察院组织法》第 10 条第 2 款也作了相同规定。《人民检察院组织法》第 24 条第 1 款规定："上级检察院对下级检察院行使下列职权：（一）认为下级人民检察院的决定错误的，指令下级人民检察院纠正，或者依法撤销、变更；（二）可以对下级人民检察院管辖的案件指定管辖；（三）可以办理下级人民检察院管辖的案件；（四）可以统一调用辖区的检察人员办理案件。"

具体到刑事检察工作中，要充分发挥检察一体化履职的职能优势，不断完善一体化履职、跨区域协同履职工作机制，切实提升刑事案件办案质效。一是要健全上级检察机关对下级检察机关的检查和指导机制，加大上级检察机关管理监督、检查督导和组织协调力度，强化上级检察机关对下级检察机关的领导关系，提高上级检察院的决策、领导能力，确保下级检

察院自觉贯彻上级检察院指示、决定，落实其安排部署。二是要强化案件备案实质化审查机制，对于无罪、不起诉、不批准逮捕等重点案件，应当努力做到应备必备、有备必审、有错必纠，既从形式上审查规范性问题，也从实质上审查实体和程序问题，及时发现解决下级检察机关监督办案中存在的问题，特别是对下级检察机关的错误决定，应当指令纠正，或者依法撤销、变更。对下级检察机关未尽监督事项需要继续监督的，发挥上级检察机关决疑、纠偏的功能与优势，接续接力监督，提升整体监督质效。三是要健全横向沟通协作机制，实现履职相互配合、优势互补。坚持系统思维，敏于、善于发现司法办案中互涉的问题线索，通过健全完善院内、部门间案件线索移送、案件研判会商、案件信息共享等工作制度，一体推进融合履职的法律监督工作模式，对案件办理过程中存在的程序、实体方面的非常规问题，可能涉及司法工作人员违法、职务犯罪的，应当及时移送相关业务部门依法办理，从而打破部门壁垒、职能界限，实现办案一体化、人员调配一体化、资源配置一体化、案件管理一体化，集中优势资源做强法律监督主责主业。四是探索实现跨区域协作办案机制，对于一些重大复杂敏感案件以及跨地区跨区域性案件，仅靠一地检察机关很难实现高质效办理案件，要积极探索建立健全跨区域检察协作机制，统一办案标准；完善管辖权会商机制，避免因管辖权争议影响办案效率；完善异地办案调查取证协作机制，提升异地办案效率；利用一体化优势，统一调配区域内检察人员办理疑难复杂案件，让检察人员在办理疑难复杂案件过程中提升能力水平。五是强化一体推进，注重资源融合。不同层级检察机关的人才各有各自不同的特点和专长，要相互取长补短，通过上挂下派、上下共同组成办案组等方式，加强检察人员上下交流。针对不同地域案件类型的差异，加大东西部人员的交流互遇，有意识地让检察人员参与到一些新类型案件的办理，如涉金融、知识产权、互联网案件，综合提升各地域检察人员的综合素养。

二、完善自行补充侦查工作机制

根据刑事诉讼法的规定，在刑事诉讼过程中检察机关在审查起诉环节发现案件在事实、证据等方面存在问题，需要继续侦查的，可以依照法定程序将案件退回原侦查机关补充侦查，也可以自行补充侦查。自行补充侦查不仅是对最初侦查工作的查漏补缺，也是对提起公诉案件质量的有力保障，检察机关开展自行补充侦查工作，具有完善证据体系、保障公诉权行使、有效监督侦查活动的重要作用，对更好地惩治犯罪、提升工作效率、有效保障人权具有重要意义。

（一）开展自行补充侦查的重要意义

检察机关开展自行补充侦查，有利于完善证据体系，提高办案质效。在以审判为中心的刑事诉讼制度改革背景下，庭审更加注重证据，加之庭审中控辩双方的对抗性日益增强，这对检察机关指控犯罪和对审查起诉阶段证据的审查把关能力提出了更高要求。检察机关在遵循证据裁判规则的前提下，对侦查机关提交的证据材料进行真实性、合法性和客观性方面的审查，但仅通过审查侦查卷宗不仅对证据审查缺乏亲历性，而且在证据不充分时无法直接根据侦查卷宗作出明确的判断。再者，一些案件经过退回补充侦查后，公安机关怠于侦查或者补充证据后可能仍达不到相关证明要求。检察机关通过开展自行补充侦查，一方面，可以完善证据体系，实现对侦查方向的有力引导。在自行补充侦查中针对侦查案卷中反映的事实和证据问题进行侦查，并以审查起诉阶段的证据标准进一步核实证据、排除非法证据、补充证据，完善证据体系，有效弥补公安机关收集证据的缺陷，确保案件实体真实，保证客观公正，增强检察官办案的亲历性，保障检察职能的有效发挥。同时，在自行补充侦查过程中发现某一类案件中普遍存在的取证程序违法、案件定性错误导致侦查方向偏离等诸多侦查活动问题，通过探究该问题产生的原因，帮助侦查机关避免再犯此类错误，从而提高案件办理质量。另一方面，还可以缩短审查起诉时间，提高诉讼质效。检察机关针对审查起诉案件中退回补充侦查效果不佳的或者取证时间紧迫的情况，通过自行补充侦查，可以及时获取并固定证据，有效降低案件退回补充侦查数量，减少不必要的诉讼环节，提升指控犯罪的精准度，提高审查起诉的质量和效率。

检察机关开展自行补充侦查有利于实现权力制衡和侦查活动监督。自行补充侦查的案件范围为公安机关管辖的所有案件，并且与审查起诉职能紧密结合，是检察机关监督侦查活动的方式之一，可与立案监督等其他监督方式实现互补，从而形成监督合力，提升监督质效。一方面，自行补充侦查的启动权属于检察机关，并且凡是由公安机关管辖的刑事案件在符合自行补充侦查的情形时均可适用，在监督方式上更为主动。另一方面，可实现动态性的侦查监督。检察机关监督侦查活动的方式主要依赖于公安机关的侦查卷宗，但书面侦查卷宗无法完整生动地展现诸如可能涉嫌违法的侦查活动的全过程。在审查起诉阶段检察机关通过自行补充侦查，由检察官参与侦查活动，转变传统的侦查监督方式，能够增加其亲历性和参与性。

（二）检察机关开展自行补充侦查的原则

一是补充性原则。自行补充侦查是检察机关在原有侦查机关，如公安机关、监委的侦查或者调查活动的基础上，对个别证据开展进一步查证核实的诉讼活动。检察机关行使自行补充侦查权时应当坚持补充性原则，只有检察官需要增加亲历性以增强内心确信、实现对案件事实的客观判断和对证据的理性认定时，才能对部分事实开展侦查活动，收集固定证据。二是效益原则。检察机关行使自行补充侦查权时应考虑案件办理效率。检察机关在决定自行补充侦查时，应当从侦查的便利程度、取证的紧迫性、办案时间长短以及犯罪嫌疑人权利的保障等方面考虑，如果开展自行补充侦查更为适宜的，则不应退回补充侦查。三是协作原则。检察机关行使自行补充侦查权时需要加强内外部协作。首先，强化内部协作。如果犯罪嫌疑人对鉴定意见存在异议需要重新鉴定时，则需要由检察机关案件承办人与技术部门专业人员进行及时沟通，对案件的有关证据进行重新鉴定。其次，强化外部协作。检察机关应与侦查机关加强沟通配合，必要时可要求侦查机关提供相应的协助或配合。

（三）健全自行补充侦查机制的路径和方法

1. 进一步规范细化自行补充侦查的适用

首先，自行补充侦查是"必要"补充。无论是办理职务犯罪案件还是普通刑事案件，认为犯罪事实不清、证据不足或者存在遗漏罪行、遗漏同案犯罪嫌疑人等情形需要补充侦查的，都应当以退回补充侦查（调查）为主，自行补充侦查为辅。一般而言，检察机关开展自行补充侦查，主要适用于以下情形：侦查机关采取刑讯逼供等违法手段获取有罪供述的；侦查人员故意制造虚假证据材料的；检察机关退回侦查机关补充侦查的案件，侦查机关不作为、怠于履行侦查职责，重报后达不到检察机关补充侦查要求的；侦查机关与检察机关在案件定性和侦查方向上有重大分歧的。同时对于案件有部分证据需要查证，在检察机关有能力查证并对案件处理较为有利的情况下，可以由检察机关自行补充侦查。主要包括两种情形，一是非主要犯罪事实未查实，仅需要补充收集个别证据，如对单一或矛盾言词类证据的核实；二是证据易于补充侦查或者容易灭失、取证时间紧迫且对量刑有影响的。其次，制定自行补充侦查工作规范。明确自行补充侦查的地位作用，细化启动条件、工作流程、补查重点、配套措施等内容，让检察人员知道哪些情况应当自行补充侦查，如何开展自行补充侦查工作，便于检察人员操作实施，提高自行补充侦查的主动性。最后，完善追责问责工作机制。对不正确进行自行补充侦查，造成严重后果的，依法追究司法责任，从而督促检察人员增强责任意识，增加开展自行补充侦查的工作意识。

2. 激励引导检察人员正确行使自行补充侦查权

首先，对自行补充侦查予以激励。目前，不仅自行补充侦查激励机制不足，而且如果因为自行补充侦查影响了办案流程，或是引发了信访矛盾，都有可能对案件承办人进行追责，权责不统一。其次，发布自行补充侦查指导性案例或典型案例。充分发挥案例的示范作用，提高检察人员开展自行补充侦查的意识，引导其主动规范开展自行补充侦查工作，更好地履行检察机关在刑事诉讼中的主导责任，强化检察机关法律监督权威。最后，加大表彰奖励力度。对开展自行补充侦查工作效果好，案件办理质效高，成绩突出、表现优秀的办案人员进行表彰奖励，激发检察人员依法开展自行补充侦查工作的积极性。

3. 持续提升检察机关自行补充侦查能力

首先，主动适应新形势新任务新要求，把侦查能力培养作为检察人员素能提升的重要组成部分，通过专题培训、经验交流、跟班学习等形式，切实提高检察人员的自行补充侦查能力。其次，探索检察技术、法警协助配合自行补充侦查工作机制。由技术人员、法警协助检察人员开展自行补充侦查工作，在弥补案多人少不足的同时，更好发挥技术人员、法警专业优势，坚持检察一体化形成工作合力，提高自行补充侦查能力水平。最后，加强督促突出质效。牢固树立"高质效办好每一个案件"这一基本价值追求，通过高质效开展好每一次自行补充侦查工作，保障国家法律统一正确实施，让人民群众可感受、能感受、感受到公平正义。

4. 强化与监察机关、公安机关的沟通协调

严格执行国家监察委员会、最高人民法院、最高人民检察院、公安部《关于加强和完善监察执法与刑事司法衔接机制的意见（试行）》规定，需要自行补充侦查职务犯罪案件的，主动商请监察机关。需要公安机关配合检察机关自行补充侦查的，应认真落实最高人民检察院、公安部《关于

加强和规范补充侦查工作的指导意见》的规定，确保自行补充侦查工作顺利进行。严格把握自行补充侦查的启动条件，规范工作程序，提高取证标准，确保自行补充侦查工作的针对性和有效性，慎重开展自行补充侦查工作。持续加强自行补充侦查法律监督作用，检察机关作为法律监督机关，要敢于监督、善于监督、依法监督，充分履行刑事诉讼法和监察法赋予的自行补充侦查权，切实守护好公平正义，增强人民群众的司法获得感、幸福感、安全感。

三、完善调查核实工作机制

（一）检察机关调查核实权的内涵

所谓调查核实，顾名思义，包含调查、核实两项内容。调查，是指为了解情况进行考察，核实是指审核是否属实。从狭义上讲，检察机关的调查核实是指刑事诉讼法规定的人民检察院接到报案、控告、举报或者发现侦查人员以非法方法收集证据的，依法进行的调查、审核工作。广义上的调查核实，不仅包括对非法取证行为开展的调查核实，还包括公安机关、人民检察院开展的查明案情工作和有关强制措施是否合法。《人民检察院刑事诉讼规则》采用列举方式说明了人民检察院侦查监督的对象，即采用了广义的调查核实概念。① 调查核实作为检察机关行使法律监督职权的一项权能和措施，对于确保各项法律监督职权正确、有效行使发挥着重要的保障作用。②

（二）刑事诉讼中检察机关行使调查核实权的必要性

1. 调查核实是行使检察权的重要体现

从权力属性上看，调查核实权从属于检察权。检察权是一种司法权，也是一种判断权，是一种辨别是非、调解利益、定分止争的权力。司法权要求以事实为依据，而判断权指向的对象是需要经过证明了的法律事实，这就需要检察官进行调查核实。《人民检察院组织法》第21条规定，"人民检察院行使本法第二十条规定的法律监督职权，可以进行调查核实"，即调查核实权以行使法律监督职权为规范依据，是法律监督的派生性、辅助性权力，是检察机关履行法律监督的前置性方法和手段。

---

① 参见郭富选、程传华：《侦查活动监督调查核实权研究》，载《北京政法职业学院学报》2020年第1期。

② 参见高翼飞：《检察机关的调查核实权及其实现路径》，载《检察日报》2019年3月18日。

2. 有利于检察机关核实疑问、查明事实、收集证据

侦查活动监督事项不同于处理刑事犯罪，更多的是对于侦查过程中产生的问题进行调查核实，确定某项不规范行为是否客观存在。事实需要证据来表达和陈述，而调查核实的过程也是收集证据的过程，收集、固定与监督事项或者待证事实相关的书证、物证、证人证言、视听资料等，这也是向被监督机关提出意见或者建议的重要依据。

3. 有利于维护和保障当事人的合法权益

犯罪嫌疑人在侦查阶段大部分处于看守所、监狱等监管场所，这些场所具有封闭性，被监管人与侦查人员不具有平等的社会主体关系，其权利一旦遭受侵害，检察机关几乎是其唯一的合法维权渠道。检察机关合理运用调查核实权，办理好事关人民群众切身利益的每一起案件，才能切实维护当事人的合法权利。

（三）刑事诉讼中检察机关调查核实权的完善途径

1. 丰富调查核实的实施方式

相对以往案牍式的坐堂阅卷，应更多适用询问、讯问、鉴定、勘验等体现办案人员亲历性的调查核实措施。检察机关可以更多运用技术手段助力监控视频获取及恢复、进行伤情鉴定、勘验检查等。同时，注重将调查核实措施与提出检察建议、纠正违法通知书、建议更换办案人员等其他监督手段有效衔接，打出组合拳。在必要的时候，可以与监察机关、公安机关展开联合调查，综合运用包括调查核实权在内的多种手段，实现各种监督措施的相互衔接，从根本上提升调查核实权的运用效果。[①]

2. 完善基础设施，加强技术及设施保障

加强信息化、智能化建设，运用大数据推进公检法、监察机关等跨单位数据共享，拓宽侦查活动监督线索发现渠道的同时，提高调查核实工作开展的便利程度。完善咨询法医、司法鉴定人员等对专门问题提供咨询意见的相关机制，省市级检察机关可探索建立专家联系名录，构建检察机关调查核实"智库"，对涉及人身损害、金融资产等一些需要专门知识的问题提供意见。设置符合讯问、询问犯罪嫌疑人及公安机关承办人要求、满足同步录音录像条件、便于制作调查笔录的专门调查核实

---

① 参见董坤：《新时代法律监督视野下检察机关调查核实权研究》，载《内蒙古社会科学》2020年第6期。

场所。

3. 加强队伍建设，提升调查核实能力水平

在检察机关内部配备充足的调查核实办案人员，保障调查核实的质量和效果，定期对办案人员进行政治思想建设及业务素能培训，如通过召开典型案例推介会、经验介绍、定期发布调查核实指导性案例等方式，促使检察人员掌握调查核实权适用条件、方法，正确规范运用调查核实权。将调查核实权力及义务列入检察官及检察官助理的责任清单，并制定严明的奖惩措施，增强检察人员对调查核实重要性的认识，引导检察人员对符合条件的监督案件开展调查核实，提高善于监督的能力。

四、完善指控能力建设机制

提高公诉人指控能力和水平是一项系统工程，既需要持续不断地加强公诉人队伍建设，促进公诉人全面发展；也需要针对出庭公诉工作中出现的新情况新问题，进一步加强长效制度机制建设。

（一）完善公诉人出庭实训机制

新形势下，为适应实行人民陪审员只参与审理事实认定问题的改革要求，公诉部门要会同检察教育培训主管部门，依托检察官学院等培训基地，重点围绕提高公诉人出庭能力，组织开展出庭公诉专项技能培训和业务实训。要改进实训方式方法，坚持理论与实践相结合、讲授式培训与研讨式培训相结合、面授教学与网络教学相结合，提高实训效果。要选择优秀公诉人示范庭，有证人、鉴定人、侦查人员和有专门知识的人出庭案件，对新类型、重大疑难复杂等案件的庭审，组织庭审观摩。要广泛开展岗位练兵和各种形式的论辩赛活动，打造优秀公诉团队。

（二）完善专家型、专门型公诉人培养调配机制

省级以上检察院应建立专家型、专门型公诉人才库，跨区域统一调配使用公诉力量。着力培养一批具有较高政治素质和政策水平、深厚法学理论功底、丰富公诉经验，在公诉系统内外有较高声望、较大影响的专家型公诉人；培养一批擅长办理职务犯罪、经济犯罪、未成年人犯罪和重特大普通刑事犯罪等案件的专门型公诉人，实现公诉工作的专业化分工。

（三）完善出庭公诉质量考核评议机制

加强对出庭活动的跟庭考察，加大示范庭庭审观摩工作力度，充分发挥优秀出庭公诉案件、优秀公诉人的引领示范作用，激励公诉人努力提升

出庭能力和水平。加强听庭评议，邀请人大代表、政协委员、人民监督员、法学专家等各界人士及资深检察官、资深法官等人员担任评委，研究讨论庭审难点，查找不足，分析原因，提出处置措施，提升出庭公诉工作的整体水平。探索建立资深公诉人专业听庭制度，由资深公诉人定期或随机对青年公诉人的出庭进行听庭检查，适时组织座谈交流，着力提高青年公诉人出庭能力。

（四）完善公诉人出庭安全保障机制

认真做好公诉案件的风险评估、预警和处置工作，对于可能发生公诉人被攻击情况的案件，庭前与法院、公安机关积极沟通协商，制定庭审应急处置预案，采取必要安全防范措施。对于可能出现妨碍公诉人依法履行职务情形的，由人民检察院司法警察出警，护送公诉人员出庭和返回，保障依法履行职务和人身安全。商请法院加强法庭安全设施建设，采取相应安全保障措施，为公诉人员设立专用通道。会同有关部门依法加大对哄闹法庭、殴打公诉人等违法犯罪行为的惩治力度。为公诉人办理人身意外伤害保险、建立保障基金等，解决公诉人后顾之忧。

五、深化数字检察战略

随着信息技术的高速发展，"数字化"已经逐渐成为时代特征，检察机关必然要将"数字检察"建设作为提高法律监督能力的重要依托。推动刑事检察工作智能化，大数据的充分深度运用是核心。在证据审查上，通过大数据发现犯罪线索，收集固定证据，加强信息技术在证据审查中的运用，完善电子证据审查规则。在出庭方式上，使用多媒体示证系统，生动、形象、直观地展示证据，增加对犯罪危害程度的感性认识，促进案件依法判决。在技术性证据的运用上，充分运用技术性证据，发挥专家辅助证人作用，探索构建技术性问题专业意见数据库，丰富解决专业领域案件中专门问题的方式方法。在立案和侦查活动监督中运用侦查监督与协作配合平台，及时发现并纠正违法情形。在平时工作中，进一步推进线上线下深度结合，如案件全程线上办理、线上评查、业绩线上评价等，以数字革命驱动刑事检察工作提质增效。

第二节　完善与监察机关、侦查机关配合制约机制

检察机关与监察机关、侦查机关在刑事诉讼中同属"大控方"，这就要求在推动构建以证据为中心的刑事指控体系过程中，检察机关应当注重健全完善相关工作机制，加强与监察机关、侦查机关的协作配合，通过健全提前介入调查、介入侦查、退回补充侦查工作机制，进一步夯实案件证据基础，同时注重完善侦查监督与协作配合工作机制，在做好检察引导侦查取证的同时，强化对侦查活动的有效监督。

一、完善提前介入工作机制

（一）完善提前介入调查工作机制

1. 提前介入监察调查的实践价值

检察机关提前介入调查，有利于最大限度凝聚共识。当前反腐败斗争形势依然严峻复杂，新型职务犯罪案件层出不穷，犯罪手段不断翻新，方式更加隐蔽，在办案中经常会遇到新情况新问题，提前介入工作机制有利于监察机关与检察机关协调配合，准确惩治犯罪、减少认识分歧。在提前介入工作中，检察机关通过阅卷、座谈、商定案件管辖、涉案财物移送，可以了解案件疑难点，深入分析腐败问题的社会危害性、惩罚必要性、构罪合理性，与监察机关共同研讨并达成共识，形成反腐合力。检察机关提前介入调查有利于有效完善案件证据。证据作为认定案件事实的基础，取证程序合法和证据确实、充分是保证案件质量的关键。对于移送检察机关审查起诉需要追究当事人刑事责任的案件，必须遵循"以审判为中心"的裁判制度和刑事证据规则，这就要求监察机关在收集、固定、审查、运用证据时，参照刑事审判关于证据的标准，这也是监察法与刑事诉讼法"证据一体"的必然要求。监察机关商请检察机关提前介入，实质上就是将案件交由检察机关提前检验的过程。检察机关通过提前介入向前传导刑事证据标准，寻找证据上的不足，给出取证方向，帮助弥补漏洞，从而更好地提高办案质量和效率。

2. 检察机关提前介入调查应把握的原则

一是介入的政治性。监察法等法律规范的出台使得反腐败这项重要的政治工作法治化，职务犯罪案件的办理应当同时遵循政治逻辑和法律逻

辑。检察机关提前介入监察调查应具有更高政治站位，不仅要充分阅卷，还要认真听取监察机关有关案情介绍，全面了解案件特点、案发经过、背景情况、认定难点、敏感事项等，及时发现案件存在的问题和面临的风险，提出意见建议，充分发挥检察机关协助配合监察机关办案的职责。

二是介入的限定性。目前，虽然法律没有规定监察机关商请检察机关提前介入的案件必须移送审查起诉，但商请介入的案件应当是拟移送检察机关审查起诉的案件。就提前介入的案件范围，理论界和实务界已达成共识，适用"重大、疑难、复杂"的案件标准。但对于何为"重大、疑难、复杂"，我们认为，不宜"一刀切"，给出过于严苛的限定，各地监察机关可以根据不同情况进行把握。

三是介入的被动性。《人民检察院刑事诉讼规则》规定检察机关提前介入监察调查必须"经监察机关商请"。在工作中，监察机关往往通过来函商请检察机关介入。这与"检察机关认为确有必要时"可以主动介入和适时介入侦查不同，体现了监察机关调查职务犯罪的独立性。同时，检察机关应把介入前的被动与介入后的主动相结合，审查案件是否符合提前介入的条件，防止提前介入"泛化"而流于形式。

四是介入的时效性。提前介入可以及时发现问题、解决问题，让案件的办理能够取得更好的政治效果和法律效果。实践中，案件上的问题发现得越晚，工作上就会越被动。同时，监察机关在办理大要案、系列案件时，往往会整合调查力量，成立调查组。案件移送审查起诉后，调查组往往会解散，此阶段再继续补证，调查将面临较大困难。这就要求检察机关适时介入，介入的时机不能过早或过晚，以便及时、全面掌握证据、审查案件、解决问题。[①]

3. 完善提前介入调查工作的路径

一是明确提前介入案件范围。虽然刑事诉讼法并未明确检察机关提前介入的范围，但在省、市一级监察机关与检察机关的会商制度或工作机制中，可将"重大、疑难、复杂案件"的范围进行细化。对于提前介入案件范围的界定，可以适用"原则＋例外"的方式，原则上，应有作为兜底条款的成文法律规范以框定介入范围；例外情况下，检察机关可以因地制宜结合地区实际来确定。提前介入应兼顾职务犯罪的危害行为及其危害结

---

① 参见李领臣、李彪：《检察机关提前介入监察调查机制探究》，载《人民检察》2024 年第 14 期。

果，综合考量社会影响和检察机关的办案力量，以决定是否有必要介入。检察机关应当对商请介入的案件进行审查，对案情简单、事实清楚或不宜介入的案件，不予介入。

二是提高提前介入的精准度。监察机关和检察院可以就提前介入的原则、工作流程、介入的时间等方面达成一致意见，建议由监察机关以明确的书面形式进行商请。书面商请后，检察机关指派由专业性较强的办案人员组成的专案小组，履行提前介入职责。充分发挥监察检察工作会议、办案人员定期会商等机制作用，在提前介入实现全面书面化的情况下，进一步提高提前介入的精准度。对介入的具体内容和手段可以作出细化的规定，包括案件证据标准、事实认定、定性定罪、法律适用以及采取强制措施等。

三是健全提前介入反馈机制。审查意见是提前介入调查的重要结果，审查意见的反馈十分重要。其一，反馈建议应当以检察机关的名义提出。提前介入调查的前提是由监察机关提出介入，经检察长同意后指定专案检察官调查，此时的专案检察官代表的是检察机关，而不是某一公诉案件的经办人，所以以检察机关名义反馈为妥。其二，在反馈形式上进一步规范。检察院指派的检察人员在确保充分阅卷、熟悉案件全貌后，根据自己的专业素养提出意见建议，并形成规范的文字材料，应包含案件的基本情况、介入过程、形成的意见建议等。

（二）完善提前介入侦查工作机制

检察机关提前介入侦查工作，是指检察机关针对公安机关立案侦查的刑事案件，应公安机关的邀请或者认为有必要时，主动派员提前介入侦查，对收集证据、适用法律提出意见，并依法履行法律监督职责。实践中，推动完善检察机关提前介入侦查工作，对于提升刑事案件质量，强化检察监督具有重要作用。

1. 明确提前介入的任务

检察机关提前介入侦查，应坚持依法、适时、适度原则，做到参与不干预、参谋不代替、指导不包办，监督与支持并重，打击犯罪与保障人权并重。就主要工作任务而言，应包括对案件涉嫌的罪名、证据的发现、收集、固定、保全及侦查取证方向提出意见和建议；了解和掌握案件的情况及涉案犯罪嫌疑人社会危险性情况，做好审查逮捕、审查起诉准备，提高诉讼效率；对侦查活动是否合法进行法律监督，及时发现和纠正侦查活动中的违法行为，确保侦查活动依法、及时进行。

2. 注意把握适度介入的原则

注意引导侦查的适度性，坚持在分工负责的基础上协调一致，共同完成刑事诉讼任务。明确提前介入的目的是检察人员与侦查人员形成优势互补，核心内容是引导侦查机关依法全面收集、固定和完善证据，提前介入不等同于联合办案，防止越俎代庖，防止侦查引导、侦查监督与侦查行为产生竞合。明确提前介入是从批捕或者起诉的角度对侦查机关收集证据等侦查活动进行引导，而不是全局指挥。

3. 规范提前介入侦查工作的方式

检察机关提前介入侦查工作，可以通过以下方式开展：听取公安机关对侦查情况的介绍、查阅侦查卷宗；对犯罪事实和情节的确定、案件定性、法律适用等重点问题发表初步意见；根据案件需要，参与现场勘验、检查、复验、复查及侦查实验；对公安机关获取的物证、书证、视听资料、电子数据以及搜查、勘验、检查、辨认、侦查实验等笔录存在疑问的，要求提供获取、制作过程等有关材料；参加案件讨论，对证据的收集、固定、保全提出建议，对案件取证方向和要求提出引导性意见。提前介入侦查活动中，检察人员必须严格遵守办案纪律，不得将了解掌握的侦查计划、案件事实向无关人员透露。

4. 不断提升提前介入工作实效

坚持捕诉联动介入侦查，依托提前介入将侦查引导贯穿于刑事立案至侦查终结的侦查活动全过程，坚持引导取证的结果既要符合逮捕的证据要求，又要考虑到起诉的证据需要，防止审查逮捕与侦查终结、审查起诉相脱节。坚持机制建设的有效性、长期性，积极与公安等机关建立侦诉协作机制，明确侦查机关认为独立侦查有一定难度而需要听取检察机关意见和建议的重大疑难案件，侦查机关可以向检察机关提出请求，检察机关可以派员介入侦查程序，提前了解案情，参与案件讨论，就侦查重点、证据收集、程序规范等问题提出建议；对于确有必要的，检察机关可以主动介入侦查，侦查机关应当积极配合。

5. 注重取证引导和侦查监督相结合

在介入的内容上，除介入重大复杂的个案引导侦查以外，还要注重在执法理念、工作程序和类案侦查方面进行引导。在引导过程中注重对新型犯罪案件的研究和沟通协调，及时解决司法实践中出现的新情况和新问题。在介入的目标上，除引导侦查取证以外，还注重对侦查活动合法性的监督，检察机关在提前介入过程中，应同步审查公安机关侦查活动是否存在违反法定程序的情况，依法实施侦查活动监督。如案件管辖、立案、撤案程序以及指定居所监视居住等强制措施是否合法；讯问犯罪嫌疑人、询问证人或被害人及辨认措施是否合法；搜查、查封、扣押、冻结等侦查措施是否合法；取证程序和方式是否合法、适当；是否遗漏罪行或者遗漏同案犯等。发现公安机关收集物证、书证不符合法定程序，可能严重影响司法公正的，可以要求公安机关补正或者作出书面解释，不能补正或者无法作出合理解释的，应当监督公安机关对该证据予以排除。

二、完善退回补充侦查工作机制

侦查机关将案件移送检察机关审查起诉后，检察机关认为案件达不到起诉标准，可退回补充侦查，也可自行侦查。退回补充侦查对补强案件证据、完善证据链条、准确指控犯罪起到重要作用。

（一）目前退回补充侦查工作中存在的主要问题

实践中，退回补充侦查中存在的问题主要有：一是退回补充侦查率较高。审查起诉阶段退回补充侦查率较高，说明批捕阶段检察机关引导取证工作不扎实，"捕诉一体"机制优势没有得到充分发挥。而第二次退回补充侦查数量较多，往往是由于第一次退回补充侦查时，检察官和侦查人员沟通不够，补充侦查工作不到位造成的。二是补充侦查提纲说理性不强、可行性不高。有的补充侦查提纲写得过于格式化，显得笼统、空泛，对于证据存在的问题、补充侦查意图、补充侦查渠道和方向、补充侦查解决办法没有明确说明，同时由于缺乏和侦查人员的面对面交流，补充侦查提纲很难让侦查人员充分领会、理解补充侦查意图，导致补充侦查效果不理想。三是未建立退回补充侦查跟踪监督反馈机制。有的检察官对案件一退了之，坐等案件"回收"。退回补充侦查期间缺乏和侦查人员的沟通交流、适时引导，对补充侦查期间出现的疑难问题未予以解答，对退回补充侦查工作监督不够，不能及时发现和改进问题，也没有对退回补充侦查获取的证据进行反馈。四是检察机关自行补充侦查工作开展较少。有的检察官认为审查起诉工作主要是案卷审查，没有认识到自行补充侦查的重要性和必要性。

（二）完善退回补充侦查工作机制的路径

一是充分发挥"捕诉一体"机制优势，重心前移夯实证据。侦查工作做得扎实与否，直接影响案件证据质量。"捕诉一体"机制改革后，检察机关应将完善证据的重心前移至侦查监督环节。对重大疑难案件，及时依法介入侦查工作，及时了解案情，掌握案件难点，按照起诉、审判的证明标准要求明确侦查方向、取证重点，及时引导侦查，在侦查环节做足证据功课，补强完善证据，从而为以后的起诉工作铺平道路。同时，检察人员在审查逮捕环节应顺应"捕诉一体"机制要求，充分发挥庭审经验丰富的优势，按照庭审中对证据标准和证明标准的要求，为侦查机关出具具有可行性和可操作性的引导侦查取证提纲，从而提高捕后侦查工作的质量，完善证据链条，减少后续起诉阶段的退回补充侦查。对批准逮捕的案件，按照起诉、审判对证据的要求提出继续侦查取证意见，并监督侦查部门及时取证；对不批准逮捕但认为构成犯罪的案件，提出补充和完善证据意见，指出当前证据存在的问题、需要补充和完善证据的范围，并监督侦查机关及时补充和完善。通过上述措施，让侦查机关在移送审查起诉前完善证据，起诉环节就可以有效降低退回补充侦查率，提高起诉的质量和效率。

二是分析审查起诉阶段退回补充侦查原因，依托"捕诉一体"机制使"捕"与"诉"贯通，检察官的审前主导责任得到强化，推动构建新型检警关系。在审查起诉阶段，通过审查证据、找出退回补充侦查原因，可以改进审查逮捕工作。比如，在审查起诉阶段发现案件事实不清、证据不足，需要退回补充侦查的，应对该案侦监批捕阶段工作进行分析，找出导致侦查取证质量不高、证据不够完善进而需要退回补充侦查的原因，以及侦监批捕工作需要改进之处。然后，通过分析不同个案总结出普遍规律，形成提升侦监批捕工作质量的意见，使批捕和起诉形成良性互动。

三是在退回补充侦查文书质量上下功夫。补充侦查提纲对侦查人员的补充侦查取证工作起到指导性作用，因此，退回补充侦查提纲要明确、具体地列明补充侦查的具体事项和要求，力争做到以下几点：依照"案件事实清楚，证据确实、充分"的证明标准，对需要补充侦查的具体事项详细列明；对补充侦查取证工作的可行性和可操作性进行理性评估，列出可查性、可操作性证据清单，写出书面取证提纲，提出补证意见；就每条补证意见对于案件事实、定性所起的证明作用进行详细说明，明确进行补证的必要性。

四是尽快建立退回补充侦查工作跟踪监督反馈机制。虽然补充侦查工作主要由公安机关等侦查机关进行，但是检察官可以与侦查人员及时交流沟通，跟进了解补充侦查工作进展情况，帮助侦查人员研判补证是否符合起诉和审判的证明标准和要求，就取证重点、瑕疵规避等方面提示侦查人员加以注意，适时引导和跟踪监督补充侦查工作。对补充侦查工作中遇到的疑难问题，检察官应及时作出解答和指导；对于补充侦查工作中存在的取证不力问题，检察官应及时督促指正，做到精确取证、规范化取证，确保取证质量。在补充侦查工作结束后，检察机关认为不符合起诉标准，没有达到补充侦查要求和目的的，可以再次退回补充侦查，对不符合取证要求部分进行重点跟踪监督，从而完善证据。对于确实无法查明的事项，要求公安机关提供书面说明，并对证据体系的影响进行评判，研究是否还有补救的可能。对侦查人员消极应付造成退而不查、查而不清或者以工作说明代替取证的，可以让其书面说明理由，督促改正，拒不改正的可以通报上级公安机关，建议更换办案人员。对于侦查人员严重失误造成关键证据缺失的，检察机关按照职权依法启动调查处理程序，建议依法依纪予以惩戒。对于补充侦查期限届满，公安机关未将案件重新移送审查起诉的，检察机关应当发出纠正违法通知书，督促公安机关及时移送审查起诉。对于退回补充侦查工作进行跟踪监督发现的其他问题，检察官应及时向有关领导汇报，督促公安机关改进。经过退回补充侦查提起公诉的案件，可组织侦查人员在庭审时旁听，通过旁听庭审过程使侦查人员理解定罪量刑所需要的证据标准和证明标准，对退回补充侦查取得的证据进行评价，实现信息反馈。

三、完善侦查监督与协作配合机制

2021 年 10 月，最高人民检察院、公安部联合出台《关于健全完善侦查监督与协作配合机制的意见》，提出健全完善侦查监督与协作配合（以下简称"侦监协作"）机制的工作要求。这是在以审判为中心的刑事诉讼制度改革要求下，构建新型检警关系，寻求侦查权与检察权在监督制约与协作配合之间平衡点的一项重要实践。推动完善侦查监督与协作配合机制，协同构建以证据为中心的刑事指控体系，是检警机关落实以审判为中心的诉讼制度改革要求的重要措施，也是检警共同做优刑事"大控方"，推动实现刑事案件办理质效提升的切入点和突破口。[①]

（一）完善侦查监督与协作配合机制的重要意义

完善侦查监督与协作配合机制，是推进以审判为中心的刑事诉讼制度

---

① 参见史兆琨：《检警共建"大控方"格局》，载《检察日报》2023 年 2 月 25 日。

改革的必然要求。当前，以审判为中心的刑事诉讼制度改革正在逐步深入，要求刑事诉讼活动应当紧紧围绕审判活动开展，审前的侦查活动、检察监督都是为审判进行的准备工作。而司法实践中，还一定程度存在案卷中心主义倾向，强调在卷证据形式上的相互印证，导致后续的审查起诉活动更加强调对案卷记载事实的确认。公安机关不直接参与庭审活动，对庭审的证据标准掌握不明晰，以审判为中心收集、固定证据理念尚未完全树立。通过完善侦查监督与协作配合机制，推动侦查监督与协作配合办公室规范化、实质化运行，检察机关可以及时了解案件侦查活动，有利于开展侦查活动监督形成监督制约。检察机关通过过滤违法侦查行为，排除非法证据，倒逼公安机关规范侦查活动，引导公安机关在侦查环节适用审判环节的标准收集证据，减少瑕疵证据和侦查违法行为，为公正司法奠定基础。

完善侦查监督与协作配合机制，是构建新型检警关系的必然选择。公安机关与检察机关同属刑事诉讼的"大控方"，在打击犯罪的立场上是一致的。在刑事诉讼过程中，检察官与侦查人员运用充分、合法的证据证明指控犯罪事实，是两者共同的工作目标。检察官就具体案件中证据采信标准向侦查人员提供意见建议，特别是就证据的合法性和证明的充分性提供意见建议，可以提高案件办理质量，防止侦查活动违法，从而更加准确高效地完成追诉犯罪的任务。侦查监督与协作配合办公室的建立和实质化运行，为检察机关提供了主动适时介入案件引导侦查的条件，有效汇聚打击犯罪的检警合力，极大地提高了刑事诉讼的效率和效果。

（二）侦查监督与协作配合机制推进过程中存在的问题

1. 侦监协作办公室职能作用发挥不够充分

目前，各地侦监协作办公室在运行中多采用常驻与轮值的派驻模式，但在实践中仍然存在办公室空转和虚化的情况，主要原因有以下两点：职责定位不清。作为落实侦查监督与协作配合机制的平台，按照《意见》部署要求，侦监协作办公室具有组织协调、监督协作、督促落实、咨询指导作用，是检警沟通的"媒介"、合作的"桥梁"。虽然目前从规范层面看已经明确了该办公室的职责定位，但在实践中部分地区仍尚未达到职责明确、规范运转的理想预期。同时，部分地区还存在超越侦监协作办公室所应具有的"协调、沟通"作用的情况，使侦监协作办公室从一个综合性的平台演变为检察机关直接参与侦查活动的机构，片面化的应用导致办公室的功能缺陷。

2. 检察人员业务素能有待提升

侦监协作办公室能否高效运转,其核心要素在于"人"。虽然近年来检察机关队伍不断扩大,整体素质不断提高,但由于地区发展不平衡等因素,人员力量配备不足、能力素养不够仍然成为制约办公室效能发挥的"瓶颈",其中人员素能不足是亟须解决的关键问题。主要体现为,派驻检察官缺乏监督与协作的能动性、对于司法规范、政策理解把握不准、缺乏办案实践和应用大数据能力、对公安机关全流程工作模式的熟悉度不高等。这些短板和不足导致不能达到全面监督与精准监督相结合的要求,不能有效发挥理念传导、高效协作的作用。

3. 侦查监督与协作配合信息壁垒仍不同程度存在

目前,检察机关派驻侦监协作办公室检察人员主要采取查阅卷宗、台账、参与案件讨论、适时介入等传统方式开展监督,仅少数地区派驻检察人员可以借用侦查人员的数字证书登录公安机关办案平台进行案件查询,但因受制于信息权限,能够获取的信息不充分、数据基数不够大。检察机关、公安机关在信息数据交换、使用权限的开放程度、保密等问题上也未完全达成共识,相关机制还需进一步探索。

(三) 完善侦查监督与协作配合机制的路径

按照最高人民检察院"实质化、规范化、体系化运行"目标要求,强化与公安机关沟通对接,在继续细化规范侦查监督与协作配合机制各项具体措施的基础上,着重探索如何实现侦查监督与协作配合机制"体系化"发展,使包括监督制约、协作配合、信息共享在内的各项措施都能充分发挥效能、形成紧密的整体,共同发挥该机制所具有的畅通高效的作用。

1. 推动共建检警大控方格局

运用侦监协作机制,协同构建以证据为中心的刑事指控体系。建立诉前案件分流机制,通过侦监协作办公室组织案件会商、形成共同意见,倒逼办案人员明确入罪和出罪标准。运用侦监协作办公室的信息优势,将监督与协作触角前移,通过互换意见、联合办案、复议复核、召开联席会议等方式实现相互协作,确保全程监督,在此基础上逐步统一司法办案理念、证据认定标准、法律理解适用,形成指控犯罪合力。

2. 打造跟进式、预防式监督新模型

对适时介入过程中发现的立撤案不当、怠于侦查等违法行为,以书面

检察意见的方式提出，变事后监督为跟进式、预防式监督。依托侦监协作办公室，明确专人对监督线索集中统一管理，细化线索甄别、分流处置、立案审查、调查核实、实施监督、跟踪反馈、复议复核等办理程序，建立严密的监督程序规范和管理流程，提高监督案件办理的专业化水平，保障监督的权威性。

3. 打造信息互通、数字化监督中枢

在公安部许可范围和警务信息保密框架内，探索授予侦监协作办公室常驻检察官登录警务信息综合应用平台、现场执法视音频管理系统、执法办案管理中心智能化管理系统等的查阅权限，为更好推进侦监协作机制提供数据支撑。积极探索数据双向共享，构建办案流程分析模型，归纳个案特点、提取类案要素，通过数据比对碰撞、精准输出监督线索，通过"个案解析—类案分析—完善机制"的方法路径，实现由个案向类案、由被动向主动、由办理向治理转变。

4. 建立双向互动的考评机制，激励检警同向发力

将侦监协作办公室承担的案件会商、繁简分流、法律监督等工作纳入考核范围，科学评价检察人员、侦查人员的工作量，实现对侦监协作办公室检警同评价同考核。从内外部多角度实现对侦监协作办公室人员办案履职情况的全面评价，引入检警互评机制。

第三节 完善与审判机关配合制约机制

推动构建以证据为中心的刑事指控体系，需要完善检察机关与审判机关的配合制约机制。一方面要加强与审判机关的沟通会商，对于常见多发案件，通过研究制定类案证据指引等方式，统一证据和法律适用标准，实现诉审衔接高效顺畅；另一方面要强化审判监督，对于人民法院的裁判存在认定事实与证据证明的事实不一致、有新证据证明裁判认定事实错误或者证据采信错误等，依法通过提出抗诉等方式进行监督。

一、完善新型诉审关系需要把握的几个问题

检察机关作为国家的法律监督机关，在刑事诉讼中承担着控诉职能的同时，还担负着审判活动监督职责，在以审判为中心的诉讼制度改革背景下，构建新型诉审关系需要重点把握以下几个问题。

（一）注重强化庭审活动的中心地位

以审判为中心，其核心内容就是要以庭审为中心，推动庭审的实质化运行。以审判为中心的核心在于以庭审活动为中心，而要实现以庭审活动为中心，需要公、检、法三机关以及辩护律师形成合力，共同推动庭审活动走向实质化。在庭审活动中，控、辩、审三方都要围绕着证据审查、事实认定、法律适用和定罪量刑的标准和要求展开，保障控辩双方能够充分地提出证据、发表意见、开展辩论，充分地发挥法庭审理过程中举证、质证、认证等各环节的作用，真正使各方"有证举在法庭、有理辩在法庭、证据认定在法庭"。① 在这个过程中，尤其要发挥公诉的庭审程序重要作用的核心主体。因此，在法庭审理中，诉审两方主体要更加注重程序的公开与公正，保障被告人以及被害人的人权，要贯彻直接言词原则，完善证人、鉴定人、侦查人员出庭作证制度，坚持证据裁判原则，落实非法证据排除规则，确保审判公正，维护司法公信力。②

（二）准确理解和把握"以审判为中心"与"分工负责、互相配合、互相制约"的关系

"分工负责、互相配合、互相制约"是《宪法》和《刑事诉讼法》关于公、检、法三机关在刑事诉讼中职能定位的原则性规定，对于指导公、检、法三机关在刑事诉讼中依法正确履职发挥着重要作用。要健全公安机关、检察机关、审判机关、司法行政机关各司其职，侦查权、检察权、审判权、执行权相互配合、相互制约的体制机制。以审判为中心背景下更加注重审判的中心作用，总的要求是在分工负责、互相配合、互相制约的前提下，诉讼各个阶段的工作都要紧紧围绕法院的庭审和裁决对于事实认定和法律适用的要求和标准进行。起诉和审判作为刑事诉讼中前后衔接的两个重要程序，脱离了起诉程序，审判程序也就无从谈起，庭审中"控辩平等，法官居中裁断"的三角形格局亦无法形成。处理好起诉和审判的关系，就是要在坚持分工负责、互相配合、互相制约的基础上加强审判，做到"中心论"与"阶段论"的辩证统一。③ 因此，以审判为中心并非是对

---

① 肖波、肖之云：《论以审判为中心的制度下的公诉工作》，载《中国检察官》2015 年第 3 期。

② 参见樊崇义、李思远：《以审判为中心背景下的诉审、诉侦、诉辩关系刍议》，载《人民检察》2015 年第 17 期。

③ 参见樊崇义：《以审判为中心的概念、目标和实现路径》，载《人民法院报》2015 年 1 月14 日。

公、检、法三机关"分工负责、互相配合、互相制约"原则的否定，而是在贯彻"健全公安机关、检察机关、审判机关、司法行政机关各司其职，侦查权、检察权、审判权、执行权相互配合，相互制约的体制机制"背景下司法职权的一种优化配置。[①]

（三）推动构建以公诉为主导的审前程序

构建"以审判为中心"的刑事诉讼模式，必须实现对"以侦查为中心"的抑制，这有赖于公诉制度的改革，强化以公诉为主导的审前程序。公诉权本质上是国家诉权，而侦查的目的是为公诉做准备的，故需要检察机关从保证公诉权有效行使的角度对侦查机关的侦查权进行引导。公诉权对侦查权的有效引导，是实现以侦查为中心向以审判为中心转变的前提，公诉引导侦查的关键在于引导侦查机关对证据进行科学收集，以使其达到公诉及审判的证明要求。《人民检察院刑事诉讼规则》第 256 条规定："经公安机关商请或者人民检察院认为确有必要时，可以派员适时介入重大、疑难、复杂案件的侦查活动，参加公安机关对于重大案件的讨论，对案件性质、收集证据、适用法律等提出意见，监督侦查活动是否合法。"这是我国公诉权引导侦查权的主要依据。需要强调的是，在构建以公诉为主导的审前程序过程中，检察机关要切实担负起对侦查机关收集证据提出意见、对侦查机关适用法律提出意见、对侦查活动的合法性进行监督等三项职责。

（四）扎实做好检察环节的审前程序分流工作

以审判为中心的诉讼制度改革，进一步强调了庭审的中心地位和价值作用，但这并不意味着侦查、审查起诉等审前程序沦为审判程序的附庸，恰恰相反的是，审前程序在刑事诉讼中有其独立的价值。特别是检察机关的审查起诉环节，相对于审判环节有一个重要的诉讼职能，就是审前的程序性分流功能。在强调以审判为中心的诉讼制度改革过程中，庭审的地位被凸显，大量的证据都要在法庭上直接查明，庭审要贯彻直接言词原则，法庭的庭审程序也更加精细化，而随着案件数量不断增长，法院普遍存在案多人少、办案力量不足的压力，因此审前阶段的程序分流就显得十分必要。检察机关审查起诉环节作为刑事诉讼中的承前启后环节，在此过程中

---

① 参见樊崇义、李思远：《以审判为中心背景下的诉审、诉侦、诉辩关系刍议》，载《人民检察》2015 年第 17 期。

发挥着重要的调解器作用，即通过对案件的审查，强化审前过滤和分流功能，把不应该起诉、不必要起诉的案件在审查起诉阶段予以分流，为以审判为中心诉讼制度改革顺利推进提供有力保证。

（五）强化检察机关对审判活动的法律监督

检察机关行使法律监督权是宪法、法律赋予检察机关的一项重要职能，其中，检察机关在刑事诉讼活动开展法律监督主要包括立案监督、侦查监督、审判监督等。检察机关对审判活动开展法律监督，不仅是处理诉审关系的一项重要内容，也是确保以审判为中心的诉讼制度改革顺利推进的重要保障。《刑事诉讼法》第 209 条规定："人民检察院发现人民法院审理案件违反法律规定的诉讼程序，有权向人民法院提出纠正意见。"《人民检察院刑事诉讼规则》第 572 条规定："人民检察院在审判活动监督中，发现人民法院或者审判人员审理案件违反法律规定的诉讼程序，应当向人民法院提出纠正意见。人民检察院对违反程序的庭审活动提出纠正意见，应当由人民检察院在庭审后提出。出席法庭的检察人员发现法庭审判违反法律规定的诉讼程序，应当在休庭后及时向检察长报告。"同时，《刑事诉讼法》及相关司法解释还规定了人民检察院依法对人民法院的判决、裁定是否正确实行法律监督，对人民法院确有错误的判决、裁定，应当依法提出抗诉。需要强调的是，原则上检察机关对审判活动的监督属于一种事后监督的性质，并以人民检察院的名义作出，目的在于在维护审判权威、尊重法庭审判的前提下依法对审判活动进行监督。

二、完善以抗诉为中心的刑事审判监督机制

开展审判监督是宪法和法律赋予检察机关的重要职责，是中国特色社会主义检察制度的重要内容和鲜明特色。2016 年 10 月 10 日，最高人民法院、最高人民检察院、公安部、国家安全部、司法部联合发布的《关于推进以审判为中心的刑事诉讼制度改革的意见》明确提出，"完善人民检察院对侦查活动和刑事审判活动的监督机制。进一步规范和加强人民检察院对人民法院确有错误的刑事判决和裁定的抗诉工作，保证刑事抗诉的及时性、准确性和全面性"。随着以审判为中心诉讼制度改革的不断推进，检察机关着力强化以抗诉为中心的刑事审判监督职能，对于维护法治统一、促进司法公正、保障诉讼当事人的合法权益具有重要而深远的意义。

（一）着力优化刑事审判监督的理念

1. 强化对刑事审判监督工作重要性的认识

充分认识到强化审判监督是促进司法公正的必然选择，是维护法治权威的有效途径，是保障当事人权利的现实需求。牢固树立强化监督、精准监督、规范监督、接续监督等监督理念，正确处理依法指控犯罪与强化法律监督的关系，把刑事审判监督放在与批捕起诉同等重要的位置，坚持"在监督中办案、在办案中监督"，依法全面履行检察机关在刑事诉讼中应当承担的职责，体现检察担当。

2. 不断更新抗诉理念，加强刑事审判监督意识

充分认识开展刑事审判监督工作的重要性，用正确的抗诉理念引领刑事审判监督工作科学健康发展。努力从不会抗、不敢抗向会抗、敢抗的观念转变，从重指控犯罪轻审判监督、重实体轻程序、重量刑轻定性向指控犯罪与审判监督并重、实体与程序并举、量刑与定性兼顾的理念转变，从单一依靠抗诉向以抗诉为主非抗诉手段为辅的多元化监督格局转变。

3. 注重从粗放监督向精准监督转变

牢固树立监督数量与监督质量并重的理念，切实摒弃"一抗了之""消极应付"的粗放式监督方式。在个案办理中精准评估监督必要性，精准选择监督手段，精准筛选抗点，精准认定事实、采信证据、适用法律，精准履行出席法庭支持抗诉职责，力争做到抗得准、抗得赢，通过恰当监督方式实现监督目的，真正通过高质效监督履职确保案件办理的政治效果、社会效果和法律效果的有机统一。

4. 从零和思维向双赢多赢共赢转变

刑事审判监督不是零和博弈，监督与被监督者的目标和任务是一致的，即努力让人民群众在每一个司法案件中感受到公平正义。做好新时代刑事审判监督工作，应当秉持客观公正立场，坚持双赢多赢共赢理念，构建监督者与被监督者良性互动关系。实际操作层面，既要严格执行法律，依法履行审判监督职责，又要与法院加强沟通配合，建立健全日常联系机制，统一司法标准；既要敢于监督，大胆抗诉，又要善于监督，讲究方式，综合运用多种监督手段，实现最佳监督效果。对于法院的正确裁判，应当共同做好当事人的息诉服判工作，切实维护裁判的既判力和审判权威，促进社会和谐稳定。

5. 从常态监督向典型引领转变

检察机关在做好常态化审判监督工作的同时，应当更加注重选择法治理念有偏差、司法活动中存在错误、有示范引领价值的典型案件做实监督工作，努力做到通过监督一案，促进解决一个领域、一个地方、一个时期存在的司法理念、执行政策、工作导向等方面的问题，全面体现检察机关法律监督的良好成效。

（二）提升刑事审判监督工作质效的具体举措

1. 进一步提升能力，聚焦刑事抗诉工作重点

提升能力素养是做好刑事抗诉工作的前提和基础。一是加大培训力度，组织开展优秀抗诉案件评选、庭审观摩、个案研讨等活动，突出对证据审查、法律适用等重点环节进行专题培训，尤其是要提升从判决裁定审查中发现问题的能力；二是高度重视抗诉案件的证据补强工作。上级检察院在作出同意抗诉的意见或指令抗诉的决定之后，应由专人跟踪指导，督促下级检察院综合运用自行补充侦查和引导侦查等手段，做好证据补强工作，完善证据体系；三是准确把握抗诉的必要性及谦抑性，对于具有广泛引领意义的个案，应当积极提出抗诉；对抗诉把握不大和轻度程序违法或瑕疵问题，可以采用抗诉以外的其他监督手段，形成抗诉、纠正违法、检察建议综合作用的全方位立体式审判监督格局；四是提高抗诉法律文书的释法说理能力，强化对抗诉理由的分析论证，上级检察院要加强对下级检察院抗诉意见、理由的审查研判和指导；五是抓住抗诉工作的核心重点，在注重实体监督与程序监督的基础上，将刑事抗诉工作的重点放在事实、定性有分歧，量刑建议与法院判处刑罚差异明显的案件上，突出监督重点，回应社会关切，维护好公平正义的最后一道防线。

2. 进一步凝聚共识，做好认罪认罚案件抗诉工作

依法行使抗诉权，正确认识和把握认罪认罚从宽制度适用对刑事抗诉工作的影响，准确把握抗诉必要性，找准抗点，提升抗诉精准性。一是强化认罪认罚案件办理过程中的释法说理工作。检察官在办理认罪认罚案件时，应当就案件的犯罪事实、量刑情节、主刑和附加刑的适用情况等，与犯罪嫌疑人、辩护人和值班律师进行全面、充分的沟通，尽最大可能消除分歧。在组织犯罪嫌疑人签署认罪认罚具结书时，应当明确告知其提出上诉可能产生的法律后果，减少不必要的上诉，节约司法资源。二是以精准量刑持续深入推进认罪认罚从宽制度平稳适用。通过完善认罪协商机制，

不断推动控辩双方围绕量刑问题，展开平等沟通与协商，以精准确定刑的量刑建议，更好地激活认罪认罚从宽制度的"激励机制"，以真实控辩合意，防止事后因量刑问题引发上诉、抗诉以及程序回转等问题。同时要不断提高检察机关提出精准量刑建议的能力，提升精准量刑的采纳率，确保认罪认罚从宽制度更加平稳有效适用。三是健全完善认罪认罚案件抗诉标准，依法审慎提出抗诉。发挥"抗诉一件、警示一片"的作用，减少认罪认罚"投机性上诉""技术性上诉"现象，节约司法资源，促使被告人形成尊重认罪认罚具结和承诺的自觉，维护司法权威，助推认罪认罚从宽制度良性运行。

3. 进一步完善制度机制，形成刑事抗诉工作合力

一是健全上级院对抗诉工作的业务指导机制。充分发挥检察机关上下一体优势，上级检察机关要强化对下级检察机关抗诉个案和类案的专项指导，积极帮助下级检察机关解决办案实践中遇到的各类突出问题，有效排除办案阻力和干扰。探索建立刑事抗诉工作上下联动机制，落实抗前汇报制度，由上下级检察机关共同对法院裁判文书中认定的案件事实、证据采信和定罪量刑等进行综合分析研判，重大复杂敏感案件必要时由市级人民检察院向省级人民检察院、最高人民检察院逐级汇报。同时要注重抗后证据补充，对需要补充完善的证据，上级检察机关必要时应指导下级检察机关及时予以补充完善，努力提高抗诉案件办理的质量和效果。二是落实裁判文书逐案审查和抗诉案件层报审核机制。进一步完善"三书对照"审查机制，建立重大诉判不一案件报上一级检察院审查制度，刑事检察部门在收到法院裁判文书后要及时审查，通过对起诉意见书、起诉书、量刑建议书和裁判文书进行比照审查，对审判程序、事实认定、证据采信、定罪量刑及法律适用等方面进行重点审查，找准找实抗点。对于经审查后认为案件需要提出抗诉的，承办检察官要及时草拟书面意见，报部门负责人审核后由检察长决定，对于重大、疑难、复杂案件，必要时提交检委会审议决定。三是建立检法两院之间、内设机构之间沟通协调机制。一方面要加强与法院的沟通协调，特别是在办理重大案件时，及时就相关问题交换意见，特别是针对类案的同罪不同罚、量刑不均衡及适用宽严相济刑事政策标准不统一等问题充分交换意见，努力解决法律适用、证据采信以及政策把握等方面的认识分歧，统一司法尺度，赢得法院对抗诉工作的理解和支持。另一方面要完善检察机关内部信息共享制度，刑事检察部门要加强与

案件管理、控告申诉等部门的对接，畅通信息流转路径，不断拓宽抗诉线索来源渠道，合力推动刑事审判监督工作良性健康发展。

4. 借力数字检察提升审判监督智慧化、智能化水平

充分运用大数据加强类案检索比对发现类案监督线索。刑事检察部门作为技术应用主体，要加强与案件管理、信息技术等部门的协作配合，整合检察系统内部数据资源，充分挖掘检察业务应用系统数据核查、流程监管、分析研判等功能，通过构建模型筛查定罪、量刑异常数据，从中发现监督线索。同时，要注重积极推动消除数据壁垒，尽快打通与法院的案件数据通道，探索建立案件繁简划分、类案证据指引、裁判结果对比等数据库，逐步构建刑事审判监督智能辅助办案系统，依靠大数据实现智慧检察、智能监督。

三、完善检察长列席审判委员会制度机制

（一）检察长列席审判委员会制度概述

检察长列席审判委员会制度，是指各级检察院检察长或受其委托的副检察长通过列席同级人民法院审判委员会会议，对审判委员会讨论的特定案件和其他有关议题发表意见，依法履行法律监督职责的制度。

2010 年 1 月 12 日，最高人民法院、最高人民检察院联合发布《关于人民检察院检察长列席人民法院审判委员会会议的实施意见》，对列席会议的主体、列席案件和议题的范围等事项作出明确具体规定，使检察长列席审委会工作更加制度化、规范化。《人民检察院刑事诉讼规则》第 571 条规定，"人民检察院检察长或者检察长委托的副检察长，可以列席同级人民法院审判委员会会议，依法履行法律监督职责。"2018 年修订后的《人民法院组织法》第 38 条第 3 款以及《人民检察院组织法》第 26 条分别规定，"审判委员会举行会议时，同级人民检察院检察长或者检察长委托的副检察长可以列席""人民检察院检察长或者检察长委托的副检察长，可以列席同级人民法院审判委员会会议"，上述两部法律从立法层面对检察长列席审判委员会会议制度作出规定，为检察长列席审判委员会会议制度提供了明确的法律依据。

（二）检察长列席审委会的功能价值

1. 检察长列席审委会是检察机关履行法律监督职责的重要方式

检察长列席审委会时，需要就审委会委员是否应当回避、案件是否属

于该院管辖、案件审理程序是否合法、是否维护了当事人和其他诉讼参与人的诉讼权利和其他合法权利等问题发表意见，并就合议庭或承办法官对事实和证据汇报是否全面准确，是否存在隐瞒或偏差等予以监督，是检察机关履行法律监督职责的重要方式。需要强调的是，检察长列席审委会履行的是程序性监督职责，并不能决定或者左右案件的事实认定、证据把握和法律适用，案件的处理结果取决于审委会的讨论和表决，案件的裁决权仍由法院行使。

2. 检察长列席审委会有利于案件公正审判

《刑事诉讼法》第 185 条规定：“对于疑难、复杂、重大的案件，合议庭认为难以作出决定的，由合议庭提请院长决定提交审判委员会讨论决定。审判委员会的决定，合议庭应当执行。”根据上述法律规定，审委会对于疑难、复杂、重大案件的讨论决定，实际上就是法院行使审判权的具体体现。司法实践中，审委会委员召开会议，需要在全面听取合议庭或案件承办人对案件事实、证据汇报的基础上，对案件作出综合判断。检察长通过列席审委会，并对案件的事实、证据和法律适用等情况进行说明，能够有效弥补承办人有意或无意的信息遗漏和偏差，给审委会委员提供一个看待案件事实证据更为全面的视角，从而使审委会获取更加充分准确的案件信息，有助于审委会准确把握案件事实证据的争议焦点，作出公正裁决。

3. 检察长列席审委会有利于提高诉讼效率

根据《刑事诉讼法》规定，审判机关、检察机关在刑事诉讼中应当分工负责，互相配合，互相制约。通过检察长列席审委会制度，能够确保检察机关对于重大、疑难、复杂案件充分阐释检方立场，发表依据法律事实得出的客观意见，将检察机关观点及案件当事人诉求等全面反馈给审委会，进而促进检法两家对案件的认识和判断形成有效沟通，既可以减少检察机关不必要的抗诉，又能够有效减少当事人不必要的上诉、申诉，从而降低诉讼成本，节约司法资源，保证案件办理法律效果、政治效果、社会效果的统一。

（三）完善检察长列席审委会制度机制的路径

1. 深化对检察长列席审委会制度的认识

正如前文所述，检察长列席审委会不仅不会影响法院依法独立行使审判权，反而有利于促进审委会严格按照法定程序和权限公正行使审判权，确保审委会制度良性运行。因此，各级检察机关要加强与同级审判机关的对接，按照人民法院组织法、人民检察院组织法的相关规定，将检察长列席审委会制度作为加强检察机关法律监督，促进公正审判，规范审委会运行的重要方式予以推进和发展。

2. 适当扩大检察长列席审委会的案件范围

根据最高人民法院、最高人民检察院联合发布《关于人民检察院检察长列席人民法院审判委员会会议的实施意见》规定，目前检察长列席审委会讨论的案件范围主要包括可能判处被告人无罪的公诉案件；可能判处被告人死刑的案件；检察机关提出抗诉的案件。实践中各地检察机关反映，检察长列席审委会的案件范围局限于以上三项，范围过于狭窄，对于一些在当地具有重要社会影响的案件，危害国家安全的案件以及涉及重要国家利益和社会公共利益的案件等，检察机关也有必要列席。对此，可在积极总结实践经验的基础上，适度扩大检察长列席审委会的案件范围，同时对于列席案件范围可按照"应当"和"可以"两种情形予以明确，其中，对于检察机关提出抗诉的案件和可能判处被告人无罪的公诉案件，规定检察长"应当列席"；对于可能判处被告人死刑的案件、法院与检察院对定罪量刑有重大分歧的案件、新类型案件、媒体关注的敏感案件、在本地区具有重大影响的案件以及在法律适用方面具有普遍指导意义的案件，规定检察长"可以列席"。①

第四节　构建良性互动的新型检律关系

检察官和律师同属法律职业共同体，都是法治工作队伍的重要组成部分，两者虽然在角色定位、职责分工等方面不尽相同，但秉承的法治理念、职业信仰和价值观念在本质上是一致的。随着刑事司法改革的深入推进，特别是认罪认罚从宽制度的常态化适用，诉辩关系也在向着更加良性互动的方向发展。推动构建符合中国特色的新型检律关系，对于全面推进依法治国，推动新形势下以审判为中心诉讼制度改革具有现实而重要的意义。

---

① 参见张杰：《论坚持和发展检察长列席审委会制度》，载《人民检察》2019 年第 15 期。

一、新型检律关系的内涵

检律关系，简单来讲是指检察官与律师之间的关系。检察机关承担检察监督、公诉等职责，是我国最重要的法律监督机关。律师是接受当事人委托或者司法行政机关指定，为当事人提供法律服务的执业人员，在刑事诉讼中律师的主要职责是刑事辩护。在以审判为中心的背景下，新型检律关系是指在权力制衡理念的指引下，通过对律师权利的保障和检察监督职能的履行，以检律地位平等为基础而形成的"对抗而不对立、交锋而不交恶"的对立统一的合作关系。

二、构建新型检律关系的必要性

（一）构建新型检律关系是实现依法治国的必然要求

党的十八届四中全会明确提出了"法治工作队伍"的概念，指出律师是推进依法治国的生力军。律师通过提供法律服务，帮助公民在宪法和法律框架内行使权利，促进宪法和法律的实施。尽管角色定位、职责分工不同，但检察官与律师都是社会主义法治工作队伍的重要组成部分，共同肩负着维护当事人合法权益、保障法律正确实施、促进社会公平正义的使命。特别是在刑事诉讼过程中，律师工作的独立性可以对公权力产生极大的制约。律师通过与司法机关正面对抗来对公权力的行使进行监督，能够有效防止国家权力被任意滥用，避免因权力膨胀而导致的冤假错案发生，维护社会公平。检察官只有充分认识到律师在诉讼活动中的地位和作用，消除对律师存在的职业偏见，真正把律师作为法律职业共同体的重要一员，支持律师依法履职，在合法正当的前提下加强业务交流，才能增进相互理解，共同推进依法治国。

（二）构建新型检律关系是保障人权的必要措施

"尊重和保障人权"是我国宪法确立的一项重要原则，是社会主义法治的本质要求。《刑事诉讼法》不仅将"尊重和保障人权"写入总则，同时通过完善证据、辩护等具体制度来切实加强对人权的司法保障。在法治国家中，司法权是维护人权的坚强后盾，司法程序是人们依法、理性维权的基本途径，司法机关是保障人权的责任主体，检察机关作为国家法律监督机关，当然肩负着保障人权的重要使命。然而，在司法实践中，部分检察人员在履职办案过程中过于强调惩治犯罪，而忽视了对犯罪嫌疑人、被告人的人权保障。在这种情形下，律师参与刑事诉讼，对人权保障具有重要的意义。构建新型检律关系能够更加全面地保障律师执业权利，规范律师执业行为，推进律师及时高效地介入诉讼，根据事实和法律，依法维护当事人合法权益，这既有利于司法机关全面准确查明犯罪事实，正确适用法律，惩治犯罪分子，也有利于保障相关当事人的人权保障。

（三）构建新型检律关系是推进以审判为中心诉讼制度改革的必要途径

党的十八届四中全会明确提出要"推进以审判为中心诉讼制度改革，确保侦查、起诉的案件事实证据经得起法律的检验。全面贯彻证据裁判规则，严格依法收集、固定、保存、审查、运用证据，完善证人、鉴定人出庭制度，保证庭审在查明事实、认定证据、保护诉权、公正裁判中发挥决定性作用。"从广义范围来讲，以审判为中心不但是以庭审为中心，而且是以审判程序为中心。根据我国《刑事诉讼法》和《律师法》的相关规定，律师介入诉讼的时限已大大提前，基本上涵盖了整个审判程序。庭审前，检察官通过充分听取律师意见，进一步审查证据，有助于查明犯罪事实。庭审中，法官通过充分听取控辩双方的举证、质证和辩论，有助于准确查明事实，认定证据，依法作出裁判。构建新型检律关系，既有利于避免问题案件进入审判程序，又能促进庭审实质化，进而推进以审判为中心的诉讼制度改革。

三、构建良性互动检律关系的路径

（一）革新工作理念增强法律职业共同体认同

检察官和律师作为法律职业共同体的有机组成部分，在终极目标与宏观价值上是一致的，因此应该树立共同的职业理念，坚持共同的职业信仰，相互信赖，共依共存，在维护法治统一的前提下彼此认同。作为检察机关而言，首先，要秉持行使法律监督职责必须接受监督的理念。检察机关作为我国法律监督机关，其自身也要接受监督。律师行使执业权利，参与案件办理，是对检察机关的外部监督方式，检察官应主动适应并接受律师的监督。其次，检察官要坚持客观义务理念，履行保障人权、维护法治统一正确实施的客观义务，要保持中立客观，要重视和采纳对有利于犯罪嫌疑人、被告人的事实和证据，尊重和保障律师会见、阅卷、申请调查取证等权利，听取律师对于定罪量刑的意见。最后，要增强法律职业共同体认同，尊重律师职业。检察官和律师同为法律工作者，都是中国特色社主义法治事业的建设者，都秉持共同的职业信仰和价值追求，应当相互尊重、相融共赢。

（二）以更加有力的举措推动律师权利保障

认真落实关于依法保障律师执业权利的规定，强化诉讼中律师知情权、辩护权、申请权等各项权利的制度保障，尊重律师在会见、阅卷、调查取证、收集证据等方面的权利，完善听取律师意见特别是无罪意见制度，发挥辩护律师在全面查清案件事实、保障被告人人权等方面的积极作用。健全规范保障律师执业权利的相关制度和措施，通过制定完善检察机关律师接待工作管理办法等系列配套制度、联席会议制度，重点围绕律师会见、阅卷、调查取证以及申请变更强制措施等权利保障方面存在的突出问题，全面贯彻落实各项法律规定，切实保障和促进律师依法执业。健全律师执业的硬件保障，搭建网上预约、网上阅卷、网上会见等平台，设置阅卷室，保障律师充分行使执业权利。此外，还要注重健全违法违规处理机制，对于妨碍律师依法执业的行为，应严格按照相关制度规范予以追究，对于少数律师违法、违规执业问题，依法依规惩戒。

（三）以积极有效的举措促进检律沟通

建立新型检律关系，检察官与律师之间必须加强沟通与交流，相互之间获得信任感和认同感。首先要加强信息的交流，发挥好检察官协会和律师协会作用，建立常态化的沟通协作机制，对于刑事诉讼中双方存在的冲突与问题沟通协商，促进检察权依法公正行使，保障律师依法执业，维护法律正确实施。全面落实听取律师意见制度，对律师提供的书面法律意见、证据材料，特别是对证明犯罪嫌疑人无罪、罪轻或者减轻、免除刑事责任的意见，承办检察官应当认真审查，记录备案，并对是否采纳律师意见及理由作出说明并按相应程序给予书面答复；探索在更广泛的案件中发挥律师疏导和化解矛盾纠纷的独特作用，用好律师与犯罪嫌疑人、被害人及其近亲属的信任关系，发挥律师的桥梁纽带作用，减少对抗情绪、保障案件办理、促进矛盾化解、维护和谐稳定，做好检察机关特殊性、专门性群众工作；探索聘请律师担任检察机关专家咨询委员会委员，探索建立专业咨询制度，提供专业性法律意见以及必要的办案协助；探索在刑事案件中与律师共同对犯罪嫌疑人、被告人开展认罪服法教育，促使犯罪嫌疑人、被告人转变认罪态度，实现良好办案效果。同时，检察机关也要注重加强与司法行政机关、律师协会的对接，在规范执法和执业行为，维护检察官和律师权利，加强内部监督，充分发挥检察官协会、律师协会作为自律性组织的作用，对检察环节律师执业过程中发现的违法、违规、违纪行为，及时通报相关部门。

四、深入推进审查起诉阶段辩护律师全覆盖试点工作

2022 年 10 月 12 日，最高人民法院、最高人民检察院、公安部、司法部联合出台《关于进一步深化刑事案件律师辩护全覆盖试点工作的意见》，明确要求巩固审判阶段刑事案件律师辩护全覆盖试点工作成效，在审判阶段律师辩护全覆盖的基础之上，逐步把全覆盖延伸到审查起诉阶段。对于符合规定的犯罪嫌疑人，只要没有委托律师进行辩护的，由检察机关通知法律援助机构指派律师为其提供辩护。

（一）律师辩护全覆盖的发展阶段

党的十八大以来，为贯彻党的十八届四中全会精神，在司法体制改革的浪潮下，推进"以审判为中心的诉讼制度改革"、完善"认罪认罚从宽制度"成为重中之重，刑事案件律师辩护全覆盖制度被列入其中，得到了长足的发展。2017 年 10 月，最高人民法院、司法部共同出台《关于开展刑事案件律师辩护全覆盖试点工作的办法》，率先在北京、上海、浙江等 8 个省（直辖市）开展试点工作。在总结试点经验基础上，权衡审判阶段刑事案件律师辩护全覆盖的利弊得失，最高人民法院、司法部于 2018 年底开始在全国范围内进行试点。自此，审判阶段刑事案件律师辩护全覆盖工作正式铺开。《中华人民共和国法律援助法》于 2022 年 1 月 1 日正式施行，明确规定了扩大通知辩护范围、切实发挥值班律师法律帮助作用等，为深化刑事案件律师辩护全覆盖试点工作提供了依据和保障。为进一步强化刑事案件犯罪嫌疑人、被告人人权司法保障，推动认罪认罚从宽制度精准适用，最高人民法院、最高人民检察院、公安部、司法部联合发布文件，明确在审查起诉阶段开展律师辩护全覆盖试点工作。审查起诉阶段开展律师辩护全覆盖不仅为犯罪嫌疑人提供了更为广泛、有效的辩护和法律帮助，保障其获得辩护的权利，更是推进全面依法治国、践行司法公正的生动实践。

（二）审查起诉阶段律师辩护全覆盖的价值

1. 顺应庭审实质化的现实需要

党的十八届四中全会通过的《中共中央关于全面推进依法治国若干重

大问题的决定》提出"推进以审判为中心的诉讼制度改革"，旨在优化刑事诉讼构造，推动庭审实质化。而在审前阶段，犯罪嫌疑人往往处于被羁押状态，律师的参与尤为重要。律师意见是犯罪嫌疑人能否在自愿而明智状态下作出选择的关键，律师对案件的熟悉程度及对证据材料的收集直接影响到庭审中的质证。推动审查起诉阶段律师辩护全覆盖，保障辩护律师阅卷权、会见权，有助于律师充分地参与诉讼过程，全面了解案件事实和证据，并在此基础上提出合理的辩护意见，提供有效的辩护或者实质性的量刑帮助，为犯罪嫌疑人争取更多的合法权益，确保认罪认罚从宽制度精准适用，将绝大多数可能发生的问题、隐患解决在审查起诉环节，防止案件"带病起诉"。

2. 强化人权保障的司法举措

进入新时代，人民群众对公平正义有着更高的要求，对民主法治有着更高的期待，开展审查起诉阶段刑事案件律师辩护全覆盖工作是"坚持以人民为中心"的应然之举，有助于更加充分地保障犯罪嫌疑人的诉讼权利，增强司法公信力。按照正当程序的要求，犯罪嫌疑人、被告人享有辩护权，但在刑事诉讼活动中，由于经济困难、法律意识淡薄或者处于被羁押状态等原因，犯罪嫌疑人、被告人往往无法自行获得充分的律师辩护。推进审查起诉阶段律师辩护全覆盖能够确保每名犯罪嫌疑人都能获得平等的律师辩护，更能促使其辩护权得到更加充分、更早行使，确保自认其罪、自认其罚的真实性、客观性，使有罪者受到应有的惩罚，而无辜者在律师的辩护下不受刑事追究，让每名犯罪嫌疑人都能得到公平、公正的对待，避免因无法获得充分辩护而导致的司法不公。

3. 确保认罪认罚从宽制度精准适用

犯罪嫌疑人、被告人是否认罪，是决定适用认罪认罚从宽制度的关键因素。然而，由于种种原因，部分犯罪嫌疑人、被告人出于恐惧、压力等原因，选择不认罪。在这种情况下，如果这些犯罪嫌疑人、被告人无法得到及时、有效的法律帮助，将会影响其行使认罪权利，进而影响认罪认罚从宽制度的适用效果。当然，目前在认罪认罚从宽制度适用过程中，由于检察机关占据程序的主导权，实践中可能存在着犯罪嫌疑人、被告人因自身认知不足，不了解该项制度，亦不清楚认罪认罚的法律后果，进而影响认罪认罚的自愿性、真实性。审查起诉阶段推进律师辩护全覆盖，既直接强化了认罪认罚案件在审查起诉阶段的有效帮助、有效辩护之需，也防止了认罪认罚案件中检察机关主导模式陷入滥用与恣意等问题，一定程度上确保了认罪认罚从宽制度的精准适用。

4. 助推审查起诉阶段的控辩平等

在现代刑事诉讼中，基于公正审判的要求，履行控告职能的一方与履行辩护职能的一方在实力上应当尽量平等。但从制度上看，刑事诉讼中的犯罪嫌疑人、被告人与代表控方的检察官之间的不平等是先天的；从实践来看，刑事诉讼中的大多数犯罪嫌疑人、被告人文化水平不高，缺乏专业的法律知识，而行使控诉职能的检察官精通法律专业知识，有着丰富的出庭经验，并且在审查起诉阶段居于主导地位，负有发现案件真相的职责和权力，享有较为广泛的权力。① 因此，为弥合双方力量事实上的落差，控辩平等的要求势必延伸到审判之前。启动审查起诉阶段律师辩护全覆盖，无疑进一步从诉讼源头增强了控辩平等，有助于控辩双方充分了解案件的情况和证据，互相尊重，平等、充分地表达自己的意见和观点。

（三）推动审查起诉阶段律师辩护全覆盖试点工作需要注意的几个问题

1. 关于通知辩护案件范围问题

根据我国现阶段经济社会发展实际，结合司法实践，目前文件将审查起诉阶段犯罪嫌疑人没有委托辩护人，应当通知辩护的案件范围设定为四类：一是可能判处三年以上有期徒刑的；二是本人或者其共同犯罪嫌疑人拒不认罪的；三是案情重大复杂的；四是可能造成重大社会影响的。在经济条件允许、律师资源较为充足的地方，也可以商司法厅（局）适当扩大通知辩护案件范围。

2. 关于辩护权保障

对犯罪嫌疑人没有委托辩护人，符合通知辩护条件的，检察机关应当依法通知法律援助机构指派律师为其提供辩护。检察机关应当切实保障辩护律师会见、阅卷等诉讼权利，为辩护律师履行职责提供便利。作出退回补充侦查、延长审查起诉期限、提起公诉、不起诉等重大程序性决定的，应当依法及时告知辩护律师，及时向辩护律师公开案件的流程信息。审查起诉阶段，辩护律师提出阅卷要求的，检察机关应当及时安排阅卷，因工作等原因无法及时安排的，应当向辩护律师说明，并自即日起三个工作日

---

① 参见魏晓娜：《认罪认罚从宽制度中的诉辩关系》，载《中国刑事法杂志》2021 年第 6 期。

内安排阅卷，不得限制辩护律师合理的阅卷次数和时间。有条件的地方可以设立阅卷预约平台，推行电子化阅卷。

3. 关于值班律师法律帮助实质化问题

检察机关应当告知没有辩护人的犯罪嫌疑人、被告人有权约见值班律师获得法律帮助，为犯罪嫌疑人约见值班律师提供便利，并依法保障值班律师的会见、阅卷等诉讼权利。值班律师要求阅卷的，检察机关应当及时安排，已经实现卷宗电子化的地区，可以安排在线阅卷。对于值班律师数量有限、案件量较大的地区，也可以安排值班律师采取集中查阅方式进行阅卷。

4. 关于认罪认罚案件听取律师意见

检察机关对符合条件的认罪认罚案件通知法律援助机构指派律师为犯罪嫌疑人提供辩护或者法律帮助的，应当高度重视听取辩护律师和值班律师的意见，就量刑问题主动与辩护律师、值班律师开展沟通协商，充分阐释量刑建议依据和理由，对辩护律师、值班律师提出的合理意见要注意吸收和采纳，不合理的意见要有反馈和说明。同时，要严格落实听取意见协商量刑同步录音录像制度，切实提高沟通协商的透明度和公信力。

中编

典型案例

陈某抢劫案

——如何准确把握刑事案件中"合理怀疑"的认定标准

一、基本案情

1997 年 4 月 10 日晚，被告人陈某、孟某某（另案处理）驾乘摩托车到景县被害人宫某某家盗窃。二人从被害人宫某某家东墙翻墙入院，陈某拨开北房西屋的窗户，二人爬进室内在北房东卧室翻找财物时，发现在床上睡觉的宫某某醒来，孟某某跑开，陈某恐罪行败露，持凶器多次击打宫某某的头面部致其死亡，又扼压在床上的宫某某之子被害人张某的颈部致其窒息死亡。二人携带劫取的录像机等赃物出院后，将大门锁上，驾乘摩托车逃离。经鉴定，宫某某系被他人用斧头类钝性物体多次打击右侧头面部造成脑挫裂伤、蛛网膜下腔出血及硬膜下出血致脑功能障碍而死亡；张某系被他人扼压颈部窒息死亡。

二、案件诉讼过程

（一）原审诉讼过程

本案由公安机关侦查终结移送检察机关审查起诉。河北省衡水市人民检察院以陈某涉嫌抢劫罪、孟某某涉嫌窝赃罪（1979 年《刑法》）提起公诉，后对二人以涉嫌抢劫罪变更起诉。衡水市中级人民法院一审判决被告人陈某犯抢劫罪，判处死刑，剥夺政治权利终身，并处没收个人全部财产；以被告人孟某某犯非法侵入住宅罪，判处有期徒刑三年。判决作出后，衡水市人民检察院以一审判决对孟某某的定罪错误，量刑明显不当为由提出抗诉，陈某提出上诉。河北省高级人民法院以部分事实不清为由发回重审。衡水市中级人民法院重新审理后作出判决，以被告人陈某犯故意杀人罪，判处死刑，缓期二年执行，剥夺政治权利终身；以被告人孟某某犯故意杀人罪，判处有期徒刑三年。判决作出后二人提出上诉。

河北省高级人民法院审理后认为，原判认定的事实，没有确实、充分的证据予以证实，现有证据之间的矛盾无法得到合理排除，原判据以定案的证据没有形成完整的证据链条，没有达到证据确实、充分的证明标准。具体理由为：原判认定陈某、孟某某犯故意杀人罪的主要依据是二人的有罪供述和指纹鉴定证实现场提取的一枚指纹系陈某所留。但上诉人陈某翻供，孟某某亦否认目击陈某杀人，现场提取指纹虽有一枚检出系陈某所留，但仍有其他指纹未能鉴定，无法排除他人在作案时间段出入现场的合理怀疑；作案工具和涉案赃物均未能找到等。据此，判决陈某、孟某某无罪。

（二）再审诉讼过程

二审判决作出后，河北省人民检察院提请最高人民检察院向最高人民法院提出抗诉。最高人民检察院经审查认为，本案现有证据已形成完整证据链条，能够排除合理怀疑，法院认定陈某无罪的判决确有错误，应予纠正。具体理由为：（1）本案侦破经过自然，其中陈某是在案发17年后通过现场窗户上提取的指纹比对，被确定为犯罪嫌疑人。孟某某到案系公安机关依据陈某反常行为获取线索，到案过程客观真实，自然流畅，能够客观印证本案的犯罪事实。（2）现有证据能够证实陈某具有犯罪动机，且在本案后还有涉财类犯罪，系盗窃惯犯。（3）本案有将陈某与案发现场直接关联的客观性证据。案发现场提取的关键指纹系陈某右手食指所留，该指纹所留位置为堂屋西侧客房窗扇底部内侧窗框处，走向为指尖位置向上，符合在窗户外侧拨开窗户后留下的特征。且陈某对案发现场留有自己指纹没有合理解释。（4）孟某某在侦查和审查逮捕阶段的有罪供述客观真实，可直接证明陈某抢劫杀人，特别是被抓获后首次供述即为有罪供述，对陈某杀害二被害人的经过进行了详细生动的描述，非亲历不可知。（5）陈某在侦查阶段供述了其在盗窃过程中杀人劫财的基本犯罪事实。翻供后提出被刑讯逼供的辩解，与在案证据矛盾。（6）二被告人对于作案动机、作案时间、作案地点、入户入室方式、作案经过、逃离路径等重要情节的供述一致，并有相关证据予以印证。

经最高人民检察院检察委员会审议决定向最高人民法院提出抗诉。最高人民法院将本案指令山东省高级人民法院再审。再审期间，检察机关积极引导侦查取证，调取相关证人证言，证实陈某获知被害人家庭经济状况的信息来源、排除陈某被刑讯逼供的嫌疑，委托技术部门对被害人死亡原因、损伤特征等进行了审查分析等。其间，办案检察机关检察长列席人民法院审判委员会，对定案关键证据发表具体意见。最终，山东省高级人民法院作出终审判决，以抢劫罪判处陈某死刑，缓期二年执行，剥夺政治权利终身，并处没收个人全部财产。

三、案例评析

本案在"疑罪从无"的认识、"合理怀疑"的认定及"事实清楚，证据确实、充分"证明标准的把握等方面，具有示范意义。

一要全面准确理解刑事案件的"证据确实、充分"。证据确实、充分应为证据与证据之间、证据与案件事实之间不存在矛盾或者矛盾得以合理排除，且运用证据认定案件事实的过程符合逻辑和经验，得出唯一结论。既不能孤立地将证据从整个证据体系中割裂出来进行判断，也不能要求齐备全部所有的证据。对于受客观条件限制，部分证据未能提取、鉴定，但其他在案证据已形成完整证据链条，得出唯一结论的，可以认定。实践中，被告人为开脱罪责往往拒不交代、先供后翻、部分供述、诬陷他人，要通过在案证据和逻辑分析予以去伪存真，不应仅根据问题表象就认为证据存疑。

二要正确适用排除合理怀疑的证据规则。对于不当适用"合理怀疑"作出无罪判决的，人民检察院要根据案件证据情况，认真审查法院判决无罪的理由。对于确有必要的，要补充完善证据，以准确排除"合理怀疑"，充分支持抗诉意见和理由。针对被告人的无罪辩解，要注意审查辩解是否具有合理性，与案件事实和证据是否存在矛盾。经综合审查，如果案件确实存在"合理怀疑"，应当坚持疑罪从无原则，依法作出无罪的结论；如果被告人的辩解与全案证据矛盾，或者无客观性证据印证，且与经验法则、逻辑法则不相符，应当认定不属于"合理怀疑"。

三要正确适用"疑罪从无"原则。人民检察院在司法办案中要勇于依法担当责任，努力维护公平正义，真正做到有罪绝不放过，重大疑点查不清楚绝不认定。要正确理解和贯彻"疑罪从无"原则，做到有罪无罪之疑从无，重罪轻罪之疑从轻，切实防止稍有疑点就作无罪处理等机械做法。

四要充分发挥检察长列席审委会制度优势。检察长列席审委会制度是富有中国特色的司法创造，是法律赋予检察机关履行法律监督职责的重要方式，是司法实践长期探索的有益经验总结。检察长就抗诉案件列席审委会，一方面有利于审委会全面听取意见，消释委员的疑虑；另一方面，也有利于发挥集体智慧，确保案件得以公正处理。

陈某某故意杀人案

——如何发挥"非亲历不可知"细节在证据审查运用及案件事实认定中的作用

一、基本案情

被告人陈某某于 2011 年结识被害人张某（女，殁年 32 岁）后，二人同居于陕西省商洛市商州区某租住房。2013 年下半年，因生活琐事以及张某不满陈某某不务正业等原因，二人多次发生争执。同年 12 月 30 日晚，陈某某与张某在返回租住房途中，又因琐事发生争吵，张某乘出租车独自离开，陈某某返回租住房后，为泄愤用刀将张某衣服割破。同月 31 日晚 11 时许，张某返回租住房，休息至次日中午准备换衣服时，发现自己的衣服被割破，遂与陈某某再度发生争吵。在争吵过程中，陈某某在卧室短暂扼压张某颈部，后在客厅拉扯张某至二人倒地，随即使用客厅沙发床上的枕头捂压张某面部，致张某死亡。随后，陈某某将张某尸体放置在卧室床上，用被子盖住，携带张某的手机离开租住房。2014 年 1 月 5 日，被害人张某的尸体被发现。经法医鉴定，张某系机械性窒息死亡。（盗窃犯罪事实略。）

二、案件诉讼过程

（一）原审诉讼过程

本案由公安机关侦查终结移送检察机关审查起诉。陕西省商洛市人民检察院以被告人陈某某涉嫌故意杀人罪、盗窃罪提起公诉，商洛市中级人民法院经审理作出一审判决，以证据不足为由判决陈某某犯故意杀人罪不能成立，仅以陈某某犯盗窃罪判处有期徒刑二年，并处罚金 5000 元。宣判后，商洛市人民检察院提出抗诉，陕西省人民检察院支持抗诉。陕西省高级人民法院裁定撤销原判，发回重审。商洛市中级人民法院经重新审理，作出与原一审相同的重审判决。商洛市人民检察院再次提出抗诉，陕西省人民检察院再次支持抗诉。

陕西省高级人民法院审理认为，公诉机关指控陈某某犯故意杀人罪不能成立，具体理由为：公诉机关的指控主要依据陈某某的供述，但陈某某与被害人系同居关系，对案发现场了解程度高，本案系先供后证，供述证明力不强。本案存在疑点和问题，一是被害人死亡时间存疑，法医推断被害人死亡距尸检约3天左右，尸检时间为1月5日，与陈某某供述作案时间1月1日中午不符，被害人父母证言称被害人在1月1日或2日晚上曾与家人电话联系。二是在陈某某供述的作案工具蓝底白花枕头上未检出陈某某、张某遗留痕迹。三是现场勘验记载案发现场卧室床上有多件被剪破的衣服、覆盖尸体的被子上有一件女士棉衣，与陈某某供述不一致。四是陈某某和张某所持租住房屋钥匙去向不明，不排除他人持钥匙进入室内作案可能。五是陈某某供述作案后入住宾馆、次日返回现场清扫并将垃圾带走，因宾馆住宿记录及垃圾未能提取，无法印证该供述。六是陈某某作案后使用被害人手机与他人联系，不符合常理。七是陈某某在法院判决故意杀人罪不能成立后，仍作有罪供述不符合常人畏罪心理。据此，二审法院裁定驳回抗诉，维持原判。

（二）再审诉讼过程

二审裁定作出后，陕西省人民检察院以该裁定确有错误为由，提请最高人民检察院抗诉。最高人民检察院受理案件后，开展了下列工作：针对陈某某供述自愿性、真实性，再次讯问陈某某，其仍然供认致张某死亡的犯罪事实，并对诸如租住房钥匙去向、为何使用被害人手机与他人联系等案件疑点作了合理解释；经核实首次讯问陈某某的两名侦查人员，排除刑讯逼供、指供、诱供可能。针对被害人死亡时间，承办人复核被害人父母，确认被害人最后一次与家人联系是在12月31日；经委托最高人民检察院检察技术信息中心进行技术性证据审查，得出法医推断被害人死亡时间与陈某某作案时间并不矛盾的结论。据此，最高人民检察院办案人员认为陈某某故意杀人的犯罪事实清楚，证据确实、充分。主要理由为：本案侦破经过自然，陈某某供述自愿、稳定，供述内容特别是对于作案时间、作案过程、作案手段、尸体摆放及穿着姿势、作案后携带张某手机离开现场、使用张某手机与他人联系等诸多"非亲身经历不可知"的隐蔽性细节，与现场勘查笔录、尸体检验鉴定意见及相关证人证言等证据所证内容一致，非其作案不能作出合理解释；本案部分非犯罪构成要件事实虽无法调取证据证明，但不影响定罪。

经最高人民检察院检察委员会审议，依法向最高人民法院提出抗诉。最高人民法院指令河南省高级人民法院再审。河南省高级人民法院经审理，做出再审判决，采纳检察机关抗诉意见，对陈某某以故意杀人罪判处无期徒刑，剥夺政治权利终身。

三、案例评析

本案的争议焦点在于，能够认定犯罪的直接证据只有被告人的有罪供述，在这种情况下，应当如何综合全案证据认定案件事实。实践中，在特定场所发生的特定关系人之间的故意杀人等重大刑事案件，往往缺乏指向性明确的监控视频、实物证据和言词证据，认定特定关系人作案主要依靠口供与相关间接证据的相互印证。本案的成功办理，对于今后办理有口供的类案具有重要的示范、引领价值。

一是在运用证据规则方面。对此类案件证据的审查判断，需运用口供中隐蔽性细节"非亲历不可知""非亲自作案不可能知情"的特点，充分挖掘口供中的隐蔽性、特定性细节，在被告人供述与在案其他证据能够一一印证，并排除非法取证可能性的情况下，就可以据此锁定被告人为作案人。本案抗诉成功，是口供补强规则的具体实践，对明确此类案件口供补强规则具有指导意义。

二是在把握证明标准方面。刑事诉讼证明是一种回溯性司法证明活动，不可能完全复原犯罪活动的所有细节，对定罪事实的证明应当围绕犯罪构成要件来展开，当构成要件事实的证明已达到内心确信、非被告人作案不能作出合理解释时，就可以认定被告人犯罪已排除合理怀疑。而对非构成要件事实的证明不能过于苛责、过分强调非构成要件事实的缺陷，比如苛求本案的垃圾、手机、钥匙去向等非构成要件事实的一一证明，这种过分强调非构成要件事实的缺陷，明显违背诉讼证明规律，无疑也会放纵重大刑事犯罪。

三是在推动健全刑事审判监督上下联动机制方面。刑事审判监督特别是刑事抗诉，既是检察机关法律监督职能的彰显，也是检察一体化理论、机制的生动实践。在本案接力抗诉过程中，明确各级检察机关的职责分工，强化上级检察机关的抗诉主导，最大限度发挥检察一体、上下联动的制度优势，形成跟进式、接续式的监督合力，是实现"高质效"监督的有力抓手和坚强保障。

辛某故意杀人案

——在缺少直接证据的情况下，如何运用间接证据准确认定案件事实

一、基本案情

被告人辛某与被害人张某某（女，殁年 33 岁）曾系男女朋友关系，张某某因辛某对其隐瞒离婚后仍与前妻共同生活等感情问题与辛某产生矛盾。2015 年 3 月 5 日 19 时许至 3 月 6 日凌晨 4 时许，在辽宁省大连市某小区张某某住处，辛某与张某某又因感情问题发生争执，其间，辛某掩住张某某的口鼻，致张某某机械性窒息死亡。其后，为掩盖罪行，辛某将张某某的尸体抛至楼下。2015 年 3 月 10 日，被告人辛某被侦查机关传唤到案。

二、案件诉讼过程

（一）原审诉讼过程

本案由公安机关侦查终结移送检察机关审查起诉。辽宁省大连市人民检察院以被告人辛某涉嫌故意杀人罪提起公诉，大连市中级人民法院经审理作出一审判决，以被告人辛某犯故意杀人罪，判处死刑，缓期二年执行，剥夺政治权利终身。判决作出后，辛某提出上诉，辽宁省高级人民法院裁定发回重审。

大连市中级人民法院重新审理后认为，本案证据未达到确实、充分的程度，证据之间存在疑点未得到合理排除，全案证据未形成完整的证明体系，无法得出唯一、排他性结论。理由如下：（1）被害人死亡时间无法确定。被害人末次进食时间是死亡前 4 小时至 6 小时，但末次进食时间无法确定。（2）无客观证据证明被告人离开案发现场时间。在案证据可以证实被告人辛某在案发当晚到过被害人住处，且因感情问题与被害人发生过争执，无法证实被告人离开案发现场准确时间。（3）作案手法及工具并未查实。被害人系口鼻部受外力作用致机械性窒息死亡，但具体受到何外力作用导致窒息死亡无客观证据证明。（4）无法排除第三人作案的合理怀疑。

被害人住处遗留多枚嫌疑足迹，未作比对，无法排除在被告人离开后是否有第三人进入现场的合理怀疑等。据此，判决被告人辛某无罪。

判决作出后，大连市人民检察院向辽宁省高级人民法院提出抗诉，辽宁省人民检察院审查后决定撤回抗诉，辽宁省高级人民法院裁定准许辽宁省人民检察院撤回抗诉。

（二）再审诉讼过程

申诉人张某（被害人弟弟）向辽宁省人民检察院提出申诉，请求对本案提起抗诉。辽宁省人民检察院复查认为，本案不符合抗诉条件，决定不予抗诉。申诉人张某不服，向最高人民检察院提出申诉。最高人民检察院受理申诉后认为，原审判决可能存在错误，决定复查该案。

本案复查期间，主要开展以下工作：（1）与辽宁省和大连市检察机关原承办人以及公安机关原侦查人员座谈，并先后两次召开专家论证会，全面听取各方意见。（2）依法向辛某进行调查，详细了解其与被害人的认识交往经过、被害人当晚进食时间等案件细节，根据辛某关于被害人进食时间供述以及尸检认定，得出被害人死亡时间在凌晨三四时的结论。辛某与被害人存在感情纠纷，具有作案动机。（3）综合分析案发当日辛某的手机与其妹妹的手机通话记录等数据，结合辛某的供述、辛某妹妹的证言等，认定辛某离开案发现场的时间，其具有作案的时间和条件。（4）综合分析尸检鉴定意见确认的被害人死亡原因。（5）会同原侦查人员复勘案发现场，提取有关物证，实地勘查被害人的坠楼地点。重点围绕案发现场遗留嫌疑足迹，听取最高人民检察院检察技术信息中心及中国刑警学院专家意见，委托公安机关收集调取有关证据，采集辛某的足迹，并委托鉴定机构对提取的辛某足迹与现场嫌疑足迹进行鉴定并做同一性对比。经鉴定，确认案发现场遗留嫌疑足迹只有一种，且与样本鞋印系同一人所留。

经过复查，最高人民检察院办案人员认为原审判决认定辛某无罪的理由不成立，辛某故意杀人的犯罪事实清楚，证据确实、充分。经最高人民检察院检察委员会审议后向最高人民法院提出抗诉。最高人民法院指令大连市中级人民法院再审，大连市中级人民法院再审作出判决，认定辛某犯故意杀人罪，判处死刑，缓期二年执行，剥夺政治权利终身。判决作出后，辛某提出上诉。辽宁省高级人民法院裁定驳回上诉，维持原判。

三、案例评析

本案的争议焦点在于，在缺少被告人有罪供述等直接证据的情况下，如何运用间接证据审查认定案件事实，以及如何判断在案证据已经达到案件事实清楚，证据确实、充分的证明标准。案件的成功办理，对于实践中依靠间接证据定案的案件将起到积极示范和指引作用。

一要充分发挥证据亲历性审查的优势，补充完善证据体系。本案复查期间，承办人通过复勘案发现场，提取到现场遗留拖鞋等有关物证并委托鉴定，实地勘查了被害人的坠楼地点，模拟重走了被告人供述的来去被害人家的路线。通过对被告人开展调查，在关键问题上取得重大口供突破，进一步补强了定案的证据。针对案发现场嫌疑足迹由谁所留这一焦点问题，通过重新提取被告人足迹样本，委托鉴定机构组成专家组进行会检，最终认定现场嫌疑鞋印为被告人所留，排除了案件重大疑点。通过开展亲历性审查，进一步补充完善了证据体系，为案件后续办理奠定坚实基础。

二要准确把握依靠间接证据定案的证明标准。对于缺少直接证据的案件，在审查认定时应重点审查在案证据是否查证属实，证据之间是否能够相互印证并形成完整证据链条，通过全案证据得出的案件事实是否能够排除合理怀疑，得出的结论是否具有唯一性。本案中，虽无被告人有罪供述这一直接证据证明被告人故意杀害被害人的证据，但被告人的供述及现场勘查笔录、被害人的尸检鉴定意见、DNA 鉴定意见、证人证言等间接证据能够互相印证，且上述证据已经查证属实，全案证据已经形成完整的证明体系，足以证实被告人因感情问题与被害人发生争执，被告人掩住被害人口鼻致其机械性窒息死亡。其后，为掩盖罪行，被告人将被害人的尸体抛至楼下伪造被害人自杀假象的犯罪事实。本案认定被告人杀人抛尸，不存在无法排除的矛盾和无法解释的疑问，结论具有唯一性。

马某某抢劫案

——如何排除证据疑点、抓住案件主要矛盾，综合全案证据认定案件事实

一、基本案情

2015年5月25日晚，被告人马某某驾车（从堂弟处所借）从甘肃省和政县到临夏市，将怡某接至和政县。5月26日起，马某某男扮女装在深夜或者凌晨持怡某两张储蓄卡频繁取现共计28.4万元。6月21日，马某某被抓获，公安机关在其家中发现了怡某的储蓄卡及32万元现金，并在附近杂物堆中找到其男扮女装的衣物。6月26日，公安机关在马某某归还其堂弟车辆地点附近的一处田埂发现怡某尸体。此外，公安机关从马某某所驾车上发现几处怡某的血迹。经鉴定，怡某系他人以捂压口鼻、套头等手段致机械性窒息死亡。

二、案件诉讼过程

（一）原审诉讼过程

2016年9月，甘肃省临夏回族自治州人民检察院以马某某涉嫌抢劫罪、故意杀人罪向临夏州中级人民法院提起公诉，怡某亲属向马某某提起附带民事诉讼赔偿请求。2018年4月，法院经审理认为，检察机关指控马某某用暴力手段获取被害人银行卡及交易密码，后将被害人杀害并掩埋的事实不清、证据不足，以盗窃罪判处马某某有期徒刑十年，并处罚金4万元。临夏州人民检察院认为判决认定事实错误，导致适用法律错误，量刑畸轻，提出抗诉，甘肃省人民检察院支持抗诉，被害人亲属也提出上诉。2019年6月，甘肃省高级人民法院二审裁定驳回抗诉、上诉，维持原判。理由主要是：当晚与被害人联系的手机、与抢劫杀人埋尸行为有关的重要证据缺失；怡某乘坐马某某的车进入和政县后去向无法确定；马某某如何获取怡某银行卡及交易密码原因不清。现有证据无法形成完整的闭合性证据链，没有达到事实清楚，证据确实、充分的法定证明标准。

（二）再审诉讼过程

2022 年 8 月，甘肃省人民检察院提请最高人民检察院对该案提出抗诉，考虑到马某某涉嫌为谋财而杀人，建议将指控罪名变更为抢劫罪。在审查该案过程中，最高人民检察院除对原有证据全面复核外，还指导甘肃省人民检察院充分挖掘电子证据的价值，通过调取马某某与被害人的通话记录发现，被害人失踪当天最后 8 条通话记录均是与马某某通话，此后再无通话记录。通过对通信基站经纬度进行精确测量、分析案发时段马某某与被害人手机信号轨迹变化，发现被害人使用的手机号码和马某某使用的手机号码基站信号自 2015 年 5 月 25 日 22 时许处于并轨状态，并向和政县移动，先后在马某某家中停留 1 小时，在马某某家附近银行停留约 50 分钟，26 日 1 时至 4 时许在发现被害人尸体处停留约 3 小时。

最高人民检察院检察委员会审议认为，该案虽系"零口供"案件，但认定马某某为谋财而杀害怡某的证据均已查证属实，证据与证据相互印证，已形成一个封闭的证据链。2023 年 12 月 18 日，最高人民检察院向最高人民法院依法提出抗诉。最高人民法院后指令甘肃省高级人民法院再审该案。

2024 年 8 月 9 日，该案在甘肃省高级法院再审开庭。控辩双方进行了充分举证质证，检察官详细阐述了指控的案件事实、证据及法律适用等问题，司法鉴定人员作为有专门知识的人出庭。甘肃省高级人民法院依法对马某某抢劫案公开宣判，采纳检察机关抗诉意见，将马某某犯盗窃罪改为犯抢劫罪，判处其死刑，缓期二年执行，并限制减刑。

三、案例评析

本案的争议焦点在于，在被告人马某某"零口供"的情况下，能否认定其抢劫杀人的犯罪事实。审查判断证据不能孤立进行，而是要综合全案证据进行。对于个别未查清的案件细节，不影响基本事实的认定。综合本案马某某借用车辆、深夜接人、信号并轨、半夜还车、还车地点附近挖出被害人尸体以及马某某男扮女装取钱等证据，认定其抢劫杀人的证据之间相互印证，不存在无法排除的矛盾和无法解释的疑问。通过以上证据得出马某某抢劫致被害人死亡的结论符合逻辑和经验，具有唯一性。

（一）关于作案工具、被害人手机等重要证据缺失的问题

马某某有犯罪前科，具有强烈的反侦查意识，案发前就使用怡某身份

证办理了一个专用手机号码与怡某单线联系，还打电话举报怡某丈夫出轨，编造将怡某交给其丈夫的谎言试图嫁祸给他。该案在一个月后才侦破，其有足够的时间去毁灭作案工具，部分证据缺失可以理解。

（二）关于马某某如何获得怡某银行卡及交易密码原因不清的问题

被害人多名亲属均证明，被害人生前是一个很小气的人，且马某某欠被害人20多万元货款，怡某不可能在马某某未偿还其欠款的情形下，主动将有数十万元存款的银行卡交给马某某并告知交易密码。此外，马某某取钱的时间、装扮也不符合常理。

（三）关于怡某失踪后谁给被害人家属发送短信的问题

怡某家属证实，怡某没有发送短信的习惯，且发送短信后立即关机，不符合常理；怡某失踪后以其名义共发出了两条短信，内容均称去九寨沟游玩，但发送短信手机信号的地点从未离开马某某家附近。且在发送第二条短信前几天，马某某已将接怡某的车子归还给车主，后经公安机关勘查，还车时车内已有被害人怡某的血迹，可以排除怡某发信息的可能。

彭某某强奸案

——对于"供证不一"案件，如何综合审查判断在案客观证据和犯罪嫌疑人供述、辩解的印证关系

一、基本案情

2006 年 8 月下旬的一天晚上，四川省乐山市某镇一废弃门市内一流浪拾荒女子被强奸杀害。经鉴定，被害人系被扼颈窒息后濒临死亡，继而被钝器打击面部后死亡。公安机关经摸排，锁定了居住在附近的拾荒人毛某某，认为其有重大作案嫌疑。到案后，毛某某前后 10 次供述均承认自己实施了犯罪。检察官在审查起诉过程中发现，该案在杀人的方法、使用的凶器等一些细节问题上存在供证不一致等问题，又通过 DNA 鉴定，排除了毛某某的作案嫌疑。后检察机关加强与公安机关的协作配合，持续 14 年跟踪监督，真凶彭某某于 2020 年 3 月被抓获归案。

二、案件诉讼过程

本案由公安机关侦查终结，于 2020 年 6 月 23 日移送检察机关审查起诉。2020 年 9 月 3 日，乐山市人民检察院以彭某某涉嫌强奸罪依法提起公诉。2021 年 3 月 23 日，乐山市中级人民法院一审以犯强奸罪判处彭某某死刑，缓期二年执行，剥夺政治权利终身，并限制减刑。一审判决后，彭某某上诉。四川省高级人民法院将本案发回重审。2023 年 5 月 8 日，乐山市中级人民法院以同罪名判处被告人彭某某死刑，缓期二年执行，剥夺政治权利终身。被告人彭某某未再上诉，判决已生效。该死缓判决已被核准。

三、案例评析

（一）秉持客观公正立场，察微析疑，确保无罪的人不受刑事追究

检察机关严格按照裁判的标准全面审查、运用证据，既重视审查证明犯罪事实的证据，又重视审查犯罪嫌疑人的无罪辩解和其他证据，综合审查判断客观证据和犯罪嫌疑人供述、辩解能否相互印证，形成完整证据

链。对于不能排除合理怀疑的，坚持法定证明标准，严把起诉标准，防范冤错案件发生，体现了由"口供为王"向"以证据为中心"办案理念的转变。2006年8月24日，公安机关对毛某某立案侦查，并于同年11月7日移送审查起诉。乐山市人民检察院审查认为，毛某某前后10次供述其强奸并杀害被害人，虽与现场勘验、尸检情况高度一致，但其案发起因、部分现场状况、作案细节以及致被害人死亡手段等供述前后矛盾，现场勘验获取的物证也与毛某某无关联，且毛某某作案时间不明。2006年12月20日，乐山市人民检察院将案件退回公安机关补充侦查，详细列明补查提纲，要求聚焦重要物证，补充能够证实毛某某案发当晚在现场的客观证据，包括对毛某某当日所穿衣服进行检查并提取血迹等物证，补充现场提取物证的送检情况和鉴定意见等。经补充侦查，鉴定意见证实，被害人阴道纱上检出的人精斑DNA与现场黄果树牌烟头上检出的DNA一致，但均与毛某某DNA不相符，且毛某某患有勃起功能障碍，不能认定毛某某犯强奸罪，排除了毛某某的作案嫌疑。公安机关对毛某某终止侦查。

（二）持续跟踪监督、追查真凶，不放纵犯罪

全面准确把握办案和监督的内在统一，协同推进侦查监督与协作配合。引导侦查机关做好证据的补充收集，加大检察机关自行补充侦查力度，加强对证据合法性的审查和补强，在查清事实、查明真相的基础上依法惩治犯罪，实现公平正义。毛某某被释放后，乐山市人民检察院将该案列入重点督办案件清单，指派检察官全程跟踪引导侦查取证。通过定期召开命案积案清理工作推进会，听取公安机关继续侦查思路，建议公安机关将已经获取的犯罪嫌疑人DNA信息录入公安机关DNA数据库，并围绕侦查方向、证据调取和侦查行为合法性等提出取证建议，持续开展同步监督。2016年，公安机关发现一名叫彭某某的男子的DNA与从本案被害人阴道纱上检出精斑的DNA、现场黄果树牌烟头上检出的DNA一致，遂于2020年3月10日将犯罪嫌疑人彭某某抓获归案。

（三）检察办案应当走出卷宗、走出办公室，增强亲历性

要建立书面阅卷审查与调查复核证据相结合的亲历性办案模式，察微析疑、关注细节，并通过赴现场勘验检查、走访证人复核证言材料等方式，确保认定事实的证据基础。乐山市人民检察院受理后，讯问了犯罪嫌疑人，并根据其供述从现勘照片中发现了之前未关注到的重要物证，即被害人案发时穿过的布鞋。同时，查看了案发现场并询问相关证人。联系原

办案人员多次进行案件会商，重点补强阴道纱、黄果树烟头等关键物证提取、封装、送检程序，使之形成闭环，确保物证收集的合法性。另外，还专门就鉴定意见咨询法医，申请原鉴定人出庭作证，对鉴定意见的科学性、合理性进行说明。通过上述工作，确保在案物证、书证、证人证言、鉴定意见等系列证据相互印证，形成完整的证据链，证实彭某某为该案真凶。

刘某同、刘某力抢劫案

——如何把握陈年命案证明标准，完善证据体系

一、基本案情

被害人王某某（男，殁年45岁）与被害人黄某某系夫妻关系，案发前在天津市某村租赁菜地种植大棚蔬菜谋生，平时住在蔬菜大棚旁耳房内。案发前数日，被告人刘某同、刘某力、赵某某（另案处理）从河南省乘坐长途汽车来津，到津后准备了匕首、铁棍、手电等作案工具，预谋抢劫财物。1999年6月20日凌晨1时许，被害人王某某、黄某某与其子王某峰（时年8岁）、王某保（时年6岁）四人在大棚旁耳房内睡觉，三被告人携带事前准备的作案工具，破门闯入王某某夫妇居住的大棚耳房内实施抢劫。抢劫过程中先后对王某某、黄某某进行身体控制，用绳子捆绑双手、用衣服堵嘴，并持匕首捅刺王某某胸腹部、腿部等部位，胁迫黄某某先后两次拿出现金人民币共计1300余元，又继续翻找财物未果后逃离现场。后王某某经抢救无效死亡。经法医尸体检验鉴定，王某某系被他人用刺器刺破肝脏致失血性休克死亡。2023年1月5日、1月6日，被告人刘某同、刘某力相继被抓获归案。

二、案件诉讼过程

本案由公安机关侦查终结，移送检察机关审查起诉。天津市西青区人民检察院经审查将本案改变管辖报送至天津市人民检察院第一分院。经天津市人民检察院第一分院审查后提起公诉并出庭指控。天津市第一中级人民法院作出一审判决，以被告人刘某同、刘某力犯抢劫罪判处死刑，缓期二年执行，剥夺政治权利终身，并处没收个人全部财产。宣判后，刘某同、刘某力未提出上诉。经天津市高级人民法院复核，核准本案一审判决。判决已发生法律效力。

在办理本案过程中，检察机关开展了以下工作：

一是提前介入侦查。针对这起发生在24年前的重大命案，天津市三级检察机关联动办案，派员共同提前介入侦查，引导公安机关做了大量补

充侦查工作，围绕查清同案犯赵某某下落、补充完善关键物证的提取、保管、送检程序相关证据、查明被害人王某某被谁捅刺死亡等重点问题，先后与公安机关共同研商案情 3 次，旁听侦查审讯 1 次，列出补充侦查意见书 3 份共计 31 条具体意见，经公安机关和检察机关共同努力，最大程度夯实了本案的证据体系。

二是报请核准追诉。三被告人作案后即逃回原籍，公安机关以"王某某、黄某某被抢劫"立案侦查，但因缺乏线索未能确定作案人，案件一直未侦破。2022 年案发现场提取的一枚血指纹比中被告人刘某同左手中指，刘某同、刘某力先后被抓获归案，本案告破。刘某同、刘某力犯罪已经过 20 多年，经查阅资料、检索指导性案例，检察机关认为刘某力因在追诉期限内又犯罪故仍在追诉期限内，但刘某同已过追诉时效，经天津市三级院检察委员会讨论决定，逐级报请最高人民检察院核准追诉。最高人民检察院对刘某同抢劫罪核准追诉。

三是监督取证行为。本案在现场勘查过程中，公安机关提取一把铁锨（铁锨柄上提取一枚血指纹，后比中刘某同左手中指）、一把匕首（有血迹）、一段麻绳（有血迹），部分物证因公安机关办公地址多次搬迁而下落不明。检察机关依据刑事诉讼法的规定对公安机关书面纠正违法，对案件出现的诸如讯问笔录填写不完整等取证不规范行为也依法提出纠正意见，督促公安机关整改落实。

四是开展司法救助。本案给被害人家庭带来了巨大的伤痛，也改变了被害人的生活轨迹。被害人黄某某在丈夫死亡后，回到原籍，务农为生，独自一人抚养四个孩子，生活艰辛。时年八岁和六岁的两个孩子也因犯罪造成严重心理创伤。天津市人民检察院第一分院在审查起诉过程中针对被害人的实际困难，联系天津市法律援助中心为其指定一名代理律师提供法律帮助，并为其申请了司法救助，努力解决被害人的生活困难，修复被犯罪破坏的社会关系。

三、案例评析

（一）陈年命案应坚持法定证明标准

证明标准就是案件证明的程度。无论对现行案件还是陈年旧案，事实清楚，证据确实、充分的证明标准是一致的，应当按照最严的证据标准把握好关键问题，即"事实不能没有，人头不能搞错"。"事实不能没有"即被害人王某某、黄某某被抢劫以及王某某被捅刺致死的事实是否存在，

"人头不能搞错"即抢劫行为是否系刘某同、刘某力二人所为。

　　1. "事实不能没有"的判断

　　本案有现场勘验笔录、照片，被害人王某某的尸体检验报告、被害人黄某某、王某峰、王某保的陈述、报案人刘某某、证人李某某等人的证言，故本案被害人王某某、黄某某被抢劫、王某某死亡的案件事实有充足证据可以证明，不会出现"亡者归来"的可能。

　　2. "人头不能搞错"的判断

　　综合全案证据，关于刘某同、刘某力伙同赵某某携带凶器进入大棚耳房进行抢劫，并捅刺被害人王某某致其死亡的主要事实是清楚的，有确实充分的证据予以证明，诸多证据之间相互印证，具有较强的证明力，全案形成完整的证明体系。第一，本案侦破经过自然、合法。1999年6月20日天津公安机关在勘验过程中从现场铁锹柄上提取一枚血指纹，经多年侦查未发现有效线索。2022年在公安部组织的"命案积案指纹会战"中，苏州公安机关技术人员将现场血指纹与刘某同左手中指比中，公安部复核后将线索移送天津公安机关，天津公安机关据此抓获刘某同，刘某同即供认抢劫犯罪并供出同案犯刘某力和赵某某，次日郑州公安机关根据天津公安机关的协查通报抓获刘某力，刘某力亦供认抢劫犯罪。破案过程清晰自然，符合陈年命案的一般侦破规律。需要说明的是，公安机关事先并不掌握刘某力参与作案，根据刘某同的交代抓获刘某力，故刘某力的有罪供述可以视为"隐蔽性证据"，因此刘某力到案后供述与刘某同大致吻合，达到同案犯供述之间的印证，增强了办案人内心确信。第二，本案犯罪动机明确。故意杀人案件通常要证明被告人的犯罪动机，要查明被告人与被害人有何矛盾等情节。而在抢劫犯罪中，需要证明被告人是否具有非法占有他人财物的犯罪动机。本案中被告人刘某同、刘某力案发前无正式职业，经济拮据，伙同赵某某从河南乘坐大巴车到天津，在开饭馆的同乡处落脚，第二天即购买匕首等凶器，以暴力为手段抢劫他人财物的犯罪目的明显，并于深夜携带匕首、铁棍、手电等作案工具实施抢劫。第三，现场提取的铁锹柄上的血指纹经鉴定与刘某同左手中指指纹一致，建立起刘某同与案发现场的联系。该客观性证据证明刘某同到过案发现场，并触摸过铁锹，而且铁锹柄上遗留的是血指纹，具有较强的犯罪指向性。刘某同稳定供认了抢劫事实。在案证据证实刘某同抢劫前未到过案发现场，可排除其抢劫前触摸过铁锹的可能。案发后公安机关迅速到达案发现场进行勘查，可以排除他人作案后，刘某同因其他原因到达现场接触铁锹的可能。第四，刘某同、刘某力对主要作案事实的供述基本相符，还原了整个案发经过。二被告人均供述伙同赵某某作案，与黄某某陈述被三人抢劫可相互印证；二被告人对作案时间、地点、抢劫对象、携带工具种类、抢劫过程、所抢财物等关键情节的供述基本吻合，与黄某某的陈述基本一致，特别是一些具体细节能够相互印证，例如二被告人均能交代"菜地""小屋""菜农"这一案件显著特征，铁棍是在公安机关不掌握的情况下二人均主动交代，二人口音与某地口音相近、有人身着迷彩服，均与黄某某陈述相符，这些细节非亲身经历无法供述，充分证明二人有罪供述的真实性。

（二）从证据的能力和证明力角度分析本案取证瑕疵与言词证据矛盾

本案较多的取证瑕疵和矛盾言词证据分别属于证据能力和证明力问题。证据能力关注的是证据资格问题，证明力关注的是证据与案件事实的关联性等问题。

1. 关于本案取证瑕疵的分析

本案的取证瑕疵主要表现在个别笔录信息填写不全，如被害人黄某某的询问笔录没有记录人员签字，现场勘验笔录没有见证人签名等。对命案积案证据能力的审查与现行标准是一致的，对于存在证据瑕疵的证据不能一概否定其证据能力。对此，可以通过审查证据来源、证据的提取、固定、保存过程，与现场勘验笔录的印证程度，与侦查人员的工作笔记是否相符等方式，综合判断该证据是否具有证据能力以及是否能够转化，在确保证据获取具有合法性、真实性，人权得到保障的情况下，可以依照取证当时的要求作为标准。前述情况均属于取证瑕疵，没有严重损害诉讼当事人的诉讼权利。检察机关引导公安机关进行了证据补充、补正，公安机关以座谈会形式召集了所有当年参与办案的民警进行回忆，对笔录填写不完整之处以情况说明的形式予以补正。查找当年民警的手写工作笔记以及尸检过程拍摄的胶卷，结合全案其他证据，现场勘查和解剖尸体客观真实，证据之间能够相互印证，具有客观性、真实性，应当采用。

2. 关于矛盾言词证据的分析

本案的矛盾言词证据主要表现关于作案工具的来源与携带、怎样控制、捅刺被害人等，被告人供述不尽一致。如刘某同供述三人于案发前在露天市场购买匕首，三人均携带匕首，刘某力否认案发前去露天市场购买匕首，称自己仅携带铁棍；刘某同供述其与刘某力合力控制男性被害人，赵某某控制女性被害人，刘某力供述其仅控制女性被害人，刘某同与赵某某控制男性被害人。关于本案出现较多言词证据矛盾的原因，一是由于年代久远导致被告人记忆有误差，二是被告人出于逃避自己的罪责心理故意虚假供述。言词证据矛盾是陈年命案的正常现象，大部分属于枝节事实，结合全案证据予以分析认定。

（三）关键物证对犯罪指控的影响及检察监督

本案铁锹提取的血指纹是全案唯一的与被告人建立关联性的客观性证据。物证丢失会导致铁锹上的血指纹缺乏载体和依托，进而引起对血指纹来源是否合法的质疑，需要加强监督。对铁锹和铁锹柄上的血迹的提取、登记、编号、保管、送检、录入指纹信息库等环节，引导公安机关寻找相关证据材料，例如当年参与现场勘验的民警的工作记录等。如果无法找到上述记录，则进行情况说明，由参与上述工作环节的民警签名。经公安机关工作，找到了参与现场勘验的公安民警李某的笔记本记录，翔实记录了现场情况和提取铁锹柄上血指纹的情况，并找到了当天拍摄的胶卷进行冲印，对血指纹送检的情况也进行了情况说明。从现场图片以及村民李某某、刘某某等人证言，现场有很多民警和村民，侦查程序是客观的，铁锹来源现场、血指纹来源于铁锹柄是可信的。特别是当年参与案件工作的民警的工作笔记客观性很高，证明了确实从现场发现了铁锹，并提取了血指纹。

王某、张某等6人诈骗、假冒注册商标案

——如何运用"三个善于"办案理念审查判断纷繁复杂的证据材料

一、基本案情

（一）合同诈骗事实

自2013年至案发，某涂料股份有限公司（以下简称某涂料公司）与上海某某公司签订合同，委托上海某某公司对中国国内市场侵犯该涂料公司商标权的制假、售假行为进行调查、投诉和行政打击，并约定行政案件打击成功由某涂料公司支付上海某某公司每件22400—28000元不等的服务费。2018年初至2022年1月，被告人王某任上海某某公司打假专员及承包打假业务期间，在履行合同过程中，伙同被告人张某（上海某某公司法定代表人）、郑某、杨某等人以非法占有为目的，在安徽省、江苏省、河南省等多地向被告人吴某某购买假冒的某涂料公司涂料桶（油漆桶）运送到多家涂料厂进行罐装、调色或自行罐装、调色后再运送到涂料厂、工地等，虚构涂料厂或工地存在售假行为并向各地市场监管部门举报涂料厂或工地，获取市场监管局对"售假"单位或个人的处罚、扣押决定及现场查处照片等，从而骗取某涂料公司的打假服务费。其中，因部分地市市场监管部门未开具法律文书，王某则从被告人谢某某等人处购买伪造的市场监管部门印章，采取伪造国家机关法律文书的方式，骗取某涂料公司服务费。被告人张某明知王某使用伪造文书、转移场地方式开展打假业务，仍伙同王某、郑某一骗取某涂料公司打假服务费；被告人郑某一、杨某明知王某以造假的方式骗取某涂料公司打假费用，仍然参与买桶、送桶、灌浆灌水等环节；被告人郑某二及王甲（另案处理）、张乙（另案处理）明知王某以造假方式骗取某涂料公司打假费用，仍然参与寻找涂料厂、工地或是送桶等环节。

经统计核实，被告人王某以上述方法作案125起，共计骗取某涂料公司2832800元。其中，被告人郑某一参与作案80起，涉案金额1814400

元；被告人张某参与作案 25 起，涉案金额 560000 元；被告人杨某参与作案 19 起，涉案金额 424800 元；被告人郑某二参与作案 10 起，涉案金额 235200 元；张乙、王甲分别参与作案 2 起，各涉案金额 44800 元。

（二）销售假冒注册商标的商品事实

2018 年至 2021 年期间，被告人杜某某在未经注册商标权利人许可的情况下，从武汉上家多次购买印有假冒某涂料公司注册商标标识的铁皮桶原材料等，在自己经营的制桶厂房内加工成含有某涂料公司商标标识的涂料包装空桶，以 14 元/个出售给被告人吴某某。被告人吴某某明知杜某某所售某涂料公司涂料桶系伪造、仿制，仍将印有假冒某涂料公司标识的空桶以 20 元/个出售给王某、郑某一等人。

经查：被告人杜某某共计销售假冒注册商标商品 10344 个，销售金额 144816 元，非法获利 20000 元；吴某某共计销售假冒注册商标商品 10344 个，销售金额 203062 元，非法获利 58246 元。

（三）买卖国家机关印章事实

2018 年至 2019 年期间，被告人谢某某在上海市多处墙上粉刷"办证刻章 1378718××××"的广告宣传信息，后以 2412 元的价格向王某出售了某国家机关印章五枚，非法获利 480 余元。

二、案件诉讼过程

本案由公安机关侦查终结，以王某、张某、郑某一、杨某、郑某二、杜某某、吴某某、谢某某等人涉嫌诈骗罪、假冒注册商标罪、伪造国家机关印章罪移送检察机关审查起诉。安徽省马鞍山市花山区人民检察院经审查，因案情重大、复杂，延长审查起诉期限一次，因事实不清、证据不足，退回侦查机关补充侦查一次，向马鞍山市花山区人民法院提起公诉。花山区人民法院判决后，被告人张某、郑某一上诉，马鞍山市中级人民法院裁定驳回上诉，维持原判。

三、案例评析

（一）以实质法律关系为脉络建立证据体系

构建以证据为中心的刑事指控体系是刑事领域"高质效办好每一个案件"的基础保障，要建立起以证据为中心的刑事指控体系，前提是抓住案件中的实质法律关系，以实质法律关系为脉络审查证据材料，在纷繁复杂的证据材料中确定定罪量刑的依据。在厘清事实与证据的基础上，确定罪与非罪、此罪与彼罪、一罪与数罪的法律适用问题，在正确适用法律的前提下，再有的放矢审查证据材料，建立起完整、全面的证据体系，实现法律关系与证据体系的互相支撑。本案中，争议焦点系被告人王某、张某等人的行为系民事上的合同欺诈行为还是刑法上的合同诈骗行为，抓住这一主要矛盾，就可从民事欺诈与合同诈骗罪的区分上入手，查实被告人是否具有非法占有目的，为证据的采纳指明方向。被告人王某等人采用假冒注册商标的方式骗取被害单位支付的服务费，系手段与目的的牵连，按照牵连犯的处理原则，应当从一重罪论处；上游被告出售贴有某涂料公司假商标的油漆桶给下游被告，其行为触犯销售假冒注册商标的商品罪而非假冒注册商标罪。法律关系不同，其触犯的罪名不同，指控构成相应罪名的证据材料也有所差异，需要检察官在审查案件的过程中准确甄别。

（二）以履行检察职能为抓手强化证据审查

刑事指控是检察机关的基本职能，检察机关应自觉强化责任担当，把握好证据这一影响案件质量的关键性因素，积极主动履行监督职能，强化证据审查。对于事实不清、证据不足的案件，采取退回侦查机关补充侦查或自行补充侦查等方式，及时调取相应证据，补强证据体系。落实好非法证据排除制度，及时排除非法证据，将证据问题解决在起诉前。本案中争议焦点在被告人张某的主观明知上，检察官在全面审查证据材料过程中，发现在案证据材料不足以充分认定张某明知王某制假，可能存在王某欺瞒张某的合理怀疑。如果在补强证据的基础上能够排除合理怀疑，则能认定张某构成诈骗罪的共犯，否则难以认定。因此在审查逮捕阶段未将张某批准逮捕。该案审查起诉后，检察官针对张某的主观故意列明补侦方向，最终引导公安机关补充到证明其主观上明知王某制假打假的关键证据。该份证据主要涉及王某与张某就打假的网络聊天记录，王某通过聊天软件发给张某审查的一张空白行政处罚决定书和王某发给张某的带有某书籍背景的图片，张某进行了回复，综合推断张某明知王某系通过伪造文书的方式"假打假"，甚至为伪造文书行为出谋划策，为指控张某构成合同诈骗罪走出关键一步。

（三）以有效出庭公诉为目的发挥证据效力

刑事指控不单单是书面提出起诉书和量刑建议，在庭审过程中出示证据、答辩论理，承担证明责任，厘清法律事实，是检察机关构建以证据为中心的刑事指控体系的应有之义，也是融入以审判为中心的刑事诉讼制度的必要举措。本案中检察官在出庭公诉时首先讯问认罪意愿、与张某沟通密切的王某所知的关于张某的犯罪事实情况，让法庭和旁听人员对张某的地位、作用和整个案件情况有最基本的了解。在讯问被告人张某的过程中，检察官并未就控辩双方的争议焦点直接提问，而是先以张某作为公司法人，与被害单位之间签订的民事合同为切入点，由浅入深，抓住张某在履行合同过程中违反约定的行为，再深入讯问张某的主观明知，让其辩解更显苍白无力。法庭讯问的顺利进行，为后续的举证质证环节奠定基础。在举证质证过程中，检察官紧扣庭审重点，严格按照法定证据种类全面出示证据，尤其是在证明被告人张某主观明知王某等人采用制假打假的方式获得服务费时，出示张某与王某之间的网络聊天记录，有力证明了起诉书指控的犯罪事实，达到证明目的。

郑某某等故意伤害案

——对于存在因果关系介入因素的"零口供"案件，如何构建主观性证据与客观性证据互动审查模式

一、基本案情

2013 年 11 月 19 日 21 时许，被告人郑某某与被害人张某某（殁年 44 岁）在福建省福安市某夜总会二楼楼梯口处因口角发生扭打，被告人汤某某见状上前伙同被告人郑某某对被害人张某某拳打脚踢，并持塑料篮砸张某某身体。被害人张某某站起来后，郑某某拳击其头部致其摔倒在墙角处，被告人汤某某再次持塑料篮砸向张某某，郑某某随即抱起装有 24 瓶 500 毫升玻璃瓶装未开封啤酒箱砸向被害人张某某头部。后被告人郑某某与汤某某继续踢踹被害人张某某，经劝阻后二人才离开现场。而后，被害人朋友郭某某驾驶轿车将被害人张某某送医救治途中撞上前方一辆同向骑行的二轮电动车。后被害人张某某被送往医院抢救，经抢救无效于 2013 年 11 月 21 日死亡。经鉴定，被害人张某某系钝性暴力作用于头部引起重型颅脑损伤导致死亡。后被告人汤某某于 2014 年 1 月 16 日被抓获，被告人郑某某于 2023 年 8 月 1 日被抓获。

二、案件诉讼过程

本案由公安机关侦查终结移送检察机关审查起诉。检察机关对本案提起公诉后，福建省宁德市中级人民法院以汤某某犯故意伤害罪判处有期徒刑十二年，汤某某提出上诉。福建省高级人民法院裁定驳回上诉、维持原判。宁德市中级人民法院以被告人郑某某犯故意伤害罪判处无期徒刑，剥夺政治权利终身，郑某某提出上诉。福建省高级人民法院裁定驳回上诉、维持原判。

三、案例评析

本案系被告人"零口供"命案，又存在因果关系介入因素，对被告人郑某某、汤某某定罪量刑需要解决以下两个疑难问题：

一是本案关键事实的认定问题。本案关键事实是，被告人郑某某伙同汤某某殴打被害人张某某过程中，郑某某抱起装有未开封24瓶玻璃瓶装啤酒箱砸中被害人张某某头部，致其重型颅脑损伤死亡。现场目击证人中有两人证实看见被告人郑某某实施上述伤害行为，但被告人质疑该两名证人系被害人朋友且饮酒，证言缺乏客观性不应采信。二被告人始终"零口供"，辩解啤酒箱系自然滑落砸到被害人张某某头上。本案提取到现场监控视频可见，二被告人共同殴打张某某致其摔倒在墙角处，但郑某某走到墙角处其全部身体被现场摆放的一高约2.5米立式储酒柜挡住，无法拍摄到其实施上述伤害行为的过程。

二是因果关系介入因素的排除问题。本案中，被害人朋友郭某某酒后驾驶小车将被害人张某某送往医院途中与右前方同向骑行的电动车发生碰撞。被告人及辩护人提出不能排除被害人张某某因交通事故造成死亡。需要排除因果关系介入因素是否足以阻断被告人郑某某、汤某某伤害行为与被害人死亡的因果关系。在办案过程中，检察机关重视通过证据审查运用认定犯罪事实，有效排除被告人无罪辩解和因果关系介入因素影响，通知关键证人、鉴定人和侦查人员出庭作证，通过庭审对关键证据进行实质性审查，构建以证据为中心的刑事指控体系，确保对被告人郑某某、汤某某顺利起诉、判决。

（一）围绕关键事实，强化言词证据补强、复核和客观性证据精细化审查，听取鉴定人等专业解读意见，排除被告人无罪辩解

一是确认现场目击证人证言可作为定案根据。前述两名现场目击证人证言是认定本案关键事实的直接证据。经审查，该证人证言可以作为定案的根据。首先，该两名证人不属于刑事诉讼法规定的不能做证人的情形，具备证人主体资格，侦查人员取证过程合法，并经二人核对确认签章；其次，现场监控视频可见，现场目击证人在被告人和被害人身旁劝架，该两名证人能够很清楚看到被告人殴打被害人的整个过程，证言内容客观真实。该两名证人在案发当晚及案发后数日所作多份询问笔录，证言内容稳定一致，饮酒不影响作证能力。

二是重视言词证据补强、复核。被告人郑某某于2023年到案后，检察机关要求侦查机关重新寻找所有案发现场目击证人核实证言，现场目击证人王某某（系夜总会工作人员）打消思想顾虑改变原有证言重新作证，直接证实被告人郑某某双手抱举一箱啤酒过头往下砸中被害人头部，该现

场目击证人属于中立的第三方证人，对证言前后内容变化做了合理解释，其新的证言与前述两名目击证人证言相互印证，强化言词证据证明力。

三是反复审查案发现场监控视频发现重要细节。现场监控视频可见，郑某某走到墙角处继续殴打张某某，虽然此时被告人郑某某身体和被害人大部分身体被高约 2.5 米的一立式储酒柜挡住，但从被害人摔倒时的身体姿态及摔倒后的双脚朝向可以判断被害人倒地系侧身横躺且头部右侧朝上，恰好可以被啤酒箱砸中，与尸体鉴定意见证实被害人右颞部遭受致命伤吻合。随即视频中超出储酒柜顶部上方突然出现向上移动白色光影后又迅速向下移动，白色光影边缘呈规则的直角形，根据经验法则，只有人为托举箱体才会出现超出柜子顶部的白色直角边缘的光影，排除啤酒箱系自然滑落的辩解，进一步增强言词证据证明力，强化内心确信。

四是对尸体鉴定意见进行实质审查。尸体鉴定意见证实，被害人张某某右颞部有 9.5cm×4cm 范围的擦挫伤，其对应的头皮下见广泛性的出血，右侧颞部及顶部见广泛性粉碎性骨折，骨折线向周围延伸且系一次性暴力作用形成。检察机关在全面审查尸体鉴定意见基础上，就被害人上述伤情形成和死亡原因，充分听取本院法医和出具鉴定意见法医的专业分析意见。两名法医均认为，啤酒箱体表面具有一定面积、内装玻璃啤酒瓶具有一定重量和硬度，砸向被害人头部可形成右颞部较大面积擦挫伤、广泛性粉碎性骨折及对应头皮下广泛性出血并导致死亡。即被告人郑某某举起啤酒箱砸中被害人头部与其右颞部致命伤具有直接因果关系。

五是结合法医专业意见，排除相关矛盾疑点。本案被告人辩解被害人离开案发现场时还有一定行动能力，说明伤情不重。法医分析认为，被害人头部受钝性暴力作用，其生命体征恶化通常是渐进式的，一定时间内仍可能具有行动能力，不能以此否认其右颞部遭受致命伤害。综上，足以认定被告人郑某某实施上述故意伤害的行为。

（二）围绕因果关系认定，将言词证据与客观性证据进行比对互验，有效运用经验法则，排除介入因素影响

本案中，被害人朋友郭某某酒后驾驶小车将被害人张某某送往医院途中追尾撞上右前方骑行的电动车。虽然郭某某证实交通事故中被害人张某某未受到撞击，但被告人及其辩护人提出被害人张某某不能排除系交通事故造成死亡。检察机关结合交通事故现场勘验检查笔录、现场痕迹、血迹、遗留物等客观性证据，与郭某某证言进行比对互验，排除被害人张某

某在交通事故中遭受二次致命伤害的可能性。

一是郭某某证实被害人张某某上车时头部一直流血，坐在副驾驶座（未系安全带）头靠在驾驶座靠垫及其肩膀一侧，事故发生瞬间未采取紧急制动。现场勘查可见在小车副驾驶座坐垫、安全带、驾驶座右侧靠垫等均有浸染血迹，经鉴定为张某某所留，现场未发现肇事车辆紧急制动痕迹，与郭某某证言相互印证。

二是小车与前方电动车相撞，坐在副驾驶座的被害人在惯性作用下可能与车内前方内壁等部位相撞，但小车副驾驶座前方音控台等部位均未见碰撞痕迹，小车前挡风玻璃仅见右上角一破损处，但该破损处系由车外向内凹陷，存在放射裂纹及同心弧，可判定系车外力量撞击形成，且破损处附着毛发未检出被害人张某某DNA，郭某某及现场勘查人员证实该破损处系被追尾的二轮电动车司机撞击形成，与挡风玻璃破损情况吻合，且相关证据证实电动车司机在交通事故中头部被撞受伤。

三是车后座突起位有较大面积血泊，公安机关现场勘查人员出具情况说明，该处血泊形态未呈喷溅状，符合慢速行驶状态下从高处反复滴落形成。结合郭某某证实被害人靠着驾驶座头部后仰血液从头部滴落，认定该血泊并非被害人张某某与车内部件碰撞形成，而是因早前重型颅脑损伤大出血形成，与交通事故无关。

四是小车与电动车质量、大小对比差异明显，两车相撞时对小车冲撞程度有限，郭某某证实张某某在事故中未受到撞击符合客观实际。综上，发生交通事故不足以阻断被告人郑某某等人故意伤害行为与被害人张某某死亡的直接因果关系。

（三）围绕庭审实质化要求，通知证人、鉴定人员和侦查人员出庭作证，强化证据证明力，树立司法公信力

检察机关围绕庭审实质化要求，在庭审中当庭播放现场监控视频，结合证人证言、尸体鉴定意见等，充分论证被告人郑某某抱起未开封啤酒箱砸中被害人右颞部致其死亡的事实。宁德市人民检察院经与宁德市中级人民法院沟通，决定通知本案关键目击证人出庭作证，郭某某（交通事故肇事司机）在被告人汤某某一审庭审中出庭作证。在庭审中经控辩审三方交叉询问，郭某某证实被害人在上车时头部就一直流血，发生车祸时未受撞击，车后座血迹系被害人头部后仰从头部滴落形成。被告人汤某某二审期间，福建省人民检察院通知本案出具尸体鉴定意见的法医、参与交通事故

勘查两名公安人员出庭作证。在庭审中，法医说明被害人张某某右颞部致命伤系具有一定硬度和表面积物体直接作用于该部位形成，排除该致命伤系与车内部件相碰撞形成；公安人员说明肇事小车前挡风玻璃破损处系电动车司机与轿车碰撞造成，交通事故现场未发现肇事轿车紧急制动痕迹，肇事轿车后座突起处血泊系长时间从高处滴落形成。重要证人、鉴定人和侦查人员出庭作证，通过庭审对关键证人证言、鉴定意见、侦查机关情况说明等进行实质性审查，强化证据证明力，有力指控犯罪，树立司法公信力。

李某某、肖某某贩卖毒品案

——如何让电子数据和传统书证相互印证，构建"零口供"毒品案件指控体系

一、基本案情

被告人李某某（曾因犯抢劫罪、盗窃罪被判处刑罚，因吸食毒品多次被行政处罚）为贩毒人员，其于 2023 年 6—7 月间多次以贩卖为目的，先与湖北省武汉市上线联系购买毒品，后提供车辆、老年机及用于交易的现金，并指使肖某某（曾因犯故意伤害罪被判处刑罚）、许某某（另案处理）等人驾车前往武汉购买毒品并运输回江西省萍乡市。其中，6 月 29 日，肖某某到达交易地点后，因怀疑有警察跟踪，便立即逃离并拒绝更换交易地点，随后与许某某驱车返回萍乡市。7 月 1 日，许某某受李某某指使到达武汉后，使用李某某提供的手机与上线取得联系，并约定具体交易地点，交易过程中许某某将 49000 元现金交给上线周某（另案处理），周某将用某药盒包装的 3 袋毒品海洛因交给许某某，交易完成后许某某和周某被民警抓获。

二、案件诉讼过程

本案由公安机关侦查终结，移送检察机关审查起诉。江西省萍乡市安源区人民检察院以被告人李某某构成贩卖、运输毒品罪，被告人肖某某构成运输毒品罪依法提起公诉。萍乡市安源区人民法院以贩卖、运输毒品罪判处李某某有期徒刑十一年十一个月，并处罚金人民币 6 万元；以运输毒品罪判处肖某某有期徒刑一年三个月，并处罚金人民币 8000 元。判决后被告人均未上诉，判决已生效。

三、案例评析

司法实践中，毒品犯罪案件在毒品已灭失，无法获取实物证据的情况下，一旦出现犯罪嫌疑人"零口供"情况，则犯罪事实认定存在很大困难。本案中被告人李某某对所有犯罪事实矢口否认，坚称自己从未参与毒

品犯罪，从未指使他人购买、运输毒品，始终"零口供"。检察机关引导侦查机关围绕重点问题进行侦查取证，从证据角度建立犯罪嫌疑人与犯罪事实之间的联系，加强定罪量刑细节印证，完善证据链条，从而得出唯一肯定性结论。

（一）以电子证据与传统证据交叉组证方式构建证据体系

《刑事诉讼法》第55条规定："没有被告人供述，证据确实、充分的，可以认定被告人有罪和处以刑罚。"被告人"零口供"情形下，要充分用好这一条款，在证明方式上，可以以其他直接或间接证据证明的事实为基础，还原案件主要事实；在证明标准上，证明犯罪事实的各证据之间要相互印证，排除行为人无辜的可能性。"零口供"毒品案件中，由于缺少犯罪嫌疑人口供这一直接证据，导致整个案件需要格外注重其他证据之间的相互印证，而电子证据因其具有留痕性、可恢复性，在当前毒品犯罪案件证据体系中就显得尤为重要，精准把握电子证据与传统书证所形成的证据体系，能够实现对毒品犯罪准确有效打击。本案中，检察机关引导公安机关提取所有涉案人员相关电子数据，从中找出疑点数据进行分析。通过审查网络聊天记录、通话记录等即时网络通讯工具，并结合同案犯的供述及证人证言，查清了李某某与上线、下线对接联系及商讨毒品交易情况，从大量电子数据中发现李某某与武汉上线关于购买毒品的语音资料，证实李某某从武汉上线处购买毒品由来已久，李某某关于不认识武汉上线、从未从武汉购买毒品的辩解不攻自破。且经比对分析，案发时间相关人员通讯信息、抓拍记录，以及前往武汉前李某某向被指使人员交付现金的视听资料、被指使人员回萍乡市后向李某某交付毒品的视听资料等证据均能够相互印证，与同案犯的供述也相互吻合，每一组事实在时间、空间、人物等方面都形成了完整的组证模型，有效证明了李某某贩卖、运输毒品的犯罪事实。

（二）结合常识常情常理开展证据审查，排除合理怀疑

常识常情常理是社会成员普遍认同的基本经验、基本道理和基本情感，在司法裁判活动中合理运用常识常情常理开展证据审查与事实认定，有利于为社会大众理解和接受。根据刑事诉讼法的规定，检察机关提起公诉的证据标准是"确实、充分，排除合理怀疑"，在运输毒品案件中除了应考察行为人客观上是否实施运输毒品的行为，还需要深入考察行为人是否具有运输毒品的主观故意，即是否明知所运输的物品为毒品。对此，常

识常情常理能够为检察机关在认定毒品犯罪案件主观明知方面提供帮助，通过一般社会经验、生活常识辨别行为人供述的真伪。如本案中，被告人肖某某到案后供述有所反复，对于自己是否明知所购买及运输的物品为毒品模棱两可、避重就轻，其辩称虽然自己先后三次前往武汉帮忙拿"药品"，但直至归案时才明确知道所购"药品"是毒品，之前一直处于受蒙蔽状态。而在案证据证实，肖某某在第一次前往武汉交易毒品时就已产生怀疑，后又在高利诱惑下两次前往武汉购买并运输毒品回萍乡市，并直接作为交易方参与明显异常的交易过程，第三次时仅怀疑有人跟踪便直接拒绝交易并立即驱车返回萍乡市。同时结合其事前与李某某的交往情况及事后隐匿手机、逃匿至偏僻地区等异常行为，以及其个人阅历、现场情景等情况，认定肖某某关于其不具有运输毒品的主观明知的辩解明显不符合常理，不应采信。最后，肖某某面对证据情况，选择自愿认罪认罚。

（三）强化证据全面审查，深挖毒品犯罪背后"保护伞"，依法立案查处涉毒"内鬼"

毒品犯罪"保护伞"极为隐蔽，不易被发现，在办案过程中，对于长期实施毒品犯罪但始终未被发现处理的案件应当格外注意，同步审查背后是否有"保护伞"支撑。本案中，检察机关通过证据审查，发现李某某供述其系与某缉毒大队民警柳某某共同在其车上被抓获，且电子证据显示李某某等人与柳某某日常联系较为频繁，掌握该情况后，办案人员及时向检察长报告，由检察侦查部门跟进该"保护伞"线索，并向纪检监察部门对接了解对柳某某调查处理情况。2024年3月12日，柳某某被检察机关以徇私枉法罪向法院提起公诉，同年5月20日，萍乡市某区人民法院以徇私枉法罪判处柳某某有期徒刑一年二个月，一审宣判后，柳某某未上诉，判决已生效。

（四）庭审结合证据与情理，全方位巩固刑事指控体系

一是紧扣被告人辩解开展技巧性讯问。被告人不认罪，其供述与在案证据相矛盾，对此公诉人要找准矛盾细节展开讯问，通过讯问让被告人不能自圆其说，或者陷入前后矛盾，从而揭穿其供述的虚假性。本案庭审中，公诉人针对被告人李某某当庭辩解其从未购买毒品的情况，适时出具相关证据，证明其从武汉上线处购买毒品由来已久，说明被告人辩解与在案证据明显矛盾，不能成立。二是抓住关键环节，突出证据重点。针对犯罪事实及相关证据较多的情况，公诉人应当紧紧围绕起诉书指控的犯罪事

实,对证据进行合理归纳和组合。通过将众多的证据进行科学分类,制定合理的举证顺序,确保举证过程层次分明、规范有序、目的明确,使人对复杂的案情一目了然。在本案庭审过程中,公诉人根据案件事实多、电子数据繁杂、被告人对各起事实辩解程度不同的情况,合理安排示证顺序,采取先总后分的方式进行示证。首先对能够证实李某某实施多次贩卖、运输毒品的综合证据进行举证,再按照每起事实分组举证,通过分组举证证实每一起事实中李某某指使并交付毒资给被指使人—被指使人前往武汉交易—到达武汉实施交易—返回萍乡将毒品交给李某某的全部过程,其中对于能够证明李某某指使他人前往武汉的聊天记录、收取毒品的视听资料进行重点举证,说明证明目的,确保当庭指控犯罪全面、准确、有力。三是开展释法说理,引导认罪认罚。一般而言,被告人基于侥幸心理往往不认罪,但在随着庭审的进行,尤其是讯问及举证质证结束后,被告人的心态会逐渐发生变化,可能由最初的坚决到明显动摇。对此,公诉人结合庭审进展情况,关注被告人的神态及语气变化,抓住时机将教育引导与释法说理相结合,促使被告人真诚悔罪认罪。本案中,公诉人关注到被告人李某某在得知其背后的“保护伞”落网后,对于是否认罪开始动摇,后公诉人充分释法说理,最终被告人李某某当庭表示认罪认罚,达到了良好的庭审效果。

赵某某非法持有毒品案

——如何综合运用证据印证、逻辑法则和生活经验，准确认定"人货分离"毒品案件

一、基本案情

2021年3月，被告人赵某某和王某共谋共同接收毒品。同年3月20日14时至3月22日4时许，赵某某驾驶租赁的渝A5×××车辆、王某驾驶租赁的渝A7×××车辆在重庆市南岸区某地附近踩点，准备接收装有毒品的车辆。当日4时40分许，王某搭乘赵某某驾驶的渝A5×××车辆来到某地大门附近路边，王某下车寻找藏匿有毒品的车辆，赵某某调转车头在马路对侧等候。王某启动运毒车辆云SD×××后，赵某某又调转车头至王某所在马路一侧，二人随后驾车一前一后离开。4时45分许，王某、赵某某驾车来到某小区附近后，民警将云SD×××车辆截停，将王某抓获。从云SD×××车辆后备厢处查获11480.71克甲基苯丙胺片剂和998.67克甲基苯丙胺。尾随云SD×××运毒车辆的赵某某发现王某被抓后，驾驶渝A5×××车辆逃离现场。随后，民警驾车追捕赵某某未果。4时55分许，赵某某将驾驶的渝A5×××车辆停放到某公交站附近的停车场后乘坐公交车离开。

二、案件诉讼过程

2022年8月王某因犯非法持有毒品罪被判处无期徒刑，同年8月王某因病死亡。被告人赵某某为逃避处罚，四处躲藏，达两年之久。2024年1月民警将赵某某抓获。本案由公安机关侦查终结，于2024年4月移送检察机关审查起诉。重庆市人民检察院第五分院以被告人赵某某犯非法持有毒品罪向重庆市第五中级人民法院提起公诉。重庆市第五中级人民法院以赵某某犯非法持有毒品罪，判处其有期徒刑十五年，并处罚金人民币3万元。

三、案例评析

本案难点在于：（1）涉案毒品系从同案犯王某处查获，赵某某未实际

控制毒品，证明赵某某与毒品的关联难度大；（2）王某到案后不认罪，为了规避罪责，提出系"小李"安排其接收运毒车辆，拒不供述"小李"真实身份，未辨认出赵某某、否认"小李"是赵某某，证明"小李"就是赵某某的难度大；（3）赵某某到案后不认罪，且同案犯王某在2022年被判处无期徒刑后已经死亡，不可能通过讯问王某来完善证据，开展有效补充侦查的难度大。

（一）根据待证事实，合理优化、配置证据，构建逻辑严密、层层递进的证据指控体系

针对本案"零口供""人货分离"的特点，为指控赵某某参与犯罪，对全案证据在细致审查的基础上进行合理优化、配置，从而形成逻辑上层层递进的证据指控体系。

一是通过梳理破案经过、控制下交付审批材料、受案登记表、证人证言等证据，证实公安机关锁定赵某某的作案嫌疑及将其抓获的过程自然。本案系公安机关掌握境外人员找人运输毒品到重庆交易的线索后，依法开展控制下交付方式办理案件。案发当天，民警将前来接收运毒车辆的王某抓获，当时尾随王某而至的渝A5×××车辆逃离现场，民警追捕未果。后公安机关根据车辆轨迹和车牌号，追踪到车辆所有人，又根据车辆所有人的证言及车辆卡口照片，确定案发当晚驾驶车辆的系赵某某。锁定赵某某后，公安机关对其上网追逃，并在案发后三年将其抓获。

二是以车辆卡口记录、监控视频、车辆GPS记录等客观证据，确定涉案车辆轨迹，搭建事实认定的基本框架。根据监控视频和车辆卡口记录证实，2021年3月20日至22日凌晨案发时段，赵某某和王某各自多次驾车出现在运毒车辆停放位置附近，3月22日凌晨4时30分许王某搭乘赵某某车辆去接收运毒车辆以及随后二人各自开车一起离开现场。赵某某对其驾驶车辆在对应时段出现在相应地点予以认可，辩解他当时在案发现场附近跑黑车。

三是综合王某供述、证人证言与其他客观证据的印证情况，建立涉案毒品与赵某某的直接关联，证实王某供述中提到的安排他去接收毒品的"小李"就是赵某某。对王某多次供述他于3月21日19时至3月22日凌晨与"小李"驾车在某地见面、等候接车、中途返回家中、二人一起去接车等情况，通过梳理二人车辆轨迹、卡口照片、监控视频等客观证据予以印证。虽然赵某某、王某到案后均否认认识对方，王某否认"小李"是赵

某某，也未辨认出赵某某，但是王某多次供述他是受"小李"邀约前去驾驶运毒车辆，在第八次供述中，民警向其出示 3 月 22 日凌晨 1 时 30 分的车辆卡口照片，王某供述该照片中渝 A5×××× 车辆的副驾驶位置的乘车人系王某，驾驶该车的人是"小李"。赵某某到案后，也供述该时段是他在驾驶该车，同时供述该照片中驾驶车辆的是其本人，副驾驶位置是乘客。综上，足以认定王某供述的"小李"就是赵某某，二人在案发前相互认识。

四是根据监控视频等客观证据，梳理、提炼赵某某、王某二人在案发前、案发时、案发后的异常行为，推定其对接收毒品的主观明知。案发前，赵某某和王某多次驾驶租借的车辆到停放毒品车辆位置附近踩点；案发时，赵某某驾车将王某运输至运毒车辆停放处，后又全程跟随王某驾驶的运毒车辆，在发现王某被抓后迅速逃离现场，并在停车场内多次躲藏；案发后，赵某某断绝与亲友联系，四处躲藏，被抓获时装扮异常，长发披肩，戴棒球帽、口罩等。

五是针对赵某某提出的其案发时在开黑车、王某系其乘客以及当场逃跑是怕被撤销缓刑的辩解，引导侦查取证，予以证伪、推翻。针对赵某某辩解，要求公安机关调取了对应时段赵某某的账单、出行记录以及赵某某的社区矫正材料。账单和出行记录显示，在对应时段赵某某没有收取他人付款的情况，反而有多次出行付款记录，结合赵某某驾车搭乘王某的时间系凌晨 4 时、赵某某驾驶轨迹均集中在运毒车辆附近等，推翻赵某某提出的其在案发时系在跑黑车的辩解。社区矫正材料证实，司法所已经告知赵某某缓刑期满，原判刑罚不再执行，且赵某某对此予以签字确认，赵某某提出的因害怕撤销缓刑而逃离现场的辩解不成立。

（二）综合运用证据印证、逻辑法则和生活经验，排除王某供述、陈某证言与其他证据之间的矛盾和疑点

本案个别关键证据之间存在一定的矛盾和疑点，必须予以排除，否则可能会动摇整个案件证明体系。如证人陈某证实王某系赵某某开办驾校的教练，与该驾校合伙人邓某证实的驾校当时没有王某的证言明显矛盾。证人陈某证实听证人韦某说，赵某某自称和他人合伙做事、货物被查、他人被抓、赵某某当场逃跑等，未得到韦某的印证。由于王某于 2022 年 8 月已经死亡，在案证据中的矛盾和疑点无法通过再次讯问王某予以排除和解决，只有综合全案证据，运用证据印证、逻辑法则和生活经验予以排除和

解决。

一是关于赵某某与王某二人在案发前是否认识的证据矛盾排除。将 2021 年 3 月 22 日 1 时 30 分许王某搭乘赵某某驾驶车辆的卡口照片交由赵某某辨认，赵某某承认驾车人是其本人，以副驾驶位乘员面部模糊为由，称不认识该人。深挖二人同车卡口照片细节，发现副驾驶位乘员虽面部模糊、无法识别，但照片显示该人穿黑色卫衣、卫衣上有字母，与王某被抓获时的穿着一致，并且得到王某供述的印证，可以得出该人系王某的结论。据此，可以认定赵某某与王某在案发前相互认识，至于二人是否在驾校认识，不影响对基本事实的认定。

二是证言陈某关于赵某某参与毒品犯罪系传来证据的疑点排除。证人陈某证实的赵某某自称和他人合伙做事、货物被查、他人被抓、赵某某当场逃跑等情况，尽管系陈某证实系其从韦某处得知且未得到韦某的印证，但是综合其他证据以及根据"非亲历不可知"的逻辑法则和生活经验，可以采信。韦某证言和赵某某供述相互印证，证实二人在案发后不久见过面；韦某证言和陈某证言部分印证，证实案发后陈某和韦某见过面，韦某告诉陈某他在案发后见过赵某某；陈某证实的案件细节与案发当时的情况一致，案发时陈某并不在场，根据"非亲历不可知"的原则，可以认定陈某不可能编造出与案发过程高度一致的细节，唯一的结论就是陈某证实的案件细节信息如其所说是来源于赵某某。据此，陈某的证言可以采信作为指证赵某某参与犯罪的定案依据。

（三）以凸显行为异常、辩解异常为目标，通过针对性讯问，当庭揭露其辩解虚假性

针对赵某某提出的当晚在案发现场跑黑车、逃跑两年多是怕撤销危险驾驶缓刑等辩解，在庭审中针对性发问、集中追问，放大、凸显其异常性，当庭揭露其辩解与生活常理不符。一是通过发问，让赵某某当庭陈述其被抓获时的装扮，继续追问其为何要留长发、戴棒球帽和口罩。二是针对其提出的跑黑车的辩解，聚焦其提出的用租来的车跑黑车、只在案发地附近跑黑车、半夜才出来跑黑车、只收取乘客现金车费等不合理之处，集中追问，使其无法自圆其说。三是在举示社区矫正机关关于缓刑期满、原判刑罚不再执行的书证后，再次对赵某某进行发问，告知其文书上有其签字、捺印，推翻其关于害怕撤销缓刑的辩解。

王某受贿、洗钱案

——如何审查证人翻证及言词证据的真实性，准确认定"零口供"职务犯罪案件

一、基本案情

2018年至2022年，王某利用担任某街道党工委副书记的职务便利，在承接工程项目上为妻弟鲁某提供帮助，并通过其父王某兴中国工商银行账户分别于2021年4月和2022年6月收受鲁某所送钱款人民币430万元和人民币190万元，合计人民币620万元。2022年初，鲁某向王某转达某公司希望从街道承接工程项目的请托，王某利用担任某街道党工委副书记的职务便利，为该公司承接项目提供帮助，后王某、鲁某通过鲁某银行账户共同收受该公司实际控制人徐某给予的好处费人民币180万元。2022年10月28日，鲁某将其所有的奔驰迈巴赫汽车过户至王某指定的朱某名下，用于冲抵王某应当分得的好处费。经鉴定，上述奔驰迈巴赫汽车过户时市场价格为人民币103万元。2021年以来，王某为了掩饰、隐瞒其受贿犯罪所得的来源和性质，将通过其父王某兴银行账户收取的贿赂款人民币360余万元用于购买私募基金、房产、车辆等。

二、案件诉讼经过

本案由监察机关调查终结，以王某涉嫌受贿罪移送江苏省南京市玄武区人民检察院审查起诉。南京市玄武区人民检察院以王某涉嫌受贿罪、洗钱罪提起公诉。南京市玄武区人民法院判决被告人王某犯受贿罪、洗钱罪，数罪并罚，决定执行有期徒刑十三年，并处罚金人民币160万元。王某提出上诉，江苏省南京市中级人民法院裁定驳回上诉，维持原判。

三、案例评析

该案是典型的"零口供"贿赂犯罪案件，王某在留置期间、审查起诉及审判阶段均不认罪，还在案发前销毁手机等关键证据，在审查起诉和审判阶段引诱证人作伪证。"零口供"贿赂犯罪案件在司法实践中往往具有

侦办难、证明难、变化多等特点，证据的收集、审查与判断在刑事诉讼各环节均具有较大的难度。检察机关在办理该案的过程中，坚持以证据为中心的刑事指控理念，通过提前介入引导调查、亲历性审查证据、开展自行补充侦查等工作，构建以证明标准为核心的证据体系。

（一）提前介入引导调查，注重全面收集、梳理客观性证据，全方位搭建证明体系

贿赂案件对于言词证据的依赖性较高，而王某拒不供述，本案的直接证据仅有行贿人的证言，检察机关应邀提前介入后，引导调查人员注重客观性证据的收集与梳理，以间接证据为基础，形成证明主要犯罪事实的证据闭环。提前介入阶段，检察机关开展以下两个方面工作：一是共同梳理客观性证据，确定重点调查方向。检察机关经比对 60 余份证人证言和 12 家银行 100 余页流水，发现行贿人交代的 7 笔事实中的 2 笔有银行流水印证，建议调查人员针对上述两笔事实重点取证。二是审查证据细节，发现口供陷阱。调查后期，王某突然转变"零口供"态度，承认其在 2021 年 10 月 12 日收受鲁某 130 万元的事实，且关于受贿时间、金额、交付方式的供述与行贿人证言高度一致，仅对受贿地点陈述不一致。行贿人陈述的是 A 停车场，而王某供述的是相距仅 200 米的 B 停车场，部分办案人员认为可能存在记忆偏差，检察机关经审查认为，王某突然转变态度，存在故意设置口供陷阱的可能。后经调查，B 停车场当时因疫情防控处于关闭状态，而王某分管辖区疫情防控，对此非常清楚，所谓的有罪供述系王某故意作的虚假陈述。

（二）审查起诉阶段亲历性审查，注重证据之间的相互印证，辨析言词证据的真实性

监察机关认定，2021 年 4 月 29 日，王某通过其父亲王某兴的银行卡收受鲁某 430 万元，但王某辩解其从未使用过王某兴的银行卡，王某兴也提出上述 430 万元是鲁某归还此前其出借的欠款。针对被告人及其亲属提出的辩解，检察机关通过以下三个方面开展证据审查：一是审查王某兴及其妻子财产状况，证实自 2015 年至 2017 年其家庭财产最高总额未超过 130 万元，无出借 430 万元的经济能力。二是结合银行交易流水，再次询问王某兴，核实所谓借款的出借时间、出借方式、有无借条和在场人员，王某兴提出因其不会使用网银故以现金方式出借，无法提供借条，无人在场，检察机关再次审查银行交易记录，发现王某兴个人使用的两张银行卡

有大量网银转账记录,与其只用现金交易的说法不一致,证实王某兴做了虚假陈述。三是查明王某兴工商银行卡的使用人和钱款去向,通过审查银行卡的办卡资料发现该卡绑定的是王某手机号,通过取现记录证实王某多次凭个人身份证在柜台取现,通过银行流水证实王某使用钱款进行个人和家庭消费,综上,王某从未使用过王某兴银行卡的辩解不成立。

(三)审判阶段应对证人翻证,通过自行补充侦查,补强关键性证据

"零口供"案件一般伴随着串供、伪证等行为发生。审判阶段,王某辩护人向法庭递交关键证人朱某的新证言,与朱某在监察机关的证言完全相反。朱某在调查阶段称只是按照王某的安排为其代持迈巴赫汽车,并不清楚鲁某将车辆给王某的原因。然而,在庭审阶段,朱某称王某曾通过自己借款 70 万元给谢某,鲁某是该笔借款的担保人,鲁某 2022 年 10 月将迈巴赫汽车给王某是为了替债务人谢某还款,并非王某收受贿赂。为应对证人在审判阶段的突然翻证,检察机关积极开展自行补充侦查,以查明该笔70 万元借款是否真实存在、该债务是否得到清偿。通过电话询问谢某,得知该笔借款确实存在,且朱某曾向法院起诉谢某要求偿还债务。后检察机关向案件审理法院调取了谢某借贷纠纷的民事诉讼案件材料,发现朱某于2023 年 5 月起诉谢某要求还债,而朱某翻证后却称,该笔债务于 2022 年10 月以过户迈巴赫汽车的方式得以清偿,该新证据直接证实朱某提供给王某辩护人的证言系伪证,检察机关依法作出应对。

胡某某抢劫案

——如何运用间接证据排除犯罪嫌疑人"不在案发现场""正当防卫"等无罪辩解

一、基本案情

被告人胡某某与被害人龙某某因做贩牛生意相识。一天，龙某某携款到纳雍县某牛马市场贩牛，其将购买的牛转卖给某镇村民王某某，约定先支付 800 元牵牛回家，稍后龙某某到王某某家中拿余款 6000 元。同日 14 时许，龙某某路遇被告人胡某某并搭乘胡某某三轮车前往王某某家中拿钱，相约待龙某某取完余款后，一同去某地买牛。途中遇到赶牛回家的王某某，王某某便一同搭乘胡某某三轮车回家。后龙某某、王某某下车到王某某家中拿钱，胡某某开车回家后换骑二轮摩托车。龙某某拿到卖牛款后，与胡某某汇合，二人乘摩托车前往某地买牛。当日 15 时 50 分许，胡某某、龙某某行至某地柳杉林休息时，胡某某持刀对龙某某实施抢劫，在追逐过程中，胡某某先后刺龙某某背部、腹部等部位数刀，致龙某某受伤倒地，又持刀对其胸部连续刺杀数刀，直至龙某某死亡。随后，胡某某将龙某某装有现金的内置裤包割下带走。同日 17 时许，龙某某尸体被路过村民发现后报警。处警后现场提取烟头等物证送检，后侦查陷入僵局。经鉴定，龙某某系锐器作用于胸腹部致左右肺破裂、肝脏破裂、心脏破裂大失血死亡。案发后，胡某某外逃。后被害人龙某某亲属到公安局反映，该案可能与胡某某有关系，侦查机关围绕最后接触被害人的胡某某、王某某（公安对其询问中趁机跳窗逃跑坠楼身亡）开展侦查工作。经鉴定，现场提取的一枚烟头中检出 DNA 系胡某某所留，另一枚烟头检出第三人 DNA。后胡某某在六盘水市一废品回收场被民警抓获。

二、案件诉讼过程

本案由公安机关侦查终结移送检察机关审查起诉。贵州省毕节市人民检察院以被告人胡某某犯抢劫罪提起公诉。毕节市中级人民法院以胡某某犯抢劫罪，对其判处刑罚。胡某某提起上诉，贵州省高级人民法院裁定驳回上诉、维持原判，现判决已生效。

三、案例评析

（一）通过手机基站数据溯源审查和解读，证明被告人辩解案发当天未在案发现场不成立

本案现场提取基站数据显示案发当天 15 时 9 分周期性基站变更时胡某某、龙某某及证人王某某三人手机基站轨迹位于牛马市场到王某某家途中。15 时 53 分，龙某某手机基站轨迹数据出现在案发现场，而胡某某手机基站数据 15 时 8 分至 16 时 3 分缺失，16 时 3 分后出现在现场至回家途中。胡某某辩解不在现场，其中途手机基站数据缺失，不能与龙某某手机基站轨迹对应，反而成为其未到案发现场的证明。为破解基站之谜，办案人员向通信公司查询 2013 年现场基站分布情况，向信息分析的侦查人员详细了解基站数据原理及收集过程、案发现场环境等，更深层次将基站数据与基站分布、案发现场影响因素等结合解读。一是对胡某某手机数据缺失作出合理解释。经咨询，出现通信数据缺失的原因有手机正常或异常状态关机、手机进入无基站信号覆盖区域或者通讯数据丢失等。本案案发现场地处多地交汇高处，周边通讯信号较弱，中心无通讯信号，胡某某数据缺失得到合理解释。二是胡某某手机基站变化特点与案发现场条件吻合，排除其一直在家的辩解。胡某某手机虽然部分基站数据缺失，但已有数据在 15 时 8 分、16 时 3 分均出现强制性变更大区记录，手机基站大区强制变更规律与案发现场多地交汇的地理条件吻合，且勘测人员是在快到现场时测量到胡某某在 16 时 3 分出现小区记录。而胡某某家所在地信号较强，接收更远更弱基站点的概率小，且在胡某某之前的手机数据中从未出现过该点，其辩解的案发时在家中不属实。三是证人王某某手机基站数据周期性变化特征不符合现场通讯信号条件。王某某手机基站数据处于稳定周期性变化，其活动范围处于同一基站覆盖范围内，不符合现场通讯信号条件，与其不在现场的证言能够印证。

（二）通过对案发现场另一枚烟头的排查和对现勘、尸检鉴定意见的解读，排除第三人单独或参与作案及被告人正当防卫的辩解

案发现场系开放性现场，留有另一不明男性 DNA 分型的烟头，因此不能排除第三人作案，同时胡某某正当防卫的辩解也需要排除。办案人员多次复查案发现场，听取勘验人员现场介绍，对所提物证一一核对清理、

咨询鉴定专家，寻求新突破。经排查在案发后参与封锁人员，找到另一枚烟头系其中一人在保护现场时丢弃，排除该人嫌疑。经委托专家对现勘、尸检鉴定进行专业分析解读，能够得出以下结论：本案符合一人作案特点。死者损伤基本是刀刺伤，从刺杀动作习惯看，身体前后部分刺杀都有旋转动作。身体前后完全刺入的刺创口大小都较统一，主要损伤分布说明死者躲闪和避让的活动空间较大，若二人以上作案，则容易被控制，无痕迹支持系正当防卫。现场痕迹、死者伤情，衣袖及两手掌损伤均符合抵抗伤的特点，背部先被杀伤的可能性较大，后腹部、左胸部较为密集的四处刺创应是在其他部位被刺伤已造成大量失血倒地后才被刺的。龙某某左胸部四处刺伤都在心脏位置或心脏周围，且四处创口均深达后胸壁，刺杀目的较为明确和凶狠，裤子内包被割走有明显的侵财行为，不符合正当防卫情形。

（三）通过采取递进方式的庭审举证质证，有力驳斥被告人正当防卫辩解

本案庭审中，采取递进式论证方式，构建复合式、层级式证明体系，积极回应胡某某正当防卫辩解及辩护人无罪辩护意见，有力指控犯罪。首先，证人证言、银行流水、通话清单、基站数据等胡某某知晓龙某某到王某某家收取卖牛款，心生歹意，有作案动机。其次，胡某某的手机基站信息、现场提取有胡某某 DNA 分型的新鲜烟头证实胡某某在案发现场，且有作案时间。现场勘验笔录、尸体鉴定意见及专家分析意见印证证实胡某某系行凶人，其行凶致死的目的明显、意志坚决，且能排除第三人参与作案可能。最后，抓获经过、嫌疑人供述、证人证言等印证证实案发后，胡某某匆忙变卖家产、携家属外出打工，行为异常，有逃避侦查的行为。本案不同证据所含信息均指向作案人系胡某某，与胡某某有罪供述相互印证、环环相扣，不存在无法排除的矛盾或者疑问，足以证实胡某某作案过程清楚。庭审中，检察人员还指出胡某某对案发当年作虚假陈述，变卖家产携全家出逃，逃避侦查，现仍无悔改之心，其始终在认罪与不认罪之间试探和犹豫。不是没有被告人的供述就不能定案，只要犯罪一定会留下痕迹，胡某某终将为自己的行为负责。

傅某某抢劫案

——如何运用非亲历不可知言词证据及经验、逻辑法则认定案件事实

一、基本案情

20 世纪 90 年代末期，被告人傅某某（曾有两次犯罪前科、两次吸毒劣迹）在被害人孙某某长女家的大连某酒店担任保安期间，经常到孙某某家中并与孙某某熟识。一天，经济拮据的傅某某经与孙某某电话联系后来到位于大连市某地孙某某家中。傅某某因向孙某某借钱被拒绝，遂用腰带等捆绑孙某某手腿，并进入卧室内翻找财物，后因孙某某逃至室外楼梯处，其从背后强行拖曳孙某某回屋过程中，用手臂捂口鼻部、勒扼颈部而致孙某某当场死亡。后傅某某为逃避侦查而用手套抹去现场痕迹、用电线缠系孙某某颈部，并从现场卧室的梳妆台内劫取现金人民币 270000 元、美元 10020 元（折合人民币 82938.55 元）、港币 100600 元（折合人民币 106696.36 元），合计人民币 459634.91 元。经鉴定：被害人孙某某系因口鼻部及颈部钝性外力作用造成机械性窒息死亡。被告人傅某某作案后始终在外地潜逃，后在四川省成都市被公安机关抓捕归案。

二、案件诉讼过程

本案由公安机关侦查终结，移送检察机关审查起诉。大连市沙河口区人民检察院将该案转至大连市人民检察院审查起诉。大连市人民检察院经过两次退回补充侦查、三次延长审查起诉期限，以被告人傅某某构成抢劫罪，向大连市中级人民法院提起公诉。大连市中级人民法院经审理认为，现有证据无法形成完整的证据链条，判决被告人傅某某无罪。大连市人民检察院提出抗诉，后辽宁省人民检察院支持抗诉。辽宁省高级人民法院经依法审理后，支持检察机关的起诉意见、抗诉意见，改判被告人傅某某犯抢劫罪，判处无期徒刑，剥夺政治权利终身，并处没收个人全部财产。

三、案例评析

一是认真审查案件来源是否合法，锁定犯罪嫌疑人过程是否科学、合

理。该案公安机关出具的《案件来源》《抓获经过》等结合侦查人员有关锁定犯罪嫌疑人经过的证言，证实了公安机关接到报警后，经现场初查判定为熟人侵财作案，并排查出傅某某具备作案条件，且其案发后连续异常消费，得知警方对其调查后随即潜逃，并做脸部整形、使用虚假身份，认定其为犯罪嫌疑人并上网追逃，后经人像比对将其抓捕归案，根据其认罪供述和关联证据侦破本案。检察机关在出庭时充分阐明本案案件来源合法，侦破过程科学、合理。

二是根据犯罪嫌疑人的供述搜集到含有内知性细节的证人证言，并发挥检察一体化优势，结合全案证据、讯问同步录音录像审查有罪供述中的其他隐蔽性细节，依法认定犯罪事实。讯问笔录及同步录音录像显示，傅某某认罪供述时神态自然、过程主动、思路清晰、供述的犯罪过程渐进、具体、整体稳定。仅第一次认罪供述就有十余个小时的完整同步录音录像资料，讯问过程中傅某某与侦查人员交谈流畅、积极配合讯问。特别是当侦查人员午休用餐，已没有人对其进行讯问时，傅某某仍然面对摄像机作有罪供述。充分证明了其认罪供述的自愿性，且侦查人员未透露案件细节，不存在刑讯逼供、诱供等情况。其自侦查后期至审查起诉阶段都稳定供认抢劫致死被害人的作案过程。同步，检察机关充分发挥检察一体化优势，刑事检察部门委托技术部门对尸检鉴定等鉴定文书进行技术性证据审查，两级院接续抗诉，利用在案证据充分证明。傅某某所供作案时间、对象与相关证人证言、公安接警记录吻合，所供作案地点（绘制的现场简图）与现场勘查情况（房屋坐落方位、室内空间格局、家具摆放位置、找钱的具体位置、尸体位置状态、电话机颜色、断线等）吻合，所供作案手段与尸体检验鉴定（捆绑腿部的位置、绑腿腰带的材质、腕部条带状勒痕、电线缠系于颈部、电线颜色和结扣、损伤的分布位置、具体成伤机制）吻合。更重要的是公安机关根据傅某某认罪供述掌握了其使用被害人家中的一个蓝色儿童书包装钱的情况，并根据这一供述收集到被害人家属的相关证人证言，系先供后证。且傅某某供述的被害人手腕部勒痕、捆绑腿部具体位置等重要隐蔽内容得到现场勘验检查笔录、尸检鉴定的印证和佐证，以上非本人亲身经历无法感知的内知性犯罪细节，进一步确认了其认罪供述的合法性、客观性、关联性。以上主、客观证据形成完整的刑事指控体系，且无指向他人作案的异向证据，足以排除合理怀疑，依法认定整体犯罪事实。

三是充分运用逻辑规则、经验法则等，综合全案事实、证据驳斥被告人翻供辩解，且指出被告人供述的细节误差，不影响核心犯罪事实的认定。被告人当庭翻供称是担心毒品犯罪败露而逃跑，此前的多次有罪供述系遭到公安机关的刑讯逼供和威胁。检察人员在庭前会议上说明证据搜集的合法性并有力发表意见，法院当庭决定驳回被告人及其辩护人排除非法证据的申请。在庭审中和后续的抗诉书中指出被告人翻供的理由不足以采信：其一是因其不能提供所谓"毒品上线"的真实姓名、联系方式，不能具体供述所谓涉毒情况，无法查证其辩解内容。其二是所谓"毒品上线"在 2001 年给其人民币 50 万元用作运毒酬劳的供述与案发地同期毒品查禁实际不符。其三是其认罪前、翻供后的供述均不稳定，且庭审中对所携带现金的来源及其中的外币成分未作出合理解释。四是其翻供的内容与全案证据矛盾。

检察机关在当庭答辩及抗诉书中指出被告人关于被害人头上是否有枕头和抢劫所得的具体金额的供述与证人证言之间存在的部分差异，不属于影响事实认定的证据矛盾。被告人案发后十七年归案，一方面可能是对枕头等个别作案细节记忆模糊，供证差异符合记忆规律；另一方面也可能是其因多次受到刑事处罚而熟悉法律规定，故意作出矛盾供述，试图借此逃避法律追究。而被害人家属作证的损失金额大于被告人有罪供述的犯罪所得，一方面可能是被害人家属记忆偏差，另一方面也可能是被告人傅某某为了减轻刑责而少供述了犯罪数额，检察机关在起诉时已按照存疑有利于被告人的原则就低认定。而被告人供述的美元等外币币种与被害人家属的证言相符。上述差异恰能佐证被告人供述具有真实性、自愿性，排除被诱供、逼供的可能，在案证据已相互印证能够证实主要犯罪事实。在法庭驳回其排除非法证据的申请，依法对被告人庭前的有罪供述组织质证后，应当根据逻辑和经验法则，认定已排除合理怀疑，采信有罪供述。

某网络科技有限公司、毛某某
等人开设赌场案

——对于涉外刑事案件，如何有效收集、
审查和运用电子数据构建证据体系

一、基本案情

2012 年 8 月，被告人毛某某等人成立杭州某网络科技有限公司，被告人毛某某担任法定代表人及董事长。2014 年杨某某、曾某（均在逃）成为该网络科技有限公司股东，后公司开始涉足赌博棋牌网络推广业务，杨某某在赌博棋牌推广过程中逐步积累了境外赌博平台的人脉与资源。2017 年杨某某、田某某（另案处理）等人在某国成立某赌博集团，决定研发赌博棋牌并推广至赌博平台，通过与赌博平台约定返点获利的方式获取非法利益。

该赌博集团是一个组织架构复杂、管理严密的跨境网络赌博集团，集团内部制定了严格的管理制度，包括员工管理制度、工资绩效制度、运营制度、培训制度、通讯制度、规避法律打击制度等。该赌博集团实际负责人及最大股东为杨某某，集团下设秘书部、技术运维部、商务部、客服部、内审部、人事行政部、财务部、秘书部等部门，上述部门分工协作、各司其职，共同参与赌博犯罪。某赌博集团股东由外部资源股东和内部股东组成，其中外部资源股东由境外华人组成，为该赌博集团提供人脉资源和地方势力保护，内部股东有杨某某、毛某某、田某某、李某某等人。该赌博集团共有 370 余名国内外员工，开发并已运营的五个赌博棋牌项目，每个项目下又设置数十种棋牌类赌博游戏。该赌博集团持续开发和运维各类赌博游戏并接入数百家赌博平台近 1600 个代理，在赌博游戏运行过程中设置 3% 左右的杀数，同时采用对赌博赢家每局抽水 5% 的方式，保证赌博平台及其自身的获利。截至 2020 年 5 月 14 日，该赌博集团旗下的五个赌博棋牌项目组服务器历史总投注金额 2.5 万亿余元，历史总输赢为 −720 亿余元，历史抽水 530 亿余元，历史总注册账户 2.07 亿余个，该赌博

集团非法获利 40 亿元左右。

二、案件诉讼过程

本案由公安机关侦查终结，移送检察机关审查起诉。浙江省桐乡市人民检察院审查后追加了杭州某网络科技有限公司为被告单位，以被告单位杭州某网络科技有限公司、被告人毛某某等九人构成开设赌场罪向桐乡市人民法院提起公诉。桐乡市人民法院以开设赌场罪对毛某某等 9 人分别判处有期徒刑六年九个月至一年二个月不等刑罚并处罚金，追缴全部违法所得。宣判后被告单位及九名被告人均未提出上诉，判决已生效。

三、案例评析

随着网络技术的发展，非接触式犯罪比例不断上升，犯罪分子犯罪手段的隐蔽性，极强的反侦查能力和电子证据的易灭失性，使得数据类证据的重要性日益凸显。本案通过获取跨境网络赌博集团内部成员聊天软件内容，查明了跨境网络赌博集团的赌资数额、历史抽水、输赢总额、注册账号等认定犯罪的关键要素，为案件成功办理提供了有力支撑。检察机关在案件办理过程通过提前介入方式，引导公安机关按照法律规定，采取技术侦查措施决定，远程勘验网络在线电子数据，固定电子在线数据，实现电子数据提取的合法性、完整性、同一性。以犯罪构成要件为切入点，通过对电子数据分类审查证实犯罪事实的严重程度。对不同的构罪数额条件进行重点审查和分类审查，按照"均构罪情形下从一重"的处理原则进行审查。注意技术侦查措施获取证据的真实性、关联性证明。

（一）侦查阶段提前介入，对电子数据在线提取的合法性提出检察意见

本案因犯罪规模巨大、社会危害性严重，桐乡市人民检察院全程同步介入案件侦查，引导取证。因开设赌场罪主要定罪要素为赌资数额、参赌人数、违法所得等数量的认定，获取犯罪集团内部的聊天软件 ST 数据等至关重要。但某赌博集团的开发、运维团队以及服务器、存储介质在境外，而且数据实时更新变化，只有通过技术手段才能获取犯罪数据。在介入阶段，承办检察官根据电子数据的存储地点、数据内容的特点，在电子数据固定形式、技术侦查措施的合法性方面提出意见引导侦查。后侦查机关对该案几个服务器的建立者、管理者、使用者采取技术侦查措施。通过远程勘验笔录的形式对 ST 数据进行网络在线提取，并以电子数据提取固

定清单、电子数据检查报告的形式将提取的数据进行固定展示。

（二）审查起诉阶段对电子数据进行穿透式审查，进一步扩大犯罪数额认定

公安机关起诉意见书仅认定该赌博集团非法获利 30 亿元人民币。桐乡市人民检察院在审查全案的过程中，为了确定开设赌场罪中赌资情况、参赌人数、违法所得等数据，对 ST 数据进行穿透式全方位审查，通过对 32 万个文件的数据梳理，最终将该赌博集团内部聊天软件数据归纳为人员类、返点类、佣金类、技术类、项目类等 9 大项数据，精确地查明了该赌博集团从 2017 年赌博项目上线运营以来至 2020 年 5 月 14 日的历史投注金额、总输赢、总抽水、注册账户等信息，并根据商务佣金返点、输赢额占比，计算出该赌博集团与赌博平台的共同非法获利和平均分成比例，最终认定该赌博集团的违法所得数额为 40 亿元以上。

（三）法庭审理阶段针对辩护人对电子数据三性的质疑，阐述电子数据的合法性、真实性和关联性

辩护人在法庭审理阶段提出：第一，公安机关通过技术侦查措施获取的 ST 数据不具有合法性、真实性、管理性，认为 ST 数据属于境外数据，且通过破译密码的方式非法获取，所获取的内容不符合技术侦查措施的规定，系违法取证，应委托境外司法机关取证。第二，认为电子检查报告所提取数据校验值无法保证，不能确认是否与技术侦查措施获得的证据一致。第三，认为 ST 数据作为聊天工具，所上传的内容是开放式的，聊天者的身份是虚拟的，上传的聊天信息和内容是无主的或者难以确定收发人，真实性存疑，不具有刑事诉讼上的价值，与本案不存在关联性。公诉人围绕辩护人上述辩护意见提出：第一，2016 年最高人民法院、最高人民检察院、公安部《关于办理刑事案件收集提取和审查判断电子数据若干问题的规定》中明确规定，对于原始存储介质位于境外或远程计算机信息系统上的电子数据，可以通过网络在线提取获得。第二，远程勘验报告中的电子数据提取固定清单所提取的电子数据与电子数据检查报告的电子数据哈希校验值相同，证实二者具有同一性。第三，ST 数据作为该赌博集团内部人员聊天工具所存储的内容均与赌博犯罪有关联，与在案人员的供述能够相互印证，且数据量巨大，不可能凭空捏造，因此具有关联性，应当予以采信。最终法院采纳检察机关全部指控事实。

刘某、张某等 3 人非法获取计算机信息系统数据案

——如何运用多元化证据审查规则强化对电子证据的溯源性审查

一、基本案情

2023 年 3 月，被告人刘某、张某、董某共同谋划，由刘某编写请求服务器上传用户私钥、助记词等信息的后门程序代码，董某向域名服务商购买域名和抵御黑客攻击，张某搭建虚拟专用服务器和数据库用于管理和存储上传的用户私钥和助记词等信息，三人在某手机操作系统存放虚拟币的去中心化钱包应用包中植入编写的后门程序，请求服务器将他人数字钱包私钥、助记词上传到指定服务器数据库，尔后自动下载到本地服务器，非法获取他人数字钱包助记词 27622 条、私钥 10203 条等数据，计划在 2 年后非法转移数字钱包中的虚拟币。上述助记词、私钥成功解析为数字钱包地址 19487 个。

二、案件诉讼过程

本案由公安机关侦查终结移送检察机关审查起诉。上海市徐汇区人民检察院以非法获取计算机信息系统数据罪对被告人刘某等 3 人提起公诉。徐汇区人民法院一审以非法获取计算机信息系统数据罪均判处被告人刘某、董某、张某有期徒刑三年，并各处罚金人民币 3 万元。被告人均未上诉，判决已生效。

三、案例评析

本案是非法获取虚拟币数字钱包私钥的新型网络犯罪案件，存在网络身份查证难、电子证据数量庞杂且变动性强、取证技术复杂等特点。办案中，检察机关坚持系统观念，围绕电子证据的特性，运用多元化证据审查规则，构建以证据为中心的刑事指控体系，高质效办好案件。

（一）强化对电子证据溯源性审查，把好证据适格标准

该案电子数据占据主导地位，针对电子数据不稳定，具有高流动性、易灭失性、易篡改性等特点，遵循"载体—内容"双重审查标准路径，查证电子证据的真实性、合法性和关联性，保证证据证明能力。从载体上，对从涉案人员处扣押的手机、电脑设备，被害人手机中提取、固定的用户安装包，以及数据服务商调取的电子数据，审查提取主体、载体和过程的规范性，重点审查电子数据的作者信息、数据属性、是否可读等附属信息，以及存储路径等关联痕迹，确认取证主体适格、取证过程合法。从内容上，遵循最佳证据规则，对调取的载有数字钱包私钥、助记词电子文档、后门核心程序代码以及虚拟币资金流转链路的原始电子数据分类审查，核验电子数据哈希值，验证数据保存的完整性；对专业性较强的用于跑量计算数字钱包私钥、钱包地址数量的程序代码，审查代码运行逻辑的科学性和客观性，确认与本案因果关系清楚、计算结果正确。

（二）逆向分析识别认定网络身份与真实身份指向的同一性、唯一性

结合物理空间和虚拟空间的证据信息，审查认定犯罪行为主体。逆向回溯分析嵌入用户安装包的后门程序代码，追踪涉案 App 版本号、开发者账号关联邮箱，确认邮箱注册者系董某；审查起诉中补充调取涉案 App 所属公司案发时间段开发者人员信息，查证案发时间段涉案 App 版本仅有犯罪嫌疑人董某具有平台上架权限，锁定实际作案人。

（三）比对印证审查鉴定报告检材来源、鉴定过程的连贯性、鉴定结论的一致性

比对涉案人员电脑、手机等设备内提取的数字钱包私钥、助记词等电子文本信息等来源不同的检材，审查文本下载时间、私钥信息、最后更新时间，判断认定具有犯罪关联性和作案时间上的连贯性；比对涉案人手机、电脑中提取到的核心后门代码程序、加密算法与客户端安装包，逆向分析数据的代码、运行程序，确认同一性，印证系犯罪嫌疑人供述的作案手段和模式。

（四）排除矛盾证据确定犯罪行为性质

本案被害人欧某报案虚拟币被盗取，但三名犯罪嫌疑人均辩解获取私钥后计划两年后再转移窃取虚拟币，两者存在矛盾。对此，检察机关追踪

分析被盗虚拟币资金链路、交易数据及混币后的走向，碰撞虚拟币沉淀的钱包地址捆绑的人员信息、IP 地址，查明转移虚拟币并非本案三名犯罪嫌疑人，认定三人的行为不构成盗窃罪，而系非法获取计算机信息系统犯罪。

（五）科技手段和逻辑法则结合审查认定海量电子证据

本案涉案人非法获取数万条不同链上的私钥、助记词以及 IP 地址等数据信息，数量庞杂，且非结构化存储，采用大数据分析方法，由鉴定人或专业技术人员编写算法程序，对数据进行结构化分类，并将私钥、助记词转化为钱包地址，去重确认有效钱包地址。针对私钥和钱包地址呈一一对应关系，而鉴定意见中私钥记录加助记词记录大于解析后钱包地址的情况，引入有专门知识的人就专业问题作出解释，并出具情况说明，查明系记录重复和转换失败导致私钥记录和助记词记录大于钱包地址，转换后的数据误差在合理区间，鉴定结论具有科学性，确认鉴定意见的证据效力，准确认定犯罪嫌疑人非法获取的数据数量，精准定罪量刑。

李某如、李某雄故意杀人案

——如何通过亲历性审查补强陈年"无尸命案"证据体系

一、基本案情

被告人李某如与被害人张某中（男，殁年 30 岁）存在借贷关系。2005 年 6 月 5 日 15 时许，李某如约张某中到一饭店还钱，后李某如纠集被告人李某雄一同前往该饭店收款。张某中未能一次性还清所有欠款，李某如因此与张某中发生争吵。张某中走到饭店门口欲开车离开，李某如、李某雄上前阻拦，李某如在地上捡起一块砖块上前殴打张某中头部，李某雄从后勒住张某中的颈部，二人合力将张某中强行拖上了张某中的黑色本田小汽车上，李某雄坐在车后排控制张某中，李某如抢走张某中的车钥匙开车逃离现场。其间李某如发现张某中汽车的后尾箱有麻将、麻将遥控器等，李某如认为自己平时输给张某中的麻将赌资系张某中出老千所致，便要求张某中退钱，张某中否认，李某如遂持车内的一把方向盘锁砸张某中的头部，致其头部流血，李某雄则控制张某中不让其反抗，后致张某中死亡。李某如开车至广东省河源市某省道旁，与李某雄一起合力将张某中的尸体抬到该省道旁南侧山头的山脚下草丛中。二人驾车逃离，行至福建省上杭县原某制药厂西侧大门边，将张某中的上述小汽车未上车门锁停放在该处，后逃离现场。一年后，李某如、李某雄再次回到上述省道旁南侧山头的山脚下，将张某中的骸骨用塑料袋装好抛落到附近河流中。

2005 年 6 月 7 日经群众发现报警后，侦查机关起获张某中的小汽车（经估价鉴定为价值人民币 226918 元），在驾驶座上提取车钥匙一串、在副驾驶位提取"双喜"牌烟头一枚、在车右后侧车门上和右后侧车门下侧车厢内地板上提取血迹、在车尾箱内发现麻将、遥控器等物品，后该车辆发还给张某中的家人。经鉴定，副驾驶座下双喜烟头的 STR 分型与犯罪嫌疑人李某雄血样的 STR 分型相同，似然率为 2.53×10^{19}。车右后侧车门上可疑血迹的 STR 分型与右后侧车门下侧车厢内地板上可疑血迹的 STR 分型相同，似然率为 2.82X1019。在排除同卵多胞胎和近亲的前提下，支持车右后侧车门上可疑血迹、被害人张某中妻子张某芳血样所属个体和被害人张某中女儿张某婷血样所属个体符合亲生关系。

李某如、李某雄涉嫌张某中被绑架案，由报案人张某中妻子张某芳于2005 年 6 月 5 日许报案至东莞市公安局。经侦查，现场目击证人反映李某如和一名不认识的男子殴打了张某中，抬张某中上张某中的黑色本田雅阁小轿车，后李某如连人带车开走，去向不明。2005 年 6 月 8 日公安机关立案进行侦查，同月 10 日福建省上杭县公安局接群众举报辖区内有一辆车门未关，车钥匙还在车上的黑色本田雅阁小轿车，经侦查发现系本案涉案车辆，并在该车上提取到烟头、血迹等痕迹物证。2017 年全国 DNA 数据库显示该车上提取到的烟头 DNA 比中李某雄，后侦查人员将李某雄的照片给目击证人辨认，均辨认出李某雄就是案发时那名不认识的男子。侦查机关继续研判李某如的去向，经比对发现李某如与一名叫黄某成的男子极为相似，经对黄某成进行调查，发现李某如可能冒用其家人黄某成身份证在广东省河源市活动。后于 2020 年 3 月 26 日 16 时许在河源市将李某如抓获归案。该案另一名男子初步确认为李某雄，在李某如归案后让其辨认后确定该名男子为李某雄，后公安机关将其抓获。

二、案件诉讼过程

本案由公安机关侦查终结，移送检察机关审查起诉。广东省东莞市人民检察院以被告人李某如、李某雄涉嫌故意杀人罪向东莞市中级人民法院提起公诉。后东莞市中级人民法院以故意杀人罪均判处李某如、李某雄死刑缓期二年执行。李某雄上诉，广东省高级人民法院维持原判。

三、案例评析

（一）提前介入引导侦查，亲历抛尸现场补充侦查，夯实证据基础

本案由东莞市公安局东城分局立案侦查，东莞市检察院第一时间提前介入。本案中，李某如、李某雄被抓获归案距案发时间已过去 15 年，案发时间较远，两名被告人带走作案工具，且抛尸荒野，被害人生死不明，李某如归案后一开始拒不认罪，李某雄归案后供述反复。针对案件实际情况，检察机关制作《提前介入侦查意见书》，引导侦查机关开展补充侦查：一是尽全力到抛尸现场搜索尸体。公安机关出动大量警力两次出差到异地抛尸现场，挖掘、搜索尸体，均未果。为查实被害人是否已经死亡，承办人与公安机关一起出差，根据两名被告人供述的路线及沿路经过三条河流、只有一座山是向着马路延伸等细节重回抛尸现场，经过亲历性审查消除为何两名被告人时隔15年仍能带领公安机关指认抛尸现场的疑虑，并将沿路路况拍成视频供法庭参考，后联合公安机关寻找多方证人，调查被害人是否有被救仍生还的可能性。二是结合李某如归案前冒用他人姓名生活、白天不敢出门等异常举止，加大对李某如"攻心"力度。经侦查机关释法说理后，李某如除归案后第一份笔录不认罪，后面一直稳定如实供述自己伙同李某雄杀害被害人的经过。检察人员提审李某如时特意问其认罪原因，李某如解释因刚被抓时害怕，所以在第一份笔录中没有认罪，后经民警教育想通这件事终究要给张某中家人一个交代，所以后面就认罪了。李某如还供述自己在认罪后，长舒一口气，当天晚饭吃了三碗饭。因为逃亡期间一直吃不好睡不好，根本就不是正常人的生活，把真相说出来后特别激动特别舒服，因为终于把心中的石头放下来了。李某如供述时神情自然，态度诚恳。三是针对李某雄供述的二人第二年还重回抛尸现场捡尸骨扔进附近两三条河流中，重点讯问缘由。

（二）严格证据审查标准，排除合理怀疑，强化证据体系构建

被告人供述是证明犯罪事实的直接证据，但不能轻信口供，更不能仅依靠口供定案。在审查起诉阶段，检察机关多管齐下，加强对口供的审查印证。一是注重对取证过程的合法性审查，确保供述合法性。检察机关认真审查全部审讯同步录音录像、指认抛尸现场录像、辨认录像，确认公安机关讯问过程合法、用语规范，无指供、诱供、刑讯逼供等非法取证情形。指认抛尸现场录像中，李某如的第一次找抛尸地方时找到一个错误的地方，其能明确描述出正确地方的山形，水沟的大小。后在车上继续寻找抛尸地点时，看到真正的抛尸地方其认为非常像，要求下车查看，但是又提出当时山下面是一片农田，不是现在的鱼塘，要求侦查人员问问当地村民鱼塘是否在2005年后才有的。后经走访当地村民确认鱼塘是2013年前后才开发的，从而确认该点就是抛尸现场。李某如带侦查人员到达抛尸地点，站在该处看向马路，供述这个距离就是当时抛尸地方，距离马路大概二三十米远。二是注重对内知性证据的审查，验证供述真实性。所谓内知性证据，即非亲历现场而不能获知的细节证据。如李某如在抛尸现场的录像中供述抛尸地方的山形与客观相符，承办人亲历抛尸现场，确实是下高速后一直走省道，进入某镇时看到路边电线杆上蓝底白字写着"某镇"，

沿着省道经过三条河流，就看到一座向着马路延伸的山。这些细节与李某如的供述一致，非其亲历不可知。又如李某如、李某雄供述的李某如发现张某中车后尾箱有麻将出千工具后才对被害人动杀心，与缴回的物证及现场勘验照片证实张某中汽车的车尾箱发现有麻将、遥控器等工具相互印证，且该物证麻将、遥控器等经李某如辨认确认。再如 DNA 检验报告证实车右侧侧车门上、右后侧车门下侧车厢内地板上均检验出被害人张某中的血迹。与李某如、李某雄供述的李某如用方向盘锁砸被害人头部致其流血相互印证。副驾驶位的烟头经检验系李某雄所留，与李某如、李某雄供述的抛尸后李某雄坐在副驾驶位上的供述相互印证。

（三）运用经验、逻辑法则对被害人死亡结果进行合理推断

本案中，公安机关两次前往抛尸现场搜索尸块，但因时隔 15 年且是抛尸荒野，不具备找寻尸体的客观条件。因此，需要综合全案证据判断是否足以排除"亡者归来"的可能。第一，被害人没有主动消失的动机。被害人无巨额债务、无与他人结怨，无证据显示其有隐匿行踪或者自杀动机。第二，被害人妻子证人张某芳证实自从张某中被李某如等人绑走后，就再也没有见过张某中，其问身边周围的人也没有张某中的任何消息。张某芳还证实如果张某中还活着的话，一定会回家的。第三，客观性证据显示被害人被杀身亡的可能性极大。（1）被害人车上的血迹中检出被害人的 DNA，显示其在生前受伤。（2）李某雄供述自己用手摸被害人鼻子，没有气息，确认被害人死亡后告知李某如。（3）李某如供述自己一直在开车，李某雄在后排用毛巾盖住张某中鼻子嘴巴，用脚踩张某中鼻子和嘴巴，听到张某中喘不过气的声音，过了一段时间，没有听到张某中呼吸和说话的声音。李某雄就说被害人不动了。（4）李某如供述抛尸时张某中没有动过，没有说话。（5）李某如、李某雄均供述一年后二人重回抛尸现场，李某如捡起被害人骸骨装进袋子里，将被害人骸骨扔到附近两三条河流中。李某如还供述一年后回到抛尸现场，看到一副完整的人体骸骨，当时包裹尸体的毛巾也还在。李某如在指认抛尸现场录像中供述当时从张某中的衣服中拿出骨头，衣服很脆，一拿就烂了。（6）李某如、李某雄分别带公安机关到抛尸现场进行指认抛尸地点，二人均能指认出一致的地方。（7）经过对居住在抛尸地点附近或在该地方附近牧羊、务农的村民或当地副镇长、抛尸现场附近的村干部调查，证实他们没有听说过有村民发现过尸体或者骸骨，也没有听说村中有人收留或者救治过受伤的外来陌生人，也没

有人上报该情况。他们均表示该镇很淳朴，基本没有外来人口。（8）某镇派出所退休民警证实没有听说有群众到派出所报案发现尸体或者骸骨等，其在该镇土生土长也没有听说过有村民发现尸体或者骸骨，或者有村民救治或收留受伤的外来人。（9）按常理推断，抛尸现场人烟稀少，草一米高，尸体横在草丛中，行人从路边经过不容易发现。因此，结合上述综合判断，可以认定被害人已死亡的事实。

韦某秋抢劫案

——如何运用犯罪现场重建技术审查办理客观性证据薄弱刑事案件

一、基本案情

被告人韦某秋系韦某尤（已判决）的姑姑，2007 年某日韦某尤因毒瘾发作又无钱购买毒品，问韦某秋要钱购毒遭拒后，向韦某秋打听与韦某秋有不正当男女关系的被害人滕某某情况。韦某秋明知韦某尤欲劫取滕某某钱财，仍向韦某尤提供滕某某系独居、戴有金戒指等信息，并在其前往滕某某家赴约时，带领韦某尤至南宁市某地指认滕某某住处。当日 22 时许，韦某秋给韦某尤留门后与滕某某一起夜宿该处，韦某尤携带购买的水果刀及封口胶至滕某某家附近伺机作案。次日凌晨 2 时许，韦某尤推门潜入滕某某家时不慎发出响声将滕某某惊醒，韦某尤遂冲向起身查看的滕某某，将其压倒在地，并用封口胶封住其嘴，威胁滕某某交出其所戴的黄金戒指。滕某某反抗，韦某尤用手掐住滕某某脖子、用水果刀捅刺滕某某右肩背部致对方不再反抗后，从滕某某手上摘下黄金戒指，并从滕某某放在房间沙发的裤子上拿走手机一部，而后逃离现场，韦某秋全程在旁，见状亦随后逃离现场。经鉴定，滕某某系被扼颈窒息死亡。经估价，黄金戒指案发时价值人民币 2678 元、手机案发时价值人民币 420 元。被告人韦某秋案发后潜逃至海南省，于 2023 年 5 月在海南省海口市某集贸市场内被公安人员抓获。

二、案件诉讼过程

本案由公安机关侦查终结，以韦某秋涉嫌抢劫罪移送检察机关审查起诉。广西壮族自治区南宁市西乡塘区人民检察院以抢劫罪对被告人韦某秋提起公诉，南宁市西乡塘区人民法院以韦某秋犯抢劫罪判处有期徒刑八年，并处罚金 1 万元。韦某秋未上诉，该判决已生效。

三、案例评析

(一) 坚持口供审查补强规则，完善证据体系

陈年命案历经多年，时空发生断裂，言词证据是串起证据链条中的关键要素。针对同案犯韦某尤对韦某秋的指证经历从不指证到稳定指证再到不指证的起伏情况，是否应当采信指证口供，检察机关做了大量工作。一是寻找到 2007 年办理韦某尤抢劫案的承办民警，了解案件侦破过程，调取公安机关侦破报告，确认韦某尤在 2007 年被公安抓获后当场即向民警讲述了韦某秋给其带路留门，帮助其实施抢劫的事实。虽形成第一份纸质笔录时韦某尤又改口称系其自行撬锁入户，但在被公安人员带至现场要求其根据自称的作案手法还原撬锁，发现其根本无法开锁后，通过公安人员的进一步讯问，韦某尤供述出系与韦某秋内外勾结，公安人员对韦某尤的讯问突破符合侦破规律，且之后多份供述一直稳定。二是为查明翻供原因，检察机关前往韦某尤服刑监狱向其核实案件细节，其供述因患艾滋病及时间久远，记忆已模糊，认可关于案件细节的供述当年的笔录更具真实性。三是通过走访相关人员，了解到韦某秋在韦某尤母亲去世后对韦某尤多有照顾，韦某尤对韦某秋感情颇深，此背景下韦某尤能够稳定指证韦某秋，可信度更高。四是重点关注言词证据中细节的完整性和真实性，韦某尤供述的多个细节信息之间相互协调，不存在核心冲突，在综合审查全案证据后，准确采信韦某尤指证韦某秋的供述。同时，针对韦某秋的辩解，检察机关优先审查其有罪供述的真实性，韦某秋有罪供述的多个细节信息与韦某尤的指证内容一致；韦某秋多名家属的证言均反映韦某秋在案发后向其描述的案件细节：持刀抢劫、手勒脖子、封口胶封嘴、抢走被害人戒指等，属于非亲身经历不能供述的事实，认定韦某秋在审查逮捕之后的翻供没有正当理由，故采信其有罪供述，准确认定韦某秋明知韦某尤实施入户抢劫仍带路留门的犯罪事实。

(二) 准确引导取证，以侦查实验强化客观证据证明力度

该案移送审查逮捕后，检察机关在全面了解案情的基础上制发继续侦查提纲，传导检察机关的证据审查标准，引导侦查机关完善证据链条和证明体系。针对韦某尤曾经供述其系使用现场拾捡的直条小木棍或者小竹片撬锁打开被害人家大门的情况，一是对走访 2007 年承办民警时了解到的侦破细节，依法向公安机关调取韦某尤在 2007 年被抓获后亲自进行撬锁

测试的现场指认视频。视频反映，韦某尤使用现场的小木棍、小竹片进行了撬锁测试，撬锁时长近 7 分半，其间发出声音无数，无论其是折断竹片改变竹片形态、还是不断调整木棍或竹片的插入角度，均无法撬开被害人家的大门门锁。二是检察机关查看现场时，发现被害人家的大门历经多年依然完好，被害人家属亦反映案发后该处一直无人居住，房屋大门从案发后至今未发生过变动，认为具备侦查实验条件，要求公安机关严格按照程序规范进行侦查实验。侦查实验查明，除非使用带弯钩的专用钥匙，否则无法使用直条物卡进门锁内凹槽将门闩顶开。通过引导侦查，成功获取新的有利证据，结合韦某尤被抓获时的现场视频及公安机关的侦查实验，确认韦某尤在没有专门钥匙，也无人留门的情况下，无法打开被害人家大门门锁，为指证韦某秋为韦某尤留门的事实提供重要证据。

（三）积极运用犯罪现场重建技术，有效突破陈年命案客观证据薄弱难题

本案系陈年命案，客观证据较为欠缺，检察机关从构建以客观性证据为中心的指控体系角度出发，做优证据调查审查模式，运用犯罪现场重建技术、三维动画技术等直观再现 17 年前的犯罪现场。本案的关键细节之一为韦某秋是否为韦某尤提供留门帮助。检察机关通过查看被害人家大门门锁，发现门锁内部构造特殊，为直观展现门锁内部结构，自行委托技术团队制作门锁内部 3D 解构动画，通过三维立体对门锁结构进行详细解构，得出必须将弯曲、钩状的一头卡进门闩机关凹槽，方能带动机关实现开锁，韦某尤所称小木棍或竹片等物受限于钥匙孔四周，无法卡进凹槽将门闩顶开，此反向证明了韦某尤指证韦某秋帮其留门供述的真实性；同步制作 3D 动画还原案发现场，证实案发现场空间狭小，被害人倒地处距离床边不足一米，而韦某秋辩解其正在床上躺着未醒，对韦某尤抢劫过程不知情。犯罪现场重建视频证明，韦某尤与被害人在寂静的深夜、在狭小的卧室内发生打斗，发出较大声响，韦某秋辩解其睡着不知情，明显有悖客观事实，不予采信。

（四）强化出庭指控工作，多维提升案件办理质效

在案件出庭公诉活动中，公诉人在法庭讯问阶段有针对性展开讯问；在法庭举证阶段，从综合证据、韦某秋与韦某尤达成抢劫合意、韦某秋为韦某尤抢劫提供前期帮助、韦某秋在场目睹韦某尤入户抢劫经过、抢劫后果、案发后韦某秋畏罪潜逃六部分对证据进行了科学精细的分组，并以客

观性证据为基础，采用多媒体示证、3D 动画现场演示等方式全方位展现侦查实验开锁、房间全貌、打斗过程等客观性证据，以现代化科技手段生动还原了韦某秋与韦某尤的作案过程，增强证据的直观性，充分发挥证据在庭审中的作用，有效提升出庭指控犯罪质效，彰显司法权威和检察担当，案件的办理推动全市公诉案件庭审积极运用 AI 智能生成案情动画，以实际行动做实检察出庭指控。同时，结合案件办理，进行法庭宣传教育，阐述了案件的社会危害性及启示，案件办理坚持于法有据、以理服人、以情感人，符合法律规定、符合社会主义核心价值观、符合人民群众对公平正义的基本认知，确保了"三个效果"有机统一。

张某华等人危险物品肇事、
重大责任事故案
——如何审查安全生产事故调查报告

一、基本案情

（一）危险物品肇事罪

被告人张某华在湖南省岳阳市某镇成立了某兴玩具厂，营业执照经营范围为玩具制造和零售。张某华在未办理危险化学品安全生产、使用、经营许可证的情况下，购买氯酸钾、赤磷等原材料，组织作业人员非法生产已经取缔的危险物品 8 发塑料圆盘盖（又称红八环，系氯酸钾和赤磷混合物形成的烟火物）。张某华负责原材料采购、组织生产及销售，另聘请被告人张某汉为技术人员，负责调制红八环所需混合物，聘请陈某某等十余人将原材料填装至环状塑料容器中，制成红八环成品。

经张某华联系，某达物流有限公司负责人葛某（另案处理）明知对方委托运输的系易燃易爆性危险化学品，仍安排无运输烟花爆竹资质的司机用非特种车辆的普通货车，分两次将 200 余件红八环从某兴玩具厂运送至长沙市雨花区某达物流门店，再由张某华本人分批次转运至其租赁的长沙县某镇仓库中。张某华联系长沙某广物流公司负责人廖某，拟通过物流将其中 100 件红八环发货至山东的买家。当日 22 时，张某华通知物流发货，物流车从某镇仓库运走 100 箱 8 发塑料圆盘盖。当日 23 时 05 分，物流车进入长沙县某分拨中心卸货，次日凌晨 0 时 49 分，整车卸货完成离开。次日凌晨 5 时 01 分，装卸工人在连续将 7 箱 8 发塑料圆盘盖抛掷传送带时，因货物发生碰撞引发爆燃，事故造成多人伤亡。

（二）重大责任事故罪

长沙某广物流有限公司系某供应链管理有限公司加盟商，被告人廖某系该公司负责人。该公司未落实实名登记、开箱验视、过机安检等安全查验制度，直接将货物送至长沙县某分拨中心，分拣工人将红八环包裹抛掷至传送带时发生爆炸并引发火灾。

经查，张某华组织生产的红八环药物敏感度高且药物超量（涉案红八环的药量为取缔前合格标准的 2.86 倍），极易因撞击、摩擦引发爆炸。

二、案件诉讼过程

本案由公安机关侦查终结，移送检察机关审查起诉。湖南省长沙县人民检察院以张某华、张某汉涉嫌危险物品肇事罪、廖某涉嫌重大责任事故罪向长沙县人民法院提起公诉。长沙县人民法院以张某华犯危险物品肇事罪，判处有期徒刑三年；张某汉犯危险物品肇事罪，判处有期徒刑一年；廖某犯重大责任事故罪，判处有期徒刑二年六个月。后被告人提出上诉，长沙市中级人民法院作出二审裁定，裁定驳回上诉、维持原判。

三、案例评析

检察机关对该案扎实、充分开展提前介入工作，引导侦查机关依法及时收集、固定证据。严格审查安全生产事故调查报告，准确认定案件事实和相关人员责任，依法准确开展刑事追诉。

（一）检察机关提前介入，引导侦查取证方向，高效指导收集固定证据，为构建全案证据体系打下基础

与其他案件相比，查办安全生产事故类刑事案件特别是涉危险物品责任事故案件具有以下特点：一是案件应对处置"急"。该类案件往往具有突发性、敏感性，时间紧、难度大、关注度高，事故原因和责任认定涉及专业领域和专业技术知识。二是责任认定区分"难"。涉案人员往往众多，涉及产、储、运、销等多个环节，因果关系复杂，且多为多因一果，涉及多方责任，责任区分和认定难度大。三是案件把握必须"准"。被害人往往众多，部分涉及群死群伤、舆情关注度高。故检察机关第一时间提前介入，利用自身优势，在证据收集调取、案件初步定性、引导侦查取证方向提出专业意见，充分利用好提前介入的契机，无疑为夯实全案证据体系奠定坚实基础。

本案发生后，长沙县人民检察院立即成立以院领导为组长的专案组，提前介入分析研判，引导开展侦查取证工作。一是两级检察联动，强化侦查引导。长沙县人民检察院按照联动机制的有关规定及时向上级检察院请示报告，上级院派出精干力量加强业务指导，在两级检察机关的介入和把关之下，充分保证了证据收集、案件定性、取证方向的专业水准。二是全

面取证为基础，分环节、分罪名明确重点。因案件发生在安全生产领域，为全面、完整、清晰呈现案件事实，有效调取案件证据，在初步排查爆燃事故系红八环后，建议从现场分拣、物流寄递、储存运输、产品生产、原材料采购等环节进行溯源，全链条深挖彻查，全面收集调取证据。同时根据不同环节，重点进行取证：对生产环节，为锁定引发爆炸物品的源头厂家，要求提取厂房、物流中转地点尚存红八环进行送检鉴定，与爆燃事故现场残留物进行比对，并固定涉案厂家财务资料，查扣相关手机、电脑等存储介质。对发生爆燃事故的物流运输环节，要求查明托运、寄件环节的具体规定及涉案人员操作流程。在定性方面，检察机关建议围绕重大责任事故罪、危险物品肇事罪、非法经营罪、危险驾驶罪等罪名全面固定证据，并分罪名详列取证提纲与注意事项。三是整合资源优势，提升取证时效。由于该案影响范围广，取证难度大、时间紧、要求高，针对取证难点和困境，通过与监察机关、公安机关、法院、交通运输局等多部门分析研判，建议整合各自专业优势，协助侦查机关收集固定刑事证据，有效提升了取证效率和专业水平。

（二）对安全生产事故调查报告，综合全案证据进行审查，准确认定案件事实和相关人员责任，针对性地搭建证据体系

危害生产安全刑事案件往往涉案人员较多，案发原因复杂，事故调查报告是明确案件事实、厘清案件责任的重要证据材料，对于查明案发起因、损失情况、责任划分等具有重要意义。根据司法解释规定，有关部门对事故进行调查形成的报告，在刑事诉讼中可以作为证据使用；报告中涉及专门性问题的意见，经法院查证属实，且调查程序符合法律、有关规定的，可以作为定案的依据。据此，明确了事故调查报告可作为刑事诉讼证据，但并不当然作为定案的证据。因此，检察机关对事故调查报告，应当结合全案证据开展审查，准确认定案件事实和涉案人员责任。一是对责任认定不精准的涉案人员，建议侦查机关不作为犯罪处理。该案事故调查报告列明，责任人员张某春，系某兴玩具厂日常管理负责人，非法组织生产危险物品红八环，建议以涉嫌危险物品肇事罪移送司法机关处理。检察机关经全面审查负责人张某华的供述、张某春本人的供述以及其他参与制作红八环的雇佣人员的证言，查明张某春作为张某华的叔叔，虽系对外宣传的管理人员，但其本人身体残疾，具有其他基础疾病，实际上在厂里负责打扫卫生、计件统计等一些简单的日常工作，每月领取二千元固定工资。

张某春的工作内容与其管理负责人的身份有实质区别，检察机关认为不应当认定为生产安全的主体人员，对其不作犯罪处理。二是对拟追究刑事责任的涉案人员，结合事故调查报告，综合全案事实，精准划定主次责任，围绕涉案罪名构建完整的犯罪证据体系。在该案中，因事故后果伤亡多人，因此是否负事故主要责任成为认定张某华、廖某法定刑幅度的关键，而事故调查报告并没有对主要责任和次要责任进行划分。检察机关结合全案证据，在事故报告确定的直接原因和间接原因基础上，进一步根据全案证据情况，明确各自主要责任。本次事故发生是多个原因导致，对于涉案人员的责任，应当根据其行为对于事故发生的责任大小予以认定：张某华作为某兴玩具厂的实际经营者，违反爆炸性、易燃性物品管理规定，生产、销售易燃易爆物品，并在寄递时未如实告知，致使其生产货物在运输环节发生爆炸，应负事故主要责任；张某汉系被告人张某华招聘的技术工人，接受被告人张某华的安排、管理，违反规定生产易燃易爆物品，应当承担事故次要责任；廖某在揽收承运货物时未进行安全验视、致使易燃易爆物品进入物流运输环节，因而发生重大伤亡事故，应对事故负主要责任。根据上述情况，检察机关分别构建了既相互关联印证又独立成立的证据证明体系。

（三）在全面准确归纳争议焦点的基础上，制定最优示证方案，提高庭审质效

庭审阶段公诉人的举证至关重要，决定了指控犯罪能否成立。司法实践中，办案人员普遍存在重证据收集、审查，而轻庭审举证示证问题。具体到此案，犯罪事实可以比较清晰地区分为原材料采购、生产制造、运输储存、物流寄递、现场分拣几个各有关联但又各不相同阶段的情形。总体上可以按照案件发展的自然顺序分阶段举证。证据在法庭上如何示证，具体的归纳、组合、铺排、展示对全面还原案件全貌、促使犯罪嫌疑人在环环相扣的证据链条下认罪认罚具有重大意义。一是庭前全面准确归纳争议焦点，制定最优示证方案。在审查起诉阶段，与辩护人充分沟通，确定争议焦点，即生产厂家提出的对爆炸物系该厂生产、生产厂家和运输公司提出的责任划分异议，以构成完整、立体证据体系为目标，确定了总体分环节分罪名示证、争议焦点着重说明、多媒体展示证据的示证方案。二是庭中有效落实，确保示证效果。在举证过程中，通过对生产制造、运输储存、物流寄递、现场分拣四个重要环节分组举证示证，详细说明证据性

质，还原犯罪全貌。因案件影响范围广、旁听人员众多，综合运用利用多媒体示证，一方面直观清晰展示网点装卸现场视频、爆燃现场视频、涉案现场残留物的鉴定意见等客观证据，构建完整的证据架构体系；另一方面，强化被告人对证据客观真实性的认可，增强诉讼参与人员对案件的感性认识，有效增加案件审理的透明度，满足社会公众的知情权。三是注重庭审应对，有效证明指控事实。针对生产厂家提出的爆炸物同一性问题，根据红八环流向各个环节的先后顺序，重点出示装载红八环的车辆的行驶轨迹监控视频、各环节运输人员和交接货物人员证言、爆燃事故现场监控录像、爆燃事故现场的残留物成分与生产厂房现有红八环成分鉴定的比对报告，还原涉案红八环流转的全过程，形成相互衔接、环环相扣的完整证据链条，排除全部合理怀疑，得出引发本次事故的危险物品红八环就是张某华生产、制造、运输的唯一结论。针对被告人提出的责任划分异议，通过举证证明行为人实施的具体行为、因果关系，结合事故调查报告行政认定的性质综合证明，促使各被告人当庭自愿认罪。

（四）行业监管漏洞和从业人员安全意识不高是引发生产安全类刑事案件的重要原因，推动加强安全生产管理

检察机关办理此类案件，要强化综合履职，促进社会治理。一是该案暴露出烟花制售及物流寄递行业的巨大安全隐患，针对安全生产领域存在的行业监管漏洞，长沙县人民检察院对标最高人民检察院"八号检察建议"要求，向相关部门制发检察建议，督促加强行业安全监管、守牢安全生产红线，并组织公开送达检察建议。二是在省市检察院的指导下，联合组织物流行业、寄递行业企业代表旁听庭审，通过真实案例增强安全生产教育的震撼力和说服力；组织行业代表签署严格遵守法律法规、强化安全作业、生产培训教育的联合倡议，进一步强化物流从业人员落实实名查验登记、安全检查或开封验视的安全管理规定。三是加强行刑衔接，联合县应急管理局、县交通运输局等部门在全县组织开展安全生产"扫雷风暴"专项行动，全面摸排辖区内企业，及时发现安全线索、整改隐患；与县应急管理局、县行政执法局等6家单位联合出台《关于建立安全生产行政执法与刑事司法衔接工作机制的实施方案》，建立完善安全生产案件移送、受理、监督、审查及沟通等一体化工作机制。

刘某某非法持有枪支、过失致人死亡案

——如何借助"有专门知识的人"完善证据体系

一、基本案情

被告人刘某某与被害人陈某某系朋友关系。被害人陈某某驾驶摩托车到被告人刘某某家中邀约其进山打猎。二人将改装射钉枪和弹药装入陈某某携带的背包，分别驾驶摩托车进山打猎，行至刘某某家背后竹林一斜坡处发现松鼠，二人停下组装枪支准备打猎，刘某某蹲在斜坡下方，陈某某蹲在斜坡上方，二人枪支组装完成站立起身过程中，刘某某枪支击发击中陈某某。刘某某对陈某某实施简单救治后逃离现场返回家中。后刘某某返回现场确认陈某某死亡，再次返回家中持锄头将陈某某拖拽至距离事发现场约 200 米的一山壁处挖坑掩埋。事后，刘某某将两支改装射钉枪带走，将陈某某的射钉枪装进背包藏匿于距其家约 500 米的隐蔽草丛中，将自持的射钉枪藏匿在家门口院坝下隐蔽草丛中；将陈某某驾驶的摩托车丢弃在距离案发地约 10 公里的公路边；将陈某某的手机取走，并用手机给陈某某的家人、亲属和自己发送信息，制造未与陈某某接触的不在场假象。后陈某某的妻子黄某林向公安机关报案称陈某某失踪。经排查，公安机关确定刘某某具有重大嫌疑。刘某某被抓获归案后，供述了案发经过，指认了案发现场、埋尸地点等，辩称陈某某枪支走火击中自身导致死亡。经鉴定，两支涉案枪支均为射钉枪改装，均以火药为动力发射弹丸，具备法定枪支杀伤力。被害人陈某某系枪弹损伤致右髂外动脉断裂大失血死亡。

二、案件诉讼过程

本案由公安机关侦查终结，以刘某某涉嫌非法持有枪支罪、过失致人死亡罪、非法狩猎罪移送检察机关审查起诉。经补充侦查，在案证据无法证明刘某某实施了非法狩猎的犯罪行为。叙永县人民检察院以刘某某涉嫌过失致人死亡罪、非法持有枪支罪提起公诉，叙永县人民法院判决刘某某犯过失致人死亡罪，判处有期徒刑四年；犯非法持有枪支罪，判处有期徒刑三年；数罪并罚，决定执行有期徒刑六年六个月。刘某某未上诉，判决已生效。

三、案例评析

（一）向专家"借智"，开展侦查实验揭露被告人虚假辩解

该案审查起诉过程中，检察官经审查发现，侦查机关虽移送了尸检报告、现勘笔录、现场照片、涉案枪支等证据，但被害人究竟被何人所伤、现场方位、距离等主要事实仍不明晰，被告人供述前后存在反复，先是供述案发时其所持枪支有轻微震动，后辩称系陈某某所持枪支击发造成自身死亡，现有证据无法排除合理怀疑，案件事实不清。检察官商请检察技术人员参与补充侦查，聘请公安部枪弹、痕迹检验专家参与办案。专家和检察技术人员在复验枪支时经比对，发现陈某某尸体内弹丸直径与刘某某所持枪支的弹丸直径大小一致，且与被害人自己持有枪支的弹丸直径不同。为排除陈某某持刘某某的枪支自行击发致死的可能性，检察机关就该疑点征询专家意见，专家依据尸检报告中创道由左大腿上段前侧左下斜向右上、深达盆腔的特点，排除被害人站立位自行持枪击发致伤的情形；根据创缘周围未见火药灼烧痕的特点，排除枪口抵触身体击发的情形。为进一步验证陈某某能否自行击发枪支致伤，检察机关引导侦查机关开展侦查实验，由与被害人身高、手臂长度相近的人员，分别左手持刘某某枪支（长 90.5cm）、陈某某枪支（长 112.4cm），以左下斜向右上的角度，在蹲、坐、俯等身位的情况下，均无法完成自行扣动扳机的动作。据此，被告人关于陈某某持枪自行击发致死的辩解与在案客观证据相悖，不予采信。

（二）坚持亲历性办案，会同多方复勘现场查明被害人致死原因

为进一步查证是否系刘某某击发枪支致人死亡，结合刘某某的供述，检察官就射击距离与创口特征是否吻合征询专家意见。专家分析，死者身上只发现一个 2.7cm×2.3cm 的较大弹孔，腹部和盆部散见 11 粒金属弹丸，在案扣押弹丸的直径最大为 5mm，推断应是多弹丸集中从创口进入体内，且射击距离不远，因为远距离射击弹丸会呈现锥形散开，形成多处创口，与本案伤口特征不符。专家根据陈某某体内弹丸大小、创道长度，推断射击距离大约为 50cm。上述专业意见出具后，因现勘笔录不能准确辨明现场距离，检察官会同侦查人员、检察技术人员共同复勘现场，现场为西

高东低、坡度约 30°的土坡空地，四周为竹林，经专家现场查看，四周均未发现弹着点。根据刘某某的供述，陈某某站在坡上、刘某某站在坡下陈某某左侧，从刘某某所处位置斜向上击发枪支，可以形成左下斜向右上的创道。经现场勘查，二人所处位置斜线距离约 120cm，刘某某所持枪支长度为 90.5cm、枪尾至扳机处约 13cm，枪口至握枪处距离约 77.5cm，枪口距离陈某某约 50cm，符合射击距离约 50cm 专业意见。根据陈某某体内检测出刘某某所持枪支的弹丸，刘某某供述的二人所处位置距离符合射击距离，且能够形成左下斜向右上的创道，现有证据足以认定被害人死亡系刘某某持枪击发所致。

（三）排查犯罪动机，结合客观行为准确认定被告人主观过错

根据侦查机关移送的证据，证实被告人与死者关系良好、无纠纷，排除因情感纠纷故意杀人的动机。检察官审查发现，死者半年前曾获大笔赔偿款，为查清是否存在侵财动机，检察官逐一核查赔偿款的分配及去向，调取被告人、被害人的银行流水记录，未发现二人资金异常，未发现刘某某因侵财而故意杀人的动机。刘某某于事后临时起意制造未与陈某某接触的假象，恰好反映出本案系非预谋犯罪，其事后掩尸、藏匿物品的行为，符合过失致人死亡后隐瞒事实的表现。结合二人所处位置、被害人身上创道等客观证据分析，被害人致命伤符合在持枪起身过程中误触扳机所致，与被告人供述的"在起身的过程中听见枪声"相吻合。据此，检察官认为本案未发现故意作案动机，创口特征符合误触击发形成，应当认定为过失犯罪。关于本案是否属于意外事件，检察官认为，刘某某能够自制射钉枪，其对改制射钉枪应当设定保护措施防止走火和枪口朝向他人造成误击致人死亡，属于"应当预见因疏忽大意而没有预见"的过失，其应当对危害后果承担责任。

（四）采用逻辑递进示证，还原犯罪事实促使认罪悔罪

该案庭审中，刘某某在法庭调查阶段仍坚持作陈某某自行击发枪支致本人死亡的无罪辩解。公诉人在举证时采取逻辑递进法，从三个层面展示证据。一是出示尸检报告，由创口位置及由左下斜向右上的创道特征，证明创口不可能由被害人站立位自行击发枪支造成；二是出示侦查实验笔录，结合被害人的手臂长度、枪支的重量、长度、射击距离、方向等，证明被害人不能自行击发枪支；三是出示弹丸同一性比对结果、现场勘验笔录、专家关于射击距离的分析意见及被告人供述，证明被害人体内所检出

弹丸系由刘某某所持枪支误触击发。公诉人经充分出示证据，综合运用专家分析意见、自然法则等对证据进行全面论证，以严密的逻辑、严谨的论证驳斥揭露被告人的虚假辩解，还原案件事实，刘某某当庭表示认罪认罚，愿意赔偿被害人亲属损失，并向被害人家属道歉。

下编

相关法律法规

中华人民共和国刑事诉讼法（节录）

（2018 年 10 月 26 日公布并施行）

第一编 总 则

第五章 证 据

第五十条 可以用于证明案件事实的材料，都是证据。

证据包括：

（一）物证；

（二）书证；

（三）证人证言；

（四）被害人陈述；

（五）犯罪嫌疑人、被告人供述和辩解；

（六）鉴定意见；

（七）勘验、检查、辨认、侦查实验等笔录；

（八）视听资料、电子数据。

证据必须经过查证属实，才能作为定案的根据。

第五十一条 公诉案件中被告人有罪的举证责任由人民检察院承担，自诉案件中被告人有罪的举证责任由自诉人承担。

第五十二条 审判人员、检察人员、侦查人员必须依照法定程序，收集能够证实犯罪嫌疑人、被告人有罪或者无罪、犯罪情节轻重的各种证据。严禁刑讯逼供和以威胁、引诱、欺骗以及其他非法方法收集证据，不得强迫任何人证实自己有罪。必须保证一切与案件有关或者了解案情的公民，有客观地充分地提供证据的条件，除特殊情况外，可以吸收他们协助调查。

第五十三条 公安机关提请批准逮捕书、人民检察院起诉书、人民法院判决书，必须忠实于事实真象。故意隐瞒事实真象的，应当追究责任。

第五十四条　人民法院、人民检察院和公安机关有权向有关单位和个人收集、调取证据。有关单位和个人应当如实提供证据。

行政机关在行政执法和查办案件过程中收集的物证、书证、视听资料、电子数据等证据材料，在刑事诉讼中可以作为证据使用。

对涉及国家秘密、商业秘密、个人隐私的证据，应当保密。

凡是伪造证据、隐匿证据或者毁灭证据的，无论属于何方，必须受法律追究。

第五十五条　对一切案件的判处都要重证据，重调查研究，不轻信口供。只有被告人供述，没有其他证据的，不能认定被告人有罪和处以刑罚；没有被告人供述，证据确实、充分的，可以认定被告人有罪和处以刑罚。

证据确实、充分，应当符合以下条件：

（一）定罪量刑的事实都有证据证明；

（二）据以定案的证据均经法定程序查证属实；

（三）综合全案证据，对所认定事实已排除合理怀疑。

第五十六条　采用刑讯逼供等非法方法收集的犯罪嫌疑人、被告人供述和采用暴力、威胁等非法方法收集的证人证言、被害人陈述，应当予以排除。收集物证、书证不符合法定程序，可能严重影响司法公正的，应当予以补正或者作出合理解释；不能补正或者作出合理解释的，对该证据应当予以排除。

在侦查、审查起诉、审判时发现有应当排除的证据的，应当依法予以排除，不得作为起诉意见、起诉决定和判决的依据。

第五十七条　人民检察院接到报案、控告、举报或者发现侦查人员以非法方法收集证据的，应当进行调查核实。对于确有以非法方法收集证据情形的，应当提出纠正意见；构成犯罪的，依法追究刑事责任。

第五十八条　法庭审理过程中，审判人员认为可能存在本法第五十六条规定的以非法方法收集证据情形的，应当对证据收集的合法性进行法庭调查。

当事人及其辩护人、诉讼代理人有权申请人民法院对以非法方法收集的证据依法予以排除。申请排除以非法方法收集的证据的，应当提供相关线索或者材料。

第五十九条　在对证据收集的合法性进行法庭调查的过程中，人民检察院应当对证据收集的合法性加以证明。

现有证据材料不能证明证据收集的合法性的，人民检察院可以提请人民法院通知有关侦查人员或者其他人员出庭说明情况；人民法院可以通知有关侦查人员或者其他人员出庭说明情况。有关侦查人员或者其他人员也可以要求出庭说明情况。经人民法院通知，有关人员应当出庭。

第六十条　对于经过法庭审理，确认或者不能排除存在本法第五十六条规定的以非法方法收集证据情形的，对有关证据应当予以排除。

第六十一条　证人证言必须在法庭上经过公诉人、被害人和被告人、辩护人双方质证并且查实以后，才能作为定案的根据。法庭查明证人有意作伪证或者隐匿罪证的时候，应当依法处理。

第六十二条　凡是知道案件情况的人，都有作证的义务。

生理上、精神上有缺陷或者年幼，不能辨别是非、不能正确表达的人，不能作证人。

第六十三条　人民法院、人民检察院和公安机关应当保障证人及其近亲属的安全。

对证人及其近亲属进行威胁、侮辱、殴打或者打击报复，构成犯罪的，依法追究刑事责任；尚不够刑事处罚的，依法给予治安管理处罚。

第六十四条　对于危害国家安全犯罪、恐怖活动犯罪、黑社会性质的组织犯罪、毒品犯罪等案件，证人、鉴定人、被害人因在诉讼中作证，本人或者其近亲属的人身安全面临危险的，人民法院、人民检察院和公安机关应当采取以下一项或者多项保护措施：

（一）不公开真实姓名、住址和工作单位等个人信息；

（二）采取不暴露外貌、真实声音等出庭作证措施；

（三）禁止特定的人员接触证人、鉴定人、被害人及其近亲属；

（四）对人身和住宅采取专门性保护措施；

（五）其他必要的保护措施。

证人、鉴定人、被害人认为因在诉讼中作证，本人或者其近亲属的人身安全面临危险的，可以向人民法院、人民检察院、公安机关请求予以保护。

人民法院、人民检察院、公安机关依法采取保护措施，有关单位和个人应当配合。

第六十五条　证人因履行作证义务而支出的交通、住宿、就餐等费用，应当给予补助。证人作证的补助列入司法机关业务经费，由同级政府财政予以保障。

有工作单位的证人作证，所在单位不得克扣或者变相克扣其工资、奖金及其他福利待遇。

第二编　立案、侦查和提起公诉

第三章　提起公诉

第一百六十九条　凡需要提起公诉的案件，一律由人民检察院审查决定。

第一百七十条　人民检察院对于监察机关移送起诉的案件，依照本法和监察法的有关规定进行审查。人民检察院经审查，认为需要补充核实的，应当退回监察机关补充调查，必要时可以自行补充侦查。

对于监察机关移送起诉的已采取留置措施的案件，人民检察院应当对犯罪嫌疑人先行拘留，留置措施自动解除。人民检察院应当在拘留后的十日以内作出是否逮捕、取保候审或者监视居住的决定。在特殊情况下，决定的时间可以延长一日至四日。人民检察院决定采取强制措施的期间不计入审查起诉期限。

第一百七十一条　人民检察院审查案件的时候，必须查明：

（一）犯罪事实、情节是否清楚，证据是否确实、充分，犯罪性质和罪名的认定是否正确；

（二）有无遗漏罪行和其他应当追究刑事责任的人；

（三）是否属于不应追究刑事责任的；

（四）有无附带民事诉讼；

（五）侦查活动是否合法。

第一百七十二条　人民检察院对于监察机关、公安机关移送起诉的案件，应当在一个月以内作出决定，重大、复杂的案件，可以延长十五日；犯罪嫌疑人认罪认罚，符合速裁程序适用条件的，应当在十日以内作出决定，对可能判处的有期徒刑超过一年的，可以延长至十五日。

人民检察院审查起诉的案件，改变管辖的，从改变后的人民检察院收到案件之日起计算审查起诉期限。

第一百七十三条　人民检察院审查案件，应当讯问犯罪嫌疑人，听取辩护人或者值班律师、被害人及其诉讼代理人的意见，并记录在案。辩护人或者值班律师、被害人及其诉讼代理人提出书面意见的，应当附卷。

犯罪嫌疑人认罪认罚的，人民检察院应当告知其享有的诉讼权利和认罪认罚的法律规定，听取犯罪嫌疑人、辩护人或者值班律师、被害人及其诉讼代理人对下列事项的意见，并记录在案：

（一）涉嫌的犯罪事实、罪名及适用的法律规定；

（二）从轻、减轻或者免除处罚等从宽处罚的建议；

（三）认罪认罚后案件审理适用的程序；

（四）其他需要听取意见的事项。

人民检察院依照前两款规定听取值班律师意见的，应当提前为值班律师了解案件有关情况提供必要的便利。

第一百七十四条　犯罪嫌疑人自愿认罪，同意量刑建议和程序适用的，应当在辩护人或者值班律师在场的情况下签署认罪认罚具结书。

犯罪嫌疑人认罪认罚，有下列情形之一的，不需要签署认罪认罚具结书：

（一）犯罪嫌疑人是盲、聋、哑人，或者是尚未完全丧失辨认或者控制自己行为能力的精神病人的；

（二）未成年犯罪嫌疑人的法定代理人、辩护人对未成年人认罪认罚有异议的；

（三）其他不需要签署认罪认罚具结书的情形。

第一百七十五条　人民检察院审查案件，可以要求公安机关提供法庭审判所必需的证据材料；认为可能存在本法第五十六条规定的以非法方法收集证据情形的，可以要求其对证据收集的合法性作出说明。

人民检察院审查案件，对于需要补充侦查的，可以退回公安机关补充侦查，也可以自行侦查。

对于补充侦查的案件，应当在一个月以内补充侦查完毕。补充侦查以二次为限。补充侦查完毕移送人民检察院后，人民检察院重新计算审查起诉期限。

对于二次补充侦查的案件，人民检察院仍然认为证据不足，不符合起诉条件的，应当作出不起诉的决定。

第一百七十六条　人民检察院认为犯罪嫌疑人的犯罪事实已经查清，证据确实、充分，依法应当追究刑事责任的，应当作出起诉决定，按照审判管辖的规定，向人民法院提起公诉，并将案卷材料、证据移送人民法院。

犯罪嫌疑人认罪认罚的，人民检察院应当就主刑、附加刑、是否适用缓刑等提出量刑建议，并随案移送认罪认罚具结书等材料。

第一百七十七条 犯罪嫌疑人没有犯罪事实，或者有本法第十六条规定的情形之一的，人民检察院应当作出不起诉决定。

对于犯罪情节轻微，依照刑法规定不需要判处刑罚或者免除刑罚的，人民检察院可以作出不起诉决定。

人民检察院决定不起诉的案件，应当同时对侦查中查封、扣押、冻结的财物解除查封、扣押、冻结。对被不起诉人需要给予行政处罚、处分或者需要没收其违法所得的，人民检察院应当提出检察意见，移送有关主管机关处理。有关主管机关应当将处理结果及时通知人民检察院。

第一百七十八条 不起诉的决定，应当公开宣布，并且将不起诉决定书送达被不起诉人和他的所在单位。如果被不起诉人在押，应当立即释放。

第一百七十九条 对于公安机关移送起诉的案件，人民检察院决定不起诉的，应当将不起诉决定书送达公安机关。公安机关认为不起诉的决定有错误的时候，可以要求复议，如果意见不被接受，可以向上一级人民检察院提请复核。

第一百八十条 对于有被害人的案件，决定不起诉的，人民检察院应当将不起诉决定书送达被害人。被害人如果不服，可以自收到决定书后七日以内向上一级人民检察院申诉，请求提起公诉。人民检察院应当将复查决定告知被害人。对人民检察院维持不起诉决定的，被害人可以向人民法院起诉。被害人也可以不经申诉，直接向人民法院起诉。人民法院受理案件后，人民检察院应当将有关案件材料移送人民法院。

第一百八十一条 对于人民检察院依照本法第一百七十七条第二款规定作出的不起诉决定，被不起诉人如果不服，可以自收到决定书后七日以内向人民检察院申诉。人民检察院应当作出复查决定，通知被不起诉的人，同时抄送公安机关。

第一百八十二条 犯罪嫌疑人自愿如实供述涉嫌犯罪的事实，有重大立功或者案件涉及国家重大利益的，经最高人民检察院核准，公安机关可以撤销案件，人民检察院可以作出不起诉决定，也可以对涉嫌数罪中的一项或者多项不起诉。

根据前款规定不起诉或者撤销案件的，人民检察院、公安机关应当及时对查封、扣押、冻结的财物及其孳息作出处理。

第三编　审　判

第二章　第一审程序

第一节　公诉案件

第一百八十六条　人民法院对提起公诉的案件进行审查后，对于起诉书中有明确的指控犯罪事实的，应当决定开庭审判。

第一百八十七条　人民法院决定开庭审判后，应当确定合议庭的组成人员，将人民检察院的起诉书副本至迟在开庭十日以前送达被告人及其辩护人。

在开庭以前，审判人员可以召集公诉人、当事人和辩护人、诉讼代理人，对回避、出庭证人名单、非法证据排除等与审判相关的问题，了解情况，听取意见。

人民法院确定开庭日期后，应当将开庭的时间、地点通知人民检察院，传唤当事人，通知辩护人、诉讼代理人、证人、鉴定人和翻译人员，传票和通知书至迟在开庭三日以前送达。公开审判的案件，应当在开庭三日以前先期公布案由、被告人姓名、开庭时间和地点。

上述活动情形应当写入笔录，由审判人员和书记员签名。

第一百八十八条　人民法院审判第一审案件应当公开进行。但是有关国家秘密或者个人隐私的案件，不公开审理；涉及商业秘密的案件，当事人申请不公开审理的，可以不公开审理。

不公开审理的案件，应当当庭宣布不公开审理的理由。

第一百八十九条　人民法院审判公诉案件，人民检察院应当派员出席法庭支持公诉。

第一百九十条　开庭的时候，审判长查明当事人是否到庭，宣布案由；宣布合议庭的组成人员、书记员、公诉人、辩护人、诉讼代理人、鉴定人和翻译人员的名单；告知当事人有权对合议庭组成人员、书记员、公诉人、鉴定人和翻译人员申请回避；告知被告人享有辩护权利。

被告人认罪认罚的，审判长应当告知被告人享有的诉讼权利和认罪认罚的法律规定，审查认罪认罚的自愿性和认罪认罚具结书内容的真实性、合法性。

第一百九十一条　公诉人在法庭上宣读起诉书后，被告人、被害人可以就起诉书指控的犯罪进行陈述，公诉人可以讯问被告人。

被害人、附带民事诉讼的原告人和辩护人、诉讼代理人，经审判长许可，可以向被告人发问。

审判人员可以讯问被告人。

第一百九十二条　公诉人、当事人或者辩护人、诉讼代理人对证人证言有异议，且该证人证言对案件定罪量刑有重大影响，人民法院认为证人有必要出庭作证的，证人应当出庭作证。

人民警察就其执行职务时目击的犯罪情况作为证人出庭作证，适用前款规定。

公诉人、当事人或者辩护人、诉讼代理人对鉴定意见有异议，人民法院认为鉴定人有必要出庭的，鉴定人应当出庭作证。经人民法院通知，鉴定人拒不出庭作证的，鉴定意见不得作为定案的根据。

第一百九十三条　经人民法院通知，证人没有正当理由不出庭作证的，人民法院可以强制其到庭，但是被告人的配偶、父母、子女除外。

证人没有正当理由拒绝出庭或者出庭后拒绝作证的，予以训诫，情节严重的，经院长批准，处以十日以下的拘留。被处罚人对拘留决定不服的，可以向上一级人民法院申请复议。复议期间不停止执行。

第一百九十四条　证人作证，审判人员应当告知他要如实地提供证言和有意作伪证或者隐匿罪证要负的法律责任。公诉人、当事人和辩护人、诉讼代理人经审判长许可，可以对证人、鉴定人发问。审判长认为发问的内容与案件无关的时候，应当制止。

审判人员可以询问证人、鉴定人。

第一百九十五条　公诉人、辩护人应当向法庭出示物证，让当事人辨认，对未到庭的证人的证言笔录、鉴定人的鉴定意见、勘验笔录和其他作为证据的文书，应当当庭宣读。审判人员应当听取公诉人、当事人和辩护人、诉讼代理人的意见。

第一百九十六条　法庭审理过程中，合议庭对证据有疑问的，可以宣布休庭，对证据进行调查核实。

人民法院调查核实证据，可以进行勘验、检查、查封、扣押、鉴定和查询、冻结。

第一百九十七条 法庭审理过程中，当事人和辩护人、诉讼代理人有权申请通知新的证人到庭，调取新的物证，申请重新鉴定或者勘验。

公诉人、当事人和辩护人、诉讼代理人可以申请法庭通知有专门知识的人出庭，就鉴定人作出的鉴定意见提出意见。

法庭对于上述申请，应当作出是否同意的决定。

第二款规定的有专门知识的人出庭，适用鉴定人的有关规定。

第一百九十八条 法庭审理过程中，对与定罪、量刑有关的事实、证据都应当进行调查、辩论。

经审判长许可，公诉人、当事人和辩护人、诉讼代理人可以对证据和案件情况发表意见并且可以互相辩论。

审判长在宣布辩论终结后，被告人有最后陈述的权利。

第一百九十九条 在法庭审判过程中，如果诉讼参与人或者旁听人员违反法庭秩序，审判长应当警告制止。对不听制止的，可以强行带出法庭；情节严重的，处以一千元以下的罚款或者十五日以下的拘留。罚款、拘留必须经院长批准。被处罚人对罚款、拘留的决定不服的，可以向上一级人民法院申请复议。复议期间不停止执行。

对聚众哄闹、冲击法庭或者侮辱、诽谤、威胁、殴打司法工作人员或者诉讼参与人，严重扰乱法庭秩序，构成犯罪的，依法追究刑事责任。

第二百条 在被告人最后陈述后，审判长宣布休庭，合议庭进行评议，根据已经查明的事实、证据和有关的法律规定，分别作出以下判决：

（一）案件事实清楚，证据确实、充分，依据法律认定被告人有罪的，应当作出有罪判决；

（二）依据法律认定被告人无罪的，应当作出无罪判决；

（三）证据不足，不能认定被告人有罪的，应当作出证据不足、指控的犯罪不能成立的无罪判决。

第二百零一条 对于认罪认罚案件，人民法院依法作出判决时，一般应当采纳人民检察院指控的罪名和量刑建议，但有下列情形的除外：

（一）被告人的行为不构成犯罪或者不应当追究其刑事责任的；

（二）被告人违背意愿认罪认罚的；

（三）被告人否认指控的犯罪事实的；

（四）起诉指控的罪名与审理认定的罪名不一致的；

（五）其他可能影响公正审判的情形。

人民法院经审理认为量刑建议明显不当，或者被告人、辩护人对量刑建议提出异议的，人民检察院可以调整量刑建议。人民检察院不调整量刑建议或者调整量刑建议后仍然明显不当的，人民法院应当依法作出判决。

第二百零二条　宣告判决，一律公开进行。

当庭宣告判决的，应当在五日以内将判决书送达当事人和提起公诉的人民检察院；定期宣告判决的，应当在宣告后立即将判决书送达当事人和提起公诉的人民检察院。判决书应当同时送达辩护人、诉讼代理人。

第二百零三条　判决书应当由审判人员和书记员署名，并且写明上诉的期限和上诉的法院。

第二百零四条　在法庭审判过程中，遇有下列情形之一，影响审判进行的，可以延期审理：

（一）需要通知新的证人到庭，调取新的物证，重新鉴定或者勘验的；

（二）检察人员发现提起公诉的案件需要补充侦查，提出建议的；

（三）由于申请回避而不能进行审判的。

第二百零五条　依照本法第二百零四条第二项的规定延期审理的案件，人民检察院应当在一个月以内补充侦查完毕。

第二百零六条　在审判过程中，有下列情形之一，致使案件在较长时间内无法继续审理的，可以中止审理：

（一）被告人患有严重疾病，无法出庭的；

（二）被告人脱逃的；

（三）自诉人患有严重疾病，无法出庭，未委托诉讼代理人出庭的；

（四）由于不能抗拒的原因。

中止审理的原因消失后，应当恢复审理。中止审理的期间不计入审理期限。

第二百零七条　法庭审判的全部活动，应当由书记员写成笔录，经审判长审阅后，由审判长和书记员签名。

法庭笔录中的证人证言部分，应当当庭宣读或者交给证人阅读。证人在承认没有错误后，应当签名或者盖章。

法庭笔录应当交给当事人阅读或者向他宣读。当事人认为记载有遗漏或者差错的，可以请求补充或者改正。当事人承认没有错误后，应当签名或者盖章。

第二百零八条　人民法院审理公诉案件，应当在受理后二个月以内宣判，至迟不得超过三个月。对于可能判处死刑的案件或者附带民事诉讼的案件，以及有本法第一百五十八条规定情形之一的，经上一级人民法院批准，可以延长三个月；因特殊情况还需要延长的，报请最高人民法院批准。

人民法院改变管辖的案件，从改变后的人民法院收到案件之日起计算审理期限。

人民检察院补充侦查的案件，补充侦查完毕移送人民法院后，人民法院重新计算审理期限。

第二百零九条　人民检察院发现人民法院审理案件违反法律规定的诉讼程序，有权向人民法院提出纠正意见。

第二节　自诉案件

第二百一十条　自诉案件包括下列案件：

（一）告诉才处理的案件；

（二）被害人有证据证明的轻微刑事案件；

（三）被害人有证据证明对被告人侵犯自己人身、财产权利的行为应当依法追究刑事责任，而公安机关或者人民检察院不予追究被告人刑事责任的案件。

第二百一十一条　人民法院对于自诉案件进行审查后，按照下列情形分别处理：

（一）犯罪事实清楚，有足够证据的案件，应当开庭审判；

（二）缺乏罪证的自诉案件，如果自诉人提不出补充证据，应当说服自诉人撤回自诉，或者裁定驳回。

自诉人经两次依法传唤，无正当理由拒不到庭的，或者未经法庭许可中途退庭的，按撤诉处理。

法庭审理过程中，审判人员对证据有疑问，需要调查核实的，适用本法第一百九十六条的规定。

第二百一十二条　人民法院对自诉案件，可以进行调解；自诉人在宣告判决前，可以同被告人自行和解或者撤回自诉。本法第二百一十条第三项规定的案件不适用调解。

人民法院审理自诉案件的期限，被告人被羁押的，适用本法第二百零八条第一款、第二款的规定；未被羁押的，应当在受理后六个月以内宣判。

第二百一十三条　自诉案件的被告人在诉讼过程中，可以对自诉人提起反诉。反诉适用自诉的规定。

第三节　简易程序

第二百一十四条　基层人民法院管辖的案件，符合下列条件的，可以适用简易程序审判：

（一）案件事实清楚、证据充分的；

（二）被告人承认自己所犯罪行，对指控的犯罪事实没有异议的；

（三）被告人对适用简易程序没有异议的。

人民检察院在提起公诉的时候，可以建议人民法院适用简易程序。

第二百一十五条　有下列情形之一的，不适用简易程序：

（一）被告人是盲、聋、哑人，或者是尚未完全丧失辨认或者控制自己行为能力的精神病人的；

（二）有重大社会影响的；

（三）共同犯罪案件中部分被告人不认罪或者对适用简易程序有异议的；

（四）其他不宜适用简易程序审理的。

第二百一十六条　适用简易程序审理案件，对可能判处三年有期徒刑以下刑罚的，可以组成合议庭进行审判，也可以由审判员一人独任审判；对可能判处的有期徒刑超过三年的，应当组成合议庭进行审判。

适用简易程序审理公诉案件，人民检察院应当派员出席法庭。

第二百一十七条　适用简易程序审理案件，审判人员应当询问被告人对指控的犯罪事实的意见，告知被告人适用简易程序审理的法律规定，确认被告人是否同意适用简易程序审理。

第二百一十八条　适用简易程序审理案件，经审判人员许可，被告人及其辩护人可以同公诉人、自诉人及其诉讼代理人互相辩论。

第二百一十九条　适用简易程序审理案件，不受本章第一节关于送达期限、讯问被告人、询问证人、鉴定人、出示证据、法庭辩论程序规定的限制。但在判决宣告前应当听取被告人的最后陈述意见。

第二百二十条　适用简易程序审理案件，人民法院应当在受理后二十日以内审结；对可能判处的有期徒刑超过三年的，可以延长至一个半月。

第二百二十一条　人民法院在审理过程中，发现不宜适用简易程序的，应当按照本章第一节或者第二节的规定重新审理。

第四节　速裁程序

第二百二十二条　基层人民法院管辖的可能判处三年有期徒刑以下刑罚的案件，案件事实清楚，证据确实、充分，被告人认罪认罚并同意适用速裁程序的，可以适用速裁程序，由审判员一人独任审判。

人民检察院在提起公诉的时候，可以建议人民法院适用速裁程序。

第二百二十三条　有下列情形之一的，不适用速裁程序：

（一）被告人是盲、聋、哑人，或者是尚未完全丧失辨认或者控制自己行为能力的精神病人的；

（二）被告人是未成年人的；

（三）案件有重大社会影响的；

（四）共同犯罪案件中部分被告人对指控的犯罪事实、罪名、量刑建议或者适用速裁程序有异议的；

（五）被告人与被害人或者其法定代理人没有就附带民事诉讼赔偿等事项达成调解或者和解协议的；

（六）其他不宜适用速裁程序审理的。

第二百二十四条　适用速裁程序审理案件，不受本章第一节规定的送达期限的限制，一般不进行法庭调查、法庭辩论，但在判决宣告前应当听取辩护人的意见和被告人的最后陈述意见。

适用速裁程序审理案件，应当当庭宣判。

第二百二十五条　适用速裁程序审理案件，人民法院应当在受理后十日以内审结；对可能判处的有期徒刑超过一年的，可以延长至十五日。

第二百二十六条　人民法院在审理过程中，发现有被告人的行为不构成犯罪或者不应当追究其刑事责任、被告人违背意愿认罪认罚、被告人否认指控的犯罪事实或者其他不宜适用速裁程序审理的情形的，应当按照本章第一节或者第三节的规定重新审理。

最高人民检察院
人民检察院刑事诉讼规则（节录）

（2019 年 12 月 30 日公布并施行　高检发释字〔2019〕4 号）

第五章　证　据

第六十一条　人民检察院认定案件事实，应当以证据为根据。

公诉案件中被告人有罪的举证责任由人民检察院承担。人民检察院在提起公诉指控犯罪时，应当提出确实、充分的证据，并运用证据加以证明。

人民检察院提起公诉，应当秉持客观公正立场，对被告人有罪、罪重、罪轻的证据都应当向人民法院提出。

第六十二条　证据的审查认定，应当结合案件的具体情况，从证据与待证事实的关联程度、各证据之间的联系、是否依照法定程序收集等方面进行综合审查判断。

第六十三条　人民检察院侦查终结或者提起公诉的案件，证据应当确实、充分。证据确实、充分，应当符合以下条件：

（一）定罪量刑的事实都有证据证明；

（二）据以定案的证据均经法定程序查证属实；

（三）综合全案证据，对所认定事实已排除合理怀疑。

第六十四条　行政机关在行政执法和查办案件过程中收集的物证、书证、视听资料、电子数据等证据材料，经人民检察院审查符合法定要求的，可以作为证据使用。

行政机关在行政执法和查办案件过程中收集的鉴定意见、勘验、检查笔录，经人民检察院审查符合法定要求的，可以作为证据使用。

第六十五条　监察机关依照法律规定收集的物证、书证、证人证言、被调查人供述和辩解、视听资料、电子数据等证据材料，在刑事诉讼中可以作为证据使用。

第六十六条　对采用刑讯逼供等非法方法收集的犯罪嫌疑人供述和采用暴力、威胁等非法方法收集的证人证言、被害人陈述，应当依法排除，不得作为移送审查逮捕、批准或者决定逮捕、移送起诉以及提起公诉的依据。

第六十七条　对采用下列方法收集的犯罪嫌疑人供述，应当予以排除：

（一）采用殴打、违法使用戒具等暴力方法或者变相肉刑的恶劣手段，使犯罪嫌疑人遭受难以忍受的痛苦而违背意愿作出的供述；

（二）采用以暴力或者严重损害本人及其近亲属合法权益等进行威胁的方法，使犯罪嫌疑人遭受难以忍受的痛苦而违背意愿作出的供述；

（三）采用非法拘禁等非法限制人身自由的方法收集的供述。

第六十八条　对采用刑讯逼供方法使犯罪嫌疑人作出供述，之后犯罪嫌疑人受该刑讯逼供行为影响而作出的与该供述相同的重复性供述，应当一并排除，但下列情形除外：

（一）侦查期间，根据控告、举报或者自己发现等，公安机关确认或者不能排除以非法方法收集证据而更换侦查人员，其他侦查人员再次讯问时告知诉讼权利和认罪认罚的法律规定，犯罪嫌疑人自愿供述的；

（二）审查逮捕、审查起诉期间，检察人员讯问时告知诉讼权利和认罪认罚的法律规定，犯罪嫌疑人自愿供述的。

第六十九条　采用暴力、威胁以及非法限制人身自由等非法方法收集的证人证言、被害人陈述，应当予以排除。

第七十条　收集物证、书证不符合法定程序，可能严重影响司法公正的，人民检察院应当及时要求公安机关补正或者作出书面解释；不能补正或者无法作出合理解释的，对该证据应当予以排除。

对公安机关的补正或者解释，人民检察院应当予以审查。经补正或者作出合理解释的，可以作为批准或者决定逮捕、提起公诉的依据。

第七十一条　对重大案件，人民检察院驻看守所检察人员在侦查终结前应当对讯问合法性进行核查并全程同步录音、录像，核查情况应当及时通知本院负责捕诉的部门。

负责捕诉的部门认为确有刑讯逼供等非法取证情形的，应当要求公安机关依法排除非法证据，不得作为提请批准逮捕、移送起诉的依据。

第七十二条　人民检察院发现侦查人员以非法方法收集证据的，应当及时进行调查核实。

当事人及其辩护人或者值班律师、诉讼代理人报案、控告、举报侦查人员采用刑讯逼供等非法方法收集证据，并提供涉嫌非法取证的人员、时间、地点、方式和内容等材料或者线索的，人民检察院应当受理并进行审查。根据现有材料无法证明证据收集合法性的，应当及时进行调查核实。

上一级人民检察院接到对侦查人员采用刑讯逼供等非法方法收集证据的报案、控告、举报，可以直接进行调查核实，也可以交由下级人民检察院调查核实。交由下级人民检察院调查核实的，下级人民检察院应当及时将调查结果报告上一级人民检察院。

人民检察院决定调查核实的，应当及时通知公安机关。

第七十三条 人民检察院经审查认定存在非法取证行为的，对该证据应当予以排除，其他证据不能证明犯罪嫌疑人实施犯罪行为的，应当不批准或者决定逮捕。已经移送起诉的，可以依法将案件退回监察机关补充调查或者退回公安机关补充侦查，或者作出不起诉决定。被排除的非法证据应当随案移送，并写明为依法排除的非法证据。

对于侦查人员的非法取证行为，尚未构成犯罪的，应当依法向其所在机关提出纠正意见。对于需要补正或者作出合理解释的，应当提出明确要求。

对于非法取证行为涉嫌犯罪需要追究刑事责任的，应当依法立案侦查。

第七十四条 人民检察院认为可能存在以刑讯逼供等非法方法收集证据情形的，可以书面要求监察机关或者公安机关对证据收集的合法性作出说明。说明应当加盖单位公章，并由调查人员或者侦查人员签名。

第七十五条 对于公安机关立案侦查的案件，存在下列情形之一的，人民检察院在审查逮捕、审查起诉和审判阶段，可以调取公安机关讯问犯罪嫌疑人的录音、录像，对证据收集的合法性以及犯罪嫌疑人、被告人供述的真实性进行审查：

（一）认为讯问活动可能存在刑讯逼供等非法取证行为的；

（二）犯罪嫌疑人、被告人或者辩护人提出犯罪嫌疑人、被告人供述系非法取得，并提供相关线索或者材料的；

（三）犯罪嫌疑人、被告人提出讯问活动违反法定程序或者翻供，并提供相关线索或者材料的；

（四）犯罪嫌疑人、被告人或者辩护人提出讯问笔录内容不真实，并提供相关线索或者材料的；

（五）案情重大、疑难、复杂的。

人民检察院调取公安机关讯问犯罪嫌疑人的录音、录像，公安机关未提供，人民检察院经审查认为不能排除有刑讯逼供等非法取证行为的，相关供述不得作为批准逮捕、提起公诉的依据。

人民检察院直接受理侦查的案件，负责侦查的部门移送审查逮捕、移送起诉时，应当将讯问录音、录像连同案卷材料一并移送审查。

第七十六条　对于提起公诉的案件，被告人及其辩护人提出审前供述系非法取得，并提供相关线索或者材料的，人民检察院可以将讯问录音、录像连同案卷材料一并移送人民法院。

第七十七条　在法庭审理过程中，被告人或者辩护人对讯问活动合法性提出异议，公诉人可以要求被告人及其辩护人提供相关线索或者材料。必要时，公诉人可以提请法庭当庭播放相关时段的讯问录音、录像，对有关异议或者事实进行质证。

需要播放的讯问录音、录像中涉及国家秘密、商业秘密、个人隐私或者含有其他不宜公开内容的，公诉人应当建议在法庭组成人员、公诉人、侦查人员、被告人及其辩护人范围内播放。因涉及国家秘密、商业秘密、个人隐私或者其他犯罪线索等内容，人民检察院对讯问录音、录像的相关内容进行技术处理的，公诉人应当向法庭作出说明。

第七十八条　人民检察院认为第一审人民法院有关证据收集合法性的审查、调查结论导致第一审判决、裁定错误的，可以依照刑事诉讼法第二百二十八条的规定向人民法院提出抗诉。

第七十九条　人民检察院在办理危害国家安全犯罪、恐怖活动犯罪、黑社会性质的组织犯罪、毒品犯罪等案件过程中，证人、鉴定人、被害人因在诉讼中作证，本人或者其近亲属人身安全面临危险，向人民检察院请求保护的，人民检察院应当受理并及时进行审查。对于确实存在人身安全危险的，应当立即采取必要的保护措施。人民检察院发现存在上述情形的，应当主动采取保护措施。

人民检察院可以采取以下一项或者多项保护措施：

（一）不公开真实姓名、住址和工作单位等个人信息；

（二）建议法庭采取不暴露外貌、真实声音等出庭作证措施；

（三）禁止特定的人员接触证人、鉴定人、被害人及其近亲属；

（四）对人身和住宅采取专门性保护措施；

（五）其他必要的保护措施。

人民检察院依法决定不公开证人、鉴定人、被害人的真实姓名、住址和工作单位等个人信息的，可以在起诉书、询问笔录等法律文书、证据材料中使用化名。但是应当另行书面说明使用化名的情况并标明密级，单独成卷。

人民检察院依法采取保护措施，可以要求有关单位和个人予以配合。

对证人及其近亲属进行威胁、侮辱、殴打或者打击报复，构成犯罪或者应当给予治安管理处罚的，人民检察院应当移送公安机关处理；情节轻微的，予以批评教育、训诫。

第八十条　证人在人民检察院侦查、审查逮捕、审查起诉期间因履行作证义务而支出的交通、住宿、就餐等费用，人民检察院应当给予补助。

第十章　审查逮捕和审查起诉

第一节　一般规定

第二百五十五条　人民检察院办理审查逮捕、审查起诉案件，应当全面审查证明犯罪嫌疑人有罪或者无罪、罪轻或者罪重的证据。

第二百五十六条　经公安机关商请或者人民检察院认为确有必要时，可以派员适时介入重大、疑难、复杂案件的侦查活动，参加公安机关对于重大案件的讨论，对案件性质、收集证据、适用法律等提出意见，监督侦查活动是否合法。

经监察机关商请，人民检察院可以派员介入监察机关办理的职务犯罪案件。

第二百五十七条　对于批准逮捕后要求公安机关继续侦查、不批准逮捕后要求公安机关补充侦查或者审查起诉阶段退回公安机关补充侦查的案件，人民检察院应当分别制作继续侦查提纲或者补充侦查提纲，写明需要继续侦查或者补充侦查的事项、理由、侦查方向、需补充收集的证据及其证明作用等，送交公安机关。

第二百五十八条　人民检察院讯问犯罪嫌疑人时，应当首先查明犯罪嫌疑人的基本情况，依法告知犯罪嫌疑人诉讼权利和义务，以及认罪认罚的法律规定，听取其供述和辩解。犯罪嫌疑人翻供的，应当讯问其原因。

犯罪嫌疑人申请排除非法证据的，应当告知其提供相关线索或者材料。犯罪嫌疑人检举揭发他人犯罪的，应当予以记录，并依照有关规定移送有关机关、部门处理。

讯问犯罪嫌疑人应当制作讯问笔录，并交犯罪嫌疑人核对或者向其宣读。经核对无误后逐页签名或者盖章，并捺指印后附卷。犯罪嫌疑人请求自行书写供述的，应当准许，但不得以自行书写的供述代替讯问笔录。

犯罪嫌疑人被羁押的，讯问应当在看守所讯问室进行。

第二百五十九条　办理审查逮捕、审查起诉案件，可以询问证人、被害人、鉴定人等诉讼参与人，并制作笔录附卷。询问时，应当告知其诉讼权利和义务。

询问证人、被害人的地点按照刑事诉讼法第一百二十四条的规定执行。

第二百六十条　讯问犯罪嫌疑人，询问被害人、证人、鉴定人，听取辩护人、被害人及其诉讼代理人的意见，应当由检察人员负责进行。检察人员或者检察人员和书记员不得少于二人。

讯问犯罪嫌疑人，询问证人、鉴定人、被害人，应当个别进行。

第二百六十一条　办理审查逮捕案件，犯罪嫌疑人已经委托辩护律师的，可以听取辩护律师的意见。辩护律师提出要求的，应当听取辩护律师的意见。对辩护律师的意见应当制作笔录，辩护律师提出的书面意见应当附卷。

办理审查起诉案件，应当听取辩护人或者值班律师、被害人及其诉讼代理人的意见，并制作笔录。辩护人或者值班律师、被害人及其诉讼代理人提出书面意见的，应当附卷。

对于辩护律师在审查逮捕、审查起诉阶段多次提出意见的，均应如实记录。

辩护律师提出犯罪嫌疑人不构成犯罪、无社会危险性、不适宜羁押或者侦查活动有违法犯罪情形等书面意见的，检察人员应当审查，并在相关工作文书中说明是否采纳的情况和理由。

第二百六十二条　直接听取辩护人、被害人及其诉讼代理人的意见有困难的，可以通过电话、视频等方式听取意见并记录在案，或者通知辩护人、被害人及其诉讼代理人提出书面意见。无法通知或者在指定期限内未提出意见的，应当记录在案。

第二百六十三条　对于公安机关提请批准逮捕、移送起诉的案件，检察人员审查时发现存在本规则第七十五条第一款规定情形的，可以调取公安机关讯问犯罪嫌疑人的录音、录像并审查相关的录音、录像。对于重大、疑难、复杂的案件，必要时可以审查全部录音、录像。

对于监察机关移送起诉的案件，认为需要调取有关录音、录像的，可以商监察机关调取。

对于人民检察院直接受理侦查的案件，审查时发现负责侦查的部门未按照本规则第七十五条第三款的规定移送录音、录像或者移送不全的，应当要求其补充移送。对取证合法性或者讯问笔录真实性等产生疑问的，应当有针对性地审查相关的录音、录像。对于重大、疑难、复杂的案件，可以审查全部录音、录像。

第二百六十四条　经审查讯问犯罪嫌疑人录音、录像，发现公安机关、本院负责侦查的部门讯问不规范，讯问过程存在违法行为，录音、录像内容与讯问笔录不一致等情形的，应当逐一列明并向公安机关、本院负责侦查的部门书面提出，要求其予以纠正、补正或者书面作出合理解释。发现讯问笔录与讯问犯罪嫌疑人录音、录像内容有重大实质性差异的，或者公安机关、本院负责侦查的部门不能补正或者作出合理解释的，该讯问笔录不能作为批准或者决定逮捕、提起公诉的依据。

第二百六十五条　犯罪嫌疑人及其辩护人申请排除非法证据，并提供相关线索或者材料的，人民检察院应当调查核实。发现侦查人员以刑讯逼供等非法方法收集证据的，应当依法排除相关证据并提出纠正意见。

审查逮捕期限届满前，经审查无法确定存在非法取证的行为，但也不能排除非法取证可能的，该证据不作为批准逮捕的依据。检察官应当根据在案的其他证据认定案件事实和决定是否逮捕，并在作出批准或者不批准逮捕的决定后，继续对可能存在的非法取证行为进行调查核实。经调查核实确认存在以刑讯逼供等非法方法收集证据情形的，应当向公安机关提出纠正意见。以非法方法收集的证据，不得作为提起公诉的依据。

第二百六十六条　审查逮捕期间，犯罪嫌疑人申请排除非法证据，但未提交相关线索或者材料，人民检察院经全面审查案件事实、证据，未发现侦查人员存在以非法方法收集证据的情形，认为符合逮捕条件的，可以批准逮捕。

审查起诉期间，犯罪嫌疑人及其辩护人又提出新的线索或者证据，或者人民检察院发现新的证据，经调查核实认为侦查人员存在以刑讯逼供等非法方法收集证据情形的，应当依法排除非法证据，不得作为提起公诉的依据。

排除非法证据后，犯罪嫌疑人不再符合逮捕条件但案件需要继续审查起诉的，应当及时变更强制措施。案件不符合起诉条件的，应当作出不起诉决定。

第二节　认罪认罚从宽案件办理

第二百六十七条　人民检察院办理犯罪嫌疑人认罪认罚案件，应当保障犯罪嫌疑人获得有效法律帮助，确保其了解认罪认罚的性质和法律后果，自愿认罪认罚。

人民检察院受理案件后，应当向犯罪嫌疑人了解其委托辩护人的情况。犯罪嫌疑人自愿认罪认罚、没有辩护人的，在审查逮捕阶段，人民检察院应当要求公安机关通知值班律师为其提供法律帮助；在审查起诉阶段，人民检察院应当通知值班律师为其提供法律帮助。符合通知辩护条件的，应当依法通知法律援助机构指派律师为其提供辩护。

第二百六十八条　人民检察院应当商法律援助机构设立法律援助工作站派驻值班律师或者及时安排值班律师，为犯罪嫌疑人提供法律咨询、程序选择建议、申请变更强制措施、对案件处理提出意见等法律帮助。

人民检察院应当告知犯罪嫌疑人有权约见值班律师，并为其约见值班律师提供便利。

第二百六十九条　犯罪嫌疑人认罪认罚的，人民检察院应当告知其享有的诉讼权利和认罪认罚的法律规定，听取犯罪嫌疑人、辩护人或者值班律师、被害人及其诉讼代理人对下列事项的意见，并记录在案：

（一）涉嫌的犯罪事实、罪名及适用的法律规定；

（二）从轻、减轻或者免除处罚等从宽处罚的建议；

（三）认罪认罚后案件审理适用的程序；

（四）其他需要听取意见的事项。

依照前款规定听取值班律师意见的，应当提前为值班律师了解案件有关情况提供必要的便利。自人民检察院对案件审查起诉之日起，值班律师可以查阅案卷材料，了解案情。人民检察院应当为值班律师查阅案卷材料提供便利。

人民检察院不采纳辩护人或者值班律师所提意见的，应当向其说明理由。

第二百七十条 批准或者决定逮捕，应当将犯罪嫌疑人涉嫌犯罪的性质、情节，认罪认罚等情况，作为是否可能发生社会危险性的考虑因素。

已经逮捕的犯罪嫌疑人认罪认罚的，人民检察院应当及时对羁押必要性进行审查。经审查，认为没有继续羁押必要的，应当予以释放或者变更强制措施。

第二百七十一条 审查起诉阶段，对于在侦查阶段认罪认罚的案件，人民检察院应当重点审查以下内容：

（一）犯罪嫌疑人是否自愿认罪认罚，有无因受到暴力、威胁、引诱而违背意愿认罪认罚；

（二）犯罪嫌疑人认罪认罚时的认知能力和精神状态是否正常；

（三）犯罪嫌疑人是否理解认罪认罚的性质和可能导致的法律后果；

（四）公安机关是否告知犯罪嫌疑人享有的诉讼权利，如实供述自己罪行可以从宽处理和认罪认罚的法律规定，并听取意见；

（五）起诉意见书中是否写明犯罪嫌疑人认罪认罚情况；

（六）犯罪嫌疑人是否真诚悔罪，是否向被害人赔礼道歉。

经审查，犯罪嫌疑人违背意愿认罪认罚的，人民检察院可以重新开展认罪认罚工作。存在刑讯逼供等非法取证行为的，依照法律规定处理。

第二百七十二条 犯罪嫌疑人自愿认罪认罚，同意量刑建议和程序适用的，应当在辩护人或者值班律师在场的情况下签署认罪认罚具结书。具结书应当包括犯罪嫌疑人如实供述罪行、同意量刑建议和程序适用等内容，由犯罪嫌疑人及其辩护人、值班律师签名。

犯罪嫌疑人具有下列情形之一的，不需要签署认罪认罚具结书：

（一）犯罪嫌疑人是盲、聋、哑人，或者是尚未完全丧失辨认或者控制自己行为能力的精神病人的；

（二）未成年犯罪嫌疑人的法定代理人、辩护人对未成年人认罪认罚有异议的；

（三）其他不需要签署认罪认罚具结书的情形。

有前款情形，犯罪嫌疑人未签署认罪认罚具结书的，不影响认罪认罚从宽制度的适用。

第二百七十三条 犯罪嫌疑人认罪认罚，人民检察院经审查，认为符合速裁程序适用条件的，应当在十日以内作出是否提起公诉的决定，对可能判处的有期徒刑超过一年的，可以延长至十五日；认为不符合速裁程序适用条件的，应当在本规则第三百五十一条规定的期限以内作出是否提起公诉的决定。

对于公安机关建议适用速裁程序办理的案件，人民检察院负责案件管理的部门应当在受理案件的当日将案件移送负责捕诉的部门。

第二百七十四条 认罪认罚案件，人民检察院向人民法院提起公诉的，应当提出量刑建议，在起诉书中写明被告人认罪认罚情况，并移送认罪认罚具结书等材料。量刑建议可以另行制作文书，也可以在起诉书中写明。

第二百七十五条 犯罪嫌疑人认罪认罚的，人民检察院应当就主刑、附加刑、是否适用缓刑等提出量刑建议。量刑建议一般应当为确定刑。对新类型、不常见犯罪案件，量刑情节复杂的重罪案件等，也可以提出幅度刑量刑建议。

第二百七十六条 办理认罪认罚案件，人民检察院应当将犯罪嫌疑人是否与被害方达成和解或者调解协议，或者赔偿被害方损失，取得被害方谅解，或者自愿承担公益损害修复、赔偿责任，作为提出量刑建议的重要考虑因素。

犯罪嫌疑人自愿认罪并且愿意积极赔偿损失，但由于被害方赔偿请求明显不合理，未能达成和解或者调解协议的，一般不影响对犯罪嫌疑人从宽处理。

对于符合当事人和解程序适用条件的公诉案件，犯罪嫌疑人认罪认罚的，人民检察院应当积极促使当事人自愿达成和解。和解协议书和被害方出具的谅解意见应当随案移送。被害方符合司法救助条件的，人民检察院应当积极协调办理。

第二百七十七条 犯罪嫌疑人认罪认罚，人民检察院拟提出适用缓刑或者判处管制的量刑建议，可以委托犯罪嫌疑人居住地的社区矫正机构进行调查评估，也可以自行调查评估。

第二百七十八条 犯罪嫌疑人认罪认罚，人民检察院依照刑事诉讼法第一百七十七条第二款作出不起诉决定后，犯罪嫌疑人反悔的，人民检察院应当进行审查，并区分下列情形依法作出处理：

（一）发现犯罪嫌疑人没有犯罪事实，或者符合刑事诉讼法第十六条规定的情形之一的，应当撤销原不起诉决定，依照刑事诉讼法第一百七十

七条第一款的规定重新作出不起诉决定;

(二) 犯罪嫌疑人犯罪情节轻微,依照刑法不需要判处刑罚或者免除刑罚的,可以维持原不起诉决定;

(三) 排除认罪认罚因素后,符合起诉条件的,应当根据案件具体情况撤销原不起诉决定,依法提起公诉。

第二百七十九条 犯罪嫌疑人自愿如实供述涉嫌犯罪的事实,有重大立功或者案件涉及国家重大利益的,经最高人民检察院核准,公安机关可以撤销案件,人民检察院可以作出不起诉决定,也可以对涉嫌数罪中的一项或者多项不起诉。

前款规定的不起诉,应当由检察长决定。决定不起诉的,人民检察院应当及时对查封、扣押、冻结的财物及其孳息作出处理。

第三节 审查批准逮捕

第二百八十条 人民检察院办理审查逮捕案件,可以讯问犯罪嫌疑人;具有下列情形之一的,应当讯问犯罪嫌疑人:

(一) 对是否符合逮捕条件有疑问的;

(二) 犯罪嫌疑人要求向检察人员当面陈述的;

(三) 侦查活动可能有重大违法行为的;

(四) 案情重大、疑难、复杂的;

(五) 犯罪嫌疑人认罪认罚的;

(六) 犯罪嫌疑人系未成年人的;

(七) 犯罪嫌疑人是盲、聋、哑人或者是尚未完全丧失辨认或者控制自己行为能力的精神病人的。

讯问未被拘留的犯罪嫌疑人,讯问前应当听取公安机关的意见。

办理审查逮捕案件,对被拘留的犯罪嫌疑人不予讯问的,应当送达听取犯罪嫌疑人意见书,由犯罪嫌疑人填写后及时收回审查并附卷。经审查认为应当讯问犯罪嫌疑人的,应当及时讯问。

第二百八十一条 对有重大影响的案件,可以采取当面听取侦查人员、犯罪嫌疑人及其辩护人等意见的方式进行公开审查。

第二百八十二条 对公安机关提请批准逮捕的犯罪嫌疑人,已经被拘留的,人民检察院应当在收到提请批准逮捕书后七日以内作出是否批准逮捕的决定;未被拘留的,应当在收到提请批准逮捕书后十五日以内作出是否批准逮捕的决定,重大、复杂案件,不得超过二十日。

第二百八十三条　上级公安机关指定犯罪地或者犯罪嫌疑人居住地以外的下级公安机关立案侦查的案件，需要逮捕犯罪嫌疑人的，由侦查该案件的公安机关提请同级人民检察院审查批准逮捕。人民检察院应当依法作出批准或者不批准逮捕的决定。

第二百八十四条　对公安机关提请批准逮捕的犯罪嫌疑人，人民检察院经审查认为符合本规则第一百二十八条、第一百三十六条、第一百三十八条规定情形，应当作出批准逮捕的决定，连同案卷材料送达公安机关执行，并可以制作继续侦查提纲，送交公安机关。

第二百八十五条　对公安机关提请批准逮捕的犯罪嫌疑人，具有本规则第一百三十九条至第一百四十一条规定情形，人民检察院作出不批准逮捕决定的，应当说明理由，连同案卷材料送达公安机关执行。需要补充侦查的，应当制作补充侦查提纲，送交公安机关。

人民检察院办理审查逮捕案件，不另行侦查，不得直接提出采取取保候审措施的意见。

对于因犯罪嫌疑人没有犯罪事实、具有刑事诉讼法第十六条规定的情形之一或者证据不足，人民检察院拟作出不批准逮捕决定的，应当经检察长批准。

第二百八十六条　人民检察院应当将批准逮捕的决定交公安机关立即执行，并要求公安机关将执行回执及时送达作出批准决定的人民检察院。如果未能执行，也应当要求其将回执及时送达人民检察院，并写明未能执行的原因。对于人民检察院不批准逮捕的，应当要求公安机关在收到不批准逮捕决定书后，立即释放在押的犯罪嫌疑人或者变更强制措施，并将执行回执在收到不批准逮捕决定书后三日以内送达作出不批准逮捕决定的人民检察院。

公安机关在收到不批准逮捕决定书后对在押的犯罪嫌疑人不立即释放或者变更强制措施的，人民检察院应当提出纠正意见。

第二百八十七条　对于没有犯罪事实或者犯罪嫌疑人具有刑事诉讼法第十六条规定情形之一，人民检察院作出不批准逮捕决定的，应当同时告知公安机关撤销案件。

对于有犯罪事实需要追究刑事责任，但不是被立案侦查的犯罪嫌疑人实施，或者共同犯罪案件中部分犯罪嫌疑人不负刑事责任，人民检察院作出不批准逮捕决定的，应当同时告知公安机关对有关犯罪嫌疑人终止侦查。

公安机关在收到不批准逮捕决定书后超过十五日未要求复议、提请复核，也不撤销案件或者终止侦查的，人民检察院应当发出纠正违法通知书。公安机关仍不纠正的，报上一级人民检察院协商同级公安机关处理。

第二百八十八条 人民检察院办理公安机关提请批准逮捕的案件，发现遗漏应当逮捕的犯罪嫌疑人的，应当经检察长批准，要求公安机关提请批准逮捕。公安机关不提请批准逮捕或者说明的不提请批准逮捕的理由不成立的，人民检察院可以直接作出逮捕决定，送达公安机关执行。

第二百八十九条 对已经作出的批准逮捕决定发现确有错误的，人民检察院应当撤销原批准逮捕决定，送达公安机关执行。

对已经作出的不批准逮捕决定发现确有错误，需要批准逮捕的，人民检察院应当撤销原不批准逮捕决定，并重新作出批准逮捕决定，送达公安机关执行。

对因撤销原批准逮捕决定而被释放的犯罪嫌疑人或者逮捕后公安机关变更为取保候审、监视居住的犯罪嫌疑人，又发现需要逮捕的，人民检察院应当重新办理逮捕手续。

第二百九十条 对不批准逮捕的案件，公安机关要求复议的，人民检察院负责捕诉的部门应当另行指派检察官或者检察官办案组进行审查，并在收到要求复议意见书和案卷材料后七日以内，经检察长批准，作出是否变更的决定，通知公安机关。

第二百九十一条 对不批准逮捕的案件，公安机关提请上一级人民检察院复核的，上一级人民检察院应当在收到提请复核意见书和案卷材料后十五日以内，经检察长批准，作出是否变更的决定，通知下级人民检察院和公安机关执行。需要改变原决定的，应当通知作出不批准逮捕决定的人民检察院撤销原不批准逮捕决定，另行制作批准逮捕决定书。必要时，上级人民检察院也可以直接作出批准逮捕决定，通知下级人民检察院送达公安机关执行。

对于经复议复核维持原不批准逮捕决定的，人民检察院向公安机关送达复议复核决定时应当说明理由。

第二百九十二条 人民检察院作出不批准逮捕决定，并且通知公安机关补充侦查的案件，公安机关在补充侦查后又要求复议的，人民检察院应当告知公安机关重新提请批准逮捕。公安机关坚持要求复议的，人民检察院不予受理。

对于公安机关补充侦查后应当提请批准逮捕而不提请批准逮捕的，按照本规则第二百八十八条的规定办理。

第二百九十三条　对公安机关提请批准逮捕的案件，负责捕诉的部门应当将批准、变更、撤销逮捕措施的情况书面通知本院负责刑事执行检察的部门。

第二百九十四条　外国人、无国籍人涉嫌危害国家安全犯罪的案件或者涉及国与国之间政治、外交关系的案件以及在适用法律上确有疑难的案件，需要逮捕犯罪嫌疑人的，按照刑事诉讼法关于管辖的规定，分别由基层人民检察院或者设区的市级人民检察院审查并提出意见，层报最高人民检察院审查。最高人民检察院认为需要逮捕的，经征求外交部的意见后，作出批准逮捕的批复；认为不需要逮捕的，作出不批准逮捕的批复。基层人民检察院或者设区的市级人民检察院根据最高人民检察院的批复，依法作出批准或者不批准逮捕的决定。层报过程中，上级人民检察院认为不需要逮捕的，应当作出不批准逮捕的批复。报送的人民检察院根据批复依法作出不批准逮捕的决定。

基层人民检察院或者设区的市级人民检察院认为不需要逮捕的，可以直接依法作出不批准逮捕的决定。

外国人、无国籍人涉嫌本条第一款规定以外的其他犯罪案件，决定批准逮捕的人民检察院应当在作出批准逮捕决定后四十八小时以内报上一级人民检察院备案，同时向同级人民政府外事部门通报。上一级人民检察院经审查发现批准逮捕决定错误的，应当依法及时纠正。

第二百九十五条　人民检察院办理审查逮捕的危害国家安全犯罪案件，应当报上一级人民检察院备案。

上一级人民检察院经审查发现错误的，应当依法及时纠正。

第四节　审查决定逮捕

第二百九十六条　人民检察院办理直接受理侦查的案件，需要逮捕犯罪嫌疑人的，由负责侦查的部门制作逮捕犯罪嫌疑人意见书，连同案卷材料、讯问犯罪嫌疑人录音、录像一并移送本院负责捕诉的部门审查。犯罪嫌疑人已被拘留的，负责侦查的部门应当在拘留后七日以内将案件移送本院负责捕诉的部门审查。

第二百九十七条　对本院负责侦查的部门移送审查逮捕的案件，犯罪嫌疑人已被拘留的，负责捕诉的部门应当在收到逮捕犯罪嫌疑人意见书后七日以内，报请检察长决定是否逮捕，特殊情况下，决定逮捕的时间可以延长一日至三日；犯罪嫌疑人未被拘留的，负责捕诉的部门应当在收到逮捕犯罪嫌疑人意见书后十五日以内，报请检察长决定是否逮捕，重大、复杂案件，不得超过二十日。

第二百九十八条　对犯罪嫌疑人决定逮捕的，负责捕诉的部门应当将逮捕决定书连同案卷材料、讯问犯罪嫌疑人录音、录像移交负责侦查的部门，并可以对收集证据、适用法律提出意见。由负责侦查的部门通知公安机关执行，必要时可以协助执行。

第二百九十九条　对犯罪嫌疑人决定不予逮捕的，负责捕诉的部门应当将不予逮捕的决定连同案卷材料、讯问犯罪嫌疑人录音、录像移交负责侦查的部门，并说明理由。需要补充侦查的，应当制作补充侦查提纲。犯罪嫌疑人已被拘留的，负责侦查的部门应当通知公安机关立即释放。

第三百条　对应当逮捕而本院负责侦查的部门未移送审查逮捕的犯罪嫌疑人，负责捕诉的部门应当向负责侦查的部门提出移送审查逮捕犯罪嫌疑人的建议。建议不被采纳的，应当报请检察长决定。

第三百零一条　逮捕犯罪嫌疑人后，应当立即送看守所羁押。除无法通知的以外，负责侦查的部门应当把逮捕的原因和羁押的处所，在二十四小时以内通知其家属。对于无法通知的，在无法通知的情形消除后，应当立即通知其家属。

第三百零二条　对被逮捕的犯罪嫌疑人，应当在逮捕后二十四小时以内进行讯问。

发现不应当逮捕的，应当经检察长批准，撤销逮捕决定或者变更为其他强制措施，并通知公安机关执行，同时通知负责捕诉的部门。

对按照前款规定被释放或者变更强制措施的犯罪嫌疑人，又发现需要逮捕的，应当重新移送审查逮捕。

第三百零三条　已经作出不予逮捕的决定，又发现需要逮捕犯罪嫌疑人的，应当重新办理逮捕手续。

第三百零四条　犯罪嫌疑人在异地羁押的，负责侦查的部门应当将决定、变更、撤销逮捕措施的情况书面通知羁押地人民检察院负责刑事执行检察的部门。

第五节　延长侦查羁押期限和重新计算侦查羁押期限

第三百零五条　人民检察院办理直接受理侦查的案件，对犯罪嫌疑人逮捕后的侦查羁押期限不得超过二个月。案情复杂、期限届满不能终结的案件，可以经上一级人民检察院批准延长一个月。

第三百零六条　设区的市级人民检察院和基层人民检察院办理直接受理侦查的案件，符合刑事诉讼法第一百五十八条规定，在本规则第三百零五条规定的期限届满前不能侦查终结的，经省级人民检察院批准，可以延长二个月。

省级人民检察院直接受理侦查的案件，有前款情形的，可以直接决定延长二个月。

第三百零七条　设区的市级人民检察院和基层人民检察院办理直接受理侦查的案件，对犯罪嫌疑人可能判处十年有期徒刑以上刑罚，依照本规则第三百零六条的规定依法延长羁押期限届满，仍不能侦查终结的，经省级人民检察院批准，可以再延长二个月。

省级人民检察院办理直接受理侦查的案件，有前款情形的，可以直接决定再延长二个月。

第三百零八条　最高人民检察院办理直接受理侦查的案件，依照刑事诉讼法的规定需要延长侦查羁押期限的，直接决定延长侦查羁押期限。

第三百零九条　公安机关需要延长侦查羁押期限的，人民检察院应当要求其在侦查羁押期限届满七日前提请批准延长侦查羁押期限。

人民检察院办理直接受理侦查的案件，负责侦查的部门认为需要延长侦查羁押期限的，应当按照前款规定向本院负责捕诉的部门移送延长侦查羁押期限意见书及有关材料。

对于超过法定羁押期限提请延长侦查羁押期限的，不予受理。

第三百一十条　人民检察院审查批准或者决定延长侦查羁押期限，由负责捕诉的部门办理。

受理案件的人民检察院对延长侦查羁押期限的意见审查后，应当提出是否同意延长侦查羁押期限的意见，将公安机关延长侦查羁押期限的意见和本院的审查意见层报有决定权的人民检察院审查决定。

第三百一十一条　对于同时具备下列条件的案件，人民检察院应当作出批准延长侦查羁押期限一个月的决定：

（一）符合刑事诉讼法第一百五十六条的规定；

（二）符合逮捕条件；

（三）犯罪嫌疑人有继续羁押的必要。

第三百一十二条　犯罪嫌疑人虽然符合逮捕条件，但经审查，公安机关在对犯罪嫌疑人执行逮捕后二个月以内未有效开展侦查工作或者侦查取证工作没有实质进展的，人民检察院可以作出不批准延长侦查羁押期限的决定。

犯罪嫌疑人不符合逮捕条件，需要撤销下级人民检察院逮捕决定的，上级人民检察院在作出不批准延长侦查羁押期限决定的同时，应当作出撤销逮捕的决定，或者通知下级人民检察院撤销逮捕决定。

第三百一十三条　有决定权的人民检察院作出批准延长侦查羁押期限或者不批准延长侦查羁押期限的决定后，应当将决定书交由最初受理案件的人民检察院送达公安机关。

最初受理案件的人民检察院负责捕诉的部门收到批准延长侦查羁押期限决定书或者不批准延长侦查羁押期限决定书，应当书面告知本院负责刑事执行检察的部门。

第三百一十四条　因为特殊原因，在较长时间内不宜交付审判的特别重大复杂的案件，由最高人民检察院报请全国人民代表大会常务委员会批准延期审理。

第三百一十五条　人民检察院在侦查期间发现犯罪嫌疑人另有重要罪行的，自发现之日起依照本规则第三百零五条的规定重新计算侦查羁押期限。

另有重要罪行是指与逮捕时的罪行不同种的重大犯罪或者同种的影响罪名认定、量刑档次的重大犯罪。

第三百一十六条　人民检察院重新计算侦查羁押期限，应当由负责侦查的部门提出重新计算侦查羁押期限的意见，移送本院负责捕诉的部门审查。负责捕诉的部门审查后应当提出是否同意重新计算侦查羁押期限的意见，报检察长决定。

第三百一十七条　对公安机关重新计算侦查羁押期限的备案，由负责捕诉的部门审查。负责捕诉的部门认为公安机关重新计算侦查羁押期限不当的，应当提出纠正意见。

第三百一十八条　人民检察院直接受理侦查的案件，不能在法定侦查羁押期限内侦查终结的，应当依法释放犯罪嫌疑人或者变更强制措施。

第三百一十九条　负责捕诉的部门审查延长侦查羁押期限、审查重新计算侦查羁押期限，可以讯问犯罪嫌疑人，听取辩护律师和侦查人员的意见，调取案卷及相关材料等。

第六节　核准追诉

第三百二十条　法定最高刑为无期徒刑、死刑的犯罪，已过二十年追诉期限的，不再追诉。如果认为必须追诉的，须报请最高人民检察院核准。

第三百二十一条　须报请最高人民检察院核准追诉的案件，公安机关在核准之前可以依法对犯罪嫌疑人采取强制措施。

公安机关报请核准追诉并提请逮捕犯罪嫌疑人，人民检察院经审查认为必须追诉而且符合法定逮捕条件的，可以依法批准逮捕，同时要求公安机关在报请核准追诉期间不得停止对案件的侦查。

未经最高人民检察院核准，不得对案件提起公诉。

第三百二十二条　报请核准追诉的案件应当同时符合下列条件：

（一）有证据证明存在犯罪事实，且犯罪事实是犯罪嫌疑人实施的；

（二）涉嫌犯罪的行为应当适用的法定量刑幅度的最高刑为无期徒刑或者死刑；

（三）涉嫌犯罪的性质、情节和后果特别严重，虽然已过二十年追诉期限，但社会危害性和影响依然存在，不追诉会严重影响社会稳定或者产生其他严重后果，而必须追诉的；

（四）犯罪嫌疑人能够及时到案接受追诉。

第三百二十三条　公安机关报请核准追诉的案件，由同级人民检察院受理并层报最高人民检察院审查决定。

第三百二十四条　地方各级人民检察院对公安机关报请核准追诉的案件，应当及时进行审查并开展必要的调查。经检察委员会审议提出是否同意核准追诉的意见，制作报请核准追诉案件报告书，连同案卷材料一并层报最高人民检察院。

第三百二十五条　最高人民检察院收到省级人民检察院报送的报请核准追诉案件报告书及案卷材料后，应当及时审查，必要时指派检察人员到案发地了解案件有关情况。经检察长批准，作出是否核准追诉的决定，并制作核准追诉决定书或者不予核准追诉决定书，逐级下达至最初受理案件的人民检察院，由其送达报请核准追诉的公安机关。

第三百二十六条　对已经采取强制措施的案件，强制措施期限届满不能作出是否核准追诉决定的，应当对犯罪嫌疑人变更强制措施或者延长侦查羁押期限。

第三百二十七条　最高人民检察院决定核准追诉的案件，最初受理案件的人民检察院应当监督公安机关的侦查工作。

最高人民检察院决定不予核准追诉，公安机关未及时撤销案件的，同级人民检察院应当提出纠正意见。犯罪嫌疑人在押的，应当立即释放。

第七节　审查起诉

第三百二十八条　各级人民检察院提起公诉，应当与人民法院审判管辖相适应。负责捕诉的部门收到移送起诉的案件后，经审查认为不属于本院管辖的，应当在发现之日起五日以内经由负责案件管理的部门移送有管辖权的人民检察院。

属于上级人民法院管辖的第一审案件，应当报送上级人民检察院，同时通知移送起诉的公安机关；属于同级其他人民法院管辖的第一审案件，应当移送有管辖权的人民检察院或者报送共同的上级人民检察院指定管辖，同时通知移送起诉的公安机关。

上级人民检察院受理同级公安机关移送起诉的案件，认为属于下级人民法院管辖的，可以交下级人民检察院审查，由下级人民检察院向同级人民法院提起公诉，同时通知移送起诉的公安机关。

一人犯数罪、共同犯罪和其他需要并案审理的案件，只要其中一人或者一罪属于上级人民检察院管辖的，全案由上级人民检察院审查起诉。

公安机关移送起诉的案件，需要依照刑事诉讼法的规定指定审判管辖的，人民检察院应当在公安机关移送起诉前协商同级人民法院办理指定管辖有关事宜。

第三百二十九条　监察机关移送起诉的案件，需要依照刑事诉讼法的规定指定审判管辖的，人民检察院应当在监察机关移送起诉二十日前协商同级人民法院办理指定管辖有关事宜。

第三百三十条　人民检察院审查移送起诉的案件，应当查明：

（一）犯罪嫌疑人身份状况是否清楚，包括姓名、性别、国籍、出生年月日、职业和单位等；单位犯罪的，单位的相关情况是否清楚；

（二）犯罪事实、情节是否清楚；实施犯罪的时间、地点、手段、危害后果是否明确；

（三）认定犯罪性质和罪名的意见是否正确；有无法定的从重、从轻、减轻或者免除处罚情节及酌定从重、从轻情节；共同犯罪案件的犯罪嫌疑人在犯罪活动中的责任认定是否恰当；

（四）犯罪嫌疑人是否认罪认罚；

（五）证明犯罪事实的证据材料是否随案移送；证明相关财产系违法所得的证据材料是否随案移送；不宜移送的证据的清单、复制件、照片或者其他证明文件是否随案移送；

（六）证据是否确实、充分，是否依法收集，有无应当排除非法证据的情形；

（七）采取侦查措施包括技术侦查措施的法律手续和诉讼文书是否完备；

（八）有无遗漏罪行和其他应当追究刑事责任的人；

（九）是否属于不应当追究刑事责任的；

（十）有无附带民事诉讼；对于国家财产、集体财产遭受损失的，是否需要由人民检察院提起附带民事诉讼；对于破坏生态环境和资源保护，食品药品安全领域侵害众多消费者合法权益，侵害英雄烈士的姓名、肖像、名誉、荣誉等损害社会公共利益的行为，是否需要由人民检察院提起附带民事公益诉讼；

（十一）采取的强制措施是否适当，对于已经逮捕的犯罪嫌疑人，有无继续羁押的必要；

（十二）侦查活动是否合法；

（十三）涉案财物是否查封、扣押、冻结并妥善保管，清单是否齐备；对被害人合法财产的返还和对违禁品或者不宜长期保存的物品的处理是否妥当，移送的证明文件是否完备。

第三百三十一条 人民检察院办理审查起诉案件应当讯问犯罪嫌疑人。

第三百三十二条 人民检察院认为需要对案件中某些专门性问题进行鉴定而监察机关或者公安机关没有鉴定的，应当要求监察机关或者公安机关进行鉴定。必要时，也可以由人民检察院进行鉴定，或者由人民检察院聘请有鉴定资格的人进行鉴定。

人民检察院自行进行鉴定的，可以商请监察机关或者公安机关派员参加，必要时可以聘请有鉴定资格或者有专门知识的人参加。

第三百三十三条　在审查起诉中，发现犯罪嫌疑人可能患有精神病的，人民检察院应当依照本规则的有关规定对犯罪嫌疑人进行鉴定。

犯罪嫌疑人的辩护人或者近亲属以犯罪嫌疑人可能患有精神病而申请对犯罪嫌疑人进行鉴定的，人民检察院也可以依照本规则的有关规定对犯罪嫌疑人进行鉴定。鉴定费用由申请方承担。

第三百三十四条　人民检察院对鉴定意见有疑问的，可以询问鉴定人或者有专门知识的人并制作笔录附卷，也可以指派有鉴定资格的检察技术人员或者聘请其他有鉴定资格的人进行补充鉴定或者重新鉴定。

人民检察院对鉴定意见等技术性证据材料需要进行专门审查的，按照有关规定交检察技术人员或者其他有专门知识的人进行审查并出具审查意见。

第三百三十五条　人民检察院审查案件时，对监察机关或者公安机关的勘验、检查，认为需要复验、复查的，应当要求其复验、复查，人民检察院可以派员参加；也可以自行复验、复查，商请监察机关或者公安机关派员参加，必要时也可以指派检察技术人员或者聘请其他有专门知识的人参加。

第三百三十六条　人民检察院对物证、书证、视听资料、电子数据及勘验、检查、辨认、侦查实验等笔录存在疑问的，可以要求调查人员或者侦查人员提供获取、制作的有关情况，必要时也可以询问提供相关证据材料的人员和见证人并制作笔录附卷，对物证、书证、视听资料、电子数据进行鉴定。

第三百三十七条　人民检察院在审查起诉阶段认为需要逮捕犯罪嫌疑人的，应当经检察长决定。

第三百三十八条　对于人民检察院正在审查起诉的案件，被逮捕的犯罪嫌疑人及其法定代理人、近亲属或者辩护人认为羁押期限届满，向人民检察院提出释放犯罪嫌疑人或者变更强制措施要求的，人民检察院应当在三日以内审查决定。经审查，认为法定期限届满的，应当决定释放或者依法变更强制措施，并通知公安机关执行；认为法定期限未满的，书面答复申请人。

第三百三十九条　人民检察院对案件进行审查后，应当依法作出起诉或者不起诉以及是否提起附带民事诉讼、附带民事公益诉讼的决定。

第三百四十条　人民检察院对监察机关或者公安机关移送的案件进行

审查后，在人民法院作出生效判决之前，认为需要补充提供证据材料的，可以书面要求监察机关或者公安机关提供。

第三百四十一条 人民检察院在审查起诉中发现有应当排除的非法证据，应当依法排除，同时可以要求监察机关或者公安机关另行指派调查人员或者侦查人员重新取证。必要时，人民检察院也可以自行调查取证。

第三百四十二条 人民检察院认为犯罪事实不清、证据不足或者存在遗漏罪行、遗漏同案犯罪嫌疑人等情形需要补充侦查的，应当制作补充侦查提纲，连同案卷材料一并退回公安机关补充侦查。人民检察院也可以自行侦查，必要时可以要求公安机关提供协助。

第三百四十三条 人民检察院对于监察机关移送起诉的案件，认为需要补充调查的，应当退回监察机关补充调查。必要时，可以自行补充侦查。

需要退回补充调查的案件，人民检察院应当出具补充调查决定书、补充调查提纲，写明补充调查的事项、理由、调查方向、需补充收集的证据及其证明作用等，连同案卷材料一并送交监察机关。

人民检察院决定退回补充调查的案件，犯罪嫌疑人已被采取强制措施的，应当将退回补充调查情况书面通知强制措施执行机关。监察机关需要讯问的，人民检察院应当予以配合。

第三百四十四条 对于监察机关移送起诉的案件，具有下列情形之一的，人民检察院可以自行补充侦查：

（一）证人证言、犯罪嫌疑人供述和辩解、被害人陈述的内容主要情节一致，个别情节不一致的；

（二）物证、书证等证据材料需要补充鉴定的；

（三）其他由人民检察院查证更为便利、更有效率、更有利于查清案件事实的情形。

自行补充侦查完毕后，应当将相关证据材料入卷，同时抄送监察机关。人民检察院自行补充侦查的，可以商请监察机关提供协助。

第三百四十五条 人民检察院负责捕诉的部门对本院负责侦查的部门移送起诉的案件进行审查后，认为犯罪事实不清、证据不足或者存在遗漏罪行、遗漏同案犯罪嫌疑人等情形需要补充侦查的，应当制作补充侦查提纲，连同案卷材料一并退回负责侦查的部门补充侦查。必要时，也可以自行侦查，可以要求负责侦查的部门予以协助。

第三百四十六条　退回监察机关补充调查、退回公安机关补充侦查的案件，均应当在一个月以内补充调查、补充侦查完毕。

补充调查、补充侦查以二次为限。

补充调查、补充侦查完毕移送起诉后，人民检察院重新计算审查起诉期限。

人民检察院负责捕诉的部门退回本院负责侦查的部门补充侦查的期限、次数按照本条第一款至第三款的规定执行。

第三百四十七条　补充侦查期限届满，公安机关未将案件重新移送起诉的，人民检察院应当要求公安机关说明理由。

人民检察院发现公安机关违反法律规定撤销案件的，应当提出纠正意见。

第三百四十八条　人民检察院在审查起诉中决定自行侦查的，应当在审查起诉期限内侦查完毕。

第三百四十九条　人民检察院对已经退回监察机关二次补充调查或者退回公安机关二次补充侦查的案件，在审查起诉中又发现新的犯罪事实，应当将线索移送监察机关或者公安机关。对已经查清的犯罪事实，应当依法提起公诉。

第三百五十条　对于在审查起诉期间改变管辖的案件，改变后的人民检察院对于符合刑事诉讼法第一百七十五条第二款规定的案件，可以经原受理案件的人民检察院协助，直接退回原侦查案件的公安机关补充侦查，也可以自行侦查。改变管辖前后退回补充侦查的次数总共不得超过二次。

第三百五十一条　人民检察院对于移送起诉的案件，应当在一个月以内作出决定；重大、复杂的案件，一个月以内不能作出决定的，可以延长十五日。

人民检察院审查起诉的案件，改变管辖的，从改变后的人民检察院收到案件之日起计算审查起诉期限。

第三百五十二条　追缴的财物中，属于被害人的合法财产，不需要在法庭出示的，应当及时返还被害人，并由被害人在发还款物清单上签名或者盖章，注明返还的理由，并将清单、照片附卷。

第三百五十三条　追缴的财物中，属于违禁品或者不宜长期保存的物品，应当依照国家有关规定处理，并将清单、照片、处理结果附卷。

第三百五十四条　人民检察院在审查起诉阶段，可以适用本规则规定的侦查措施和程序。

第八节　起　诉

第三百五十五条　人民检察院认为犯罪嫌疑人的犯罪事实已经查清，证据确实、充分，依法应当追究刑事责任的，应当作出起诉决定。

具有下列情形之一的，可以认为犯罪事实已经查清：

（一）属于单一罪行的案件，查清的事实足以定罪量刑或者与定罪量刑有关的事实已经查清，不影响定罪量刑的事实无法查清的；

（二）属于数个罪行的案件，部分罪行已经查清并符合起诉条件，其他罪行无法查清的；

（三）无法查清作案工具、赃物去向，但有其他证据足以对被告人定罪量刑的；

（四）证人证言、犯罪嫌疑人供述和辩解、被害人陈述的内容主要情节一致，个别情节不一致，但不影响定罪的。

对于符合前款第二项情形的，应当以已经查清的罪行起诉。

第三百五十六条　人民检察院在办理公安机关移送起诉的案件中，发现遗漏罪行或者有依法应当移送起诉的同案犯罪嫌疑人未移送起诉的，应当要求公安机关补充侦查或者补充移送起诉。对于犯罪事实清楚，证据确实、充分的，也可以直接提起公诉。

第三百五十七条　人民检察院立案侦查时认为属于直接受理侦查的案件，在审查起诉阶段发现属于监察机关管辖的，应当及时商监察机关办理。属于公安机关管辖，案件事实清楚，证据确实、充分，符合起诉条件的，可以直接起诉；事实不清、证据不足的，应当及时移送有管辖权的机关办理。

在审查起诉阶段，发现公安机关移送起诉的案件属于监察机关管辖，或者监察机关移送起诉的案件属于公安机关管辖，但案件事实清楚，证据确实、充分，符合起诉条件的，经征求监察机关、公安机关意见后，没有不同意见的，可以直接起诉；提出不同意见，或者事实不清、证据不足的，应当将案件退回移送案件的机关并说明理由，建议其移送有管辖权的机关办理。

第三百五十八条　人民检察院决定起诉的，应当制作起诉书。

起诉书的主要内容包括：

（一）被告人的基本情况，包括姓名、性别、出生年月日、出生地和户籍地、公民身份号码、民族、文化程度、职业、工作单位及职务、住址，是否受过刑事处分及处分的种类和时间，采取强制措施的情况等；如果是单位犯罪，应当写明犯罪单位的名称和组织机构代码、所在地址、联系方式，法定代表人和诉讼代表人的姓名、职务、联系方式；如果还有应当负刑事责任的直接负责的主管人员或其他直接责任人员，应当按上述被告人基本情况的内容叙写；

（二）案由和案件来源；

（三）案件事实，包括犯罪的时间、地点、经过、手段、动机、目的、危害后果等与定罪量刑有关的事实要素。起诉书叙述的指控犯罪事实的必备要素应当明晰、准确。被告人被控有多项犯罪事实的，应当逐一列举，对于犯罪手段相同的同一犯罪可以概括叙写；

（四）起诉的根据和理由，包括被告人触犯的刑法条款、犯罪的性质及认定的罪名、处罚条款、法定从轻、减轻或者从重处罚的情节，共同犯罪各被告人应负的罪责等；

（五）被告人认罪认罚情况，包括认罪认罚的内容、具结书签署情况等。

被告人真实姓名、住址无法查清的，可以按其绰号或者自报的姓名、住址制作起诉书，并在起诉书中注明。被告人自报的姓名可能造成损害他人名誉、败坏道德风俗等不良影响的，可以对被告人编号并按编号制作起诉书，附具被告人的照片，记明足以确定被告人面貌、体格、指纹以及其他反映被告人特征的事项。

起诉书应当附有被告人现在处所，证人、鉴定人、需要出庭的有专门知识的人的名单，需要保护的被害人、证人、鉴定人的化名名单，查封、扣押、冻结的财物及孳息的清单，附带民事诉讼、附带民事公益诉讼情况以及其他需要附注的情况。

证人、鉴定人、有专门知识的人的名单应当列明姓名、性别、年龄、职业、住址、联系方式，并注明证人、鉴定人是否出庭。

第三百五十九条　人民检察院提起公诉的案件，应当向人民法院移送起诉书、案卷材料、证据和认罪认罚具结书等材料。

起诉书应当一式八份，每增加一名被告人增加起诉书五份。

关于被害人姓名、住址、联系方式、被告人被采取强制措施的种类、是否在案及羁押处所等问题，人民检察院应当在起诉书中列明，不再单独移送材料；对于涉及被害人隐私或者为保护证人、鉴定人、被害人人身安全，而不宜公开证人、鉴定人、被害人姓名、住址、工作单位和联系方式等个人信息的，可以在起诉书中使用化名。但是应当另行书面说明使用化名的情况并标明密级，单独成卷。

第三百六十条　人民检察院对于犯罪嫌疑人、被告人或者证人等翻供、翻证的材料以及对犯罪嫌疑人、被告人有利的其他证据材料，应当移送人民法院。

第三百六十一条　人民法院向人民检察院提出书面意见要求补充移送材料，人民检察院认为有必要移送的，应当自收到通知之日起三日以内补送。

第三百六十二条　对提起公诉后，在人民法院宣告判决前补充收集的证据材料，人民检察院应当及时移送人民法院。

第三百六十三条　在审查起诉期间，人民检察院可以根据辩护人的申请，向监察机关、公安机关调取在调查、侦查期间收集的证明犯罪嫌疑人、被告人无罪或者罪轻的证据材料。

第三百六十四条　人民检察院提起公诉的案件，可以向人民法院提出量刑建议。除有减轻处罚或者免除处罚情节外，量刑建议应当在法定量刑幅度内提出。建议判处有期徒刑、管制、拘役的，可以具有一定的幅度，也可以提出具体确定的建议。

提出量刑建议的，可以制作量刑建议书，与起诉书一并移送人民法院。量刑建议书的主要内容应当包括被告人所犯罪行的法定刑、量刑情节、建议人民法院对被告人判处刑罚的种类、刑罚幅度、可以适用的刑罚执行方式以及提出量刑建议的依据和理由等。

认罪认罚案件的量刑建议，按照本章第二节的规定办理。

第九节　不起诉

第三百六十五条　人民检察院对于监察机关或者公安机关移送起诉的案件，发现犯罪嫌疑人没有犯罪事实，或者符合刑事诉讼法第十六条规定的情形之一的，经检察长批准，应当作出不起诉决定。

对于犯罪事实并非犯罪嫌疑人所为，需要重新调查或者侦查的，应当在作出不起诉决定后书面说明理由，将案卷材料退回监察机关或者公安机关并建议重新调查或者侦查。

第三百六十六条　负责捕诉的部门对于本院负责侦查的部门移送起诉

的案件，发现具有本规则第三百六十五条第一款规定情形的，应当退回本院负责侦查的部门，建议撤销案件。

第三百六十七条　人民检察院对于二次退回补充调查或者补充侦查的案件，仍然认为证据不足，不符合起诉条件的，经检察长批准，依法作出不起诉决定。

人民检察院对于经过一次退回补充调查或者补充侦查的案件，认为证据不足，不符合起诉条件，且没有再次退回补充调查或者补充侦查必要的，经检察长批准，可以作出不起诉决定。

第三百六十八条　具有下列情形之一，不能确定犯罪嫌疑人构成犯罪和需要追究刑事责任的，属于证据不足，不符合起诉条件：

（一）犯罪构成要件事实缺乏必要的证据予以证明的；

（二）据以定罪的证据存在疑问，无法查证属实的；

（三）据以定罪的证据之间、证据与案件事实之间的矛盾不能合理排除的；

（四）根据证据得出的结论具有其他可能性，不能排除合理怀疑的；

（五）根据证据认定案件事实不符合逻辑和经验法则，得出的结论明显不符合常理的。

第三百六十九条　人民检察院根据刑事诉讼法第一百七十五条第四款规定决定不起诉的，在发现新的证据，符合起诉条件时，可以提起公诉。

第三百七十条　人民检察院对于犯罪情节轻微，依照刑法规定不需要判处刑罚或者免除刑罚的，经检察长批准，可以作出不起诉决定。

第三百七十一条　人民检察院直接受理侦查的案件，以及监察机关移送起诉的案件，拟作不起诉决定的，应当报请上一级人民检察院批准。

第三百七十二条　人民检察院决定不起诉的，应当制作不起诉决定书。

不起诉决定书的主要内容包括：

（一）被不起诉人的基本情况，包括姓名、性别、出生年月日、出生地和户籍地、公民身份号码、民族、文化程度、职业、工作单位及职务、住址，是否受过刑事处分，采取强制措施的情况以及羁押处所等；如果是单位犯罪，应当写明犯罪单位的名称和组织机构代码、所在地址、联系方式，法定代表人和诉讼代表人的姓名、职务、联系方式；

（二）案由和案件来源；

（三）案件事实，包括否定或者指控被不起诉人构成犯罪的事实以及作为不起诉决定根据的事实；

（四）不起诉的法律根据和理由，写明作出不起诉决定适用的法律条款；

（五）查封、扣押、冻结的涉案财物的处理情况；

（六）有关告知事项。

第三百七十三条 人民检察院决定不起诉的案件，可以根据案件的不同情况，对被不起诉人予以训诫或者责令具结悔过、赔礼道歉、赔偿损失。

对被不起诉人需要给予行政处罚、政务处分或者其他处分的，经检察长批准，人民检察院应当提出检察意见，连同不起诉决定书一并移送有关主管机关处理，并要求有关主管机关及时通报处理情况。

第三百七十四条 人民检察院决定不起诉的案件，应当同时书面通知作出查封、扣押、冻结决定的机关或者执行查封、扣押、冻结决定的机关解除查封、扣押、冻结。

第三百七十五条 人民检察院决定不起诉的案件，需要没收违法所得的，经检察长批准，应当提出检察意见，移送有关主管机关处理，并要求有关主管机关及时通报处理情况。具体程序可以参照本规则第二百四十八条的规定办理。

第三百七十六条 不起诉的决定，由人民检察院公开宣布。公开宣布不起诉决定的活动应当记录在案。

不起诉决定书自公开宣布之日起生效。

被不起诉人在押的，应当立即释放；被采取其他强制措施的，应当通知执行机关解除。

第三百七十七条 不起诉决定书应当送达被害人或者其近亲属及其诉讼代理人、被不起诉人及其辩护人以及被不起诉人所在单位。送达时，应当告知被害人或者其近亲属及其诉讼代理人，如果对不起诉决定不服，可以自收到不起诉决定书后七日以内向上一级人民检察院申诉；也可以不经申诉，直接向人民法院起诉。依照刑事诉讼法第一百七十七条第二款作出不起诉决定的，应当告知被不起诉人，如果对不起诉决定不服，可以自收到不起诉决定书后七日以内向人民检察院申诉。

第三百七十八条 对于监察机关或者公安机关移送起诉的案件，人民检察院决定不起诉的，应当将不起诉决定书送达监察机关或者公安机关。

第三百七十九条　监察机关认为不起诉的决定有错误，向上一级人民检察院提请复议的，上一级人民检察院应当在收到提请复议意见书后三十日以内，经检察长批准，作出复议决定，通知监察机关。

公安机关认为不起诉决定有错误要求复议的，人民检察院负责捕诉的部门应当另行指派检察官或者检察官办案组进行审查，并在收到要求复议意见书后三十日以内，经检察长批准，作出复议决定，通知公安机关。

第三百八十条　公安机关对不起诉决定提请复核的，上一级人民检察院应当在收到提请复核意见书后三十日以内，经检察长批准，作出复核决定，通知提请复核的公安机关和下级人民检察院。经复核认为下级人民检察院不起诉决定错误的，应当指令下级人民检察院纠正，或者撤销、变更下级人民检察院作出的不起诉决定。

第三百八十一条　被害人不服不起诉决定，在收到不起诉决定书后七日以内提出申诉的，由作出不起诉决定的人民检察院的上一级人民检察院负责捕诉的部门进行复查。

被害人向作出不起诉决定的人民检察院提出申诉的，作出决定的人民检察院应当将申诉材料连同案卷一并报送上一级人民检察院。

第三百八十二条　被害人不服不起诉决定，在收到不起诉决定书七日以后提出申诉的，由作出不起诉决定的人民检察院负责控告申诉检察的部门进行审查。经审查，认为不起诉决定正确的，出具审查结论直接答复申诉人，并做好释法说理工作；认为不起诉决定可能存在错误的，移送负责捕诉的部门进行复查。

第三百八十三条　人民检察院应当将复查决定书送达被害人、被不起诉人和作出不起诉决定的人民检察院。

上级人民检察院经复查作出起诉决定的，应当撤销下级人民检察院的不起诉决定，交由下级人民检察院提起公诉，并将复查决定抄送移送起诉的监察机关或者公安机关。

第三百八十四条　人民检察院收到人民法院受理被害人对被不起诉人起诉的通知后，应当终止复查，将作出不起诉决定所依据的有关案卷材料移送人民法院。

第三百八十五条　对于人民检察院依照刑事诉讼法第一百七十七条第二款规定作出的不起诉决定，被不起诉人不服，在收到不起诉决定书后七日以内提出申诉的，应当由作出决定的人民检察院负责捕诉的部门进行复查；被不起诉人在收到不起诉决定书七日以后提出申诉的，由负责控告申诉检察的部门进行审查。经审查，认为不起诉决定正确的，出具审查结论直接答复申诉人，并做好释法说理工作；认为不起诉决定可能存在错误的，移送负责捕诉的部门复查。

人民检察院应当将复查决定书送达被不起诉人、被害人。复查后，撤销不起诉决定，变更不起诉的事实或者法律依据的，应当同时将复查决定书抄送移送起诉的监察机关或者公安机关。

第三百八十六条　人民检察院复查不服不起诉决定的申诉，应当在立案后三个月以内报经检察长批准作出复查决定。案情复杂的，不得超过六个月。

第三百八十七条　被害人、被不起诉人对不起诉决定不服提出申诉的，应当递交申诉书，写明申诉理由。没有书写能力的，也可以口头提出申诉。人民检察院应当根据其口头提出的申诉制作笔录。

第三百八十八条　人民检察院发现不起诉决定确有错误，符合起诉条件的，应当撤销不起诉决定，提起公诉。

第三百八十九条　最高人民检察院对地方各级人民检察院的起诉、不起诉决定，上级人民检察院对下级人民检察院的起诉、不起诉决定，发现确有错误的，应当予以撤销或者指令下级人民检察院纠正。

第十一章　出席法庭

第一节　出席第一审法庭

第三百九十条　提起公诉的案件，人民检察院应当派员以国家公诉人的身份出席第一审法庭，支持公诉。

公诉人应当由检察官担任。检察官助理可以协助检察官出庭。根据需要可以配备书记员担任记录。

第三百九十一条　对于提起公诉后人民法院改变管辖的案件，提起公诉的人民检察院参照本规则第三百二十八条的规定将案件移送与审判管辖相对应的人民检察院。

接受移送的人民检察院重新对案件进行审查的，根据刑事诉讼法第一百七十二条第二款的规定自收到案件之日起计算审查起诉期限。

第三百九十二条　人民法院决定开庭审判的，公诉人应当做好以下准备工作：

（一）进一步熟悉案情，掌握证据情况；

（二）深入研究与本案有关的法律政策问题；

（三）充实审判中可能涉及的专业知识；

（四）拟定讯问被告人、询问证人、鉴定人、有专门知识的人和宣读、出示、播放证据的计划并制定质证方案；

（五）对可能出现证据合法性争议的，拟定证明证据合法性的提纲并准备相关材料；

（六）拟定公诉意见，准备辩论提纲；

（七）需要对出庭证人等的保护向人民法院提出建议或者配合工作的，做好相关准备。

第三百九十三条　人民检察院在开庭审理前收到人民法院或者被告人及其辩护人、被害人、证人等送交的反映证据系非法取得的书面材料的，应当进行审查。对于审查逮捕、审查起诉期间已经提出并经查证不存在非法取证行为的，应当通知人民法院、有关当事人和辩护人，并按照查证的情况做好庭审准备。对于新的材料或者线索，可以要求监察机关、公安机关对证据收集的合法性进行说明或者提供相关证明材料。

第三百九十四条　人民法院通知人民检察院派员参加庭前会议的，由出席法庭的公诉人参加。检察官助理可以协助。根据需要可以配备书记员担任记录。

人民检察院认为有必要召开庭前会议的，可以建议人民法院召开庭前会议。

第三百九十五条　在庭前会议中，公诉人可以对案件管辖、回避、出庭证人、鉴定人、有专门知识的人的名单、辩护人提供的无罪证据、非法证据排除、不公开审理、延期审理、适用简易程序或者速裁程序、庭审方案等与审判相关的问题提出和交换意见，了解辩护人收集的证据等情况。

对辩护人收集的证据有异议的，应当提出，并简要说明理由。

公诉人通过参加庭前会议，了解案件事实、证据和法律适用的争议和不同意见，解决有关程序问题，为参加法庭审理做好准备。

第三百九十六条　当事人、辩护人、诉讼代理人在庭前会议中提出证据系非法取得，人民法院认为可能存在以非法方法收集证据情形的，人民检察院应当对证据收集的合法性进行说明。需要调查核实的，在开庭审理前进行。

第三百九十七条　人民检察院向人民法院移送全部案卷材料后，在法庭审理过程中，公诉人需要出示、宣读、播放有关证据的，可以申请法庭出示、宣读、播放。

人民检察院基于出庭准备和庭审举证工作的需要，可以取回有关案卷材料和证据。

取回案卷材料和证据后，辩护律师要求查阅案卷材料的，应当允许辩护律师在人民检察院查阅、摘抄、复制案卷材料。

第三百九十八条　公诉人在法庭上应当依法进行下列活动：

（一）宣读起诉书，代表国家指控犯罪，提请人民法院对被告人依法审判；

（二）讯问被告人；

（三）询问证人、被害人、鉴定人；

（四）申请法庭出示物证，宣读书证、未到庭证人的证言笔录、鉴定人的鉴定意见、勘验、检查、辨认、侦查实验等笔录和其他作为证据的文书，播放作为证据的视听资料、电子数据等；

（五）对证据采信、法律适用和案件情况发表意见，提出量刑建议及理由，针对被告人、辩护人的辩护意见进行答辩，全面阐述公诉意见；

（六）维护诉讼参与人的合法权利；

（七）对法庭审理案件有无违反法律规定诉讼程序的情况记明笔录；

（八）依法从事其他诉讼活动。

第三百九十九条　在法庭审理中，公诉人应当客观、全面、公正地向法庭出示与定罪、量刑有关的证明被告人有罪、罪重或者罪轻的证据。

按照审判长要求，或者经审判长同意，公诉人可以按照以下方式举证、质证：

（一）对于可能影响定罪量刑的关键证据和控辩双方存在争议的证据，一般应当单独举证、质证；

（二）对于不影响定罪量刑且控辩双方无异议的证据，可以仅就证据的名称及其证明的事项、内容作出说明；

（三）对于证明方向一致、证明内容相近或者证据种类相同，存在内在逻辑关系的证据，可以归纳、分组示证、质证。

公诉人出示证据时，可以借助多媒体设备等方式出示、播放或者演示证据内容。

定罪证据与量刑证据需要分开的，应当分别出示。

第四百条　公诉人讯问被告人，询问证人、被害人、鉴定人，出示物证，宣读书证、未出庭证人的证言笔录等应当围绕下列事实进行：

（一）被告人的身份；

（二）指控的犯罪事实是否存在，是否为被告人所实施；

（三）实施犯罪行为的时间、地点、方法、手段、结果，被告人犯罪后的表现等；

（四）犯罪集团或者其他共同犯罪案件中参与犯罪人员的各自地位和应负的责任；

（五）被告人有无刑事责任能力，有无故意或者过失，行为的动机、目的；

（六）有无依法不应当追究刑事责任的情况，有无法定的从重或者从轻、减轻以及免除处罚的情节；

（七）犯罪对象、作案工具的主要特征，与犯罪有关的财物的来源、数量以及去向；

（八）被告人全部或者部分否认起诉书指控的犯罪事实的，否认的根据和理由能否成立；

（九）与定罪、量刑有关的其他事实。

第四百零一条　在法庭审理中，下列事实不必提出证据进行证明：

（一）为一般人共同知晓的常识性事实；

（二）人民法院生效裁判所确认并且未依审判监督程序重新审理的事实；

（三）法律、法规的内容以及适用等属于审判人员履行职务所应当知晓的事实；

（四）在法庭审理中不存在异议的程序事实；

（五）法律规定的推定事实；

（六）自然规律或者定律。

第四百零二条　讯问被告人、询问证人不得采取可能影响陈述或者证言客观真实的诱导性发问以及其他不当发问方式。

辩护人向被告人或者证人进行诱导性发问以及其他不当发问可能影响陈述或者证言的客观真实的，公诉人可以要求审判长制止或者要求对该项陈述或者证言不予采纳。

讯问共同犯罪案件的被告人、询问证人应当个别进行。

被告人、证人、被害人对同一事实的陈述存在矛盾的，公诉人可以建议法庭传唤有关被告人、通知有关证人同时到庭对质，必要时可以建议法庭询问被害人。

第四百零三条 被告人在庭审中的陈述与在侦查、审查起诉中的供述一致或者不一致的内容不影响定罪量刑的，可以不宣读被告人供述笔录。

被告人在庭审中的陈述与在侦查、审查起诉中的供述不一致，足以影响定罪量刑的，可以宣读被告人供述笔录，并针对笔录中被告人的供述内容对被告人进行讯问，或者提出其他证据进行证明。

第四百零四条 公诉人对证人证言有异议，且该证人证言对案件定罪量刑有重大影响的，可以申请人民法院通知证人出庭作证。

人民警察就其执行职务时目击的犯罪情况作为证人出庭作证，适用前款规定。

公诉人对鉴定意见有异议的，可以申请人民法院通知鉴定人出庭作证。经人民法院通知，鉴定人拒不出庭作证的，公诉人可以建议法庭不予采纳该鉴定意见作为定案的根据，也可以申请法庭重新通知鉴定人出庭作证或者申请重新鉴定。

必要时，公诉人可以申请法庭通知有专门知识的人出庭，就鉴定人作出的鉴定意见提出意见。

当事人或者辩护人、诉讼代理人对证人证言、鉴定意见有异议的，公诉人认为必要时，可以申请人民法院通知证人、鉴定人出庭作证。

第四百零五条 证人应当由人民法院通知并负责安排出庭作证。

对于经人民法院通知而未到庭的证人或者出庭后拒绝作证的证人的证言笔录，公诉人应当当庭宣读。

对于经人民法院通知而未到庭的证人的证言笔录存在疑问，确实需要证人出庭作证，且可以强制其到庭的，公诉人应当建议人民法院强制证人到庭作证和接受质证。

第四百零六条 证人在法庭上提供证言，公诉人应当按照审判长确定的顺序向证人发问。可以要求证人就其所了解的与案件有关的事实进行陈述，也可以直接发问。

证人不能连贯陈述的，公诉人可以直接发问。

向证人发问，应当针对证言中有遗漏、矛盾、模糊不清和有争议的内容，并着重围绕与定罪量刑紧密相关的事实进行。

发问采取一问一答形式，提问应当简洁、清楚。

证人进行虚假陈述的，应当通过发问澄清事实，必要时可以宣读在侦查、审查起诉阶段制作的该证人的证言笔录或者出示、宣读其他证据。

当事人和辩护人、诉讼代理人向证人发问后，公诉人可以根据证人回答的情况，经审判长许可，再次向证人发问。

询问鉴定人、有专门知识的人参照上述规定进行。

第四百零七条　必要时，公诉人可以建议法庭采取不暴露证人、鉴定人、被害人外貌、真实声音等出庭作证保护措施，或者建议法庭根据刑事诉讼法第一百五十四条的规定在庭外对证据进行核实。

第四百零八条　对于鉴定意见、勘验、检查、辨认、侦查实验等笔录和其他作为证据的文书以及经人民法院通知而未到庭的被害人的陈述笔录，公诉人应当当庭宣读。

第四百零九条　公诉人向法庭出示物证，一般应当出示原物，原物不易搬运、不易保存或者已返还被害人的，可以出示反映原物外形和特征的照片、录像、复制品，并向法庭说明情况及与原物的同一性。

公诉人向法庭出示书证，一般应当出示原件。获取书证原件确有困难的，可以出示书证副本或者复制件，并向法庭说明情况及与原件的同一性。

公诉人向法庭出示物证、书证，应当对该物证、书证所要证明的内容、获取情况作出说明，并向当事人、证人等问明物证的主要特征，让其辨认。对该物证、书证进行鉴定的，应当宣读鉴定意见。

第四百一十条　在法庭审理过程中，被告人及其辩护人提出被告人庭前供述系非法取得，审判人员认为需要进行法庭调查的，公诉人可以通过出示讯问笔录、提讯登记、体检记录、采取强制措施或者侦查措施的法律文书、侦查终结前对讯问合法性进行核查的材料等证据材料，有针对性地播放讯问录音、录像，提请法庭通知调查人员、侦查人员或者其他人员出庭说明情况等方式，对证据收集的合法性加以证明。

审判人员认为可能存在刑事诉讼法第五十六条规定的以非法方法收集其他证据的情形，需要进行法庭调查的，公诉人可以参照前款规定对证据收集的合法性进行证明。

公诉人不能当庭证明证据收集的合法性，需要调查核实的，可以建议法庭休庭或者延期审理。

在法庭审理期间，人民检察院可以要求监察机关或者公安机关对证据收集的合法性进行说明或者提供相关证明材料。必要时，可以自行调查核实。

第四百一十一条　公诉人对证据收集的合法性进行证明后，法庭仍有疑问的，可以建议法庭休庭，由人民法院对相关证据进行调查核实。人民法院调查核实证据，通知人民检察院派员到场的，人民检察院可以派员到场。

第四百一十二条　在法庭审理过程中，对证据合法性以外的其他程序事实存在争议的，公诉人应当出示、宣读有关诉讼文书、侦查或者审查起诉活动笔录。

第四百一十三条　对于搜查、查封、扣押、冻结、勘验、检查、辨认、侦查实验等活动中形成的笔录存在争议，需要调查人员、侦查人员以及上述活动的见证人出庭陈述有关情况的，公诉人可以建议合议庭通知其出庭。

第四百一十四条　在法庭审理过程中，合议庭对证据有疑问或者人民法院根据辩护人、被告人的申请，向人民检察院调取在侦查、审查起诉中收集的有关被告人无罪或者罪轻的证据材料的，人民检察院应当自收到人民法院要求调取证据材料决定书后三日以内移交。没有上述材料的，应当向人民法院说明情况。

第四百一十五条　在法庭审理过程中，合议庭对证据有疑问并在休庭后进行勘验、检查、查封、扣押、鉴定和查询、冻结的，人民检察院应当依法进行监督，发现上述活动有违法情况的，应当提出纠正意见。

第四百一十六条　人民法院根据申请收集、调取的证据或者在合议庭休庭后自行调查取得的证据，应当经过庭审出示、质证才能决定是否作为判决的依据。未经庭审出示、质证直接采纳为判决依据的，人民检察院应当提出纠正意见。

第四百一十七条　在法庭审理过程中，经审判长许可，公诉人可以逐一对正在调查的证据和案件情况发表意见，并同被告人、辩护人进行辩论。证据调查结束时，公诉人应当发表总结性意见。

在法庭辩论中，公诉人与被害人、诉讼代理人意见不一致的，公诉人应当认真听取被害人、诉讼代理人的意见，阐明自己的意见和理由。

第四百一十八条　人民检察院向人民法院提出量刑建议的，公诉人应当在发表公诉意见时提出。

对认罪认罚案件，人民法院经审理认为人民检察院的量刑建议明显不当向人民检察院提出的，或者被告人、辩护人对量刑建议提出异议的，人民检察院可以调整量刑建议。

第四百一十九条　适用普通程序审理的认罪认罚案件，公诉人可以建议适当简化法庭调查、辩论程序。

第四百二十条　在法庭审判过程中，遇有下列情形之一的，公诉人可以建议法庭延期审理：

（一）发现事实不清、证据不足，或者遗漏罪行、遗漏同案犯罪嫌疑人，需要补充侦查或者补充提供证据的；

（二）被告人揭发他人犯罪行为或者提供重要线索，需要补充侦查进行查证的；

（三）发现遗漏罪行或者遗漏同案犯罪嫌疑人，虽不需要补充侦查和补充提供证据，但需要补充、追加起诉的；

（四）申请人民法院通知证人、鉴定人出庭作证或者有专门知识的人出庭提出意见的；

（五）需要调取新的证据，重新鉴定或者勘验的；

（六）公诉人出示、宣读开庭前移送人民法院的证据以外的证据，或者补充、追加、变更起诉，需要给予被告人、辩护人必要时间进行辩护准备的；

（七）被告人、辩护人向法庭出示公诉人不掌握的与定罪量刑有关的证据，需要调查核实的；

（八）公诉人对证据收集的合法性进行证明，需要调查核实的。

在人民法院开庭审理前发现具有前款情形之一的，人民检察院可以建议人民法院延期审理。

第四百二十一条　法庭宣布延期审理后，人民检察院应当在补充侦查期限内提请人民法院恢复法庭审理或者撤回起诉。

公诉人在法庭审理过程中建议延期审理的次数不得超过两次，每次不得超过一个月。

第四百二十二条　在审判过程中，对于需要补充提供法庭审判所必需的证据或者补充侦查的，人民检察院应当自行收集证据和进行侦查，必要时可以要求监察机关或者公安机关提供协助；也可以书面要求监察机关或者公安机关补充提供证据。

人民检察院补充侦查，适用本规则第六章、第九章、第十章的规定。

补充侦查不得超过一个月。

第四百二十三条　人民法院宣告判决前，人民检察院发现被告人的真实身份或者犯罪事实与起诉书中叙述的身份或者指控犯罪事实不符的，或者事实、证据没有变化，但罪名、适用法律与起诉书不一致的，可以变更起诉。发现遗漏同案犯罪嫌疑人或者罪行的，应当要求公安机关补充移送起诉或者补充侦查；对于犯罪事实清楚，证据确实、充分的，可以直接追加、补充起诉。

第四百二十四条　人民法院宣告判决前，人民检察院发现具有下列情形之一的，经检察长批准，可以撤回起诉：

（一）不存在犯罪事实的；

（二）犯罪事实并非被告人所为的；

（三）情节显著轻微、危害不大，不认为是犯罪的；

（四）证据不足或证据发生变化，不符合起诉条件的；

（五）被告人因未达到刑事责任年龄，不负刑事责任的；

（六）法律、司法解释发生变化导致不应当追究被告人刑事责任的；

（七）其他不应当追究被告人刑事责任的。

对于撤回起诉的案件，人民检察院应当在撤回起诉后三十日以内作出不起诉决定。需要重新调查或者侦查的，应当在作出不起诉决定后将案卷材料退回监察机关或者公安机关，建议监察机关或者公安机关重新调查或者侦查，并书面说明理由。

对于撤回起诉的案件，没有新的事实或者新的证据，人民检察院不得再行起诉。

新的事实是指原起诉书中未指控的犯罪事实。该犯罪事实触犯的罪名既可以是原指控罪名的同一罪名，也可以是其他罪名。

新的证据是指撤回起诉后收集、调取的足以证明原指控犯罪事实的证据。

第四百二十五条　在法庭审理过程中，人民法院建议人民检察院补充侦查、补充起诉、追加起诉或者变更起诉的，人民检察院应当审查有关理由，并作出是否补充侦查、补充起诉、追加起诉或者变更起诉的决定。人民检察院不同意的，可以要求人民法院就起诉指控的犯罪事实依法作出裁判。

第四百二十六条 变更、追加、补充或者撤回起诉应当以书面方式在判决宣告前向人民法院提出。

第四百二十七条 出庭的书记员应当制作出庭笔录，详细记载庭审的时间、地点、参加人员、公诉人出庭执行任务情况和法庭调查、法庭辩论的主要内容以及法庭判决结果，由公诉人和书记员签名。

第四百二十八条 人民检察院应当当庭向人民法院移交取回的案卷材料和证据。在审判长宣布休庭后，公诉人应当与审判人员办理交接手续。无法当庭移交的，应当在休庭后三日以内移交。

第四百二十九条 人民检察院对查封、扣押、冻结的被告人财物及其孳息，应当根据不同情况作以下处理：

（一）对作为证据使用的实物，应当依法随案移送；对不宜移送的，应当将其清单、照片或者其他证明文件随案移送。

（二）冻结在金融机构、邮政部门的违法所得及其他涉案财产，应当向人民法院随案移送该金融机构、邮政部门出具的证明文件。待人民法院作出生效判决、裁定后，由人民法院通知该金融机构上缴国库。

（三）查封、扣押的涉案财物，对依法不移送的，应当随案移送清单、照片或者其他证明文件。待人民法院作出生效判决、裁定后，由人民检察院根据人民法院的通知上缴国库，并向人民法院送交执行回单。

（四）对于被扣押、冻结的债券、股票、基金份额等财产，在扣押、冻结期间权利人申请出售的，参照本规则第二百一十四条的规定办理。

第二节 简易程序

第四百三十条 人民检察院对于基层人民法院管辖的案件，符合下列条件的，可以建议人民法院适用简易程序审理：

（一）案件事实清楚、证据充分的；

（二）被告人承认自己所犯罪行，对指控的犯罪事实没有异议的；

（三）被告人对适用简易程序没有异议的。

第四百三十一条 具有下列情形之一的，人民检察院不得建议人民法院适用简易程序：

（一）被告人是盲、聋、哑人，或者是尚未完全丧失辨认或者控制自己行为能力的精神病人的；

（二）有重大社会影响的；

（三）共同犯罪案件中部分被告人不认罪或者对适用简易程序有异议的；

（四）比较复杂的共同犯罪案件；

（五）辩护人作无罪辩护或者对主要犯罪事实有异议的；

（六）其他不宜适用简易程序的。

人民法院决定适用简易程序审理的案件，人民检察院认为具有刑事诉讼法第二百一十五条规定情形之一的，应当向人民法院提出纠正意见；具有其他不宜适用简易程序情形的，人民检察院可以建议人民法院不适用简易程序。

第四百三十二条 基层人民检察院审查案件，认为案件事实清楚、证据充分的，应当在讯问犯罪嫌疑人时，了解其是否承认自己所犯罪行，对指控的犯罪事实有无异议，告知其适用简易程序的法律规定，确认其是否同意适用简易程序。

第四百三十三条 适用简易程序审理的公诉案件，人民检察院应当派员出席法庭。

第四百三十四条 公诉人出席简易程序法庭时，应当主要围绕量刑以及其他有争议的问题进行法庭调查和法庭辩论。在确认被告人庭前收到起诉书并对起诉书指控的犯罪事实没有异议后，可以简化宣读起诉书，根据案件情况决定是否讯问被告人，询问证人、鉴定人和出示证据。

根据案件情况，公诉人可以建议法庭简化法庭调查和法庭辩论程序。

第四百三十五条 适用简易程序审理的公诉案件，公诉人发现不宜适用简易程序审理的，应当建议法庭按照第一审普通程序重新审理。

第四百三十六条 转为普通程序审理的案件，公诉人需要为出席法庭进行准备的，可以建议人民法院延期审理。

第三节 速裁程序

第四百三十七条 人民检察院对基层人民法院管辖的案件，符合下列条件的，在提起公诉时，可以建议人民法院适用速裁程序审理：

（一）可能判处三年有期徒刑以下刑罚；

（二）案件事实清楚，证据确实、充分；

（三）被告人认罪认罚、同意适用速裁程序。

第四百三十八条　具有下列情形之一的，人民检察院不得建议人民法院适用速裁程序：

（一）被告人是盲、聋、哑人，或者是尚未完全丧失辨认或者控制自己行为能力的精神病人的；

（二）被告人是未成年人的；

（三）案件有重大社会影响的；

（四）共同犯罪案件中部分被告人对指控的犯罪事实、罪名、量刑建议或者适用速裁程序有异议的；

（五）被告人与被害人或者其法定代理人没有就附带民事诉讼赔偿等事项达成调解或者和解协议的；

（六）其他不宜适用速裁程序审理的。

第四百三十九条　公安机关、犯罪嫌疑人及其辩护人建议适用速裁程序，人民检察院经审查认为符合条件的，可以建议人民法院适用速裁程序审理。

公安机关、辩护人未建议适用速裁程序，人民检察院经审查认为符合速裁程序适用条件，且犯罪嫌疑人同意适用的，可以建议人民法院适用速裁程序审理。

第四百四十条　人民检察院建议人民法院适用速裁程序的案件，起诉书内容可以适当简化，重点写明指控的事实和适用的法律。

第四百四十一条　人民法院适用速裁程序审理的案件，人民检察院应当派员出席法庭。

第四百四十二条　公诉人出席速裁程序法庭时，可以简要宣读起诉书指控的犯罪事实、证据、适用法律及量刑建议，一般不再讯问被告人。

第四百四十三条　适用速裁程序审理的案件，人民检察院发现有不宜适用速裁程序审理情形的，应当建议人民法院转为普通程序或者简易程序重新审理。

第四百四十四条　转为普通程序审理的案件，公诉人需要为出席法庭进行准备的，可以建议人民法院延期审理。

第四节　出席第二审法庭

第四百四十五条　对提出抗诉的案件或者公诉案件中人民法院决定开庭审理的上诉案件，同级人民检察院应当指派检察官出席第二审法庭。检察官助理可以协助检察官出庭。根据需要可以配备书记员担任记录。

第四百四十六条　检察官出席第二审法庭的任务是：

（一）支持抗诉或者听取上诉意见，对原审人民法院作出的错误判决或者裁定提出纠正意见；

（二）维护原审人民法院正确的判决或者裁定，建议法庭维持原判；

（三）维护诉讼参与人的合法权利；

（四）对法庭审理案件有无违反法律规定诉讼程序的情况记明笔录；

（五）依法从事其他诉讼活动。

第四百四十七条　对抗诉和上诉案件，第二审人民法院的同级人民检察院可以调取下级人民检察院与案件有关的材料。

人民检察院在接到第二审人民法院决定开庭、查阅案卷通知后，可以查阅或者调阅案卷材料。查阅或者调阅案卷材料应当在接到人民法院的通知之日起一个月以内完成。在一个月以内无法完成的，可以商请人民法院延期审理。

第四百四十八条　检察人员应当客观全面地审查原审案卷材料，不受上诉或者抗诉范围的限制。应当审查原审判决认定案件事实、适用法律是否正确，证据是否确实、充分，量刑是否适当，审判活动是否合法，并应当审查下级人民检察院的抗诉书或者上诉人的上诉状，了解抗诉或者上诉的理由是否正确、充分，重点审查有争议的案件事实、证据和法律适用问题，有针对性地做好庭审准备工作。

第四百四十九条　检察人员在审查第一审案卷材料时，应当复核主要证据，可以讯问原审被告人。必要时，可以补充收集证据、重新鉴定或者补充鉴定。需要原侦查案件的公安机关补充收集证据的，可以要求其补充收集。

被告人、辩护人提出被告人自首、立功等可能影响定罪量刑的材料和线索的，可以移交公安机关调查核实，也可以自行调查核实。发现遗漏罪行或者同案犯罪嫌疑人的，应当建议公安机关侦查。

对于下列原审被告人，应当进行讯问：

（一）提出上诉的；

（二）人民检察院提出抗诉的；

（三）被判处无期徒刑以上刑罚的。

第四百五十条　人民检察院办理死刑上诉、抗诉案件，应当进行下列工作：

（一）讯问原审被告人，听取原审被告人的上诉理由或者辩解；

（二）听取辩护人的意见；

（三）复核主要证据，必要时询问证人；

（四）必要时补充收集证据；

（五）对鉴定意见有疑问的，可以重新鉴定或者补充鉴定；

（六）根据案件情况，可以听取被害人的意见。

第四百五十一条　出席第二审法庭前，检察人员应当制作讯问原审被告人、询问被害人、证人、鉴定人和出示、宣读、播放证据计划，拟写答辩提纲，并制作出庭意见。

第四百五十二条　在法庭审理中，检察官应当针对原审判决或者裁定认定事实或适用法律、量刑等方面的问题，围绕抗诉或者上诉理由以及辩护人的辩护意见，讯问原审被告人，询问被害人、证人、鉴定人，出示和宣读证据，并提出意见和进行辩论。

第四百五十三条　需要出示、宣读、播放第一审期间已移交人民法院的证据的，出庭的检察官可以申请法庭出示、宣读、播放。

在第二审法庭宣布休庭后需要移交证据材料的，参照本规则第四百二十八条的规定办理。

第五节　出席再审法庭

第四百五十四条　人民法院开庭审理再审案件，同级人民检察院应当派员出席法庭。

第四百五十五条　人民检察院对于人民法院按照审判监督程序重新审判的案件，应当对原判决、裁定认定的事实、证据、适用法律进行全面审查，重点审查有争议的案件事实、证据和法律适用问题。

第四百五十六条　人民检察院派员出席再审法庭，如果再审案件按照第一审程序审理，参照本章第一节有关规定执行；如果再审案件按照第二审程序审理，参照本章第四节有关规定执行。

最高人民法院
关于适用《中华人民共和国刑事诉讼法》
的解释（节录）

（2021 年 1 月 26 日公布，2021 年 3 月 1 日起施行　法释〔2021〕1 号）

第四章　证　据

第一节　一般规定

第六十九条　认定案件事实，必须以证据为根据。

第七十条　审判人员应当依照法定程序收集、审查、核实、认定证据。

第七十一条　证据未经当庭出示、辨认、质证等法庭调查程序查证属实，不得作为定案的根据。

第七十二条　应当运用证据证明的案件事实包括：

（一）被告人、被害人的身份；

（二）被指控的犯罪是否存在；

（三）被指控的犯罪是否为被告人所实施；

（四）被告人有无刑事责任能力，有无罪过，实施犯罪的动机、目的；

（五）实施犯罪的时间、地点、手段、后果以及案件起因等；

（六）是否系共同犯罪或者犯罪事实存在关联，以及被告人在犯罪中的地位、作用；

（七）被告人有无从重、从轻、减轻、免除处罚情节；

（八）有关涉案财物处理的事实；

（九）有关附带民事诉讼的事实；

（十）有关管辖、回避、延期审理等的程序事实；

（十一）与定罪量刑有关的其他事实。

认定被告人有罪和对被告人从重处罚，适用证据确实、充分的证明标准。

第七十三条　对提起公诉的案件，人民法院应当审查证明被告人有罪、无罪、罪重、罪轻的证据材料是否全部随案移送；未随案移送的，应当通知人民检察院在指定时间内移送。人民检察院未移送的，人民法院应当根据在案证据对案件事实作出认定。

第七十四条　依法应当对讯问过程录音录像的案件，相关录音录像未随案移送的，必要时，人民法院可以通知人民检察院在指定时间内移送。人民检察院未移送，导致不能排除属于刑事诉讼法第五十六条规定的以非法方法收集证据情形的，对有关证据应当依法排除；导致有关证据的真实性无法确认的，不得作为定案的根据。

第七十五条　行政机关在行政执法和查办案件过程中收集的物证、书证、视听资料、电子数据等证据材料，经法庭查证属实，且收集程序符合有关法律、行政法规规定的，可以作为定案的根据。

根据法律、行政法规规定行使国家行政管理职权的组织，在行政执法和查办案件过程中收集的证据材料，视为行政机关收集的证据材料。

第七十六条　监察机关依法收集的证据材料，在刑事诉讼中可以作为证据使用。

对前款规定证据的审查判断，适用刑事审判关于证据的要求和标准。

第七十七条　对来自境外的证据材料，人民检察院应当随案移送有关材料来源、提供人、提取人、提取时间等情况的说明。经人民法院审查，相关证据材料能够证明案件事实且符合刑事诉讼法规定的，可以作为证据使用，但提供人或者我国与有关国家签订的双边条约对材料的使用范围有明确限制的除外；材料来源不明或者真实性无法确认的，不得作为定案的根据。

当事人及其辩护人、诉讼代理人提供来自境外的证据材料的，该证据材料应当经所在国公证机关证明，所在国中央外交主管机关或者其授权机关认证，并经中华人民共和国驻该国使领馆认证，或者履行中华人民共和国与该所在国订立的有关条约中规定的证明手续，但我国与该国之间有互免认证协定的除外。

第七十八条　控辩双方提供的证据材料涉及外国语言、文字的，应当附中文译本。

第七十九条　人民法院依照刑事诉讼法第一百九十六条的规定调查核实证据，必要时，可以通知检察人员、辩护人、自诉人及其法定代理人到场。上述人员未到场的，应当记录在案。

人民法院调查核实证据时，发现对定罪量刑有重大影响的新的证据材料的，应当告知检察人员、辩护人、自诉人及其法定代理人。必要时，也可以直接提取，并及时通知检察人员、辩护人、自诉人及其法定代理人查阅、摘抄、复制。

第八十条　下列人员不得担任见证人：

（一）生理上、精神上有缺陷或者年幼，不具有相应辨别能力或者不能正确表达的人；

（二）与案件有利害关系，可能影响案件公正处理的人；

（三）行使勘验、检查、搜查、扣押、组织辨认等监察调查、刑事诉讼职权的监察、公安、司法机关的工作人员或者其聘用的人员。

对见证人是否属于前款规定的人员，人民法院可以通过相关笔录载明的见证人的姓名、身份证件种类及号码、联系方式以及常住人口信息登记表等材料进行审查。

由于客观原因无法由符合条件的人员担任见证人的，应当在笔录材料中注明情况，并对相关活动进行全程录音录像。

第八十一条　公开审理案件时，公诉人、诉讼参与人提出涉及国家秘密、商业秘密或者个人隐私的证据的，法庭应当制止；确与本案有关的，可以根据具体情况，决定将案件转为不公开审理，或者对相关证据的法庭调查不公开进行。

第二节　物证、书证的审查与认定

第八十二条　对物证、书证应当着重审查以下内容：

（一）物证、书证是否为原物、原件，是否经过辨认、鉴定；物证的照片、录像、复制品或者书证的副本、复制件是否与原物、原件相符，是否由二人以上制作，有无制作人关于制作过程以及原物、原件存放于何处的文字说明和签名；

（二）物证、书证的收集程序、方式是否符合法律、有关规定；经勘验、检查、搜查提取、扣押的物证、书证，是否附有相关笔录、清单，笔录、清单是否经调查人员或者侦查人员、物品持有人、见证人签名，没有签名的，是否注明原因；物品的名称、特征、数量、质量等是否注明清楚；

（三）物证、书证在收集、保管、鉴定过程中是否受损或者改变；

（四）物证、书证与案件事实有无关联；对现场遗留与犯罪有关的具备鉴定条件的血迹、体液、毛发、指纹等生物样本、痕迹、物品，是否已作 DNA 鉴定、指纹鉴定等，并与被告人或者被害人的相应生物特征、物品等比对；

（五）与案件事实有关联的物证、书证是否全面收集。

第八十三条　据以定案的物证应当是原物。原物不便搬运、不易保存、依法应当返还或者依法应当由有关部门保管、处理的，可以拍摄、制作足以反映原物外形和特征的照片、录像、复制品。必要时，审判人员可以前往保管场所查看原物。

物证的照片、录像、复制品，不能反映原物的外形和特征的，不得作为定案的根据。

物证的照片、录像、复制品，经与原物核对无误、经鉴定或者以其他方式确认真实的，可以作为定案的根据。

第八十四条　据以定案的书证应当是原件。取得原件确有困难的，可以使用副本、复制件。

对书证的更改或者更改迹象不能作出合理解释，或者书证的副本、复制件不能反映原件及其内容的，不得作为定案的根据。

书证的副本、复制件，经与原件核对无误、经鉴定或者以其他方式确认真实的，可以作为定案的根据。

第八十五条　对与案件事实可能有关联的血迹、体液、毛发、人体组织、指纹、足迹、字迹等生物样本、痕迹和物品，应当提取而没有提取，应当鉴定而没有鉴定，应当移送鉴定意见而没有移送，导致案件事实存疑的，人民法院应当通知人民检察院依法补充收集、调取、移送证据。

第八十六条　在勘验、检查、搜查过程中提取、扣押的物证、书证，未附笔录或者清单，不能证明物证、书证来源的，不得作为定案的根据。

物证、书证的收集程序、方式有下列瑕疵，经补正或者作出合理解释的，可以采用：

（一）勘验、检查、搜查、提取笔录或者扣押清单上没有调查人员或者侦查人员、物品持有人、见证人签名，或者对物品的名称、特征、数量、质量等注明不详的；

（二）物证的照片、录像、复制品，书证的副本、复制件未注明与原件核对无异，无复制时间，或者无被收集、调取人签名的；

（三）物证的照片、录像、复制品，书证的副本、复制件没有制作人关于制作过程和原物、原件存放地点的说明，或者说明中无签名的；

（四）有其他瑕疵的。

物证、书证的来源、收集程序有疑问，不能作出合理解释的，不得作为定案的根据。

第三节　证人证言、被害人陈述的审查与认定

第八十七条　对证人证言应当着重审查以下内容：

（一）证言的内容是否为证人直接感知；

（二）证人作证时的年龄，认知、记忆和表达能力，生理和精神状态是否影响作证；

（三）证人与案件当事人、案件处理结果有无利害关系；

（四）询问证人是否个别进行；

（五）询问笔录的制作、修改是否符合法律、有关规定，是否注明询问的起止时间和地点，首次询问时是否告知证人有关权利义务和法律责任，证人对询问笔录是否核对确认；

（六）询问未成年证人时，是否通知其法定代理人或者刑事诉讼法第二百八十一条第一款规定的合适成年人到场，有关人员是否到场；

（七）有无以暴力、威胁等非法方法收集证人证言的情形；

（八）证言之间以及与其他证据之间能否相互印证，有无矛盾；存在矛盾的，能否得到合理解释。

第八十八条　处于明显醉酒、中毒或者麻醉等状态，不能正常感知或者正确表达的证人所提供的证言，不得作为证据使用。

证人的猜测性、评论性、推断性的证言，不得作为证据使用，但根据一般生活经验判断符合事实的除外。

第八十九条　证人证言具有下列情形之一的，不得作为定案的根据：

（一）询问证人没有个别进行的；

（二）书面证言没有经证人核对确认的；

（三）询问聋、哑人，应当提供通晓聋、哑手势的人员而未提供的；

（四）询问不通晓当地通用语言、文字的证人，应当提供翻译人员而未提供的。

第九十条　证人证言的收集程序、方式有下列瑕疵，经补正或者作出合理解释的，可以采用；不能补正或者作出合理解释的，不得作为定案的

根据：

（一）询问笔录没有填写询问人、记录人、法定代理人姓名以及询问的起止时间、地点的；

（二）询问地点不符合规定的；

（三）询问笔录没有记录告知证人有关权利义务和法律责任的；

（四）询问笔录反映出在同一时段，同一询问人员询问不同证人的；

（五）询问未成年人，其法定代理人或者合适成年人不在场的。

第九十一条　证人当庭作出的证言，经控辩双方质证、法庭查证属实的，应当作为定案的根据。

证人当庭作出的证言与其庭前证言矛盾，证人能够作出合理解释，并有其他证据印证的，应当采信其庭审证言；不能作出合理解释，而其庭前证言有其他证据印证的，可以采信其庭前证言。

经人民法院通知，证人没有正当理由拒绝出庭或者出庭后拒绝作证，法庭对其证言的真实性无法确认的，该证人证言不得作为定案的根据。

第九十二条　对被害人陈述的审查与认定，参照适用本节的有关规定。

第四节　被告人供述和辩解的审查与认定

第九十三条　对被告人供述和辩解应当着重审查以下内容：

（一）讯问的时间、地点，讯问人的身份、人数以及讯问方式等是否符合法律、有关规定；

（二）讯问笔录的制作、修改是否符合法律、有关规定，是否注明讯问的具体起止时间和地点，首次讯问时是否告知被告人有关权利和法律规定，被告人是否核对确认；

（三）讯问未成年被告人时，是否通知其法定代理人或者合适成年人到场，有关人员是否到场；

（四）讯问女性未成年被告人时，是否有女性工作人员在场；

（五）有无以刑讯逼供等非法方法收集被告人供述的情形；

（六）被告人的供述是否前后一致，有无反复以及出现反复的原因；

（七）被告人的供述和辩解是否全部随案移送；

（八）被告人的辩解内容是否符合案情和常理，有无矛盾；

（九）被告人的供述和辩解与同案被告人的供述和辩解以及其他证据能否相互印证，有无矛盾；存在矛盾的，能否得到合理解释。

必要时，可以结合现场执法音视频记录、讯问录音录像、被告人进出看守所的健康检查记录、笔录等，对被告人的供述和辩解进行审查。

第九十四条　被告人供述具有下列情形之一的，不得作为定案的根据：

（一）讯问笔录没有经被告人核对确认的；

（二）讯问聋、哑人，应当提供通晓聋、哑手势的人员而未提供的；

（三）讯问不通晓当地通用语言、文字的被告人，应当提供翻译人员而未提供的；

（四）讯问未成年人，其法定代理人或者合适成年人不在场的。

第九十五条　讯问笔录有下列瑕疵，经补正或者作出合理解释的，可以采用；不能补正或者作出合理解释的，不得作为定案的根据：

（一）讯问笔录填写的讯问时间、讯问地点、讯问人、记录人、法定代理人等有误或者存在矛盾的；

（二）讯问人没有签名的；

（三）首次讯问笔录没有记录告知被讯问人有关权利和法律规定的。

第九十六条　审查被告人供述和辩解，应当结合控辩双方提供的所有证据以及被告人的全部供述和辩解进行。

被告人庭审中翻供，但不能合理说明翻供原因或者其辩解与全案证据矛盾，而其庭前供述与其他证据相互印证的，可以采信其庭前供述。

被告人庭前供述和辩解存在反复，但庭审中供认，且与其他证据相互印证的，可以采信其庭审供述；被告人庭前供述和辩解存在反复，庭审中不供认，且无其他证据与庭前供述印证的，不得采信其庭前供述。

第五节　鉴定意见的审查与认定

第九十七条　对鉴定意见应当着重审查以下内容：

（一）鉴定机构和鉴定人是否具有法定资质；

（二）鉴定人是否存在应当回避的情形；

（三）检材的来源、取得、保管、送检是否符合法律、有关规定，与相关提取笔录、扣押清单等记载的内容是否相符，检材是否可靠；

（四）鉴定意见的形式要件是否完备，是否注明提起鉴定的事由、鉴定委托人、鉴定机构、鉴定要求、鉴定过程、鉴定方法、鉴定日期等相关内容，是否由鉴定机构盖章并由鉴定人签名；

（五）鉴定程序是否符合法律、有关规定；

（六）鉴定的过程和方法是否符合相关专业的规范要求；

（七）鉴定意见是否明确；

（八）鉴定意见与案件事实有无关联；

（九）鉴定意见与勘验、检查笔录及相关照片等其他证据是否矛盾；存在矛盾的，能否得到合理解释；

（十）鉴定意见是否依法及时告知相关人员，当事人对鉴定意见有无异议。

第九十八条　鉴定意见具有下列情形之一的，不得作为定案的根据：

（一）鉴定机构不具备法定资质，或者鉴定事项超出该鉴定机构业务范围、技术条件的；

（二）鉴定人不具备法定资质，不具有相关专业技术或者职称，或者违反回避规定的；

（三）送检材料、样本来源不明，或者因污染不具备鉴定条件的；

（四）鉴定对象与送检材料、样本不一致的；

（五）鉴定程序违反规定的；

（六）鉴定过程和方法不符合相关专业的规范要求的；

（七）鉴定文书缺少签名、盖章的；

（八）鉴定意见与案件事实没有关联的；

（九）违反有关规定的其他情形。

第九十九条　经人民法院通知，鉴定人拒不出庭作证的，鉴定意见不得作为定案的根据。

鉴定人由于不能抗拒的原因或者有其他正当理由无法出庭的，人民法院可以根据情况决定延期审理或者重新鉴定。

鉴定人无正当理由拒不出庭作证的，人民法院应当通报司法行政机关或者有关部门。

第一百条　因无鉴定机构，或者根据法律、司法解释的规定，指派、聘请有专门知识的人就案件的专门性问题出具的报告，可以作为证据使用。

对前款规定的报告的审查与认定，参照适用本节的有关规定。

经人民法院通知，出具报告的人拒不出庭作证的，有关报告不得作为定案的根据。

第一百零一条　有关部门对事故进行调查形成的报告，在刑事诉讼中可以作为证据使用；报告中涉及专门性问题的意见，经法庭查证属实，且调查程序符合法律、有关规定的，可以作为定案的根据。

第六节 勘验、检查、辨认、侦查实验等笔录的审查与认定

第一百零二条 对勘验、检查笔录应当着重审查以下内容：

（一）勘验、检查是否依法进行，笔录制作是否符合法律、有关规定，勘验、检查人员和见证人是否签名或者盖章；

（二）勘验、检查笔录是否记录了提起勘验、检查的事由，勘验、检查的时间、地点，在场人员、现场方位、周围环境等，现场的物品、人身、尸体等的位置、特征等情况，以及勘验、检查的过程；文字记录与实物或者绘图、照片、录像是否相符；现场、物品、痕迹等是否伪造、有无破坏；人身特征、伤害情况、生理状态有无伪装或者变化等；

（三）补充进行勘验、检查的，是否说明了再次勘验、检查的原由，前后勘验、检查的情况是否矛盾。

第一百零三条 勘验、检查笔录存在明显不符合法律、有关规定的情形，不能作出合理解释的，不得作为定案的根据。

第一百零四条 对辨认笔录应当着重审查辨认的过程、方法，以及辨认笔录的制作是否符合有关规定。

第一百零五条 辨认笔录具有下列情形之一的，不得作为定案的根据：

（一）辨认不是在调查人员、侦查人员主持下进行的；

（二）辨认前使辨认人见到辨认对象的；

（三）辨认活动没有个别进行的；

（四）辨认对象没有混杂在具有类似特征的其他对象中，或者供辨认的对象数量不符合规定的；

（五）辨认中给辨认人明显暗示或者明显有指认嫌疑的；

（六）违反有关规定，不能确定辨认笔录真实性的其他情形。

第一百零六条 对侦查实验笔录应当着重审查实验的过程、方法，以及笔录的制作是否符合有关规定。

第一百零七条 侦查实验的条件与事件发生时的条件有明显差异，或者存在影响实验结论科学性的其他情形的，侦查实验笔录不得作为定案的根据。

第七节 视听资料、电子数据的审查与认定

第一百零八条 对视听资料应当着重审查以下内容：

（一）是否附有提取过程的说明，来源是否合法；

（二）是否为原件，有无复制及复制份数；是复制件的，是否附有无法调取原件的原因、复制件制作过程和原件存放地点的说明，制作人、原视听资料持有人是否签名；

（三）制作过程中是否存在威胁、引诱当事人等违反法律、有关规定的情形；

（四）是否写明制作人、持有人的身份，制作的时间、地点、条件和方法；

（五）内容和制作过程是否真实，有无剪辑、增加、删改等情形；

（六）内容与案件事实有无关联。

对视听资料有疑问的，应当进行鉴定。

第一百零九条 视听资料具有下列情形之一的，不得作为定案的根据：

（一）系篡改、伪造或者无法确定真伪的；

（二）制作、取得的时间、地点、方式等有疑问，不能作出合理解释的。

第一百一十条 对电子数据是否真实，应当着重审查以下内容：

（一）是否移送原始存储介质；在原始存储介质无法封存、不便移动时，有无说明原因，并注明收集、提取过程及原始存储介质的存放地点或者电子数据的来源等情况；

（二）是否具有数字签名、数字证书等特殊标识；

（三）收集、提取的过程是否可以重现；

（四）如有增加、删除、修改等情形的，是否附有说明；

（五）完整性是否可以保证。

第一百一十一条 对电子数据是否完整，应当根据保护电子数据完整性的相应方法进行审查、验证：

（一）审查原始存储介质的扣押、封存状态；

（二）审查电子数据的收集、提取过程，查看录像；

（三）比对电子数据完整性校验值；

（四）与备份的电子数据进行比较；

（五）审查冻结后的访问操作日志；

（六）其他方法。

第一百一十二条　对收集、提取电子数据是否合法，应当着重审查以下内容：

（一）收集、提取电子数据是否由二名以上调查人员、侦查人员进行，取证方法是否符合相关技术标准；

（二）收集、提取电子数据，是否附有笔录、清单，并经调查人员、侦查人员、电子数据持有人、提供人、见证人签名或者盖章；没有签名或者盖章的，是否注明原因；对电子数据的类别、文件格式等是否注明清楚；

（三）是否依照有关规定由符合条件的人员担任见证人，是否对相关活动进行录像；

（四）采用技术调查、侦查措施收集、提取电子数据的，是否依法经过严格的批准手续；

（五）进行电子数据检查的，检查程序是否符合有关规定。

第一百一十三条　电子数据的收集、提取程序有下列瑕疵，经补正或者作出合理解释的，可以采用；不能补正或者作出合理解释的，不得作为定案的根据：

（一）未以封存状态移送的；

（二）笔录或者清单上没有调查人员或者侦查人员、电子数据持有人、提供人、见证人签名或者盖章的；

（三）对电子数据的名称、类别、格式等注明不清的；

（四）有其他瑕疵的。

第一百一十四条　电子数据具有下列情形之一的，不得作为定案的根据：

（一）系篡改、伪造或者无法确定真伪的；

（二）有增加、删除、修改等情形，影响电子数据真实性的；

（三）其他无法保证电子数据真实性的情形。

第一百一十五条　对视听资料、电子数据，还应当审查是否移送文字抄清材料以及对绰号、暗语、俗语、方言等不易理解内容的说明。未移送的，必要时，可以要求人民检察院移送。

第八节 技术调查、侦查证据的审查与认定

第一百一十六条 依法采取技术调查、侦查措施收集的材料在刑事诉讼中可以作为证据使用。

采取技术调查、侦查措施收集的材料，作为证据使用的，应当随案移送。

第一百一十七条 使用采取技术调查、侦查措施收集的证据材料可能危及有关人员的人身安全，或者可能产生其他严重后果的，可以采取下列保护措施：

（一）使用化名等代替调查、侦查人员及有关人员的个人信息；

（二）不具体写明技术调查、侦查措施使用的技术设备和技术方法；

（三）其他必要的保护措施。

第一百一十八条 移送技术调查、侦查证据材料的，应当附采取技术调查、侦查措施的法律文书、技术调查、侦查证据材料清单和有关说明材料。

移送采用技术调查、侦查措施收集的视听资料、电子数据的，应当制作新的存储介质，并附制作说明，写明原始证据材料、原始存储介质的存放地点等信息，由制作人签名，并加盖单位印章。

第一百一十九条 对采取技术调查、侦查措施收集的证据材料，除根据相关证据材料所属的证据种类，依照本章第二节至第七节的相应规定进行审查外，还应当着重审查以下内容：

（一）技术调查、侦查措施所针对的案件是否符合法律规定；

（二）技术调查措施是否经过严格的批准手续，按照规定交有关机关执行；技术侦查措施是否在刑事立案后，经过严格的批准手续；

（三）采取技术调查、侦查措施的种类、适用对象和期限是否按照批准决定载明的内容执行；

（四）采取技术调查、侦查措施收集的证据材料与其他证据是否矛盾；存在矛盾的，能否得到合理解释。

第一百二十条 采取技术调查、侦查措施收集的证据材料，应当经过当庭出示、辨认、质证等法庭调查程序查证。

当庭调查技术调查、侦查证据材料可能危及有关人员的人身安全，或者可能产生其他严重后果的，法庭应当采取不暴露有关人员身份和技术调查、侦查措施使用的技术设备、技术方法等保护措施。必要时，审判人员可以在庭外对证据进行核实。

第一百二十一条　采用技术调查、侦查证据作为定案根据的，人民法院在裁判文书中可以表述相关证据的名称、证据种类和证明对象，但不得表述有关人员身份和技术调查、侦查措施使用的技术设备、技术方法等。

第一百二十二条　人民法院认为应当移送的技术调查、侦查证据材料未随案移送的，应当通知人民检察院在指定时间内移送。人民检察院未移送的，人民法院应当根据在案证据对案件事实作出认定。

第九节　非法证据排除

第一百二十三条　采用下列非法方法收集的被告人供述，应当予以排除：

（一）采用殴打、违法使用戒具等暴力方法或者变相肉刑的恶劣手段，使被告人遭受难以忍受的痛苦而违背意愿作出的供述；

（二）采用以暴力或者严重损害本人及其近亲属合法权益等相威胁的方法，使被告人遭受难以忍受的痛苦而违背意愿作出的供述；

（三）采用非法拘禁等非法限制人身自由的方法收集的被告人供述。

第一百二十四条　采用刑讯逼供方法使被告人作出供述，之后被告人受该刑讯逼供行为影响而作出的与该供述相同的重复性供述，应当一并排除，但下列情形除外：

（一）调查、侦查期间，监察机关、侦查机关根据控告、举报或者自己发现等，确认或者不能排除以非法方法收集证据而更换调查、侦查人员，其他调查、侦查人员再次讯问时告知有关权利和认罪的法律后果，被告人自愿供述的；

（二）审查逮捕、审查起诉和审判期间，检察人员、审判人员讯问时告知诉讼权利和认罪的法律后果，被告人自愿供述的。

第一百二十五条　采用暴力、威胁以及非法限制人身自由等非法方法收集的证人证言、被害人陈述，应当予以排除。

第一百二十六条　收集物证、书证不符合法定程序，可能严重影响司法公正的，应当予以补正或者作出合理解释；不能补正或者作出合理解释的，对该证据应当予以排除。

认定"可能严重影响司法公正"，应当综合考虑收集证据违反法定程序以及所造成后果的严重程度等情况。

第一百二十七条　当事人及其辩护人、诉讼代理人申请人民法院排除以非法方法收集的证据的，应当提供涉嫌非法取证的人员、时间、地点、方式、内容等相关线索或者材料。

第一百二十八条 人民法院向被告人及其辩护人送达起诉书副本时，应当告知其申请排除非法证据的，应当在开庭审理前提出，但庭审期间才发现相关线索或者材料的除外。

第一百二十九条 开庭审理前，当事人及其辩护人、诉讼代理人申请人民法院排除非法证据的，人民法院应当在开庭前及时将申请书或者申请笔录及相关线索、材料的复制件送交人民检察院。

第一百三十条 开庭审理前，人民法院可以召开庭前会议，就非法证据排除等问题了解情况，听取意见。

在庭前会议中，人民检察院可以通过出示有关证据材料等方式，对证据收集的合法性加以说明。必要时，可以通知调查人员、侦查人员或者其他人员参加庭前会议，说明情况。

第一百三十一条 在庭前会议中，人民检察院可以撤回有关证据。撤回的证据，没有新的理由，不得在庭审中出示。

当事人及其辩护人、诉讼代理人可以撤回排除非法证据的申请。撤回申请后，没有新的线索或者材料，不得再次对有关证据提出排除申请。

第一百三十二条 当事人及其辩护人、诉讼代理人在开庭审理前未申请排除非法证据，在庭审过程中提出申请的，应当说明理由。人民法院经审查，对证据收集的合法性有疑问的，应当进行调查；没有疑问的，驳回申请。

驳回排除非法证据的申请后，当事人及其辩护人、诉讼代理人没有新的线索或者材料，以相同理由再次提出申请的，人民法院不再审查。

第一百三十三条 控辩双方在庭前会议中对证据收集是否合法未达成一致意见，人民法院对证据收集的合法性有疑问的，应当在庭审中进行调查；对证据收集的合法性没有疑问，且无新的线索或者材料表明可能存在非法取证的，可以决定不再进行调查并说明理由。

第一百三十四条 庭审期间，法庭决定对证据收集的合法性进行调查的，应当先行当庭调查。但为防止庭审过分迟延，也可以在法庭调查结束前调查。

第一百三十五条 法庭决定对证据收集的合法性进行调查的，由公诉人通过宣读调查、侦查讯问笔录、出示提讯登记、体检记录、对讯问合法性的核查材料等证据材料，有针对性地播放讯问录音录像，提请法庭通知有关调查人员、侦查人员或者其他人员出庭说明情况等方式，证明证据收集的合法性。

讯问录音录像涉及国家秘密、商业秘密、个人隐私或者其他不宜公开内容的，法庭可以决定对讯问录音录像不公开播放、质证。

公诉人提交的取证过程合法的说明材料，应当经有关调查人员、侦查人员签名，并加盖单位印章。未经签名或者盖章的，不得作为证据使用。上述说明材料不能单独作为证明取证过程合法的根据。

第一百三十六条　控辩双方申请法庭通知调查人员、侦查人员或者其他人员出庭说明情况，法庭认为有必要的，应当通知有关人员出庭。

根据案件情况，法庭可以依职权通知调查人员、侦查人员或者其他人员出庭说明情况。

调查人员、侦查人员或者其他人员出庭的，应当向法庭说明证据收集过程，并就相关情况接受控辩双方和法庭的询问。

第一百三十七条　法庭对证据收集的合法性进行调查后，确认或者不能排除存在刑事诉讼法第五十六条规定的以非法方法收集证据情形的，对有关证据应当排除。

第一百三十八条　具有下列情形之一的，第二审人民法院应当对证据收集的合法性进行审查，并根据刑事诉讼法和本解释的有关规定作出处理：

（一）第一审人民法院对当事人及其辩护人、诉讼代理人排除非法证据的申请没有审查，且以该证据作为定案根据的；

（二）人民检察院或者被告人、自诉人及其法定代理人不服第一审人民法院作出的有关证据收集合法性的调查结论，提出抗诉、上诉的；

（三）当事人及其辩护人、诉讼代理人在第一审结束后才发现相关线索或者材料，申请人民法院排除非法证据的。

第十节　证据的综合审查与运用

第一百三十九条　对证据的真实性，应当综合全案证据进行审查。

对证据的证明力，应当根据具体情况，从证据与案件事实的关联程度、证据之间的联系等方面进行审查判断。

第一百四十条　没有直接证据，但间接证据同时符合下列条件的，可以认定被告人有罪：

（一）证据已经查证属实；

（二）证据之间相互印证，不存在无法排除的矛盾和无法解释的疑问；

（三）全案证据形成完整的证据链；

（四）根据证据认定案件事实足以排除合理怀疑，结论具有唯一性；

（五）运用证据进行的推理符合逻辑和经验。

第一百四十一条　根据被告人的供述、指认提取到了隐蔽性很强的物证、书证，且被告人的供述与其他证明犯罪事实发生的证据相互印证，并排除串供、逼供、诱供等可能性的，可以认定被告人有罪。

第一百四十二条　对监察机关、侦查机关出具的被告人到案经过、抓获经过等材料，应当审查是否有出具该说明材料的办案人员、办案机关的签名、盖章。

对到案经过、抓获经过或者确定被告人有重大嫌疑的根据有疑问的，应当通知人民检察院补充说明。

第一百四十三条　下列证据应当慎重使用，有其他证据印证的，可以采信：

（一）生理上、精神上有缺陷，对案件事实的认知和表达存在一定困难，但尚未丧失正确认知、表达能力的被害人、证人和被告人所作的陈述、证言和供述；

（二）与被告人有亲属关系或者其他密切关系的证人所作的有利于被告人的证言，或者与被告人有利害冲突的证人所作的不利于被告人的证言。

第一百四十四条　证明被告人自首、坦白、立功的证据材料，没有加盖接受被告人投案、坦白、检举揭发等的单位的印章，或者接受人员没有签名的，不得作为定案的根据。

对被告人及其辩护人提出有自首、坦白、立功的事实和理由，有关机关未予认定，或者有关机关提出被告人有自首、坦白、立功表现，但证据材料不全的，人民法院应当要求有关机关提供证明材料，或者要求有关人员作证，并结合其他证据作出认定。

第一百四十五条　证明被告人具有累犯、毒品再犯情节等的证据材料，应当包括前罪的裁判文书、释放证明等材料；材料不全的，应当通知人民检察院提供。

第一百四十六条　审查被告人实施被指控的犯罪时或者审判时是否达

到相应法定责任年龄，应当根据户籍证明、出生证明文件、学籍卡、人口普查登记、无利害关系人的证言等证据综合判断。

证明被告人已满十二周岁、十四周岁、十六周岁、十八周岁或者不满七十五周岁的证据不足的，应当作出有利于被告人的认定。

第九章　公诉案件第一审普通程序

第一节　审查受理与庭前准备

第二百一十八条　对提起公诉的案件，人民法院应当在收到起诉书（一式八份，每增加一名被告人，增加起诉书五份）和案卷、证据后，审查以下内容：

（一）是否属于本院管辖；

（二）起诉书是否写明被告人的身份，是否受过或者正在接受刑事处罚、行政处罚、处分，被采取留置措施的情况，被采取强制措施的时间、种类、羁押地点，犯罪的时间、地点、手段、后果以及其他可能影响定罪量刑的情节；有多起犯罪事实的，是否在起诉书中将事实分别列明；

（三）是否移送证明指控犯罪事实及影响量刑的证据材料，包括采取技术调查、侦查措施的法律文书和所收集的证据材料；

（四）是否查封、扣押、冻结被告人的违法所得或者其他涉案财物，查封、扣押、冻结是否逾期；是否随案移送涉案财物、附涉案财物清单；是否列明涉案财物权属情况；是否就涉案财物处理提供相关证据材料；

（五）是否列明被害人的姓名、住址、联系方式；是否附有证人、鉴定人名单；是否申请法庭通知证人、鉴定人、有专门知识的人出庭，并列明有关人员的姓名、性别、年龄、职业、住址、联系方式；是否附有需要保护的证人、鉴定人、被害人名单；

（六）当事人已委托辩护人、诉讼代理人或者已接受法律援助的，是否列明辩护人、诉讼代理人的姓名、住址、联系方式；

（七）是否提起附带民事诉讼；提起附带民事诉讼的，是否列明附带民事诉讼当事人的姓名、住址、联系方式等，是否附有相关证据材料；

（八）监察调查、侦查、审查起诉程序的各种法律手续和诉讼文书是否齐全；

（九）被告人认罪认罚的，是否提出量刑建议、移送认罪认罚具结书等材料；

（十）有无刑事诉讼法第十六条第二项至第六项规定的不追究刑事责任的情形。

第二百一十九条 人民法院对提起公诉的案件审查后，应当按照下列情形分别处理：

（一）不属于本院管辖的，应当退回人民检察院；

（二）属于刑事诉讼法第十六条第二项至第六项规定情形的，应当退回人民检察院；属于告诉才处理的案件，应当同时告知被害人有权提起自诉；

（三）被告人不在案的，应当退回人民检察院；但是，对人民检察院按照缺席审判程序提起公诉的，应当依照本解释第二十四章的规定作出处理；

（四）不符合前条第二项至第九项规定之一，需要补充材料的，应当通知人民检察院在三日以内补送；

（五）依照刑事诉讼法第二百条第三项规定宣告被告人无罪后，人民检察院根据新的事实、证据重新起诉的，应当依法受理；

（六）依照本解释第二百九十六条规定裁定准许撤诉的案件，没有新的影响定罪量刑的事实、证据，重新起诉的，应当退回人民检察院；

（七）被告人真实身份不明，但符合刑事诉讼法第一百六十条第二款规定的，应当依法受理。

对公诉案件是否受理，应当在七日以内审查完毕。

第二百二十条 对一案起诉的共同犯罪或者关联犯罪案件，被告人人数众多、案情复杂，人民法院经审查认为，分案审理更有利于保障庭审质量和效率的，可以分案审理。分案审理不得影响当事人质证权等诉讼权利的行使。

对分案起诉的共同犯罪或者关联犯罪案件，人民法院经审查认为，合并审理更有利于查明案件事实、保障诉讼权利、准确定罪量刑的，可以并案审理。

第二百二十一条 开庭审理前，人民法院应当进行下列工作：

（一）确定审判长及合议庭组成人员；

（二）开庭十日以前将起诉书副本送达被告人、辩护人；

（三）通知当事人、法定代理人、辩护人、诉讼代理人在开庭五日以前提供证人、鉴定人名单，以及拟当庭出示的证据；申请证人、鉴定人、有专门知识的人出庭的，应当列明有关人员的姓名、性别、年龄、职业、住址、联系方式；

（四）开庭三日以前将开庭的时间、地点通知人民检察院；

（五）开庭三日以前将传唤当事人的传票和通知辩护人、诉讼代理人、法定代理人、证人、鉴定人等出庭的通知书送达；通知有关人员出庭，也可以采取电话、短信、传真、电子邮件、即时通讯等能够确认对方收悉的方式；对被害人人数众多的涉众型犯罪案件，可以通过互联网公布相关文书，通知有关人员出庭；

（六）公开审理的案件，在开庭三日以前公布案由、被告人姓名、开庭时间和地点。

上述工作情况应当记录在案。

第二百二十二条　审判案件应当公开进行。

案件涉及国家秘密或者个人隐私的，不公开审理；涉及商业秘密，当事人提出申请的，法庭可以决定不公开审理。

不公开审理的案件，任何人不得旁听，但具有刑事诉讼法第二百八十五条规定情形的除外。

第二百二十三条　精神病人、醉酒的人、未经人民法院批准的未成年人以及其他不宜旁听的人不得旁听案件审理。

第二百二十四条　被害人人数众多，且案件不属于附带民事诉讼范围的，被害人可以推选若干代表人参加庭审。

第二百二十五条　被害人、诉讼代理人经传唤或者通知未到庭，不影响开庭审理的，人民法院可以开庭审理。

辩护人经通知未到庭，被告人同意的，人民法院可以开庭审理，但被告人属于应当提供法律援助情形的除外。

第二节　庭前会议与庭审衔接

第二百二十六条　案件具有下列情形之一的，人民法院可以决定召开庭前会议：

（一）证据材料较多、案情重大复杂的；

（二）控辩双方对事实、证据存在较大争议的；

（三）社会影响重大的；

（四）需要召开庭前会议的其他情形。

第二百二十七条　控辩双方可以申请人民法院召开庭前会议，提出申请应当说明理由。人民法院经审查认为有必要的，应当召开庭前会议；决定不召开的，应当告知申请人。

第二百二十八条 庭前会议可以就下列事项向控辩双方了解情况，听取意见：

（一）是否对案件管辖有异议；

（二）是否申请有关人员回避；

（三）是否申请不公开审理；

（四）是否申请排除非法证据；

（五）是否提供新的证据材料；

（六）是否申请重新鉴定或者勘验；

（七）是否申请收集、调取证明被告人无罪或者罪轻的证据材料；

（八）是否申请证人、鉴定人、有专门知识的人、调查人员、侦查人员或者其他人员出庭，是否对出庭人员名单有异议；

（九）是否对涉案财物的权属情况和人民检察院的处理建议有异议；

（十）与审判相关的其他问题。

庭前会议中，人民法院可以开展附带民事调解。

对第一款规定中可能导致庭审中断的程序性事项，人民法院可以在庭前会议后依法作出处理，并在庭审中说明处理决定和理由。控辩双方没有新的理由，在庭审中再次提出有关申请或者异议的，法庭可以在说明庭前会议情况和处理决定理由后，依法予以驳回。

庭前会议情况应当制作笔录，由参会人员核对后签名。

第二百二十九条 庭前会议中，审判人员可以询问控辩双方对证据材料有无异议，对有异议的证据，应当在庭审时重点调查；无异议的，庭审时举证、质证可以简化。

第二百三十条 庭前会议由审判长主持，合议庭其他审判员也可以主持庭前会议。

召开庭前会议应当通知公诉人、辩护人到场。

庭前会议准备就非法证据排除了解情况、听取意见，或者准备询问控辩双方对证据材料的意见的，应当通知被告人到场。有多名被告人的案件，可以根据情况确定参加庭前会议的被告人。

第二百三十一条 庭前会议一般不公开进行。

根据案件情况，庭前会议可以采用视频等方式进行。

第二百三十二条　人民法院在庭前会议中听取控辩双方对案件事实、证据材料的意见后，对明显事实不清、证据不足的案件，可以建议人民检察院补充材料或者撤回起诉。建议撤回起诉的案件，人民检察院不同意的，开庭审理后，没有新的事实和理由，一般不准许撤回起诉。

第二百三十三条　对召开庭前会议的案件，可以在开庭时告知庭前会议情况。对庭前会议中达成一致意见的事项，法庭在向控辩双方核实后，可以当庭予以确认；未达成一致意见的事项，法庭可以归纳控辩双方争议焦点，听取控辩双方意见，依法作出处理。

控辩双方在庭前会议中就有关事项达成一致意见，在庭审中反悔的，除有正当理由外，法庭一般不再进行处理。

第三节　宣布开庭与法庭调查

第二百三十四条　开庭审理前，书记员应当依次进行下列工作：

（一）受审判长委托，查明公诉人、当事人、辩护人、诉讼代理人、证人及其他诉讼参与人是否到庭；

（二）核实旁听人员中是否有证人、鉴定人、有专门知识的人；

（三）请公诉人、辩护人、诉讼代理人及其他诉讼参与人入庭；

（四）宣读法庭规则；

（五）请审判长、审判员、人民陪审员入庭；

（六）审判人员就座后，向审判长报告开庭前的准备工作已经就绪。

第二百三十五条　审判长宣布开庭，传被告人到庭后，应当查明被告人的下列情况：

（一）姓名、出生日期、民族、出生地、文化程度、职业、住址，或者被告单位的名称、住所地、法定代表人、实际控制人以及诉讼代表人的姓名、职务；

（二）是否受过刑事处罚、行政处罚、处分及其种类、时间；

（三）是否被采取留置措施及留置的时间，是否被采取强制措施及强制措施的种类、时间；

（四）收到起诉书副本的日期；有附带民事诉讼的，附带民事诉讼被告人收到附带民事起诉状的日期。

被告人较多的，可以在开庭前查明上述情况，但开庭时审判长应当作出说明。

第二百三十六条　审判长宣布案件的来源、起诉的案由、附带民事诉讼当事人的姓名及是否公开审理；不公开审理的，应当宣布理由。

第二百三十七条 审判长宣布合议庭组成人员、法官助理、书记员、公诉人的名单，以及辩护人、诉讼代理人、鉴定人、翻译人员等诉讼参与人的名单。

第二百三十八条 审判长应当告知当事人及其法定代理人、辩护人、诉讼代理人在法庭审理过程中依法享有下列诉讼权利：

（一）可以申请合议庭组成人员、法官助理、书记员、公诉人、鉴定人和翻译人员回避；

（二）可以提出证据，申请通知新的证人到庭、调取新的证据，申请重新鉴定或者勘验；

（三）被告人可以自行辩护；

（四）被告人可以在法庭辩论终结后作最后陈述。

第二百三十九条 审判长应当询问当事人及其法定代理人、辩护人、诉讼代理人是否申请回避、申请何人回避和申请回避的理由。

当事人及其法定代理人、辩护人、诉讼代理人申请回避的，依照刑事诉讼法及本解释的有关规定处理。

同意或者驳回回避申请的决定及复议决定，由审判长宣布，并说明理由。必要时，也可以由院长到庭宣布。

第二百四十条 审判长宣布法庭调查开始后，应当先由公诉人宣读起诉书；公诉人宣读起诉书后，审判长应当询问被告人对起诉书指控的犯罪事实和罪名有无异议。

有附带民事诉讼的，公诉人宣读起诉书后，由附带民事诉讼原告人或者其法定代理人、诉讼代理人宣读附带民事起诉状。

第二百四十一条 在审判长主持下，被告人、被害人可以就起诉书指控的犯罪事实分别陈述。

第二百四十二条 在审判长主持下，公诉人可以就起诉书指控的犯罪事实讯问被告人。

经审判长准许，被害人及其法定代理人、诉讼代理人可以就公诉人讯问的犯罪事实补充发问；附带民事诉讼原告人及其法定代理人、诉讼代理人可以就附带民事部分的事实向被告人发问；被告人的法定代理人、辩护人，附带民事诉讼被告人及其法定代理人、诉讼代理人可以在控诉方、附带民事诉讼原告方就某一问题讯问、发问完毕后向被告人发问。

根据案件情况，就证据问题对被告人的讯问、发问可以在举证、质证环节进行。

第二百四十三条　讯问同案审理的被告人，应当分别进行。

第二百四十四条　经审判长准许，控辩双方可以向被害人、附带民事诉讼原告人发问。

第二百四十五条　必要时，审判人员可以讯问被告人，也可以向被害人、附带民事诉讼当事人发问。

第二百四十六条　公诉人可以提请法庭通知证人、鉴定人、有专门知识的人、调查人员、侦查人员或者其他人员出庭，或者出示证据。被害人及其法定代理人、诉讼代理人，附带民事诉讼原告人及其诉讼代理人也可以提出申请。

在控诉方举证后，被告人及其法定代理人、辩护人可以提请法庭通知证人、鉴定人、有专门知识的人、调查人员、侦查人员或者其他人员出庭，或者出示证据。

第二百四十七条　控辩双方申请证人出庭作证，出示证据，应当说明证据的名称、来源和拟证明的事实。法庭认为有必要的，应当准许；对方提出异议，认为有关证据与案件无关或者明显重复、不必要，法庭经审查异议成立的，可以不予准许。

第二百四十八条　已经移送人民法院的案卷和证据材料，控辩双方需要出示的，可以向法庭提出申请，法庭可以准许。案卷和证据材料应当在质证后当庭归还。

需要播放录音录像或者需要将证据材料交由法庭、公诉人或者诉讼参与人查看的，法庭可以指令值庭法警或者相关人员予以协助。

第二百四十九条　公诉人、当事人或者辩护人、诉讼代理人对证人证言有异议，且该证人证言对定罪量刑有重大影响，或者对鉴定意见有异议，人民法院认为证人、鉴定人有必要出庭作证的，应当通知证人、鉴定人出庭。

控辩双方对侦破经过、证据来源、证据真实性或者合法性等有异议，申请调查人员、侦查人员或者有关人员出庭，人民法院认为有必要的，应当通知调查人员、侦查人员或者有关人员出庭。

第二百五十条　公诉人、当事人及其辩护人、诉讼代理人申请法庭通知有专门知识的人出庭，就鉴定意见提出意见的，应当说明理由。法庭认为有必要的，应当通知有专门知识的人出庭。

申请有专门知识的人出庭，不得超过二人。有多种类鉴定意见的，可以相应增加人数。

第二百五十一条　为查明案件事实、调查核实证据，人民法院可以依职权通知证人、鉴定人、有专门知识的人、调查人员、侦查人员或者其他人员出庭。

第二百五十二条　人民法院通知有关人员出庭的，可以要求控辩双方予以协助。

第二百五十三条　证人具有下列情形之一，无法出庭作证的，人民法院可以准许其不出庭：

（一）庭审期间身患严重疾病或者行动极为不便的；

（二）居所远离开庭地点且交通极为不便的；

（三）身处国外短期无法回国的；

（四）有其他客观原因，确实无法出庭的。

具有前款规定情形的，可以通过视频等方式作证。

第二百五十四条　证人出庭作证所支出的交通、住宿、就餐等费用，人民法院应当给予补助。

第二百五十五条　强制证人出庭的，应当由院长签发强制证人出庭令，由法警执行。必要时，可以商请公安机关协助。

第二百五十六条　证人、鉴定人、被害人因出庭作证，本人或者其近亲属的人身安全面临危险的，人民法院应当采取不公开其真实姓名、住址和工作单位等个人信息，或者不暴露其外貌、真实声音等保护措施。辩护律师经法庭许可，查阅对证人、鉴定人、被害人使用化名情况的，应当签署保密承诺书。

审判期间，证人、鉴定人、被害人提出保护请求的，人民法院应当立即审查；认为确有保护必要的，应当及时决定采取相应保护措施。必要时，可以商请公安机关协助。

第二百五十七条　决定对出庭作证的证人、鉴定人、被害人采取不公开个人信息的保护措施的，审判人员应当在开庭前核实其身份，对证人、鉴定人如实作证的保证书不得公开，在判决书、裁定书等法律文书中可以使用化名等代替其个人信息。

第二百五十八条　证人出庭的，法庭应当核实其身份、与当事人以及本案的关系，并告知其有关权利义务和法律责任。证人应当保证向法庭如实提供证言，并在保证书上签名。

第二百五十九条　证人出庭后，一般先向法庭陈述证言；其后，经审判长许可，由申请通知证人出庭的一方发问，发问完毕后，对方也可以发问。

法庭依职权通知证人出庭的，发问顺序由审判长根据案件情况确定。

第二百六十条　鉴定人、有专门知识的人、调查人员、侦查人员或者其他人员出庭的，参照适用前两条规定。

第二百六十一条　向证人发问应当遵循以下规则：

（一）发问的内容应当与本案事实有关；

（二）不得以诱导方式发问；

（三）不得威胁证人；

（四）不得损害证人的人格尊严。

对被告人、被害人、附带民事诉讼当事人、鉴定人、有专门知识的人、调查人员、侦查人员或者其他人员的讯问、发问，适用前款规定。

第二百六十二条　控辩双方的讯问、发问方式不当或者内容与本案无关的，对方可以提出异议，申请审判长制止，审判长应当判明情况予以支持或者驳回；对方未提出异议的，审判长也可以根据情况予以制止。

第二百六十三条　审判人员认为必要时，可以询问证人、鉴定人、有专门知识的人、调查人员、侦查人员或者其他人员。

第二百六十四条　向证人、调查人员、侦查人员发问应当分别进行。

第二百六十五条　证人、鉴定人、有专门知识的人、调查人员、侦查人员或者其他人员不得旁听对本案的审理。有关人员作证或者发表意见后，审判长应当告知其退庭。

第二百六十六条　审理涉及未成年人的刑事案件，询问未成年被害人、证人，通知未成年被害人、证人出庭作证，适用本解释第二十二章的有关规定。

第二百六十七条　举证方当庭出示证据后，由对方发表质证意见。

第二百六十八条　对可能影响定罪量刑的关键证据和控辩双方存在争议的证据，一般应当单独举证、质证，充分听取质证意见。

对控辩双方无异议的非关键证据，举证方可以仅就证据的名称及拟证明的事实作出说明。

召开庭前会议的案件，举证、质证可以按照庭前会议确定的方式进行。

根据案件和庭审情况，法庭可以对控辩双方的举证、质证方式进行必要的指引。

第二百六十九条　审理过程中，法庭认为有必要的，可以传唤同案被告人、分案审理的共同犯罪或者关联犯罪案件的被告人等到庭对质。

第二百七十条　当庭出示的证据，尚未移送人民法院的，应当在质证后当庭移交。

第二百七十一条　法庭对证据有疑问的，可以告知公诉人、当事人及其法定代理人、辩护人、诉讼代理人补充证据或者作出说明；必要时，可以宣布休庭，对证据进行调查核实。

对公诉人、当事人及其法定代理人、辩护人、诉讼代理人补充的和审判人员庭外调查核实取得的证据，应当经过当庭质证才能作为定案的根据。但是，对不影响定罪量刑的非关键证据、有利于被告人的量刑证据以及认定被告人有犯罪前科的裁判文书等证据，经庭外征求意见，控辩双方没有异议的除外。

有关情况，应当记录在案。

第二百七十二条　公诉人申请出示开庭前未移送或者提交人民法院的证据，辩护方提出异议的，审判长应当要求公诉人说明理由；理由成立并确有出示必要的，应当准许。

辩护方提出需要对新的证据作辩护准备的，法庭可以宣布休庭，并确定准备辩护的时间。

辩护方申请出示开庭前未提交的证据，参照适用前两款规定。

第二百七十三条　法庭审理过程中，控辩双方申请通知新的证人到庭，调取新的证据，申请重新鉴定或者勘验的，应当提供证人的基本信息、证据的存放地点，说明拟证明的事项，申请重新鉴定或者勘验的理由。法庭认为有必要的，应当同意，并宣布休庭；根据案件情况，可以决定延期审理。

人民法院决定重新鉴定的，应当及时委托鉴定，并将鉴定意见告知人民检察院、当事人及其辩护人、诉讼代理人。

第二百七十四条　审判期间，公诉人发现案件需要补充侦查，建议延期审理的，合议庭可以同意，但建议延期审理不得超过两次。

人民检察院将补充收集的证据移送人民法院的，人民法院应当通知辩护人、诉讼代理人查阅、摘抄、复制。

补充侦查期限届满后，人民检察院未将补充的证据材料移送人民法院的，人民法院可以根据在案证据作出判决、裁定。

第二百七十五条　人民法院向人民检察院调取需要调查核实的证据材料，或者根据被告人、辩护人的申请，向人民检察院调取在调查、侦查、审查起诉期间收集的有关被告人无罪或者罪轻的证据材料，应当通知人民检察院在收到调取证据材料决定书后三日以内移交。

第二百七十六条　法庭审理过程中，对与量刑有关的事实、证据，应当进行调查。

人民法院除应当审查被告人是否具有法定量刑情节外，还应当根据案件情况审查以下影响量刑的情节：

（一）案件起因；

（二）被害人有无过错及过错程度，是否对矛盾激化负有责任及责任大小；

（三）被告人的近亲属是否协助抓获被告人；

（四）被告人平时表现，有无悔罪态度；

（五）退赃、退赔及赔偿情况；

（六）被告人是否取得被害人或者其近亲属谅解；

（七）影响量刑的其他情节。

第二百七十七条　审判期间，合议庭发现被告人可能有自首、坦白、立功等法定量刑情节，而人民检察院移送的案卷中没有相关证据材料的，应当通知人民检察院在指定时间内移送。

审判期间，被告人提出新的立功线索的，人民法院可以建议人民检察院补充侦查。

第二百七十八条　对被告人认罪的案件，在确认被告人了解起诉书指控的犯罪事实和罪名，自愿认罪且知悉认罪的法律后果后，法庭调查可以主要围绕量刑和其他有争议的问题进行。

对被告人不认罪或者辩护人作无罪辩护的案件，法庭调查应当在查明定罪事实的基础上，查明有关量刑事实。

第二百七十九条　法庭审理过程中，应当对查封、扣押、冻结财物及其孳息的权属、来源等情况，是否属于违法所得或者依法应当追缴的其他涉案财物进行调查，由公诉人说明情况、出示证据、提出处理建议，并听取被告人、辩护人等诉讼参与人的意见。

案外人对查封、扣押、冻结的财物及其孳息提出权属异议的，人民法院应当听取案外人的意见；必要时，可以通知案外人出庭。

经审查，不能确认查封、扣押、冻结的财物及其孳息属于违法所得或者依法应当追缴的其他涉案财物的，不得没收。

第四节　法庭辩论与最后陈述

第二百八十条　合议庭认为案件事实已经调查清楚的，应当由审判长宣布法庭调查结束，开始就定罪、量刑、涉案财物处理的事实、证据、适用法律等问题进行法庭辩论。

第二百八十一条　法庭辩论应当在审判长的主持下，按照下列顺序进行：

（一）公诉人发言；

（二）被害人及其诉讼代理人发言；

（三）被告人自行辩护；

（四）辩护人辩护；

（五）控辩双方进行辩论。

第二百八十二条　人民检察院可以提出量刑建议并说明理由；建议判处管制、宣告缓刑的，一般应当附有调查评估报告，或者附有委托调查函。

当事人及其辩护人、诉讼代理人可以对量刑提出意见并说明理由。

第二百八十三条　对被告人认罪的案件，法庭辩论时，应当指引控辩双方主要围绕量刑和其他有争议的问题进行。

对被告人不认罪或者辩护人作无罪辩护的案件，法庭辩论时，可以指引控辩双方先辩论定罪问题，后辩论量刑和其他问题。

第二百八十四条　附带民事部分的辩论应当在刑事部分的辩论结束后进行，先由附带民事诉讼原告人及其诉讼代理人发言，后由附带民事诉讼被告人及其诉讼代理人答辩。

第二百八十五条　法庭辩论过程中，审判长应当充分听取控辩双方的意见，对控辩双方与案件无关、重复或者指责对方的发言应当提醒、制止。

第二百八十六条　法庭辩论过程中，合议庭发现与定罪、量刑有关的新的事实，有必要调查的，审判长可以宣布恢复法庭调查，在对新的事实调查后，继续法庭辩论。

第二百八十七条 审判长宣布法庭辩论终结后，合议庭应当保证被告人充分行使最后陈述的权利。

被告人在最后陈述中多次重复自己的意见的，法庭可以制止；陈述内容蔑视法庭、公诉人，损害他人及社会公共利益，或者与本案无关的，应当制止。

在公开审理的案件中，被告人最后陈述的内容涉及国家秘密、个人隐私或者商业秘密的，应当制止。

第二百八十八条 被告人在最后陈述中提出新的事实、证据，合议庭认为可能影响正确裁判的，应当恢复法庭调查；被告人提出新的辩解理由，合议庭认为可能影响正确裁判的，应当恢复法庭辩论。

第二百八十九条 公诉人当庭发表与起诉书不同的意见，属于变更、追加、补充或者撤回起诉的，人民法院应当要求人民检察院在指定时间内以书面方式提出；必要时，可以宣布休庭。人民检察院在指定时间内未提出的，人民法院应当根据法庭审理情况，就起诉书指控的犯罪事实依法作出判决、裁定。

人民检察院变更、追加、补充起诉的，人民法院应当给予被告人及其辩护人必要的准备时间。

第二百九十条 辩护人应当及时将书面辩护意见提交人民法院。

第五节 评议案件与宣告判决

第二百九十一条 被告人最后陈述后，审判长应当宣布休庭，由合议庭进行评议。

第二百九十二条 开庭审理的全部活动，应当由书记员制作笔录；笔录经审判长审阅后，分别由审判长和书记员签名。

第二百九十三条 法庭笔录应当在庭审后交由当事人、法定代理人、辩护人、诉讼代理人阅读或者向其宣读。

法庭笔录中的出庭证人、鉴定人、有专门知识的人、调查人员、侦查人员或者其他人员的证言、意见部分，应当在庭审后分别交由有关人员阅读或者向其宣读。

前两款所列人员认为记录有遗漏或者差错的，可以请求补充或者改正；确认无误后，应当签名；拒绝签名的，应当记录在案；要求改变庭审中陈述的，不予准许。

第二百九十四条　合议庭评议案件，应当根据已经查明的事实、证据和有关法律规定，在充分考虑控辩双方意见的基础上，确定被告人是否有罪、构成何罪，有无从重、从轻、减轻或者免除处罚情节，应否处以刑罚、判处何种刑罚，附带民事诉讼如何解决，查封、扣押、冻结的财物及其孳息如何处理等，并依法作出判决、裁定。

第二百九十五条　对第一审公诉案件，人民法院审理后，应当按照下列情形分别作出判决、裁定：

（一）起诉指控的事实清楚，证据确实、充分，依据法律认定指控被告人的罪名成立的，应当作出有罪判决；

（二）起诉指控的事实清楚，证据确实、充分，但指控的罪名不当的，应当依据法律和审理认定的事实作出有罪判决；

（三）案件事实清楚，证据确实、充分，依据法律认定被告人无罪的，应当判决宣告被告人无罪；

（四）证据不足，不能认定被告人有罪的，应当以证据不足、指控的犯罪不能成立，判决宣告被告人无罪；

（五）案件部分事实清楚，证据确实、充分的，应当作出有罪或者无罪的判决；对事实不清、证据不足部分，不予认定；

（六）被告人因未达到刑事责任年龄，不予刑事处罚的，应当判决宣告被告人不负刑事责任；

（七）被告人是精神病人，在不能辨认或者不能控制自己行为时造成危害结果，不予刑事处罚的，应当判决宣告被告人不负刑事责任；被告人符合强制医疗条件的，应当依照本解释第二十六章的规定进行审理并作出判决；

（八）犯罪已过追诉时效期限且不是必须追诉，或者经特赦令免除刑罚的，应当裁定终止审理；

（九）属于告诉才处理的案件，应当裁定终止审理，并告知被害人有权提起自诉；

（十）被告人死亡的，应当裁定终止审理；但有证据证明被告人无罪，经缺席审理确认无罪的，应当判决宣告被告人无罪。

对涉案财物，人民法院应当根据审理查明的情况，依照本解释第十八章的规定作出处理。

具有第一款第二项规定情形的，人民法院应当在判决前听取控辩双方的意见，保障被告人、辩护人充分行使辩护权。必要时，可以再次开庭，组织控辩双方围绕被告人的行为构成何罪及如何量刑进行辩论。

第二百九十六条 在开庭后、宣告判决前，人民检察院要求撤回起诉的，人民法院应当审查撤回起诉的理由，作出是否准许的裁定。

第二百九十七条 审判期间，人民法院发现新的事实，可能影响定罪量刑的，或者需要补查补证的，应当通知人民检察院，由其决定是否补充、变更、追加起诉或者补充侦查。

人民检察院不同意或者在指定时间内未回复书面意见的，人民法院应当就起诉指控的事实，依照本解释第二百九十五条的规定作出判决、裁定。

第二百九十八条 对依照本解释第二百一十九条第一款第五项规定受理的案件，人民法院应当在判决中写明被告人曾被人民检察院提起公诉，因证据不足，指控的犯罪不能成立，被人民法院依法判决宣告无罪的情况；前案依照刑事诉讼法第二百条第三项规定作出的判决不予撤销。

第二百九十九条 合议庭成员、法官助理、书记员应当在评议笔录上签名，在判决书、裁定书等法律文书上署名。

第三百条 裁判文书应当写明裁判依据，阐释裁判理由，反映控辩双方的意见并说明采纳或者不予采纳的理由。

适用普通程序审理的被告人认罪的案件，裁判文书可以适当简化。

第三百零一条 庭审结束后、评议前，部分合议庭成员不能继续履行审判职责的，人民法院应当依法更换合议庭组成人员，重新开庭审理。

评议后、宣判前，部分合议庭成员因调动、退休等正常原因不能参加宣判，在不改变原评议结论的情况下，可以由审判本案的其他审判员宣判，裁判文书上仍署审判本案的合议庭成员的姓名。

第三百零二条 当庭宣告判决的，应当在五日以内送达判决书。定期宣告判决的，应当在宣判前，先期公告宣判的时间和地点，传唤当事人并通知公诉人、法定代理人、辩护人和诉讼代理人；判决宣告后，应当立即送达判决书。

第三百零三条 判决书应当送达人民检察院、当事人、法定代理人、辩护人、诉讼代理人，并可以送达被告人的近亲属。被害人死亡，其近亲属申请领取判决书的，人民法院应当及时提供。

判决生效后，还应当送达被告人的所在单位或者户籍地的公安派出所，或者被告单位的注册登记机关。被告人系外国人，且在境内有居住地的，应当送达居住地的公安派出所。

第三百零四条 宣告判决，一律公开进行。宣告判决结果时，法庭内全体人员应当起立。

公诉人、辩护人、诉讼代理人、被害人、自诉人或者附带民事诉讼原告人未到庭的，不影响宣判的进行。

第六节 法庭纪律与其他规定

第三百零五条 在押被告人出庭受审时，不着监管机构的识别服。

庭审期间不得对被告人使用戒具，但法庭认为其人身危险性大，可能危害法庭安全的除外。

第三百零六条 庭审期间，全体人员应当服从法庭指挥，遵守法庭纪律，尊重司法礼仪，不得实施下列行为：

（一）鼓掌、喧哗、随意走动；

（二）吸烟、进食；

（三）拨打、接听电话，或者使用即时通讯工具；

（四）对庭审活动进行录音、录像、拍照或者使用即时通讯工具等传播庭审活动；

（五）其他危害法庭安全或者扰乱法庭秩序的行为。

旁听人员不得进入审判活动区，不得随意站立、走动，不得发言和提问。

记者经许可实施第一款第四项规定的行为，应当在指定的时间及区域进行，不得干扰庭审活动。

第三百零七条 有关人员危害法庭安全或者扰乱法庭秩序的，审判长应当按照下列情形分别处理：

（一）情节较轻的，应当警告制止；根据具体情况，也可以进行训诫；

（二）训诫无效的，责令退出法庭；拒不退出的，指令法警强行带出法庭；

（三）情节严重的，报经院长批准后，可以对行为人处一千元以下的罚款或者十五日以下的拘留。

未经许可对庭审活动进行录音、录像、拍照或者使用即时通讯工具等传播庭审活动的，可以暂扣相关设备及存储介质，删除相关内容。

有关人员对罚款、拘留的决定不服的，可以直接向上一级人民法院申请复议，也可以通过决定罚款、拘留的人民法院向上一级人民法院申请复议。通过决定罚款、拘留的人民法院申请复议的，该人民法院应当自收到复议申请之日起三日以内，将复议申请、罚款或者拘留决定书和有关事实、证据材料一并报上一级人民法院复议。复议期间，不停止决定的执行。

第三百零八条 担任辩护人、诉讼代理人的律师严重扰乱法庭秩序，被强行带出法庭或者被处以罚款、拘留的，人民法院应当通报司法行政机关，并可以建议依法给予相应处罚。

第三百零九条 实施下列行为之一，危害法庭安全或者扰乱法庭秩序，构成犯罪的，依法追究刑事责任：

（一）非法携带枪支、弹药、管制刀具或者爆炸性、易燃性、毒害性、放射性以及传染病病原体等危险物质进入法庭；

（二）哄闹、冲击法庭；

（三）侮辱、诽谤、威胁、殴打司法工作人员或者诉讼参与人；

（四）毁坏法庭设施，抢夺、损毁诉讼文书、证据；

（五）其他危害法庭安全或者扰乱法庭秩序的行为。

第三百一十条 辩护人严重扰乱法庭秩序，被责令退出法庭、强行带出法庭或者被处以罚款、拘留，被告人自行辩护的，庭审继续进行；被告人要求另行委托辩护人，或者被告人属于应当提供法律援助情形的，应当宣布休庭。

辩护人、诉讼代理人被责令退出法庭、强行带出法庭或者被处以罚款后，具结保证书，保证服从法庭指挥、不再扰乱法庭秩序的，经法庭许可，可以继续担任辩护人、诉讼代理人。

辩护人、诉讼代理人具有下列情形之一的，不得继续担任同一案件的辩护人、诉讼代理人：

（一）擅自退庭的；

（二）无正当理由不出庭或者不按时出庭，严重影响审判顺利进行的；

（三）被拘留或者具结保证书后再次被责令退出法庭、强行带出法庭的。

第三百一十一条 被告人在一个审判程序中更换辩护人一般不得超过两次。

被告人当庭拒绝辩护人辩护，要求另行委托辩护人或者指派律师的，合议庭应当准许。被告人拒绝辩护人辩护后，没有辩护人的，应当宣布休庭；仍有辩护人的，庭审可以继续进行。

有多名被告人的案件，部分被告人拒绝辩护人辩护后，没有辩护人的，根据案件情况，可以对该部分被告人另案处理，对其他被告人的庭审继续进行。

重新开庭后，被告人再次当庭拒绝辩护人辩护的，可以准许，但被告人不得再次另行委托辩护人或者要求另行指派律师，由其自行辩护。

被告人属于应当提供法律援助的情形，重新开庭后再次当庭拒绝辩护人辩护的，不予准许。

第三百一十二条 法庭审理过程中，辩护人拒绝为被告人辩护，有正当理由的，应当准许；是否继续庭审，参照适用前条规定。

第三百一十三条 依照前两条规定另行委托辩护人或者通知法律援助机构指派律师的，自案件宣布休庭之日起至第十五日止，由辩护人准备辩护，但被告人及其辩护人自愿缩短时间的除外。

庭审结束后、判决宣告前另行委托辩护人的，可以不重新开庭；辩护人提交书面辩护意见的，应当接受。

第三百一十四条 有多名被告人的案件，部分被告人具有刑事诉讼法第二百零六条第一款规定情形的，人民法院可以对全案中止审理；根据案件情况，也可以对该部分被告人中止审理，对其他被告人继续审理。

对中止审理的部分被告人，可以根据案件情况另案处理。

第三百一十五条 人民检察院认为人民法院审理案件违反法定程序，在庭审后提出书面纠正意见，人民法院认为正确的，应当采纳。

公安部
公安机关办理刑事案件程序规定（节录）

（2020 年 7 月 20 日公布，2020 年 9 月 1 日起施行　公安部令第 159 号）

第五章　证　据

第五十九条　可以用于证明案件事实的材料，都是证据。

证据包括：

（一）物证；

（二）书证；

（三）证人证言；

（四）被害人陈述；

（五）犯罪嫌疑人供述和辩解；

（六）鉴定意见；

（七）勘验、检查、侦查实验、搜查、查封、扣押、提取、辨认等笔录；

（八）视听资料、电子数据。

证据必须经过查证属实，才能作为认定案件事实的根据。

第六十条　公安机关必须依照法定程序，收集、调取能够证实犯罪嫌疑人有罪或者无罪、犯罪情节轻重的各种证据。必须保证一切与案件有关或者了解案情的公民，有客观地充分地提供证据的条件，除特殊情况外，可以吸收他们协助调查。

第六十一条　公安机关向有关单位和个人收集、调取证据时，应当告知其必须如实提供证据。

对涉及国家秘密、商业秘密、个人隐私的证据，应当保密。

对于伪造证据、隐匿证据或者毁灭证据的，应当追究其法律责任。

第六十二条　公安机关向有关单位和个人调取证据，应当经办案部门负责人批准，开具调取证据通知书，明确调取的证据和提供时限。被调取单位及其经办人、持有证据的个人应当在通知书上盖章或者签名，拒绝盖章或者签名的，公安机关应当注明。必要时，应当采用录音录像方式固定证据内容及取证过程。

第六十三条　公安机关接受或者依法调取的行政机关在行政执法和查办案件过程中收集的物证、书证、视听资料、电子数据、鉴定意见、勘验笔录、检查笔录等证据材料，经公安机关审查符合法定要求的，可以作为证据使用。

第六十四条　收集、调取的物证应当是原物。只有在原物不便搬运、不易保存或者依法应当由有关部门保管、处理或者依法应当返还时，才可以拍摄或者制作足以反映原物外形或者内容的照片、录像或者复制品。

物证的照片、录像或者复制品经与原物核实无误或者经鉴定证明为真实的，或者以其他方式确能证明其真实的，可以作为证据使用。原物的照片、录像或者复制品，不能反映原物的外形和特征的，不能作为证据使用。

第六十五条　收集、调取的书证应当是原件。只有在取得原件确有困难时，才可以使用副本或者复制件。

书证的副本、复制件，经与原件核实无误或者经鉴定证明为真实的，或者以其他方式确能证明其真实的，可以作为证据使用。书证有更改或者更改迹象不能作出合理解释的，或者书证的副本、复制件不能反映书证原件及其内容的，不能作为证据使用。

第六十六条　收集、调取电子数据，能够扣押电子数据原始存储介质的，应当扣押原始存储介质，并制作笔录、予以封存。

确因客观原因无法扣押原始存储介质的，可以现场提取或者网络在线提取电子数据。无法扣押原始存储介质，也无法现场提取或者网络在线提取的，可以采取打印、拍照或者录音录像等方式固定相关证据，并在笔录中注明原因。

收集、调取的电子数据，足以保证完整性，无删除、修改、增加等情形的，可以作为证据使用。经审查无法确定真伪，或者制作、取得的时间、地点、方式等有疑问，不能提供必要证明或者作出合理解释的，不能作为证据使用。

第六十七条　物证的照片、录像或者复制品，书证的副本、复制件，视听资料、电子数据的复制件，应当附有关制作过程及原件、原物存放处的文字说明，并由制作人和物品持有人或者物品持有单位有关人员签名。

第六十八条 公安机关提请批准逮捕书、起诉意见书必须忠实于事实真象。故意隐瞒事实真象的，应当依法追究责任。

第六十九条 需要查明的案件事实包括：

（一）犯罪行为是否存在；

（二）实施犯罪行为的时间、地点、手段、后果以及其他情节；

（三）犯罪行为是否为犯罪嫌疑人实施；

（四）犯罪嫌疑人的身份；

（五）犯罪嫌疑人实施犯罪行为的动机、目的；

（六）犯罪嫌疑人的责任以及与其他同案人的关系；

（七）犯罪嫌疑人有无法定从重、从轻、减轻处罚以及免除处罚的情节；

（八）其他与案件有关的事实。

第七十条 公安机关移送审查起诉的案件，应当做到犯罪事实清楚，证据确实、充分。

证据确实、充分，应当符合以下条件：

（一）认定的案件事实都有证据证明；

（二）认定案件事实的证据均经法定程序查证属实；

（三）综合全案证据，对所认定事实已排除合理怀疑。

对证据的审查，应当结合案件的具体情况，从各证据与待证事实的关联程度、各证据之间的联系等方面进行审查判断。

只有犯罪嫌疑人供述，没有其他证据的，不能认定案件事实；没有犯罪嫌疑人供述，证据确实、充分的，可以认定案件事实。

第七十一条 采用刑讯逼供等非法方法收集的犯罪嫌疑人供述和采用暴力、威胁等非法方法收集的证人证言、被害人陈述，应当予以排除。

收集物证、书证、视听资料、电子数据违反法定程序，可能严重影响司法公正的，应当予以补正或者作出合理解释；不能补正或者作出合理解释的，对该证据应当予以排除。

在侦查阶段发现有应当排除的证据的，经县级以上公安机关负责人批准，应当依法予以排除，不得作为提请批准逮捕、移送审查起诉的依据。

人民检察院认为可能存在以非法方法收集证据情形，要求公安机关进行说明的，公安机关应当及时进行调查，并向人民检察院作出书面说明。

第七十二条　人民法院认为现有证据材料不能证明证据收集的合法性，通知有关侦查人员或者公安机关其他人员出庭说明情况的，有关侦查人员或者其他人员应当出庭。必要时，有关侦查人员或者其他人员也可以要求出庭说明情况。侦查人员或者其他人员出庭，应当向法庭说明证据收集过程，并就相关情况接受发问。

经人民法院通知，人民警察应当就其执行职务时目击的犯罪情况出庭作证。

第七十三条　凡是知道案件情况的人，都有作证的义务。

生理上、精神上有缺陷或者年幼，不能辨别是非，不能正确表达的人，不能作证人。

对于证人能否辨别是非，能否正确表达，必要时可以进行审查或者鉴别。

第七十四条　公安机关应当保障证人及其近亲属的安全。

对证人及其近亲属进行威胁、侮辱、殴打或者打击报复，构成犯罪的，依法追究刑事责任；尚不够刑事处罚的，依法给予治安管理处罚。

第七十五条　对危害国家安全犯罪、恐怖活动犯罪、黑社会性质的组织犯罪、毒品犯罪等案件，证人、鉴定人、被害人因在侦查过程中作证，本人或者其近亲属的人身安全面临危险的，公安机关应当采取以下一项或者多项保护措施：

（一）不公开真实姓名、住址、通讯方式和工作单位等个人信息；

（二）禁止特定的人员接触被保护人；

（三）对被保护人的人身和住宅采取专门性保护措施；

（四）将被保护人带到安全场所保护；

（五）变更被保护人的住所和姓名；

（六）其他必要的保护措施。

证人、鉴定人、被害人认为因在侦查过程中作证，本人或者其近亲属的人身安全面临危险，向公安机关请求予以保护，公安机关经审查认为符合前款规定的条件，确有必要采取保护措施的，应当采取上述一项或者多项保护措施。

公安机关依法采取保护措施，可以要求有关单位和个人配合。

案件移送审查起诉时，应当将采取保护措施的相关情况一并移交人民检察院。

第七十六条　公安机关依法决定不公开证人、鉴定人、被害人的真实姓名、住址、通讯方式和工作单位等个人信息的，可以在起诉意见书、询问笔录等法律文书、证据材料中使用化名等代替证人、鉴定人、被害人的个人信息。但是，应当另行书面说明使用化名的情况并标明密级，单独成卷。

第七十七条　证人保护工作所必需的人员、经费、装备等，应当予以保障。

证人因履行作证义务而支出的交通、住宿、就餐等费用，应当给予补助。证人作证的补助列入公安机关业务经费。

最高人民法院、最高人民检察院、公安部、国家安全部、司法部关于推进以审判为中心的刑事诉讼制度改革的意见

（2016年7月20日发布并施行 法发〔2016〕18号）

为贯彻落实《中共中央关于全面推进依法治国若干重大问题的决定》的有关要求，推进以审判为中心的刑事诉讼制度改革，依据宪法法律规定，结合司法工作实际，制定本意见。

一、未经人民法院依法判决，对任何人都不得确定有罪。人民法院、人民检察院和公安机关办理刑事案件，应当分工负责，互相配合，互相制约，保证准确、及时地查明犯罪事实，正确应用法律，惩罚犯罪分子，保障无罪的人不受刑事追究。

二、严格按照法律规定的证据裁判要求，没有证据不得认定犯罪事实。侦查机关侦查终结，人民检察院提起公诉，人民法院作出有罪判决，都应当做到犯罪事实清楚，证据确实、充分。

侦查机关、人民检察院应当按照裁判的要求和标准收集、固定、审查、运用证据，人民法院应当按照法定程序认定证据，依法作出裁判。

人民法院作出有罪判决，对于证明犯罪构成要件的事实，应当综合全案证据排除合理怀疑，对于量刑证据存疑的，应当作出有利于被告人的认定。

三、建立健全符合裁判要求、适应各类案件特点的证据收集指引。探索建立命案等重大案件检查、搜查、辨认、指认等过程录音录像制度。完善技术侦查证据的移送、审查、法庭调查和使用规则以及庭外核实程序。统一司法鉴定标准和程序。完善见证人制度。

四、侦查机关应当全面、客观、及时收集与案件有关的证据。

侦查机关应当依法收集证据。对采取刑讯逼供、暴力、威胁等非法方法收集的言词证据，应当依法予以排除。侦查机关收集物证、书证不符合

法定程序，可能严重影响司法公正，不能补正或者作出合理解释的，应当依法予以排除。

对物证、书证等实物证据，一般应当提取原物、原件，确保证据的真实性。需要鉴定的，应当及时送检。证据之间有矛盾的，应当及时查证。所有证据应当妥善保管，随案移送。

五、完善讯问制度，防止刑讯逼供，不得强迫任何人证实自己有罪。严格按照有关规定要求，在规范的讯问场所讯问犯罪嫌疑人。严格依照法律规定对讯问过程全程同步录音录像，逐步实行对所有案件的讯问过程全程同步录音录像。

探索建立重大案件侦查终结前对讯问合法性进行核查制度。对公安机关、国家安全机关和人民检察院侦查的重大案件，由人民检察院驻看守所检察人员询问犯罪嫌疑人，核查是否存在刑讯逼供、非法取证情形，并同步录音录像。经核查，确有刑讯逼供、非法取证情形的，侦查机关应当及时排除非法证据，不得作为提请批准逮捕、移送审查起诉的根据。

六、在案件侦查终结前，犯罪嫌疑人提出无罪或者罪轻的辩解，辩护律师提出犯罪嫌疑人无罪或者依法不应追究刑事责任的意见，侦查机关应当依法予以核实。

七、完善补充侦查制度。进一步明确退回补充侦查的条件，建立人民检察院退回补充侦查引导和说理机制，明确补充侦查方向、标准和要求。规范补充侦查行为，对于确实无法查明的事项，公安机关、国家安全机关应当书面向人民检察院说明理由。对于二次退回补充侦查后，仍然证据不足、不符合起诉条件的，依法作出不起诉决定。

八、进一步完善公诉机制，被告人有罪的举证责任，由人民检察院承担。对被告人不认罪的，人民检察院应当强化庭前准备和当庭讯问、举证、质证。

九、完善不起诉制度，对未达到法定证明标准的案件，人民检察院应当依法作出不起诉决定，防止事实不清、证据不足的案件进入审判程序。完善撤回起诉制度，规范撤回起诉的条件和程序。

十、完善庭前会议程序，对适用普通程序审理的案件，健全庭前证据展示制度，听取出庭证人名单、非法证据排除等方面的意见。

十一、规范法庭调查程序，确保诉讼证据出示在法庭、案件事实查明在法庭。证明被告人有罪或者无罪、罪轻或者罪重的证据，都应当在法庭上出示，依法保障控辩双方的质证权利。对定罪量刑的证据，控辩双方存在争议的，应当单独质证；对庭前会议中控辩双方没有异议的证据，可以简化举证、质证。

十二、完善对证人、鉴定人的法庭质证规则。落实证人、鉴定人、侦查人员出庭作证制度，提高出庭作证率。公诉人、当事人或者辩护人、诉讼代理人对证人证言有异议，人民法院认为该证人证言对案件定罪量刑有重大影响的，证人应当出庭作证。

健全证人保护工作机制，对因作证面临人身安全等危险的人员依法采取保护措施。建立证人、鉴定人等作证补助专项经费划拨机制。完善强制证人到庭制度。

十三、完善法庭辩论规则，确保控辩意见发表在法庭。法庭辩论应当围绕定罪、量刑分别进行，对被告人认罪的案件，主要围绕量刑进行。法庭应当充分听取控辩双方意见，依法保障被告人及其辩护人的辩论辩护权。

十四、完善当庭宣判制度，确保裁判结果形成在法庭。适用速裁程序审理的案件，除附带民事诉讼的案件以外，一律当庭宣判；适用简易程序审理的案件一般应当当庭宣判；适用普通程序审理的案件逐步提高当庭宣判率。规范定期宣判制度。

十五、严格依法裁判。人民法院经审理，对案件事实清楚，证据确实、充分，依据法律认定被告人有罪的，应当作出有罪判决。依据法律规定认定被告人无罪的，应当作出无罪判决。证据不足，不能认定被告人有罪的，应当按照疑罪从无原则，依法作出无罪判决。

十六、完善人民检察院对侦查活动和刑事审判活动的监督机制。建立健全对强制措施的监督机制。加强人民检察院对逮捕后羁押必要性的审查，规范非羁押性强制措施的适用。进一步规范和加强人民检察院对人民法院确有错误的刑事判决和裁定的抗诉工作，保证刑事抗诉的及时性、准确性和全面性。

十七、健全当事人、辩护人和其他诉讼参与人的权利保障制度。

依法保障当事人和其他诉讼参与人的知情权、陈述权、辩论辩护权、申请权、申诉权。犯罪嫌疑人、被告人有权获得辩护，人民法院、人民检察院、公安机关、国家安全机关有义务保证犯罪嫌疑人、被告人获得辩护。

依法保障辩护人会见、阅卷、收集证据和发问、质证、辩论辩护等权利，完善便利辩护人参与诉讼的工作机制。

十八、辩护人或者其他任何人，不得帮助犯罪嫌疑人、被告人隐匿、毁灭、伪造证据或者串供，不得威胁、引诱证人作伪证以及进行其他干扰司法机关诉讼活动的行为。对于实施上述行为的，应当依法追究法律责任。

十九、当事人、诉讼参与人和旁听人员在庭审活动中应当服从审判长或独任审判员的指挥，遵守法庭纪律。对扰乱法庭秩序、危及法庭安全等违法行为，应当依法处理；构成犯罪的，依法追究刑事责任。

二十、建立法律援助值班律师制度，法律援助机构在看守所、人民法院派驻值班律师，为犯罪嫌疑人、被告人提供法律帮助。

完善法律援助制度，健全依申请法律援助工作机制和办案机关通知辩护工作机制。对未履行通知或者指派辩护职责的办案人员，严格实行责任追究。

二十一、推进案件繁简分流，优化司法资源配置。完善刑事案件速裁程序和认罪认罚从宽制度，对案件事实清楚、证据充分的轻微刑事案件，或者犯罪嫌疑人、被告人自愿认罪认罚的，可以适用速裁程序、简易程序或者普通程序简化审理。

最高人民法院、最高人民检察院、公安部、国家安全部、司法部关于办理死刑案件审查判断证据若干问题的规定

（2010 年 6 月 13 日公布，2010 年 7 月 1 日起施行　法发〔2010〕20 号）

为依法、公正、准确、慎重地办理死刑案件，惩罚犯罪，保障人权，根据《中华人民共和国刑事诉讼法》等有关法律规定，结合司法实际，制定本规定。

一、一般规定

第一条　办理死刑案件，必须严格执行刑法和刑事诉讼法，切实做到事实清楚，证据确实、充分，程序合法，适用法律正确，确保案件质量。

第二条　认定案件事实，必须以证据为根据。

第三条　侦查人员、检察人员、审判人员应当严格遵守法定程序，全面、客观地收集、审查、核实和认定证据。

第四条　经过当庭出示、辨认、质证等法庭调查程序查证属实的证据，才能作为定罪量刑的根据。

第五条　办理死刑案件，对被告人犯罪事实的认定，必须达到证据确实、充分。证据确实、充分是指：

（一）定罪量刑的事实都有证据证明；

（二）每一个定案的证据均已经法定程序查证属实；

（三）证据与证据之间、证据与案件事实之间不存在矛盾或者矛盾得以合理排除；

（四）共同犯罪案件中，被告人的地位、作用均已查清；

（五）根据证据认定案件事实的过程符合逻辑和经验规则，由证据得出的结论为唯一结论。

办理死刑案件，对于以下事实的证明必须达到证据确实、充分：

（一）被指控的犯罪事实的发生；

（二）被告人实施了犯罪行为与被告人实施犯罪行为的时间、地点、手段、后果以及其他情节；

（三）影响被告人定罪的身份情况；

（四）被告人有刑事责任能力；

（五）被告人的罪过；

（六）是否共同犯罪及被告人在共同犯罪中的地位、作用；

（七）对被告人从重处罚的事实。

二、证据的分类审查与认定

1、物证、书证

第六条　对物证、书证应当着重审查以下内容：

（一）物证、书证是否为原物、原件，物证的照片、录像或者复制品及书证的副本、复制件与原物、原件是否相符；物证、书证是否经过辨认、鉴定；物证的照片、录像或者复制品和书证的副本、复制件是否由二人以上制作，有无制作人关于制作过程及原件、原物存放于何处的文字说明及签名。

（二）物证、书证的收集程序、方式是否符合法律及有关规定；经勘验、检查、搜查提取、扣押的物证、书证，是否附有相关笔录或者清单；笔录或者清单是否有侦查人员、物品持有人、见证人签名，没有物品持有人签名的，是否注明原因；对物品的特征、数量、质量、名称等注明是否清楚。

（三）物证、书证在收集、保管及鉴定过程中是否受到破坏或者改变。

（四）物证、书证与案件事实有无关联。对现场遗留与犯罪有关的具备检验鉴定条件的血迹、指纹、毛发、体液等生物物证、痕迹、物品，是否通过 DNA 鉴定、指纹鉴定等鉴定方式与被告人或者被害人的相应生物检材、生物特征、物品等作同一认定。

（五）与案件事实有关联的物证、书证是否全面收集。

第七条　对在勘验、检查、搜查中发现与案件事实可能有关联的血迹、指纹、足迹、字迹、毛发、体液、人体组织等痕迹和物品应当提取而没有提取，应当检验而没有检验，导致案件事实存疑的，人民法院应当向人民检察院说明情况，人民检察院依法可以补充收集、调取证据，作出合理的说明或者退回侦查机关补充侦查，调取有关证据。

第八条　据以定案的物证应当是原物。只有在原物不便搬运、不易保存或者依法应当由有关部门保管、处理或者依法应当返还时，才可以拍摄或者制作足以反映原物外形或者内容的照片、录像或者复制品。物证的照片、录像或者复制品，经与原物核实无误或者经鉴定证明为真实的，或者以其他方式确能证明其真实的，可以作为定案的根据。原物的照片、录像或者复制品，不能反映原物的外形和特征的，不能作为定案的根据。

据以定案的书证应当是原件。只有在取得原件确有困难时，才可以使用副本或者复制件。书证的副本、复制件，经与原件核实无误或者经鉴定证明为真实的，或者以其他方式确能证明其真实的，可以作为定案的根据。书证有更改或者更改迹象不能作出合理解释的，书证的副本、复制件不能反映书证原件及其内容的，不能作为定案的根据。

第九条　经勘验、检查、搜查提取、扣押的物证、书证，未附有勘验、检查笔录，搜查笔录，提取笔录，扣押清单，不能证明物证、书证来源的，不能作为定案的根据。

物证、书证的收集程序、方式存在下列瑕疵，通过有关办案人员的补正或者作出合理解释的，可以采用：

（一）收集调取的物证、书证，在勘验、检查笔录，搜查笔录，提取笔录，扣押清单上没有侦查人员、物品持有人、见证人签名或者物品特征、数量、质量、名称等注明不详的；

（二）收集调取物证照片、录像或者复制品，书证的副本、复制件未注明与原件核对无异，无复制时间、无被收集、调取人（单位）签名（盖章）的；

（三）物证照片、录像或者复制品，书证的副本、复制件没有制作人关于制作过程及原物、原件存放于何处的说明或者说明中无签名的；

（四）物证、书证的收集程序、方式存在其他瑕疵的。

对物证、书证的来源及收集过程有疑问，不能作出合理解释的，该物证、书证不能作为定案的根据。

第十条　具备辨认条件的物证、书证应当交由当事人或者证人进行辨认，必要时应当进行鉴定。

2、证人证言

第十一条　对证人证言应当着重审查以下内容：

（一）证言的内容是否为证人直接感知。

（二）证人作证时的年龄、认知水平、记忆能力和表达能力，生理上和精神上的状态是否影响作证。

（三）证人与案件当事人、案件处理结果有无利害关系。

（四）证言的取得程序、方式是否符合法律及有关规定：有无使用暴力、威胁、引诱、欺骗以及其他非法手段取证的情形；有无违反询问证人应当个别进行的规定；笔录是否经证人核对确认并签名（盖章）、捺指印；询问未成年证人，是否通知了其法定代理人到场，其法定代理人是否在场等。

（五）证人证言之间以及与其他证据之间能否相互印证，有无矛盾。

第十二条　以暴力、威胁等非法手段取得的证人证言，不能作为定案的根据。

处于明显醉酒、麻醉品中毒或者精神药物麻醉状态，以致不能正确表达的证人所提供的证言，不能作为定案的根据。

证人的猜测性、评论性、推断性的证言，不能作为证据使用，但根据一般生活经验判断符合事实的除外。

第十三条　具有下列情形之一的证人证言，不能作为定案的根据：

（一）询问证人没有个别进行而取得的证言；

（二）没有经证人核对确认并签名（盖章）、捺指印的书面证言；

（三）询问聋哑人或者不通晓当地通用语言、文字的少数民族人员、外国人，应当提供翻译而未提供的。

第十四条　证人证言的收集程序和方式有下列瑕疵，通过有关办案人员的补正或者作出合理解释的，可以采用：

（一）没有填写询问人、记录人、法定代理人姓名或者询问的起止时间、地点的；

（二）询问证人的地点不符合规定的；

（三）询问笔录没有记录告知证人应当如实提供证言和有意作伪证或者隐匿罪证要负法律责任内容的；

（四）询问笔录反映出在同一时间段内，同一询问人员询问不同证人的。

第十五条　具有下列情形的证人，人民法院应当通知出庭作证；经依法通知不出庭作证证人的书面证言经质证无法确认的，不能作为定案的根据：

（一）人民检察院、被告人及其辩护人对证人证言有异议，该证人证言对定罪量刑有重大影响的；

（二）人民法院认为其他应当出庭作证的。

证人在法庭上的证言与其庭前证言相互矛盾，如果证人当庭能够对其翻证作出合理解释，并有相关证据印证的，应当采信庭审证言。

对未出庭作证证人的书面证言，应当听取出庭检察人员、被告人及其辩护人的意见，并结合其他证据综合判断。未出庭作证证人的书面证言出现矛盾，不能排除矛盾且无证据印证的，不能作为定案的根据。

第十六条　证人作证，涉及国家秘密或者个人隐私的，应当保守秘密。

证人出庭作证，必要时，人民法院可以采取限制公开证人信息、限制询问、遮蔽容貌、改变声音等保护性措施。

3、被害人陈述

第十七条　对被害人陈述的审查与认定适用前述关于证人证言的有关规定。

4、被告人供述和辩解

第十八条　对被告人供述和辩解应当着重审查以下内容：

（一）讯问的时间、地点、讯问人的身份等是否符合法律及有关规定，讯问被告人的侦查人员是否不少于二人，讯问被告人是否个别进行等。

（二）讯问笔录的制作、修改是否符合法律及有关规定，讯问笔录是否注明讯问的起止时间和讯问地点，首次讯问时是否告知被告人申请回避、聘请律师等诉讼权利，被告人是否核对确认并签名（盖章）、捺指印，是否有不少于二人的讯问人签名等。

（三）讯问聋哑人、少数民族人员、外国人时是否提供了通晓聋、哑手势的人员或者翻译人员，讯问未成年同案犯时，是否通知了其法定代理人到场，其法定代理人是否在场。

（四）被告人的供述有无以刑讯逼供等非法手段获取的情形，必要时可以调取被告人进出看守所的健康检查记录、笔录。

（五）被告人的供述是否前后一致，有无反复以及出现反复的原因；被告人的所有供述和辩解是否均已收集入卷；应当入卷的供述和辩解没有入卷的，是否出具了相关说明。

（六）被告人的辩解内容是否符合案情和常理，有无矛盾。

（七）被告人的供述和辩解与同案犯的供述和辩解以及其他证据能否相互印证，有无矛盾。对于上述内容，侦查机关随案移送有录音录像资料的，应当结合相关录音录像资料进行审查。

第十九条　采用刑讯逼供等非法手段取得的被告人供述，不能作为定案的根据。

第二十条　具有下列情形之一的被告人供述，不能作为定案的根据：

（一）讯问笔录没有经被告人核对确认并签名（盖章）、捺指印的；

（二）讯问聋哑人、不通晓当地通用语言、文字的人员时，应当提供通晓聋、哑手势的人员或者翻译人员而未提供的。

第二十一条　讯问笔录有下列瑕疵，通过有关办案人员的补正或者作出合理解释的，可以采用：

（一）笔录填写的讯问时间、讯问人、记录人、法定代理人等有误或者存在矛盾的；

（二）讯问人没有签名的；

（三）首次讯问笔录没有记录告知被讯问人诉讼权利内容的。

第二十二条　对被告人供述和辩解的审查，应当结合控辩双方提供的所有证据以及被告人本人的全部供述和辩解进行。

被告人庭前供述一致，庭审中翻供，但被告人不能合理说明翻供理由或者其辩解与全案证据相矛盾，而庭前供述与其他证据能够相互印证的，可以采信被告人庭前供述。

被告人庭前供述和辩解出现反复，但庭审中供认的，且庭审中的供述与其他证据能够印证的，可以采信庭审中的供述；被告人庭前供述和辩解出现反复，庭审中不供认，且无其他证据与庭前供述印证的，不能采信庭前供述。

5、鉴定意见

第二十三条　对鉴定意见应当着重审查以下内容：

（一）鉴定人是否存在应当回避而未回避的情形。

（二）鉴定机构和鉴定人是否具有合法的资质。

（三）鉴定程序是否符合法律及有关规定。

（四）检材的来源、取得、保管、送检是否符合法律及有关规定，与相关提取笔录、扣押物品清单等记载的内容是否相符，检材是否充足、可靠。

（五）鉴定的程序、方法、分析过程是否符合本专业的检验鉴定规程和技术方法要求。

（六）鉴定意见的形式要件是否完备，是否注明提起鉴定的事由、鉴定委托人、鉴定机构、鉴定要求、鉴定过程、检验方法、鉴定文书的日期等相关内容，是否由鉴定机构加盖鉴定专用章并由鉴定人签名盖章。

（七）鉴定意见是否明确。

（八）鉴定意见与案件待证事实有无关联。

（九）鉴定意见与其他证据之间是否有矛盾，鉴定意见与检验笔录及相关照片是否有矛盾。

（十）鉴定意见是否依法及时告知相关人员，当事人对鉴定意见是否有异议。

第二十四条　鉴定意见具有下列情形之一的，不能作为定案的根据：

（一）鉴定机构不具备法定的资格和条件，或者鉴定事项超出本鉴定机构项目范围或者鉴定能力的；

（二）鉴定人不具备法定的资格和条件、鉴定人不具有相关专业技术或者职称、鉴定人违反回避规定的；

（三）鉴定程序、方法有错误的；

（四）鉴定意见与证明对象没有关联的；

（五）鉴定对象与送检材料、样本不一致的；

（六）送检材料、样本来源不明或者确实被污染且不具备鉴定条件的；

（七）违反有关鉴定特定标准的；

（八）鉴定文书缺少签名、盖章的；

（九）其他违反有关规定的情形。对鉴定意见有疑问的，人民法院应当依法通知鉴定人出庭作证或者由其出具相关说明，也可以依法补充鉴定或者重新鉴定。

6、勘验、检查笔录

第二十五条　对勘验、检查笔录应当着重审查以下内容：

（一）勘验、检查是否依法进行，笔录的制作是否符合法律及有关规定的要求，勘验、检查人员和见证人是否签名或者盖章等。

（二）勘验、检查笔录的内容是否全面、详细、准确、规范：是否准确记录了提起勘验、检查的事由，勘验、检查的时间、地点，在场人员、现场方位、周围环境等情况；是否准确记载了现场、物品、人身、尸体等的位置、特征等详细情况以及勘验、检查、搜查的过程；文字记载与实物或者绘图、录像、照片是否相符；固定证据的形式、方法是否科学、规范；现场、物品、痕迹等是否被破坏或者伪造，是否是原始现场；人身特征、伤害情况、生理状况有无伪装或者变化等。

（三）补充进行勘验、检查的，前后勘验、检查的情况是否有矛盾，是否说明了再次勘验、检查的原由。

（四）勘验、检查笔录中记载的情况与被告人供述、被害人陈述、鉴定意见等其他证据能否印证，有无矛盾。

第二十六条　勘验、检查笔录存在明显不符合法律及有关规定的情形，并且不能作出合理解释或者说明的，不能作为证据使用。

勘验、检查笔录存在勘验、检查没有见证人的，勘验、检查人员和见证人没有签名、盖章的，勘验、检查人员违反回避规定的等情形，应当结合案件其他证据，审查其真实性和关联性。

7、视听资料

第二十七条　对视听资料应当着重审查以下内容：

（一）视听资料的来源是否合法，制作过程中当事人有无受到威胁、引诱等违反法律及有关规定的情形；

（二）是否载明制作人或者持有人的身份，制作的时间、地点和条件以及制作方法；

（三）是否为原件，有无复制及复制份数；调取的视听资料是复制件的，是否附有无法调取原件的原因、制作过程和原件存放地点的说明，是否有制作人和原视听资料持有人签名或者盖章；

（四）内容和制作过程是否真实，有无经过剪辑、增加、删改、编辑等伪造、变造情形；

（五）内容与案件事实有无关联性。

对视听资料有疑问的，应当进行鉴定。

对视听资料，应当结合案件其他证据，审查其真实性和关联性。

第二十八条　具有下列情形之一的视听资料，不能作为定案的根据：

（一）视听资料经审查或者鉴定无法确定真伪的；

（二）对视听资料的制作和取得的时间、地点、方式等有异议，不能作出合理解释或者提供必要证明的。

8、其他规定

第二十九条　对于电子邮件、电子数据交换、网上聊天记录、网络博客、手机短信、电子签名、域名等电子证据，应当主要审查以下内容：

（一）该电子证据存储磁盘、存储光盘等可移动存储介质是否与打印件一并提交；

（二）是否载明该电子证据形成的时间、地点、对象、制作人、制作过程及设备情况等；

（三）制作、储存、传递、获得、收集、出示等程序和环节是否合法，取证人、制作人、持有人、见证人等是否签名或者盖章；

（四）内容是否真实，有无剪裁、拼凑、篡改、添加等伪造、变造情形；

（五）该电子证据与案件事实有无关联性。

对电子证据有疑问的，应当进行鉴定。对电子证据，应当结合案件其他证据，审查其真实性和关联性。

第三十条　侦查机关组织的辨认，存在下列情形之一的，应当严格审查，不能确定其真实性的，辨认结果不能作为定案的根据：

（一）辨认不是在侦查人员主持下进行的；

（二）辨认前使辨认人见到辨认对象的；

（三）辨认人的辨认活动没有个别进行的；

（四）辨认对象没有混杂在具有类似特征的其他对象中，或者供辨认的对象数量不符合规定的；尸体、场所等特定辨认对象除外。

（五）辨认中给辨认人明显暗示或者明显有指认嫌疑的。

有下列情形之一的，通过有关办案人员的补正或者作出合理解释的，辨认结果可以作为证据使用：

（一）主持辨认的侦查人员少于二人的；

（二）没有向辨认人详细询问辨认对象的具体特征的；

（三）对辨认经过和结果没有制作专门的规范的辨认笔录，或者辨认笔录没有侦查人员、辨认人、见证人的签名或者盖章的；

（四）辨认记录过于简单，只有结果没有过程的；

（五）案卷中只有辨认笔录，没有被辨认对象的照片、录像等资料，无法获悉辨认的真实情况的。

第三十一条　对侦查机关出具的破案经过等材料，应当审查是否有出具该说明材料的办案人、办案机关的签字或者盖章。

对破案经过有疑问，或者对确定被告人有重大嫌疑的根据有疑问的，应当要求侦查机关补充说明。

三、证据的综合审查和运用

第三十二条　对证据的证明力，应当结合案件的具体情况，从各证据与待证事实的关联程度、各证据之间的联系等方面进行审查判断。

证据之间具有内在的联系，共同指向同一待证事实，且能合理排除矛盾的，才能作为定案的根据。

第三十三条　没有直接证据证明犯罪行为系被告人实施，但同时符合下列条件的可以认定被告人有罪：

（一）据以定案的间接证据已经查证属实；

（二）据以定案的间接证据之间相互印证，不存在无法排除的矛盾和无法解释的疑问；

（三）据以定案的间接证据已经形成完整的证明体系；

（四）依据间接证据认定的案件事实，结论是唯一的，足以排除一切合理怀疑；

（五）运用间接证据进行的推理符合逻辑和经验判断。

根据间接证据定案的，判处死刑应当特别慎重。

第三十四条　根据被告人的供述、指认提取到了隐蔽性很强的物证、书证，且与其他证明犯罪事实发生的证据互相印证，并排除串供、逼供、诱供等可能性的，可以认定有罪。

第三十五条　侦查机关依照有关规定采用特殊侦查措施所收集的物证、书证及其他证据材料，经法庭查证属实，可以作为定案的根据。

法庭依法不公开特殊侦查措施的过程及方法。

第三十六条　在对被告人作出有罪认定后，人民法院认定被告人的量刑事实，除审查法定情节外，还应审查以下影响量刑的情节：

（一）案件起因；

（二）被害人有无过错及过错程度，是否对矛盾激化负有责任及责任大小；

（三）被告人的近亲属是否协助抓获被告人；

（四）被告人平时表现及有无悔罪态度；

（五）被害人附带民事诉讼赔偿情况，被告人是否取得被害人或者被害人近亲属谅解；

（六）其他影响量刑的情节。

既有从轻、减轻处罚等情节，又有从重处罚等情节的，应当依法综合相关情节予以考虑。

不能排除被告人具有从轻、减轻处罚等量刑情节的，判处死刑应当特别慎重。

第三十七条　对于有下列情形的证据应当慎重使用，有其他证据印证的，可以采信：

（一）生理上、精神上有缺陷的被害人、证人和被告人，在对案件事实的认知和表达上存在一定困难，但尚未丧失正确认知、正确表达能力而作的陈述、证言和供述；

（二）与被告人有亲属关系或者其他密切关系的证人所作的对该被告人有利的证言，或者与被告人有利害冲突的证人所作的对该被告人不利的证言。

第三十八条　法庭对证据有疑问的，可以告知出庭检察人员、被告人及其辩护人补充证据或者作出说明；确有核实必要的，可以宣布休庭，对证据进行调查核实。法庭进行庭外调查时，必要时，可以通知出庭检察人员、辩护人到场。出庭检察人员、辩护人一方或者双方不到场的，法庭记录在案。

人民检察院、辩护人补充的和法庭庭外调查核实取得的证据，法庭可以庭外征求出庭检察人员、辩护人的意见。双方意见不一致，有一方要求人民法院开庭进行调查的，人民法院应当开庭。

第三十九条　被告人及其辩护人提出有自首的事实及理由，有关机关未予认定的，应当要求有关机关提供证明材料或者要求相关人员作证，并结合其他证据判断自首是否成立。

被告人是否协助或者如何协助抓获同案犯的证明材料不全，导致无法认定被告人构成立功的，应当要求有关机关提供证明材料或者要求相关人员作证，并结合其他证据判断立功是否成立。

被告人有检举揭发他人犯罪情形的，应当审查是否已经查证属实；尚未查证的，应当及时查证。

被告人累犯的证明材料不全，应当要求有关机关提供证明材料。

第四十条　审查被告人实施犯罪时是否已满十八周岁，一般应当以户籍证明为依据；对户籍证明有异议，并有经查证属实的出生证明文件、无利害关系人的证言等证据证明被告人不满十八周岁的，应认定被告人不满十八周岁；没有户籍证明以及出生证明文件的，应当根据人口普查登记、无利害关系人的证言等证据综合进行判断，必要时，可以进行骨龄鉴定，并将结果作为判断被告人年龄的参考。

未排除证据之间的矛盾，无充分证据证明被告人实施被指控的犯罪时已满十八周岁且确实无法查明的，不能认定其已满十八周岁。

第四十一条　本规定自二〇一〇年七月一日起施行。

最高人民法院、最高人民检察院、公安部
关于办理刑事案件收集提取和审查判断
电子数据若干问题的规定

（2016 年 9 月 9 日公布，2016 年 10 月 1 日起施行　法发〔2016〕22 号）

为规范电子数据的收集提取和审查判断，提高刑事案件办理质量，根据《中华人民共和国刑事诉讼法》等有关法律规定，结合司法实际，制定本规定。

一、一般规定

第一条　电子数据是案件发生过程中形成的，以数字化形式存储、处理、传输的，能够证明案件事实的数据。

电子数据包括但不限于下列信息、电子文件：

（一）网页、博客、微博客、朋友圈、贴吧、网盘等网络平台发布的信息；

（二）手机短信、电子邮件、即时通信、通讯群组等网络应用服务的通信信息；

（三）用户注册信息、身份认证信息、电子交易记录、通信记录、登录日志等信息；

（四）文档、图片、音视频、数字证书、计算机程序等电子文件。

以数字化形式记载的证人证言、被害人陈述以及犯罪嫌疑人、被告人供述和辩解等证据，不属于电子数据。确有必要的，对相关证据的收集、提取、移送、审查，可以参照适用本规定。

第二条　侦查机关应当遵守法定程序，遵循有关技术标准，全面、客观、及时地收集、提取电子数据；人民检察院、人民法院应当围绕真实性、合法性、关联性审查判断电子数据。

第三条　人民法院、人民检察院和公安机关有权依法向有关单位和个人收集、调取电子数据。有关单位和个人应当如实提供。

第四条　电子数据涉及国家秘密、商业秘密、个人隐私的，应当保密。

第五条　对作为证据使用的电子数据，应当采取以下一种或者几种方法保护电子数据的完整性：

（一）扣押、封存电子数据原始存储介质；

（二）计算电子数据完整性校验值；

（三）制作、封存电子数据备份；

（四）冻结电子数据；

（五）对收集、提取电子数据的相关活动进行录像；

（六）其他保护电子数据完整性的方法。

第六条　初查过程中收集、提取的电子数据，以及通过网络在线提取的电子数据，可以作为证据使用。

二、电子数据的收集与提取

第七条　收集、提取电子数据，应当由二名以上侦查人员进行。取证方法应当符合相关技术标准。

第八条　收集、提取电子数据，能够扣押电子数据原始存储介质的，应当扣押、封存原始存储介质，并制作笔录，记录原始存储介质的封存状态。

封存电子数据原始存储介质，应当保证在不解除封存状态的情况下，无法增加、删除、修改电子数据。封存前后应当拍摄被封存原始存储介质的照片，清晰反映封口或者张贴封条处的状况。

封存手机等具有无线通信功能的存储介质，应当采取信号屏蔽、信号阻断或者切断电源等措施。

第九条　具有下列情形之一，无法扣押原始存储介质的，可以提取电子数据，但应当在笔录中注明不能扣押原始存储介质的原因、原始存储介质的存放地点或者电子数据的来源等情况，并计算电子数据的完整性校验值：

（一）原始存储介质不便封存的；

（二）提取计算机内存数据、网络传输数据等不是存储在存储介质上的电子数据的；

（三）原始存储介质位于境外的；

（四）其他无法扣押原始存储介质的情形。

对于原始存储介质位于境外或者远程计算机信息系统上的电子数据，可以通过网络在线提取。

为进一步查明有关情况，必要时，可以对远程计算机信息系统进行网络远程勘验。进行网络远程勘验，需要采取技术侦查措施的，应当依法经过严格的批准手续。

第十条 由于客观原因无法或者不宜依据第八条、第九条的规定收集、提取电子数据的，可以采取打印、拍照或者录像等方式固定相关证据，并在笔录中说明原因。

第十一条 具有下列情形之一的，经县级以上公安机关负责人或者检察长批准，可以对电子数据进行冻结：

（一）数据量大，无法或者不便提取的；

（二）提取时间长，可能造成电子数据被篡改或者灭失的；

（三）通过网络应用可以更为直观地展示电子数据的；

（四）其他需要冻结的情形。

第十二条 冻结电子数据，应当制作协助冻结通知书，注明冻结电子数据的网络应用账号等信息，送交电子数据持有人、网络服务提供者或者有关部门协助办理。解除冻结的，应当在三日内制作协助解除冻结通知书，送交电子数据持有人、网络服务提供者或者有关部门协助办理。

冻结电子数据，应当采取以下一种或者几种方法：

（一）计算电子数据的完整性校验值；

（二）锁定网络应用账号；

（三）其他防止增加、删除、修改电子数据的措施。

第十三条 调取电子数据，应当制作调取证据通知书，注明需要调取电子数据的相关信息，通知电子数据持有人、网络服务提供者或者有关部门执行。

第十四条 收集、提取电子数据，应当制作笔录，记录案由、对象、内容、收集、提取电子数据的时间、地点、方法、过程，并附电子数据清单，注明类别、文件格式、完整性校验值等，由侦查人员、电子数据持有人（提供人）签名或者盖章；电子数据持有人（提供人）无法签名或者拒绝签名的，应当在笔录中注明，由见证人签名或者盖章。有条件的，应当对相关活动进行录像。

第十五条　收集、提取电子数据，应当根据刑事诉讼法的规定，由符合条件的人员担任见证人。由于客观原因无法由符合条件的人员担任见证人的，应当在笔录中注明情况，并对相关活动进行录像。

针对同一现场多个计算机信息系统收集、提取电子数据的，可以由一名见证人见证。

第十六条　对扣押的原始存储介质或者提取的电子数据，可以通过恢复、破解、统计、关联、比对等方式进行检查。必要时，可以进行侦查实验。

电子数据检查，应当对电子数据存储介质拆封过程进行录像，并将电子数据存储介质通过写保护设备接入到检查设备进行检查；有条件的，应当制作电子数据备份，对备份进行检查；无法使用写保护设备且无法制作备份的，应当注明原因，并对相关活动进行录像。

电子数据检查应当制作笔录，注明检查方法、过程和结果，由有关人员签名或者盖章。进行侦查实验的，应当制作侦查实验笔录，注明侦查实验的条件、经过和结果，由参加实验的人员签名或者盖章。

第十七条　对电子数据涉及的专门性问题难以确定的，由司法鉴定机构出具鉴定意见，或者由公安部指定的机构出具报告。对于人民检察院直接受理的案件，也可以由最高人民检察院指定的机构出具报告。

具体办法由公安部、最高人民检察院分别制定。

三、电子数据的移送与展示

第十八条　收集、提取的原始存储介质或者电子数据，应当以封存状态随案移送，并制作电子数据的备份一并移送。

对网页、文档、图片等可以直接展示的电子数据，可以不随案移送打印件；人民法院、人民检察院因设备等条件限制无法直接展示电子数据的，侦查机关应当随案移送打印件，或者附展示工具和展示方法说明。

对冻结的电子数据，应当移送被冻结电子数据的清单，注明类别、文件格式、冻结主体、证据要点、相关网络应用账号，并附查看工具和方法的说明。

第十九条　对侵入、非法控制计算机信息系统的程序、工具以及计算机病毒等无法直接展示的电子数据，应当附电子数据属性、功能等情况的说明。

对数据统计量、数据同一性等问题，侦查机关应当出具说明。

第二十条　公安机关报请人民检察院审查批准逮捕犯罪嫌疑人，或者对侦查终结的案件移送人民检察院审查起诉的，应当将电子数据等证据一并移送人民检察院。人民检察院在审查批准逮捕和审查起诉过程中发现应当移送的电子数据没有移送或者移送的电子数据不符合相关要求的，应当通知公安机关补充移送或者进行补正。

对于提起公诉的案件，人民法院发现应当移送的电子数据没有移送或者移送的电子数据不符合相关要求的，应当通知人民检察院。

公安机关、人民检察院应当自收到通知后三日内移送电子数据或者补充有关材料。

第二十一条　控辩双方向法庭提交的电子数据需要展示的，可以根据电子数据的具体类型，借助多媒体设备出示、播放或者演示。必要时，可以聘请具有专门知识的人进行操作，并就相关技术问题作出说明。

四、电子数据的审查与判断

第二十二条　对电子数据是否真实，应当着重审查以下内容：

（一）是否移送原始存储介质；在原始存储介质无法封存、不便移动时，有无说明原因，并注明收集、提取过程及原始存储介质的存放地点或者电子数据的来源等情况；

（二）电子数据是否具有数字签名、数字证书等特殊标识；

（三）电子数据的收集、提取过程是否可以重现；

（四）电子数据如有增加、删除、修改等情形的，是否附有说明；

（五）电子数据的完整性是否可以保证。

第二十三条　对电子数据是否完整，应当根据保护电子数据完整性的相应方法进行验证：

（一）审查原始存储介质的扣押、封存状态；

（二）审查电子数据的收集、提取过程，查看录像；

（三）比对电子数据完整性校验值；

（四）与备份的电子数据进行比较；

（五）审查冻结后的访问操作日志；

（六）其他方法。

第二十四条　对收集、提取电子数据是否合法，应当着重审查以下内容：

（一）收集、提取电子数据是否由二名以上侦查人员进行，取证方法是否符合相关技术标准；

（二）收集、提取电子数据，是否附有笔录、清单，并经侦查人员、电子数据持有人（提供人）、见证人签名或者盖章；没有持有人（提供人）签名或者盖章的，是否注明原因；对电子数据的类别、文件格式等是否注明清楚；

（三）是否依照有关规定由符合条件的人员担任见证人，是否对相关活动进行录像；

（四）电子数据检查是否将电子数据存储介质通过写保护设备接入到检查设备；有条件的，是否制作电子数据备份，并对备份进行检查；无法制作备份且无法使用写保护设备的，是否附有录像。

第二十五条 认定犯罪嫌疑人、被告人的网络身份与现实身份的同一性，可以通过核查相关 IP 地址、网络活动记录、上网终端归属、相关证人证言以及犯罪嫌疑人、被告人供述和辩解等进行综合判断。

认定犯罪嫌疑人、被告人与存储介质的关联性，可以通过核查相关证人证言以及犯罪嫌疑人、被告人供述和辩解等进行综合判断。

第二十六条 公诉人、当事人或者辩护人、诉讼代理人对电子数据鉴定意见有异议，可以申请人民法院通知鉴定人出庭作证。人民法院认为鉴定人有必要出庭的，鉴定人应当出庭作证。

经人民法院通知，鉴定人拒不出庭作证的，鉴定意见不得作为定案的根据。对没有正当理由拒不出庭作证的鉴定人，人民法院应当通报司法行政机关或者有关部门。

公诉人、当事人或者辩护人、诉讼代理人可以申请法庭通知有专门知识的人出庭，就鉴定意见提出意见。

对电子数据涉及的专门性问题的报告，参照适用前三款规定。

第二十七条 电子数据的收集、提取程序有下列瑕疵，经补正或者作出合理解释的，可以采用；不能补正或者作出合理解释的，不得作为定案的根据：

（一）未以封存状态移送的；

（二）笔录或者清单上没有侦查人员、电子数据持有人（提供人）、见证人签名或者盖章的；

（三）对电子数据的名称、类别、格式等注明不清的；

（四）有其他瑕疵的。

第二十八条　电子数据具有下列情形之一的，不得作为定案的根据：

（一）电子数据系篡改、伪造或者无法确定真伪的；

（二）电子数据有增加、删除、修改等情形，影响电子数据真实性的；

（三）其他无法保证电子数据真实性的情形。

五、附则

第二十九条　本规定中下列用语的含义：

（一）存储介质，是指具备数据信息存储功能的电子设备、硬盘、光盘、优盘、记忆棒、存储卡、存储芯片等载体。

（二）完整性校验值，是指为防止电子数据被篡改或者破坏，使用散列算法等特定算法对电子数据进行计算，得出的用于校验数据完整性的数据值。

（三）网络远程勘验，是指通过网络对远程计算机信息系统实施勘验，发现、提取与犯罪有关的电子数据，记录计算机信息系统状态，判断案件性质，分析犯罪过程，确定侦查方向和范围，为侦查破案、刑事诉讼提供线索和证据的侦查活动。

（四）数字签名，是指利用特定算法对电子数据进行计算，得出的用于验证电子数据来源和完整性的数据值。

（五）数字证书，是指包含数字签名并对电子数据来源、完整性进行认证的电子文件。

（六）访问操作日志，是指为审查电子数据是否被增加、删除或者修改，出计算机信息系统自动生成的对电子数据访问、操作情况的详细记录。

第三十条　本规定自 2016 年 10 月 1 日起施行。之前发布的规范性文件与本规定不一致的，以本规定为准。

最高人民法院、最高人民检察院、公安部
关于办理信息网络犯罪案件适用刑事诉讼程序若干问题的意见

（2022年8月26日公布，2022年9月1日起施行　法发〔2022〕23号）

为依法惩治信息网络犯罪活动，根据《中华人民共和国刑法》《中华人民共和国刑事诉讼法》以及有关法律、司法解释的规定，结合侦查、起诉、审判实践，现就办理此类案件适用刑事诉讼程序问题提出以下意见。

一、关于信息网络犯罪案件的范围

1. 本意见所称信息网络犯罪案件包括：

（1）危害计算机信息系统安全犯罪案件；

（2）拒不履行信息网络安全管理义务、非法利用信息网络、帮助信息网络犯罪活动的犯罪案件；

（3）主要行为通过信息网络实施的诈骗、赌博、侵犯公民个人信息等其他犯罪案件。

二、关于信息网络犯罪案件的管辖

2. 信息网络犯罪案件由犯罪地公安机关立案侦查。必要时，可以由犯罪嫌疑人居住地公安机关立案侦查。

信息网络犯罪案件的犯罪地包括用于实施犯罪行为的网络服务使用的服务器所在地，网络服务提供者所在地，被侵害的信息网络系统及其管理者所在地，犯罪过程中犯罪嫌疑人、被害人或者其他涉案人员使用的信息网络系统所在地，被害人被侵害时所在地以及被害人财产遭受损失地等。

涉及多个环节的信息网络犯罪案件，犯罪嫌疑人为信息网络犯罪提供帮助的，其犯罪地、居住地或者被帮助对象的犯罪地公安机关可以立案侦查。

3. 有多个犯罪地的信息网络犯罪案件，由最初受理的公安机关或者主要犯罪地公安机关立案侦查。有争议的，按照有利于查清犯罪事实、有利于诉讼的原则，协商解决；经协商无法达成一致的，由共同上级公安机关

619

指定有关公安机关立案侦查。需要提请批准逮捕、移送审查起诉、提起公诉的，由立案侦查的公安机关所在地的人民检察院、人民法院受理。

4. 具有下列情形之一的，公安机关、人民检察院、人民法院可以在其职责范围内并案处理：

（1）一人犯数罪的；

（2）共同犯罪的；

（3）共同犯罪的犯罪嫌疑人、被告人还实施其他犯罪的；

（4）多个犯罪嫌疑人、被告人实施的犯罪行为存在关联，并案处理有利于查明全部案件事实的。

对为信息网络犯罪提供程序开发、互联网接入、服务器托管、网络存储、通讯传输等技术支持，或者广告推广、支付结算等帮助，涉嫌犯罪的，可以依照第一款的规定并案侦查。

有关公安机关依照前两款规定并案侦查的案件，需要提请批准逮捕、移送审查起诉、提起公诉的，由该公安机关所在地的人民检察院、人民法院受理。

5. 并案侦查的共同犯罪或者关联犯罪案件，犯罪嫌疑人人数众多、案情复杂的，公安机关可以分案移送审查起诉。分案移送审查起诉的，应当对并案侦查的依据、分案移送审查起诉的理由作出说明。

对于前款规定的案件，人民检察院可以分案提起公诉，人民法院可以分案审理。

分案处理应当以有利于保障诉讼质量和效率为前提，并不得影响当事人质证权等诉讼权利的行使。

6. 依照前条规定分案处理，公安机关、人民检察院、人民法院在分案前有管辖权的，分案后对相关案件的管辖权不受影响。根据具体情况，分案处理的相关案件可以由不同审级的人民法院分别审理。

7. 对于共同犯罪或者已并案侦查的关联犯罪案件，部分犯罪嫌疑人未到案，但不影响对已到案共同犯罪或者关联犯罪的犯罪嫌疑人、被告人的犯罪事实认定的，可以先行追究已到案犯罪嫌疑人、被告人的刑事责任。之前未到案的犯罪嫌疑人、被告人归案后，可以由原办案机关所在地公安机关、人民检察院、人民法院管辖其所涉及的案件。

8. 对于具有特殊情况，跨省（自治区、直辖市）指定异地公安机关侦查更有利于查清犯罪事实、保证案件公正处理的重大信息网络犯罪案件，以及在境外实施的信息网络犯罪案件，公安部可以商最高人民检察院和最高人民法院指定侦查管辖。

9. 人民检察院对于审查起诉的案件，按照刑事诉讼法的管辖规定，认为应当由上级人民检察院或者同级其他人民检察院起诉的，应当将案件移送有管辖权的人民检察院，并通知移送起诉的公安机关。人民检察院认为需要依照刑事诉讼法的规定指定审判管辖的，应当协商同级人民法院办理指定管辖有关事宜。

10. 犯罪嫌疑人被多个公安机关立案侦查的，有关公安机关一般应当协商并案处理，并依法移送案件。协商不成的，可以报请共同上级公安机关指定管辖。

人民检察院对于审查起诉的案件，发现犯罪嫌疑人还有犯罪被异地公安机关立案侦查的，应当通知移送审查起诉的公安机关。

人民法院对于提起公诉的案件，发现被告人还有其他犯罪被审查起诉、立案侦查的，可以协商人民检察院、公安机关并案处理，但可能造成审判过分迟延的除外。决定对有关犯罪并案处理，符合《中华人民共和国刑事诉讼法》第二百零四条规定的，人民检察院可以建议人民法院延期审理。

三、关于信息网络犯罪案件的调查核实

11. 公安机关对接受的案件或者发现的犯罪线索，在审查中发现案件事实或者线索不明，需要经过调查才能够确认是否达到刑事立案标准的，经公安机关办案部门负责人批准，可以进行调查核实；经过调查核实达到刑事立案标准的，应当及时立案。

12. 调查核实过程中，可以采取询问、查询、勘验、检查、鉴定、调取证据材料等不限制被调查对象人身、财产权利的措施，不得对被调查对象采取强制措施，不得查封、扣押、冻结被调查对象的财产，不得采取技术侦查措施。

13. 公安机关在调查核实过程中依法收集的电子数据等材料，可以根据有关规定作为证据使用。

调查核实过程中收集的材料作为证据使用的，应当随案移送，并附批准调查核实的相关材料。

调查核实过程中收集的证据材料经查证属实，且收集程序符合有关要求的，可以作为定案依据。

四、关于信息网络犯罪案件的取证

14. 公安机关向网络服务提供者调取电子数据的，应当制作调取证据通知书，注明需要调取的电子数据的相关信息。调取证据通知书及相关法律文书可以采用数据电文形式。跨地域调取电子数据的，可以通过公安机关信息化系统传输相关数据电文。

网络服务提供者向公安机关提供电子数据的，可以采用数据电文形式。采用数据电文形式提供电子数据的，应当保证电子数据的完整性，并制作电子证明文件，载明调证法律文书编号、单位电子公章、完整性校验值等保护电子数据完整性方法的说明等信息。

数据电文形式的法律文书和电子证明文件，应当使用电子签名、数字水印等方式保证完整性。

15. 询（讯）问异地证人、被害人以及与案件有关联的犯罪嫌疑人的，可以由办案地公安机关通过远程网络视频等方式进行并制作笔录。

远程询（讯）问的，应当由协作地公安机关事先核实被询（讯）问人的身份。办案地公安机关应当将询（讯）问笔录传输至协作地公安机关。询（讯）问笔录经被询（讯）问人确认并逐页签名、捺指印后，由协作地公安机关协作人员签名或者盖章，并将原件提供给办案地公安机关。询（讯）问人员收到笔录后，应当在首页右上方写明"于某年某月某日收到"，并签名或者盖章。

远程询（讯）问的，应当对询（讯）问过程同步录音录像，并随案移送。

异地证人、被害人以及与案件有关联的犯罪嫌疑人亲笔书写证词、供词的，参照执行本条第二款规定。

16. 人民检察院依法自行侦查、补充侦查，或者人民法院调查核实相关证据的，适用本意见第14条、第15条的有关规定。

17. 对于依照本意见第14条的规定调取的电子数据，人民检察院、人民法院可以通过核验电子签名、数字水印、电子数据完整性校验值及调证法律文书编号是否与证明文件相一致等方式，对电子数据进行审查判断。

对调取的电子数据有疑问的，由公安机关、提供电子数据的网络服务提供者作出说明，或者由原调取机关补充收集相关证据。

五、关于信息网络犯罪案件的其他问题

18. 采取技术侦查措施收集的材料作为证据使用的，应当随案移送，

并附采取技术侦查措施的法律文书、证据材料清单和有关说明材料。

移送采取技术侦查措施收集的视听资料、电子数据的，应当由两名以上侦查人员制作复制件，并附制作说明，写明原始证据材料、原始存储介质的存放地点等信息，由制作人签名，并加盖单位印章。

19. 采取技术侦查措施收集的证据材料，应当经过当庭出示、辨认、质证等法庭调查程序查证。

当庭调查技术侦查证据材料可能危及有关人员的人身安全，或者可能产生其他严重后果的，法庭应当采取不暴露有关人员身份和技术侦查措施使用的技术设备、技术方法等保护措施。必要时，审判人员可以在庭外对证据进行核实。

20. 办理信息网络犯罪案件，对于数量特别众多且具有同类性质、特征或者功能的物证、书证、证人证言、被害人陈述、视听资料、电子数据等证据材料，确因客观条件限制无法逐一收集的，应当按照一定比例或者数量选取证据，并对选取情况作出说明和论证。

人民检察院、人民法院应当重点审查取证方法、过程是否科学。经审查认为取证不科学的，应当由原取证机关作出补充说明或者重新取证。

人民检察院、人民法院应当结合其他证据材料，以及犯罪嫌疑人、被告人及其辩护人所提辩解、辩护意见，审查认定取得的证据。经审查，对相关事实不能排除合理怀疑的，应当作出有利于犯罪嫌疑人、被告人的认定。

21. 对于涉案人数特别众多的信息网络犯罪案件，确因客观条件限制无法收集证据逐一证明、逐人核实涉案账户的资金来源，但根据银行账户、非银行支付账户等交易记录和其他证据材料，足以认定有关账户主要用于接收、流转涉案资金的，可以按照该账户接收的资金数额认定犯罪数额，但犯罪嫌疑人、被告人能够作出合理说明的除外。案外人提出异议的，应当依法审查。

22. 办理信息网络犯罪案件，应当依法及时查封、扣押、冻结涉案财物，督促涉案人员退赃退赔，及时追赃挽损。

公安机关应当全面收集证明涉案财物性质、权属情况、依法应予追缴、没收或者责令退赔的证据材料，在移送审查起诉时随案移送并作出说明。其中，涉案财物需要返还被害人的，应当尽可能查明被害人损失情况。人民检察院应当对涉案财物的证据材料进行审查，在提起公诉时提出处理意见。人民法院应当依法作出判决，对涉案财物作出处理。

对应当返还被害人的合法财产，权属明确的，应当依法及时返还；权属不明的，应当在人民法院判决、裁定生效后，按比例返还被害人，但已获退赔的部分应予扣除。

23. 本意见自 2022 年 9 月 1 日起施行。《最高人民法院、最高人民检察院、公安部关于办理网络犯罪案件适用刑事诉讼程序若干问题的意见》（公通字〔2014〕10 号）同时废止。

最高人民法院、最高人民检察院、公安部、国家安全部、司法部
办理刑事案件排除非法证据规程

（2024 年 9 月 2 日公布，2024 年 9 月 3 日起施行　法发〔2024〕12 号）

为贯彻落实最高人民法院、最高人民检察院、公安部、国家安全部、司法部《关于推进以审判为中心的刑事诉讼制度改革的意见》和《关于办理刑事案件严格排除非法证据若干问题的规定》，规范排除非法证据程序，准确惩罚犯罪，切实保障人权，根据法律规定，结合司法实际，制定本规程。

第一条　采用下列非法方法收集的犯罪嫌疑人、被告人供述，应当予以排除：

（一）采用殴打、违法使用戒具等暴力方法或者变相肉刑的恶劣手段，使犯罪嫌疑人、被告人遭受难以忍受的痛苦而违背意愿作出的供述；

（二）采用以暴力或者严重损害本人及其近亲属合法权益等进行威胁的方法，使犯罪嫌疑人、被告人遭受难以忍受的痛苦而违背意愿作出的供述；

（三）采用非法拘禁等非法限制人身自由的方法收集的犯罪嫌疑人、被告人供述。

采用刑讯逼供方法使犯罪嫌疑人、被告人作出供述，之后犯罪嫌疑人、被告人受该刑讯逼供行为影响而作出的与该供述相同的重复性供述，应当一并排除，但下列情形除外：

（一）侦查期间，侦查机关根据控告、举报或者自己发现等，确认或者不能排除以非法方法收集证据而更换侦查人员，其他侦查人员再次讯问时告知诉讼权利和认罪的法律后果，犯罪嫌疑人、被告人自愿供述的；

（二）审查逮捕、审查起诉和审判期间，检察人员、审判人员讯问时告知诉讼权利和认罪的法律后果，犯罪嫌疑人、被告人自愿供述的。

第二条　采用暴力、威胁以及非法限制人身自由等非法方法收集的证

人证言、被害人陈述，应当予以排除。

第三条　采用非法搜查、扣押等违反法定程序的方法收集物证、书证，可能严重影响司法公正的，应当予以补正或者作出合理解释；不能补正或者作出合理解释的，对该证据应当予以排除。

第四条　对于可能判处无期徒刑、死刑的案件或者其他重大案件，侦查机关在侦查终结前，应当书面通知人民检察院驻看守所检察人员开展讯问合法性核查。检察人员应当在侦查终结前询问犯罪嫌疑人，核查是否存在刑讯逼供等非法取证的情形，并全程同步录音录像。

第五条　人民检察院核查结束后，应当制作重大案件讯问合法性核查意见书，送达侦查机关。对于经核查确有或者不能排除刑讯逼供等非法取证情形的，应当通知侦查机关依法排除非法证据。侦查机关对存在刑讯逼供等非法取证情形没有异议，或者经复查认定确有刑讯逼供等非法取证情形的，应当及时依法排除非法证据，不得作为提请批准逮捕、移送审查起诉的根据，并制作排除非法证据结果告知书，将排除非法证据的情况依法告知人民检察院。重大案件讯问合法性核查意见书和被排除的非法证据应当随案移送，并写明为依法排除的非法证据。

第六条　人民检察院办理审查逮捕、审查起诉案件，发现侦查人员以非法方法收集证据的，应当及时调查核实；犯罪嫌疑人及其辩护人申请排除非法证据，并提供涉嫌非法取证的人员、时间、地点、方式和内容等线索或者材料的，人民检察院应当受理并进行审查。根据现有材料无法证明证据收集合法性的，应当及时进行调查核实。

人民检察院认为可能存在以刑讯逼供等非法方法收集证据情形的，可以书面要求侦查机关对证据收集的合法性作出说明。对确有以非法方法收集证据情形的，人民检察院应当依法向侦查机关提出纠正意见。

第七条　审查起诉期间，人民检察院经审查认为确有或者不能排除刑讯逼供、非法取证情形的，应当依法排除非法证据，不得作为提起公诉的依据。人民检察院可以要求侦查机关另行指派侦查人员重新取证，必要时也可以自行调查取证。

人民检察院应当随案移送被排除的非法证据，写明为依法排除的非法证据，并将讯问录音录像及相关案卷材料一并移送人民法院。

第八条　犯罪嫌疑人、被告人及其辩护人申请排除非法证据，应当提供相关线索或者材料。"线索"是指内容具体、指向明确的涉嫌非法取证的人员、时间、地点、方式等。"材料"是指能够反映非法取证的伤情照片、体检记录、医院病历、讯问笔录、讯问录音录像或者同监室人员的证言等。

第九条 人民法院向被告人及其辩护人送达起诉书副本时,应当告知其有权在开庭审理前申请排除非法证据并同时提供相关线索或者材料。上述情况应当记录在案。

第十条 被告人及其辩护人申请排除非法证据,应当在开庭审理前提出,但在庭审期间发现相关线索或者材料等情形除外。

被告人及其辩护人申请排除非法证据,应当向人民法院提交书面申请。被告人书写确有困难的,可以口头提出申请,但应当记录在案,并由被告人签名或者捺指印。

被告人申请排除非法证据,但没有辩护人的,人民法院应当通知法律援助机构指派律师为其提供辩护。

第十一条 被告人及其辩护人申请排除非法证据,且提供相关线索或者材料的,人民法院应当召开庭前会议,并在召开庭前会议三日前将申请书和相关线索或者材料的复制件送交人民检察院。

被告人及其辩护人申请排除非法证据,未提供相关线索或者材料的,人民法院应当告知其补充提交。被告人及其辩护人未补充的,人民法院对申请不予受理,并在开庭审理前告知被告人及其辩护人。上述情况应当记录在案。

被告人在人民检察院对讯问的合法性进行核查询问时,明确表示侦查阶段没有刑讯逼供等非法取证情形,在审判阶段又提出排除非法证据申请的,应当说明理由。人民法院经审查对证据收集的合法性没有疑问的,可以驳回申请。

第十二条 被告人申请排除非法证据的,人民法院应当通知被告人参加庭前会议。

第十三条 召开庭前会议前,承办案件的审判员应当阅卷,并对证据收集的合法性进行审查:

(一)被告人在侦查、审查起诉阶段是否提出排除非法证据申请;提出申请的,是否提供相关线索或者材料;

(二)侦查机关、人民检察院是否对证据收集的合法性进行调查核实;调查核实的,是否作出调查结论;

（三）对于重大案件，人民检察院驻看守所检察人员在侦查终结前是否核查讯问的合法性，是否对核查过程同步录音录像；进行核查的，是否制作重大案件讯问合法性核查意见书；

（四）对于人民检察院在审查逮捕、审查起诉阶段排除的非法证据，是否随案移送并写明为依法排除的非法证据。

人民法院对证据收集的合法性进行审查后，认为需要补充上述证据材料的，应当通知人民检察院在三日内补送。

第十四条　在庭前会议中，人民法院对证据收集的合法性进行审查的，一般按照以下步骤进行：

（一）被告人及其辩护人宣读排除非法证据的申请并提供相关线索或者材料；

（二）公诉人提供证明证据收集合法性的证据材料；

（三）控辩双方对证据收集的合法性发表意见；

（四）控辩双方对证据收集的合法性未达成一致意见的，审判人员归纳争议焦点。

第十五条　在庭前会议中，人民检察院应当通过出示有关证据材料等方式，有针对性地对证据收集的合法性作出说明。人民法院可以对有关材料进行核实，经控辩双方申请有针对性地播放讯问录音录像，必要时可以通知侦查人员或者其他人员参加庭前会议说明情况。

第十六条　在庭前会议中，人民检察院可以撤回有关证据。撤回的证据，没有新的理由，不得在庭审中出示。

被告人及其辩护人可以撤回排除非法证据的申请。撤回申请后，没有新的线索或者材料，不得再次对有关证据提出排除申请。

第十七条　控辩双方在庭前会议中对证据收集的合法性达成一致意见，但一方在庭审中反悔的，除有正当理由外，法庭一般不再进行审查。

控辩双方在庭前会议中对证据收集的合法性未达成一致意见，人民法院对证据收集的合法性有疑问的，应当在庭审中进行调查；对证据收集的合法性没有疑问，且没有新的线索或者材料表明可能存在非法取证的，可以不再决定进行调查并说明理由。

第十八条　审判人员应当在庭前会议报告中说明证据收集合法性的审查情况，主要包括控辩双方的争议焦点以及就相关事项达成的一致意见等内容。

第十九条　被告人及其辩护人在开庭审理前未申请排除非法证据，在庭审过程中提出申请的，应当说明理由。人民法院经审查，对证据收集的合法性有疑问的，应当进行调查；没有疑问的，应当驳回申请。

人民法院驳回排除非法证据的申请后，被告人及其辩护人没有新的线索或者材料，以相同理由再次提出申请的，人民法院不再审查。

第二十条　人民法院决定对证据收集的合法性进行法庭调查的，应当先行当庭调查。对于被申请排除的证据和其他犯罪事实没有关联等情形，为防止庭审过分迟延，可以先调查其他犯罪事实，再对证据收集的合法性进行调查。

在对证据收集合法性的法庭调查程序结束前，不得对有关证据出示、质证。

第二十一条　法庭决定对证据收集的合法性进行调查的，一般按照以下步骤进行：

（一）召开庭前会议的案件，法庭应当在宣读起诉书后，宣布庭前会议中对证据收集合法性的审查情况，以及控辩双方的争议焦点；

（二）被告人及其辩护人说明排除非法证据的申请及相关线索或者材料；

（三）公诉人出示证明证据收集合法性的证据材料，被告人及其辩护人可以对相关证据进行质证，经审判长准许，公诉人、辩护人可以向出庭的侦查人员或者其他人员发问；

（四）控辩双方对证据收集的合法性进行辩论。

第二十二条　证据收集合法性的举证责任由人民检察院承担。

公诉人对证据收集的合法性加以证明，可以出示讯问笔录、提讯登记、体检记录、采取强制措施或者侦查措施的法律文书、对讯问合法性的核查材料等证据材料，也可以针对被告人及其辩护人提出异议的讯问时段播放讯问录音录像，提请法庭通知有关侦查人员或者其他人员出庭说明情况。

在法庭审理过程中，公诉人发现当庭不能举证或者为提供新的证据需要补充侦查，建议延期审理的，法庭可以延期审理。

第二十三条　被告人及其辩护人可以出示相关线索或者材料，并申请法庭播放特定讯问时段的讯问录音录像。

被告人及其辩护人向人民法院申请调取侦查机关、人民检察院收集但未提交的讯问录音录像、体检记录等证据材料，人民法院经审查认为该证据材料与证据收集的合法性有关的，应当予以调取；认为与证据收集的合法性无关的，应当决定不予调取，并向被告人及其辩护人说明理由。

被告人及其辩护人申请人民法院通知侦查人员或者其他人员出庭说明情况，人民法院认为确有必要的，应当通知上述人员出庭，不得以签名并加盖公章的说明材料替代侦查人员出庭。

第二十四条　法庭对证据收集的合法性进行调查的，应当重视对讯问录音录像的审查，重点审查以下内容：

（一）讯问录音录像是否依法制作。对于可能判处无期徒刑、死刑的案件或者其他重大犯罪案件，是否对讯问过程进行录音录像；

（二）讯问录音录像是否完整。是否对每一次讯问过程录音录像，录音录像是否全程不间断进行，是否有选择性录制、剪接、删改等情形；

（三）讯问录音录像是否同步制作。录音录像是否自讯问开始时制作，至犯罪嫌疑人核对讯问笔录、签字确认后结束；讯问笔录记载的起止时间是否与讯问录音录像反映的起止时间一致；

（四）讯问录音录像与讯问笔录的内容是否存在差异。对与定罪量刑有关的内容，讯问笔录记载的内容与讯问录音录像是否存在实质性差异，存在实质性差异的，以讯问录音录像为准。

第二十五条　侦查人员或者其他人员出庭的，应当向法庭说明证据收集过程，并就相关情况接受控辩双方发问。对发问方式不当或者内容与证据收集的合法性无关的，法庭应当制止。

经人民法院通知，侦查人员不出庭说明情况，不能排除以非法方法收集证据情形的，对有关证据应当予以排除。

第二十六条　人民法院对控辩双方提供的证据来源、内容等有疑问的，可以告知控辩双方补充证据或者作出说明；必要时，可以宣布休庭，对证据进行调查核实。法庭调查核实证据，可以通知控辩双方到场，并将核实过程记录在案。

对于控辩双方补充的和法庭庭外调查核实取得的证据，未经当庭出示、质证等法庭调查程序查证属实，不得作为证明证据收集合法性的根据。但经庭外征求意见，控辩双方没有异议的除外。

第二十七条　经法庭审理，被告人供述具有下列情形之一的，应当予以排除：

（一）确认以本规程第一条规定的非法方法收集证据的；

（二）应当对讯问过程录音录像的案件没有提供讯问录像，或者讯问录音录像存在选择性录制、剪接、删改等情形，综合现有证据不能排除以非法方法收集证据的；

（三）侦查机关除紧急情况外没有在规定的办案场所讯问，综合现有证据不能排除以非法方法收集证据的；

（四）其他不能排除存在以非法方法收集证据的。

第二十八条　人民法院对证据收集的合法性进行调查后，应当当庭作出是否排除有关证据的决定。必要时可以宣布休庭，由合议庭评议或者提交审判委员会讨论，再次开庭时宣布决定。

依法予以排除的非法证据，不得出示、质证，不得作为定案的根据。

第二十九条　人民法院对证据收集合法性的审查、调查结论，

应当在裁判文书中写明，并说明理由。

第三十条　人民检察院、被告人及其法定代理人提出抗诉、上诉，对第一审人民法院有关证据收集合法性的审查、调查结论提出异议的，第二审人民法院应当审查。

第三十一条　人民检察院应当在第一审程序中全面出示证明证据收集合法性的证据材料。

人民检察院在第一审程序中未出示证明证据收集合法性的证据材料，第一审人民法院依法排除有关证据的，人民检察院在第二审程序中不得出示之前未出示的证据材料，但在第一审程序后发现的除外。

第三十二条　被告人及其辩护人在第一审程序中未提出排除非法证据的申请，在第二审程序中提出申请，有下列情形之一的，第二审人民法院应当审查：

（一）第一审人民法院没有依法告知被告人申请排除非法证据的权利的；

（二）被告人及其辩护人在第一审庭审后发现涉嫌非法取证的相关线索或者材料的。

第三十三条　第一审人民法院对被告人及其辩护人排除非法证据的申请未予审查，并以有关证据作为定案的根据，可能影响公正审判的，第二审人民法院应当裁定撤销原判，发回原审人民法院重新审判。

第三十四条　第一审人民法院对依法应当排除的非法证据未予排除

的，第二审人民法院可以依法排除非法证据。排除非法证据后，根据不同情形对案件依法作出处理。

第三十五条　人民法院对证人证言、被害人陈述等证据收集合法性的审查、调查程序，参照上述规定。

二审程序、审判监督程序、死刑复核程序中对证据收集合法性的审查、调查，参照上述规定。

第三十六条　本规程自 2024 年 9 月 3 日起施行。《人民法院办理刑事案件排除非法证据规程（试行）》同时废止。

最高人民法院、最高人民检察院、公安部、国家安全部、司法部关于办理刑事案件严格排除非法证据若干问题的规定

（2017 年 6 月 20 日公布，2017 年 6 月 27 日起施行　法发〔2017〕15 号）

为准确惩罚犯罪，切实保障人权，规范司法行为，促进司法公正，根据《中华人民共和国刑事诉讼法》及有关司法解释等规定，结合司法实际，制定如下规定。

一、一般规定

第一条　严禁刑讯逼供和以威胁、引诱、欺骗以及其他非法方法收集证据，不得强迫任何人证实自己有罪。对一切案件的判处都要重证据，重调查研究，不轻信口供。

第二条　采取殴打、违法使用戒具等暴力方法或者变相肉刑的恶劣手段，使犯罪嫌疑人、被告人遭受难以忍受的痛苦而违背意愿作出的供述，应当予以排除。

第三条　采用以暴力或者严重损害本人及其近亲属合法权益等进行威胁的方法，使犯罪嫌疑人、被告人遭受难以忍受的痛苦而违背意愿作出的供述，应当予以排除。

第四条　采用非法拘禁等非法限制人身自由的方法收集的犯罪嫌疑人、被告人供述，应当予以排除。

第五条　采用刑讯逼供方法使犯罪嫌疑人、被告人作出供述，之后犯罪嫌疑人、被告人受该刑讯逼供行为影响而作出的与该供述相同的重复性供述，应当一并排除，但下列情形除外：

（一）侦查期间，根据控告、举报或者自己发现等，侦查机关确认或者不能排除以非法方法收集证据而更换侦查人员，其他侦查人员再次讯问时告知诉讼权利和认罪的法律后果，犯罪嫌疑人自愿供述的；

（二）审查逮捕、审查起诉和审判期间，检察人员、审判人员讯问时告知诉讼权利和认罪的法律后果，犯罪嫌疑人、被告人自愿供述的。

第六条　采用暴力、威胁以及非法限制人身自由等非法方法收集的证人证言、被害人陈述，应当予以排除。

第七条　收集物证、书证不符合法定程序，可能严重影响司法公正的，应当予以补正或者作出合理解释；不能补正或者作出合理解释的，对有关证据应当予以排除。

二、侦　查

第八条　侦查机关应当依照法定程序开展侦查，收集、调取能够证实犯罪嫌疑人有罪或者无罪、罪轻或者罪重的证据材料。

第九条　拘留、逮捕犯罪嫌疑人后，应当按照法律规定送看守所羁押。犯罪嫌疑人被送交看守所羁押后，讯问应当在看守所讯问室进行。因客观原因侦查机关在看守所讯问室以外的场所进行讯问的，应当作出合理解释。

第十条　侦查人员在讯问犯罪嫌疑人的时候，可以对讯问过程进行录音录像；对于可能判处无期徒刑、死刑的案件或者其他重大犯罪案件，应当对讯问过程进行录音录像。

侦查人员应当告知犯罪嫌疑人对讯问过程录音录像，并在讯问笔录中写明。

第十一条　对讯问过程录音录像，应当不间断进行，保持完整性，不得选择性地录制，不得剪接、删改。

第十二条　侦查人员讯问犯罪嫌疑人，应当依法制作讯问笔录。讯问笔录应当交犯罪嫌疑人核对，对于没有阅读能力的，应当向他宣读。对讯问笔录中有遗漏或者差错等情形，犯罪嫌疑人可以提出补充或者改正。

第十三条　看守所应当对提讯进行登记，写明提讯单位、人员、事由、起止时间以及犯罪嫌疑人姓名等情况。

看守所收押犯罪嫌疑人，应当进行身体检查。检查时，人民检察院驻看守所检察人员可以在场。检查发现犯罪嫌疑人有伤或者身体异常的，看守所应当拍照或者录像，分别由送押人员、犯罪嫌疑人说明原因，并在体检记录中写明，由送押人员、收押人员和犯罪嫌疑人签字确认。

第十四条　犯罪嫌疑人及其辩护人在侦查期间可以向人民检察院申请

排除非法证据。对犯罪嫌疑人及其辩护人提供相关线索或者材料的，人民检察院应当调查核实。调查结论应当书面告知犯罪嫌疑人及其辩护人。对确有以非法方法收集证据情形的，人民检察院应当向侦查机关提出纠正意见。

侦查机关对审查认定的非法证据，应当予以排除，不得作为提请批准逮捕、移送审查起诉的根据。

对重大案件，人民检察院驻看守所检察人员应当在侦查终结前询问犯罪嫌疑人，核查是否存在刑讯逼供、非法取证情形，并同步录音录像。经核查，确有刑讯逼供、非法取证情形的，侦查机关应当及时排除非法证据，不得作为提请批准逮捕、移送审查起诉的根据。

第十五条 对侦查终结的案件，侦查机关应当全面审查证明证据收集合法性的证据材料，依法排除非法证据。排除非法证据后，证据不足的，不得移送审查起诉。

侦查机关发现办案人员非法取证的，应当依法作出处理，并可另行指派侦查人员重新调查取证。

三、审查逮捕、审查起诉

第十六条 审查逮捕、审查起诉期间讯问犯罪嫌疑人，应当告知其有权申请排除非法证据，并告知诉讼权利和认罪的法律后果。

第十七条 审查逮捕、审查起诉期间，犯罪嫌疑人及其辩护人申请排除非法证据，并提供相关线索或者材料的，人民检察院应当调查核实。调查结论应当书面告知犯罪嫌疑人及其辩护人。

人民检察院在审查起诉期间发现侦查人员以刑讯逼供等非法方法收集证据的，应当依法排除相关证据并提出纠正意见，必要时人民检察院可以自行调查取证。

人民检察院对审查认定的非法证据，应当予以排除，不得作为批准或者决定逮捕、提起公诉的根据。被排除的非法证据应当随案移送，并写明为依法排除的非法证据。

第十八条 人民检察院依法排除非法证据后，证据不足，不符合逮捕、起诉条件的，不得批准或者决定逮捕、提起公诉。

对于人民检察院排除有关证据导致对涉嫌的重要犯罪事实未予认定，从而作出不批准逮捕、不起诉决定，或者对涉嫌的部分重要犯罪事实决定不起诉的，公安机关、国家安全机关可要求复议、提请复核。

四、辩　护

第十九条　犯罪嫌疑人、被告人申请提供法律援助的，应当按照有关规定指派法律援助律师。

法律援助值班律师可以为犯罪嫌疑人、被告人提供法律帮助，对刑讯逼供、非法取证情形代理申诉、控告。

第二十条　犯罪嫌疑人、被告人及其辩护人申请排除非法证据，应当提供涉嫌非法取证的人员、时间、地点、方式、内容等相关线索或者材料。

第二十一条　辩护律师自人民检察院对案件审查起诉之日起，可以查阅、摘抄、复制讯问笔录、提讯登记、采取强制措施或者侦查措施的法律文书等证据材料。其他辩护人经人民法院、人民检察院许可，也可以查阅、摘抄、复制上述证据材料。

第二十二条　犯罪嫌疑人、被告人及其辩护人向人民法院、人民检察院申请调取公安机关、国家安全机关、人民检察院收集但未提交的讯问录音录像、体检记录等证据材料，人民法院、人民检察院经审查认为犯罪嫌疑人、被告人及其辩护人申请调取的证据材料与证明证据收集的合法性有联系的，应当予以调取；认为与证明证据收集的合法性没有联系的，应当决定不予调取并向犯罪嫌疑人、被告人及其辩护人说明理由。

五、审　判

第二十三条　人民法院向被告人及其辩护人送达起诉书副本时，应当告知其有权申请排除非法证据。

被告人及其辩护人申请排除非法证据，应当在开庭审理前提出，但在庭审期间发现相关线索或者材料等情形除外。人民法院应当在开庭审理前将申请书和相关线索或者材料的复制件送交人民检察院。

第二十四条　被告人及其辩护人在开庭审理前申请排除非法证据，未提供相关线索或者材料，不符合法律规定的申请条件的，人民法院对申请不予受理。

第二十五条　被告人及其辩护人在开庭审理前申请排除非法证据，按照法律规定提供相关线索或者材料的，人民法院应当召开庭前会议。人民检察院应当通过出示有关证据材料等方式，有针对性地对证据收集的合法性作出说明。人民法院可以核实情况，听取意见。

人民检察院可以决定撤回有关证据，撤回的证据，没有新的理由，不得在庭审中出示。

被告人及其辩护人可以撤回排除非法证据的申请。撤回申请后，没有新的线索或者材料，不得再次对有关证据提出排除申请。

第二十六条　公诉人、被告人及其辩护人在庭前会议中对证据收集是否合法未达成一致意见，人民法院对证据收集的合法性有疑问的，应当在庭审中进行调查；人民法院对证据收集的合法性没有疑问，且没有新的线索或者材料表明可能存在非法取证的，可以决定不再进行调查。

第二十七条　被告人及其辩护人申请人民法院通知侦查人员或者其他人员出庭，人民法院认为现有证据材料不能证明证据收集的合法性，确有必要通知上述人员出庭作证或者说明情况的，可以通知上述人员出庭。

第二十八条　公诉人宣读起诉书后，法庭应当宣布开庭审理前对证据收集合法性的审查及处理情况。

第二十九条　被告人及其辩护人在开庭审理前未申请排除非法证据，在法庭审理过程中提出申请的，应当说明理由。

对前述情形，法庭经审查，对证据收集的合法性有疑问的，应当进行调查；没有疑问的，应当驳回申请。

法庭驳回排除非法证据申请后，被告人及其辩护人没有新的线索或者材料，以相同理由再次提出申请的，法庭不再审查。

第三十条　庭审期间，法庭决定对证据收集的合法性进行调查的，应当先行当庭调查。但为防止庭审过分迟延，也可以在法庭调查结束前进行调查。

第三十一条　公诉人对证据收集的合法性加以证明，可以出示讯问笔录、提讯登记、体检记录、采取强制措施或者侦查措施的法律文书、侦查终结前对讯问合法性的核查材料等证据材料，有针对性地播放讯问录音录像，提请法庭通知侦查人员或者其他人员出庭说明情况。

被告人及其辩护人可以出示相关线索或者材料，并申请法庭播放特定时段的讯问录音录像。

侦查人员或者其他人员出庭，应当向法庭说明证据收集过程，并就相关情况接受发问。对发问方式不当或者内容与证据收集的合法性无关的，法庭应当制止。

公诉人、被告人及其辩护人可以对证据收集的合法性进行质证、辩论。

第三十二条　法庭对控辩双方提供的证据有疑问的，可以宣布休庭，对证据进行调查核实。必要时，可以通知公诉人、辩护人到场。

第三十三条　法庭对证据收集的合法性进行调查后，应当当庭作出是否排除有关证据的决定。必要时，可以宣布休庭，由合议庭评议或者提交审判委员会讨论，再次开庭时宣布决定。

在法庭作出是否排除有关证据的决定前，不得对有关证据宣读、质证。

第三十四条　经法庭审理，确认存在本规定所规定的以非法方法收集证据情形的，对有关证据应当予以排除。法庭根据相关线索或者材料对证据收集的合法性有疑问，而人民检察院未提供证据或者提供的证据不能证明证据收集的合法性，不能排除存在本规定所规定的以非法方法收集证据情形的，对有关证据应当予以排除。

对依法予以排除的证据，不得宣读、质证，不得作为判决的根据。

第三十五条　人民法院排除非法证据后，案件事实清楚，证据确实、充分，依据法律认定被告人有罪的，应当作出有罪判决；证据不足，不能认定被告人有罪的，应当作出证据不足、指控的犯罪不能成立的无罪判决；案件部分事实清楚，证据确实、充分的，依法认定该部分事实。

第三十六条　人民法院对证据收集合法性的审查、调查结论，应当在裁判文书中写明，并说明理由。

第三十七条　人民法院对证人证言、被害人陈述等证据收集合法性的审查、调查，参照上述规定。

第三十八条　人民检察院、被告人及其法定代理人提出抗诉、上诉，对第一审人民法院有关证据收集合法性的审查、调查结论提出异议的，第二审人民法院应当审查。

被告人及其辩护人在第一审程序中未申请排除非法证据，在第二审程序中提出申请的，应当说明理由。第二审人民法院应当审查。

人民检察院在第一审程序中未出示证据证明证据收集的合法性，第一审人民法院依法排除有关证据的，人民检察院在第二审程序中不得出示之前未出示的证据，但在第一审程序后发现的除外。

第三十九条 第二审人民法院对证据收集合法性的调查，参照上述第一审程序的规定。

第四十条 第一审人民法院对被告人及其辩护人排除非法证据的申请未予审查，并以有关证据作为定案根据，可能影响公正审判的，第二审人民法院可以裁定撤销原判，发回原审人民法院重新审判。

第一审人民法院对依法应当排除的非法证据未予排除的，第二审人民法院可以依法排除非法证据。排除非法证据后，原判决认定事实和适用法律正确、量刑适当的，应当裁定驳回上诉或者抗诉，维持原判；原判决认定事实没有错误，但适用法律有错误，或者量刑不当的，应当改判；原判决事实不清楚或者证据不足的，可以裁定撤销原判，发回原审人民法院重新审判。

第四十一条 审判监督程序、死刑复核程序中对证据收集合法性的审查、调查，参照上述规定。

第四十二条 本规定自 2017 年 6 月 27 日起施行。

最高人民法院、最高人民检察院、
公安部、国家安全部、司法部
关于办理刑事案件排除非法证据若干问题的规定

（2010 年 6 月 13 日公布，2010 年 7 月 1 日起施行　法发〔2010〕20 号）

为规范司法行为，促进司法公正，根据刑事诉讼法和相关司法解释，结合人民法院、人民检察院、公安机关、国家安全机关和司法行政机关办理刑事案件工作实际，制定本规定。

第一条　采用刑讯逼供等非法手段取得的犯罪嫌疑人、被告人供述和采用暴力、威胁等非法手段取得的证人证言、被害人陈述，属于非法言词证据。

第二条　经依法确认的非法言词证据，应当予以排除，不能作为定案的根据。

第三条　人民检察院在审查批准逮捕、审查起诉中，对于非法言词证据应当依法予以排除，不能作为批准逮捕、提起公诉的根据。

第四条　起诉书副本送达后开庭审判前，被告人提出其审判前供述是非法取得的，应当向人民法院提交书面意见。被告人书写确有困难的，可以口头告诉，由人民法院工作人员或者其辩护人作出笔录，并由被告人签名或者捺指印。

人民法院应当将被告人的书面意见或者告诉笔录复印件在开庭前交人民检察院。

第五条　被告人及其辩护人在开庭审理前或者庭审中，提出被告人审判前供述是非法取得的，法庭在公诉人宣读起诉书之后，应当先行当庭调查。

法庭辩论结束前，被告人及其辩护人提出被告人审判前供述是非法取得的，法庭也应当进行调查。

第六条　被告人及其辩护人提出被告人审判前供述是非法取得的，法庭应当要求其提供涉嫌非法取证的人员、时间、地点、方式、内容等相关线索或者证据。

第七条　经审查，法庭对被告人审判前供述取得的合法性有疑问的，公诉人应当向法庭提供讯问笔录、原始的讯问过程录音录像或者其他证据，提请法庭通知讯问时其他在场人员或者其他证人出庭作证，仍不能排除刑讯逼供嫌疑的，提请法庭通知讯问人员出庭作证，对该供述取得的合法性予以证明。公诉人当庭不能举证的，可以根据刑事诉讼法第一百六十五条的规定，建议法庭延期审理。

经依法通知，讯问人员或者其他人员应当出庭作证。

公诉人提交加盖公章的说明材料，未经有关讯问人员签名或者盖章的，不能作为证明取证合法性的证据。

控辩双方可以就被告人审判前供述取得的合法性问题进行质证、辩论。

第八条　法庭对于控辩双方提供的证据有疑问的，可以宣布休庭，对证据进行调查核实。必要时，可以通知检察人员、辩护人到场。

第九条　庭审中，公诉人为提供新的证据需要补充侦查，建议延期审理的，法庭应当同意。

被告人及其辩护人申请通知讯问人员、讯问时其他在场人员或者其他证人到庭，法庭认为有必要的，可以宣布延期审理。

第十条　经法庭审查，具有下列情形之一的，被告人审判前供述可以当庭宣读、质证：

（一）被告人及其辩护人未提供非法取证的相关线索或者证据的；

（二）被告人及其辩护人已提供非法取证的相关线索或者证据，法庭对被告人审判前供述取得的合法性没有疑问的；

（三）公诉人提供的证据确实、充分，能够排除被告人审判前供述属非法取得的。

对于当庭宣读的被告人审判前供述，应当结合被告人当庭供述以及其他证据确定能否作为定案的根据。

第十一条　对被告人审判前供述的合法性，公诉人不提供证据加以证明，或者已提供的证据不够确实、充分的，该供述不能作为定案的根据。

第十二条　对于被告人及其辩护人提出的被告人审判前供述是非法取得的意见，第一审人民法院没有审查，并以被告人审判前供述作为定案根据的，第二审人民法院应当对被告人审判前供述取得的合法性进行审查。

检察人员不提供证据加以证明，或者已提供的证据不够确实、充分的，被告人该供述不能作为定案的根据。

第十三条　庭审中，检察人员、被告人及其辩护人提出未到庭证人的书面证言、未到庭被害人的书面陈述是非法取得的，举证方应当对其取证的合法性予以证明。

对前款所述证据，法庭应当参照本规定有关规定进行调查。

第十四条　物证、书证的取得明显违反法律规定，可能影响公正审判的，应当予以补正或者作出合理解释，否则，该物证、书证不能作为定案的根据。

第十五条　本规定自二〇一〇年七月一日起施行。

最高人民检察院、公安部
关于健全完善侦查监督与协作配合机制的意见

(2021 年 10 月 31 日公布并施行　高检发〔2021〕13 号)

为贯彻落实《中共中央关于加强新时代检察机关法律监督工作的意见》和《中共中央关于加强新时代公安工作的意见》，最高人民检察院、公安部联合就进一步健全完善侦查监督与协作配合机制制定本意见。

一、目标任务

为深入贯彻习近平法治思想，践行为大局服务、为人民司法要求，加快推进执法司法责任体系改革，构建规范高效的执法司法制约监督体系，各级人民检察院、公安机关要积极适应以审判为中心的刑事诉讼制度改革要求，坚持双赢多赢共赢理念，协同构建以证据为核心的刑事指控体系，进一步健全完善侦查监督与协作配合机制，推动提升公安执法和检察监督规范化水平，确保依法履行刑事诉讼职能，实现惩罚犯罪与保障人权并重的目标，努力让人民群众在每一个司法案件中都能感受到公平正义。

二、总体要求

人民检察院、公安机关进行刑事诉讼，应当坚持分工负责、互相配合、互相制约，以保证准确有效执行法律。公安机关依法负责对刑事案件的侦查、拘留、执行逮捕、预审。人民检察院依法负责检察、批准逮捕、提起公诉，依法对刑事诉讼实行法律监督。

人民检察院、公安机关要严格遵守《刑事诉讼法》《人民检察院刑事诉讼规则》和《公安机关办理刑事案件程序规定》等法律和规定，明确责任分工，依法规范开展侦查活动和侦查监督工作。要加强协作配合，坚持科学务实的执法司法理念，互相理解、支持，统一认识、消除分歧、形成合力，在充分遵循执法司法权力运行规律，尊重侦查规律、监督需要和司法实践的基础上，为公安机关依法及时高效开展侦查、检察机关依法全面履行监督职责提供必要便利和保障。要提升监督效能，坚持问题导向、目标导向与效果导向，注重加强公安机关执法监督与人民检察院侦查监督的相互衔接，实现监督的同向化、系统化，以及时、准确、有效的监督共同推动提升公安执法规范化水平和检察监督能力，保障刑事案件办理质效。

三、机制完善

（一）健全完善监督制约机制

1. 依法履行监督职责。人民检察院要依法开展立案监督、侦查活动监督工作，及时发现和纠正应当立案而不立案、不应当立案而立案、长期"挂案"和以刑事手段插手经济纠纷等违法情形；及时发现和纠正刑讯逼供、非法取证等侦查违法行为，从源头上防范冤假错案发生；规范强制措施和侦查手段适用，切实保障人权。

2. 规范开展监督工作。人民检察院要严格按照法律规定开展立案监督、侦查活动监督工作，坚决防止不应当监督而监督、应当监督而未监督、不当升格或者降格监督等情况发生。开展监督工作过程中，不得干涉侦查人员依法办案，不得干扰和妨碍侦查活动正常进行。

3. 切实保障监督效果。人民检察院接到报案、控告、举报或者工作中发现监督线索，需要进行调查核实的，应当及时通知公安机关，公安机关应当予以支持配合。人民检察院在调查核实过程中，应当加强与公安机关沟通，充分听取办案人员意见。经依法调查核实后，需要监督纠正的，应当及时向公安机关提出监督意见、检察建议。公安机关对人民检察院提出的监督意见和检察建议，应当及时纠正整改并将纠正整改情况通知或回复人民检察院。

4. 加强内外监督衔接。人民检察院、公安机关应当建立刑事案件侦查监督与执法监督相衔接机制，强化对侦查活动内外部监督的衔接配合，推动检察机关法律监督与公安机关执法监督有机贯通、相互协调。必要时，人民检察院、公安机关可以联合就不批捕不起诉案件开展案件质量评查，针对同时涉及公安机关和人民检察院办案、监督工作的突出问题开展专项检查、监督。

5. 规范落实制约机制。公安机关对人民检察院的不批捕不起诉决定、立案监督意见、纠正侦查违法等监督意见有异议的，可以依据法律规定要求说明理由或者要求复议、提请复核、申请复查，人民检察院应当认真审查并及时回复或者作出决定。人民检察院在审查过程中应当加强与公安机关的沟通，必要时，可以以联席会议等形式充分听取办案人员意见。经复议、复核、复查认为原监督意见确有错误的，应当及时将变更决定通知公安机关或及时撤销原纠正意见。

（二）健全完善协作配合机制

1. 重大疑难案件听取意见机制。公安机关办理重大、疑难案件，可以商请人民检察院派员通过审查证据材料等方式，就案件定性、证据收集、法律适用等提出意见建议。

对于人民检察院派员审查提出意见的案件，公安机关应当全面介绍案件情况，提供相关文书和证据材料，及时向检察机关通报案件侦查进展情况，配合人民检察院的审查工作；根据人民检察院提出的意见建议，进一步收集、固定证据，完善证据体系；对人民检察院提出的证据瑕疵或取证、强制措施适用违反规定程序等确实存在的问题，应当及时进行补正、纠正。人民检察院应当指派具有丰富刑事法律实务经验的检察官对重大疑难案件审查提出意见建议，就公安机关开展侦查取证等工作提出的意见建议应当必要、明确、可行。

办理社会关注度高、敏感性强的刑事案件时，人民检察院、公安机关应当落实刑事案件应急处置协调机制要求，共同做好依法办理、舆论引导和社会面管控工作。

2. 建立联合督办机制。对于重大、疑难案件，必要时可由上级人民检察院和公安机关联合挂牌督办。承办案件的人民检察院和公安机关应当严格按照督办要求，做好案件办理工作，在案件办理关键节点和取得重大进展时应当及时报告。

3. 加强办案衔接配合。人民检察院、公安机关要加强刑事侦查与审查逮捕、审查起诉等诉讼环节的衔接配合，统一执法司法理念标准。对于公安机关移送的案件，人民检察院应当依法及时接收。对于违反相关规定拒不收卷的，公安机关可以提请负责办理案件的人民检察院或者其上级人民检察院纠正。人民检察院在审查逮捕、审查起诉过程中，应当加强与公安机关的沟通，认为需要补充侦查、拟作不批准逮捕或者不起诉决定的，应当充分听取办案人员意见，加强不批捕不起诉说理，规范制发必要、明确、可行的补充侦查文书。公安机关应当按照人民检察院补充侦查文书的要求及时、规范、有效开展补充侦查。人民检察院自行补充侦查、要求公安机关补充证据材料的，公安机关应当积极配合。庭审阶段，经人民检察院提请人民法院通知有关侦查人员出庭就证据收集的合法性说明情况的，侦查人员应当出庭。

4. 建立健全刑事案件统一对口衔接机制。公安机关要深化完善刑事案件法制部门统一审核、统一出口工作机制。向人民检察院提请批准逮捕、移送审查起诉、要求说明理由、要求复议、提请复核、申请复查等重要事项，由公安机关法制部门统一向人民检察院相关部门提出；人民检察院在审查批准逮捕、审查起诉、法律监督工作中需要与公安机关对接的事项，由公安机关法制部门统一接收与回复。人民检察院、公安机关应当加强沟通协调、理顺衔接流程、健全工作机制、形成工作合力，确保刑事诉讼活动依法、规范进行。

5. 建立业务研判通报制度。人民检察院、公安机关应当加强对刑事办案业务信息的研判、共享，建立健全业务信息、简报、通报的共享交换机制，定期或不定期互相通报交流各自部门就犯罪形势、刑事立案、强制措施适用、类案办理、侦查监督等方面业务分析研判情况。

6. 建立完善联席会议制度。人民检察院和公安机关应当建立联席会议制度，定期或根据工作需要适时召开联席会议，共同分析研判执法办案中出现的新情况、新问题，加强对刑事案件特别是重大、疑难案件和新型案件的证据收集、法律适用、刑事政策等问题的研究，强化类案指导，必要时以制定会议纪要、指导意见等方式明确执法、司法标准；开展案件质量分析，梳理侦查活动和侦查监督、批捕起诉工作中存在的突出问题并分析原因，制定整改方案；分析研判一段时期内刑事案件规律、特点，研究专项打击、防范对策和措施，就专项活动相关事宜进行会商。

7. 共同提升业务能力。人民检察院和公安机关可以通过组织庭审观摩评议、开展联合调研、举办同堂培训、共同编发办案指引、典型案例和指导性案例等方式，统一更新执法监督理念标准，共同促进双方业务能力提升。

（三）健全完善信息共享机制

1. 加快推进跨部门大数据协同办案机制。人民检察院、公安机关要协同加强信息化、智能化建设，运用大数据、区块链等技术推进政法机关跨部门大数据协同办案，实现案件的网上办理、流转，按照有关规定推动实现案件信息共享的常态化、制度化、规范化。

2. 健全完善办案数据信息共享保障机制。依照有关规定，严格规范检察人员、公安民警获取、使用刑事办案、监督相关数据信息的权限。在严格规范信息查询程序、保障办案信息安全、明确失泄密责任的基础上，以信息化手段保障侦查监督职能全面有效发挥。同步健全完善检察机关监督办案数据与公安机关共享的制度机制。实现数据双向交换、共享，保障侦查监督与协作配合机制长期、稳定、有效运行。

四、设立侦查监督与协作配合办公室

人民检察院刑事检察部门与公安机关法制部门共同牵头设立侦查监督与协作配合办公室。办公室依托公安机关执法办案管理中心，由人民检察院指派的常驻检察官和公安机关法制部门指定的专门人员共同负责。办公室应当明确责任分工，建立健全办公室制度规范和工作台账，主要职责：

（一）组织协调。组织协调人民检察院、公安机关相关部门、所队依法开展侦查监督、协作配合等相关工作，组织保障执法办案和侦查监督数据的共享通报。

（二）监督协作。根据办公室人员配置和地方实际，积极开展侦查监督和协作配合相关工作；协调人民检察院、公安机关相关部门加强对重大、疑难案件的会商指导。

（三）督促落实。负责对检察机关补充侦查意见的跟踪指导和督促落实；对联合督办案件的沟通协调、信息通报、督促办理；对监督意见和检察建议整改落实情况的跟踪督促；对公安机关要求说明理由、要求复议、提请复核、申请复查和提出意见建议的跟踪督促和及时反馈；对庭审阶段侦查人员出庭的协调督促。

（四）咨询指导。对公安机关、人民检察院办理刑事案件过程中遇到的疑难复杂问题，以及轻微刑事案件犯罪嫌疑人是否需要提请批准逮捕、移送审查起诉等问题及时提供法律咨询和指导解答。

（五）其他职责。充分发挥协作沟通的平台机制优势，积极推进人民检察院与公安机关加强监督制约、协作配合、信息共享等其他相关制度机制的健全完善和贯彻落实。

五、工作要求

（一）加强组织领导。各地人民检察院、公安机关要把党的领导贯穿在健全完善侦查监督与协作配合机制的全过程，主动向党委政法委请示报告，争取党委、政府的理解支持，推动地方党委将侦查监督与协作配合机制一体纳入司法体制改革部署统筹推进。市县两级人民检察院、公安机关要高度重视相关机制平台的建立健全和推进落实。

（二）加强沟通协调。人民检察院、公安机关要坚持共建共享理念，

从双赢多赢共赢的角度求同存异，以求真务实的态度加强沟通协调，互相理解、互相支持，防止因认识分歧影响工作推进。负责内部牵头的刑事检察和法制部门要分别协调本单位内部各部门、警种、所队共同参与、密切配合办公室工作，确保侦查监督和协作配合机制落到实处、取得实效。

（三）抓好贯彻落实。各省级人民检察院、公安厅（局）要结合本地情况，抓好全省工作的谋划部署和督促落实，协调、指导下级单位及时解决遇到的困难问题。市县两级单位要加快推进侦查监督与协作配合办公室的机构设立，健全完善侦查监督与协作配合相关制度机制，细化办公室工作流程、规范，以制度化、规范化保障检警机关监督制约、协作配合、信息共享等机制在执法司法实践中充分有效发挥作用。在工作推进过程中遇到的问题，要及时向上级机关请示报告。

最高人民检察院、公安部
关于加强和规范补充侦查工作的指导意见

（2020 年 3 月 27 日公布并施行　高检发〔2020〕6 号）

第一条　为进一步完善以证据为核心的刑事指控体系，加强和规范补充侦查工作，提高办案质效，根据《中华人民共和国刑事诉讼法》《人民检察院刑事诉讼规则》《公安机关办理刑事案件程序规定》等有关规定，结合办案实践，制定本指导意见。

第二条　补充侦查是依照法定程序，在原有侦查工作的基础上，进一步查清事实，补充完善证据的诉讼活动。

人民检察院审查逮捕提出补充侦查意见，审查起诉退回补充侦查、自行补充侦查，要求公安机关提供证据材料，要求公安机关对证据的合法性作出说明等情形，适用本指导意见的相关规定。

第三条　开展补充侦查工作应当遵循以下原则：

1. 必要性原则。补充侦查工作应当具备必要性，不得因与案件事实、证据无关的原因退回补充侦查。

2. 可行性原则。要求补充侦查的证据材料应当具备收集固定的可行性，补充侦查工作应当具备可操作性，对于无法通过补充侦查收集证据材料的情形，不能适用补充侦查。

3. 说理性原则。补充侦查提纲应当写明补充侦查的理由、案件定性的考虑、补充侦查的方向、每一项补证的目的和意义，对复杂问题、争议问题作适当阐明，具备条件的，可以写明补充侦查的渠道、线索和方法。

4. 配合性原则。人民检察院、公安机关在补充侦查之前和补充侦查过程中，应当就案件事实、证据、定性等方面存在的问题和补充侦查的相关情况，加强当面沟通、协作配合，共同确保案件质量。

5. 有效性原则。人民检察院、公安机关应当以增强补充侦查效果为目标，把提高证据质量、解决证据问题贯穿于侦查、审查逮捕、审查起诉全过程。

第四条 人民检察院开展补充侦查工作，应当书面列出补充侦查提纲。补充侦查提纲应当分别归入检察内卷、侦查内卷。

第五条 公安机关提请人民检察院审查批准逮捕的，人民检察院应当接收。经审查，不符合批捕条件的，应当依法作出不批准逮捕决定。人民检察院对于因证据不足作出不批准逮捕决定，需要补充侦查的，应当制作补充侦查提纲，列明证据体系存在的问题、补充侦查方向、取证要求等事项并说明理由。公安机关应当按照人民检察院的要求开展补充侦查。补充侦查完毕，认为符合逮捕条件的，应当重新提请批准逮捕。对于人民检察院不批准逮捕而未说明理由的，公安机关可以要求人民检察院说明理由。对人民检察院不批准逮捕的决定认为有错误的，公安机关可以依法要求复议、提请复核。

对于作出批准逮捕决定的案件，确有必要的，人民检察院可以根据案件证据情况，就完善证据体系、补正证据合法性、全面查清案件事实等事项，向公安机关提出捕后侦查意见。逮捕之后，公安机关应当及时开展侦查工作。

第六条 人民检察院在审查起诉期间发现案件存在事实不清、证据不足或者存在遗漏罪行、遗漏同案犯罪嫌疑人等情形需要补充侦查的，应当制作补充侦查提纲，连同案卷材料一并退回公安机关并引导公安机关进一步查明案件事实、补充收集证据。

人民检察院第一次退回补充侦查时，应当向公安机关列明全部补充侦查事项。在案件事实或证据发生变化、公安机关未补充侦查到位、或者重新报送的材料中发现矛盾和问题的，可以第二次退回补充侦查。

第七条 退回补充侦查提纲一般包括以下内容：

（一）阐明补充侦查的理由，包括案件事实不清、证据不足的具体表现和问题；

（二）阐明补充侦查的方向和取证目的；

（三）明确需要补充侦查的具体事项和需要补充收集的证据目录；

（四）根据起诉和审判的证据标准，明确补充、完善证据需要达到的标准和必备要素；

（五）有遗漏罪行的，应当指出在起诉意见书中没有认定的犯罪嫌疑人的罪行；

（六）有遗漏同案犯罪嫌疑人需要追究刑事责任的，应当建议补充移送；

（七）其他需要列明的事项。

补充侦查提纲、捕后侦查意见可参照本条执行。

第八条　案件退回补充侦查后，人民检察院和公安机关的办案人员应当加强沟通，及时就取证方向、落实补证要求等达成一致意见。公安机关办案人员对于补充侦查提纲有异议的，双方及时沟通。

对于事实证据发生重大变化的案件，可能改变定性的案件，证据标准难以把握的重大、复杂、疑难、新型案件，以及公安机关提出请求的案件，人民检察院在退回补充侦查期间，可以了解补充侦查开展情况，查阅证据材料，对补充侦查方向、重点、取证方式等提出建议，必要时可列席公安机关的案件讨论并发表意见。

第九条　具有下列情形之一的，一般不退回补充侦查：

（一）查清的事实足以定罪量刑或者与定罪量刑有关的事实已经查清，不影响定罪量刑的事实无法查清的；

（二）作案工具、赃物去向等部分事实无法查清，但有其他证据足以认定，不影响定罪量刑的；

（三）犯罪嫌疑人供述和辩解、证人证言、被害人陈述的主要情节能够相互印证，只有个别情节不一致但不影响定罪量刑的；

（四）遗漏同案犯罪嫌疑人或者同案犯罪嫌疑人在逃，在案犯罪嫌疑人定罪量刑的事实已经查清且符合起诉条件，公安机关不能及时补充移送同案犯罪嫌疑人的；

（五）补充侦查事项客观上已经没有查证可能性的；

（六）其他没有必要退回补充侦查的。

第十条　对于具有以下情形可以及时调取的有关证据材料，人民检察院可以发出《调取证据材料通知书》，通知公安机关直接补充相关证据并移送，以提高办案效率：

（一）案件基本事实清楚，虽欠缺某些证据，但收集、补充证据难度不大且在审查起诉期间内能够完成的；

（二）证据存在书写不规范、漏填、错填等瑕疵，公安机关可以在审查起诉期间补正、说明的；

（三）证据材料制作违反程序规定但程度较轻微，通过补正可以弥补的；

（四）案卷诉讼文书存在瑕疵，需进行必要的修改或补充的；

（五）缺少前科材料、释放证明、抓获经过等材料，侦查人员能够及时提供的；

（六）其他可以通知公安机关直接补充相关证据的。

第十一条　人民检察院在审查起诉过程中，具有下列情形之一，自行补充侦查更为适宜的，可以依法自行开展侦查工作：

（一）影响定罪量刑的关键证据存在灭失风险，需要及时收集和固定证据，人民检察院有条件自行侦查的；

（二）经退回补充侦查未达到要求，自行侦查具有可行性的；

（三）有证据证明或者有迹象表明侦查人员可能存在利用侦查活动插手民事、经济纠纷、实施报复陷害等违法行为和刑讯逼供、非法取证等违法行为，不宜退回补充侦查的；

（四）其他需要自行侦查的。

人民检察院开展自行侦查工作应依法规范开展。

第十二条　自行侦查由检察官组织实施，必要时可以调配办案人员。开展自行侦查的检察人员不得少于二人。自行侦查过程中，需要技术支持和安全保障的，由检察机关的技术部门和警务部门派员协助。

人民检察院通过自行侦查方式补强证据的，公安机关应当依法予以配合。

人民检察院自行侦查，适用《中华人民共和国刑事诉讼法》规定的讯问、询问、勘验、检查、查封、扣押、鉴定等侦查措施，应当遵循法定程序，在法定期限内侦查完毕。

第十三条　人民检察院对公安机关移送的案件进行审查后，在法院作出生效判决前，认为需要补充审判所必需的证据材料的，可以发出《调取证据材料通知书》，要求公安机关提供。人民检察院办理刑事审判监督案件，可以向公安机关发出《调取证据材料通知书》。

第十四条　人民检察院在办理刑事案件过程中，发现可能存在《中华人民共和国刑事诉讼法》第五十六条规定的以非法方法收集证据情形的，可以要求公安机关对证据收集的合法性作出书面说明或者提供相关证明材料，必要时，可以自行调查核实。

第十五条　公安机关经补充侦查重新移送后，人民检察院应当接收，及时审查公安机关制作的书面补充侦查报告和移送的补充证据，根据补充侦查提纲的内容核对公安机关应补充侦查事项是否补查到位，补充侦查活动是否合法，补充侦查后全案证据是否已确实、充分。经审查，公安机关未能按要求开展补充侦查工作，无法达到批捕标准的，应当依法作出不批捕决定；经二次补充侦查仍然证据不足，不符合起诉条件的，人民检察院应当依法作出不起诉决定。对人民检察院不起诉决定认为错误的，公安机关可以依法复议、复核。

对公安机关要求复议的不批准逮捕案件、不起诉案件，人民检察院应当另行指派检察官办理。人民检察院办理公安机关对不批准逮捕决定和不起诉决定要求复议、提请复核的案件，应当充分听取公安机关的意见，相关意见应当附卷备查。

第十六条 公安机关开展补充侦查工作，应当按照人民检察院补充侦查提纲的要求，及时、认真补充完善相关证据材料；对于补充侦查提纲不明确或者有异议的，应当及时与人民检察院沟通；对于无法通过补充侦查取得证据的，应当书面说明原因、补充侦查过程中所做的工作以及采取的补救措施。公安机关补充侦查后，应当单独立卷移送人民检察院，人民检察院应当依法接收案卷。

第十七条 对公安机关未及时有效开展补充侦查工作的，人民检察院应当进行口头督促，对公安机关不及时补充侦查导致证据无法收集影响案件处理的，必要时可以发出检察建议；公安机关存在非法取证等情形的，应当依法启动调查核实程序，根据情节，依法向公安机关发出纠正违法通知书，涉嫌犯罪的，依法进行侦查。

公安机关以非法方法收集的犯罪嫌疑人供述、被害人陈述、证人证言等证据材料，人民检察院应当依法排除并提出纠正意见，同时可以建议公安机关另行指派侦查人员重新调查取证，必要时人民检察院也可以自行调查取证。公安机关发现办案人员非法取证的，应当依法作出处理，并可另行指派侦查人员重新调查取证。

第十八条 案件补充侦查期限届满，公安机关认为原认定的犯罪事实有重大变化，不应当追究刑事责任而未将案件重新移送审查起诉的，应当以书面形式告知人民检察院，并说明理由。公安机关应当将案件重新移送审查起诉而未重新移送审查起诉的，人民检察院应当要求公安机关说明理由。人民检察院认为公安机关理由不成立的，应当要求公安机关重新移送审查起诉。人民检察院发现公安机关不应当撤案而撤案的，应当进行立案监督。公安机关未重新移送审查起诉，且未及时以书面形式告知并说明理由的，人民检察院应当提出纠正意见。

第十九条　人民检察院、公安机关在自行侦查、补充侦查工作中，根据工作需要，可以提出协作要求或者意见、建议，加强沟通协调。

第二十条　人民检察院、公安机关应当建立联席会议、情况通报会等工作机制，定期通报补充侦查工作总体情况，评析证据收集和固定上存在的问题及争议。针对补充侦查工作中发现的突出问题，适时组织联合调研检查，共同下发问题通报并督促整改，加强沟通，统一认识，共同提升补充侦查工作质量。

推行办案人员旁听法庭审理机制，了解指控犯罪、定罪量刑的证据要求和审判标准。

第二十一条　人民检察院各部门之间应当加强沟通，形成合力，提升补充侦查工作质效。人民检察院需要对技术性证据和专门性证据补充侦查的，可以先由人民检察院技术部门或有专门知识的人进行审查，根据审查意见，开展补充侦查工作。

第二十二条　本指导意见自下发之日起实施。

最高人民检察院
关于加强出庭公诉工作的意见

(2015 年 6 月 15 日公布并施行 高检发诉字〔2015〕5 号)

为深入贯彻落实党的十八大和十八届三中、四中全会精神,全面提升公诉人出庭水平,有力指控犯罪,维护司法公正,根据中央关于深化司法体制改革的要求和最高人民检察院《关于加强公诉人建设的决定》,现就加强出庭公诉工作提出如下意见。

一、加强出庭公诉工作的重要意义和总体思路

1. 加强出庭公诉工作的重要性。出庭公诉是公诉人代表国家依法指控犯罪、维护诉讼参与人合法权利、履行刑事审判监督职责的重要活动,是展示公诉人公正司法形象、开展法治宣传教育的重要阵地,也是检察机关接受社会监督、联系群众的重要窗口。提升公诉人出庭指控证实犯罪水平,确保出庭公诉质量,事关检察机关依法惩治犯罪、保障人权、维护稳定、促进公正的履职效果。面对公诉人出庭作用更加凸显、出庭范围更加广泛、出庭类型更加多样、出庭要求更高、难度更大等新要求新挑战,一些地方对出庭公诉工作重视不够,公诉人的出庭能力还不适应,出庭保障机制还不健全。加强出庭公诉工作,是适应全面深化改革和全面依法治国新形势,顺应深化诉讼制度改革,全面贯彻证据裁判规则,有效应对庭审实质化的必然要求;是贯彻落实修改后刑事诉讼法,充分发挥庭审功能作用,推进司法公开化、民主化,积极回应人民群众新期待的必然要求;是加强公诉队伍建设,带动公诉工作整体水平提高,树立检察机关良好形象的必然要求。

2. 加强出庭公诉工作的总体思路。各级检察机关要坚持把加强出庭公诉作为公诉工作的龙头来抓,围绕保证庭审在查明事实、认定证据、保护诉权、公正裁判中发挥决定性作用,以进一步加强庭前准备工作为基础,以强化当庭指控证实犯罪为核心,以完善出庭公诉工作机制为保障,全面提高出庭公诉质量和效果,不断提高司法公信力,努力让人民群众在每一

个司法案件中感受到公平正义。

二、进一步加强庭前准备工作

3. 积极介入侦查引导取证。对重大、疑难、复杂案件，坚持介入范围适当、介入时机适时、介入程度适度原则，通过出席现场勘查和案件讨论等方式，按照提起公诉的标准，对收集证据、适用法律提出意见，监督侦查活动是否合法，引导侦查机关（部门）完善证据链条和证明体系。

4. 加强庭前审查。全面审查证据材料的客观性、关联性、合法性，全面审查涉及定罪量刑的各种证据，对据以定罪的关键证据必须严格审查，对犯罪嫌疑人、被告人的无罪辩解必须高度重视，对定罪疑难且单一的言词证据必须认真复核，对矛盾证据必须严格甄别。对没有直接证据证实犯罪的，要综合审查判断间接证据是否形成完整证据链条。高度重视对物证、书证等客观性证据的审查和运用，掌握司法会计、法医、精神病、痕迹检验等鉴定意见以及电子证据相关的专业性知识和审查判断方法。突出对证据合法性的审查，坚决排除非法证据，及时补正瑕疵证据。正确适用法律和司法解释，全面贯彻宽严相济刑事政策，准确认定行为性质，确保不枉不纵。

5. 有效运用庭前会议解决争议。对需要召开庭前会议提请解决的案件管辖、回避、庭审方案和出庭证人、鉴定人、有专门知识的人、侦查人员的名单等与审判相关的问题，公诉人要提前准备好意见。注意了解辩护人收集证据的情况，明确诉辩焦点，有针对性地交换意见和向法庭阐明观点。重视辩护人提出的非法证据排除意见，正确区分非法证据与瑕疵证据，能够在庭前会议环节解决的非法证据问题力争解决。庭前会议结束后注意查漏补缺，充分利用会议中获取的事实、证据信息和辩护意见，做好证据补强、程序安排和庭审预案的调整完善等工作。对辩护律师提出的执业权利受侵犯的情况，要积极查证并监督纠正。

6. 加强庭前预测和应对准备。充分听取辩护人意见，全面了解和分析辩护意见和辩护策略，及时掌握庭前案件动态。加强庭前预测，针对争议焦点做好庭审预案和重大复杂敏感案件临庭处置预案，对案件可能存在的信访风险做好应对准备，确保庭前准备与庭上应对紧密衔接。对申请关键证人、被害人、鉴定人、侦查人员出庭作证的，庭前充分沟通，介绍庭审程序、法庭纪律和有关法律知识，并进行必要的心理疏导，确保出庭作证顺利和良好庭审效果。

三、强化当庭指控证实犯罪和庭外监督工作

7. 强化当庭讯问。法庭讯问要讲究章法，合理选择运用解释性讯问、追问等方式，做到层次分明、重点突出、有的放矢。讯问被告人应把握主动，从容应对，确保当庭指控犯罪全面、准确、有力。对被告人的合理辩解认真予以对待，对被告人当庭不实供述予以揭露，对庭前的有罪供述予以固定。

8. 强化当庭询问。公诉人询问出庭作证的证人，可以要求证人连贯陈述，也可以直接发问。发问应简洁清楚，重点围绕与定罪量刑紧密相关的事实以及证言中有遗漏、矛盾、模糊不清和有争议的内容进行。当事人和辩护人、诉讼代理人对证人发问后，公诉人可以根据证人回答的情况，向法庭申请再次对证人发问。发现辩护人对证人有提示性、诱导性发问的，公诉人要及时提请合议庭予以制止。

9. 强化当庭示证。公诉人出示证据应以证明公诉主张为目的，善于根据案件的不同种类、特点和庭审实际情况，围绕犯罪构成要件和争议焦点，合理安排和调整示证顺序，做到详略得当，要点突出。根据案件的具体情况和证据状况，结合被告人的认罪态度，示证可以采用分组示证或逐一示证的方式。

10. 强化当庭质证。公诉人质证要目的明确、逻辑清晰，紧紧围绕案件事实和证据的客观性、关联性、合法性进行。熟练掌握各类证据的质证方法和质证策略，熟悉言词证据和实物证据的特点差异，善于从不同角度区别质证，保证质证效果。善于根据庭审变化动向，掌握质证主动性，提高质证的针对性和有效性。

11. 强化证据合法性的证明。对被告人或辩护人当庭提出被告人庭前供述系非法取得，法庭决定进行调查时，公诉人可以根据讯问笔录、羁押记录、出入看守所的健康检查记录、看守管教人员的谈话记录以及侦查机关对讯问过程合法性的说明等，对庭前讯问被告人的合法性进行证明。必要时，可以要求法庭播放讯问录音、录像，申请法庭通知侦查人员或者其他人员出庭说明情况。审判人员认为可能存在以非法方法收集其他证据的情形需要进行法庭调查的，公诉人可以参照上述方法对证据收集的合法性进行证明。

12. 强化发表公诉意见和庭审辩论工作。公诉人要善于围绕控辩双方在事实、证据、法律适用和量刑方面的分歧焦点，运用事实证据、法律规

定和刑事政策，客观公正地发表公诉意见。善于把控辩论方向，围绕辩护意见有针对性地答辩，对于起诉书、公诉意见中已详细阐明过的观点，与案件无关的细枝末节，控辩双方没有原则分歧的一般问题，无需正面答辩。针对不同案情和被告人的认罪态度，合理选择主动出击或后发制胜的辩论策略。善于根据庭审实际情况灵活应变，及时针对被告人辩解、辩护人辩护观点提出答辩意见。

13. 强化庭审突发情况应对处置。对当事人或辩护人在庭审中的妨害诉讼等不当行为，及时建议法庭予以处理。对于庭审中被告人翻供、证人翻证、证据突袭、当庭查明的事实与起诉书认定事实不一致或量刑建议需要调整等突发情况，应当根据庭审预案及时应对。遇有庭前未能预料且无法当时处理的，应当建议法庭延期审理，并区别不同情况依照有关规定及时处理。

14. 加强庭上法治宣传教育。公诉人要结合案件事实和庭审情况开展法治宣传教育，善于运用语言技巧，注意运用群众语言，加强释法说理，普及法律常识，剖析犯罪原因，阐述警示意义，促使被告人认罪悔罪，激发法庭和旁听人员共鸣，提升庭审综合效果。

15. 强化刑事审判监督。公诉人出席法庭，应当增强法律监督意识，发现法庭审判违反法律规定的诉讼程序，应当记录在案并在休庭后及时向检察长报告；对违反程序的庭审活动提出纠正意见，由人民检察院在庭审后提出。

16. 强化现代科技手段运用。善于运用信息化和科技手段提高出庭质量和效果。公诉人在庭审中要灵活运用多媒体技术、现代通讯技术以及相关科技手段进行示证，增强出庭举证效果。探索运用信息化手段开展简易程序案件远程视频出庭，对未成年人被害人、证人出庭作证的，采取不暴露外貌、真实声音等保护措施。加强重大敏感复杂案件远程出庭指挥，及时解决庭审中遇到的突发情况，确保庭审效果。

17. 强化团队出庭公诉协作。对重大疑难复杂案件等需要多个公诉人出庭的案件，要加强出庭工作的组织协调和指挥，出庭公诉人要增强团队协作意识，合理分工，密切配合，形成指控合力。

18. 强化理性平和文明规范出庭理念。公诉人出席法庭，应着装整洁，仪表端庄得体，用语规范准确。坚持有理、有力、有节，与辩护人理性平和抗辩，做到"对抗而不对立、交锋而不交恶"。注重出庭语言法理性、逻辑性和艺术性的结合，善于通过语言的感染力和说服力，增强社会公众的认同感，树立和展现公诉人客观公正和可亲可信可敬的良好司法形象。

四、加强出庭公诉工作的保障措施

19. 全面加强公诉人队伍建设。认真贯彻落实最高人民检察院《关于加强公诉人建设的决定》，全面加强公诉人思想政治建设、职业能力建设、纪律作风建设、管理机制建设，加强专家型和专门型公诉人才培养，落实公诉人培训、激励等措施，努力提升公诉人法律适用和政策运用的能力，提高群众工作能力，促进公诉人全面发展。

20. 突出加强办案一线公诉人出庭能力建设。针对出庭公诉案件大量集中在基层检察院和地市级检察院的实际，坚持把加强办案一线公诉人出庭能力建设作为重点，注重在业务培训、人才培养、评功授奖、干部使用等方面向一线公诉人倾斜。加强对使用少数民族语言进行诉讼的公诉人才的培养，完善东西部地区公诉业务对口支援等机制，加大对西部地区运用现代科技手段出庭的扶持和培训，加强对民族地区公诉人建设帮扶力度，培养造就一批优秀双语公诉人。

21. 完善公诉人出庭实训机制。公诉部门要会同检察教育培训主管部门，依托检察官学院等培训基地，重点围绕提高公诉人出庭能力，组织开展出庭公诉专项技能培训和业务实训。改进实训方式方法，坚持理论与实践相结合、讲授式培训与研讨式培训相结合、面授教学与网络教学相结合，提高实训效果。选择优秀公诉人示范庭，有证人、鉴定人、侦查人员和有专门知识的人出庭案件，新类型、重大疑难复杂等案件的庭审，组织庭审观摩。广泛开展岗位练兵和各种形式的论辩赛活动，打造优秀公诉团队。

22. 完善专家型、专门型公诉人培养调配机制。培养一批具有较高政治素质和政策水平、深厚法学理论功底、丰富公诉经验，在公诉系统内外有较高声望、较大影响的专家型公诉人。培养一批擅长办理职务犯罪、经济犯罪、未成年人犯罪和重特大普通刑事犯罪等案件的专门型公诉人，实现公诉工作的专业化分工。建立专家型、专门型公诉人才库，跨区域统一调配使用公诉力量。

23. 完善公诉出庭质量考核评议机制。建立健全公诉人出庭考核评议机制，加强对出庭活动的跟庭考察。加大示范庭庭审观摩工作力度，充分发挥优秀出庭公诉案件、优秀公诉人的引领示范作用，激励公诉人努力提升出庭能力和水平。加强听庭评议，邀请人大代表、政协委员、人民监督员、法学专家等各界人士及资深检察官、资深法官等人员担任评委，研究讨论庭审难点，查找不足，分析原因，提出处置措施，提升出庭公诉工作整体水平。探索建立资深公诉人专业听庭制度，由资深公诉人定期或随机对青年公诉人的出庭进行听庭检查，适时组织座谈交流，着力提高青年公诉人出庭能力。

24. 强化公诉人出庭安全保障。认真做好公诉案件的风险评估、预警和处置工作，对于可能发生公诉人员被攻击情况的案件，庭前与法院、公安机关积极沟通协商，制定庭审应急处置预案，采取必要安全防范措施。对于可能出现妨碍公诉人员依法履行职务情形的，由人民检察院司法警察出警，护送公诉人员出庭和返回，保障依法履行职务和人身安全。商请法院加强法庭安全设施建设，采取相应安全保障措施，为公诉人员设立专用通道。会同有关部门依法加大对哄闹法庭、殴打公诉人员等违法犯罪行为的惩治力度。为公诉人员办理人身意外伤害保险、建立保障基金等，解决公诉人员后顾之忧。

25. 强化组织领导和职业保障。各级检察院要高度重视出庭公诉工作，认真研究部署加强出庭公诉工作的措施，落实检察长、副检察长、检委会专职委员、检委会委员带头出庭公诉制度。结合检察人员分类管理、检察官员额等司法改革，配齐、配强公诉力量，保障检察官员额向一线公诉人员倾斜，探索职业公诉人制度，稳定公诉队伍。加大公诉人员依法出庭履行职务的物质保障，落实出庭专项经费，为公诉人出庭工作提供必要的装备，保障公诉人办案用车。建立健全公诉人出庭激励机制，组织开展优秀示范庭评选等业务竞赛。会同法院探索开展重大案件公开开庭和网络庭审直播，增强出庭公诉效果。

公诉人出席特别程序法庭，检察员出席二审、再审法庭，参照本意见执行。

最高人民检察院
人民检察院公诉人出庭举证质证工作指引

（2018 年 7 月 3 日公布并施行　高检发诉字〔2018〕8 号）

第一章　总　则

第一条　为适应以审判为中心的刑事诉讼制度改革新要求，全面贯彻证据裁判规则，进一步加强和改进公诉人出庭举证质证工作，构建认罪和不认罪案件相区别的出庭公诉模式，增强指控犯罪效果，根据《中华人民共和国刑事诉讼法》和相关规定，结合检察工作实际，制定本工作指引。

第二条　举证是指在出庭支持公诉过程中，公诉人向法庭出示、宣读、播放有关证据材料并予以说明，对出庭作证人员进行询问，以证明公诉主张成立的诉讼活动。

质证是指在审判人员的主持下，由控辩双方对所出示证据材料及出庭作证人员的言词证据的证据能力和证明力相互进行质疑和辩驳，以确认是否作为定案依据的诉讼活动。

第三条　公诉人出庭举证质证，应当以辩证唯物主义认识论为指导，以事实为根据，以法律为准绳，注意运用逻辑法则和经验法则，有力揭示和有效证实犯罪，提高举证质证的质量、效率和效果，尊重和保障犯罪嫌疑人、被告人和其他诉讼参与人诉讼权利，努力让人民群众在每一个司法案件中感受到公平正义。

第四条　公诉人举证质证，应当遵循下列原则：

（一）实事求是，客观公正；

（二）突出重点，有的放矢；

（三）尊重辩方，理性文明；

（四）遵循法定程序，服从法庭指挥。

第五条　公诉人可以根据被告人是否认罪，采取不同的举证质证模式。

被告人认罪的案件，经控辩双方协商一致并经法庭同意，举证质证可以简化。

被告人不认罪或者辩护人作无罪辩护的案件，一般应当全面详细举证质证。但对辩护方无异议的证据，经控辩双方协商一致并经法庭同意，举证质证也可以简化。

第六条　公诉人举证质证，应当注重与现代科技手段相融合，积极运用多媒体示证、电子卷宗、出庭一体化平台等，增强庭审指控犯罪效果。

第二章　举证质证的准备

第七条　公诉人审查案件时，应当充分考虑出庭准备和庭审举证质证工作的需要，有针对性地制作审查报告。

第八条　公诉人基于出庭准备和庭审举证质证工作的需要，可以在开庭前从人民法院取回有关案卷材料和证据，或者查阅电子卷宗。

第九条　公诉案件开庭前，公诉人应当进一步熟悉案情，掌握证据情况，深入研究与本案有关的法律政策问题，熟悉审判可能涉及的专业知识，围绕起诉书指控的犯罪事实和情节，制作举证质证提纲，做好举证质证准备。

制作举证质证提纲应当注意以下方面：

（一）证据的取得是否符合法律规定；

（二）证据是否符合法定形式；

（三）证据是否为原件、原物，照片、录像、复制件、副本等与原件、原物是否相符；

（四）发现证据时的客观环境；

（五）证据形成的原因；

（六）证人或者提供证据的人与本案有无利害关系；

（七）证据与待证事实之间的关联关系；

（八）证据之间的相互关系；

（九）证据是否共同指向同一待证事实，有无无法排除的矛盾和无法解释的疑问，全案证据是否形成完整的证明体系，根据全案证据认定的事实是否足以排除合理怀疑，结论是否具有唯一性；

（十）证据是否具有证据能力及其证明力的其他问题。

第十条　公诉人应当通过参加庭前会议，及时掌握辩护方提供的证据，全面了解被告人及其辩护人对证据的主要异议，并在审判人员主持下，就案件的争议焦点、证据的出示方式等进行沟通，确定举证顺序、方式。根据举证需要，公诉人可以申请证人、鉴定人、侦查人员、有专门知识的人出庭，对辩护方出庭人员名单提出异议。

审判人员在庭前会议中组织展示证据的，公诉人应当出示拟在庭审中出示的证据，梳理存在争议的证据，听取被告人及其辩护人的意见。

被告人及其辩护人在开庭审理前申请排除非法证据，并依照法律规定提供相关线索或者材料的，公诉人经查证认为不存在非法取证行为的，应当在庭前会议中通过出示有关证据材料等方式，有针对性地对证据收集的合法性作出说明。

公诉人可以在庭前会议中撤回有关证据。撤回的证据，没有新的理由，不得在庭审中出示。

公诉人应当根据庭前会议上就举证方式达成的一致意见，修改完善举证提纲。

第十一条　公诉人在开庭前收到人民法院转交或者被告人及其辩护人、被害人、证人等递交的反映证据系非法取得的书面材料的，应当进行审查。对于审查逮捕、审查起诉期间已经提出并经查证不存在非法取证行为的，应当通知人民法院，或者告知有关当事人和辩护人，并按照查证的情况做好庭审准备。对于新的材料或者线索，可以要求侦查机关对证据收集的合法性进行说明或者提供相关证明材料，必要时可以自行调查核实。

第十二条　公诉人在庭前会议后依法收集的证据，在开庭前应当及时移送人民法院，并了解被告人或者其辩护人是否提交新的证据。如果有新的证据，公诉人应当对该证据进行审查。

第十三条　公诉人在开庭前，应当通过讯问被告人、听取辩护人意见、参加庭前会议、与法庭沟通等方式，了解掌握辩护方所收集的证明被告人无罪、罪轻或者反映存在非法取证行为的相关材料情况，进一步熟悉拟在庭审中出示的相关证据，围绕证据的真实性、关联性、合法性，全面预测被告人、辩护人可能提出的质证观点，有针对性地制作和完善质证提纲。

第三章　举　证

第一节　举证的基本要求

第十四条　公诉人举证，一般应当遵循下列要求：

（一）公诉人举证，一般应当全面出示证据；出示、宣读、播放每一份（组）证据时，一般应当出示证据的全部内容。根据普通程序、简易程序以及庭前会议确定的举证方式和案件的具体情况，也可以简化出示，但不得随意删减、断章取义。没有召开庭前会议的，公诉人可以当庭与辩护方协商，并经法庭许可确定举证方式。

（二）公诉人举证前，应当先就举证方式作出说明；庭前会议对简化出示证据达成一致意见的，一并作出说明。

（三）出示、宣读、播放每一份（组）证据前，公诉人一般应当先就证据证明方向，证据的种类、名称、收集主体和时间以及所要证明的内容向法庭作概括说明。

（四）对于控辩双方无异议的非关键性证据，举证时可以仅就证据的名称及所证明的事项作出说明；对于可能影响定罪量刑的关键证据和控辩双方存在争议的证据，以及法庭认为有必要调查核实的证据，应当详细出示。

（五）举证完毕后，应当对出示的证据进行归纳总结，明确证明目的。

（六）使用多媒体示证的，应当与公诉人举证同步进行。

第十五条 公诉人举证，应当主要围绕下列事实，重点围绕控辩双方争议的内容进行：

（一）被告人的身份；

（二）指控的犯罪事实是否存在，是否为被告人所实施；

（三）实施犯罪行为的时间、地点、方法、手段、结果，被告人犯罪后的表现等；

（四）犯罪集团或者其他共同犯罪案件中参与犯罪人员的各自地位和应负的责任；

（五）被告人有无刑事责任能力，有无故意或者过失，行为的动机、目的；

（六）有无依法不应当追究刑事责任的情形，有无法定从重或者从轻、减轻以及免除处罚的情节；

（七）犯罪对象、作案工具的主要特征，与犯罪有关的财物的来源、数量以及去向；

（八）被告人全部或者部分否认起诉书指控的犯罪事实的，否认的根据和理由能否成立；

（九）与定罪、量刑有关的其他事实。

第十六条　对于公诉人简化出示的证据，辩护人要求公诉人详细出示的，可以区分不同情况作出处理。具有下列情形之一的，公诉人应当详细出示：

（一）审判人员要求详细出示的；

（二）辩护方要求详细出示并经法庭同意的；

（三）简化出示证据可能影响举证效果的。

具有下列情形之一的，公诉人可以向法庭说明理由，经法庭同意后，可以不再详细出示：

（一）公诉人已经详细出示过相关证据，辩护方重复要求的；

（二）公诉人简化出示的证据能够证明案件事实并反驳辩护方异议的；

（三）辩护方所要求详细出示的内容与起诉书认定事实无关的；

（四）被告人承认指控的犯罪事实和情节的。

第十七条　辩护方当庭申请公诉人宣读出示案卷中对被告人有利但未被公诉人采信的证据的，可以建议法庭决定由辩护方宣读出示，并说明不采信的理由。法庭采纳辩护方申请要求公诉人宣读出示的，公诉人应当出示。

第十八条　公诉人、被告人及其辩护人对收集被告人供述是否合法未达成一致意见，人民法院在庭审中对证据合法性进行调查的，公诉人可以根据讯问笔录、羁押记录、提讯登记、出入看守所的健康检查记录、医院病历、看守管教人员的谈话记录、采取强制措施或者侦查措施的法律文书、侦查机关对讯问过程合法性的证明材料、侦查机关或者检察机关对证据收集合法性调查核实的结论、驻看守所检察人员在侦查终结前对讯问合法性的核查结论等，对庭前讯问被告人的合法性进行证明，可以要求法庭播放讯问同步录音、录像，必要时可以申请法庭通知侦查人员或者其他人员出庭说明情况。

控辩双方对收集证人证言、被害人陈述、收集物证、书证等的合法性以及其他程序事实发生争议的，公诉人可以参照前款规定出示、宣读有关法律文书、侦查或者审查起诉活动笔录等予以证明。必要时，可以建议法庭通知负责侦查的人员以及搜查、查封、扣押、冻结、勘验、检查、辨认、侦查实验等活动的见证人出庭陈述有关情况。

第二节　举证的一般方法

第十九条　举证一般应当一罪名一举证、一事实一举证，做到条理清楚、层次分明。

第二十条 举证顺序应当以有利于证明公诉主张为目的，公诉人可以根据案件的不同种类、特点和庭审实际情况，合理安排和调整举证顺序。一般先出示定罪证据，后出示量刑证据；先出示主要证据，后出示次要证据。

公诉人可以按照与辩护方协商并经法庭许可确定的举证顺序进行举证。

第二十一条 根据案件的具体情况和证据状况，结合被告人的认罪态度，举证可以采用分组举证或者逐一举证的方式。

案情复杂、同案被告人多、证据数量较多的案件，一般采用分组举证为主、逐一举证为辅的方式。

对证据进行分组时，应当遵循证据之间的内在逻辑关系，可以将证明方向一致或者证明内容相近的证据归为一组；也可以按照证据种类进行分组，并注意各组证据在证明内容上的层次和递进关系。

第二十二条 对于可能影响定罪量刑的关键证据和控辩双方存在争议的证据，应当单独举证。

被告人认罪的案件，对控辩双方无异议的定罪证据，可以简化出示，主要围绕量刑和其他有争议的问题出示证据。

第二十三条 对于被告人不认罪案件，应当立足于证明公诉主张，通过合理举证构建证据体系，反驳被告人的辩解，从正反两个方面予以证明。重点一般放在能够有力证明指控犯罪事实系被告人所为的证据和能够证明被告人无罪辩解不成立的证据上，可以将指控证据和反驳证据同时出示。

对于被告人翻供的，应当综合运用证据，阐明被告人翻供的时机、原因、规律，指出翻供的不合理、不客观、有矛盾之处。

第二十四条 "零口供"案件的举证，可以采用关键证据优先法。公诉人根据案件证据情况，优先出示定案的关键证据，重点出示物证、书证、现场勘查笔录等客观性证据，直接将被告人与案件建立客观联系，在此基础上构建全案证据体系。

辩点较多案件的举证，可以采用先易后难法。公诉人根据案件证据情况和庭前会议了解的被告人及辩护人的质证观点，先出示被告人及辩护人没有异议的证据或者分歧较小的证据，后出示控辩双方分歧较大的证据，使举证顺利推进，为集中精力对分歧证据进行质证作准备。

依靠间接证据定案的不认罪案件的举证，可以采用层层递进法。公诉人应当充分运用逻辑推理，合理安排举证顺序，出示的后一份（组）证据与前一份（组）证据要紧密关联，环环相扣，层层递进，通过逻辑分析揭示各个证据之间的内在联系，综合证明案件已经排除合理怀疑。

第二十五条　对于一名被告人有一起犯罪事实或者案情比较简单的案件，可以根据案件证据情况按照法律规定的证据种类举证。

第二十六条　对于一名被告人有数起犯罪事实的案件，可以以每一起犯罪事实为单元，将证明犯罪事实成立的证据分组举证或者逐一举证。其中，涉及每起犯罪事实中量刑情节的证据，应当在对该起犯罪事实举证中出示；涉及全案综合量刑情节的证据，应当在全案的最后出示。

第二十七条　对于数名被告人有一起犯罪事实的案件，根据各被告人在共同犯罪中的地位、作用及情节，一般先出示证明主犯犯罪事实的证据，再出示证明从犯犯罪事实的证据。

第二十八条　对于数名被告人有数起犯罪事实的案件，可以采用不同的分组方法和举证顺序，或者按照作案时间的先后顺序，或者以主犯参与的犯罪事实为主线，或者以参与人数的多少为标准，并注意区分犯罪集团的犯罪行为、一般共同犯罪行为和个别成员的犯罪行为，分别进行举证。

第二十九条　对于单位犯罪案件，应当先出示证明单位构成犯罪的证据，再出示对其负责的单位主管人员或者其他直接责任人员构成犯罪的证据。对于指控被告单位犯罪与指控单位主管人员或者其他直接责任人员犯罪的同一份证据可以重复出示，但重复出示时仅予以说明即可。

第三节　各类证据的举证要求

第三十条　出示的物证一般应当是原物。原物不易搬运、不易保存或者已返还被害人的，可以出示反映原物外形和特征的照片、录像、复制品，并向法庭说明情况及与原物的同一性。

出示的书证一般应当是原件，获取书证原件确有困难的，可以出示书证副本或者复制件，并向法庭说明情况及与原件的同一性。

出示物证、书证时，应当对物证、书证所要证明的内容、收集情况作概括说明，可以提请法庭让当事人、证人等诉讼参与人辨认。物证、书证经过技术鉴定的，可以宣读鉴定意见。

第三十一条　询问出庭作证的证人，应当遵循以下规则：

（一）发问应当单独进行；

（二）发问应当简洁、清楚；

（三）发问应当采取一问一答形式，不宜同时发问多个内容不同的问题；

（四）发问的内容应当着重围绕与定罪、量刑紧密相关的事实进行；

（五）不得以诱导方式发问；

（六）不得威胁或者误导证人；

（七）不得损害证人的人格尊严；

（八）不得泄露证人个人隐私；

（九）询问未成年人，应当结合未成年人的身心特点进行。

第三十二条　证人出庭的，公诉人可以要求证人就其了解的与案件有关的事实进行陈述，也可以直接发问。对于证人采取猜测性、评论性、推断性语言作证的，公诉人应当提醒其客观表述所知悉的案件事实。

公诉人认为证人作出的回答对案件事实和情节的认定有决定性或者重大影响，可以提请法庭注意。

证人出庭作证的证言与庭前提供的证言相互矛盾的，公诉人应当问明理由，并对该证人进行询问，澄清事实。认为理由不成立的，可以宣读证人在改变证言前的笔录内容，并结合相关证据予以反驳。

对未到庭证人的证言笔录，应当当庭宣读。宣读前，应当说明证人和本案的关系。对证人证言笔录存在疑问、确实需要证人出庭陈述或者有新的证人的，公诉人可以要求延期审理，由人民法院通知证人到庭提供证言和接受质证。

根据案件情况，公诉人可以申请实行证人远程视频作证。

控辩双方对证人证言无异议，证人不需要出庭的，或者证人因客观原因无法出庭且无法通过视频等方式作证的，公诉人可以出示、宣读庭前收集的书面证据材料或者作证过程录音、录像。

第三十三条　公诉人申请出庭的证人当庭改变证言、被害人改变其庭前的陈述，公诉人可以询问其言词发生变化的理由，认为理由不成立的，可以择机有针对性地宣读其在侦查、审查起诉阶段的证言、陈述，或者出示、宣读其他证据，对证人、被害人进行询问，予以反驳。

第三十四条　对被害人、鉴定人、侦查人员、有专门知识的人的询问，参照适用询问证人的规定。

第三十五条 宣读被告人供述,应当根据庭审中被告人供述的情况进行。被告人有多份供述且内容基本一致的,一般选择证明力最充分的一份或者几份出示。被告人当庭供述与庭前供述的实质性内容一致的,可以不再宣读庭前供述,但应当向法庭说明;被告人当庭供述与庭前供述存在实质性差异的,公诉人应当问明理由,认为理由不成立的,应当就存在实质性差异的内容宣读庭前供述,并结合相关证据予以反驳。

第三十六条 被告人作无罪辩解或者当庭供述与庭前供述内容不一致,足以影响定罪量刑的,公诉人可以有针对性地宣读被告人庭前供述笔录,并针对笔录中被告人的供述内容对被告人进行讯问,或者出示其他证据进行证明,予以反驳,并提请法庭对其当庭供述不予采信。对翻供内容需要调查核实的,可以建议法庭休庭或者延期审理。

第三十七条 鉴定意见以及勘验、检查、辨认和侦查实验等笔录应当当庭宣读,并对鉴定人、勘验人、检查人、辨认人、侦查实验人员的身份、资质、与当事人及本案的关系作出说明,必要时提供证据予以证明。鉴定人、有专门知识的人出庭,公诉人可以根据需要对其发问。发问时适用对证人询问的相关要求。

第三十八条 播放视听资料,应当首先对视听资料的来源、制作过程、制作环境、制作人员以及所要证明的内容进行概括说明。播放一般应当连续进行,也可以根据案情分段进行,但应当保持资料原貌,不得对视听资料进行剪辑。

播放视听资料,应当向法庭提供视听资料的原始载体。提供原始载体确有困难的,可以提供复制件,但应当向法庭说明原因。

出示音频资料,也可以宣读庭前制作的附有声音资料语言内容的文字记录。

第三十九条 出示以数字化形式存储、处理、传输的电子数据证据,应当对该证据的原始存储介质、收集提取过程等予以简要说明,围绕电子数据的真实性、完整性、合法性,以及被告人的网络身份与现实身份的同一性出示证据。

第四章 质 证

第一节 质证的基本要求

第四十条 公诉人质证应当根据辩护方所出示证据的内容以及对公诉

方证据提出的质疑，围绕案件事实、证据和适用法律进行。

质证应当一证一质一辩。质证阶段的辩论，一般应当围绕证据本身的真实性、关联性、合法性，针对证据能力有无以及证明力大小进行。对于证据与证据之间的关联性、证据的综合证明作用问题，一般在法庭辩论阶段予以答辩。

第四十一条　对影响定罪量刑的关键证据和控辩双方存在争议的证据，一般应当单独质证。

对控辩双方没有争议的证据，可以在庭审中简化质证。

对于被告人认罪案件，主要围绕量刑和其他有争议的问题质证，对控辩双方无异议的定罪证据，可以不再质证。

第四十二条　公诉人可以根据需要将举证质证、讯问询问结合起来，在质证阶段对辩护方观点予以适当辩驳，但应当区分质证与辩论之间的界限，重点针对证据本身的真实性、关联性、合法性进行辩驳。

第四十三条　在每一份（组）证据或者全部证据质证完毕后，公诉人可以根据具体案件情况，提请法庭对证据进行确认。

第二节　对辩护方质证的答辩

第四十四条　辩护方对公诉方当庭出示、宣读、播放的证据的真实性、关联性、合法性提出的质证意见，公诉人应当进行全面、及时和有针对性地答辩。

辩护方提出的与证据的证据能力或者证明力无关、与公诉主张无关的质证意见，公诉人可以说明理由不予答辩，并提请法庭不予采纳。

公诉人答辩一般应当在辩护方提出质证意见后立即进行。在不影响庭审效果的情况下，也可以根据需要在法庭辩论阶段结合其他证据综合发表意见，但应当向法庭说明。

第四十五条　对辩护方符合事实和法律的质证，公诉人应当实事求是、客观公正地发表意见。

辩护方因对证据内容理解有误而质证的，公诉人可以对证据情况进行简要说明。

第四十六条　公诉人对辩护方质证的答辩，应当重点针对可能动摇或者削弱证据能力、证明力的质证观点进行答辩，对于不影响证据能力、证明力的质证观点可以不予答辩或者简要答辩。

第四十七条　辩护方质疑言词证据之间存在矛盾的，公诉人可以综合全案证据，立足证据证明体系，从认知能力、与当事人的关系、客观环境等角度，进行重点答辩，合理解释证据之间的矛盾。

第四十八条　辩护人询问证人或者被害人有下列情形之一的，公诉人应当及时提请审判长制止，必要时应当提请法庭对该项陈述或者证言不予采信：

（一）以诱导方式发问的；

（二）威胁或者误导证人的；

（三）使被害人、证人以推测性、评论性、推断性意见作为陈述或者证言的；

（四）发问内容与本案事实无关的；

（五）对被害人、证人带有侮辱性发问的；

（六）其他违反法律规定的情形。

对辩护人询问侦查人员、鉴定人和有专门知识的人的质证，参照前款规定。

第四十九条　辩护方质疑证人当庭证言与庭前证言存在矛盾的，公诉人可以有针对性地对证人进行发问，也可以提请法庭决定就有异议的内容由被告人与证人进行对质诘问，在发问或对质诘问过程中，对前后矛盾或者疏漏之处作出合理解释。

第五十条　辩护方质疑被告人庭前供述系非法取得的，公诉人可以综合采取以下方式证明取证的合法性：

（一）宣读被告人在审查（决定）逮捕、审查起诉阶段的讯问笔录，证实其未曾供述过在侦查阶段受到刑讯逼供，或者证实其在侦查机关更换侦查人员且再次讯问时告知诉讼权利和认罪的法律后果后仍自愿供述，或者证实其在检察人员讯问并告知诉讼权利和认罪的法律后果后仍自愿供述；

（二）出示被告人的羁押记录，证实其接受讯问的时间、地点、次数等符合法律规定；

（三）出示被告人出入看守所的健康检查记录、医院病历，证实其体表和健康情况；

（四）出示看守管教人员的谈话记录；

（五）出示与被告人同监舍人员的证言材料；

（六）当庭播放或者庭外核实讯问被告人的录音、录像；

（七）宣读重大案件侦查终结前讯问合法性核查笔录，当庭播放或者庭外核实对讯问合法性进行核查时的录音、录像；

（八）申请侦查人员出庭说明办案情况。

公诉人当庭不能证明证据收集的合法性，需要调查核实的，可以建议法庭休庭或者延期审理。

第五十一条　辩护人质疑收集被告人供述存在程序瑕疵申请排除证据的，公诉人可以宣读侦查机关的补正说明。没有补正说明的，也可以从讯问的时间地点符合法律规定，已进行权利告知，不存在威胁、引诱、欺骗等情形，被告人多份供述内容一致，全案证据能够互相印证，被告人供述自愿性未受影响，程序瑕疵没有严重影响司法公正等方面作出合理解释。必要时，可以提请法庭播放同步录音录像，从被告人供述时情绪正常、表达流畅、能够趋利避害等方面证明庭前供述自愿性，对瑕疵证据作出合理解释。

第五十二条　辩护方质疑物证、书证的，公诉人可以宣读侦查机关收集物证、书证的补正说明，从此类证据客观、稳定、不易失真以及取证主体、程序、手段合法等方面有针对性地予以答辩。

第五十三条　辩护方质疑鉴定意见的，公诉人可以从鉴定机构和鉴定人的法定资质、检材来源、鉴定程序、鉴定意见形式要件符合法律规定等方面，有针对性地予以答辩。

第五十四条　辩护方质疑不同鉴定意见存在矛盾的，公诉人可以阐释不同鉴定意见对同一问题得出不同结论的原因，阐明检察机关综合全案情况，结合案件其他证据，采信其中一份鉴定意见的理由。必要时，可以申请鉴定人、有专门知识的人出庭。控辩双方仍存在重大分歧，且辩护方质疑有合理依据，对案件有实质性影响的，可以建议法庭休庭或者延期审理。

第五十五条　辩护方质疑勘验、检查、搜查笔录的，公诉人可以从勘验、检查、搜查系依法进行，笔录的制作符合法律规定，勘验、检查、搜查人员和见证人有签名或者盖章等方面，有针对性地予以答辩。

第五十六条　辩护方质疑辨认笔录的，公诉人可以从辨认的过程、方法，以及辨认笔录的制作符合有关规定等方面，有针对性地予以答辩。

第五十七条　辩护方质疑侦查实验笔录的，公诉人可以从侦查实验的审批、过程、方法、法律依据、技术规范或者标准、侦查实验的环境条件与原案接近程度、结论的科学性等方面，有针对性地予以答辩。

第五十八条　辩护方质疑视听资料的，公诉人可以从此类证据具有不可增添性、真实性强，内容连续完整，所反映的行为人的言语动作连贯自然，提取、复制、制作过程合法，内容与案件事实关联程度等方面，有针对性地予以答辩。

第五十九条　辩护方质疑电子数据的，公诉人可以从此类证据提取、复制、制作过程、内容与案件事实关联程度等方面，有针对性地予以答辩。

第六十条　辩护方质疑采取技术侦查措施获取的证据材料合法性的，公诉人可以通过说明采取技术侦查措施的法律规定、出示批准采取技术侦查措施的法律文书等方式，有针对性地予以答辩。

第六十一条　辩护方在庭前提出排除非法证据申请，经审查被驳回后，在庭审中再次提出排除申请的，或者辩护方撤回申请后再次对有关证据提出排除申请的，公诉人应当审查辩护方是否提出新的线索或者材料。没有新的线索或者材料表明可能存在非法取证的，公诉人可以建议法庭予以驳回。

第六十二条　辩护人仅采用部分证据或者证据的部分内容，对证据证明的事项发表不同意见的，公诉人可以立足证据认定的全面性、同一性原则，综合全案证据予以答辩。必要时，可以扼要概述已经法庭质证过的其他证据，用以反驳辩护方的质疑。

第六十三条　对单个证据质证的同时，公诉人可以简单点明该证据与其他证据的印证情况，以及在整个证据链条中的作用，通过边质证边论证的方式，使案件事实逐渐清晰，减轻辩论环节综合分析论证的任务。

第三节　对辩护方证据的质证

第六十四条　公诉人应当认真审查辩护方向法庭提交的证据。对于开庭五日前未提交给法庭的，可以当庭指出，并根据情况，决定是否要求查阅该证据或者建议休庭；属于下列情况的，可以提请法庭不予采信：

（一）不符合证据的真实性、关联性、合法性要求的证据；

（二）辩护人提供的证据明显有悖常理的；

（三）其他需要提请法庭不予采信的情况。

对辩护方提出的无罪证据，公诉人应当本着实事求是、客观公正的原则进行质证。对于与案件事实不符的证据，公诉人应当针对辩护方证据的真实性、关联性、合法性提出质疑，否定证据的证明力。

对被告人的定罪、量刑有重大影响的证据，当庭难以判断的，公诉人可以建议法庭休庭或者延期审理。

第六十五条　对辩护方提请出庭的证人，公诉人可以从以下方面进行质证：

（一）证人与案件当事人、案件处理结果有无利害关系；

（二）证人的年龄、认知、记忆和表达能力、生理和精神状态是否影响作证；

（三）证言的内容及其来源；

（四）证言的内容是否为证人直接感知，证人感知案件事实时的环境、条件和精神状态；

（五）证人作证是否受到外界的干扰或者影响；

（六）证人与案件事实的关系；

（七）证言前后是否矛盾；

（八）证言之间以及与其他证据之间能否相互印证，有无矛盾。

第六十六条　辩护方证人未出庭的，公诉人认为其证言对案件的定罪量刑有重大影响的，可以提请法庭通知其出庭。

对辩护方证人不出庭的，公诉人可以从取证主体合法性、取证是否征得证人同意、是否告知证人权利义务、询问未成年人时其法定代理人或者有关人员是否到场、是否单独询问证人等方面质证。质证中可以将证言与已经出示的证据材料进行对比分析，发现并反驳前后矛盾且不能作出合理解释的证人证言。证人证言前后矛盾或者与案件事实无关的，应当提请法庭注意。

第六十七条　对辩护方出示的鉴定意见和提请出庭的鉴定人，公诉人可以从以下方面进行质证：

（一）鉴定机构和鉴定人是否具有法定资质；

（二）鉴定人是否存在应当回避的情形；

（三）检材的来源、取得、保管、送检是否符合法律和有关规定，与相关提取笔录、扣押物品清单等记载的内容是否相符，检材是否充足、可靠；

（四）鉴定意见的形式要件是否完备，是否注明提起鉴定的事由、鉴定委托人、鉴定机构、鉴定要求、鉴定过程、鉴定方法、鉴定日期等相关内容，是否由鉴定机构加盖司法鉴定专用章并由鉴定人签名、盖章；

（五）鉴定程序是否符合法律和有关规定；

（六）鉴定的过程和方法是否符合相关专业的规范要求；

（七）鉴定意见是否明确；

（八）鉴定意见与案件待证事实有无关联；

（九）鉴定意见与勘验、检查笔录及相关照片等其他证据是否矛盾；

（十）鉴定意见是否依法及时告知相关人员，当事人对鉴定意见有无异议。

必要时，公诉人可以申请法庭通知有专门知识的人出庭，对辩护方出示的鉴定意见进行必要的解释说明。

第六十八条　对辩护方出示的物证、书证，公诉人可以从以下方面进行质证：

（一）物证、书证是否为原物、原件；

（二）物证的照片、录像、复制品，是否与原物核对无误；

（三）书证的副本、复制件，是否与原件核对无误；

（四）物证、书证的收集程序、方式是否符合法律和有关规定；

（五）物证、书证在收集、保管、鉴定过程中是否受损或者改变；

（六）物证、书证与案件事实有无关联。

第六十九条　对辩护方出示的视听资料，公诉人可以从以下方面进行质证：

（一）收集过程是否合法，来源及制作目的是否清楚；

（二）是否为原件，是复制件的，是否有复制说明；

（三）制作过程中是否存在威胁、引诱当事人等违反法律、相关规定的情形；

（四）内容和制作过程是否真实，有无剪辑、增加、删改等情形；

（五）内容与案件事实有无关联。

第七十条　对辩护方出示的电子数据，公诉人可以从以下方面进行质证：

（一）是否随原始存储介质移送，在原始存储介质无法封存、不便移动等情形时，是否有提取、复制过程的说明；

（二）收集程序、方式是否符合法律及有关技术规范；

（三）电子数据内容是否真实，有无删除、修改、增加等情形；

（四）电子数据制作过程中是否受到暴力胁迫或者引诱因素的影响；

（五）电子数据与案件事实有无关联。

第七十一条　对于因专门性问题不能对有关证据发表质证意见的，可以建议休庭，向有专门知识的人咨询意见。必要时，可以建议延期审理，进行鉴定或者重新鉴定。

第四节　法庭对质

第七十二条　控辩双方针对同一事实出示的证据出现矛盾的，公诉人可以提请法庭通知相关人员到庭对质。

第七十三条　被告人、证人对同一事实的陈述存在矛盾需要对质的，公诉人可以建议法庭传唤有关被告人、证人同时到庭对质。

各被告人之间对同一事实的供述存在矛盾需要对质的，公诉人可以在被告人全部陈述完毕后，建议法庭当庭进行对质。

第七十四条　辩护方质疑物证、书证、鉴定意见、勘验、检查、搜查、辨认、侦查实验等笔录、视听资料、电子数据的，必要时，公诉人可以提请法庭通知鉴定人、有专门知识的人、侦查人员、见证人等出庭。

辩护方质疑采取技术侦查措施获取的证据材料合法性的，必要时，公诉人可以建议法庭采取不暴露有关人员身份、不公开技术侦查措施和方法等保护措施，在庭外对证据进行核实，并要求在场人员履行保密义务。

对辩护方出示的鉴定意见等技术性证据和提请出庭的鉴定人，必要时，公诉人可以提请法庭通知有专门知识的人出庭，与辩护方提请出庭的鉴定人对质。

第七十五条　在对质过程中，公诉人应当重点就证据之间的矛盾点进行发问，并适时运用其他证据指出不真实、不客观、有矛盾的证据材料。

第五章　附　则

第七十六条　本指引主要适用于人民检察院派员出庭支持公诉的第一审非速裁程序案件。对于派员出席第二审、再审案件法庭的举证、质证工作，可以参考本指引。

第七十七条　本指引自印发之日起施行。

最高人民法院、最高人民检察院、
公安部、国家安全部、司法部
办理刑事案件庭前会议规程

（2024 年 9 月 2 日公布，2024 年 9 月 3 日起施行　法发〔2024〕12 号）

为贯彻落实最高人民法院、最高人民检察院、公安部、国家安全部、司法部《关于推进以审判为中心的刑事诉讼制度改革的意见》，规范庭前会议程序，提高庭审质量和效率，根据法律规定，结合司法实际，制定本规程。

第一条　适用普通程序审理的刑事案件，具有下列情形之一，人民法院可以在开庭审理前召开庭前会议：

（一）证据材料较多、案情重大复杂的；

（二）控辩双方对事实、证据存在较大争议的；

（三）社会影响重大的；

（四）需要召开庭前会议的其他情形。

第二条　控辩双方可以申请人民法院召开庭前会议。申请召开庭前会议的，应当说明需要处理的事项及理由。人民法院经审查认为有必要的，应当决定召开庭前会议；决定不召开庭前会议的，应当告知申请人。

被告人及其辩护人在开庭审理前申请排除非法证据，并依照法律规定提供相关线索或者材料的，人民法院应当召开庭前会议。

第三条　庭前会议中，人民法院可以就与审判相关的问题了解情况，听取意见，依法处理管辖、回避、出庭证人名单、非法证据排除等可能导致庭审中断的事项，组织控辩双方展示证据，归纳争议焦点，开展附带民事调解。

第四条　庭前会议由审判长或者承办案件的审判员主持，合议庭其他审判员也可以主持庭前会议。

公诉人、辩护人应当参加庭前会议，检察官助理、律师助理可以协助。

根据案件情况，被告人可以参加庭前会议；被告人申请参加庭前会议或者申请排除非法证据等情形的，人民法院应当通知被告人到场；有多名被告人的案件，人民法院根据案件情况确定参加庭前会议的辩护人和被告人。

庭前会议中开展附带民事调解的，人民法院应当通知附带民事诉讼当事人及其法定代理人、诉讼代理人到场。

第五条 被告人不参加庭前会议的，辩护人一般应当在召开庭前会议前就庭前会议处理事项听取被告人意见。

第六条 庭前会议一般不公开进行。

根据案件情况，人民法院可以决定通过视频等方式召开庭前会议。

第七条 根据案件情况，庭前会议可以在开庭审理前多次召开；休庭后，可以在再次开庭前召开庭前会议。

第八条 庭前会议应当在法庭或者其他办案场所召开。被羁押的被告人参加的，可以在看守所内设置的法庭或者其他合适场所召开。

被羁押的被告人参加庭前会议的，应当有法警在场。

第九条 人民法院应当根据案件情况，综合控辩双方意见，确定庭前会议需要处理的主要事项，在召开庭前会议三日前，将会议的时间、地点、人员和事项等通知参会人员，并通知辩护人可以在召开庭前会议后三日内以书面形式提交辩护意见要点，人民法院收到书面辩护意见要点后及时将复印件送交人民检察院。通知情况应当记录在案。

第十条 庭前会议开始后，主持人应当核实参会人员情况，宣布庭前会议需要处理的事项。

有多名被告人参加庭前会议的，应当采取措施防止串供。

第十一条 庭前会议中，主持人可以就下列事项向控辩双方了解情况，听取意见：

（一）是否对案件管辖有异议；

（二）是否申请有关人员回避；

（三）是否申请不公开审理；

（四）是否申请排除非法证据；

（五）是否提供新的证据材料；

（六）是否申请重新鉴定或者勘验；

（七）是否申请调取在侦查、审查起诉期间公安机关、人民检察院收集但未随案移送的证明被告人无罪或者罪轻的证据材料；

（八）是否申请向证人或有关单位、个人收集、调取证据材料；

（九）是否申请证人、鉴定人、有专门知识的人、侦查人员或者其他人员出庭，是否对出庭人员名单有异议；

（十）是否对涉案财物的权属情况和人民检察院的处理建议有异议；

（十一）与审判相关的其他问题。

庭前会议中，人民法院可以开展附带民事调解。

对于第一款规定中可能导致庭审中断的事项，控辩双方应当就是否提出相关申请或者要求发表明确意见，人民法院可以依法作出处理，并在庭审中说明处理决定和理由。

第十二条　被告人及其辩护人对案件管辖提出异议，应当说明理由。人民法院经审查认为异议成立的，应当依法将案件退回人民检察院或者移送有管辖权的上一级人民法院审判；认为本院不宜行使管辖权的，可以请求上一级人民法院处理。人民法院经审查认为异议不成立的，应当依法驳回异议。

第十三条　被告人及其辩护人申请合议庭组成人员、法官助理、书记员、鉴定人、翻译人员回避，应当说明理由。人民法院经审查认为申请成立的，应当依法决定有关人员回避；认为申请不成立的，应当依法驳回申请。

被告人及其辩护人申请检察人员回避，属于刑事诉讼法第二十九条、第三十条规定情形的，人民检察院应当依法作出回避或者驳回申请的决定。

被告人及其辩护人申请回避被驳回的，可以在接到决定时申请复议一次。对于不属于刑事诉讼法第二十九条、第三十条规定情形的，人民法院应当驳回申请，被告人及其辩护人不得申请复议。

第十四条　控辩双方申请不公开审理，人民法院经审查认为案件涉及国家秘密或者个人隐私的，应当准许；认为案件涉及商业秘密的，可以准许。

第十五条　被告人及其辩护人在开庭审理前申请排除非法证据，并依照法律规定提供相关线索或者材料的，人民法院应当在召开庭前会议三日前将申请书及相关线索或者材料的复制件送交人民检察院。人民检察院应当在庭前会议中通过出示有关证据材料等方式，有针对性地对证据收集的合法性作出说明。人民法院可以对有关证据材料进行核实；经控辩双方申请，可以有针对性地播放讯问录音录像。必要时，可以通知侦查人员或者其他人员参加庭前会议，说明情况。

人民检察院可以撤回有关证据，撤回的证据，没有新的理由，不得在庭审中出示。被告人及其辩护人可以撤回排除非法证据的申请，撤回申请后，没有新的线索或者材料，不得再次对有关证据提出排除申请。

控辩双方在庭前会议中对证据收集的合法性未达成一致意见，人民法院对证据收集的合法性有疑问的，应当在庭审中进行调查；对证据收集的合法性没有疑问，且没有新的线索或者材料表明可能存在非法取证的，可以决定不再进行调查并说明理由。

第十六条　控辩双方申请重新鉴定或者勘验，应当说明理由。人民法院经审查认为有必要的，应当同意。

第十七条　被告人及其辩护人书面申请调取公安机关、人民检察院在侦查、审查起诉期间收集但未随案移送的证明被告人无罪或者罪轻的证据材料，并提供相关线索或者材料的，人民法院应当调取，并通知人民检察院在收到调取决定书后三日内移交。未移交的，人民检察院应当书面说明相关情况。

被告人及其辩护人申请向证人或有关单位、个人收集、调取证据材料，应当说明理由。人民法院经审查认为有关证据材料可能影响定罪量刑的，应当准许；认为有关证据材料与案件无关或者明显重复、没有必要的，可以不予准许。

第十八条　控辩双方申请证人、鉴定人、有专门知识的人、侦查人员出庭，应当说明理由。人民法院经审查认为理由成立的，应当通知有关人员出庭。

控辩双方对出庭证人、鉴定人、有专门知识的人、侦查人员的名单有异议，人民法院经审查认为异议成立的，应当依法作出处理；认为异议不成立的，应当依法驳回。

人民法院通知证人、鉴定人、有专门知识的人、侦查人员等出庭后，控辩双方应当协助有关人员到庭。

第十九条　召开庭前会议前，人民检察院应当将全部证据材料移送人民法院，被告人及其辩护人应当将收集的有关被告人不在犯罪现场、未达到刑事责任年龄、属于依法不负刑事责任的精神病人等证明被告人无罪或者依法不负刑事责任的全部证据材料提交人民法院。

人民法院收到控辩双方移送或者提交的证据材料后，应当通知对方查阅、摘抄、复制。

第二十条　庭前会议中，对于控辩双方决定在庭审中出示的证据，人民法院可以组织展示有关证据并由证据出示方简要说明证据证明内容，听取另一方的意见，梳理存在争议的证据。控辩双方不质证、不辩论。

对于控辩双方在庭前会议中没有争议的证据，庭审时举证、质证可以简化。

第二十一条　人民法院可以在庭前会议中听取控辩双方的意见，归纳控辩双方的争议焦点。对控辩双方没有争议或者达成一致意见的事项，可以在庭审中简化审理。

人民法院可以组织控辩双方协商确定庭审的举证顺序、方式等事项，明确法庭调查的方式和重点。协商不成的事项，由人民法院确定。

第二十二条　对于被告人在庭前会议前不认罪，在庭前会议中又认罪的案件，人民法院核实被告人认罪的自愿性和真实性并听取控辩双方意见，可以在庭审中简化审理。

第二十三条　人民法院在庭前会议中听取控辩双方对案件事实、证据的意见后，对于明显事实不清、证据不足的案件，可以建议人民检察院补充材料或者撤回起诉。建议撤回起诉的案件，人民检察院不同意的，开庭审理后，没有新的事实和理由，一般不准许撤回起诉。

第二十四条　庭前会议情况应当制作笔录，由参会人员核对后签名。

庭前会议结束后，人民法院应当制作庭前会议报告，说明庭前会议的基本情况、与审判相关的问题的处理结果、控辩双方的争议焦点以及就相关事项达成的一致意见等。

第二十五条　对于召开庭前会议的案件，在宣读起诉书后，法庭应当宣布庭前会议报告的主要内容。

对庭前会议处理管辖异议、申请回避、申请不公开审理等事项的，法庭可以在告知当事人诉讼权利后宣布庭前会议报告的相关内容。

有多起犯罪事实的案件，必要时可以在有关犯罪事实的法庭调查开始前，再次宣布庭前会议报告的相关内容。

第二十六条　宣布庭前会议报告后，对于控辩双方在庭前会议中达成一致意见以及人民法院依法作出处理决定的事项，法庭向控辩双方简要核实后当庭予以确认，除有正当理由外，一般不再进行处理；对于其他事项，法庭依法作出处理。

第二十七条　第二审人民法院召开庭前会议的，参照上述规定。

第二十八条　本规程自 2024 年 9 月 3 日起施行。《人民法院办理刑事案件庭前会议规程（试行）》同时废止。

最高人民法院
人民法院办理刑事案件第一审普通
程序法庭调查规程（试行）

（2017 年 12 月 11 日公布，2018 年 1 月 1 日起施行　法发〔2017〕31 号）

为贯彻落实最高人民法院、最高人民检察院、公安部、国家安全部、司法部《关于推进以审判为中心的刑事诉讼制度改革的意见》，规范法庭调查程序，提高庭审质量和效率，确保诉讼证据出示在法庭、案件事实查明在法庭、诉辩意见发表在法庭、裁判结果形成在法庭，根据法律规定，结合司法实际，制定本规程。

一、一般规定

第一条　法庭应当坚持证据裁判原则。认定案件事实，必须以证据为根据。法庭调查应当以证据调查为中心，法庭认定并依法排除的非法证据，不得宣读、质证。证据未经当庭出示、宣读、辨认、质证等法庭调查程序查证属实，不得作为定案的根据。

第二条　法庭应当坚持程序公正原则。人民检察院依法承担被告人有罪的举证责任，被告人不承担证明自己无罪的责任。法庭应当居中裁判，严格执行法定的审判程序，确保控辩双方在法庭调查环节平等对抗，通过法庭审判的程序公正实现案件裁判的实体公正。

第三条　法庭应当坚持集中审理原则。规范庭前准备程序，避免庭审出现不必要的迟延和中断。承办法官应当在开庭前阅卷，确定法庭审理方案，并向合议庭通报开庭准备情况。召开庭前会议的案件，法庭可以依法处理可能导致庭审中断的事项，组织控辩双方展示证据，归纳控辩双方争议焦点。

第四条　法庭应当坚持诉权保障原则。依法保障当事人和其他诉讼参与人的知情权、陈述权、辩护辩论权、申请权、申诉权，依法保障辩护人发问、质证、辩论辩护等权利，完善便利辩护人参与诉讼的工作机制。

二、宣布开庭和讯问、发问程序

第五条 法庭宣布开庭后，应当告知当事人在法庭审理过程中依法享有的诉讼权利。

对于召开庭前会议的案件，在庭前会议中处理诉讼权利事项的，可以在开庭后告知诉讼权利的环节，一并宣布庭前会议对有关事项的处理结果。

第六条 公诉人宣读起诉书后，对于召开庭前会议的案件，法庭应当宣布庭前会议报告的主要内容。有多起犯罪事实的案件，法庭可以在有关犯罪事实的法庭调查开始前，分别宣布庭前会议报告的相关内容。

对于庭前会议中达成一致意见的事项，法庭可以向控辩双方核实后当庭予以确认；对于未达成一致意见的事项，法庭可以在庭审涉及该事项的环节归纳争议焦点，听取控辩双方意见，依法作出处理。

第七条 公诉人宣读起诉书后，审判长应当询问被告人对起诉书指控的犯罪事实是否有异议，听取被告人的供述和辩解。对于被告人当庭认罪的案件，应当核实被告人认罪的自愿性和真实性，听取其供述和辩解。

在审判长主持下，公诉人可以就起诉书指控的犯罪事实讯问被告人，为防止庭审过分迟延，就证据问题向被告人的讯问可在举证、质证环节进行。经审判长准许，被害人及其法定代理人、诉讼代理人可以就公诉人讯问的犯罪事实补充发问；附带民事诉讼原告人及其法定代理人、诉讼代理人可以就附带民事部分的事实向被告人发问；被告人的法定代理人、辩护人，附带民事诉讼被告人及其法定代理人、诉讼代理人可以在控诉一方就某一问题讯问完毕后向被告人发问。有多名被告人的案件，辩护人对被告人的发问，应当在审判长主持下，先由被告人本人的辩护人进行，再由其他被告人的辩护人进行。

第八条 有多名被告人的案件，对被告人的讯问应当分别进行。

被告人供述之间存在实质性差异的，法庭可以传唤有关被告人到庭对质。审判长可以分别讯问被告人，就供述的实质性差异进行调查核实。经审判长准许，控辩双方可以向被告人讯问、发问。审判长认为有必要的，可以准许被告人之间相互发问。

根据案件审理需要，审判长可以安排被告人与证人、被害人依照前款规定的方式进行对质。

第九条　申请参加庭审的被害人众多，且案件不属于附带民事诉讼范围的，被害人可以推选若干代表人参加或者旁听庭审，人民法院也可以指定若干代表人。

对被告人讯问、发问完毕后，其他证据出示前，在审判长主持下，参加庭审的被害人可以就起诉书指控的犯罪事实作出陈述。经审判长准许，控辩双方可以在被害人陈述后向被害人发问。

第十条　为解决被告人供述和辩解中的疑问，审判人员可以讯问被告人，也可以向被害人、附带民事诉讼当事人发问。

第十一条　有多起犯罪事实的案件，对被告人不认罪的事实，法庭调查一般应当分别进行。

被告人不认罪或者认罪后又反悔的案件，法庭应当对与定罪和量刑有关的事实、证据进行全面调查。

被告人当庭认罪的案件，法庭核实被告人认罪的自愿性和真实性，确认被告人知悉认罪的法律后果后，可以重点围绕量刑事实和其他有争议的问题进行调查。

三、出庭作证程序

第十二条　控辩双方可以申请法庭通知证人、鉴定人、侦查人员和有专门知识的人等出庭。

被害人及其法定代理人、诉讼代理人，附带民事诉讼原告人及其诉讼代理人也可以提出上述申请。

第十三条　控辩双方对证人证言、被害人陈述有异议，申请证人、被害人出庭，人民法院经审查认为证人证言、被害人陈述对案件定罪量刑有重大影响的，应当通知证人、被害人出庭。

控辩双方对鉴定意见有异议，申请鉴定人或者有专门知识的人出庭，人民法院经审查认为有必要的，应当通知鉴定人或者有专门知识的人出庭。

控辩双方对侦破经过、证据来源、证据真实性或者证据收集合法性等有异议，申请侦查人员或者有关人员出庭，人民法院经审查认为有必要的，应当通知侦查人员或者有关人员出庭。

为查明案件事实、调查核实证据，人民法院可以依职权通知上述人员到庭。

人民法院通知证人、被害人、鉴定人、侦查人员、有专门知识的人等出庭的，控辩双方协助有关人员到庭。

第十四条 应当出庭作证的证人，在庭审期间因身患严重疾病等客观原因确实无法出庭的，可以通过视频等方式作证。

证人视频作证的，发问、质证参照证人出庭作证的程序进行。

前款规定适用于被害人、鉴定人、侦查人员。

第十五条 人民法院通知出庭的证人，无正当理由拒不出庭的，可以强制其出庭，但是被告人的配偶、父母、子女除外。

强制证人出庭的，应当由院长签发强制证人出庭令，并由法警执行。必要时，可以商请公安机关协助执行。

第十六条 证人、鉴定人、被害人因出庭作证，本人或者其近亲属的人身安全面临危险的，人民法院应当采取不公开其真实姓名、住址和工作单位等个人信息，或者不暴露其外貌、真实声音等保护措施。

决定对出庭作证的证人、鉴定人、被害人采取不公开个人信息的保护措施的，审判人员应当在开庭前核实其身份，对证人、鉴定人如实作证的保证书不得公开，在判决书、裁定书等法律文书中可以使用化名等代替其个人信息。

审判期间，证人、鉴定人、被害人提出保护请求的，人民法院应当立即审查，确有必要的，应当及时决定采取相应的保护措施。必要时，可以商请公安机关采取专门性保护措施。

第十七条 证人、鉴定人和有专门知识的人出庭作证所支出的交通、住宿、就餐等合理费用，除由控辩双方支付的以外，列入出庭作证补助专项经费，在出庭作证后由人民法院依照规定程序发放。

第十八条 证人、鉴定人出庭，法庭应当当庭核实其身份、与当事人以及本案的关系，审查证人、鉴定人的作证能力、专业资质，并告知其有关作证的权利义务和法律责任。

证人、鉴定人作证前，应当保证向法庭如实提供证言、说明鉴定意见，并在保证书上签名。

第十九条 证人出庭后，先向法庭陈述证言，然后先由举证方发问；发问完毕后，对方也可以发问。根据案件审理需要，也可以先由申请方发问。

控辩双方向证人发问完毕后，可以发表本方对证人证言的质证意见。

控辩双方如有新的问题，经审判长准许，可以再行向证人发问。

审判人员认为必要时，可以询问证人。法庭依职权通知证人出庭的情形，审判人员应当主导对证人的询问。经审判长准许，被告人可以向证人发问。

第二十条　向证人发问应当遵循以下规则：

（一）发问内容应当与案件事实有关；

（二）不得采用诱导方式发问；

（三）不得威胁或者误导证人；

（四）不得损害证人人格尊严；

（五）不得泄露证人个人隐私。

第二十一条　控辩一方发问方式不当或者内容与案件事实无关，违反有关发问规则的，对方可以提出异议。对方当庭提出异议的，发问方应当说明发问理由，审判长判明情况予以支持或者驳回；对方未当庭提出异议的，审判长也可以根据情况予以制止。

第二十二条　审判长认为证人当庭陈述的内容与案件事实无关或者明显重复的，可以进行必要的提示。

第二十三条　有多名证人出庭作证的案件，向证人发问应当分别进行。

多名证人出庭作证的，应当在法庭指定的地点等候，不得谈论案情，必要时可以采取隔离等候措施。证人出庭作证后，审判长应当通知法警引导其退庭。证人不得旁听对案件的审理。

被害人没有列为当事人参加法庭审理，仅出庭陈述案件事实的，参照适用前款规定。

第二十四条　证人证言之间存在实质性差异的，法庭可以传唤有关证人到庭对质。

审判长可以分别询问证人，就证言的实质性差异进行调查核实。经审判长准许，控辩双方可以向证人发问。审判长认为有必要的，可以准许证人之间相互发问。

第二十五条　证人出庭作证的，其庭前证言一般不再出示、宣读，但下列情形除外：

（一）证人出庭作证时遗忘或者遗漏庭前证言的关键内容，需要向证人作出必要提示的；

（二）证人的当庭证言与庭前证言存在矛盾，需要证人作出合理解释的。

为核实证据来源、证据真实性等问题，或者帮助证人回忆，经审判长准许，控辩双方可以在询问证人时向其出示物证、书证等证据。

第二十六条　控辩双方可以申请法庭通知有专门知识的人出庭，协助本方就鉴定意见进行质证。有专门知识的人可以与鉴定人同时出庭，在鉴定人作证后向鉴定人发问，并对案件中的专门性问题提出意见。

申请有专门知识的人出庭，应当提供人员名单，并不得超过二人。有多种类鉴定意见的，可以相应增加人数。

第二十七条　对被害人、鉴定人、侦查人员、有专门知识的人的发问，参照适用证人的有关规定。

同一鉴定意见由多名鉴定人作出，有关鉴定人以及对该鉴定意见进行质证的有专门知识的人，可以同时出庭，不受分别发问规则的限制。

四、举证、质证程序

第二十八条　开庭讯问、发问结束后，公诉人先行举证。公诉人举证完毕后，被告人及其辩护人举证。

公诉人出示证据后，经审判长准许，被告人及其辩护人可以有针对性地出示证据予以反驳。

控辩一方举证后，对方可以发表质证意见。必要时，控辩双方可以对争议证据进行多轮质证。

被告人及其辩护人认为公诉人出示的有关证据对本方诉讼主张有利的，可以在发表质证意见时予以认可，或者在发表辩护意见时直接援引有关证据。

第二十九条　控辩双方随案移送或者庭前提交，但没有当庭出示的证据，审判长可以进行必要的提示；对于其中可能影响定罪量刑的关键证据，审判长应当提示控辩双方出示。

对于案件中可能影响定罪量刑的事实、证据存在疑问，控辩双方没有提及的，审判长应当引导控辩双方发表质证意见，并依法调查核实。

第三十条　法庭应当重视对证据收集合法性的审查，对证据收集的合法性有疑问的，应当调查核实证明取证合法性的证据材料。

对于被告人及其辩护人申请排除非法证据，依法提供相关线索或者材料，法庭对证据收集的合法性有疑问，决定进行调查的，一般应当先行当庭调查。

第三十一条 对于可能影响定罪量刑的关键证据和控辩双方存在争议的证据，一般应当单独举证、质证，充分听取质证意见。对于控辩双方无异议的非关键性证据，举证方可以仅就证据的名称及其证明的事项作出说明，对方可以发表质证意见。

召开庭前会议的案件，举证、质证可以按照庭前会议确定的方式进行。根据案件审理需要，法庭可以对控辩双方的举证、质证方式进行必要的提示。

第三十二条 物证、书证、视听资料、电子数据等证据，应当出示原物、原件。取得原物、原件确有困难的，可以出示照片、录像、副本、复制件等足以反映原物、原件外形和特征以及真实内容的材料，并说明理由。

对于鉴定意见和勘验、检查、辨认、侦查实验等笔录，应当出示原件。

第三十三条 控辩双方出示证据，应当重点围绕与案件事实相关的内容或者控辩双方存在争议的内容进行。

出示证据时，可以借助多媒体设备等方式出示、播放或者演示证据内容。

第三十四条 控辩双方对证人证言、被害人陈述、鉴定意见无异议，有关人员不需要出庭的，或者有关人员因客观原因无法出庭且无法通过视频等方式作证的，可以出示、宣读庭前收集的书面证据材料或者作证过程录音录像。

被告人当庭供述与庭前供述的实质性内容一致的，可以不再出示庭前供述；当庭供述与庭前供述存在实质性差异的，可以出示、宣读庭前供述中存在实质性差异的内容。

第三十五条 采用技术侦查措施收集的证据，应当当庭出示。当庭出示、辨认、质证可能危及有关人员的人身安全，或者可能产生其他严重后果的，应当采取不暴露有关人员身份、不公开技术侦查措施和方法等保护措施。

法庭决定在庭外对技术侦查证据进行核实的，可以召集公诉人和辩护律师到场。在场人员应当履行保密义务。

第三十六条　法庭对证据有疑问的，可以告知控辩双方补充证据或者作出说明；必要时，可以在其他证据调查完毕后宣布休庭，对证据进行调查核实。法庭调查核实证据，可以通知控辩双方到场，并将核实过程记录在案。

对于控辩双方补充的和法庭庭外调查核实取得的证据，应当经过庭审质证才能作为定案的根据。但是，对于不影响定罪量刑的非关键性证据和有利于被告人的量刑证据，经庭外征求意见，控辩双方没有异议的除外。

第三十七条　控辩双方申请出示庭前未移送或提交人民法院的证据，对方提出异议的，申请方应当说明理由，法庭经审查认为理由成立并确有出示必要的，应当准许。

对方提出需要对新的证据作辩护准备的，法庭可以宣布休庭，并确定准备的时间。

第三十八条　法庭审理过程中，控辩双方申请通知新的证人到庭，调取新的证据，申请重新鉴定或者勘验的，应当提供证人的基本信息、证据的存放地点，说明拟证明的案件事实、要求重新鉴定或者勘验的理由。法庭认为有必要的，应当同意，并宣布延期审理；不同意的，应当说明理由并继续审理。

第三十九条　公开审理案件时，控辩双方提出涉及国家秘密、商业秘密或者个人隐私的证据的，法庭应当制止。有关证据确与本案有关的，可以根据具体情况，决定将案件转为不公开审理，或者对相关证据的法庭调查不公开进行。

第四十条　审判期间，公诉人发现案件需要补充侦查，建议延期审理的，法庭可以同意，但建议延期审理不得超过两次。

人民检察院将补充收集的证据移送人民法院的，人民法院应当通知辩护人、诉讼代理人查阅、摘抄、复制。辩护方提出需要对补充收集的证据作辩护准备的，法庭可以宣布休庭，并确定准备的时间。

补充侦查期限届满后，经人民法院通知，人民检察院未建议案件恢复审理，且未说明原因的，人民法院可以决定按人民检察院撤诉处理。

第四十一条　人民法院向人民检察院调取需要调查核实的证据材料，或者根据被告人及其辩护人的申请，向人民检察院调取在侦查、审查起诉期间收集的有关被告人无罪或者罪轻的证据材料，应当通知人民检察院在收到调取证据材料决定书后三日内移交。

第四十二条　法庭除应当审查被告人是否具有法定量刑情节外，还应当根据案件情况审查以下影响量刑的情节：

（一）案件起因；

（二）被害人有无过错及过错程度，是否对矛盾激化负有责任及责任大小；

（三）被告人的近亲属是否协助抓获被告人；

（四）被告人平时表现，有无悔罪态度；

（五）退赃、退赔及赔偿情况；

（六）被告人是否取得被害人或者其近亲属谅解；

（七）影响量刑的其他情节。

第四十三条　审判期间，被告人及其辩护人提出有自首、坦白、立功等法定量刑情节，或者人民法院发现被告人可能有上述法定量刑情节，而人民检察院移送的案卷中没有相关证据材料的，应当通知人民检察院移送。

审判期间，被告人及其辩护人提出新的立功情节，并提供相关线索或者材料的，人民法院可以建议人民检察院补充侦查。

第四十四条　被告人当庭不认罪或者辩护人作无罪辩护的，法庭对定罪事实进行调查后，可以对与量刑有关的事实、证据进行调查。被告人及其辩护人可以当庭发表质证意见，出示证明被告人罪轻或者无罪的证据。被告人及其辩护人参加量刑事实、证据的调查，不影响无罪辩解或者辩护。

五、认证规则

第四十五条　经过控辩双方质证的证据，法庭应当结合控辩双方质证意见，从证据与待证事实的关联程度、证据之间的印证联系、证据自身的真实性程度等方面，综合判断证据能否作为定案的根据。

证据与待证事实没有关联，或者证据自身存在无法解释的疑问，或者证据与待证事实以及其他证据存在无法排除的矛盾的，不得作为定案的根据。

第四十六条　通过勘验、检查、搜查等方式收集的物证、书证等证据，未通过辨认、鉴定等方式确定其与案件事实的关联的，不得作为定案的根据。

法庭对鉴定意见有疑问的，可以重新鉴定。

第四十七条　收集证据的程序、方式不符合法律规定，严重影响证据真实性的，人民法院应当建议人民检察院予以补正或者作出合理解释；不能补正或者作出合理解释的，有关证据不得作为定案的根据。

第四十八条　证人没有出庭作证，其庭前证言真实性无法确认的，不得作为定案的根据。

证人当庭作出的证言与其庭前证言矛盾，证人能够作出合理解释，并与相关证据印证的，应当采信其庭审证言；不能作出合理解释，而其庭前证言与相关证据印证的，可以采信其庭前证言。

第四十九条　经人民法院通知，鉴定人拒不出庭作证的，鉴定意见不得作为定案的根据。

有专门知识的人当庭对鉴定意见提出质疑，鉴定人能够作出合理解释，并与相关证据印证的，应当采信鉴定意见；不能作出合理解释，无法确认鉴定意见可靠性的，有关鉴定意见不能作为定案的根据。

第五十条　被告人的当庭供述与庭前供述、自书材料存在矛盾，被告人能够作出合理解释，并与相关证据印证的，应当采信其当庭供述；不能作出合理解释，而其庭前供述、自书材料与相关证据印证的，可以采信其庭前供述、自书材料。

法庭应当结合讯问录音录像对讯问笔录进行全面审查。讯问笔录记载的内容与讯问录音录像存在实质性差异的，以讯问录音录像为准。

第五十一条　对于控辩双方提出的事实证据争议，法庭应当当庭进行审查，经审查后作出处理的，应当当庭说明理由，并在裁判文书中写明；需要庭后评议作出处理的，应当在裁判文书中说明理由。

第五十二条　法庭认定被告人有罪，必须达到犯罪事实清楚，证据确实、充分，对于定罪事实应当综合全案证据排除合理怀疑。定罪证据不足的案件，不能认定被告人有罪，应当作出证据不足、指控的犯罪不能成立的无罪判决。定罪证据确实、充分，量刑证据存疑的，应当作出有利于被告人的认定。

第五十三条　本规程自 2018 年 1 月 1 日起试行。

最高人民法院、最高人民检察院、公安部、国家安全部、司法部
关于适用认罪认罚从宽制度的指导意见
（节录）

（2019 年 10 月 11 日公布并施行　高检发〔2019〕13 号）

二、适用范围和适用条件

6 "认罪"的把握。认罪认罚从宽制度中的"认罪"，是指犯罪嫌疑人、被告人自愿如实供述自己的罪行，对指控的犯罪事实没有异议。承认指控的主要犯罪事实，仅对个别事实情节提出异议，或者虽然对行为性质提出辩解但表示接受司法机关认定意见的，不影响"认罪"的认定。犯罪嫌疑人、被告人犯数罪，仅如实供述其中一罪或部分罪名事实的，全案不作"认罪"的认定，不适用认罪认罚从宽制度，但对如实供述的部分，人民检察院可以提出从宽处罚的建议，人民法院可以从宽处罚。

7 "认罚"的把握。认罪认罚从宽制度中的"认罚"，是指犯罪嫌疑人、被告人真诚悔罪，愿意接受处罚。"认罚"，在侦查阶段表现为表示愿意接受处罚；在审查起诉阶段表现为接受人民检察院拟作出的起诉或不起诉决定，认可人民检察院的量刑建议，签署认罪认罚具结书；在审判阶段表现为当庭确认自愿签署具结书，愿意接受刑罚处罚。

"认罚"考察的重点是犯罪嫌疑人、被告人的悔罪态度和悔罪表现，应当结合退赃退赔、赔偿损失、赔礼道歉等因素来考量。犯罪嫌疑人、被告人虽然表示"认罚"，却暗中串供、干扰证人作证、毁灭、伪造证据或者隐匿、转移财产，有赔偿能力而不赔偿损失，则不能适用认罪认罚从宽制度。犯罪嫌疑人、被告人享有程序选择权，不同意适用速裁程序、简易程序的，不影响"认罚"的认定。

八、审查起诉阶段人民检察院的职责

28 自愿性、合法性审查。对侦查阶段认罪认罚的案件，人民检察院应

当重点审查以下内容：

（一）犯罪嫌疑人是否自愿认罪认罚，有无因受到暴力、威胁、引诱而违背意愿认罪认罚；

（二）犯罪嫌疑人认罪认罚时的认知能力和精神状态是否正常；

（三）犯罪嫌疑人是否理解认罪认罚的性质和可能导致的法律后果；

（四）侦查机关是否告知犯罪嫌疑人享有的诉讼权利，如实供述自己罪行可以从宽处理和认罪认罚的法律规定，并听取意见；

（五）起诉意见书中是否写明犯罪嫌疑人认罪认罚情况；

（六）犯罪嫌疑人是否真诚悔罪，是否向被害人赔礼道歉。

经审查，犯罪嫌疑人违背意愿认罪认罚的，人民检察院可以重新开展认罪认罚工作。存在刑讯逼供等非法取证行为的，依照法律规定处理。